Goethe-Jahrbuch 2022
Band 139

Goethe-Jahrbuch

*Im Auftrag
des Vorstands der Goethe-Gesellschaft
in Kooperation mit der Klassik Stiftung Weimar
herausgegeben von
Frieder von Ammon, Jochen Golz,
Helmut Heit und Stefan Matuschek*

139. Band
der Gesamtfolge
2022

WALLSTEIN VERLAG

Redaktion:
Anne Fuchs

Mit 28 Abbildungen

Gedruckt mit Unterstützung der Thüringer Staatskanzlei,
Abteilung Kunst und Kultur

Freistaat Staatskanzlei
Thüringen

Bibliografische Information der Deutschen Nationalbibliothek

Die Deutsche Nationalbibliothek verzeichnet diese Publikation in der
Deutschen Nationalbibliografie; detaillierte bibliografische Daten
sind im Internet über http://dnb.d-nb.de abrufbar.

Alle Rechte vorbehalten. Ohne schriftliche Genehmigung des Verlages ist es nicht gestattet, das Werk unter Verwendung mechanischer, elektronischer und anderer Systeme in irgendeiner Weise zu verarbeiten und zu verbreiten. Insbesondere vorbehalten sind die Rechte der Vervielfältigung – auch von Teilen des Werkes – auf fotomechanischem oder ähnlichem Wege, der tontechnischen Wiedergabe, des Vortrags, der Funk- und Fernsehsendung, der Speicherung in Datenverarbeitungsanlagen, der Übersetzung und der literarischen oder anderweitigen Bearbeitung.

Gedruckt auf alterungsbeständigem Papier

© Wallstein Verlag, Göttingen 2023
www.wallstein-verlag.de
Vom Verlag gesetzt aus der Sabon
Umschlaggestaltung: Susanne Gerhards, Düsseldorf – © SG-Image
unter Verwendung des Goethe-Porträts von Friedrich Dürck nach Joseph Carl Stieler
(Klassik Stiftung Weimar, Museen, GGe/00439)
Druck und Verarbeitung: Hubert & Co, Göttingen

ISBN 978-3-8353-5511-8
ISSN 0323-4207

Inhalt

11 *Vorwort*

13 *Dank an die Jahrbuch-Paten*

15 *Symposium junge Goetheforschung*

15 Melanie Hillerkus
Vom »Schauspiel für Liebende« zum »Trauerspiel für Moralisten«? Die Umarbeitung von Goethes »Stella« für das Weimarer Hoftheater

27 Helene Kraus
Über Goethes Anonymitätspolitik

37 Tim Willmann
»Das Wort ist ein Fächer!« – Sprachen des Ostens und poetische Einbildungskraft in Goethes »Hafis Nameh«

47 Philip Reich
»Schola Druidica. Faustus scholasticus vagans«. Faust, die Walpurgisnacht und die Schatzgräber

67 Peter Nicolai Ostwald
Philemon und Baucis mit Rubens' Augen sehen – Anmerkungen zu »Faust II«, 5. Akt

77 Michael Lipkin
»N'oublie pas de vivre« – Pierre Hadot und der ethische Goethe

89 *Abhandlungen*

89 Alfred Brendel
Naivität und Ironie. Goethes musikalische Bedürfnisse

99 Christiane Wiesenfeldt
Romantische Ahnungen: Johann Wolfgang von Goethes »Der Junggesell und der Mühlbach« in frühen Vertonungen

110 Ulrich Hohoff
Iphigenie und Wilhelm Meister in den Alpen. Ludwig Ganghofers Bildungsroman »Der Hohe Schein« (1904)

133 Werner Frizen
Helena oder Apollo? Thomas Mann revidiert den Goethe-Monolog in »Lotte in Weimar«

151 *Goethe philologisch. Neue (und ältere) Projekte*

151 Jutta Heinz
Facetten eines unterschätzten ›Mehrzweck-Instruments‹, oder: Wozu ein »Goethe-Wörterbuch«?

163 Gerrit Brüning
Goethes Gedichte. Die Weimarer Ausgabe und die Herausforderungen für eine neue historisch-kritische Edition

177 *Goethe-Bücher der Vergangenheit, neu gelesen*

177 Gustav Seibt
Gott spielen. Zu Thomas Manns Roman »Lotte in Weimar«

191 *Miszellen*

191 Margrit Wyder
»Solang die Berge stehn auf ihrem Grunde«. Schweizer Zeichnungen Goethes neu verortet

203 Melanie Hillerkus
Eine Abschrift der Weimarer Bühnenbearbeitung? Zum Frankfurter Theatermanuskript von Goethes »Stella. Trauerspiel in 5 Aufzügen« (1809)

219 Héctor Canal
Ein unbekannter Brief Joseph von Beroldingens an Goethe vom 6. November 1784

227 Christoph Cremer
Neue Blicke auf Newton und Goethe anlässlich der Veröffentlichung von Werner Heils »Empirische[n] Untersuchungen an Prisma und Gitter« (2021)

Rezensionen

235 *Goethe. Begegnungen und Gespräche. Band VII: 1809-1810.* Hrsg. von Renate Grumach u. Bastian Röther
Besprochen von Frieder von Ammon

237 *Johann Wolfgang von Goethe: Briefwechsel mit Friedrich Wilhelm Riemer.* Hrsg. von Héctor Canal, Jutta Eckle, unter Mitarb. von Uta Grießbach, Annette Mönnich, Florian Schnee im Auftrag der Klassik Stiftung Weimar. Goethe- und Schiller-Archiv
Besprochen von Betty Brux-Pinkwart

239 *Karl Ludwig von Knebel. Tagebücher und Briefwechsel. Späte Weimarer Jahre 1791-1797.* Hrsg. von Ronny Teuscher unter Mitarbeit von Jens-Jörg Riederer, Detlef Jena und Uwe Hentschel
Besprochen von Héctor Canal

243 *Stefan Höppner: Goethes Bibliothek. Eine Sammlung und ihre Geschichte*
Besprochen von Joachim Seng

246 *Stefan Bollmann: Der Atem der Welt. Johann Wolfgang Goethe und die Erfahrung der Natur*
Besprochen von Eva Geulen

248 *Eva Axer, Eva Geulen, Alexandra Heimes: Aus dem Leben der Form. Studien zum Nachleben von Goethes Morphologie in der Theoriebildung des 20. Jahrhunderts.* Unter Mitarbeit von Michael Bies, Ross Shields und Georg Toepfer
Besprochen von Helmut Hühn

250 *Dirk Weissmann: Les langues de Goethe. Essai sur l'imaginaire plurilingue d'un poète national*
Besprochen von Gérard Laudin

252 *Christoph König, Denis Thouard (Hrsg.): Goethe, le second auteur. Actualité d'un inactuel*
Besprochen von Sophie Picard

254 *Hendrik Birus: Gesammelte Schriften. Bd. 3: Goethe-Studien*
Besprochen von David E. Wellbery

257 *Daniel Ehrmann, Norbert Christian Wolf (Hrsg.): Der Streit um Klassizität. Polemische Konstellationen vom 18. zum 21. Jahrhundert*
Besprochen von Frieder von Ammon

259 *Lucjan Puchalski: Dichtung und Liebe. Über Goethes Briefe an Charlotte von Stein*
Besprochen von Elke Richter

262 *Wulf Segebrecht: Goethes Nachtlied »Über allen Gipfeln ist Ruh«. Ein Gedicht und seine Folgen*
Besprochen von Frieder von Ammon

265 *Hellmut Ammerlahn: Imagination & Meisterschaft/Mastery. Neue und frühere Goethe-Studien plus Essays on Goethe written in English*
Besprochen von Elisa Ronzheimer

268 *Anastasia Klug, Olaf L. Müller, Troy Vine, Derya Yürüyen und Anna Reinacher (Hrsg.): Goethe, Ritter und die Polarität. Geschichte und Kontroversen*
Besprochen von Timo Mappes

270 *Wilhelm Voßkamp: Zweite Gegenwart. Poetologische Lektüren zu Goethes »Dichtung und Wahrheit«*
Besprochen von Martina Wagner-Egelhaaf

272 *Gabriella Catalano: Goethe und die Kunstrestitutionen. »Ueber Kunst und Alterthum in den Rhein und Mayn Gegenden«. Ein Reisebericht und seine Folgen*
Besprochen von Reinhard Wegner

277 *Martina Bezner: Zwischen den Gattungen. Novellistisches Erzählen in Goethes Romanen »Die Wahlverwandtschaften« und »Wilhelm Meisters Wanderjahre oder Die Entsagenden«*
Besprochen von Jutta Heinz

279 *Francesca Fabbri (Hrsg.): Ottilie von Goethe. Mut zum Chaos. Ein Ausstellungsbuch mit Beiträgen von Francesca Fabbri, Waltraud Maierhofer und Yvonne Pietsch. Vorwort Sabine Schimma*
Besprochen von Karsten Hein

281 *Alexander Pavlenko: Faust. Eine Graphic Novel nach Goethes »Faust I«. Adaptiert von Jan Krauß*
Besprochen von Stephan Packard

Inhalt

285 *Aus dem Leben der Goethe-Gesellschaft*

285 *In memoriam*

298 *Verleihung der Ehrenmitgliedschaft*

304 *Veranstaltungen der Goethe-Gesellschaft im Jahr 2022*

305 *Stipendienprogramm im Jahr 2022*

306 *Dank für Zuwendungen im Jahr 2022*

309 *Dank für langjährige Mitgliedschaften in der Goethe-Gesellschaft im Jahr 2022*

311 *Tätigkeitsberichte der Ortsvereinigungen für das Jahr 2021*

323 *Ausschreibungstext zur Vergabe von Werner-Keller-Stipendien*

324 *Die Mitarbeiter dieses Bandes*

327 *Siglen-Verzeichnis*

329 *Abbildungsnachweis*

331 *Manuskripthinweise*

Vorwort

Liebe Leserinnen und Leser,

wenn man in diesem Band unseres Jahrbuchs nicht nur die übliche Gestalt, sondern individuelle Züge erkennen will, dann liegen sie diesmal in einer Reihe je eigenartiger Konstellationen. Sie reichen aus der Ordnung der Rubriken heraus und bilden besondere Paare: der Symposiumsbeitrag zu *Stella* mit der Miszelle zu einem neuen Textfund zu diesem Stück; die musikalisch-intellektuelle Etüde des Pianisten Alfred Brendel mit der benachbarten musikwissenschaftlichen Abhandlung; der wiedergelesene Thomas-Mann-Roman mit der Überlegung zu *Helena oder Apoll*, die demselben Autor gilt. Wer sich nicht nur für die jeweils mitgeteilten Inhalte interessiert, sondern auch für die verschiedenen Textgattungen und -formen, mit denen man ein Jahrbuch wie das unsere füllt, kann dadurch anregende Vergleichserfahrungen machen; wie jemand, der dreimal die jeweils gleiche Nahrung nach zwei verschiedenen Rezepten zubereitet und serviert bekommt. Und man kann auch noch ein viertes Paar finden: Die Beiträge zu Pierre Hadot und Ludwig Ganghofer nehmen eine philosophische und eine literarische Goethe-Konstellation in den Blick, mit je anderen, doch in beiden Fällen überraschend reichen Entdeckungen.

Mit der üblichen Gestalt aber bringt dieser Jahrgang auch etwas Neues, was nicht nur ihn, sondern auch seine Nachfolger betrifft. Mit dem vorliegenden 139. Band verändert und erweitert sich unser Jahrbuch. Personell verändert haben sich die Redaktion und der Herausgeberkreis. Nach langen Jahren geht die Redaktion von Dr. Petra Oberhauser auf Anne Fuchs (Goethe- und Schiller-Archiv) über und folgt auf Dr. Edith Zehm Prof. Dr. Helmut Heit (Leiter des Forschungsreferats der Klassik Stiftung Weimar). Frau Oberhauser und Frau Zehm standen über Dekaden für die Qualität des Goethe-Jahrbuchs. Dafür gehört ihnen unser großer Dank. Frau Oberhauser verdanken wir zudem die Idee der Jahrbuch-Patenschaften, deren großer Erfolg maßgeblich zur finanziellen Sicherung und damit zum Fortbestand beiträgt. Wir wünschen ihr und uns, dass ihre wunderbare Idee auch weit über ihre eigene Redaktionstätigkeit hinaus lebendig bleibt. Wenn Frau Oberhauser und Frau Zehm die nächsten, übernächsten und weiteren Bände zur Hand nehmen werden, können sie mit Recht auch in ihrem Ruhestand sagen, dass es *ihr* Goethe-Jahrbuch ist.

Mit Frau Fuchs und Herrn Heit kommen nicht nur zwei Individuen neu hinzu, sondern auch eine Institution: die Klassik Stiftung. Auch unser Titelblatt markiert diese neue Verbindung. Das Goethe-Jahrbuch bleibt weiterhin das (dauerhaft wichtigste) Dokument der internationalen Goethe-Gesellschaft. Es ist aber richtig, denken wir, dass wir uns mit denen verbinden, die dieselben Ziele verfolgen. Durch die gemeinsame Sache sind die Klassik Stiftung (wie ihre Vorgängerinnen) und die Goethe-Gesellschaft seit jeher eng miteinander verbunden. Traditionell drückte sich das in der Personalunion von Goethe-Präsident und etwa dem Direktor des Goethe- und Schiller-Archivs aus, wie sie noch mein Vorgänger, Jochen Golz, verkörperte. Wir setzen diese Tradition fort und bekräftigen sie, indem wir die Klassik Stiftung institutionell mit ins Jahrbuch holen. Was wir uns davon versprechen, sind mehr aktuelle, eindringliche Beiträge zu den Sachen, die uns gemeinsam sind und für die wir uns auf unterschiedliche, komplementäre Weise engagieren. In den nächsten Jahren steht die Sanierung des Goethehauses an und danach wohl auch eine Aktualisierung des Goethe-Nationalmuseums. Die konzeptionellen Überlegungen dazu haben begonnen. Wo sollten sich die Beiträge der am Ort dafür Verantwortlichen und überregionale, internationale kompetente Stimmen dazu besser treffen als in unserem Jahrbuch, das die dafür interessierteste Leserschaft hat. Das Goethe-Jahrbuch geht von Weimar aus in die Welt. Wir hätten eine Gelegenheit verpasst, wenn wir die wichtigsten Entwicklungen an diesem Erinnerungsort, für die die Klassik-Stiftung die Verantwortung trägt, dabei nicht zur Sprache kommen ließen.

So gibt es also noch ein fünftes Paar, eine weitere eigenartige Konstellation: eine staatliche Kulturstiftung und ein privater Verein. Es wäre doch ein Trauerspiel, wenn diese beiden liebevoll demselben Gegenstand Verbundenen nicht gut miteinander könnten. Als Vorbild wählen wir dafür nur die erste Fassung von *Stella*, denn mit der zweiten ginge es für unseren gemeinsamen Gegenstand und für einen von uns übel aus. Vergnügtes Lesen wünscht Ihnen

Im Namen der Herausgeber
Stefan Matuschek

Dank an die Jahrbuch-Paten

Eine besondere Würdigung verdienen unsere Mitglieder

Manfred Klenk
Werner Löfflmann
Ekkehard Taubner.

Sie fördern das Erscheinen des Goethe-Jahrbuchs in sehr großzügiger Weise mit einer lebenslangen Jahrbuch-Patenschaft, wofür wir Ihnen herzlich danken.

Nachfolgend danken wir herzlich all jenen Damen und Herren, die Jahrbuch-Pate für drei aufeinanderfolgende Jahrbücher geworden sind und das Goethe-Jahrbuch 2022 mit 100 € gefördert haben:

Dr. Pjotr Abramow, Moskau (Russland)
Dr. Christina Althen, Frankfurt a. M.
Dr. Stephan Anger, Berlin
Hartmut Bertram, Lüneburg
Volkmar Birkholz, Erfurt
Prof. Dr. Martin Bollacher, Tübingen
Erika Danckwerts, Berlin
Dr. Hans-Jürgen Danzmann, Bad Säckingen
Dr. Hans-Helmut Dieterich, Ellwangen/Jagst
Hartwig Dück, Coburg
Franz Dudenhöffer, Speyer
Prof. Dr. Udo Ebert, Jena
Dr. Gerd Eidam, Burgwedel
Dr. Arne Eppers, Hamburg
Uwe Ertel, Berlin
Peter Ewert, Mönchengladbach
Klaus Martin Finzel, Köln
Dr. Jens Giesdorf, Basel
Dietrich Gneist, Bonn
Goethe-Gesellschaft Hamburg e. V.
Goethe-Gesellschaft Vest Recklinghausen
Dr. Renate Grumach, Berlin
Marion Heise, Halle (Saale)
Dr. Mathias Iven, Potsdam
Wilhelm Kaltenborn, Berlin
Liselotte Klingsch-Alswede, Remscheid
Prof. Dr. Lothar Köhn, Senden
Mario Kopf, Dessau-Roßlau
Dr. Joachim Krause, Gladbeck
Helmut Krumme, Bonn

Prof. Dr. Paul Laufs, Stuttgart
Dr. Gert Legal, München
Dr. Gertrude Lückerath, Köln (†)
Prof. Dr. Manfred Mörl, Schiffdorf
Dr. Karl Peter Müller, Marl
Hans-Günther Otto, Rudolstadt
Friedrich Petry, Wetzlar
Dr. Ruth Peuckert, Erfurt
Michael Plett, Dortmund
Prof. Dr. Karl Richter, St. Ingbert
Inge Rossbach, Bad Kreuznach
Dr. Wolfgang Saalfrank, Wallhalben
Prof. Dr. Gerhard Sauder, St. Ingbert
Willi Schmid, Rosenheim
Dr. Thomas Schmitt, Fulda
Dr. Brigitte Seebacher, Rothenbach
Holger Spies, Frankfurt a. M.
Gertrud Staffhorst, Karlsruhe
Monika Steffens, Köln
Prof. Dr. Matthias Steinhart, Würzburg
Dr. Sabine Solf, Wolfenbüttel
Stefan Tönjes, Nordenham
Dr. Markus Wallenborn, Worms
Kimberley Wegner, Gremersdorf
Prof. Dr. Reinhard Wegner, Heidelberg
Prof. Dr. Reiner Wild, Heidelberg
Gerd Ziegler, Weimar
Alexander von Zweidorff, Hamburg

Im Abschnitt *Dank für Zuwendungen im Jahr 2022* danken wir namentlich all jenen Damen und Herren, die dem Goethe-Jahrbuch eine größere oder kleinere Spende zuteilwerden ließen.

Symposium junge Goetheforschung

MELANIE HILLERKUS

*Vom »Schauspiel für Liebende«
zum »Trauerspiel für Moralisten«?
Die Umarbeitung von Goethes »Stella«
für das Weimarer Hoftheater*

Goethes Jugenddrama *Stella. Ein Schauspiel für Liebende* sorgt 1776 mit dem Ende einer sinnlichen Dreiecksbeziehung für Aufsehen. Cecilie erzählt am Schluss ihrem verzweifelten Ehemann Fernando, der sowohl Cecilie als auch Stella liebt und zwischen den beiden Frauen schwankt, die mittelalterliche Sage des thüringischen Grafen von Gleichen, die in eine vom Papst bewilligte Ehe zu dritt mündet. Daraufhin finden sie eine gemeinsame Lösung, sodass Fernando schließlich von beiden Frauen innig umarmt wird. Zuletzt bekennt Cecilie: »Wir sind dein!« (FA I, 4, S. 574).[1]

Diese sich abzeichnende Doppelliebe – die »Vielweiberey«[2] – entfacht eine harsche Kritik. Der Autor verstoße, wie zuvor mit *Die Leiden des jungen Werthers*, »gegen alle Grundsätze der christlichen Religion, der biblischen und philosophischen Moral, der bürgerlichen Verfassungen« sowie gegen den »gesunden Menschenverstand«.[3] Der Aufschrei mündet in Aufführungsverbote (z. B. in Hamburg)[4] und in eine Reihe von Umschreibungen wie Fortsetzungen, die jedoch dem Drama keine Bühnenwirksamkeit bescheren.[5] Erst drei Jahrzehnte später wird *Stella* am

---

1 Die Zitate der Erstfassung folgen FA I, 4, die der Trauerspielfassung FA I, 6. Regiebemerkungen bleiben kursiv. Die Schreibweise der Namen richtet sich nach der Trauerspielfassung.
2 Mehrere Rezensenten brandmarken explizit die von Goethe am Schluss angeblich propagierte »Vielweiberey«. Siehe [Albrecht Wittenberg:] *Beytrag zum Reichs-Postreuter*, 8.2.1776. In: *Goethe im Urtheile seiner Zeitgenossen. Zeitungskritiken, Berichte, Notizen, Goethe und seine Werke betreffend, aus den Jahren 1773-1786*. Hrsg. von Julius W. Braun. Berlin 1883, S. 228 f.; hier S. 229.
3 [Anonym:] *Freywillige Beyträge zu den Hamburgischen Nachrichten aus dem Reiche der Gelehrsamkeit*, 2.4.1776. In: Braun (Anm. 2), S. 258-264; hier S. 259.
4 Obgleich die *Stella*-Premiere am 8. Februar 1776 als »Sensation« gilt und das Stück »mit großem Beifall« wiederholt wird, werden weitere Vorstellungen vom Hamburger Senat verboten. Vgl. Johann Friedrich Schütze: *Hamburgische Theater-Geschichte*. Hamburg 1794, S. 444.
5 Siehe z. B. die anonyme Fortsetzung *Stella. Ein sechster Akt* (Berlin 1776), die vermutlich von Johann Georg Pfranger stammt. Hier wird Fernando als Bigamist zu Gefängnis und lebenslanger Strafarbeit verurteilt. Bislang lässt sich keine Aufführung nachweisen.

Weimarer Hoftheater zu einer publikumskonformen Gestalt verholfen. Die Premiere von *Stella. Ein Trauerspiel* findet am 15. Januar 1806 statt (Abb. 1). Das Stück wird in den nächsten Jahren in Weimar und in Gastspielorten erfolgreich aufgeführt.[6]

Von Goethe, der ab 1791 Theaterintendant ist, erfahren wir, dass *Stella* Schiller »ihre Erscheinung auf dem Theater verdankt« (*Über das deutsche Theater*, 1815; FA I, 19, S. 684). Allerdings ist bislang ungeklärt, welcher Anteil Schiller, der vermutlich bereits 1803 an der Bühnenfassung arbeitet,[7] tatsächlich zukommt.[8] Ungewiss bleibt damit auch, ob Goethe womöglich später bzw. nach Schillers Tod für die Weimarer Uraufführung die von diesem erstellte Fassung noch modifiziert und dann erst das neue Finale verfasst.[9] Die Zeitgenossen nehmen 1806 allein Goethe als Autor *und* Bearbeiter wahr. Die *Zeitung für die elegante Welt* verkündet: »Endlich gab uns den 15ten G ö t h e seine S t e l l a, von ihm selbst neu für's Theater in 5 Aufzügen, zum Trauerspiel bearbeitet«.[10]

Es ist kein Manuskript der Weimarer Bühnenbearbeitung erhalten. Mutmaßlich ist die Handschrift dem Theaterbrand im Jahr 1825 zum Opfer gefallen.[11] Zudem hat Goethe die Bühnenbearbeitung *nicht* zum Druck ausgewählt.[12] Stattdessen veröffentlicht er sein Jugenddrama erst ein Jahrzehnt später in der Umarbeitung als *Trauerspiel* in der (zweiten) Werkausgabe bei Cotta (*Goethe's Werke*, Bd. 6 [1816]; siehe FA I, 6). Hierfür hat er lediglich den neukonzipierten Schluss, der in einer handschriftlichen Fassung erhalten ist,[13] an das ursprüngliche *Schauspiel für Liebende* (in der bereits leicht umgearbeiteten Version der Göschen-Ausgabe von 1787) ›angeheftet‹. Somit wird erst im Jahr 1816 das glückliche Ende einer sinnlich-erotischen Doppelbeziehung zugunsten eines tragischen Ausgangs, bei dem

---

6 Zwischen 1806 und 1815 finden (in Weimar, Lauchstädt, Leipzig) 14 Vorstellungen statt. Vgl. Karl August H. Burkhardt: *Das Repertoire des Weimarischen Theaters unter Goethes Leitung 1791-1817*. Hamburg, Leipzig 1891, S. 144.
7 Ein Indiz dafür, dass die Bühnenfassung schon 1803 entsteht, ist, dass in dem Jahr Christian Wilhelm Schumann für die Rollenabschriften der *Stella* bezahlt wird. Vgl. Kommentar Dieter Borchmeyer u. Peter Huber (FA I, 6, S. 1204 f.).
8 Bisherige Forschungsarbeiten zu Schillers dramaturgischer Praxis berühren die *Stella*-Bühnenfassung nur am Rande, wie z.B. Marion Müller: *Zwischen Intertextualität und Interpretation – Friedrich Schillers dramaturgische Arbeiten 1796-1805*. Karlsruhe 2004, S. 109, 182.
9 Vgl. z.B. Peter-André Alt: *Schiller. Leben – Werk – Zeit. Eine Biographie*. 2 Bde. Bd. 2: *1791-1805*. München ²2004, S. 491.
10 [Siegfried August Mahlmann:] *Zeitung für die elegante Welt*, 23.1.1806, Sp. 80.
11 Vgl. Kommentar Dieter Borchmeyer u. Peter Huber (FA I, 6, S. 1206).
12 Vgl. ebd.
13 Der Titel der Konzepthandschrift lautet: *Stella neuer Schluß* bzw. *Stella. Neuer Schluss. 2. Fassung von 1806* (Sign.: GSA 25/W 1255). Von einigen winzigen Änderungen abgesehen (siehe dazu Anm. 18), entspricht der Text der Handschrift dem Erstdruck der Trauerspielfassung (siehe FA I, 6, S. 562-566). Somit liegt die Bühnenfassung nur fragmentarisch in der Gestalt dieses neuen Schlusses vor. Diese Handschrift wird weder in der Weimarer Ausgabe (WA) noch in den jüngeren Werkausgaben wie der Münchner (MA) und Frankfurter Ausgabe (FA) erwähnt.

> **Weimar,**
> Mittwoch, den 15ten Januar 1806.
> Zum Erstenmahle:
>
> # Stella.
>
> Ein Trauerspiel in 5 Aufzügen, von Goethe.
>
> | | |
> |---|---|
> | Stella, | Wolff. |
> | Cecilie, anfangs unter dem Nahmen Madame Sommer, | Silie. |
> | Fernando, | Haide. |
> | Lucie, | Corona Becker. |
> | Verwalter, | Graff. |
> | Postmeisterin, | Brand. |
> | Ännchen, | Sophie Teller. |
> | Karl, | Louise Beck. |
> | Wilhelm, | Unzelmann. |
> | Postillion, | Lortzing. |
>
> Neunte Vorstellung im Januar-Abonnement.
>
> Numerirte Plätze im Parterre und numerirte Stühle auf dem Balkon sind belegt und können nur von Abonnenten eingenommen werden.
>
> | | |
> |---|---|
> | Balkon | 3 Kopfstück. |
> | Parket | 2½ Kopfstück. |
> | Parterre | 2 Kopfstück. |
> | Gallerie | 1 Kopfstück. |
>
> Anfang um halb 6 Uhr.
>
> Freytag, den 17ten ist Redoute im Stadthaus.

Theaterzettel der *Stella*-Premiere, 15. Januar 1806.

sich Stella vergiftet und Fernando sich erschießt, für den Druck ersetzt. Allerdings existiert eine faszinierende und in der Goetheforschung bislang kaum gewürdigte Quelle, die Einblicke in die Theaterfassung zu gewähren vermag.

Während des Leipziger Gastspiels im Sommer 1807[14] verfasst der aus Leipzig stammende Schriftsteller und Verleger Johann Gottfried Dyk (Dyck) zwei Aufsätze *Ueber einige Vorstellungen der Weimarischen Hofschauspieler*, die er anonym in der *Bibliothek der redenden und bildenden Künste* (1807) veröffentlicht.[15] Der

---

14 Die Weimarer Schauspieler treten vom 24. Mai bis 5. Juli und vom 4. bis 31. August in Leipzig auf. Vgl. dazu Julius Wahle: *Das Weimarer Hoftheater unter Goethes Leitung*. Weimar 1892, S. 282-300.

15 Die Artikel erscheinen in der *Bibliothek der redenden und bildenden Künste*, Leipzig 1807, 3. Bd., 1. St., S. 403-442 und 4. Bd., 1. St., S. 46-100. Georg Witkowski hat Dyk als Verfasser ausgemacht. Vgl. ders.: *Die Leipziger Goethe-Aufführungen im Jahr 1807*. In: GJb 1917, S. 130-152.

erste Artikel ist als Quellenfund höchst bedeutsam, denn er bespricht die *Stella*-Aufführung vom 12. Juni 1807 nicht nur sehr positiv, sondern enthält eine beachtenswerte Synopse.[16] Dyk stellt Goethes *Stella* in der Fassung von 1787[17] und die Spielfassung vergleichend gegenüber. Um diese feingliedrige Synopse erstellen, Seitenangaben anfügen und Zitate der Spielfassung einfädeln zu können, muss dem Kritiker neben der genannten *Stella*-Ausgabe auch die komplette Handschrift der Trauerspielfassung vorgelegen haben. Da die neuen Schlusspassagen korrekt zitiert werden, lässt sich schlussfolgern, dass der Rezensent die ihm bekannte Trauerspielfassung wortwörtlich abgeschrieben hat. Ein philologischer Textvergleich zeigt, dass Dyk mutmaßlich die erwähnte Konzeptfassung *Stella. Neuer Schluss*, die im Goethe- und Schiller-Archiv aufbewahrt wird, verwendet hat.[18]

Dyks Synopse erlaubt zwar keine Rekonstruktion der Spielfassung,[19] aber sie ermöglicht einen Einblick in die Bühnenbearbeitung, worauf bereits Georg Witkowski im Goethe-Jahrbuch 1917 hinweist, jedoch ohne die Veränderungen der Spielfassung gegenüber der später gedruckten Trauerspielfassung vorzustellen und

---

16 [Johann Gottfried Dyk:] *Ueber einige Vorstellungen der Weimarischen Hofschauspieler zu Leipzig. Schreiben an Herrn Prof. M** in Br.* In: *Bibliothek der redenden und bildenden Künste*. 3. Bd., 1. St., Leipzig 1807, S. 403-442, zur *Stella*-Aufführung am 12. Juni 1807, S. 421-424.

17 Es lässt sich leicht die der Synopse zugrundeliegende *Stella*-Ausgabe ermitteln, da der Rezensent direkte Zitate mit Seitenangaben versieht. Es handelt sich um die Ausgabe bei Göschen: *Goethe's Schriften*. Bd. 4: *Stella. Ein Schauspiel für Liebende*. Leipzig 1787, S. 1-102. Diese Ausgabe wird mit der Sigle GS zitiert.

18 Das genannte Manuskript (Anm. 13) weist z.B. eine winzige, aber doch markante Abweichung gegenüber dem Trauerspielerstdruck (Cotta, Bd. 6, 1816) auf, denn hier heißt es noch explizit in der Regiebemerkung, dass Fernando die Pistole »heimlich« (Sign. GSA 25/W 1255, Bl. 2v) nehme und langsam abgehe. Dyk wählt die identische Formulierung: »nimmt er heimlich ein Pistol vom Tische und geht langsam ab« [Dyk] (Anm. 16), S. 423. Im Druck von 1816 heißt es dagegen: »*Fernando hat mit der linken Hand ein Pistol ergriffen, und geht langsam ab*« (FA I, 6, S. 565).

19 Dyk (Anm. 16) weist selbst darauf hin, dass er *nur* exemplarische Stellen aufzählt, die gestrichen wurden (vgl. S. 421). Zudem sind einige Anmerkungen äußerst schwammig, wenn es u.a. heißt, dass einzelne Seiten »bis auf wenige Zeilen weggefallen« seien (S. 422). Da keine von Goethe autorisierte Weimarer Spielfassung vorliegt, sind die Angaben letztlich nicht vollends verifizierbar. Erst nach der Verschriftlichung meines Vortrags konnte ich das Frankfurter Theatermanuskript zu *Stella*, welches Goethe dem Frankfurter Nationaltheater im April 1809 vermittelt, in der Sammlung für Musik und Theater der Universitätsbibliothek Johann Christian Senckenberg Frankfurt am Main (Sign. Mus Hs Texte 2) auffinden. Der Vergleich dieser Handschrift mit der Dyk'schen Synopse zeigt, dass *alle* von Dyk genannten Texteingriffe in dem Frankfurter Bühnenmanuskript erkennbar sind. Die verbindende, sich ergänzende Lektüre dieser beiden Quellen (der Frankfurter Abschrift und der Dyk'schen Rezension) erbringt erstmalig den Beweis dafür, dass Dyks Ausführungen zur Weimarer Bühnenbearbeitung Akribie und Glaubwürdigkeit für sich beanspruchen können. Unter Berücksichtigung der Dyk'schen Rezension ist damit erstmals belegbar, dass mit der Überlieferung der Frankfurter Abschrift tatsächlich eine Rekonstruktion der Weimarer Bühnenfassung möglich ist. Näheres hierzu in meinem Beitrag in »Dokumentationen und Miszellen«.

zu interpretieren.²⁰ Dieses Desiderats möchte sich der vorliegende Beitrag annehmen. Es gilt aufzuzeigen, inwiefern nicht nur der Schluss für die Aufführungen modifiziert, sondern auch die Liebesbeziehung zwischen dem verheirateten Fernando und seiner Geliebten Stella gemäß den gesellschaftlichen Erwartungen und Bühnenkonventionen modelliert wird. Zudem wird eine Relektüre des umgearbeiteten Schlusses unternommen. Das anstößige Ende wird bekanntermaßen zugunsten eines konventionellen Tragödienschlusses umgeschrieben. Dieser vermittle »moralische Befriedigung«, da man sehe, wie »Schuldbewußtsein und Tod Ordnung schaffen«.²¹ Aus dem *Schauspiel für Liebende* werde somit, wie Lothar Pikulik formuliert, ein »Trauerspiel für Moralisten«.²² In Erweiterung dieser Lektüren, die den moraldidaktischen Ton der Neufassung betonen,²³ vertrete ich die These, dass Goethes Stück mit dem bühnenwirksamen Doppelselbstmord nichts an Provokation einbüßt. Dies gelingt, indem der Autor am Schluss das einstige *Schauspiel für Liebende* palimpsestartig anklingen lässt.

Dyk erwähnt in seiner Synopse – abgesehen vom neuen Schluss – keine neu hinzugefügten Passagen, sondern er definiert die Kürzung als dominanten Texteingriff. Goethe schreibt in *Über das deutsche Theater* (1815), dass Schiller das Stück »in allen seinen Teilen bestehen« ließ und »nur hier und da den Dialog, besonders wo er aus dem Dramatischen ins Idyllische und Elegische überzugehen schien«, kürzte (FA I, 19, S. 684). Welche Passagen dies betrifft, erfahren wir erstmals von Dyk, da er Stellen, die mit »dem feinsten Takt […] weggestrichen«²⁴ wurden, akribisch auflistet. Die Kürzungen betreffen vor allem Stellas Redeanteile und in dem Zusammenhang die Fernando-Stella-Konstellation als solche. Stellas Erinnerungsschwelgereien und ihre aufflammenden Empfindungsbekundungen werden reduziert.²⁵ Dieser Befund stimmt mit dem überein, was Goethe andeutet, wenn er zu Schillers Kürzungsintention festhält: »Denn wie in einem Stück zuviel geschehen kann, so kann auch darin zuviel Empfundnes ausgesprochen werden« (FA I, 19, S. 684). Zudem ist auffällig, dass die innige Wiedersehensszene zwischen Stella und Fernando leicht umgearbeitet ist. So lässt sich eine sanfte Enterotisierung ausmachen. Die

---

20 Vgl. Witkowski (Anm. 15), S. 141 f. Witkowskis Hinweis, man könne mithilfe von Dyks Rezension Einblicke in die Spielfassung und so »wertvolle Belege von Goethes dramaturgischem Verfahren« erhalten (S. 141), hat man meines Wissens in der Goetheforschung noch nicht verfolgt.
21 Lothar Pikulik: *Stella. Ein Schauspiel für Liebende*. In: *Goethes Dramen*. Hrsg. von Walter Hinderer. Stuttgart 1992, S. 88-116; hier S. 114.
22 Ebd.
23 Vgl. ebd., auch Henry J. Schmidt: *Goethe's Stella. From »Ein Schauspiel für Liebende« to »Ein Trauerspiel«*. In: *Fide et amore*. Hrsg. von William C. McDonald u. Winder McConnell. Göppingen 1990, S. 317-328; hier S. 327.
24 [Dyk] (Anm. 16), S. 421.
25 Dyk schreibt: »S. 75 und 76 sind bis auf wenige Zeilen weggefallen« (ebd., S. 422; vgl. Anm. 19). Es handelt sich um Stellas Schilderung, wie sie Fernando im Garten ihres Onkels kennenlernte und sich auf den ersten Blick verliebte (vgl. FA I, 6, S. 551 f., entspricht GS 4, S. 75 f.).

religiöse Dimension des Liebesempfindens wird abgemildert.[26] Das erotisch anmutende Spiel mit Stellas langen, offenen Haaren – eine intime und daher im Bühnenspiel tabuisierte Geste – fällt sogar vollends weg.[27] Insgesamt erfährt die illegitime Liebesbeziehung nicht dieselbe Entfaltung wie in der Erstfassung. Man kann erstmals anhand der Synopse feststellen, dass nicht nur das skandalisierende Ende, sondern das gesamte Stück moralisch ›poliert‹ wird. Solche Texteingriffe sind fester Bestandteil der dramaturgischen Bearbeitungspraxis am Weimarer Hoftheater.[28] Im Jahr 1812 schildert Goethe der Theaterkommission rückblickend die Maßnahmen der (Selbst-)Zensur: »Bey dem Weimarischen Hof-Theater hat man […] die anstößigsten Stellen [der zu spielenden Stücke; M.H.] theils sogleich, theils nach und nach ausgelöscht, so daß nicht leicht etwas ganz Auffallendes vorkam« (FA I, 27, S. 243).

Ferner ist die Retuschierung der erotisch anmutenden Berührung vor dem Hintergrund der Weimarer Bühnenästhetik zu deuten, die alles Unschickliche verbannt. Wie penibel das Zusammenspiel der Geschlechter, der Körperkontakt, reglementiert wird, dokumentiert ein einzigartiges Zeugnis. Der Schauspieler Pius Alexander Wolff, der im Sommer 1803 von Goethe Schauspielunterricht erhält, notiert:

> Wo es zu vermeiden ist, sollte man nie einen Mitspielenden anfaßen. Es ist ein elender Behelf sich auf des andern Schultern lehnen, und abwechselnd ihn bald bei den Händen faßen bald in die Arme schließen. Eine Umarmung ist unter Freunden selbst immer nur ein seltner Ausbruch der Freude oder des Schmerzes. Ganz unschiklich aber ist es das Gesicht einer Dame mit der Hand zu berühren, ihr die Backen zu streicheln, oder sie bei'm Kinn zu faßen. Der Schauspieler muß in dießen Punkte ein Zartgefühl besitzen, das ihn Dinge, noch so wahr und für die Situation passend, auf der Bühne zu vermeiden mahnt, und ihn erinnert, daß <u>unter</u> der Maske des angenommenen Carakters, immer der Mann von guter Erziehung verborgen sein soll der die Gränze nie überschreitet wenn er sich gegen eine Dame Freiheiten erlauben muß.[29]

---

26 Dyk: »S. 48, die siebente bis zwölfte Zeile« wird gestrichen (ebd., S. 421), also Fernandos Rede: »Da sei Gott für! – Aber diese Augenblicke von Wonne in deinen Armen machen mich wieder gut, wieder fromm. – Ich kann beten, Stella; denn ich bin glücklich« (FA I, 6, S. 540, vgl. GS 4, S. 48).

27 Dyk notiert die Streichung von: »auf derselben Seite [S. 48] die zwey letzten Zeilen und den Schluß des ganzen Auftritts bis S. 50« (ebd., S. 421). Siehe FA I, 6, S. 540, V. 23 bis S. 541, V. 10. Das offene, lange Frauenhaar wird in der Zeit mit weiblicher Sexualität assoziiert (vgl. Carol Rifelj: *The Language of Hair in the Nineteenth-Century Novel*. In: *Nineteenth-Century French Studies* 32 [2003], S. 83-96; hier S. 88), sodass Fernandos Berührungen, das Einwickeln seiner Arme in Stellas Haare, womöglich als anstößiges Bühnenspiel empfunden werden. Wie sehr überhaupt Körperkontakte zwischen Schauspielern und Schauspielerinnen reglementiert werden, belegen u. a. die im Beitrag herangezogenen Aufzeichnungen des Schauspielers Wolff (Anm. 29). Zum Gebot des »Anstands« siehe auch: Jutta Linder: *Ästhetische Erziehung. Goethe und das Weimarer Hoftheater*. Bonn 1990, S. 101-108.

28 Vgl. Andrea Heinz: *Goethes Weltrepertoire auf dem Weimarer Hoftheater*. In: *Goethe und die Weltkultur*. Hrsg. von Klaus Manger. Heidelberg 2003, S. 297-310; hier S. 307.

29 [Pius Alexander Wolff:] *Regeln für Schauspieler. Weilburger Handschrift*. In: *Die Weilburger Goethe-Funde. Neues aus Theater und Schauspielkunst. Blätter aus dem Nach-*

Neben diesen Texteingriffen vor dem Hintergrund einer zu wahrenden (Bühnen-) Schicklichkeit ist der Befund interessant, dass Dyk sehr detailliert die neu hinzugekommenen Szenen wiedergibt. Die Öffentlichkeit wird also bereits 1807 über den neuen Schluss, den Goethe erst 1816 veröffentlicht, informiert.[30]

»Denken Sie nur: Fernando erschießt sich und die arme Stella vergiftet sich am Ende«[31] – so formuliert Johann Diederich Gries sein Erstaunen nach der Weimarer Premiere. Weshalb Goethe das harmonische Schlusstableau verwirft und stattdessen einen tragischen Ausgang konzipiert, lässt sich folgender Schilderung entnehmen:

> [A]llein bei aufmerksamer Betrachtung kam zur Sprache, daß nach unsern Sitten, die ganz eigentlich auf Monogamie gegründet sind, das Verhältnis eines Mannes zu zwei Frauen, besonders wie es hier zur Erscheinung kommt, nicht zu vermitteln sei, und sich daher vollkommen zur Tragödie qualifiziere. (*Über das deutsche Theater*, 1815; FA I, 19, S. 684)

Die Zurücknahme des früheren Schlusses begründet Goethe bemerkenswerterweise weder mit eigenen (neuen) Ansichten noch mit religiösen Geboten, sondern er bezieht sich allein auf die gegenwärtige Übereinkunft der Gesellschaft (»unsern Sitten«) sowie auf die Publikumserwartungen. Mit der Eingangsformulierung, die auf einen Diskurs mit Schiller hinweist, macht Goethe explizit, dass einzig Monogamie toleriert werde und demzufolge auf der Bühne zu »vermitteln« sei. Mit der nachdrücklichen Formulierung, dass die Gesellschaft »ganz eigentlich«[32] auf Monogamie gründe, deutet Goethe jedoch an, dass auch etwas anderes existiert. Da alternative Beziehungen jenseits der Ehe vorstellbar sind, sie teilweise gelebt werden und überdies auch über Polygamie diskutiert wird,[33] bedarf es immer wieder der Entgegnung dessen, was »eigentlich« gilt. Damit enthält die Stellungnahme, welche auf den ersten Blick Monogamie affirmiert, die Einsicht, der zufolge die Ehe als kulturell geformte und damit auch veränderbare, anfällige Institution wahrzunehmen

---

laß *Pius Alexander Wolffs*. Hrsg. von Hans Georg Böhme. Emsdetten 1950, S. 32 f. Diese Notizen bilden die Grundlage für die später verschriftlichten *Regeln für Schauspieler*. Vgl. auch Linder (Anm. 27), S. 108.

30 Es ist nicht überliefert, wie Goethe auf diese Bekanntmachung seiner Bühnenbearbeitung reagiert hat. Vermutlich wird Dyk das Manuskript nicht illegal aus dem Umkreis der Theaterschaffenden erhalten haben, denn Goethe hat nach dem Eklat um Carl August Böttiger, der sich unerlaubterweise die Kopie von *Wallensteins Lager* verschafft hatte, die heimliche Weitergabe von Theatermanuskripten an Außenstehende strikt untersagt. Dieses Verbot mündet in dem Dekret vom 11. März 1799: »Es wird hiermit denen bey den hießigem Theater angestellten Wöchnern ausdrücklich untersagt irgend jemand, es sey wer es wolle, ohne Vorwissen der Commission ein Manuscript zu leihen« (FA I, 27, S. 172). Hierzu auch Linder (Anm. 27), S. 115.

31 Brief von Gries an Hufeland, 28.3.1806, zit. nach Hans Gerhard Gräf: *Goethe über seine Dichtungen. Versuch einer Sammlung aller Aeusserungen des Dichters über seine poetischen Werke*. Frankfurt a. M. 1908, T. 2, Bd. 4, S. 199, Fn. 3.

32 Goethe benutzt häufig die Superlativform »ganz eigentlich«, vgl. Gertrud Herwig: »eigentlich«. In: GWb 2, Sp. 1411-1413.

33 Bezogen auf den deutschsprachigen Raum siehe u. a.: Isabel Virginia Hull: *Sexuality, State, and Civil Society in Germany 1700-1815*. Ithaca, London 1996, S. 176-179.

ist. Mit seinem Trauerspielschluss führt Goethe nun dem Publikum vor, was mit Menschen in einer Gesellschaft geschieht, die Mehrfachlieben – und somit Ehebruch – verurteilt und Bigamie bestraft.

Auch in der Trauerspielfassung erzählt allerdings zunächst Cecilie ihrem Ehemann die Sage vom Grafen von Gleichen. Sie identifiziert sich mit der liebenden Gemahlin, die mit der Retterin ihres Mannes aus Dankbarkeit eine Ehe zu dritt eingehen wird:

> An ihrem Halse rief das treue Weib, in tausend Tränen rief sie: »Nimm Alles was ich dir geben kann! Nimm die Hälfte des, der ganz dein gehört – Nimm ihn ganz! Laß mir ihn ganz! Jede soll ihn haben, ohne der andern was zu rauben – Und rief sie an seinem Halse, zu seinen Füßen: Wir sind dein!« (FA I, 6, S. 562)

Cecilie schließt ihre Erzählung mit den Worten: »Und ihr Glück, und ihre Liebe faßt selig Eine Wohnung, Ein Bett, und Ein Grab« (ebd.),[34] woraufhin Fernando erleichtert sagt: »Gott im Himmel! Welch ein Strahl von Hoffnung dringt herein!« (ebd.). Allerdings wird er bitter enttäuscht, denn Stella hat im Nebenraum schon Gift zu sich genommen. Drastisch wird somit die Erzählung als retardierendes Moment eingesetzt: Die Hoffnung auf ein glückliches Ende bricht nicht nur hervor, sondern man wird auch unweigerlich an den einstigen Schluss der Schauspielfassung erinnert (»Wir sind dein!«; FA I, 4, S. 574), was den Rezeptionsprozess des Finales steuert. Das Happy End wird nun demonstrativ getilgt und »eine tragische Wendung« (FA I, 19, S. 684) vollzogen.

Dass sich Stella in dem Augenblick für den Selbstmord entscheidet, da Cecilie um eine einvernehmliche Lösung ringt und zuletzt ihrem Ehemann den Vorschlag einer Ehe zu dritt unterbreitet, nachdem sie bereits Stella an ihrer Abreise gehindert und ihr womöglich eine Zukunftsperspektive mit Fernando eröffnet hat, ist bedeutsam. Im Trauerspiel kann Stella, obgleich sie Fernando liebt, keinesfalls mit ihm verbunden bleiben. Stella, die unwissend mit dem verheirateten Mann über viele Jahre zusammen war, ist nämlich von extremen Schuldgefühlen gegenüber Cecilie geplagt, in der sie nun plötzlich die Ehefrau entdecken musste (vgl. FA I, 6, S. 555). Demzufolge ist die Selbsttötung als Ausdruck der Entsagung deutbar. Dieser Umstand bekommt eine besondere Relevanz, wenn man die Funktion der Todesszene beachtet. Diese besteht, gemäß Peter von Matt, darin, »das sittliche Profil der Figur ins volle Licht«[35] zu rücken. In diesem Sinne werde dem Publikum die »Norm« vorgeführt, »gegen die sie [die Figur; M.H.] verstoßen, für die sie sich geopfert hat.«[36] Die letzten Worte seien hierbei immer von »Wahrheit« geprägt.[37] So zeugen Stellas letzte Worte von einer innig empfundenen Liebe (»Alles um Liebe, war die

---

34 Dass dieser Satz in der Weimarer Spielfassung nicht ausgelassen wird, erfahren wir von Dyk (Anm. 16), S. 422.
35 Peter von Matt: »*The Tongues of dying men ...*«. Zur Dramaturgie der Todesszene. In: *Das Subjekt der Dichtung*. Fs. für Gerhard Kaiser. Hrsg. von Gerhard Buhr, Friedrich A. Kittler u. Horst Turk. Würzburg 1990, S. 567-578; hier S. 569.
36 Ebd.
37 Ebd., S. 574.

Losung meines Lebens.«; FA I, 6, S. 564) und stehen im Bannkreis eines familiärempfindsamen Wertekanons. Goethes Frauenfigur erstrahlt in wahrer sittlicher Größe, denn sie opfert ihr Leben, um die Eheleute zu vereinen. Sie ist bereit, ihre Leidenschaften den moralischen Forderungen der Ehe zu opfern. Dies wird mithilfe einer ausdrucksstarken Geste vermittelt, denn die Sterbende versucht mit ihrer letzten Kraft, »*die Hände beider Gatten zusammenzubringen*« (ebd.). Allerdings misslingt die Vereinigung des Ehepaares; stattdessen wählt Fernando den Tod mit der Geliebten: »Ja wir wollen schweigen, Stella, und ruhen« (ebd.). Mit diesen Worten verlässt er den (Bühnen-)Raum und erschießt sich nebenan.

Fernandos Selbstmord ist Ausdruck verzweifelter Liebe und marternder Schuldgefühle. Goethe zeigt einen schuldbeladenen und von Todessehnsucht gezeichneten Mann, der mit seiner Gefühlswelt überfordert ist und die Situation, zwischen beiden Frauen zu schwanken, nicht bewältigen kann: »Ein Dolchstich würde allen diesen Schmerzen den Weg öffnen, und mich in die dumpfe Fühllosigkeit stürzen, um die ich jetzt Alles dahin gäbe!« (FA I, 6, S. 549). Während im Schauspiel noch die Rettung gelingt, kommt es in der Trauerspielfassung zum zweifachen Selbstmord. Die Dramaturgie der finalen Sterbeszene lässt dabei die Beobachtung zu, dass der Autor die rigorosen Moralansprüche szenisch ausbuchstabiert, indem Stella und Fernando voneinander getrennt sterben müssen. Den Liebenden wird ein gemeinsamer Bühnentod verwehrt. So erinnert Stella in ihrem Todeskampf Cecilie an deren Pflicht als Gattin:

> So gehe du hin, zu dem, dem du angehörst. Nimm seinen letzten Seufzer, sein letztes Röcheln auf. Er ist dein Gatte. Du zauderst? Ich bitte, ich beschwöre dich. Dein Bleiben macht mich unruhig. *Mit Bewegung, doch schwach.* Bedenke, er ist allein, und gehe! *Cecilie mit Heftigkeit ab.* (FA I, 6, S. 565 f.)

Hier wird nicht nur der allerletzte Versuch, die Familie zusammenzuführen (Lucie wird kurz darauf zu ihrem Vater geschickt), gezeigt, sondern vor allem auch Stellas fortwährende Liebe zu Fernando in den Mittelpunkt gerückt. Stella fühlt dessen tödliche Verletzung, was auf die innigste Verbundenheit der Liebenden verweist: »Ich sehe Blut fließen. Ist's denn mein Blut? Es ist nicht mein Blut. Ich bin nicht verwundet, aber tod krank – Es ist doch mein Blut« (FA I, 6, S. 565). Das Publikum muss in dem »fürchterlichsten Augenblick« erkennen, dass Stella und Fernando, wie Cecilie sagt, »nicht [zu] trennen und nicht [zu] vereinigen« sind (ebd.). Goethes Schlussbild erscheint dann als völlig trostlos: Stella stirbt allein.

Mit dem neuen Schluss werde nun, wie Goethe kundtut, das »Gefühl befriedigt und die Rührung erhöht« (FA I, 19, S. 684). Bei dem »Gefühl« handelt es sich um das moralische Empfinden, welches bei vielen verletzt worden war. Goethe vollzieht dreißig Jahre später also das, was seine Kritiker gebetsmühlenartig wiederholt hatten: Der Verführer und Ehebrecher Fernando müsse für seine Laster bestraft werden, damit die Bühne ihre Funktion als bürgerliche Sittenanstalt erfülle.[38] Er sollte sich »selbst ermorden«, denn »diese traurige Catastrophe würde den meisten be-

---

38 Siehe auch die erwähnte Fortschreibung von Pfranger (Anm. 5).

haglicher gewesen seyn«.³⁹ Zwar folgt Goethe nun diesem Bestrafungsbedürfnis und inszeniert die Selbsttötung seiner Männerfigur. Der Glanzpunkt von Goethes Dramaturgie liegt meines Erachtens jedoch darin, dass der Autor nur vordergründig das Moralempfinden versöhnt, indem er die Handlung dem sittlich-moralischen Erwartungshorizont anpasst, während es ihm vor allem um Mitleid, um ›Rührung‹, geht. Die Sterbeszene ist eine Einladung zum Mitfühlen, da Stella als Liebende auftritt, die bereit ist, für die Wiederherstellung der Ehe und Familie zu sterben, und es ferner dem Publikum ermöglicht wird, Fernando mit Stellas Augen der Liebe zu sehen. Es fehlen überhaupt Worte der (moralischen) Verurteilung oder Schuldzuweisung, vielmehr zeigen sich alle äußerst betroffen. Zwar können die Zuschauerinnen und Zuschauer Fernandos Sterben nicht auf der Bühne miterleben, aber sie werden durch die empathische Anteilnahme an Stellas Leiden auch zur Imagination des Todeskampfes angeregt und können Fernandos »letzten Seufzer« und »letztes Röcheln« (FA I, 6, S. 565 f.) hören.

Doch wie wird diese Sterbeszene von den Rezipientinnen und Rezipienten aufgenommen? Charlotte von Stein äußert sich in einem Brief an ihren Sohn kritisch: »Fernando erschießt sich, und mit dem Betrüger kann man kein Mitleid haben. Besser wäre es gewesen, er [Goethe] hätte [nur] Stella sterben lassen; doch nahm er mir's sehr übel, als ich dieß tadelte«.⁴⁰ Diese scharfe Zurückweisung einer Mitleidsregung ist bemerkenswert, verrät sie doch, womit man anscheinend hadert. So fordert von Stein paradoxerweise Fernandos Überleben, damit auch niemand Gefahr laufe, doch noch »Mitleid« mit dem »Betrüger« zu haben. Auf diesen Vorschlag reagiert Goethe sichtlich verstimmt, was die Vermutung bestärkt, dass (auch) Fernandos Sterben für den Autor wirkungsästhetisch bedeutsam ist. Tatsächlich belegen die Theaterkritiken, dass Goethe mit seinem *Trauerspiel* eine Anregung zu emotionaler Anteilnahme gelungen ist. Über die Premiere schreibt Siegfried August Mahlmann in der *Zeitung für die elegante Welt*: »Dieser gegenwärtige herrliche Genuß verschlang die Vergangenheiten. Mit tiefer Rührung wurde das Schauspielhaus verlassen«.⁴¹ Auch über die Leipziger Aufführung (21. Juni 1807) erfährt man: »Man blieb mehrere Minuten in Schwermuth versunken auf seinem Stuhle sitzen, und nur das Wiederhinaufrollen des vordern Vorhanges erinnerte an das Aufstehen«.⁴² Dass man dem Augenzeugen Glauben schenken kann, zeigt ein weiterer Bericht. Johann Friedrich Rochlitz, den Goethe zuvor um ausführliche

---

39 [Anonym:] *Berlinisches Litterarisches Wochenblatt*, 20.3.1776. In: Braun (Anm. 2), S. 249-253; hier S. 252.
40 An Friedrich (Fritz) Konstantin von Stein, 5.3.1806; zit. nach Gräf (Anm. 31, S. 199). Gräf weist darauf hin, dass ein »nur« eingefügt werden muss, da auch andere Zeitgenossen, die ebenfalls die Premiere erlebt haben, wie der zitierte Gries, den zweifachen Tod schildern. Da dies auch mit den Ausführungen von Dyk übereinstimmt (Anm. 16, S. 422 f.), erscheint eine Variation der Sterbeszene als höchst unwahrscheinlich.
41 [Mahlmann] (Anm. 10), Sp. 80.
42 [Dyk] (Anm. 16), S. 423. Lediglich dieser kurze Auszug wird z. B. in der Frankfurter Ausgabe im Abschnitt »Wirkung« zitiert (vgl. FA I, 6, S. 1209), ansonsten bleibt die Dyk'sche Quelle in den Werkausgaben unberücksichtigt.

Schilderungen des Leipziger Gastspiels gebeten hatte,[43] schreibt am 4. Juli 1807 an diesen: »Stella machte einen so tiefen Eindruck, als kaum jemals irgend ein Schauspiel«.[44] Und Rochlitz fügt hinzu: »[N]ach dem ersten, äußerst lebhaften Ausbruch dankbarer Theilnahme ging alles schweigend und leise, wie blöde und scheu, aus dem Hause«.[45]

Die zitierten Rezeptionsdokumente sind nicht nur Zeugnisse einer außerordentlichen Betroffenheit, sondern verdeutlichen zudem, wie schwer der Schluss zu fassen ist. Man führe sich diesbezüglich noch einmal vor Augen, wie Goethe sein Trauerspiel enden lässt: Stella, »*sinkend*«, sagt: »Und ich sterbe allein« (FA I, 6, S. 566). Dieser Satz muss einen so starken Eindruck hinterlassen haben, dass sogar Dyk explizit darauf zu sprechen kommt: »Wenn Sie nun vollends diese Worte der Madam Wolff hätten sagen hören!«.[46]

Indem der Autor diesen Schluss wählt, verweigert er die »letzte Diagnose, die Feststellung des eingetretenen Todes«.[47] Es fehlt ferner das szenische Geschehen der anderen Charaktere, welches gewöhnlich, wie von Matt ausführt, ganz im »Nachruf auf den toten Protagonisten«[48] steht. Goethe verzichtet auf beide Elemente einer Todesszene. Niemand ist auf der Bühne, der Stellas Ableben feststellt und ihren Tod betrauert. So müssen sich die Zuschauerinnen und Zuschauer in einem ungewohnten Rezeptionsmodus mit Stellas Sterben befassen. Sie werden wohl nicht nur gebannt die szenisch-gestischen Vorgänge erschließen, die den eintretenden Tod andeuten, sondern müssen anschließend die Stille aushalten. Sie werden auf sich selbst zurückgeworfen, zu Empathie und Reflexion angeregt.

Womöglich fällt es den aufmerksamen Rezipientinnen und Rezipienten auf, dass Goethe ganz am Ende eine Reminiszenz an seine Erstfassung gestaltet. So verbinden sich die letzten Sätze beider Fassungen – »Wir sind dein!« und »Ich sterbe allein« – durch einen Reim. Diese Klangfigur verknüpft das Trauerspiel spannungsvoll mit dem Prätext, dem *Schauspiel für Liebende*: Das tragische Ende verweist zwingend auf das Happy End, als dessen Revision es nun eingesetzt wird. Verstärkt wird dieser verweisende Gestus auf das einstige Happy End zudem dadurch, dass auch die Trauerspielfassung die Legende vom Grafen von Gleichen kurz zuvor wiedergibt und in dem Zusammenhang auch den Ausruf »Wir sind dein!« erklingen lässt, um diesen schließlich nun mit dem todverheißenden Reim »Ich sterbe allein« spürbar zu konterkarieren.

Die am Ende wahrzunehmende nuancierte Anspielung auf den einstigen letzten Satz des Stückes könnte ein subversives Potenzial enthalten, indem sie nicht nur den

---

43 Vgl. Goethe an Rochlitz, 3.4.1807. In: *Goethes Briefwechsel mit Friedrich Rochlitz*. Hrsg. von Woldemar Freiherr von Biedermann. Leipzig 1887, S. 33-35.
44 Rochlitz an Goethe, 4.7.1807. In: ebd., S. 48-54; hier S. 49.
45 Ebd.
46 [Dyk] (Anm. 16), S. 423. Die Schauspielerin Amalie Wolff habe sich die Rolle der Stella »so zu eigen gemacht, daß man glauben sollte, der Dichter habe sie schon vor zwanzig und mehr Jahren im Auge gehabt, als er das Stück schrieb« (ebd., S. 424).
47 Matt (Anm. 35), S. 571.
48 Ebd., S. 577.

früheren Schluss imaginativ hervorruft oder auf die mögliche Austauschbarkeit der Schlüsse hinweist, sondern die tödliche Macht der moralischen Gebote ausstellt, die eine Negation des Happy Ends erzwingt. Es wird markiert, dass eine sinnliche Doppelliebe, welche die Beteiligten in eine Ehe zu dritt überführen wollen, aufgrund der gesellschaftlichen Konventionen keine Zukunft finden kann. Das vereinzelte Sterben einer Liebenden auf der Bühne erinnert so an die innige Umarmung zu dritt, welche Goethe einst vor dem Niederfallen des Vorhangs gestaltet hatte.

Helene Kraus

Über Goethes Anonymitätspolitik

Als Friedrich Schiller 1794 Goethe für eine namentliche Mitwirkung an seinem neuen Journal *Die Horen* gewinnen wollte, bestand Goethe darauf, dass seine Beiträge »s ä m t l i c h anonym erscheinen«. Erst dadurch werde ihm »ganz allein möglich mit Freyheit und Laune, bey meinen übrigen Verhältnissen, an Ihrem [Schillers, H.K.] Journale theilnehmen zu können« (SNA 35, S. 101 f.). Schillers Überredungskunst, Goethe doch zu einer namentlichen Publikation zu acquirieren, blieb erfolglos. Der Autor setzte sich gegen den Herausgeber Schiller und den Verleger Johann Friedrich Cotta durch.[1] Goethes Mitwirkung an den *Horen* war dezidiert an die Bedingung der Anonymität geknüpft. Auch andere Arbeiten Goethes gingen ohne seinen Namen in den Druck: Die aus der solidarischen Produktionsgemeinschaft mit Schiller erwachsenen *Xenien*,[2] von den selbstständigen Schriften die Jugendarbeiten *Götz von Berlichingen*, *Erwin und Elmire* und *Die Leiden des jungen Werthers* sowie in den 1780er und 1790er Jahren *Das Römische Carneval* sowie *Der Bürgergeneral*.

Mit anderen, anonym bleibenden Autoren und Autorinnen ging Goethe hingegen nicht gerade sorgfältig um: Über 30 der im Kollektiv zwischen Goethe, Merck, Herder und Schlosser 1772 entstandenen Rezensionen der *Frankfurter gelehrten Anzeigen* wurden in Goethes *Vollständige Ausgabe letzter Hand* eingerückt – darunter Kritiken, die Goethe sicherlich nicht verfasst hatte. In den 50. Band ebenjener Werkausgabe importierten Goethe bzw. seine Nachlassverwalter einen ursprünglich im *Tiefurter Journal* erschienenen, fragmentarisch gebliebenen Aufsatz über die Natur,[3] der nicht von Goethe,[4] sondern vermutlich von dem Weimarer Schriftsteller Georg Christoph Tobler herrührte.[5] Im Jahre 1819 erhob Goethe seine Dichterfreundin Marianne von Willemer nicht in den Stand einer Co-Autorin, obwohl deren lyrische Produkte seitdem das Textkorpus des *West-östlichen Divans* zieren. Ausgehend von diesen Beispielen lässt sich radikal formulieren: Goethe eignete sich wiederholt fremde, anonyme Textmaterialien an.[6]

---

1 Vgl. Brief von Schiller an Goethe, 6.12.1794. In: SNA 27, S. 100 f.; hier S. 101.
2 Vgl. zur anonymen Veröffentlichung der *Xenien* Mathew Bell: *Anonymität und Autorschaft in den »Xenien«*. In: GJb 2005, S. 92-106.
3 Der Aufsatz liegt ediert vor in SchrGG 74 (2011), S. 270-272.
4 Die Editoren des *Tiefurter Journals* verweisen hinsichtlich dieses Aufsatzes auf die prekäre Quellenlage, die eine eindeutige Zuschreibung der Verfasserschaft nicht erlaubt; eine Goethe'sche erscheint den Herausgebern zufolge aufgrund von inhaltlichen Kriterien »unwahrscheinlich«. SchrGG 74 (2011), Kommentar, S. 570.
5 Vgl. Holger Dainat: *Goethes Natur oder: Was ist ein Autor?* In: *Paratexte in Literatur, Film, Fernsehen*. Hrsg. von Klaus Kreimeier und Georg Stanitzek. Berlin 2004, S. 101-116.
6 Ein ähnlicher Fall scheint bei dem Gedicht *Im Sommer* vorzuliegen. Vgl. Daniel Ehrmann: *»unser gemeinschaftliches Werk«. Zu anonymer und kollektiver Autorschaft in den »Propyläen«*. In: GJb 2015, S. 30-38; hier S. 31.

Zeitlebens behielt sich Goethe eine Flexibilität hinsichtlich seines Umgangs mit Anonymität vor.[7] Das Oszillieren zwischen Anonymität und Onymität[8] akzentuiert, dass die heteronome Anonymitätspolitik primär auf die eigene Interessenlage zugeschnitten war. Ziel dieses Beitrages ist es, einige schlaglichtartige Überlegungen zu Goethes Verhältnis zu Anonymität aus historisch-praxeologischer Sicht vorzustellen:[9] Dies geschieht erstens durch das Produktivmachen von Anonymität in Bezug auf das eigene Einzelwerk, zweitens durch den Umgang mit anderen, anonymen Textartefakten sowie drittens durch das politische Engagement gegen Anonymität in Druckschriften.

Goethes eigene Anonymität

Zum Ärgernis des Verfassers kündigte das Verzeichnis der Leipziger Michaelismesse des Jahres 1774 unter der Kategorie der »Fertig gewordenen Schriften« an: »Göthe, die Leiden des jungen Werthers [...] in der Weygandschen Buchhandlung«.[10] Obwohl der Messkatalog Goethes Verfasserschaft bereits angekündigt hatte, kam das Titelblatt des *Werthers* ohne Autornamenssignatur auf den Buchmarkt. Parallel kursierte der Text im brieflichen Netzwerk des Verfassers: Ein individualisiertes Vorabexemplar des *Werthers* schickte Goethe etwa an Charlotte Kestner mit der Bitte, es »niemand iezzo sehn [zu lassen], es kommt erst die Leipziger Messe in's Publikum« (GB 2,I, S. 131). Der private Textversand fungierte als Element einer Feedbackkultur, wodurch sich Goethe kritische Rückmeldungen erhoffte. Die Freunde übernahmen zudem wichtige textdistributive Aufgaben: Sophie von La Roche (vgl. GB 2,I, S. 36) und Johann Christian Kestner (vgl. GB 2,I, S. 37) waren auch aus finanzieller Logik mit Goethes Produkten vertraut gemacht worden – der private Buchversand sollte den Verkauf der autorisierten Ausgaben be-

---

7 Den Begriff Anonymität verstehe ich auf peritextueller Ebene (in diesem Fall das Titelblatt) als fehlende bzw. chiffrierte Namenssignatur; vgl. zu peritextuellen Formen von Anonymität und Pseudonymität Gérard Genette: *Paratexte. Das Werk vom Beiwerk des Buches*. Berlin 2001, S. 45-50. Zur begrifflichen Differenzierung zwischen peritextueller und epistemischer Ebene von Anonymität vgl. Carlos Spoerhase: *Die spätromantische Lese-Szene. Das Leihbibliotheksbuch als ›Technologie‹ der Anonymisierung in E. T. A. Hoffmanns »Des Vetters Eckfenster«*. In: DVjs 83 (2009), S. 577-596; hier S. 588.
8 Der Begriff geht auf Genette zurück, der Onymität als Gegensatz zu Anonymität konstruiert und darunter die Signatur des »Autor[s] mit seinem amtlich verbürgten Namen« versteht. Vgl. Genette (Anm. 7), S. 43.
9 Methodisch folge ich einem historisch-praxeologischen Ansatz. Vgl. zur Praxeologie den einschlägigen Aufsatz von Andreas Reckwitz: *Grundelemente einer Theorie sozialer Praktiken. Eine sozialtheoretische Perspektive*. In: Zeitschrift für Soziologie 32 (2003), 4, S. 282-301; vgl. weiterführend zur historischen Praxeologie als Methode Lucas Haasis und Constantin Rieske: *Historische Praxeologie. Zur Einführung*. In: *Historische Praxeologie. Dimensionen vergangenen Handelns*. Hrsg. von dens. Paderborn 2015, S. 7-54.
10 *Allgemeines Verzeichniß derer Bücher, welche in der Frankfurter und Leipziger Michaelmesse des 1774 Jahres entweder ganz neu gedruckt, oder sonst verbessert wieder aufgelegt worden sind, auch inskünftige noch herauskommen sollen*. Leipzig 1774, S. 760.

schleunigen und das unautorisierte Druckwesen des 18. Jahrhunderts abfedern;[11] 1775 kamen nachweislich sieben unautorisierte *Werther*-Ausgaben auf den Buchmarkt.[12] Die Freunde kompensierten mitunter die logistischen Abläufe, die im autorisierten Verlagssektor gewöhnlich Buchhändler übernahmen.

Anonymität war in diesem Fall nicht gleich Anonymität: Die Unsigniertheit des Titelblatts kontrastierte mit den vom Autor betriebenen Zirkulationsmechanismen. Ein Geheimnis schien Goethes Verfasserschaft nicht zu sein; dem Publikum war ohnehin durch die Messkatalogankündigung der genuine Urheber des *Werthers* genannt worden. Über seine jugendlichen anonymen Publikationsgeschäfte reflektierte Goethe später in *Dichtung und Wahrheit*, diese seien aufgrund einer »Scheu vor der Presse« (FA I,14, S. 623) erfolgt. Diese Skepsis gegenüber dem Druck erklärt allerdings nicht, warum Goethe erst dreizehn Jahre nach der Erstveröffentlichung seiner Frühwerke auf dem Titelblatt verantwortlich zeichnete: 1787 erschien eine autorisierte Textausgabe des *Werthers* mit der Angabe »Von Goethe«.[13] Doch warum zögerte Goethe durch die Eigennamensignatur, Autorschaft wie Werkherrschaft für sich zu reklamieren?[14] Unrechtmäßige Drucker versuchten bereits wesentlich früher Profit aus dem Namen Goethe zu schlagen. Nachdrucker wie Johann Georg Fleischhauer, Christian Friedrich Himburg oder Christian Gottlieb Schmieder wiesen in ihren gesammelten Goethe-Ausgaben schon seit Mitte der 1770er Jahre dezidiert auf den Autornamen Goethe hin.[15]

Die in den 1780er Jahren erfolgte autorisierte Signatur korrespondierte mit Goethes Verlagswechsel zu Georg Joachim Göschen, der eine erste autorisierte Werkausgabe realisierte. Die Professionalisierung des Verlagswesens im ausgehenden 18. Jahrhundert ließ Akteure wie Göschen vom Autornamen als Marke Gebrauch machen. Der Name Goethe versprach mit den Erfolgen der 1770er Jahre einen ökonomischen Mehrwert, der einerseits als qualitatives Moment den Textabsatz der Goethe-Produkte anregen und andererseits als Aushängeschild des jungen Göschen-Verlags zu dessen Renommee beitragen sollte. Der Name Goethe sollte mithin die Neuauflage des *Werthers* sowie der gesammelten Goethe-Schriften bewerben; dies war freilich deshalb nötig geworden, weil die schriftstellerischen Arbeiten Goethes aufgrund von regen Amtstätigkeiten in den ausgehenden 1770er bzw. 1780er Jahren stagnierten.[16] Der doppelte Rekurs auf die zurückliegenden Jugenderfolge durch Wiederabdruck in Einzelwerk- respektive Gesamtwerkformaten fungierte als Anschluss an den früheren Erfolg.

Die Rückbindung textueller Artefakte an Goethe übernahm zusätzlich distinktive Funktionen und grenzte fremde Produkte von eigenen ab. Der Autorname diente der Individualisierung von Textmengen, wie Michel Foucault herausgestellt

---

11 Dies gilt umso mehr für den im Selbstverlag veranstalteten *Götz*, den Goethe ebenso im Freundeskreis distribuieren ließ.
12 Vgl. Waltraud Hagen: *Die Drucke von Goethes Werken*. Berlin 1971, S. 110-114.
13 Johann Wolfgang von Goethe: *Die Leiden des jungen Werthers*. Leipzig 1787.
14 Vgl. zur Verbindung von Autorschaft und Werkherrschaft die Studie von Heinrich Bosse: *Autorschaft ist Werkherrschaft. Über die Entstehung des Urheberrechts aus dem Geist der Goethezeit*. Paderborn 2014.
15 Vgl. Hagen (Anm. 12), S. 3-8.
16 Vgl. Siegfried Unseld: *Goethe und seine Verleger*. Frankfurt a.M. 1991, S. 112-134.

hat[17] – und dies war gerade im expandierenden Buchmarkt des 18. Jahrhunderts fundamental geworden. Konstitutiv für Goethes selbstständige Veröffentlichungen erwies sich der Autorname, der 1787 die fragile Autor-Werk-Verbindung stabilisierte. Der Name Goethe bewirkte eine Bündelung von Aufmerksamkeit und integrierte die unsignierten Texte in den Kanon des Goethe'schen Gesamtwerks. Der Autorname subsumierte verstreute Textelemente und machte sie als Werk *eines* Urhebers lesbar; *Goethe's Schriften*, die ab Mai 1787 bei Göschen in insgesamt acht Bänden ausgeliefert worden waren, besiegelten diese Zentrierung des bisherigen Gesamtwerks auf Goethe.[18]

Die peritextuelle Namensnennung definierte den *Werther* endgültig als Goethes *Werther*. Die Textdeutung veränderte sich nicht nur angesichts der bekannten Umarbeitung zur Zweitauflage, sondern auch die Transformation von ›ohne‹ zu ›mit‹ Goethes Signatur hatte wesentliche hermeneutische Auswirkungen. Anonymität kann ein Element sein, das textkompositorische Effekte erzeugen kann und mitunter unsere heutige Textwahrnehmung gegenüber der historischen entschieden zu modifizieren vermag.[19] Für den Text des *Werthers* lässt sich bilanzieren, dass der Name Johann Wolfgang von Goethe die Plausibilität der Narration entschieden gestört hätte: Schließlich tritt zu Beginn des *Werthers* eine Herausgeberfigur auf, die ihrem Publikum versichert:

> Was ich von der Geschichte des armen Werthers nur habe auffinden können, habe ich mit Fleiß gesammlet, und leg es euch hier vor, und weis, daß ihr mir's danken werdet. Ihr könnt seinem Geist und seinem Charakter eure Bewunderung und Liebe, und seinem Schicksaale eure Thränen nicht versagen.[20]

Auf Goethes anonymer Autorschaft gründete die den Werther-Briefen subtil attestierte Echtheit und die damit verbundene Einforderung einer emphatischen Lektürehaltung. Die Parallelität zweier Verfasserfiguren (Werthers und Goethes), wie sie mit Goethes Namenseinrückung 1787 realisiert wurde, identifizierte die Herausgeberrede als Unmittelbarkeitsimagination: Der Name Goethe attestierte a priori der Lektüre die Fiktion Werthers wie seiner Briefe. Goethes Name stimmte seitdem statt auf eine mögliche faktuale Rezeption auf eine dezidiert fiktionale ein. Das Wissen um Goethes Autorschaft kaschierte die vom Text angebotene authentische Lesart. Die Fixierung Goethes auf dem Titelblatt signalisierte einen fiktionalen Status und machte Werthers Briefe letztlich zu Goethes Briefen. Der Text wird qua Goethes Namen vom brieflichen Zeugnis zum Roman.

Wer den anonymen Druck des *Werthers* veranlasste, auf wessen Initiative überhaupt die Messekatalogankündigung mit Goethes Namen zurückging und ob

---

17 Vgl. Michel Foucault: *Was ist ein Autor?* In: *Texte zur Theorie von Autorschaft.* Hrsg. von Fotis Jannidis, Gerhard Lauer, Matías Martínez, Simone Winko. Stuttgart 2000, S. 198-229; hier S. 210.
18 Vgl. Johann Wolfgang von Goethe: *Goethe's Schriften*, 8 Bde. Leipzig 1787-1791.
19 Darauf verwies bereits Stephan Pabst: *Anonymität und Autorschaft. Ein Problemaufriss.* In: *Anonymität und Autorschaft. Zur Literatur- und Rechtsgeschichte der Namenslosigkeit.* Hrsg. von dems. Berlin 2011, S. 1-34; hier S. 5 f.
20 Goethe (Anm. 13), S. 3.

Goethe oder Göschen die Textsignatur 1787 veranlassten, kann aufgrund der unzureichenden Quellenlage nur vermutet werden. Die Relevanz der nachträglichen Textsignatur und Werkintegration wird nicht nur an Goethes erster, sondern ebenso an seiner letzten Werkausgabe offenkundig.

Goethe und fremde Anonymität

Als Goethe 1772 zusammen mit Johann Heinrich Merck, Johann Georg Schlosser und Johann Gottfried Herder an der Rezensionszeitschrift *Frankfurter gelehrte Anzeigen* mitwirkte, erschienen noch ganz im Gestus der Aufklärung alle Artikel anonym.[21] Die aufklärerische Kritikkultur definierte sich gerade durch die Anonymität der Verfasser – Anonymität galt als Indiz von Objektivität, als Ausdruck von Sachlichkeit. Der aufgeklärte Kunstrichter sprach nicht in seinem Namen, sondern im Namen aller und postulierte diesen Allgemeinheitsanspruch qua Anonymität.[22]

Problematisch gestaltete sich die eigene Anonymität für Goethe rund 55 Jahre später, als es darum ging, eine *Vollständige Ausgabe letzter Hand* vorzubereiten. An ein Gespräch mit Goethe am 11. Juni 1823 erinnerte sich Johann Peter Eckermann retrospektiv, der von Goethe an jenem Morgen »zwei dicke Bücher« der *Frankfurter gelehrten Anzeigen* überreicht bekommen haben will.[23] Mit dem Hinweis, dass »›[d]iese […] nicht gezeichnet [sind]‹«, hoffte Goethe, dass Eckermann, der schließlich seine »›Art und Denkungsweise‹« kenne, seine Rezensionen »›aus den übrigen herausfinde[t]‹«.[24] Goethe konnte sich nicht mehr an die von ihm verfassten Artikel erinnern[25] und betraute Eckermann damit, seine Rezensionen aus den insgesamt zirka 400 Beiträgen zu extrahieren.

Bereits in Vorbereitung von *Dichtung und Wahrheit* hatte sich der Autobiograf auf die Suche nach diesen Rezensionen begeben und versprach, Auszüge aus den

---

21 Vgl. zur Entstehungsgeschichte dieses Jahrgangs die Einleitung von Ulrike Leuschner in der Werkausgabe Johann Heinrich Mercks, die sich aufgrund der redaktionellen Überarbeitung aller Rezensionen für eine Wiedergabe des gesamten Jahrgangs 1772 entschieden hat. Ulrike Leuschner: *Einleitung*. In: Johann Heinrich Merck. *Gesammelte Schriften*. Bd. 2.2. Hrsg. von ders. u.a. Göttingen 2020, S. 15-107.
22 Stefan Matuschek leitet diese Beobachtungen anhand seiner Untersuchung der Jenaer *Allgemeinen Literatur-Zeitung* (A.L.Z.) ab. Diese scheinen aber nicht nur bezüglich des Rezensionswesens der A.L.Z. zutreffen, sondern durchaus abstrahiert werden zu können. Vgl. Stefan Matuschek: *Epochenschwelle und prozessuale Verknüpfung. Zur Position der »Allgemeinen Literatur-Zeitung« zwischen Aufklärung und Frühromantik*. In: Ders.: *Organisation der Kritik. Die »Allgemeine Literatur-Zeitung in Jena« 1785-1803*. Heidelberg 2004, S. 8-21; hier S. 8f.
23 Möglicherweise handelt es sich um die beiden Bände der *Frankfurter gelehrten Anzeigen*, die heute noch in Goethes Bibliothek in der Herzogin Anna Amalia Bibliothek Weimar vorhanden sind. Signatur: HAAB, Ruppert 273 (1) und (2).
24 FA II, 12, S. 41-43; hier S. 41 f.
25 Wilhelm Scherer vermutet, dass Goethe einige Rezensionen bewusst vernachlässigt hat, etwa die zu Johann Georg Jacobis *Ueber das von dem Herrn Professor Hausen entworfene Leben des Herrn Geheimrath Klotz* (1772). Vgl. Wilhelm Scherer: *Einleitung*. In: *Frankfurter gelehrte Anzeigen vom Jahr 1772*. Heilbronn 1883. Neudruck hrsg. von Bernhard Seuffert. Heilbronn 1882, S. III-CXXIX; hier S. LXXXVI f.

Frankfurter gelehrten Anzeigen, »an denen ich mich wieder erkenne, [...] künftig am schicklichen Orte erscheinen« zu lassen (FA I, 14, S. 599). Dieser ›schickliche‹ Ort wurde der 33. Band der *Ausgabe letzter Hand*, der 1830 veröffentlicht wurde. Durch die Integration von 35 Rezensionen wurden primär aufmerksamkeitsversprechende Textzeugen versammelt, darunter Besprechungen von Johann Georg Sulzers erstem Teil der *Allgemeinen Theorie der schönen Künste*, Sophie von La Roches Bestseller *Die Geschichte des Fräuleins von Sternheim*, Johann Caspar Lavaters *Predigten über das Buch Jonas*, Albrecht von Hallers bedeutendstes religionsphilosophisches Werk, die *Briefe über die wichtigsten Wahrheiten der Offenbarung*, sowie das Buch *Eden* des Skandalautors Karl Friedrich Bahrdt. Goethe und Eckermann schienen bezeichnenderweise den Autor Goethe in denjenigen Rezensionen wiedererkannt zu haben, die entweder in den 1770er Jahren Aufmerksamkeit generierten[26] oder aus der Sicht der 1820er Jahre insofern Attraktivitätswert besaßen, weil sie einen prominenten Verfasser besprachen. Überrascht von der eigenen Rezensionstätigkeit, kommentierte der gealterte Goethe gegenüber Sulpiz Boisserée 1830, dass er sich in diesen Rezensionen oft wunderbar vorkomme, »denn ich erinnere mich ja nicht mehr daß ich diesem oder jenem Werke, dieser oder jener Person zu seiner Zeit eine solche Aufmerksamkeit geschenkt; ich erfahre es nunmehr als eine entschiedene Neuigkeit [...]« (FA II, 11, S. 283).

Der Überraschungseffekt, den die Rezensionen für Goethe bereithielten, erstaunt nicht. Von den insgesamt 35 Rezensionen, die Goethe und Eckermann für goethisch hielten, konnte die Forschung bis heute drei für Goethe nachweisen. Gleichwohl bewirkte die Positionierung der bislang unsignierten Literaturkritiken im Gesamtwerk des Autors Johann Wolfgang von Goethe deren werkförmige Aufladung. Die Aneignung fremder Verfasserschaft, wie sie mit der Integration fremder Texte in das eigene Werkkorpus erfolgt war, gründete auf der ursprünglich ausgebliebenen Autorschaftsmarkierung sowie der engen entstehungsgeschichtlichen Verklammerung mit Goethe. Die Rezensionen der *Frankfurter gelehrten Anzeigen* waren Resultate einer geselligen Produktionsgemeinschaft der vier Veranstalter Goethe, Herder, Schlosser und Merck.[27]

Die erstmalige Berücksichtigung der Rezensionen der *Frankfurter gelehrten Anzeigen* in einer Werkausgabe dürfte mit dem Statuswandel der Rezension als Gattung sowie mit dem erhöhten Produktivitätsdruck zusammenfallen, den Steffen Martus beobachtet hat.[28] Im Sinne einer Überbietungsstrategie der unautorisierten Druckbranche mussten die von Goethe selbstkomponierten Werkausgaben auf Innovationswert ausgerichtet werden;[29] poetische Novitäten und ästhetische Präsen-

---

26 Vgl. dazu auch Hermann Bräuning-Oktavio: *Herausgeber und Mitarbeiter der Frankfurter gelehrten Anzeigen*. Tübingen 1966, S. 243.
27 Dies gilt analog für den eingangs angeführten Tobler-Aufsatz, der aus mündlichen Gesprächen mit Goethe hervorgegangen war. Vgl. Dainat (Anm. 5), S. 107.
28 Vgl. Steffen Martus: *Werkpolitik. Zur Literaturgeschichte kritischer Kommunikation vom 17. bis ins 20. Jahrhundert mit Studien zu Klopstock, Tieck, Goethe und George*. Berlin 2007.
29 Für die *Ausgabe letzter Hand* handelte Goethe mit dem Deutschen Bund ein Privileg aus, das zunächst nur in der Theorie Schutz vor unautorisierten Drucken bot.

tationen waren als Dämpfer von Nachdruckausgaben konzipiert und sollten Kaufanreize schaffen.[30]

Goethes Verhältnis zu Anonymität war primär auf die eigene Interessenlage zugeschnitten: Seine Kräfte mobilisierte Goethe auch außerhalb seiner schriftstellerischen Unternehmungen im engeren Sinne; die politisch-juristischen standen komplementär zu den schriftstellerischen und manifestierten sich in einem Plädoyer wider Anonymität.

Goethes Plädoyer wider die Anonymität

Wie Goethes Tagebuchaufzeichnungen dokumentieren, arbeitete er im Oktober 1808 an einem Aufsatzprojekt zum Thema »Nachdruck und Anonymität« – unmittelbar nach dem bekannten Erfurter Fürstenkongress, den Napoléon Bonaparte veranstaltet hatte.[31] Wie Goethe seinem Amtskollegen Christian Gottlob von Voigt brieflich berichtete, stießen seine Pläne bei dem sächsischen Kabinettsminister Graf von Bose sowie dem Fürstprimas Carl Theodor von Dalberg auf Zustimmung, mit denen er in Erfurt über das zeitgenössische Buchmarktwesen verhandelt haben dürfte (vgl. GT, III.2, S. 1180). Goethe übermittelte Voigt am 10. Oktober 1808 »einen Aufsatz nebst Schreiben die ich [Goethe, H. K.] an den Fürsten Primas zu erlassen im Begriff bin« und erbat: »Zu dieser meiner Privathandlung [...] [Euer Exzellenz] freundliche Beystimmung« (AS II.2, Nr. 212, S. 789).[32] Seine »Beystimmung« gab Voigt allerdings nicht. Stattdessen ergriff Voigt »lebhafte Opposition gegen den zweyten Punct jenes Aufsatzes [d. i. Anonymität, H. K.]«, die dann auch Goethe »höchst interessant« erschien. Auf Voigts Intervenieren versicherte Goethe:

> Die Papiere mögen liegen biß ich gelegentlich die Sache nochmals mit Ihnen durchgesprochen habe. Ich läugne nicht daß ich von meiner Seite die absolute Aufhebung aller Anonymität in Druckschriften für die größte Wohlthat halte die man einer Nation besonders der deutschen in ihrer jetzigen Lage erweisen könnte. Das Weitere mündlich. Mich bestens empfehlend G. (AS II.2, Nr. 212, S. 790)

Was Goethe und Voigt mündlich abgesprochen haben mögen, warum Voigt überhaupt gegen Goethes Ideen ›lebhaft opponierte‹, bleibt unklar. Fest steht aber, dass Goethe sie nicht weiterverfolgte.[33]

---

30 Vgl. Martus (Anm. 28), bes. S. 476.
31 Vgl. zum Kongress sowie zu Goethes Beziehung zu Napoléon Gustav Seibt: *Goethe und Napoleon. Eine historische Begegnung.* München ²2008, S. 87-102.
32 Das undatierte Schreiben wurde mitunter von der Forschung auf 1816 datiert. Vgl. FA II, 6, Kommentar S. 1049.
33 Vgl. Roswitha Wollkopf: *Nachlaß*. In: Goethe-Handbuch 4.2, S. 743-745; hier S. 743. Vgl. weiterführend zu Goethes Nachlass- und Werkpolitik Dirk Werle: *Nachlass, Nachwelt, Nachruhm um 1800. Am Beispiel Johann Wolfgang von Goethes*. In: *Nachlassbewusstsein. Literatur, Archiv, Philologie 1750-2000*. Hrsg. von Kai Sina und Carlos Spoerhase. Göttingen 2017, S. 115-131; hier S. 126-130.

Doch was könnte Goethe 1808 mit seinem Projekt geplant haben? Wie die Aufzeichnungen Friedrich Wilhelm Riemers annehmen lassen,³⁴ zielte Goethe auf eine Reformierung des ganzen deutschen Buchwesens. Konzeptuell dürften seine Überlegungen auf die formulierten Zensurvorstellungen für das Herzogtum Sachsen-Weimar der 1790er Jahre zurückgehen, die ebenfalls unverwirklicht geblieben waren.³⁵ Goethe räumte damals dem Staat grundsätzlich das Recht ein, gefährliche Schriften zu verbieten (vgl. AS II.1, Nr. 80, S. 416-423), und skizzierte eine »Quasicensur« (AS II.2, Nr. 150 A, S. 612-615). Diese sollte die Weimarer Buchdrucker verpflichten, Tabellen mit Angaben von Verfasser- und Verlegernamen bei der fürstlichen Regierung einzureichen.

Der Einsatz von Anonymitätsverboten zur Prävention staatskritischer Schriften war keineswegs eine Goethe'sche Erfindung. Schon im 16. Jahrhundert sollte mit der Vorschrift zur Nennung von Verleger und Verfasser Selbstzensur betrieben werden. Reichspolizeiordnungen im Heiligen Römischen Reich Deutscher Nation legten fest, dass keine Schrift ohne Schreiber, Drucker, Stadt und Jahr gedruckt oder verkauft werden dürfe. In der Praxis ließ sich die gesetzliche Verankerung kaum realisieren; die föderale Vielfalt des Alten Reichs sowie der vielfach betonte Publikationsanstieg³⁶ verhinderten wirksame Kontrollen – Druck und Vertrieb anonymer Texte blieben in der Regel ohne Konsequenz. Goethes Plädoyer gegen Anonymität im zeithistorischen Diskursfeld der Rheinbundzeit war nicht nur das Plädoyer eines Juristen und Politikers. Es war auch das Plädoyer eines seit der Mitte der 1770er Jahre von der unautorisierten Druckbranche gebeutelten Autors.

Goethe könnte 1808 ein Anonymitätsverbot als Selbstzensur gegen das florierende Nachdruckwesen entworfen haben. Die im 18. Jahrhundert zunächst von Verlegern eingeforderte Beschränkung des unautorisierten Druckgeschäfts hätte das zeitgenössische Privilegiensystem und die damit verbundene Vorzensur de facto destabilisiert; als alternatives Buchkontrollinstrument kursierte das mit Nachdruckverbot kombinierte Anonymitätsverbot,³⁷ das Goethe wohl nach der Gründung des Rheinbundes produktiv machen wollte. Goethe könnte, wie sein Stammverleger Johann Friedrich Cotta, auf die Einführung der in Frankreich geltenden Nachdruckrichtlinien in den Rheinbundstaaten gehofft haben.³⁸ Die liegengebliebenen Nachdruck- und Anonymitätspläne kamen nämlich ein Jahr später erneut zur Sprache. In Erinnerung an den ein Jahr zuvor veranstalteten Fürstenkongress schrieb Goethe an Cotta 1809:

Schon hatte ich ein Promemoria verfaßt, Einleitung und Beystimmung war zugesagt, als mich glücklicher oder unglücklicher Weise ein Dämon beym Ärmel

---

34 Riemer: In: BuG 6, S. 562.
35 Vgl. Werner Origis: *Elemente europäischer Rechtskultur. Rechtshistorische Aufsätze aus den Jahren 1961-2003.* Hrsg. von Thomas Olechowski. Wien u. a. 2003, S. 222-228.
36 Vgl. Reinhard Wittmann: *Geschichte des deutschen Buchhandels.* München ⁴2019, S. 142 f.
37 Vgl. Ulrike Andersch: *Die Diskussion über den Büchernachdruck in Deutschland um 1700 bis 1815.* Tübingen 2018, S. 447-457.
38 Vgl. Seibt (Anm. 31), S. 169 f.

zupfte und mich bedenken ließ, daß es die Zeit nicht sey, sich in öffentliche Angelegenheiten zu mischen, und daß man nur wohl lebe, indem man verborgen lebt.[39]

Goethes und Voigts Differenzen bezogen sich möglicherweise auf zwei konträre Positionen, wie sie für den zeitgenössischen Anonymitätsdiskurs symptomatisch waren. In den letzten Jahren des 18. Jahrhunderts entspann sich in Journalen eine brisante Diskussion über die Legitimität von Anonymität. Während primär Juristen auf eine vehemente Umsetzung bestehender Anonymitätsverbote als Publikationsregulativ pochten,[40] verwiesen Schriftstellerinnen und Schriftsteller auf Anonymität als Schutzinstrument.[41] Möglicherweise zielten Voigts Bedenken auf den Schutz, den Anonymität bot und der nach 1806 für unbeschwerte Äußerungen umso dringlicher geworden war.[42]

Fazit

Goethe hatte kein klar konturiertes Anonymitätskonzept. Das Aktivieren und Zurücknehmen eigener Anonymität flankierte die Aneignung anderer, anonymer Texterzeugnisse. Die Integration verstreuter Texte in Gesamtausgaben verlief parallel zu Goethes Tendenz zur Autornamensignatur: Während das eigene Œuvre durch fremde Beiträge angereichert wurde, komponierte der Name Goethe diametral eine Einheit der mitunter anonymen Textveröffentlichungen. Für Goethes selbstständige Textartefakte gilt: Zur Absicherung seines schriftstellerischen Werks formulierte der Politiker und Jurist Goethe Maßnahmen gegen Nachdruck durch zensuraffine Anonymitätsverbote. Die anfängliche Sympathie des jungen Autors für anonyme Veröffentlichungen wich spätestens ab den 1780er Jahren einer Namensökonomie. Die Titelblattmarkierung »von Goethe« zählte sukzessive zur festen Ausstattung der selbstständigen Goethe-Schriften. Der Autorname markierte insofern Goethes Autorschaft und beanspruchte Werkherrschaft.

Die Anti-Anonymitäts-Taktik folgte einer marktstrategischen Anpassung: Goethes Name avancierte zu einem Markennamen und diesen Markenwert galt es, mit der Platzierung des Eigennamens auszuschöpfen. An der Rentabilität des Autornamens, den zunächst die unautorisierte Druckbranche entdeckt hatte, wollten der Autor sowie seine rechtmäßigen Verleger und Herausgeber partizipieren. Gegenüber Eckermann bekannte Goethe 1828, dass man sich doch »›durch kluges Be-

---

39 Brief von Goethe an Cotta, 1.10.1809. In: *Goethe und Cotta. Briefwechsel 1797-1832. Textkritische und kommentierte Ausgabe in drei Bänden.* Bd. 1. Hrsg. von Dorothea Kuhn. Stuttgart 1979, S. 200, Nr. 258.
40 Vgl. exemplarisch Judas Thaddäus Zauner: *Über anonymische Schriften und deren Gesetzwidrigkeit. Ein Kapitel aus dem Bücherrecht.* Salzburg 1794.
41 Vgl. exemplarisch [O.A.:] *Etwas von ungenannten Schriftstellern.* In: *Deutsches Museum.* Bd. 2. Leipzig 1785, S. 450-455.
42 Antinapoleonische Äußerungen konnten durchaus mit dem Tod bestraft werden. So ließ Napoléon den Nürnberger Verlagsbuchhändler Johann Philipp Palm wegen Verbreitung eines Pamphlets 1806 zum Tode verurteilen. Vgl. Seibt (Anm. 31), S. 20.

nehmen und allerlei [künstliche] Mittel eine Art von Namen machen‹« kann.[43] Goethe hatte sich diesen Namen im Literaturbetrieb des 18. Jahrhunderts gemacht. Der Autorname Goethe stellte ein Alleinstellungsmerkmal dar und gab ein Aufmerksamkeitsversprechen. Und dieses Aufmerksamkeitsversprechen war in den letzten Jahren des 18. Jahrhunderts fundamental geworden.

---

[43] FA II, 12, S. 671-682; hier S. 680.

Tim Willmann

»Das Wort ist ein Fächer!« –
Sprachen des Ostens und poetische Einbildungskraft
in Goethes »Hafis Nameh«

1. Wort und Geist:
Goethes Hafis-Preis zwischen Rezeption und Produktion

Längst war ich auf Hafis und dessen Gedichte aufmerksam, aber was mir auch Literatur, Reisebeschreibung, Zeitblatt und sonst zu Gesicht brachte, gab mir keinen Begriff, keine Anschauung von dem Werth, von dem Verdienste dieses außerordentlichen Mannes. Endlich aber, als mir, im Frühling 1813, die vollständige Uebersetzung aller seiner Werke zukam, ergriff ich mit besonderer Vorliebe sein inneres Wesen und suchte mich durch eigene Production mit ihm in Verhältniß zu setzen. Diese freundliche Beschäftigung half mir über bedenkliche Zeiten hinweg, und ließ mich zuletzt die Früchte des errungenen Friedens aufs angenehmste genießen. (FA I, 3.1, S. 278)

Goethe verdankt diese produktive Phase, die zu seinem größten lyrischen Alterswerk führte, der Übersetzung des *Diwan von Mohammed Schemsed-din Hafis* durch den Wiener Orientalisten Joseph von Hammer: »Wie viel ich diesem würdigen Mann schuldig geworden, beweist mein Büchlein in allen seinen Theilen« (FA I, 3.1, S. 278).

In Goethes *Divan* von 1819 ist dieser schöpferischen Annäherung an den persischen Dichter das *Hafis Nameh* gewidmet. Es ist das zweite von insgesamt zwölf Büchern (*Besserem Verständniss* nicht mitgezählt) und folgt dem *Moganni Nameh*, *Buch des Sängers*, das die Gedichtsammlung eröffnet. Zunächst ein Blick auf das Mottogedicht des *Hafis Nameh*:

Sey das Wort die Braut genannt,
Bräutigam der Geist;
Diese Hochzeit hat gekannt
Wer Hafisen preist.
(FA I, 3.1, S. 27)

In diesem Mottogedicht bestimmt Goethe seinen folgenden Lobpreis des persischen Dichters in metaphorischer Weise als »Hochzeit« von »Wort« und »Geist«. Das Wort »Geist« ist nahezu synonym zu verstehen für ›Witz‹ in der Bedeutung des lateinischen ›ingenium‹ und deutet auf ein Moment genialischer Produktivität hin,[1]

---
[1] Goethe gegenüber Eckermann (21.3.1831): »Das französische *esprit* [...] kommt dem nahe, was wir Deutschen *Witz* nennen. Unser *Geist* würden die Franzosen vielleicht durch *esprit* und *ame* ausdrücken. Es liegt darin zugleich der Begriff von Produktivität, welchen das französische *esprit* nicht hat« (FA II, 12, S. 472).

das für Goethes Verständnis von orientalischer Dichtung leitend ist: »Der höchste Charakter orientalischer Dichtkunst ist, was wir Deutsche *Geist* nennen, das Vorwaltende des oberen Leitenden; hier sind alle übrige Eigenschaften vereinigt [...]« (FA I, 3.1, S. 181).[2] Und doch bestimmt der »Geist« als »Bräutigam« nur einen Teil seiner lebendigen und liebenden Verbindung zum »Wort«, das die »Braut« genannt wird. Es wird also im Folgenden darum gehen, das »Wort« näher zu bestimmen, da sich in ihm das Wirken von »Geist« und Witz poetisch zeigt.

2. Nachbildung – Worte aus dem Osten und Goethes nachbildendes Verfahren

Überhaupt ist das ›Wort‹ als Grundmotiv des *Divan* nicht zu überschätzen. Deutlich wird dies bereits im Gedicht *Beyname*, in dem der Dichter sein persisches Alter Ego fragt, warum man es Hafis nenne.[3] Seine Antwort:

> Weil, in glücklichem Gedächtniß,
> Des Corans geweiht Vermächtniß
> Unverändert ich verwahre,
> Und damit so fromm gebahre
> Daß gemeinen Tages Schlechtniß
> Weder mich noch die berühret
> Die Prophetenwort und Saamen
> Schätzen wie es sich gebühret,
> Darum gab man mir den Namen.
> (FA I, 3.1, S. 28)

»Mohamed Schemseddin« (V. 1), also Mohamed, die ›Sonne des Glaubens‹, trägt den Beinamen ›Hafis‹, da er als Koran-Kundiger dessen *Wortlaut* im »Gedächtniß« bewahrt und diesen im besten »fromm[en]« Sinne durchaus dichterisch aktualisiert. Für Goethe wirkt die arabische Sprache des Korans somit im persischen Dichter fort.

In seiner Beschäftigung mit Joseph von Hammers *Fundgruben des Orients* ist Goethe einer Charakterisierung des Korans und seines ›Sprachzaubers‹ durch den Wiener Orientalisten begegnet. Auch dort wird die zentrale poetische Bedeutung des Wortes in der arabischen Dichtung begründet. Hammer schreibt:

> Der Koran ist nicht nur des Islam's Gesetzbuch, sondern auch Meisterwerk arabischer Dichtkunst. Nur der höchste Zauber der Sprache konnte das Wort des Sohnes Abdallah's stämpeln als Gottes Wort. In den Werken der Dichtkunst spiegelt sich die Gottheit des Genius ab. [...] Das lebendige Wort [...] konnte nicht die Frucht menschlicher Begeisterung, es mußte im Himmel gesprochen

---

2 Vor dem Hintergrund der Hochzeits-Metaphorik sind wohl auch folgende Verse aus dem *Suleika Nameh* mitzubedenken: »Denn das Leben ist die Liebe, / Und des Lebens Leben Geist« (FA I, 3.1, S. 88). Die alliterierende Verknüpfung von »Leben« und »Liebe« findet auch hier ihr Integral im »Geist«.

3 »Mohamed Schemseddin sage, / Warum hat dein Volk, das hehre, / *Hafis* dich genannt?« (FA I, 3.1, S. 28).

und geschrieben seyn von Ewigkeit her. Daher ist der Koran Gottes Wort. Die treueste Uebersetzung davon wird die seyn, welche nicht nur den Geist, sondern auch die Form darzustellen ringt. Nachbildung der Rede durch Rythmus und Schall ist unerläßliche Bedingung der Uebersetzung eines Dichterwerks. Der höchste Zauber arabischer Poesie besteht nicht nur in Bild und Bewegung, sondern vorzüglich in des Reimes Gleichklang, der für arabisches Ohr wahrer Sirenenton ist.⁴

Eben jene von Hammer geforderte ideale Übersetzung des »lebendige[n] Wort[s]« der arabischen Sprache im Koran, die »Geist« und »Form« darzustellen vermag, verlangt die »Nachbildung« der ›rhythmischen Rede und des Reims‹, da sie dem »Zauber arabischer Poesie« wesentlich sei.⁵ Auch für die persischsprachige Dichtung mit Blick auf die *Probe einer Uebersetzung des Schahname* reklamiert Hammer ein analoges Verfahren, sodass der »gleiche […] Schritt mit dem Versmaaß und dem Reimklang des Originals«⁶ annähernd gewahrt wird.

Einfühlend in Kultur, Geschichte und Sprache setzt Goethe Hammers Forderungen an jede Übersetzung des Korans und der persischen Literatur um, allerdings poetisch in Bezug auf seinen eigenen *Divan*, nämlich im Gedicht *Nachbildung* des *Hafis Nameh*. Dort wendet sich Goethe direkt an Hafis und dessen dichterische Sprache:

> In deine Reimart hoff' ich mich zu finden,
> Das Wiederholen soll mir auch gefallen,
> Erst werd' ich Sinn, sodann auch Worte finden;
> Zum zweytenmal soll mir kein Klang erschallen,
> Er müßte denn besondern Sinn begründen,
> Wie du's vermagst begünstigter vor allen.
> (FA I, 3.1, S. 32)

Goethe nähert sich hier vermittels einer nachbildenden »Reimart« an »Sinn« und »Worte« des persischen *Diwan* an. Diffizil ist dieses Unternehmen, da er das »Wiederholen« eines identischen Reims (etwa in V. 1 und 3 von »finden«), nicht »[z]um zweytenmal« realisieren möchte. Stattdessen soll das Reimen vielmehr vom »Worte finden« geleitet sein, um »besondern Sinn« zu »begründen«. Es wundert daher nicht, dass »Worte finden« und »Sinn begründen« klanglich aufeinander verweisen. Vermittelt über eine Annäherung an den allgemeinen »Sinn« des persischen *Diwan* übt das poetische Ich die besondere »Reimart« (V. 1) des Originals ein, die in einem kreativen »Worte finden« besteht.

In der zweiten Strophe von *Nachbildung* wird dieses kreative Verfahren fortgeschrieben. Anhand eines Vergleichs illustriert das poetische Ich, wie Hafis es durch seine Verskunst zu inspirieren vermag und damit auf die Einbildungskraft wirkt:

---

4 Joseph von Hammer: *Die letzten vierzig Suren des Korans. als eine Probe einer Uebersetzung desselben*. In: *Fundgruben des Orients* 2 (1811), S. 25-46; hier S. 25.
5 Vgl. von Hammer (Anm. 4).
6 Joseph von Hammer: *Probe einer Uebersetzung des Schahname*. In: *Fundgruben des Orients* 2 (1811), S. 421-450; hier S. 422.

> Denn wie ein Funke fähig zu entzünden
> Die Kaiserstadt, wenn Flammen grimmig wallen,
> Sich windzeugend, glühn von eignen Winden,
> Er, schon erloschen, schwand zu Sternenhallen;
> So schlangs von dir sich fort mit ew'gen Gluten
> Ein deutsches Herz von frischem zu ermuthen.
> (Ebd.)

Die inspirierende Wirkung des persischen Dichters vermag »[e]in deutsches Herz«, so auch Goethes, »von frischem zu ermuthen«. Merkwürdig ist, dass hierfür ein Feuer-Vergleich bemüht wird, der allgemein auf die Zersplitterung Europas[7] infolge der napoleonischen Kriege sowie Napoleons Krönung zum Kaiser (1804-1814 und 1815) anspielt; im Besonderen aber mit »Funke« sowie »Flammen« und »Kaiserstadt« auf den Brand Moskaus als Wende des napoleonischen Russlandfeldzugs.

Aus der dritten Strophe lässt sich diese Ambivalenz des Dichterworts weiter erhellen:

> Zugemeßne Rhythmen reizen freylich,
> Das Talent erfreut sich wohl darin;
> Doch wie schnelle widern sie abscheulich,
> Hohle Masken ohne Blut und Sinn.
> Selbst der Geist erscheint sich nicht erfreulich,
> Wenn er nicht, auf neue Form bedacht,
> Jener todten Form ein Ende macht.
> (Ebd.)

Die dritte Strophe resümiert, dass die Nachbildung orientalischer Dichtkunst kein Selbstzweck sein darf, damit das kreative Verfahren nicht die eigentliche Poesie[8] epigonal unterminiert. Eine solche Verssprache, die auf bloßen Formalismus hinausliefe, zeichnete sich durch »Zugemeßne Rhythmen«[9] eines »Talent[s]«, nicht aber eines souverän agierenden »Geist[s]«[10] aus. Goethe weist vielmehr darauf hin, dass sich der poetische »Geist«[11] als produktives und regulatives Vermögen, sofern er neue »Worte finden« (V. 3) will, am maskenhaften Formalismus »entzünden« (V. 7) muss. Die dritte Strophe steht nämlich in einem Reflexionsverhältnis zu den beiden vorhergehenden: »Zugemeßne Rhythmen« sind in Strophe eins und

---

7 Vgl. *Hegire* (FA I, 3.1, S. 12 f.). Insbesondere folgende Eingangsverse: »Nord und West und Süd zersplittern, / Throne bersten, Reiche zittern, / [...]«.
8 »Poesie ist, rein und ächt betrachtet, weder Rede noch Kunst; keine *Rede*, weil sie zu ihrer Vollendung Takt, Gesang, Körperbewegung und Mimik bedarf; sie ist keine *Kunst*, weil alles auf dem Naturell beruht, welches zwar geregelt, aber nicht künstlerisch geängstigt werden darf; auch bleibt sie immer wahrhafter Ausdruck eines aufgeregten erhöhten Geistes, ohne Ziel und Zweck« (FA I, 3.1, S. 205).
9 Vgl. zu den Deutungsperspektiven die Zusammenstellung von Birus in FA I, 3.2, S. 1011-1013.
10 Vgl. FA I, 3.1, S. 181.
11 Ebd.

zwei durchgängig als fünfhebige Jamben realisiert. Strophe drei invertiert dieses Versmaß zu einem fünfhebigen Trochäus und gibt damit die ›Maskerade des Formspiels‹ zu erkennen, um es zugleich zu verabschieden: »Doch wie schnelle widern sie abscheulich, / Hohle Masken ohne Blut und Sinn. / Selbst der Geist erscheint sich nicht erfreulich, / Wenn er nicht, auf neue Form bedacht, / Jener todten Form ein Ende macht«.

3. »Offenbar Geheimniss« – Sinnlichkeit und Allegorie: Zum Werth des Wortes

Paradox klingt der Titel des hieran direkt anschließenden Gedichts *Offenbar Geheimniss*:

> Sie haben dich heiliger Hafis
> Die mystische Zunge genannt,
> Und haben, die Wortgelehrten,
> Den Werth des Worts nicht erkannt.
>
> Mystisch heißest du ihnen,
> Weil sie närrisches bey dir denken,
> Und ihren unlautern Wein
> In deinem Namen verschenken.
>
> Du aber bist mystisch rein
> Weil sie dich nicht verstehn,
> Der du, ohne fromm zu seyn, selig bist!
> Das wollen sie dir nicht zugestehn.
> (FA I, 3.1, S. 32 f.)

Offenbar Geheimniss steht antithetisch zum Schlussgedicht des *Hafis Nameh*, das mit *Wink* (FA I, 3.1, S. 33) überschrieben ist. Aufeinander bezogen gelesen konfrontieren beide Gedichte die konträren Positionen der Hafis-Exegeten. *Offenbar Geheimniss* gliedert sich in drei Strophen und weist zunächst, in Strophe eins, Dreihebigkeit sowie jambische und daktylische Elemente auf. Aus Sicht des poetischen Ich handelt es sich um ein verdichtetes Referat kompromittierender Hafis-Allegoresen. Hafis wird von den »Wortgelehrten«, in Anspielung auf seinen Beinamen, als »mystische Zunge«[12] verfemt. Dass diese Philologen »[d]en Werth des Worts nicht erkannt« haben, leitet die konträre Position des poetischen Ich ein.

In Strophe zwei, in der das Ich die gängigen Hafis-Allegoresen kritisch zurückweist, kann der Vers sowohl dreihebig als auch vierhebig gelesen werden: »närrisches« scheint den Formalismus zu erschüttern. Der Wechsel zwischen Trochäen, Daktylen und Jamben nähert sich einer – vorgeblicherweise – durch Wein induzierten lallenden Rede spielerisch an. Gemäß Goethes Auslegung in *Besserem Ver-*

---

12 »So Hammers freie Übersetzung von Hafis' arabischem Beinamen *lisān al-ġaib*, wörtl. ›Zunge des Verborgenen, Unsichtbaren; speziell: des Übernatürlichen, des göttlichen Geheimnisses‹« (FA I, 3.2, S. 1014).

ständniss (FA I, 3.1, S. 138-299) beklagt das poetische Ich den mystisch getrübten »Geist« (ebd., S. 181) trunkener Hafis-Exegeten im Umgang mit dessen Dichterwort.

In Strophe drei wird Hafis gegenüber den Vorwürfen und dem Unverständnis seiner Exegeten verteidigt. Der persische Dichter sei »mystisch rein« im besten Sinne. Von Hafis heißt es dort: »Der du, ohne fromm zu seyn, selig bist!« Als ein Dichter, der sich auf das ›Hier und Jetzt‹ gegenwärtiger Erfahrung bezieht und mittels seiner Verssprache die Einbildungskraft zu einem Spiel der Erkenntniskräfte stimuliert, kann Hafis auch ohne einen unterstellten Mystizismus »selig« sein. In vergleichbarer Weise wendet sich Goethes Gedicht *Offenbar Geheimniss* gegen das bloß formale »Worte finden« (V. 3) im Gedicht *Nachbildung*. Er weist nicht ohne Ironie auf eine realweltliche Erfahrung hin, die den »Werth des Worts« (V. 4) darin erkennt, dass es sich mittels poetischer Einbildungskraft vom Sinnlichen in Übersinnliches deuten lässt. – Ein ›offenbar Geheimnis‹, das die Schwebe der Einbildungskraft zwischen Sinnlichem und Übersinnlichem wahrt, zuweilen aber durch frömmelnde Allegorese missverstanden werden kann.

4. *Wink* – *Die Morphologie der arabischen Sprache als ein Prinzip poetischer Einbildungskraft*

Das Abschlussgedicht *Wink* im *Hafis Nameh* verdeutlicht dieses Schweben der Einbildungskraft zwischen Sinnlichem und Übersinnlichem. Der Titel gebende *Wink* kann auch deiktisch verstanden werden, indem er den buchstäblichen Sinn übersteigt. In der Darstellung eines einzigen Augenblicks deutet der ›Wink‹ auf einen Augenblick intensiver geteilter Erfahrung, für den das Dichterwort zwar verhüllend, dadurch aber erst recht offenbarend wirkt:

> Und doch haben sie Recht die ich schelte:
> Denn daß ein Wort nicht einfach gelte
> Das müßte sich wohl von selbst verstehn.
> Das Wort ist ein Fächer! Zwischen den Stäben
> Blicken ein Paar schöne Augen hervor.
> Der Fächer ist nur ein lieblicher Flor,
> Er verdeckt mir zwar das Gesicht;
> Aber das Mädchen verbirgt er nicht,
> Weil das schönste was sie besitzt
> Das Auge, mir in's Auge blitzt.
> (FA I, 3.1, S. 33)

Diese zehn Verse weisen im Ganzen eine metrisch variierende Vierhebigkeit von Paarreimen auf und stehen antithetisch zu *Offenbar Geheimniss*. Die dortige Schelte der »Wortgelehrten« (V. 3) wird hier nun relativiert. Da nämlich »ein Wort nicht einfach gelte«, also im Gegenteil sehr wohl *in vielfältiger Weise* Sinn ›auffächert‹, konstatiert das poetische Ich: »Das müßte sich wohl von selbst verstehn. / Das Wort ist ein Fächer! Zwischen den Stäben / Blicken ein Paar schöne Augen hervor. / Der Fächer ist nur ein lieblicher Flor«. Die Identifikation von »Wort« und »Fächer« wirkt zunächst rätselhaft. Was kann am ›Wort‹ als die ›Stäbe eines Fächers‹

aufgefasst werden? Inwiefern ›fächert‹ sich das ›Wort‹ auf? Und welche Implikationen sind hiermit verbunden?

Der ›Wink‹ dieses Gedichts besteht darin, dass er die Aufmerksamkeit auf die ›Morphologie des Wortes‹ selbst lenkt. Bei Goethe finden sich hierfür mehrere Indizien: »Die Besonnenheit des Dichters bezieht sich eigentlich auf die Form, den Stoff giebt ihm die Welt nur allzufreygebig, der Gehalt entspringt freywillig aus der Fülle seines Innern; bewußtlos begegnen beyde einander und zuletzt weiß man nicht, wem eigentlich der Reichthum angehöre« (FA I, 3.1, S. 196). Die lebendige Begegnung mit der »Welt« liefert dem Dichter den »Stoff«, der »Gehalt« wird von der »Fülle« seiner Innerlichkeit bestimmt und die »Form« des Gedichts von seiner »Besonnenheit«. Die Begegnung mit Geschichte, Kulturen und Sprachen der islamischen Welt durch die von Hammer geleisteten Übersetzungen sowie eigene Studien haben Goethe eine grundlegende Kenntnis über die Morphologie der arabischen Sprache vermittelt. Dies lässt sich in *Besserem Verständniss* nachlesen. Dessen Mottogedicht ermutigt die Lesenden, Goethes dichterischer Verfahrensweise im *Divan* und der damit verknüpften Wirkung auf die poetische Einbildungskraft des Dichters nachzuspüren:

Wer das Dichten will verstehen
Muß in's Land der Dichtung gehen;
Wer den Dichter will verstehen
Muß in Dichters Lande gehen.
(FA I, 3.1, S. 137)

Um die schöpferischen sprachlichen Prozesse des Dichtens im *Divan* besser zu verstehen, werden die Lesenden in das »Land der Dichtung« geleitet. Dies ist ein Verweis auf Goethes ›Orient der poetischen Einbildungskraft‹. Man könnte auch von einer Verortung der verssprachlichen Prinzipien sprechen, aus denen er für seinen *Divan* poetisch schöpft. Im Wort »Dichter« sind dann sowohl Goethe als auch Hafis innigst aufeinander bezogen und weisen damit den *Divan* Goethes im besten Sinne als ›west-östlich‹ aus. »Dichters Lande« bezeichnen somit zweierlei: zum einen sprachliche, historische und soziokulturelle Elemente, die Goethe als Summe seiner dichterischen Erschließung eines eigenen ›Orientbildes‹ in *Besserem Verständniss* aufbereitet; zum anderen überhaupt einen möglichen und eben dichterischen Zugang zum Herkunftsort des Dichters Hafis.

Mit Blick auf die arabische Sprache behauptet Goethe nun: »In der Arabischen Sprache wird man wenig Stamm- und Wurzelworte finden, die, wo nicht unmittelbar, doch mittelst geringer An- und Umbildung sich nicht auf Kameel, Pferd und Schaf bezögen« (FA I, 3.1, S. 196). Nach Goethes Ansicht über die Morphologie des Arabischen spreche »der Mensch« gewissermaßen »natürlich frey« seine anschaulichen »Lebensbezüge« aus (ebd., S. 197). Der Dichter fährt fort:

Schreitet man nun so fort und beachtet alles übrige Sichtbare: Berg und Wüste, Felsen und Ebene, Bäume, Kräuter, Blumen, Fluß und Meer und das vielgestirnte Firmament, so findet man daß dem Orientalen bey allem alles einfällt, so daß er, übers Kreuz das Fernste zu verknüpfen gewohnt, durch die geringste Buchstaben- und Silbenbiegung Widersprechendes aus einander herzuleiten kein Beden-

ken trägt. Hier sieht man daß die Sprache schon an und für sich productiv ist und zwar, in so fern sie dem Gedanken entgegen kommt, rednerisch, in so fern sie der Einbildungskraft zusagt, poetisch.
(FA I, 3.1, S. 197)

Es ist nicht nötig zu behaupten, dass Goethe firm in arabischer Grammatik gewesen wäre. Es ist aber denkbar, dass er hier in einem allgemeinen Sinne auf das Wurzelsystem der Morphologie semitischer Sprachen verweist, das er während seines Hebräischunterrichts[13] kennengelernt haben könnte. Die folgenden Überlegungen sind daher mehr als ein weiterführender Lektürevorschlag zu verstehen, der naheliegt, wenn man eine Wirkung der Morphologie auf die Einbildungskraft annimmt: Normalerweise bilden im Hebräischen und Arabischen drei konsonantische Wurzelradikale das fixe Gerüst eines Worts.[14] Sie repräsentieren daher im übertragenen Sinne des Gedichts *Wink* jene ›Stäbe‹ des ›Wort-Fächers‹. Zwischen den konsonantischen Wurzelradikalen sind die für gewöhnlich nicht geschriebenen Vokale ergänzend mitzulesen. Erst der Vokalismus in Kombination mit Prä- und Infixen differenziert die Wortwurzel morphologisch aus: In ihrer Veränderlichkeit und vor allem im Kontext des poetischen Spiels mit Derivaten der Wortwurzel blitzen die Vokale gleichsam als »ein Paar schöne Augen« hervor. Daher ist in der Spannung von konsonantischer Konstanz der Wurzelradikale und der morphologisch-vokalischen Fluktuation der ›Wort-Fächer‹ »nur ein lieblicher Flor«. Es ist diese Morphologie, die die poetische Einbildungskraft aufgrund der Assoziationen maßgeblich mitbestimmt. Bemerkenswert ist vor diesem Hintergrund eine Äußerung Goethes über die arabische Schrift. Nach ihrem Studium und eigenen handschriftlichen Übungen konstatiert er, dass in »keiner Sprache [...] vielleicht Geist, Wort und Schrift so uranfänglich zusammengekörpert«[15] seien, wie im Arabischen. Goethe hebt gerade nicht die referenzielle Funktion der arabischen Schrift hervor, sondern

13 Vgl. auch Goethe über seinen frühen Hebräisch-Unterricht bei »Doktor *Albrecht*« (FA I, 14, S. 138), Rektor des Gymnasiums in Frankfurt: »Ich fand ein Alphabet das ohngefähr dem griechischen zur Seite ging, dessen Gestalten faßlich, dessen Benennungen mir zum größten Teil nicht fremd waren. Ich hatte dies alles sehr bald begriffen und behalten, und dachte es sollte nun ans Lesen gehen. Daß dieses von der rechten zur linken Seite geschehe, war mir wohl bewußt. Nun aber trat auf Einmal ein neues Heer von kleinen Buchstäbchen und Zeichen hervor, von Punkten und Strichelchen aller Art, welche eigentlich die Vokale vorstellen sollten, worüber ich mich um so mehr verwunderte, als sich in dem größern Alphabete offenbar Vokale befanden, und die übrigen nur unter fremden Benennungen verborgen zu sein schienen. Auch ward gelehrt, daß die jüdische Nation, so lange sie geblüht, wirklich sich mit jenen ersten Zeichen begnügt und keine andere Art zu schreiben und zu lesen gekannt habe« (FA I, 14, S. 140). Man nennt »diese kleinen Merkzeichen« (FA I, 14, S. 141) gemeinhin matres lectiones (Lesemütter).
14 Siehe hierzu auch Michaelis, wobei nicht gesichert ist, dass Goethe diese Stelle kannte: »Ein Grund- oder Stammwort pflegt in den morgenländischen Sprachen drey Buchstaben zu haben, welche die Araber أصْل oder die Wurzel zu nennen pflegen: Ein Ausdruck, der gleich vielen andern aus ihrer Grammatik mit in die Hebräische übergetragen ist.« Johann David Michaelis: *Arabische Grammatik, nebst einer Arabischen Chrestomathie, und Abhandlung vom Arabischen Geschmack, sonderlich in der poetischen und historischen Schreibart*. Göttingen ²1781, S. 110.
15 Brief an Christian Heinrich Schlosser, 23.1.1815 (FA II, 7, S. 397-400; hier S. 398).

betont aus seinem dichterischen Zugang zu ihr eine wesentliche Inkorporation von Wort und Geist.[16] Die arabische Schrift ist in dieser Hinsicht für ihn so grundlegend, dass er die besondere Morphologie des Arabischen zum Orientalischen verallgemeinert und damit den Unterschied zum Persischen nivelliert. Goethe vollzieht hier also einen »unvermittelte[n] Sprung vom Arabischen der Sprache zum Orientalischen der Dichtung«.[17] Im Ganzen betrachtet geht es Goethe darum, sich in einem begrenzten Rahmen die Verfahrensweise von arabischer Sprache (vielleicht auch in Teilen der Morphologie) und persischer Dichtung produktiv anzuverwandeln und gerade nicht formalistisch zu imitieren. Er nutzt sie für einen ›Wink‹.

Die Synthese von »Wort« sowie »Geist« und »Schrift« zum ›Wort-Fächer‹ fungiert im gleichnamigen Gedicht verhüllend-offenbarend. Auf der Ebene sinnlicher Anschauung ermöglicht der »Fächer« eine Begegnung zwischen »Mädchen« und poetischem Ich in einem nur ihnen gemeinsamen flüchtig-erotischen Augenkontakt. Das »schönste«, was dieses »Mädchen« nur vergänglicherweise »besitzt« (V. 9), meint das ephemere Aufblitzen eines geteilten Augenblicks, der hier im Enjambement versifiziert ist. Dadurch aber deutet der bloße Wortlaut des Gedichts – gleichsam in einem ›Wink‹ – über sich selbst und seine Elemente, nämlich die in Schrift graphisch gebannten Konsonanten und Vokale, hinaus. Der ›Wort-Fächer‹ birgt also die Sinnlichkeit dieses besonderen geteilten Augenblicks zwischen poetischem Ich und »Mädchen«. Zugleich transzendiert er dessen Ereignischarakter ins Übersinnliche einer vorgestellten Geste: Der ›Wink‹ gewahrt den »lieblich[en] Flor« des Dichterworts und lässt seinen »Geist« hindurch scheinen. Diese Begegnung zwischen »Mädchen« und poetischem Ich vermittels des verhüllend-offenbarenden ›Wort-Fächers‹ ist somit ›sinnlich‹ und ›übersinnlich‹ zugleich und verweist zurück auf das Mottogedicht: »Sey das Wort die Braut genannt, / Bräutigam der Geist; / Diese Hochzeit hat gekannt / Wer Hafisen preist« (FA I, 3.1, S. 27).

5. Fazit

Das *Hafis Nameh* ist lesbar als Vollzugsform von Goethes dichterischer Annäherung an Wort und Geist arabischer Sprache und Schrift sowie persischer Dichtung. In *Nachbildung* reflektiert und kritisiert Goethe ausgehend von den Überlegungen des Wiener Orientalisten Joseph von Hammer einen nur ›maskenhaften‹ Formalismus von Form und Sprache (Dichtkunst und Morphologie). Dies führt in *Offenbar Geheimniss* zu einer ehrenden Anrede des Hafis. Die Hochachtung gilt dem »Werth des Worts«, in dem »Sinnliches« und »Übersinnliches« aufgrund poetischer Einbildungskraft einander überblenden. Das hierbei entstehende ›semantische Mehr‹ wirkt ambivalent auf die Einbildungskraft: Allzu fromm und daher missverstanden begünstigt es »närrisches«, sodass Hafis aufgrund falscher Allegoresen als ›fröm-

---

16 Siehe hierzu Polaschegg: »Doch die arabische Schrift ist für Goethe nicht selbstreferentiell. Tatsächlich liegt der Reiz dieser Schrift gerade darin, daß sie für ihn überhaupt keine referentielle Funktion hat.« Andrea Polaschegg: *Der andere Orientalismus. Regeln deutsch-morgenländischer Imagination im 19. Jahrhundert*. Berlin, New York 2005, S. 332.
17 Polaschegg (Anm. 16), S. 382.

melnder Mystiker‹ erscheint. Sieht man Hafis aber mit Goethes Augen und daher ohne ›fromme Prämissen‹ als einen Dichter, erkennt man sozusagen auch konfessionslos seine ›mystische Reinheit‹. Diese wird für das letzte Gedicht funktionalisiert und daher wortlos beredt. Der *Wink* versprachlicht das sinnliche Erscheinen eines flüchtig-erotischen Augenblicks. Der ›Wort-Fächer‹ verleiht diesem Augenblick einen Resonanzraum, indem er die Einbildungskraft in ein poetisches Spiel der Erkenntniskräfte versetzt. Im Ausgang von Sinnlichem lässt die Einbildungskraft Übersinnliches ahnen. Sinnliches wird auf Übersinnliches hin eröffnet. Indem Dichtung die Sinnlichkeit als geteilten Referenzrahmen dem Wort und dem Geist poetischer Einbildungskraft öffnet, kann sie vermittelnd zwischen Kulturen wirken. Hierin liegt zugleich auch das tiefere Dialogverhältnis zwischen den »Zwillingen« (*Unbegrenzt*, FA I, 3.1, S. 31), nämlich Goethe und Hafis.

Philip Reich

»*Schola Druidica. Faustus scholasticus vagans*«. Faust, die Walpurgisnacht und die Schatzgräber

Ausgangspunkt der hier angestellten Überlegungen und Inspirationsquelle für die Überschrift ist ein unscheinbarer Bleistiftvermerk, den Goethe in das Notizheft eintrug, das er bei der letzten Etappe seiner Italienreise mit sich führte. Dieser lautet:[1]

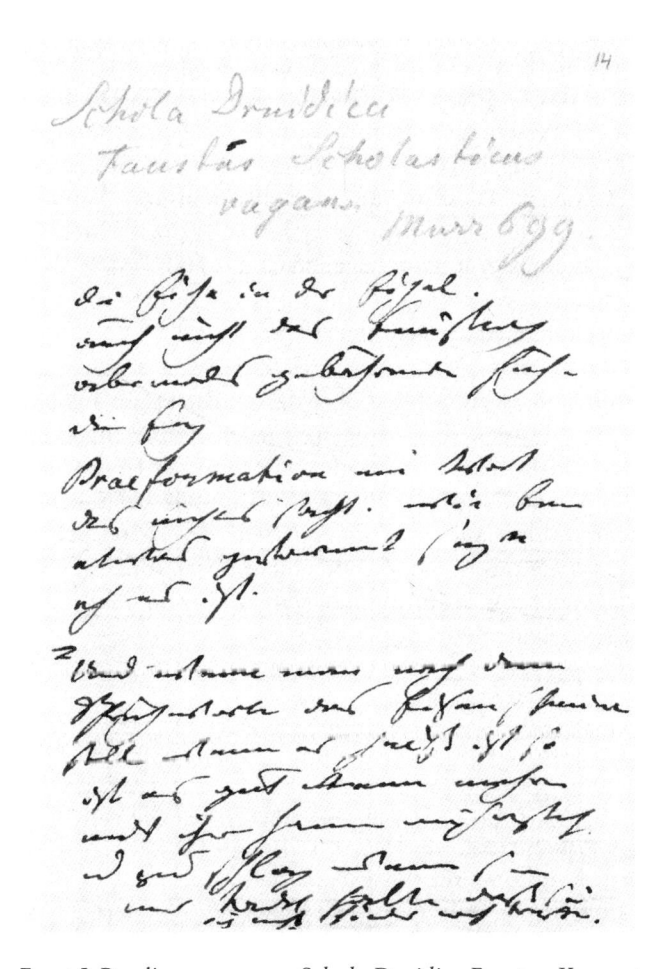

Faust I. Paralipomenon 13: *Schola Druidica Faustus*. Konzept

---

1 GSA 25/ W 2491, Bl. 14r.; Faksimile: SchrGG 58 (1965), S. XXVII; Transkription: Ebd., S. 39; Edition: Anne Bohnenkamp: »*… das Hauptgeschäft nicht außer Augen lassend*«. *Die Paralipomena zu Goethes »Faust«*. Frankfurt a. M. 1994, S. 112 (im Folgenden mit der Sigle »Par.« im Fließtext); Digital: Johann Wolfgang Goethe: *Faust. Historisch-kriti-*

Die folgende Abhandlung eruiert in einem ersten Teil die textkritischen Hintergründe und den vergleichsweise komplexen intertextuellen Rahmen dieser wenigen Worte – von Goethes Tragödie, über seine Quellen bis zu einzelnen Diskursen der frühen Neuzeit. Diese literargeschichtlich vertikale Analyse ergänzt der zweite Teil um eine horizontale Perspektive, die vor dem Hintergrund zweier Balladen Goethes eine punktuell neue Deutung der Faustfigur vorschlägt.

I.

Doch zuerst zum Überlieferungsträger der Notiz (Par. 13).[2] Es handelt sich um ein unscheinbares, unprofessionell gebundenes Heft aus einem Foliobogen italienischen gerippten Papiers, in das Aufzeichnungen mit Tinte und Bleistift eingetragen sind. Den Beginn markiert wohl der Aufbruch Goethes aus Florenz gegen Ende seiner Italienreise, das Ende seine Rückkehr nach Weimar. Die Inhalte sind divergent und lassen kein System erkennen, wie auch der Aufzeichnungsmodus. Kunstgeschichtliche Bemerkungen zu Sehenswürdigkeiten stehen neben botanischen und optischen Überlegungen. Diese werden unterbrochen von Namen zufälliger Bekanntschaften und literarischen Inspirationen. Die geringe materiale Qualität und die mangelnde Ordnung der Inhalte zeigen, dass das Heft anders als die Tagebücher nicht zur Stiftung einer *memoria* und zur Konservierung von Wissen diente, sondern nur als temporäre Gedächtnisstütze.

Gleichwohl erregte das Heft besonderes Interesse bei einer Annäherung an Goethes Biographie, da es Aufschluss über dessen Rückreise aus Rom bietet, über die wir ansonsten aufgrund der wenigen Quellen notorisch uninformiert sind.[3] Außerdem bieten die Notizen interessante Hinweise zur Genese mancher Hauptwerke des Dichters, unter anderem zum *Faust*. Den hier behandelten Vermerk hat Goethe scheinbar wahllos auf einer hinteren Seite des Heftes als schnelle Anmerkung mit Bleistift eingetragen, dann jedoch nicht über-, sondern umschrieben, und zwar mit Überlegungen zur Präformationslehre, die er an den letzten Tagen seiner Reise mit Tinte festgehalten hat.

---

sche Edition. Hrsg. von Anne Bohnenkamp, Silke Henke und Fotis Jannidis unter Mitarbeit von Gerrit Brüning, Katrin Henzel, Christoph Leijser, Gregor Middell, Dietmar Pravida, Thorsten Vitt u. Moritz Wissenbach. Version 1.2 RC. Frankfurt a. M., Weimar, Würzburg 2019, H P13, S. 27, http://v1-2.faustedition.net/document?sigil=H_P13&page=27&view=facsimile (letzter Zugriff am 4.3.2022).

2 Vgl. SchrGG 58 (1965). Überlegungen zur Notiz auch bereits in Alfred Walheim: *Studien zum Urfaust*. In: *Chronik des Wiener Goethe-Vereins* 48/49/50 (1946), S. 3-46; hier S. 18.

3 Neben dem Notizheft sind noch zu nennen: das Ausgabenbuch, das Philipp Christoph Kayser, Goethes vorübergehender Reisegefährte auf der Rückreise aus Italien, führte und die Anstreichungen in Goethes Reiseführern (neben Jakob Volkmanns *Historisch-kritischen Nachrichten aus Italien* vor allem Christoph Gottlieb von Murrs *Beschreibung Nürnbergs*). Vgl. SchrGG 58 (1965), S. 75. Zu einer Rekonstruktion des Reisewegs auf Grundlage dieser Quellen vgl. ebd., S. 76-83 u. Anhang.

»Faustus« – die Tragödie

Dass die Notiz nicht das Begegnungserlebnis Goethes mit dem Fauststoff markiert, ist allgemein bekannt und werkbiographisch offensichtlich. Relevant ist sie dennoch. So korreliert sie unmittelbar mit dem berühmten ersten Auftritt Mephistos in der ersten Studierzimmerszene, in der Mephistopheles »indem der Nebel fällt, gekleidet wie ein fahrender Scholastikus, hinter dem Ofen hervor[tritt]«:[4]

MEPHISTOPHELES	Wozu der Lärm? was steht dem Herrn zu Diensten?
FAUST	Das also war des Pudels Kern!
	Ein fahrender Scolast? Der Casus macht mich lachen.

(V. 1322-1324)

Bei der Rezeption dieser Passage auf der Bühne oder beim Lesen drängen sich zwei Fragen auf: (1.) Wieso lacht Faust? und (2.) Wieso erscheint Mephisto nach dem bedrohlichen Schattenspiel, das der Pudel infolge von Fausts Bibelstudien und Exorzismus aufführt, ausgerechnet als »fahrender Scolast«? Wie hat man sich einen solchen ›fahrenden Scolasten‹ vorzustellen?

Zur ersten Frage sind figurenpsychologische, komiktheoretische, inszenierungspraktische und schließlich literaturgeschichtliche Gründe abzuwägen.[5] Vielleicht widerfährt das Lachen Fausts Körper aufgrund des Kontrasts »zwischen der gewalttätig drohenden und der jetzigen harmlosen Erscheinung«?[6] Die Harmlosigkeit wäre auch in der Inversion des Verhältnisses von dienstfertigem Schüler und dozierendem Gelehrten im Gegensatz zum Verhältnis von sterblichem Menschen und schattenhaftem Dämon gespiegelt. Oder repräsentiert das Lachen Fausts das erleichterte oder überraschte Lachen der Zuschauer, die nach dem aufwändig performten Schattenspiel etwas anderes erwartet hätten, nämlich den Leibhaftigen selbst? Dazu hätten sie auch allen Grund gehabt, denn in der Faustbuch-Tradition ist Goethe der erste, der den Teufel in der Erscheinung des Scholasten auftreten lässt, während alle anderen eine dämonische Entität präsentieren, sei es die Gestalt »eines fewrigen Manns« wie in der *Historia* von 1587,[7] ein Drache wie in Marlowes Tragödie von 1616[8] oder ein Bär mit Menschenkopf wie im barocken Faustbuch

---

[4] Johann Wolfgang von Goethe: *Faust. Eine Tragödie*. Hrsg. von Anne Bohnenkamp, Silke Henke u. Fotis Jannidis. Bd. 1: *Konstituierter Text*. Bearb. von Gerrit Brüning u. Dietmar Pravida. Göttingen 2018 (im Folgenden im Fließtext nach dieser Ausgabe zitiert).

[5] So in einem einleitenden Exkurs meiner Dissertation: *Der Fahrende Schüler als prekärer Typus. Zur Genese literarischer Tradition zwischen Mittelalter und Neuzeit*. Berlin, Boston 2021, S. 3-11.

[6] Hans Arens: *Kommentar zu Goethes »Faust I«*. Heidelberg 1982, S. 156.

[7] *Historia von D. Johann Fausten*. Text des Druckes von 1587. Kritische Ausgabe. Mit den Zusatztexten der Wolfenbütteler Handschrift und der zeitgenössischen Drucke. Hrsg. von Stephan Füssel u. Hans Joachim Kreutzer. Stuttgart 2012, S. 17, Z. 12.

[8] Bei Marlowe heißt es: »*in the shape of a dragon*« [sic]. Regieanweisung in der erweiterten Fassung Christopher Marlowes: *Dr Faustus B-Text*. In: *Doctor Faustus and Other Plays*. Hrsg. von David Bevington u. Eric Rasmussen. Oxford, New York 1995, S. 184-246; hier S. 194 (I, 3 vor V. 23).

Nicolaus Pfitzers von 1674;⁹ gerade die letzte Version war Goethe wohl bekannt, da er dieses Buch vom 18. Februar bis zum 9. Mai 1801 aus der Herzoglichen Bibliothek ausgeliehen hatte.¹⁰ Zwar bedrängt auch der Faustus der Faustbuchtradition den Teufel, eine andere Verkleidung anzunehmen, da ihm, dem Menschen, der Anblick der dämonischen Gestalt unerträglich ist, doch ist diese stets die eines (Franziskaner-)Mönches und nie die eines fahrenden Scholasten.¹¹

Wozu nun aber der ›fahrende Scolast‹ bei Goethe? Die Prätexte legen andere Muster nahe und auch für das anschließende Gespräch ist diese Erscheinungsform weder notwendig noch motiviert. Hier geht es vornehmlich um das Wesen Mephistos als »Theil von jener Kraft, / Die stets das Böse will und stets das Gute schafft« (V. 1335 f.). Als Antwort auf die Frage wurde erwogen, die Erscheinung würde die weitere »Bildungsreise« Fausts präfigurieren¹² oder Mephisto, den es als »Person ›an sich‹ gar nicht«¹³ gebe, müsse sich an seine Umgebung anpassen – in diesem Fall an das akademische Milieu.

Letztlich bleibt der Grund seiner Verkleidung offen, ein blindes Motiv – zumindest in der finalen Fassung und auf den ersten Blick. Betrachtet man die Kommentare und Notizen Goethes, die er zur Studierzimmerszene angefertigt hat und die als Paralipomena 11 und 12 überliefert sind, fällt jedoch ins Auge, dass Mephisto als fahrender Scholast deutlich mehr Gewicht bekommen sollte. So zeigen Belege aus seiner Korrespondenz und in seinen *Tag- und Jahres-Heften*, dass er seinen *Faust* aufgrund des Mangels eines umfassenden Disputationsaktes – eines Herzstücks aller früheren Faustbücher – als fragmentarisch wahrgenommen habe.¹⁴ In die Letztfassung hat es der Akt aus kaum ermittelbaren Gründen bekanntlich nicht geschafft,¹⁵ doch zwei Entwürfe sind überliefert: eine Gliederung (HP 11) und

---

9 Nicolaus Pfitzer [Georg Rudolf Widmann]: *Fausts Leben*. Hrsg. von Adalbert von Keller. Tübingen 1880, S. 107.

10 Vgl. Elise von Keudell: *Goethe als Benutzer der Weimarer Bibliothek. Ein Verzeichnis der von ihm entliehenen Werke*. Hrsg. von Werner Deetjen. Weimar 1931, S. 44. Zu Goethe und seinem Bezug zur Faustbuchtradition vgl. weiter Otto Pniower: *Pfitzers Faustbuch als Quelle Goethes*. In: Zs. für deutsches Altertum und deutsche Literatur 57 (1920), S. 248-266.

11 Vgl. *Historia* (Anm. 7), S. 17, Z. 14; Marlowe (Anm. 8), I, 3, V. 23-26; Pfitzer (Anm. 9), S. 107, 122.

12 Peter Matussek: *Faust I*. In: Goethe-Handbuch 2, S. 352-390; hier S. 366.

13 Arens (Anm. 6), S. 156.

14 So erwähnt er in einem Brief an Schiller vom 3. April 1801, »daß bald in der großen Lücke nur der Disputationsactus fehlen soll« (FA II, 5, S. 142), in den *Tag- und Jahres-Heften* zum Jahr 1806 sieht er den *Faust* nur »fragmentarisch behandelt« (FA I, 17, S. 180) und noch in einem Brief vom 8. September 1831 an Sulpiz Boisserée bezeichnet er seinen *Faust* als »fragmentarisch« (FA II, 11, S. 460). Vgl. dazu in der älteren Forschung Robert Petsch: *Die Disputationsszene im Faust*. In: Euphorion 22 (1915), S. 307-317; hier S. 310, und Konrad Burdach: *Die Disputationsszene und die Grundidee in Goethes Faust*. In: Euphorion 27 (1926), S. 1-69; hier S. 6, zusammengefasst bei Bohnenkamp (Anm. 1), S. 231 f.

15 Bohnenkamp (Anm. 1), S. 232 f., wägt konzeptuell-inhaltliche oder zeitlich-pragmatische Gründe ab.

einige dazu passende Ausformulierungen (HP 12). Trotz ihrer inhaltlichen Divergenz entsprechen beide Bruchstücke einander dahingehend, dass Mephisto als renommierender Vagant, als »Fahrender Scholasticus« (Par. S. 226, Z. 15) auftritt, der zum Höhepunkt der Disputationen »ins Lob des Vagirens« (Par. S. 227, Z. 27) verfällt. Durch eine Integration dieser Szene wäre die erste Verkleidung Mephistos als »fahrender Scolast« stärker motiviert, und zugleich bekäme das Konzept einer Figur deutlich mehr Gewicht, deren Bezeichnung als *scholasticus vagans* oder ›Fahrender Schüler‹ bereits in der Frühen Neuzeit terminologisch wird.

»Murr 699« – die Quelle

Kommen wir zur Quellenangabe in Goethes Notiz: »Murr 699«. Diese verweist auf Christoph Gottlieb von Murrs panegyrischen Kunstreiseführer für die Stadt Nürnberg von 1778. Goethe kaufte dieses Buch bei seiner Rückkehr aus Italien am 12. Juni 1788 für 2 Gulden und 30 Kreuzer in Ulm, wie es das Rechnungsbuch belegt, das sein zeitweiliger Reisegefährte, der Frankfurter Komponist Philipp Christoph Kayser, führte.[16] Bei Murr steht auf Seite 699:

> Der Gauckel- oder Taschenspieler dieses Namens, den man irrig mit dem Maynzer Johann Faust verwechselte, und von dem man nachher die lächerlichsten Måhrchen ausheckte, lebte zu Trithemius Zeiten, wie man aus dessen Briefen *pag. 312* ersehen kann. Conrad Gesner schrieb von ihm an Joh. Crato […].[17]

Das darauffolgende Zitat von Gessner ist hier zu kontextualisieren: Bei Conrad Gessner (1516-1565) handelt es sich um einen Zürcher Arzt, Universalgelehrten und Naturforscher, der in der zweiten Hälfte des 16. Jahrhunderts wirkte und vor allem durch seine enzyklopädischen Projekte bedeutsam und bekannt wurde.[18] Bei der von Murr zitierten Passage handelt es sich um einen Brief an den kaiserlichen Leibarzt Johann Crato von Krafftheim vom 16. August 1561, die Gessner 1577 dann prominent an die Spitze der Edition seiner gesammelten medizinischen Korrespondenz stellte. Der Hintergrund des Briefs ist eine Bitte Cratos um einen Katalog der Werke des Paracelsus. Gessner weist die Anfrage jedoch scharf zurück und dif-

---

16 *Rechnungswesen zur »Italienischen Reise«, Ausgabebuch der Rückreise April-Juni 1788* (Goethe- und Schiller-Archiv Weimar, GSA 25/ W 2549), Bl. 8r, Z. 30: »Murr Beschr. v. Nbrg 2 30 —«. Vgl. auch SchrGG 58 (1965), S. 80.

17 Christoph Gottlieb von Murr: *Beschreibung der vornehmsten Merkwürdigkeiten in des H. R. Reichs freyen Stadt Nürnberg und der hohen Schule zu Altdorf. Nebst einem chronologischen Verzeichnisse der von Deutschen, insonderheit Nürnbergern, erfundenen Künste, vom XIII Jahrhunderts bis auf jetzige Zeiten.* Nürnberg 1778, S. 699 (VD18 11427361; Exemplar aus Goethes Privatbibliothek; Weimar, HAAB, Ruppert 3999 [2]).

18 Vgl. Udo Friedrich: *Naturgeschichte zwischen artes liberales und frühneuzeitlicher Wissenschaft. Conrad Gessners »Historia animalium« und ihre volkssprachliche Rezeption.* Berlin 1995, und Udo Friedrich: *Grenzen des Ordo im enzyklopädischen Schrifttum des 16. Jahrhunderts.* In: Christel Meier-Staubach (Hrsg.): *Die Enzyklopädie im Wandel vom Hochmittelalter bis zur frühen Neuzeit.* München 2002, S. 391-408.

famiert alles Paracelsische als Irrlehre und Zauberei, was ihn zu der Annahme führt, die Anhänger des Paracelsus seien verkommene Nachfahren der Druiden:

> Equide suspicor illos ex Druidarum reliquijs esse, qui apud Celtas veteres in subterraneis locis a dæmonibus aliquot annis erudiebantur: quod nostra memoria in Hispania adhuc Salamancæ factitatum constat. Ex illa schola prodierunt, quos vulgo scholasticos vagantes nominabant, inter quos Faustus quidam non ita pridem mortuus, mire celebratur.[19]

> (Ich jedenfalls vermute, dass jene [die Paracelsisten, P. R.] aus den Überresten der Druiden herstammen, die bei den alten Kelten an unterirdischen Orten für einige Jahre durch Dämonen unterrichtet wurden. Es ist ja bekannt, dass dies auch zu unserer Zeit in Salamanca in Spanien praktiziert wird. Aus jener Schule kamen die hervor, die man gemeinhin die fahrenden Schüler nennt und unter denen ein gewisser Faust, der erst vor Kurzem gestorben ist, einen besonderen Ruf hat. [Übers. P. R.])

Diese kurze Passage ist insofern überaus bemerkenswert, als es sich um die erste und lange Zeit einzige Überlieferung handelt, die drei Figuren verbindet, die mit magischen und mitunter obskuren Praktiken konnotiert waren: die Druiden, die Fahrenden Schüler (*scholastici vagantes*) und Faustus.[20] Das Ziel ist freilich, die Anhänger der Lehren des Paracelsus zu diskreditieren. Diese Paracelsisten führt Gessner auf die Druiden zurück, die bei den gallischen Kelten eine hohe Stellung innegehabt hätten. Deren depravierte Überreste seien nun einerseits die Paracelsisten, andererseits die Fahrenden Schüler, die im spanischen Salamanca[21] und andernorts in schwarzer Magie ausgebildet würden und zu denen auch Faust zu zäh-

---

19 [Conrad Gessner]: *Epistolarum medicinalium Conradi Gesneri philosophi et medici Tigurini libri III*. Hrsg. von Caspar Wolf. Zürich 1577, Bl. IV. Abrufbar unter: https://www.digitale-sammlungen.de/de/view/bsb10164651?page=18,19 (letzter Zugriff am 8.2.2023).

20 Gessner schreibt, dass Faust »vor Kurzem« gestorben sei. Vertraut man der Aussage der *Zimmerischen Chronik*, dann wäre der historische Faust 1541, also 20 Jahre vor dem Briefwechsel, in Stauffen im Breisgau vom Teufel geholt worden. Eine Verbindung der antiken Druidengemeinschaft und ihrer klandestinen Fortsetzung geben auch zeitgenössische biographische Lexika an, z.B. *Illustrium Germaniae Virorum Historiae* (1562) von Hieronymus Ziegler und (darauf aufbauend) *Prosopographia Heroum atque Illustrium Virorum Totius Germaniae* von Heinrich Pantaleon (1565, dt. Übers. 1567).

21 Die spanischen Städte Toledo und Salamanca wurden früh mit Magie konnotiert. Die ältesten erhaltenen Verweise auf die Höhle von Salamanca als Teufelsschule datieren (neben vereinzelten uneindeutigen Hinweisen ab der 2. Hälfte des 15. Jahrhunderts) auf das 16. Jahrhundert. Vgl. García Blanco: *El tema de la Cueva de Salamanca y el entremés cervantino de ese título*. In: *Anales Cervantinos* 1 (1951), S. 73-109; hier S. 86-90, und Adolf Jacoby: *Hochschulen der Zauberei*. In: *Handwörterbuch des deutschen Aberglaubens*. Bd. 4: Hiebfest – Knistern. Hrsg. von Hanns Bächtold-Stäubli u. Eduard Hoffmann-Krayer. Berlin 1931/1932, Sp. 140-148; hier Sp. 142 f. Besondere Berühmtheit erlangte die *Cueva de Salamanca* durch das gleichnamige *Entremés* (span. ›Zwischenspiel‹) von Miguel de Cervantes (1615). Miguel Saavedra de Cervantes: *Entremes de la Cueua de Salamanca*. In: *Comedias y Entremeses*. Hrsg. von Rodolfo Schevill u. Adolfo Bonilla. Madrid 1918, S. 125-144.

len sei. Mit den Druiden bedient er sich jedoch eines zeitgenössisch durchaus präsenten Narrativs.

»Schola Druidica« –
eine graeco-gallico-sächsische Gelehrtengemeinschaft

Die abwertende Tendenz gegenüber den Druiden, wie sie Gessner zeigt, ist im humanistischen Diskurs grundsätzlich eher unüblich. Begeistert von der Wiederentdeckung von Tacitus' *Germania* regte sich unter den deutschen Humanisten ein kulturelles Selbstbewusstsein, welches den Wunsch motivierte, unter pränationalen Vorzeichen eine eigene Aitiologie, einen eigenen Mythos der deutschen *respublica litteraria* zu schaffen, welcher bis auf die Antike zurückgreift, die Kinderstube jeder Form humanistischen Kulturverständnisses. Konrad Celtis (1459-1508), der aufgrund seiner Bedeutung auch »der deutsche Erzhumanist«[22] genannt wurde, wird bei den Druiden fündig – respektive schafft er seinen eigenen Mythos, welcher den Gründungserzählungen der Italiener und Franzosen gleichwertig sein soll. Während sich diese vom Trojaner Aeneas ableiten, der mit dem Römischen Reich als Vermittlungsinstanz dann als Gründungsfigur der romanischen Kulturen diente, fand Celtis eine ähnliche Vermittlerfigur in den Druiden. Diese stammten aus Griechenland, lebten dann als klandestine Gemeinschaft in Gallien, bis sie von Kaiser Tiberius über den Rhein vertrieben worden seien und vom Schwarzwald aus die Kultivierung Germaniens einleiteten.[23] Mit dieser alternativen *translatio studii* erfindet Celtis eine eigene Tradition, welche den Druiden eine wichtige diskursive Gelenkstelle in einem Narrativ kultureller Legitimation gegenüber den Italienern und Franzosen zuspricht.[24] Celtis' Thesen wurden dann vor allem durch dessen Schüler Johannes Turmair, nach seinem Geburtsort Abensberg genannt ›Aventinus‹, gestützt und popularisiert;[25] am berühmtesten in seiner voluminösen Geschichte Bayerns, die in einer lateinischen (*Annales Ducum Boiariae*, verf. 1516-1522,

---

22 Friedrich von Bezold: *Konrad Celtis der deutsche Erzhumanist*. In: *Historische Zs.* 49 (1883), S. 1-45.
23 Grundlegend sind seine *Germania generalis* (1498/1500) und sein Stadtporträt von Nürnberg *De origine, situ, moribus et institutis Norimbergae libellus* (1502) Vgl. zu diesen Zusammenhängen ausführlich Jörg Robert. *Konrad Celtis und das Projekt der deutschen Dichtung. Studien zur humanistischen Konstitution von Poetik, Philosophie, Nation und Ich*. Berlin 2003, S. 370-373, 378-396, und Peter Luh: *Kaiser Maximilian gewidmet. Die unvollendete Werkausgabe des Conrad Celtis und ihre Holzschnitte*. Frankfurt a.M. u.a. 2001, S. 415 f.
24 Zum Erfinden einer Tradition vgl. grundsätzlich Eric J. Hobsbawm u. Terence O. Ranger (Hrsg.): *The Invention of Tradition*. Cambridge 1983, und in kritischer Auseinandersetzung damit Philip Reich, Karolin Toledo Flores u. Dirk Werle (Hrsg.): *Tradition und Traditionsverhalten. Literaturwissenschaftliche Zugänge und kulturhistorische Perspektiven*. Heidelberg 2021.
25 In der unvollendet gebliebenen *Germania illustrata* (begonnen um 1531) referiert er weit umfangreicher und in großer Nähe zu Celtis' *Norimberga* den Druidenmythos. Vgl. Johannes Turmair (Aventinus): *Germania illustrata*. In: *Johannes Turmair's genannt Aventinus Kleinere Schriften. Nachträge*. Hrsg. von Georg Leidinger. München 1908, S. 72-164; hier S. 154-157.

gedr. 1554) und einer deutschen Fassung (*Bayerische Chronik*, verf. ca. 1526-1533, gedr. 1556) erschien und die Goethe nachweislich kannte und schätzte, was das Ausleihbuch der Herzoglichen Bibliothek (17. Dezember 1808-15. Februar 1809)[26] und die lobende Erwähnung im historischen Teil seiner *Farbenlehre* (1810) belegen.[27] Aventinus schreibt von den »drudden, unser alt teutsch und gallisch münche« und von ihrem Oberhaupt:[28]

> Dieser zeit regirt in dem land jensem des Reins gegen nidergang werts künig Drud, der stift münch, haben unser vorvodern nach im die ›druiden‹ kurz ›drudden‹ genant; [...] Haben den dritten tail in Frankreich ingehabt, waren von meniglich groß geacht, hetten ein groß ansehen vor iederman, truegen besondre klaidung und fünfzinket holzschuech an, so man noch ›druddenfueß‹ haist; [...] do die Römer dieselbigen land erobreten, zue gehorsam brachten, verpoten si solchen gotsdienst, haueten die wäld und päum ab, verjagten die münch, verpotten in das ganz römisch reich. Da fluhen si über den Rein in Großgermanien zue den Teutschen.[29]

Die Vorstellung von den Druiden als einer durch die Kulturgeschichte irrenden Bildungselite und ihren Residuen auf dem Brocken dienen Goethe vor allem als Inspi-

---

26 Es ist nicht zweifelsfrei zu ermitteln, welche Ausgabe von Aventins *Chronik* Goethe entliehen hatte, da das Ausleihverzeichnis nur »Aventini Bayrische Chronik« (HAAB Weimar, [Ausleihjournal], Bd. 5: *Ausleihregister 1808-Juli 1810*, Sign. Loc A: 35. 5, Bl. 83v) nennt. Darin glaubt von Keudell die *Annales ducum Boiariae* (in der HAAB mit der Signatur 2° XXII: 18) zu erkennen (vgl. die handschriftliche Notiz in von Keudell (Anm. 10), S. 89 (HAAB Weimar, Sign. 9738 – A). Wahrscheinlicher ist aber eine der deutschsprachigen Fassungen, die zu Goethes Zeit auch in der Herzoglichen Bibliothek vorhanden waren (vgl. *Catalogus nominalis*, Bd. 1, Signatur: Loc A 52.1, S. 1196). Aus Gründen der Systematik des Ausleihverzeichnisses sind alle Texte als Teil von Sammelbänden auszuschließen, da diese stets mit dem Zusatz »c. al.« versehen sind, außerdem ist die Kurzversion im *Bayerischen Chronicon* (1522, Sign.: 2° XXV,61) auszuschließen. Übrig bleiben die folgenden Ausgaben von »Johannis Auentini Chronica« in der Bearbeitung von Nikolaus Cisnerus: entweder Frankfurt a. M. 1580 (VD16 T 2321, Sign. HAAB 2°XXV, 55c) oder die Wiederauflage Frankfurt a. M. 1622 (VD17 12:128262R, Sign. HAAB 6, 3: 7). Das Kapitel über die Druiden befindet sich in der Ausgabe von 1580 auf S. 22 f. Ich danke Ulrike Trenkmann vom Projekt »Goethe Digital« für den Austausch und die Hinweise zur vorliegenden Fragestellung.
27 »Wer das menschliche Herz, den Bildungsgang der Einzelnen kennt, wird nicht in Abrede sein, daß man einen trefflichen Menschen tüchtig heraufbilden könnte, ohne dabei ein anderes Buch zu brauchen als etwa Tschudis schweizerische, oder Aventins bayerische Chronik« (FA I, 23.1, S. 617).
28 *Johannes Turmair's genannt Aventinus Bayerische Chronik*. Bd. 1,1. Hrsg. von Matthias Lexer. München 1882, S. 106.
29 Turmair (Anm. 28), S. 104-106; in der (kürzeren) lateinischen Fassung in *Johannes Turmair's genannt Aventinus Annales Ducum Boiariae*. Bd. 1. Hrsg. von Sigmund Riezler. München 1882, S. 170: »Druidas quoque, Gallorum philosophos et vates, imperator Tiberius exegit omni Gallia, succisa sylva eorum; ipsi in Germaniam trans Rhenum demigrarunt. in sylvis et sub quercubus de natura rerum et deorum philosophati sunt. terriculamenti nocturni genus, calciamentum philosophicum, figura mathematica, apud nos adhuc ab his nomina servant«.

ration für eine thematisch einschlägige Ballade (dazu später). Als konkrete Quelle kommen dafür neben einer nicht genauer belegbaren Rezeption von Aventinus auch einige regionalhistorische Abhandlungen und Zeitschriftenbeiträge aus den Jahren 1752-1796 infrage, die versuchen, den realen Hintergrund der Walpurgisnacht auf dem Brocken zu ermitteln.[30] Es ist jedoch bemerkenswert, dass bei der Erklärung des paganen Rituals zur Zeit Karls des Großen die Bezeichnung ›Druide‹ sekundär bleibt.[31] Damit verhält es sich bei den Quellen zu Harz und Brocken ähnlich wie mit den halb juristischen, halb theologischen Dämonologietraktaten des 16. und v. a. 17. Jahrhunderts, mit denen sich Goethe spätestens ab 1800 nachweislich viel befasste. Auch sie zeigen kaum Interesse an den gallischen Zauberern[32] – wie übrigens auch am Phänomen der Fahrenden Schüler.[33] Allenfalls bei Michael Praetorius sind die Druiden vergleichsweise präsent, dienen aber vor allem als Stichwortgeber für die etymologische Herleitung des Begriffs ›Drudenfuß‹ (des Pentagramms): Es hätten – so in einem Zitat aus Praetorius, das auch Goethe exzerpierte – »[d]ie Druyden [...] sonderliche Holtz-Schuhe getragen mit 5. Ecken oder Spitzen«;[34] der Ursprung des Pentagramms sei also ihr (umständliches) Schuhwerk. Etwas differenzierter wird Praetorius allenfalls in *Blockes-Berges Verrichtung* (1668), das Goethe wohl auch kannte.[35] Er legt hier dar, dass zu unterscheiden sei zwischen den Druden, Geisterwesen oder »Forst-Teuffel[n]« einerseits und den Druiden, dem »erste[n] Mönchgeschlechte«, »Teutschen Prediger[n]« und »Zauberer[n]« andererseits. Als seine Quelle nennt er den »Beyerische[n] Historienschreiber Aventinus«.[36]

Zur lateinisch-humanistischen oder zumindest gelehrten Thematisierung ergänzt sich in der Volkssprache noch die Vorstellung eines elitären Literatenbildes, das den Druiden neben dem Barden als archaisches, nordisches Modell des *poeta vates*

---

30 Vgl. Anm. 57.
31 Nur eine Quelle, Johann Peter Christian Decker, erwähnt die Druiden (§ 5, Sp. 270) und zitiert ausführlich (§ 6, Anm. a, Sp. 271) aus *Le Grand Dictionnaire Historique* von Louis Moréri (1643-1680) zum Lemma über das gallische Fest »Aguilanneuf«. Ein Grund dafür, dass die ›Heidenpriester‹ im Folgenden dann aber nicht mehr als Druiden bezeichnet werden, könnte darin liegen, dass diese weniger mit der sächsisch-deutschen, sondern mehr mit der gallisch-französischen Frühgeschichte assoziiert wurden.
32 Vgl. Georg Witkowski: *Die Walpurgisnacht im ersten Teile von Goethes Faust.* Leipzig 1894, und Anne Uhrmacher: *Ich fürchte mich selbst davor! Zur Bedeutung und Umkodierung dämonologischer Vorstellungen in Goethes »Faust«.* In: *Monströse Ordnungen: Zur Typologie und Ästhetik des Anormalen.* Hrsg. von Achim Geisenhanslüke u. Georg Mein. Bielefeld 2009, S. 257-283, v. a. S. 259 f.
33 Vgl. Reich (Anm. 5), S. 504-511.
34 Digital: https://digital.staatsbibliothek-berlin.de/werkansicht?PPN=PPN727406205&PHYSID=PHYS_0038&DMDID=DMDLOG_0001 (letzter Zugriff am 8.2.2023). Johannes Praetorius: *Anthropodemus Plutonicus* [...]. Magdeburg 1666, S. 4. Zum Goethe-Exzerpt siehe Bohnenkamp (Anm. 1), S. 168 f. Ähnlich auch formuliert in Johannes Praetorius: *Blockes-Berges Verrichtung.* Leipzig 1668, S. 440.
35 Goethe notierte sich: »PRAETORII übrige Werke« (Par. 28), die auch in der Herzoglichen Bibliothek vorhanden waren; vgl. Witkowski (Anm. 32), S. 25, und Bohnenkamp (Anm. 1), S. 166 f.
36 Alle Zitate: Praetorius: *Blockes-Berges Verrichtung* (Anm. 34), S. 356.

unter den Barock-Dichtern etabliert und bis ins 18. Jahrhundert (Klopstock, Göttinger Hainbund) aktuell bleibt.³⁷

»Scholasticus vagans« – Bettler und Schelme

Wie der Druide war auch der *scholasticus vagans*, der dritte Begriff der Goethe-Notiz, mit Magie konnotiert. Dabei handelt es sich eigentlich um die Übersetzung des volkssprachlichen Begriffs ›Fahrender Schüler‹, wie er ab 1400 in der schwankhaften Literatur des Spätmittelalters auftaucht. Er bezeichnet eine Figur, die sich durch gewitzte Klugheit, Gelehrsamkeit, die oft vorgespielt ist, sich aber zumindest in einer Lese- und Schreibfähigkeit niederschlägt, und vor allem durch eine Affinität zu Teufeln und Dämonen auszeichnet.³⁸ Dabei besteht ein dezidierter Unterschied zwischen dem ›*Fahrenden* Schüler‹ und dem gewöhnlichen *wandernden* Schüler oder Studenten, der ja auch im mittelalterlichen wie modernen Bildungswesen mitunter weite Strecken auf sich nehmen musste, um die (Hoch-)Schule zu erreichen, und dem Goethe in der bekannten Schülerszene des *Faust* ein Denkmal gesetzt hat (V. 1868-2050).³⁹ Ein räumliches Ziel ist für den Fahrenden Schüler irrelevant. Seine Mobilität ist ziellos und er steht so vielmehr dem sogenannten ›Fahrenden Volk‹ nahe.⁴⁰

Ausgehend vom Oberrhein und vermittelt über den frühen Buchdruck avanciert der Begriff ›Fahrender Schüler‹ spätestens im 15. Jahrhundert zum festen Muster und zwar vor allem durch den Eingang in obrigkeitliches Policey-Schrifttum, in Bettlerkataloge und sog. ›Gaunerbüchlein‹.⁴¹ Einer der wichtigsten Vertreter der letztgenannten Textgattung ist der *Liber Vagatorum* von 1510.⁴² Auf den ersten Blick haben diese ›Gaunerbüchlein‹ das Ziel, gutmütige Almosengeber vor den Praktiken aggressiver und betrügerischer Bettler zu warnen. Eine genauere Lektüre offenbart jedoch eine unterhaltende Textintention und gibt Hinweise darauf, dass diese auch eigene Narrative ohne Rückhalt in der sozialen Realität erfinden.⁴³ Von

---

37 Vgl. Conrad Wiedemann: *Druiden, Barden, Witdoden. Zu einem Identifikationsmodell barocken Dichtertums*. In: *Sprachgesellschaften, Sozietäten, Dichtergruppen*. Hrsg. von Martin Bircher u. Ferdinand van Inghen. Hamburg 1978, S. 131-150; hier v. a. S. 136 f. Es ist zu erwähnen, dass bei Wiedemann die Bedeutung des Druidenmythos unter den Humanisten (vor allem bei Celtis) weitgehend fehlt. Vgl. dazu ebd., S. 136 f.

38 Zu nennen wären hier die Versnovellen *Der Teufel und der fahrende Schüler* von Heinrich Kaufringer (um 1400), *Der fahrende Schüler* von Hans Rosenplüt (1426-1460) und *De vita vagorum* eines Johann von Nürnberg. Vgl. dazu Reich (Anm. 5), S. 421-448.

39 Werkgenetisch interessant ist, dass der wandernde Schüler schon im *Urfaust* und damit vor dem Fahrenden Schüler Teil des Dramas war.

40 Vgl. Ernst Schubert: *Fahrende Schüler im Spätmittelalter*. In: *Bildungs- und schulgeschichtliche Studien zu Spätmittelalter, Reformation und konfessionellem Zeitalter*. Hrsg. von Harald Dickerhof. Wiesbaden 1994, S. 9-34.

41 Vgl. Reich (Anm. 5), S. 61-115.

42 Mit 14 verschiedenen Editionen in den ersten Jahren bis 1525 ist er mit Abstand am weitesten verbreitet. Vgl. Frieder Schanze: *Die älteren Drucke des Liber vagatorum*. In: *Gutenberg-Jb.* 70 (1995), S. 143-150.

43 Vgl. dazu Anja Lobenstein-Reichmann: *Sprachliche Ausgrenzung im späten Mittelalter und der frühen Neuzeit*. Berlin 2013, S. 280-292; Robert Jütte: *Abbild und soziale Wirk-*

einem der ›Bettlertypen‹ heißt es: »Von Vagierern: Das vij capitel ist von vagierern – das sind betler oder abentürer dy die gelen garn antragen und uß fraw Venus berg komen und die schwartzen kunst künden und werden genant farend schüler [...]«.[44] Es folgt eine detaillierte Beschreibung, wie ein solcher Fahrender Schüler vorgibt, ein Zauberer und »ein beswerer der tüfel für hagel für wetter und für als ungehür«[45] zu sein, und auf diese Weise naive Bauersleute übertölpelt. Mit den obengenannten Eigenschaften (dem gelben Garn als Erkennungszeichen und vestimentärem Stigma, dem Venusberg als magischer Akademie[46] und einem festen Set an Betrugstechniken) finden die Fahrenden Schüler im 16. und 17. Jahrhundert Eingang in verschiedene andere Texte: in Chroniken (z. B. rekurrent in die *Zimmerische Chronik*, die durch die Erwähnung von Fausts Tod in Stauffen im Breisgau Kennern des Fauststoffs bekannt ist),[47] außerdem in Schwänke, Schwank- und Fazetiensammlungen sowie in Fastnachtspiele, vor allem bei Hans Sachs, dessen Dramen Goethe gewiss kannte,[48] z. B. den »Fahrendt Schüler im Paradeiß«.[49]

lichkeit des Bettler- und Gaunertums zu Beginn der Neuzeit. Sozial-, mentalitäts- und sprachgeschichtliche Studien zum Liber vagatorum (1510). Köln 1988, S. 53-55; Roger Chartier: *Les Élites et les Gueux*. In: *Revue d'histoire moderne et contemporaine* 21 (1974), S. 376-388; hier S. 382, und Reich (Anm. 5), S. 83-99.

44 Ediert in Friedrich Kluge: *Rotwelsch: Quellen und Wortschatz der Gaunersprache und der verwandten Geheimsprachen*. Straßburg 1901, S. 42.

45 Ebd.

46 Parallel zur und womöglich unabhängig von der Zuschreibung als schwarzmagische Akademie entwickelte sich der Venusberg als Heimstatt der Venus und Ort der Genüsse, z. B. in Hermann von Sachsenheims *Die Mörin* von 1453 (hrsg. von Horst Dieter Schlosser. Wiesbaden 1974, V. 3901-3911). Vgl. dazu Philip Stephan Barto: *Tannhäuser and the Mountain of Venus. A Study in the Legend of the Germanic Paradise*. New York 1916, v. a. S. 42 f.

47 Vgl. vor allem das Kapitel 79 über den Meßkircher Schelm Peter Schneider, der »were ain fahrender schuoler und mermals in fraw Venus berg gewesen, und konte also darvon reden, auch das alles mit sollichen umbstenden herfürbringen, das im billich hett megen glaubt werden«; Froben Christoph von Zimmern: *Zimmerische Chronik*. Bd. II. Hrsg. von Karl August Barack. Freiburg i. Br., Tübingen ²1881, S. 30. Zum Fahrenden Schüler in der *Zimmerischen Chronik*, die schwankhafte und chronikale Eigenschaften amalgamiert, vgl. Reich (Anm. 5), S. 512-518.

48 Man bemerke das Gedicht *Hans Sachsens poetische Sendung*, für dessen Erstellung »Goethe [...] ziemlich viele Texte von Sachs gelesen und manche gar intensiver studiert haben« musste. Außerdem brachte Goethe in Weimar auch Fastnachtspiele von Sachs auf die Bühne; vgl. Hartmut Kugler: *Über Goethe und Hans Sachs*. In: *Röllwagenbüchlein. Festschrift für Walter Röll zum 65. Geburtstag*. Hrsg. von Jürgen Jaehrling, Uwe Meves u. Erika Timm. Tübingen 2002, S. 239-249; Zit. S. 246. Siehe außerdem Goethes Erwähnung in *Dichtung und Wahrheit*, 4. Teil, 18. Buch (FA I, 14, S. 779). Vgl. auch Barbara Könneker: *Hans Sachs*. Stuttgart 1971, S. 72. Man kann mit Kugler behaupten: »Hans Sachs gehört in Goethes Kindheits- und Jugendmuster. Bei ihm hat er damals sozusagen den Einführungskurs in die ältere deutsche Literatur absolviert«; Kugler, S. 248.

49 Auch in anderen Schwänken, Meisterliedern und Fastnachtspielen thematisiert Sachs den Fahrenden Schüler, z. B. in *Der farend schuler mit dem teuffelpannen*. Umfassend zum Fahrenden Schüler bei Hans Sachs vgl. Reich (Anm. 5), S. 486-504.

Auch wenn es durchaus möglich und wahrscheinlich ist, dass Goethe durch die Notiz in Murrs Reiseführer zum Fahrenden Schüler und zum Druiden inspiriert wurde, so rekurriert er damit auch auf Typen, die im kulturellen Gedächtnis seiner Zeit (noch) präsent waren – wenn auch als elitäres und womöglich altertümliches Kuriosum. Dass es sich beim ›Fahrenden Schüler‹ ähnlich verhält, zeigt die akademische Aufbereitung in der ›curieusen‹, gewissermaßen (proto-)kulturwissenschaftlichen Hochschuldisputation *Discursus Historico-Philologicus De Vagantibus Scholasticis, Sive Von Fahrenden Schülern* des Leipziger Bakkalaureus Johan Ulrich Mayer aus Delitzsch (1659-1676), die dieser 1675 unter dem Präsidium des berühmten protestantischen Späthumanisten Jakob Thomasius (1622-1684) hielt; sie wurde 1714 ein zweites Mal aufgelegt und ist seit 1704 auch in der Herzoglichen Bibliothek in Weimar vorhanden.[50] Ob Goethe tatsächlich auf diesen Text aufmerksam wurde, darüber gibt es im Gegensatz zur Notiz aus dem Gessner-Text leider keine konkreten Anhaltspunkte. Schließlich kann die Inspiration auch von anderen vorgängigen Autoren stammen, mit denen er in einen Dialog tritt und sich damit in ein dichtes Gewebe der Texte einschreibt.[51] So kannte Goethe nachweislich Aventins *Bayerische Chronik*,[52] die naturkundlichen Schriften Gessners[53] und das Werk von Hans Sachs.

50 Jakob Thomasius, Johannes Ulrich Mayer: *Discursus Historico-Philologicus De Vagantibus Scholasticis, Sive Von Fahrenden Schülern.* Leipzig 1675 (VD17 12:144159W; HAAB Weimar, N 4: 16). Der *Discursus* kann anhand eindeutiger Provenienzmerkmale als Objekt der Bibliothek Balthasar Friedrich von Logaus ermittelt werden. Vgl. OPAC der HAAB; https://lhwei.gbv.de/DB=2/XMLPRS=N/PPN?PPN=235889008 (3.5.2021). Womöglich verweist auch die Notiz in Logaus Bibliothekskatalog »Thomasij cura de variis materiis Philosophici« (um 1702, Signatur Loc A: 10, S. 367; Nr. 208) auf den *Discursus*. Zur Provenienzforschung vgl. Ulrich Seelbach: *Bücher aus der Bibliothek Friedrich von Logaus in Weimar.* In: Daphnis 44 (2016), S. 547-571; hier v.a. S. 547f. Zu Jakob Thomasius vgl. Herbert Jaumann: *Jakob Thomasius, ein protestantischer Späthumanist. Seine Dissertationes und Programmata zur Philosophiegeschichte.* In: Dichtung – Gelehrsamkeit – Disputationskultur. Hrsg. von Reimund B. Sdzuj, Robert Seidel u. Bernd Zegowitz. Wien 2012, S. 587-603; zu Inhalt und Aufbau des *Discursus Historico-Philologicus De Vagantibus Scholasticis* vgl. Reich (Anm. 5), S. 14-16, 544-547.
51 Zur Intertextualität bei Goethe vgl. Anne Bohnenkamp: *Den Wechseltausch zu befördern. Goethes Entwurf einer Weltliteratur.* In: FA I, 22, S. 937-964, und dies.: *Intertextualität als Realisation von Weltliteratur: Literarische Landschaften in Goethes »Faust«.* In: Zs. für Semiotik 24 (2002), S. 177-198; außerdem Uwe Japp: *Über Interpretation und Intertextualität. Mit Rücksicht auf »Faust« II, 2 (»Klassische Walpurgisnacht«).* In: Deutsche Vierteljahrsschrift für Literaturwissenschaft und Geistesgeschichte 74 (2000), S. 395-412.
52 Vgl. Anm. 27.
53 Goethe hat zwar auch andere Werke Gessners rezipiert, scheint sich aber auf die naturkundlichen Schriften beschränkt zu haben; 1798 entlieh er dessen fünfbändige zoologische Enzyklopädie *Historiae Animalium* (1551-1558) und 1824 *De Raris Et Admirandis Herbis* (1555) aus der Herzoglichen Bibliothek in Weimar. Vgl. von Keudell (Anm. 10), S. 25, 253. Gleichwohl ist er im 1824 entliehenen Buch womöglich nochmals auf Gessners Verbindung von Druidenmythos und Fahrenden Schülern gestoßen, da in die botanische Enzyklopädie eine ›Beschreibung des Pilatus-Massivs‹ (*Descriptio Montis*

Auf der Mikroebene des *Faust* bleibt trotz Goethes Kontakt zu volkssprachlichen Traditionen ein enger lexikalischer Konnex zu Gessner und den Humanisten – und womöglich zu der Dissertation unter Thomasius –, und zwar der eingedeutschte Latinismus »Fahrender Scolast«. Es ist nämlich bemerkenswert, dass Goethe eine flektierte Übertragung von *scholasticus vagans* dem weit geläufigeren, volkssprachigen Ausdruck ›Fahrender Schüler‹ vorzieht. Dadurch prägt er einen Terminus, der laut *Deutschem Wörterbuch* zu seiner Zeit ansonsten nicht geläufig war – womöglich kreiert er damit sogar ein neues deutsches Wort.[54]

II.

Goethe betont in einem Brief vom 22. Juni 1797 an Schiller, dass er durch ihr gemeinsames Balladenstudium »wieder auf diesen Dunst und Nebelweg« (FA II, 4, S. 354) des Fauststoffs gebracht wurde.[55] Ausgehend von zwei Balladen, die auch um 1800 entstanden sind, folgen einige Überlegungen zur Erweiterung der textkritischen Befunde.

»Faustus Druidicus« und »Die erste Walpurgisnacht«

Zuerst ist noch einmal auf die Druiden und die Ballade *Die erste Walpurgisnacht* von 1799 (FA I, 1, S. 680-683) zurückzukommen, zu der Goethe womöglich direkt von Aventinus und seinem Studium der frühneuzeitlichen Humanisten oder (wahrscheinlicher) durch die Lektüre gelehrter Publizistik und Volkskunde des 18. Jahrhunderts inspiriert wurde[56] und die in der Vertonung durch Felix Mendelssohn Bartholdy (op. 60, MWV D 3) von 1833 noch an Bekanntheit gewann. In diesem

---

Fracti, siue Montis Pilati) inseriert ist, die diesen Zusammenhang am Rande erwähnt. Conrad Gessner: *Descriptio Montis Fracti, siue Montis Pilati, iuxta Lucernam in Heluetia*. In: *Conradi Gesneri Medici, De Raris Et Admirandis Herbis*. Zürich 1555, S. 43-67; hier S. 52.

54 Im *Deutschen Wörterbuch* 15, Sp. 1449 ist der Goethebeleg ein Hapax legomenon.
55 Vgl. dazu Bohnenkamp (Anm. 1), S. 95.
56 Es handelt sich um die *Historische und moralische Abhandlung des protestantischen Theologen Johann Peter Christian Decker* von 1751, Rudolph Leopold Honemanns vierbändige Untersuchung *Die Alterthümer des Harzes* von 1754-1755 und einen anonymen Artikel im *Berlinischen Archiv der Zeit und ihres Geschmacks* vom Dezember 1796, der im Rahmen einer Reisebeschreibung auch ausführlich auf die Geschichte der paganen Rituale auf dem Brocken referiert. Goethe selbst schreibt in einem Brief an Zelter, er habe den Stoff »vor vielen Jahren einmal irgendwo gefunden, [...] wüßte aber den Autor nicht anzugeben« (WA IV, 23, S. 191). Vgl. zur Quellenfrage umfassend die detaillierten Studien: Maximilian Bergengruen: »*Mit dem Teufel, den sie fabel[n], wollen wir sie selbst erschrecken«. Goethes und Fausts ›Erste Walpurgisnacht‹*. In: *Wechselleben der Weltgegenstände. Beiträge zu Goethes kunsttheoretischem und literarischem Werk*. Hrsg. von Hee-Ju Kim. Heidelberg 2010, S. 271-297; hier S. 272-274, und Thomas Höffgen: *Goethes Walpurgisnacht-Trilogie. Heidentum, Teufeltum, Dichtertum*. Frankfurt a. M. u. a. 2015, S. 40f.; zur Ballade und ihrem Bezug zur Vertonung auch John Michael Cooper: *Mendelssohn, Goethe, and the Walpurgis Night. The Heathen Muse in European Culture 1700-1850*. Rochester (NY) 2007.

Gedicht greift Goethe das Narrativ auf, das die Druiden als heimlich im Reich Karls des Großen wirkende Gemeinschaft mit einem Kultzentrum im Harz imaginiert. Ein christlicher Mob, der den sächsischen Druidenpriestern finsteren Teufelsdienst unterstellt, will diese vom Brocken vertreiben. Doch die Angegriffenen wehren sich, indem sie – so Goethe in einem erklärenden Brief an Carl Friedrich Zelter vom 3. Dezember 1812 – »eine Anzahl der Ihrigen [...] vermumm[t]en«, um »hiedurch ihre abergläubischen Widersacher entfernt zu halten, und, beschützt von Teufelsfratzen, den reinsten Gottesdienst zu vollenden« (FA II, 7, S. 137). In der Ballade liegt die Sympathie deutlich auf der Seite der Druiden, die sich als pantheistische Naturpriester den »dumpfe[n] Pfaffenchristen« (FA I, 1, S. 681, V. 50) widersetzen.

Die Ballade hat offensichtlich einige äußere Gemeinsamkeiten mit der *Walpurgisnacht*-Szene im *Faust*: die Nacht auf den ersten Mai als Titel und Thema, den Schauplatz auf dem Brocken, die Entstehungszeit um 1800.[57] Gleichwohl tendiert die Ballade inhaltlich in eine gänzlich andere Richtung: Dem magisch-orgiastischen Hexensabbat im *Faust* steht die rationale List der Brocken-Druiden gegenüber. Einen argumentativen inneren Zusammenhang konnte dennoch Maximilian Bergengruen ermitteln: Er beschreibt den Mummenschanz der sächsischen Priester als »performative Parodie«,[58] da die Druiden die Unterstellung des Teufelsbundes spiegeln und (zumindest temporär) erfolgreich gegen ihre Angreifer wenden. In einem weiteren Argumentationsschritt transponiert er seine These auf die *Walpurgisnacht* im *Faust*: Er betont die Phantasmagorie der Szene vor allem in der Erscheinung des Idols von Gretchen, die Faust zuvor so schmählich im Stich gelassen hatte. Mit folgendem Ergebnis nach Bergengruen: »Faust erkennt, dass ihm seine Phantasie den Teufel, der er selbst ist, vorgespielt hat«.[59] Damit sei Faust – bezogen auf die Situation der *Walpurgisnacht*-Ballade – pantheistischer Druide mit der Teufelsmaske und externer, zuschauender, freilich christlicher Häscher in »Personalunion«,[60] ein *Faustus Druidicus*.

Der »Scholasticus vagans« als Betrüger und »Der Schatzgräber«

In Schillers *Musenalmanach für das Jahr 1798* veröffentlichte Goethe seine Ballade *Der Schatzgräber* und bearbeitete damit ein Muster, welches in der frühen Neuzeit auch oft mit dem Fahrenden Schüler in Verbindung steht: das Schatzgraben als Betrugstechnik, die Gutgläubigen suggeriert, dass man ihnen durch magische Verfah-

---

57 Goethe arbeitete um 1800 auch intensiv an dieser *Faust*-Szene, was seine Ausleihen zu magischen und dämonologischen Themen zeigen. Vgl. Albrecht Schöne: *Götterzeichen, Liebeszauber, Satanskult. Neue Einblicke in alte Goethetexte*. München ³1993, S. 196 f. und Höffgen (Anm. 57), S. 107 f.
58 Bergengruen (Anm. 57), S. 278: »Die Druiden durchschauen diese Form des Ausschlusses und spiegeln ihn – das ist das Eingeschlossene an der Ausschließung – in das Zentrum des Ausschließenden zurück. Sie nehmen, in einer performativen Parodie, die Form desjenigen an, dessen sie beschuldigt werden, und erschrecken damit diejenigen, die diese Beschuldigung erheben«.
59 Ebd., S. 296.
60 Ebd., S. 283.

ren – Wünschelrute oder Dämonenbeschwörung – den Weg zu vergrabenen Schätzen weisen könne. Der Fahrende Schüler tritt in dieser alltagsmagischen Praktik, die noch in Goethes Gegenwart geläufig war,[61] gewissermaßen als Dienstleister auf.

Ein Beispiel für einen Fahrenden Schüler als ›professionellen‹ Schatzgräber bietet Martin Crusius in seinen *Annales Svevici* (1595): Der Fahrende Schüler – explizit als Schatzgräber, »θησαυρωρύχοι, fossores thesaurorum«[62] – imitiert eine Dämonenbeschwörung. Er lässt sich mit verschiedenen Paraphernalia ausstatten, unter anderem 30 Talern (»30. argenteos«), und hält ein Blatt, das er zuvor mit einer Teufelsfratze mittels Geheimtinte aus Zwiebelsaft präpariert hatte (»liquore cepæ in charta figuram Dæmonis«), ins Feuer. Sein gutgläubiger und habgieriger Auftraggeber lässt sich unter dem Vorwand weglocken, dass noch Weihrauch nötig sei. Unterdessen verschwindet der vermeintliche Beschwörer (»impostor«) mit dem Geld. Interessant ist neben der Plastizität der Beschreibung hier vor allem der Verweis auf seine Quelle »G. Widemanno«, d. h. den Schwäbisch Haller Chronisten Georg Widmann (1486-1560), dem der betrogene Bauer selbst Bericht erstattet habe. Mit Widmann aber entsteht ein Konnex zwischen Crusius und der Faustbuchtradition. Denn bei dem Chronisten handelt es sich um den Urgroßvater (oder Großvater) desjenigen Widmann, der 1599 auch ein Faustbuch verfasste und die angegebene Passage darin explizit mit der Faustvita verschränkt.[63] In der Bearbeitung von Nicolaus Pfitzer (1674), die Goethe aus der Herzoglichen Bibliothek ausgeliehen hatte,[64] fehlt zwar trotz ihrer prinzipiell amplifizierenden Tendenz der Verweis auf den Fahrenden Schüler,[65] als Gewährsmann für die Vermittlung von Magie bleibt er aber zumindest im (meist) mitüberlieferten Anhang *Kurtzer, noth-*

---

61 Mit dem Schatzgraben als alltagsmagischer Handlung hat sich vor allem Johannes Dillinger befasst: z. B. *The Good Magicians. Treasure Hunting in Early Modern Germany*. In: Kathryn A. Edwards (Hrsg.): *Everyday Magic in Early Modern Europe*. Farnham 2015, S. 105-125, oder dies.: »*Das Ewige Leben und fünfzehntausend Gulden*«. *Schatzgräberei in Württemberg*. In: Dies. (Hrsg.): *Zauberer – Selbstmörder – Schatzsucher. Magische Kultur und behördliche Kontrolle im frühneuzeitlichen Württemberg*. Trier 2003, S. 221-297. Hier auch eine Auswertung von 26 Prozessakten zwischen 1606 und 1791 aus dem Herzogtum Württemberg. Zur Wünschelrute im gelehrten Diskurs vgl. Bernd Roling: *Virgula divinatrix. Frühneuzeitliche Debatten über die Wünschelrute zwischen Magie und Magnetismus*. In: Peter-André Alt, Jutta Eming u. a. (Hrsg.): *Magia daemoniaca, magia naturalis, zouber. Schreibweisen von Magie und Alchemie in Mittelalter und Früher Neuzeit*. Wiesbaden 2015, S. 419-437.

62 Martin Crusius: *Annales Svevici*. Frankfurt a. M. 1595/1596, Bd. 2, S. 654 (VD16 C 6103). Derselben Quelle entstammen auch die folgenden Zitate aus Crusius. Umfangreicher zur genannten Stelle vgl. Reich (Anm. 5), S. 536-540.

63 Rudolf Widmann: *Der ander Theil der Historien von Doct. Johanne Fausto dem Ertzzäuberer und Schwartzkünstener*. Hamburg 1599, S. 52-54 (VD16 F 656). Ob es sich beim Faustbuch-Autor um den Enkel oder Urenkel des Chronisten Widmann handelt, ist unsicher. Für den Enkel votiert Gerd Wunder: *Die Bürger von Hall. Sozialgeschichte einer Reichsstadt. 1216-1802*. Sigmaringen 1980, S. 129, für den Urenkel Marina Münkler: *Narrative Ambiguität. Die Faustbücher des 16. bis 18. Jahrhunderts*. Göttingen 2011, S. 167 f. und dies.: *Widman, Georg Rudolf (II. und III.)*. In: *Literaturwissenschaftliches Verfasserlexikon (VL 16)* 6, Sp. 552-557.

64 Vgl. Anm. 10.

65 Pfitzer (Anm. 9), S. 420-424.

wendiger und wolgegründeter Bericht, von dem Zauberischen Beschweren und Segensprechen von Conrad Wolfgang Platzius erhalten.[66]

Doch auch anderweitig war das Schatzgräber-Phänomen und -Motiv Goethe bekannt. So heißt es in der Autobiographie von Benvenuto Cellini (entstanden 1558-1566), die Goethe 1796 übersetzte: »Der Negromant [...] bat mich, daß ich ihm beistehen sollte; denn die Teufel müßten uns die Schätze zeigen, deren die Erde voll sei, und auf diese Weise müßten wir die reichsten Leute werden« (FA I, 11, S. 135).[67] Außerdem brachte ihn Wilhelm Tischbein in Kontakt mit dem Genre der Schatzgräberbilder, als er ihm 1806 um die Zeit der Walpurgisnacht (Goethe reagiert auf das Geschenk in einem Brief vom 5. Mai) einige Bilder zusandte,[68] und zwar

> einige aquarellirte Copien, von welchen uns zwey geblieben sind: Schatzgräber in einem tiefen Stadtgraben und Kasematten, bey Nachtzeit durch unzulängliche Beschwörungen sich die bösen Geister auf den Hals ziehend, der entdeckten und schon halbergriffenen Schätze verlustig.
> (FA I, 17, S. 183)

Ein produktives Zeugnis von Goethes Kenntnis des Phänomens ist schließlich seine Ballade *Der Schatzgräber*, die 1797 in wenigen Tagen entstand (FA I, 1, S. 668; im Folgenden Versangaben mit der Sigle »SG«). Über seine Inspiration schreibt er am 21. Mai 1797 in sein Tagebuch: »Petrarchs Testament / Artige Idee daß ein Kind einem Schatzgräber eine leuchtende Schale bringt« (GT II,1, S. 110). Goethe beruft sich hier auf die deutsche, reich mit Holzschnitten ausgestattete Übertragung von Francesco Petrarcas *De remediis utriusque fortunae* (1354-1367) mit dem Titel *Von der Artzney bayder Glück* (1532).[69] Die Illustration zeigt drei Möglichkeiten

---

66 Ebd., S. 31-60. Den Anhang von Platzius hat auch die Ausgabe in Weimar (HAAB, M 6: 17 [a]). Platzius gibt an, dass »gar neulich ein Zauberer und fahrender Schüler, (wie man sie nennet)« die »Zauberey-Sünd« argumentativ verteidigt habe (ebd., S. 45).

67 Zur Passage und zu Goethe als Cellini-Übersetzer vgl. Heide Klinkhammer: *Schatzgräber, Weisheitssucher und Dämonenbeschwörer: die motivische und thematische Rezeption des Topos der Schatzsuche in der Kunst vom 15. bis 18. Jahrhundert*. Berlin 1993, S. 107-112.

68 Es handelt sich wohl um die aquarellierte Kopie (vor 1804) einer älteren Vorlage, womöglich eines Stiches von Leonaert Bramer (1596-1674). Vgl. GT III,2, S. 812f.; Abb. in SchrGG 25 (1910), Tafel 15. Vgl. dazu auch Heinrich Wichmann: *Leonaert Bramer. Sein Leben und seine Kunst. Ein Beitrag zur holländischen Malerei zur Zeit Rembrandts*. Leipzig 1918, S. 151, der das Gemälde *Zwei Schatzgräber* Bramer aufgrund stilistischer Erwägungen generell ab- und Nikolaus Knüpfer (1609-1655) zuspricht. Die genrehafte Darstellung bei Bramer entspricht grundsätzlich kaum der bizarren Dramatik von Tischbeins Bild und Goethes Beschreibung desselben, sodass andere Vorbilder zu erwägen wären, z. B. ›schauderhafte‹ Gemälde von Johann Heiss (1640-1704) oder die grotesken Zeichnungen von Joseph Werner (1637-1710). Vgl. Klinkhammer (Anm. 67), S. 231-239 (Abb. 69-73 / Kat. 135-139).

69 Francesco Petrarca: *Von der Artzney bayder Glück*. Übertr. und hrsg. von Sebastian Brant, Georg Spalatin und Peter Stahel. Augsburg 1532 (VD16 P 1725); Abb. des sog. Petrarca-Meisters in Klinkhammer (Anm. 67), Abb. 12, Kat. 44; vgl. dazu auch GT II,2, S. 539.

des Schatzgrabens: den Bergbau, die Suche nach dem Stein der Weisen (dargestellt durch ein Kind, das eine leuchtende Schale bringt) und die Dämonenbeschwörung im Zentrum. Goethe greift die beiden letztgenannten Elemente des Bildes auf. Das Gedicht handelt von einem verarmten Schatzgräber (SG, 1. Strophe), der in einem schwarzmagischen Ritual »auf die gelernte Weise« (SG, V. 13) einen Dämon beschwört (SG, 2. Strophe). Es erscheint ein schöner Knabe mit der genannten Schale (SG, 3./4. Strophe), der ihn mit den berühmten Worten belehrt (SG, 5. Strophe):

> Grabe hier nicht mehr vergebens.
> Tages Arbeit! Abends Gäste!
> Saure Wochen! Frohe Feste!
> Sei dein künftig Zauberwort.
> (SG, V. 37-40)

Diese Ballade wurde meist als Exemplum und als Aufruf zu einem bürgerlichen Arbeitsethos interpretiert[70] oder als Reflex Goethes auf seine Teilnahme an einer Hamburger Lotterie, bei der er ein Landgut zu gewinnen hoffte.[71] Es ist erstaunlich, dass erst vor Kurzem in einer Interpretation von Katrin Max die Ironie der Ballade erkannt wurde.[72] Die Irritation der Moral wird dadurch offensichtlich, dass die Belehrung gerade von einem Knaben kommt, der im Zuge einer Dämonenbeschwörung erscheint und dessen Leuchten nicht nur engelshafte, sondern auch teuflische, eben *luzi*ferische, Züge trägt.[73] Auch die intradiegetische Bewertung des Schatzgräbers (»es kann der Knabe / Mit der schönen lichten Gabe / Wahrlich! nicht der Böse sein«; SG, V. 30-32) ist dahingehend verdächtig, dass sie einer Figur in den Mund gelegt wird, die schon zu Beginn als (verzweifelter) Teufelsbündner ausgewiesen wurde (»Meine Seele sollst du haben! / Schrieb ich hin mit eignem Blut.«; SG, V. 7f.). Damit steht der Knabe ebenso uneindeutig zwischen Himmel und Hölle wie Mephistopheles als »Theil von jener Kraft, / Die stets das Böse will und stets das Gute schafft« (*Faust I*, V. 1335 f.).

Ein Seitenblick auf den *Faust II* eröffnet noch eine weitere Parallele zwischen den beiden Geistwesen. Denn hier belehrt Mephisto im ersten Akt als Hofnarr den Kaiser, dass er alle vergrabenen Schätze seines Reiches zur Sanierung der klammen Staatskasse nutzen solle:[74]

---

70 Vgl. z. B. Hartmut Laufhütte: *Die deutsche Kunstballade. Grundlegung einer Gattungsgeschichte*. Heidelberg 1979, S. 58 f.

71 Vgl. Willy Krogmann: *Goethes Gewinn in einer Hamburger Lotterie (zur Entstehung des »Schatzgräber«)*. In: GJb 1951, S. 230-242; hier S. 240 f.

72 Katrin Max: *Die Ironie des alten Meisters. Goethes Balladen »Der Schatzgräber« und »Der Zauberlehrling«*. In: *Konjunkturen der Ironie – um 1800, um 2000*. Hrsg. von Dirk von Petersdorff u. Jens Ewen. Heidelberg 2017, S. 169-194.

73 Max (Anm. 72), S. 188-190.

74 Diese Rechtsauffassung hat tatsächlich einen Rückhalt in der mittelalterlichen Praxis, wie der *Sachsenspiegel* (1220-1235) zeigt: »Al schat, under [der] erde begraven diepher den eyn plûch geit, hôret to der koninclîchergewalt«; Eike von Repgow: *Sachsenspiegel*. Teil 1: *Landrecht*. Hrsg. von Karl August Eckhardt. Göttingen ²1955 (MGH, Fontes iuris N. S. 1,1), S. 35 § 1.

> Wie der und der, so sehr es ihn erschreckte,
> Sein Liebstes da- und dortwohin versteckte.
> So war's von je in mächtiger Römer Zeit,
> Und so fortan, bis gestern, ja bis heut.
> Das alles liegt im Boden still begraben,
> Der Boden ist des Kaisers, der soll's haben.
> (*Faust II*, V. 4933-4938)

Unter Rekurs auf das Vokabular des Schatzgrabens erzeugt Mephisto so unendliches Kapital, ohne sich selbst die Hände schmutzig zu machen – ohne ›Tages Arbeit‹, zumindest ohne Arbeit für ihn selbst und für den Kaiser. Denn die Bergung soll die Sache von (auch in der Magie) »[b]egabten Mann's Natur- und Geisteskraft« (*Faust II*, V. 4896) sein.[75] Die hypothetische Größe der (Boden-)Schätze ersetzt die Deckung mittels tatsächlich vorhandener Goldreserven durch rein virtuelle Rücklagen und legt den Grundstein für die Bedeutung des Papiergeldes und einer undurchsichtigen modernen Geldwirtschaft, die im *Faust* während einer karnevalesken Mummenschanz ins Werk gesetzt wird.[76] Auch wenn der Kaiser im Zuge des »dramaturgische[n] Nachvollzug[s] der Unanschaulichkeit, welche der Wertdeckung des Papiergeldes eigen ist«,[77] zuerst mit durchaus trefflicher Intuition noch »Frevel, ungeheuren Trug!« (*Faust II*, V. 6063) wittert, ist ihm der (scheinbar) unendliche monetäre Zufluss bald opportun und er zeigt sich zufrieden mit den Vorzügen der teuflischen List. Dass dieses Vorgehen aber grundsätzlich auf tönernen Füßen steht, zeigt das Durcheinander, welches bald nach der mephistophelischen Intervention ausbricht. Das desorientierte Reich fällt durch Neid und Inflation ins Chaos (vgl. vor allem den 4. Akt). Der Beratene wird zum Getäuschten. Ob auch die moralischen Ratschläge des ›schönen Knaben‹ der Ballade auf solchen tönernen Füßen stehen, bleibt durch das Ende des Textes dezidiert offen.

Die Rolle des professionellen Schatzgräbers, der den einfachen Bauern wie auch den Kaiser durch seine (vermeintlichen) magischen Fertigkeiten unterstützt und berät, hat in der frühen Neuzeit der Fahrende Schüler, der *scholasticus vagans*, inne. Der Knabe wie auch Mephisto im *Faust II* nähmen demnach dessen Funktionsstelle ein.

Zum Abschluss stellt sich noch die Frage, ob die Eigenschaft der räumlichen Unstetheit, die dem Fahrenden Schüler neben seiner moralischen Flexibilität inhärent ist, über die Erscheinungsform Mephistos in das Drama getragen wird und so Aussagen über die Poetologie des *Faust* zulässt. Im (unvollendeten) Disputationsakt jedenfalls avanciert das »Vagiren« (Par. S. 227, Z. 27) im Verbund mit empirischer Autopsie zu einer spezifischen epistemischen Formation, die Mephisto als »Fahrender Scholasticus« (Par. S. 226, Z. 15) als höchste Form der Weltaneignung preist

---

75 Vgl. Hans Arens: *Kommentar zu Faust II*. Heidelberg 1989, S. 63.
76 Mit einem Fokus auf den allegorischen Fastnachtsumzug vgl. Heinz Schlaffer: *Faust Zweiter Teil. Die Allegorie des 19. Jahrhunderts*. Stuttgart 1981, S. 49-89, weiter Hans Christoph Binswanger: *Geld und Magie. Eine ökonomische Deutung von Goethes Faust*. Hamburg ²2005.
77 Jochen Schmidt: *Goethes Faust, erster und zweiter Teil: Grundlagen, Werk, Wirkung*. München ²2001, S. 269.

und mit dem Wissen des »Schulweisen« (Par. S. 227, Z. 34 f.) konfrontiert.[78] In der finalen Fassung des *Faust* fehlt dieses Residuum einer theoretischen Auseinandersetzung, welche die empirische Erfahrung freilich schon präferiert. Das Ergebnis des Paralipomenons wird im *Faust I* vielmehr literarisch produktiv, indem das Drama die Disputation durch die Er-Fahrung der Welt ersetzt und Mephisto vom Respondenten zum Reiseleiter oder Psychopompos macht. Dieses Modell knüpft freilich an die dreifache Ausfahrt in die Hölle, den Himmel und die Welt an, die bereits in der *Historia* von 1587 prominent, obschon von Anfang an dezidiert und wohl programmatisch an (veraltete) Buchgelehrsamkeit gebunden war.[79] Bei Goethe aber scheint es zu einem poetologischen Prinzip zu werden, welches räumliche, epistemische und moralische Mobilität sowie Flexibilität zum zentralen Merkmal der Handlung macht, die von Mephisto als beweglicher Figur und einem Repräsentanten der Unordnung oder des ›Diabolischen‹ (von διαβάλλειν ›durcheinanderwerfen‹, ›verwirren‹) getragen wird.[80] Mit seinen vielfältigen Stationen – Auerbachs Keller, Hexenküche, Gretchens Zuhause, Blocksberg etc. –, welche der Tragödie zweiter Teil noch potenziert, wird so auch Faust zu einem Vaganten in einer instabilen Welt.

III.

Resümierend ist Folgendes festzuhalten: Auf einer abstrakten Ebene verhalten sich die Druiden der *Ersten Walpurgisnacht*, die den christlichen Schergen im Maskenspiel einer ›performativen Parodie‹ die wirkliche Existenz von Dämonen vorgaukeln und damit ihren Kult schützen, wie die Fahrenden Schüler. Deren Maskerade ist ebenso durch die Vorurteile der Mitmenschen motiviert, die ihnen die Fähigkeit des magischen Schatzgrabens oder der Dämonenbeschwörung unterstellen. Beide Gruppen literarischer Figuren wenden mithin externe Eigenschaftszuschreibungen zum eigenen Vorteil; dabei richten sie diese Attribuierungen gegen die Zuschreiben-

---

78 Faust opponiert gegen Mephisto mit einer »[u]ngünstige[n] Schilderung des Vaganten« (Par. S. 227, Z. 31 f.). Im Folgenden stellt sich der Stubengelehrte aber einigen »Fragen aus der Erfahrung« (Par. S. 227, Z. 39), die sich vor allem auf verschiedene Naturereignisse (Gletscher, phosphoreszierende Steine, Fata Morgana) beziehen und in denen sich Mephisto behaupten kann, bis Faust ihn mit der »Gegenfrage wo der schaffende Spiegel sey« (Par. S. 228, Z. 48 f.) aus dem Konzept bringt. Zu diesen enigmatischen und kommentierungsbedürftigen Skizzen vgl. auch Bohnenkamp (Anm. 1), S. 234 f.

79 Vgl. *Historia* (Anm. 7), S. 52-72. Bekanntlich kopiert der Faustbuch-Verfasser Wissensbestände aus verschiedenen etablierten und meist recht alten Nachschlagewerken, vor allem dem *Elucidarius* und der *Schedelschen Weltchronik*. Jan-Dirk Müller wirft die Frage auf, ob es sich dabei um ein »unfreiwilliges Defizit eines gedankenlosen Kompilators oder [um eine] bedeutsame Geste der Gleichgültigkeit« handelt, und nennt die Passage einen »Schuttberg disparater Wissenstrümmer«; Jan-Dirk Müller: *Ausverkauf menschlichen Wissens. Zu den Faustbüchern des 16. Jahrhunderts*. In: *Literatur, Artes und Philosophie*. Hrsg. von Burghart Wachinger u. Walter Haug. Tübingen 1992, S. 163-195; hier S. 179 f. Vgl. auch Marina Münkler: »*allezeit den Spekulierer genennet*«. *Curiositas als identitäres Merkmal in den Faustbüchern des 16. und 17. Jahrhunderts*. In: Faust-Jb. 2 (2005/2006), S. 61-81; hier S. 78 f.

80 Zum Fahrenden Schüler als ›diabolischem‹ Typus vgl. Reich (Anm. 5), S. 599 f.

den selbst – mit dem Unterschied, dass dies im einen Fall dem Selbstschutz, im anderen Fall der eigenen Bereicherung dient.

Analog dazu liegt die Motivation von Fausts Teufelspakt in dem Umstand, dass der verzweifelte Gelehrte dem Geist Mephisto unterstellt, er könne ihm aus seiner existentiellen Misere helfen. Auch wenn die folgende Ausfahrt in die Welt und Erfahrung von der Welt poetologisch relevant und retrospektiv notwendig ist, demonstriert Mephisto doch (etwa in Auerbachs Keller, in der Hexenküche oder bei der Verführung Gretchens), dass seine Hilfe nicht von Dauer sein kann und Faust – zumindest auf den ersten Blick – teuflischem Betrug aufgesessen ist. Damit wird Faust einerseits betrogen, andererseits betrügt er sich aufgrund der Erwartungen, die er auf den Teufel setzt, selbst.[81] Faust ist also zugleich Betrogener und Betrüger. Er betrügt sich und andere, z. B. Gretchen oder den Kaiser, und zwar mit den Mitteln der ihm zur Verfügung stehenden magischen Hilfe und mit dem Ziel des eigenen Vorteils. Damit vereint er die Eigenschaften aller drei archäo-magischen Professionen, die in der eingangs zitierten Notiz genannt wurden, in sich. Faust ist ›Heidenpriester‹ und christlicher Häscher, betrogener und betrügender Schatzgräber, Druide und Fahrender Schüler. *Faustus* ist demnach *scholasticus vagans* und Teil einer *Schola Druidica* – eine Gleichung, die auch der Aussageabsicht Conrad Gessners entspräche.

---

[81] Diese Eigenverantwortung Fausts betont Mephisto in der Szene *Trüber Tag, Feld* gegenüber dem angesichts von Gretchens Schicksal verzweifelnden Faust: »Warum machst du Gemeinschaft mit uns, wenn du sie nicht durchführen kannst? [...] Drangen wir uns dir auf, oder du dich uns?« (S. 197, Z. 29-32).

Peter Nicolai Ostwald

Philemon und Baucis mit Rubens' Augen sehen – Anmerkungen zu »Faust II«, 5. Akt

Gewitterlandschaft mit Jupiter, Merkur, Philemon und Baucis (um 1650)

Der Augenmensch Goethe hatte nach eigener Aussage die »Gabe[,] die Welt mit Augen desjenigen Malers zu sehen, dessen Bilder [er sich] eben eingedrückt«[1] habe. Eine Gabe, die auch für die Welt der Mythen galt, denn als Kunstsammler und leidenschaftlicher Betrachter von Kupferstichen haben sich mythische Darstellungen ebenfalls in seine Phantasie ›eingedrückt‹. So auch der Mythos des Ehepaares Philemon und Baucis aus den *Metamorphosen* Ovids, der sich durch Goethes gesamtes Werk zieht: von der 1773 entstandenen Satire *Götter, Helden und Wieland* über die *Wahlverwandtschaften* bis in die letzten Szenen von *Faust II*, wo sie Fausts Streben zum Opfer fallen.[2]

---

1 FA I, 15.1, S. 93. In der italienischen Reise wird Goethe unter dem Eindruck eines Gemäldes Paolo Veroneses bewusst, wie der italienische Maler die Welt mit einem südlichen ›Frohblick‹ betrachtete, der ihm selbst nördlich der Alpen verwehrt blieb.
2 Vgl. Manfred Beller: *Philemon und Baucis in der europäischen Literatur*. Heidelberg 1967, S. 134-142.

Zu Beginn des Schlussaktes von *Faust II* kehrt ein namenloser Wanderer zu seinen Rettern, Philemon und Baucis, zurück, die ihn einst nach einem Schiffbruch gepflegt hatten. Es kommt zum fröhlichen Wiedersehen im Altersidyll von Lindenhain, Hütte und Kapelle des alten Paares, und hernach schreitet der Wanderer auf der Düne voran, um das Meer zu betrachten. Das Meer ist jedoch »Anger, Garten, Dorf und Wald« (V. 11096) gewichen, wie der nachkommende Philemon begeistert ausführt, und an den Horizont gedrängt worden. Der Wanderer verstummt angesichts dieses Anblicks und tatsächlich trügt das »paradiesisch Bild« (V. 11086). Denn für das Landgewinnungsprojekt Fausts mussten »Menschenopfer [...] bluten« (V. 11127), kritisiert Baucis beim sich anschließenden gemeinsamen Mahl, weswegen sie das angebotene »Gut im neuen Land« (V. 11136) ablehne. Die Szene schließt mit der versöhnlichen Aufforderung Philemons, dem alten Gott zu vertrauen, zusammen zu beten und die Glocke der Kapelle zu läuten. Letzteres wird später im nahen Palast Fausts zu hören sein und ihn auffahrend an den unbeugsamen Willen der Alten erinnern. Faust begehrt wegen des Ausblicks das Altersidyll des Ehepaares, um »[z]u überschaun mit einem Blick / Des Menschengeistes Meisterstück« (V. 11247f.). Mephisto, von Raubzügen zurückgekehrt, rät Faust zur Kolonisation und erhält den Befehl zur Zwangsumsiedlung. Mit alttestamentarischem Verweis auf »Naboths Weinberg« (V. 11287) kündigt Mephisto die bevorstehende Gräueltat an, die er mit seinen drei gewaltigen Gesellen in der anbrechenden tiefen Nacht ausführen wird. Gewaltsam dringen sie in die Hütte des Ehepaares ein, das vor Schreck stirbt. Der Wanderer versucht noch zu kämpfen, wird jedoch getötet und mitsamt dem Ehepaar, der Hütte und Kapelle verbrannt.

Diese kurz vor Goethes Lebensende unternommene dichterische Umdeutung des ursprünglichen Mythos der Gastfreiheit wird im neuesten *Faust*-Kommentar[3] mit Goethes Rezeption von Ovids Fassung im 8. Buch der *Metamorphosen* und vor allem dessen Kurzfassung in Benjamin Hederichs *Gründlichem mythologischen Lexikon* in Verbindung gebracht. Unter dem Eintrag »BAVCIS«[4] ist bei Hederich eine gelehrte Wiedergabe des Mythos zu finden, an die sich eine kurze Moral des Mythos anschließt. Diese Moral wird in Goethes Szene außer Kraft gesetzt und die Umdeutung »widerruft die alte Märchen-Legende«.[5]

Dass der Mythos nicht nur widerrufen, sondern im wörtlichen Sinne auch revidiert wurde, ist bisher nur in einem Aufsatz von Ernst Beutler angemerkt worden, der dazu auf die Kupferstiche in der Kurfürsten- und Bilderbibel von Merian verweist. Diese Bibel hatte Goethe bereits als Kind in der Bibliothek des Vaters gesehen und behielt sie zeitlebens in Erinnerung.[6] Während das christliche Pendant zum Ovid-Mythos sicherlich Einfluss auf Goethes mythisches Ehepaar genommen hat, ist ein Kupferstich von Philemon und Baucis, den Goethe sich später beschaffte, bisher vollkommen unbeachtet geblieben.

---

3 FA I, 7.2, S. 711-714.
4 Benjamin Hederich: *Gründliches mythologisches Lexikon*. Leipzig 1770, Sp. 529f.
5 FA I, 7.2, S. 713.
6 Ernst Beutler: *Die Philemon-und-Baucis-Szene, Die Merianbibel und die Frankfurter Maler*. In: *Beiträge aus Frankfurter Bibliotheken zum Gutenbergjahr*. Sonderdruck. Frankfurt a. M. 1942.

Peter Paul Rubens hatte in seinem Alterswerk um 1630 ein Landschaftsgemälde mit Jupiter, Merkur, Philemon und Baucis staffiert und es erweist sich, dass der Kupferstich nach jenem Gemälde für Goethe ein Ausgangspunkt für seine Umdeutung des Mythos war. Dieser oben abgebildete Stich aus Goethes Sammlung wurde um 1650 nach dem jetzt in Wien befindlichen Gemälde gestochen, das heute *Gewitterlandschaft mit Jupiter, Merkur, Philemon und Baucis*[7] genannt wird. Die Reproduktion des Gemäldes wurde für Goethe zur Vorlage seiner umdeutenden Inszenierung und Rubens' Landschaft reiht sich so in das »Spiel mit bekannten Motiven aus der Geschichte der bildenden Kunst«[8] ein, welches den zweiten Teil des *Faust* durchzieht.

Goethe hatte erstmals in seiner Leipziger Zeit Gemälde von Rubens bei einem Besuch der Dresdner Galerie gesehen. Der Maler Peter Paul Rubens und dessen persönliche Freiheit der Gestaltung entsprach den Idealen des jungen Stürmers und Drängers, der schon in seinem 1775 erschienenen Aufsatz *Nach Falconet und über Falconet* Rubens' naturgetreue Frauendarstellungen als Einblicke in die innere Wahrheit der Natur ansah, die Rubens durch Liebe sinnlich durchdringe.[9] Auf Rubens' Landschaftsgemälde hingegen wurde Goethe wohl erst nach 1800 aufmerksam. Sie nahmen in der Kunstbetrachtung des späten Goethe, besonders in seinem letzten Lebensjahrzehnt, eine besondere Stellung ein und erfuhren wiederkehrende Wertschätzung.[10]

Am 19. Januar 1818 erwarb Goethe erstmals einen Kupferstich nach einem Landschaftsgemälde Rubens' beim Auktionshaus Weigel in Leipzig, die sogenannte *Rückkehr von der Ernte*. Diese Landschaft war als Kupferstich in der Serie der sogenannten ›Großen Landschaften‹ erschienen, die er in einem Gespräch mit Eckermann einige Jahre darauf ausgiebig kommentierte. Bei der Auktion bot er auch auf eine andere in der genannten Serie erschienene Landschaft, die *Gewitterlandschaft*, die ihm jedoch nicht zugeschlagen wurde. Erst bei einer weiteren Auktion Weigels knapp vier Monate später, am 14. Mai 1818, konnte er das noch heute in seiner

---

7 https://www.khm.at/de/object/46031b3d04/ (letzter Zugriff 15.04.22). Die Arbeit am Gemälde zieht sich über viele Jahre hin, da Rubens im Schaffensprozess neue Bretter angestückt hatte, und wird deshalb auf 1620/1625 bis um 1636 datiert. – Zur Schwierigkeit der Datierung des Kupferstiches vgl. Corina Kleinert: *Peter Paul Rubens (1577-1640) and His Landscapes: Ideas on Nature and Art.* Turnhout 2014, S. 92-99.

8 Johannes Anderegg: *Transformationen. Über Himmlisches und Teuflisches in Goethes »Faust«.* Bielefeld 2011, S. 151.

9 Goethe verdeutlicht dies an der zu ›fleischigen‹ Darstellung und damit zu naturgetreuen Wiedergabe von Rubens' Frauenfiguren. Vgl. FA I, 18, S. 174-179, und Kommentar, S. 1125-1129.

10 Goethe rezipierte die Landschaftsgemälde Rubens' am Ende seines Lebens ausschließlich anhand von Kupferstichen, deren Inschriften in diesem Fall zu einer besonderen Wahrnehmung des Kunstwerks führten, während Reproduktionsgraphik in Goethes Kunstbetrachtung ansonsten beispielsweise farblose Gegenständlichkeit hervorhob. Vgl. Mathias Pirholt: »*Gott segne Kupfer«. Goethes Kunstbeschreibungen im Zeitalter der semitechnischen Reproduzierbarkeit.* In: *Zs. für Kunstgeschichte* 80 (2017), H. 3, S. 392-417; hier S. 406.

Sammlung befindliche Exemplar des Stiches erstehen.[11] Im Auktionskatalog vom 14. Mai heißt es zum Stich: »Eine weite Landschaft mit einem Gewitter, wo Philemon und Baucis den Jupiter u. Mercur aufnehmen. Occidit una – Aegidius Henrici. S. a Bolswert sc. G. HendrIx [sic] exc. No. 1. gr. qu. real fol. sehr schön«.[12]

Wie schon aus dem kurzen Titel hervorgeht, hat der Stich, bzw. das Gemälde nach dem gestochen wurde, die Darstellung eines Gewitters zum Gegenstand. Die gastfreundliche Aufnahme der Götter wird betont, obwohl hier die Besteigung des Berges und also der spätere Verlauf des Mythos dargestellt wird. In der Landschaft sind, neben den dunklen Wolken und Blitzen, Sturzfluten zu sehen, die sich offenbar aus Himmelspforten von den linken Bergen in die Landschaft ergießen. Ungewöhnlich ist dies auch deshalb, weil Rubens in seiner Darstellung von der bildlichen Tradition abweicht, die das Ehepaar gewöhnlich am Tisch mit den Göttern darstellt.[13] Die zitierten lateinischen Worte im Auktionskatalog geben die unter der Darstellung des Kupferstiches befindliche Inschrift unvollständig wieder. Die vollständige Inschrift des Kupferstichs setzt sich zusammen aus einer Dedikation des Herausgebers der sogenannten ›Großen Landschaften‹ und Versen aus Ovids *Metamorphosen*, deren voller Wortlaut folgender ist: »Occidit Una domus: Sed non domus Una perire / Digna fuit: qua terra paret {patet?} fera regna {regnat?} Erijnnis: / In facinus Iurasse putes dent ocius omne: / Quas meruere pati (sic stat sententia) poenas. Ovidii Metamorph.{oseon} / L.{iber} 1«.[14]

Es handelt sich um die Verse 240-244 aus dem ersten Buch der *Metamorphosen* Ovids, was angesichts der Tatsache, dass es sich um eine Darstellung von Philemon und Baucis handelt, etwas verwundert, denn das Ehepaar kommt nicht im ersten

---

11 Vgl. Johannes Grave: *Der »ideale Kunstkörper«: Johann Wolfgang Goethe als Sammler von Druckgraphiken und Zeichnungen.* Göttingen 2006, S. 506, sowie den Katalog der ersten Auktion: *Verzeichniss einer Sammlung von Kupferstichen, Handzeichnungen, Oelgemälden und Rahmen nebst Glas, welche Montags den 19ten Januar 1818 im rothen Collegio versteigert werden sollen.* Leipzig o. J. [1818], S. 168.

12 *Verzeichniss einer ansehnlichen Kupferstichsammlung alter, neuer und seltener Blätter aus allen Schulen vom Anfange der Kunst bis auf gegenwärtige Zeit [...] welche Donnerstags den 14. May 1818 und folgende Tage öffentlich versteigert werden soll.* Leipzig o. J. [1818], S. 66, Nr. 97. Bei »S. a Bolswert« handelt es sich um Schelte à Bolswert, den berühmtesten ›Rubens-Stecher‹, und die nachfolgenden Abkürzungen erklären, dass es sich um einen großen querformatigen Stich handelt. »*Die angeführten No. beziehen sich auf den Catalog von Hequet nach der neuen Ausgabe von Basan in seinem Dictionaire des graveurs. Paris, 1767*« [sic]. Vgl. Grave (Anm. 11), S. 506. G. Hendricx hatte als Herausgeber den Stich dem Bürgermeister Antwerpens, Philips van Valckenisse, gewidmet.

13 Anzuführen wären hier das von Goethe kommentierte Werk von Adam Elsheimer, ferner die Darstellung in der *Emblemata Horatiana* von Rubens' Lehrer Otto van Veen sowie eine frühere Fassung des Ehepaares von Rubens selbst.

14 Zit. nach: Kleinert (Anm. 7), S. 97. In Johann Heinrich Voss' zeitgenössischer Übersetzung: »Hin ist geschwunden das Haus; doch nicht Ein / Haus nur verdient' es, / Unterzugehn. Wo die Erde sich ausstreckt, tobt / Die Erinnys. / Alles rennt, wie verschworen zum Unheil. Alle / sogleich denn / Sollen uns, was sie verdient, so wills die Gerech- / tigkeit, büssen!«, vgl. Johann Heinrich Voss: *Verwandlungen nach Publius Ovidius Naso. In Zwei Theilen.* Braunschweig 1829, S. 18.

Buch vor, sondern erst im achten. Rubens hatte demnach die ovidische Sintflut des Anfangs der *Metamorphosen* mit dem Mythos um das Ehepaar und der damit einhergehenden kleinen Flut vermischt.[15] Wichtig ist dies auch angesichts dessen, dass im ursprünglichen Mythos um Philemon und Baucis die Landschaft um das Haus des Ehepaares lediglich in einen Sumpf verwandelt und nicht, wie auf dem Kupferstich, überflutet wird. Dass Rubens in seinem Gemälde auf mehrere Mythen zurückgriff und diese miteinander kombinierte, ist bisher in der Rubens-Forschung zwar bemerkt worden, allerdings wurden die Verse Ovids nicht genauer kontextualisiert, um tiefgreifendere Deutungsansätze für das Gemälde zu ermöglichen.[16]

Bei den Versen der Inschrift handelt es sich um gesprochene Worte Jupiters, der die bösartige Vermessenheit Lycaons, eines mythischen Königs Arkadiens, bestraft und darüber im Rat der Götter berichtet. Jupiter hatte zuvor in Menschengestalt, ähnlich wie im achten Buch bei Philemon und Baucis, die Schuld der Menschen am eigenen Leibe austesten wollen. Schließlich hatte er das Haus des Tyrannen Lycaon betreten und sich überdies sogar als Gott zu erkennen gegeben. Während Jupiter vom Volk angebetet wurde, verhöhnte ihn Lycaon und versuchte, ihn zunächst hinterrücks des Nachts zu ermorden, um ihn, nach fehlgeschlagenem Versuch, schließlich mit dem Menschenfleisch einer Geisel zu bewirten. Das krönende Vergehen des Menschengeschlechts bewegte Jupiter dazu, die Menschheit zu vernichten und den Herrscher selbst in einen Wolf zu verwandeln.[17]

Im Zuge der Sintflut wird der Palast Lycaons zerstört und man könnte vermuten, dass dies ebenfalls Einfluss auf die Darstellung des Gemäldes und damit des Stiches genommen hat. Es ist auffällig, dass die Hütte von Philemon und Baucis bzw. der Tempel, in den die Hütte nach der Rettung durch die Götter verwandelt wurde, im Bild nicht auszumachen ist. Hingegen ist die etwas links oberhalb der Mitte dargestellte Burg wohl der Palast des Lycaon, dem die Zerstörung durch Jupiter bevorsteht. Der erhobene Arm von Jupiter, eine Anleihe Rubens' an Leochares' *Apoll von*

---

15 Interessanterweise wurde noch in der deutschen Übersetzung von d'Argenvilles' *Nachrichten aus dem Leben der Maler*, die Goethe in seiner Leipziger Zeit gelesen hatte, die *Gewitterlandschaft* wie folgt vermerkt: »eine schöne Landschaft, welche die Sündfluth des Deucalion vorstellt, und in Kupfer gestochen ist«. Antoine Joseph Dézallier d'Argenvilles: *Nachrichten aus dem Leben der Maler. Dritter Theil. Von den Malern der Niederländischen Schule.* Leipzig 1768, S. 411.
16 Kleinert (Anm. 7), S. 97-99.
17 Ebendiese Verwandlung hatte Rubens in einer Ölskizze im gleichen Zeitraum der Fertigstellung der *Gewitterlandschaft* festgehalten. Er war um 1635 mit einer großen Auftragsarbeit beschäftigt, da er vom spanischen König Philipp II. mit der Dekoration des neugebauten Jagdschlosses *Torre de la Parada* bei Madrid beauftragt worden war und deshalb eine Serie mit Darstellungen aus den *Metamorphosen* Ovids malte. In dieser Ölskizze konzentriert sich Rubens ganz auf das Drama zwischen Jupiter und Lycaon und die körperliche Verwandlung Lycaons, der schon einen Wolfskopf hat, jedoch noch menschliche Gliedmaßen und demnach in Verwandlung begriffen ist. Die Zerstörung des Herrscherhauses und die anschließende Flut werden dabei gänzlich ausgeklammert. Vgl. Svetlana Alpers: *Corpus Rubenianum Ludwig Burchard. An illustrated catalogue raisonné of the work of Peter Paul Rubens based on the material assembled by the late Ludwig Burchard.* Bd. 9: *The decoration of the Torre de la Parada.* Brüssel 1971, S. 227f.

Belvedere, ist somit nicht nur in Richtung der Flut ausgestreckt, sondern weist auch zum Palast, der vom aufziehenden Gewitter zerstört werden wird. Die Rettung des gastfreundlichen Ehepaares und die Bestrafung des tyrannischen Herrschers würde somit gleichzeitig ausgeführt, und der moralische Gegensatz zweier unterschiedlicher Mythen ist so in einem Gemälde vereinigt.

Das Gegenüberstellen von Gegensätzen ist eine der Barockkunst eigene Darstellungsweise, die von Jacob Burckhardt als barocke ›Äquivalentien‹ bezeichnet worden ist. Diese Äquivalente vermögen es, visuelle oder moralische Gegensätze in einem optisch beruhigten Bild aufzuheben und in einer geistigen Symmetrie zu bewältigen.[18] In der *Gewitterlandschaft* ist es die Gegenüberstellung der beiden moralischen Pole der *Metamorphosen* Ovids in einem Bild. Dabei wird der Topos von Hütte und Palast durch Philemon und Baucis sowie Lycaon personifiziert. Rubens holt das pastorale Ehepaar und den tyrannischen Herrscher aus den fernen Landschaften der Mythen in seine heimatliche flämische Landschaft bei Brabant, um sie dort in einem Sinnbild zu stilisieren.

Goethes Beschäftigung mit Rubens' Landschaftsmalerei begann, nachdem seine Ankäufe aus der oben genannten Leipziger Auktion am 20. März 1818 bei ihm eingetroffen waren. Goethe plante damals einen Aufsatz über Landschaftsmalerei, der jedoch nie über einige Entwürfe hinauskam und schließlich als lückenhafter Aufsatz von Heinrich Meyer unter dem Titel *Künstlerische Behandlung Landschaftlicher Gegenstände* posthum 1832 im letzten Heft von *Ueber Kunst und Alterthum* erschien.[19] Schon im ersten Entwurf scheint Rubens' landschaftliche Darstellung eine Art Kulminationspunkt der Landschaftsmalerei überhaupt zu sein, da Goethe eine »[f]ortgehende Erhebung bis zu Rubens« (FA I, 20, S. 615) erkannte und auch einen »[h]öchst künstlerisch gewaltsame[n] Gebrauch aller Elemente« (ebd.) bemerkte. In einem um 1824 diktierten Schema Goethes wurden die Landschaften von Rubens schließlich zum ordnenden Prinzip innerhalb der Landschaftsmalerei; Goethe hielt komprimiert fest: »›Vor Rubens.‹ / ›Rubens selbst.‹ / ›Nach Rubens.‹ / ›Er, als Historienmaler, suchte nicht sowohl das Bedeutende als daß er es jedem Gegenstand zu verleihen wußte; daher seine Landschaften einzig sind [...]‹« (FA I, 22 S. 528).

An diesem Zitat wird das Bruchstückhafte von Goethes Schema deutlich, da eine weitere Erläuterung dieser Beobachtung ausblieb. In einem Gespräch mit Sulpiz Boisserée hatte er schon 1815 von einem besonderen Prinzip in Rubens' künstlerischem Gegenstand angemerkt: »[...] im Rubens erscheint die Selbständigkeit der Kunst – wo der Kunst der Gegenstand gleichgültig wird, sie rein absolut, der Gegenstand nur der Träger ist – dies ist die höchste Höhe [...]«.[20]

---

18 Vgl. Jacob Burckhardt: *Gesamtausgabe*. Bd. XIII: *Vorträge 1870-1892*. Hrsg. von Felix Stähelin u. Heinrich Wölfflin. Leipzig 1934, S. 430-433. – Vgl. Erich Hubala: *Barock und Rokoko*. Stuttgart 1971, S. 7.
19 FA I, 20, S. 1517f. Vgl. Erich Trunz: *Goethes Entwurf »Landschaftliche Malerei« – An John diktiertes Schema*. In: Ders.: *Weimarer Goethe-Studien*. Weimar 1980, S. 173.
20 Gespräche 2, S. 1086. – Vgl. Ernst Osterkamp: *Im Buchstabenbilde. Zum Verfahren Goethescher Bildbeschreibungen*. Stuttgart 1991, S. 275-277.

Die Kunst wird absolut, ist nicht mehr abhängig von ihrem eigentlichen Gegenstand und kann sich in diesem Sinne vom Dargestellten abheben und »darf […] sogar zu *Fiktionen* schreiten« (FA II, 39, S. 603), wie Goethe es in einem oft zitierten Gespräch mit Eckermann am 18. April 1827 ausdrückte. Hier bezog sich Goethe auf einen anderen Rubens-Stich, den er gemeinsam mit der *Gewitterlandschaft* 1818 erworben hatte. Als er Eckermann den Stich *Die Rückkehr von der Ernte*[21] am 11. April 1827 zeigte, glaubte dieser zunächst, dass »dieses Bild wohl ganz nach der Natur abgeschrieben« (FA II, 39, S. 240) sei. Jedoch ist der Schattenfall im Bild unnatürlich, da die vom Feld heimkehrenden Personen der Sonne entgegengehen, der Schatten aber ebenso in dieselbe Richtung fällt. Die Heimkehrenden können dadurch vor einem dunklen Schatten hervorgehoben werden, was Goethe zur folgenden Erkenntnis verleitete:

> Das ist es, wodurch Rubens sich groß erweiset und an den Tag legt, daß er mit freiem Geiste *über* der Natur steht und sie seinen höheren Zwecken gemäß traktiert. […] Allein, wenn es gegen die Natur ist, so sage ich zugleich, es sei höher als die Natur, so sage ich, es sei der kühne Griff des Meisters, wodurch er auf geniale Weise an den Tag legt, daß die Kunst der natürlichen Notwendigkeit nicht durchaus unterworfen ist, sondern ihre eigenen Gesetze hat. (FA II, 39, S. 603)

In Goethes Kunstbetrachtung ist diese künstlerische Idealisierung fast schon ein Topos, der in ähnlicher Weise auch für Claude Lorrain gilt.[22] Jedoch sind Rubens' Landschaften keine italisch-südlichen, sondern flämisch-nördliche Gefilde, die einem Ideal angeglichen wurden.

Schon 1813 hatte Goethe in seinem Aufsatz *Ruisdael als Dichter* versucht, die idealisierten nördlichen Landschaften in klassizistischer Kunstprogrammatik zeitgenössischen Malern näherzubringen, besonders in Abgrenzung zur romantischen Malerei.[23] Nachdem Goethe seine Sammlung im Laufe der darauffolgenden Jahre kunsthistorisch beträchtlich erweitert und geordnet hatte, fiel ihm die Bedeutung der Landschaftsgemälde Rubens' auf, was dazu führte, dass Ruisdael in Goethes Kunstbetrachtungen der 1820er Jahre kaum noch eine Rolle spielte.

Zur gleichen Zeit, als Goethe die Landschaft von Rubens Eckermann gegenüber thematisierte, schrieb er auch Zelter darüber und ließ ihm sogar als Anlage zum Brief ein Exemplar der *Rückkehr von der Ernte* zukommen. In seinem Brief an Zelter vom 10. April 1827 findet sich ein versteckter Hinweis zur *Gewitterlandschaft*:

> In der Kiste an Ternite liegt auch etwas für dich, ein einzelnes Blatt, aber von bedeutender Größe; befestige es an deine Wand, es ist vielleicht die wahrhaft größte Komposition die sich jemals aus einem Menschengeiste entwickelt hat. Du kennst es wohl schon, aber man kennt es nie ganz, es ist wie alles Vortreffliche: wenn es unsern Sinnen entweicht, so sind die Erinnerungskräfte nicht fähig es wieder herzustellen, und wir dürfen uns glücklich schätzen wenn unsere Kul-

---

21 Christian Schuchardt: *Goethe's Kunstsammlungen. Erster Theil*. Jena 1848, S. 182, Nr. 370f.
22 Vgl. Anm. 1 und *Goethe-Handbuch*. Supplemente Bd. 3, S. 513-516.
23 Vgl. Grave (Anm. 11), S. 323-328.

tur im ganzen dadurch einigermaßen zugenommen hat. [...] Vorstehendes gilt, wie du leicht sehen wirst, vom Schlachtgetümmel [*Konstantinsschlacht*; P. N. O.]; aber das ländliche Heimgehen zum Ausruhen [*Rückkehr von der Ernte*; P. N. O.] wird dir nicht weniger behagen und zu den besten Betrachtungen Anlaß geben. Der Abdruck ist ursprünglich kostbar, nun verbräunt, beschädigt, befliegenschmutzt; laß dich das nicht irren und sieh durch den Schleier hindurch. Ich habe noch mehreres von der besten Art, was ich dir nach und nach vor die Augen bringe. In diesem Sinne hab ich mir manches von Leipzig her vor kurzem doppelt verschafft. (FA II, 37, S. 465 f.)

Offenbar hatte Goethe vor, gemeinsam mit Zelter Stiche zu betrachten und deshalb zwei Exemplare der *Rückkehr von der Ernte* erworben. Zu diesen Stichen »von der besten Art« gehört auch die *Gewitterlandschaft*, die sich ebenfalls mit zwei Exemplaren in Goethes Kunstsammlung vorfindet.[24] Kurz vor der Entstehung der Eröffnungsszenen des Schlussaktes von *Faust II* mit Philemon und Baucis als *dramatis personae* schrieb Goethe am 9. März 1831 an Zelter:

In Gefolg des Vorstehenden ließ ich sogleich nachsehen, wo ich die Dublette[25] vermutete; leider ward sie nicht gefunden, und da es mit solchen Dingen, die, bei sonstiger regelmäßiger Aufbewahrung, einmal zufällig untergeschoben werden, gewöhnlich der Fall ist, daß man sie nur zufällig wieder findet, so wirst du dich gedulden, bis ich selbst wieder meine Sammlungen angehe, welches bei zunehmender besserer Jahrszeit nächstens geschehen wird. (FA II, 38, S. 376)

Offenbar wollte er Zelter ein Exemplar seiner beiden Kupferstiche nach einer Kopie von Leonardo da Vincis *Anghiari-Schlacht* zukommen lassen.

Im April 1831 brachte Goethe den noch fehlenden Beginn des fünften Aktes von *Faust II* zu Papier. Dass auch dieser Teil seines Alterswerkes und damit die Eingangssequenz *Offene Gegend – Palast – Tiefe Nacht* und nicht nur die andere Hälfte des Schlussaktes unter dem Eindruck von Kunstwerken entstand, kann auch durch die zwar kurze, aber umso wichtigere Tagebuchnotiz vom 9. April 1831 ersichtlich werden: »Anderes Geheime bedenkend. Philemon und Baucis und Verwandtes sehr zusagend« (WA III, 13, S. 59).

Das »Geheime« war zuvor schon in einem Selbstkommentar Goethes zu *Faust II* zur Sprache gekommen. 1827 hatte er in einem Brief gegenüber dem Privatgelehrten Karl Jakob Ludwig Iken im Anschluss an Äußerungen über den Helena-Akt bemerkt, dass er »seit langem das Mittel gewählt [habe], durch einander gegenüber gestellte und sich gleichsam in einander abspiegelnde Gebilde den geheimeren Sinn dem Aufmerkenden zu offenbaren« (FA II, 37, S. 548).

Es galt durch symbolische Spiegelung einen verschlüsselten und damit geheimeren Sinn zu vermitteln, der nicht in Eindeutigkeit aufzulösen war. In der Eingangs-

---

24 Schuchardt (Anm. 21), S. 181 f., Nr. 368 f. Es ist hingegen unklar, bei welcher Auktion das zweite Blatt erworben wurde, jedoch muss vermutet werden, dass dies kurz vor Goethes oben zitiertem Brief an Zelter geschah.

25 Bei der Dublette handelt es sich um die *Anghiari-Schlacht* in einer Reproduktion Gérard Edelincks nach einer Zeichnung Rubens', die wiederum eine Kopie nach Leonardos Gemälde war.

sequenz des fünften Aktes ist diese Spiegelbildlichkeit durch die gegensätzliche Gestaltung des Palastbewohners Faust und der Hüttenbewohner Philemon und Baucis gegeben, die »sich gleichsam in einander« abspiegeln. Das alte Ehepaar verkörpert mit seiner mythischen Herkunft, dem Baumhain und dem Glauben an den ›alten Gott‹ gleichsam die kulturelle Tradition schlechthin, die gewaltsam zu einem Ende kommt. Damit spiegeln sie Fausts Besitzgier, Fortschrittsoptimismus und Unglauben, dessen Triumph über das Meer ausgerechnet bei einem mythisch-entrückten Ehepaar auf unüberwindlichen Widerstand stößt. Der gewaltsame Tod des Paares und des namenlosen Wanderers offenbart einen durchaus inkonzilianten Bruch, der Aufschluss über die Absicht Goethes mit dem Schluss von *Faust II* geben kann.[26]

In einem Gespräch mit Eckermann bemerkte Goethe am 2. Mai 1831 zu den Eröffnungsszenen des Schlussaktes von *Faust II*, dass die »Intention auch dieser Szenen [...] über dreißig Jahre alt« sei (FA II, 39, S. 482). Damit meinte Goethe wohl auch das Szenenfragment »Land Strase« aus der von Luise von Göchhausen gefertigten Abschrift der frühen Fassung des *Faust* (*Urfaust*). Die Szene wird mit der Bühnenanweisung eingeleitet: »Ein Kreuz am Weege, rechts auf dem Hügel [...] ein altes / Schloß [...], in der Ferne ein Bauerhüttgen« (FA I, 7.1, S. 493). Bereits in diesem frühen Fragment hatte Goethe somit ein Bühnenbild vor Augen, das den Topos Hütte und Palast in einem landschaftlichen Sinnbild fasste. Ein solches landschaftliches Sinnbild fand Goethe später in Rubens' *Gewitterlandschaft*, in welche der Maler, Ovids *Metamorphosen* rezipierend, den Mythos kunstvoll in ein Landschaftsgemälde einbettete. Besonders die belehrend-moralisierende Stilisierung von Philemon und Baucis, die dem Paar durch Rubens widerfuhr, muss sich schließlich auch auf Goethes Gestaltung des Schlussaktes ausgewirkt haben.

Knapp ein halbes Jahr vor Entstehung der Philemon und Baucis-Szenen, Ende des Jahres 1830, hatte Goethe die *Bergschluchten*-Szene niedergeschrieben, wozu er Carlo Lasinios Reproduktionsstiche nach Fresken des Campo Santo in Pisa als Bildvorlage nutzte. Die katholische Ikonografie der spätmittelalterlichen italienischen Darstellungen wurde ihm Inspiration zur Gestaltung der erlösenden Himmelfahrt von Fausts Seele. Die allegorische Darstellung des Triumphes des Todes sowie die Anachoreten Thebais' waren jeweils Bilder, die den Betrachter zum Nachdenken anleiten und seinen Glauben vertiefen sollten. Auf die Motive dieser und anderer religiöser Gemälde griff Goethe zurück, um die Schlussszene als theatralische Reproduktion für die Bühne zu konzipieren. Das Nebeneinander der vielen Motivzitate aus unterschiedlichen Gemälden wurde in der Schlussszene des *Faust II* zu einem Bild, einer Montage zusammengefügt.[27]

---

26 Gerade dem namenlosen Wanderer widerfuhr in der neueren Forschung zum *Faust*-Schluss besondere Aufmerksamkeit: Sein Auftritt, Verstummen und Tod werden in Michael Jaegers ideengeschichtlicher Studie konsequent mit Goethes Biografie in Einklang gebracht. Vgl. Michael Jaeger: *Wanderers Verstummen, Goethes Schweigen, Fausts Tragödie*. Würzburg 2014.
27 Vgl. Anderegg (Anm. 8), S. 170-191. Die Montage religiöser Gemälde gipfelt im konzilianten Schluss einer Goethe'schen Katharsis, die das durch Fausts Befehl initiierte Verbrechen Mephistos am Anfang des Schlussaktes zu spiegeln scheint. Vgl. Karl Pestalozzi: *Bergschluchten. Die Schluss-Szene von Goethes »Faust«*. Basel 2012, S. 119-129.

So fügt sich auch Rubens' *Gewitterlandschaft* als Motiv in Goethes Spiel mit Anleihen aus der bildenden Kunst ein. Die mythologische Belehrung des Betrachters hatte Rubens anhand der Spiegelung der Mythen dargestellt. Dies griff Goethe auf und deutete es seinen Zwecken gemäß um. Auch deshalb kann es sein, dass Goethe gegenüber Eckermann behauptete, dass sein mythologisches Ehepaar nichts »mit jenem berühmten Paare des Altertums und der sich daran knüpfenden Sage« zu tun habe (FA II, 39, S. 488). Die mythologische Moral des Kupferstiches, gegeben durch die Staffage und die erklärende Inschrift, diente Goethe als Anregung, den Mythos um Philemon und Baucis abzuändern. Das »Occidit una domus«, mit dem Jupiter bei Ovid den Palast zerstört, bezieht sich bei Goethe auf die Hütte von Philemon und Baucis. Den Gewittersturm und die mit göttlicher Strafe vergoltene Untat Lycaons wendete Goethe in den mephistophelischen Mord bei tiefer Nacht. Anschaulich wird an Goethes Abweichen von der Bildvorlage vor allem, wie die eindeutige Schuld und Strafe der frühneuzeitlichen Darstellung in komplexe Verantwortung und sogar in personifizierte Sorge verwandelt werden. Für eine Auslegung des Textes ist dieses Abweichen von moralischer Statik bezeichnend, denn eine eindeutige Schuldzuschreibung Fausts ist schwerlich möglich.

Michael Lipkin

»N'oublie pas de vivre« – Pierre Hadot und der ethische Goethe[1]

Dass Pierre Hadot, der 2010 starb, nach einer herausragenden akademischen Laufbahn insbesondere im Dienst der Philosophie der Antike sein letztes Werk, *N'oublie pas de vivre* (Vergiss nicht zu leben), keinem römischen oder griechischen Denker widmete, sondern Goethe, erstaunte seine Leserschaft nicht wenig.[2]

Von 1964 bis 1986 war Hadot Studienleiter an der École Pratique des Hautes Études (EPHE) gewesen. 1982, auf dem Zenit seines Ruhms, wurde er ans Collège de France auf den Lehrstuhl der Histoire de la pensée hellénistique et romaine (Geschichte des hellenistischen und römischen Denkens) berufen, den er bis zu seiner Emeritierung und Ernennung zum Honorarprofessor 1991 innehatte. In diesen Jahren erfuhr Hadot große Anerkennung für seinen eigenwilligen Blick auf die Philosophie der Antike wie auch für seine Einführung des Werks Ludwig Wittgensteins in die französischsprachige Welt. Nicht unumstritten war in den 70er und 80er Jahren seine These, dass Texte wie Marc Aurels *Selbstbetrachtungen* oder Epiktets *Enchiridion* keine rationalen Systeme darstellten, also zusammenhängende Tatsachenbehauptungen über die Welt, deren Wahrheit sich in ihrer Selbstbehauptung gegen kritische Argumente erweist, ähnlich unserem heutigen Verständnis von Philosophie. Stattdessen seien sie nur richtig zu verstehen als ein Bündel von Techniken und Praktiken, die vom Leser oder Zuhörer anzuwenden seien – Übungen und Gedankenspiele, die immer wieder praktiziert werden sollten. Ziel dieser ›spirituellen Übungen‹, für Hadot der Kern von Epikureismus und Stoizismus, war es, den Praktizierenden allmählich zu einem erweiterten Bewusstsein der lebendigen Gegenwart und des großen Ganzen der Natur zu verhelfen. Dieser Blick, konstatierte Matthew Sharpe in seiner Besprechung des Buches, stand in direktem Widerspruch zu den vorherrschenden Bewegungen in den klassischen Studien dieser Zeit.[3] Hadot wurde von seinen Kollegen vor allem dafür kritisiert, dass er den Neuplatonismus auf andere antike Lehren zurückprojizierte. Gleichwohl fand Hadot eine begeisterte Leserschaft in der anglo-amerikanischen Welt, besonders durch seine Verbundenheit mit einem Kollegen am Collège, Michel Foucault, der, insbesondere in seinem Buch *Le souci de soi* (Die Sorge um sich), Hadot einen entscheidenden Einfluss auf seine eigene Sicht der antiken Welt zusprach. Wie dieses Werk Foucaults ist auch Hadots *N'oublie pas de vivre*, das seinem Enkel ge-

---

[1] Der vorliegende Beitrag wurde aus dem Englischen übersetzt von Barbara Burckhardt, der an dieser Stelle herzlich gedankt sei.
[2] Pierre Hadot: *N'oublie pas de vivre. Goethe et la tradition des exercises spirituels*. Paris 2008.
[3] Matthew Sharpe: *To Not Forget. Pierre Hadot's Last Book on Goethe*. In: *Parrhesia* 22 (2015), S. 106-117.

widmet ist, ausdrücklich ein Spätwerk, erfüllt vom Bewusstsein des eigenen, näher kommenden Todes. Die Wahl Goethes als Zentrum seiner autobiografischen Selbstreflexion erfüllt einen doppelten Zweck: Einerseits ist er wissenschaftlicher Gegenstand, andererseits auch ein Seelenverwandter – ein Denker, der den Geist der Antike im Sinne Hadots einfing und ihn nicht nur für sein eigenes Werk nutzte, sondern zur Grundlage seiner Existenz machte.

Die zentrale Annahme, die Hadots Studie zugrunde liegt, ist also, dass Goethe grundsätzlich ein ethischer Denker ist, dessen Werk nur richtig verstanden werden kann, wenn man es unter dem Aspekt des richtigen Lebens und der sich daraus ergebenden Fragen betrachtet: Was ist ›richtiges Leben‹, und wie kann es erreicht werden? Auf den ersten Blick zumindest ist diese Ausgangsfrage von provozierender Schlichtheit. Schlicht insofern, als sie dem gängigen Bild von Goethe als weisem Mann, dem Übermittler von Lebensweisheit und dem Musterbeispiel eines erfüllten und kultivierten Lebens, entspricht – wie etwa in Rüdiger Safranskis intellektueller Biografie *Goethe. Kunstwerk des Lebens* (2015)[4] oder 2016 in einem Artikel im *New Yorker* zu einer neuen Übersetzung Goethes ins Englische, der den Titel *Life Lessons from Goethe* trug.[5] Und provozierend insofern, als dass im Kontext der schwindelerregenden Mengen an Sekundärliteratur zu Goethe – vor allem in jüngster Zeit, als seine Bewunderer ihn zum Erkenntnistheoretiker auf Augenhöhe mit Kant und Hegel stilisierten[6] – der Versuch, in seinem Werk ein kohärentes moralisches System zu finden, hoffnungslos kleinkariert erscheint. Aber die These, dass im Zentrum von Goethes Werk das Ethische steht, komplett zu verwerfen, ist schwieriger, als sie zu akzeptieren. Denn seine Dichtung ist überbordend von Begriffen, die die Idee verführerisch nahelegen, dass zumindest in der Welt seiner Werke eine genaue Vorstellung vom richtigen Leben herrscht, die sich in Begriffen wie *Glück, das Gute, Tugend, Moral, das Sittliche, das Ziemende* erahnen lässt. Andererseits erscheinen diese Begriffe stets implizit und kontextgebunden. Ihre semantische Äquivalenz, ob als Synonyme oder gegensätzliche Begriffe, wird immer nur angedeutet, nie festgeschrieben. Noch schwieriger ist es, zu definieren, wie Goethes Ethik in seine dramatischen Werke einfließt, in denen er seinen Figuren moralische Gebote in sehr speziellen dramatischen Situationen in den Mund legt, was es dem Goethe-Forscher ziemlich schwermacht, einzelne Sichtweisen dem Dramatiker selbst zuzuordnen.

In diesem Text werde ich die Bedeutung von *N'oublie pas de vivre* damit begründen, dass Hadot ein Licht wirft auf die Schwierigkeiten der Annäherung an den ›ethischen‹ Goethe, vor allem, weil er sich dabei des täuschend einfachen Konzepts der ›spirituellen Übung‹ als hermeneutisches Verfahren bedient. Dafür werde ich die Argumentationslinien der ersten beiden Kapitel von Hadots Buch rekonstruieren, in denen er Goethe zwei unterschiedliche, aber sich gegenseitig bedingende spirituelle Übungen zuschreibt: den so genannten ›Blick von oben‹, in dem der philosophische Praktiker die Gesamtheit der Natur aus einer erhöhten Position in

---

4 Rüdiger Safranski: *Goethe. Kunstwerk des Lebens*. München 2013.
5 Adam Kirsch: *Life Lessons from Goethe*. In: *New Yorker* (1. Feb. 2015), S. 77–89.
6 Vgl. Eckart Förster: *Die 25 Jahre der Philosophie*. Frankfurt a. M. 2018.

einem Blick erfasst, und die Hingabe des Ichs an die Fülle des Moments. Ich werde darlegen, dass Hadot in diesen Kapiteln drei Fragen verfolgt, die zentral sind zum Verständnis Goethes als ethischem Denker, selbst wenn man Hadots Methode kritisch sieht. Die erste Frage ist: Hat Goethe überhaupt eine Ethik? Und wenn ja, kann man sie begreifen als einen Kodex vorgeschriebener Verhaltensweisen? Die zweite Frage betrifft etwas, was ich die ›Medialität‹ der Goethe'schen Ethik nennen würde, nämlich: Welche Trennlinie lässt sich ziehen zwischen dem Umgang mit moralischen Prinzipien in Goethes Dichtung und in seiner Prosa? Zwischen den Aussagen seiner unterschiedlichen Protagonisten und seinem autobiografischen Schreiben? Die dritte und letzte Frage ist die nach der Geschichtlichkeit von Ethik und berührt die wichtigste Schnittmenge zwischen Goethes und Hadots Denken: Können vergangene Lebensformen in der Gegenwart wiederbelebt werden?

Was genau meint Hadot mit dem Begriff der ›spirituellen Übung‹, und wie funktioniert er als Interpretation für Goethes Werk? Die direkteste Antwort auf diese Frage findet sich im zweiten Kapitel, *Der Blick von oben und die Reise durch den Kosmos*. Dieses Kapitel beginnt mit einem Zitat aus Goethes Abhandlung von 1784 *Über den Granit*[7]:

> Auf einem hohen nackten Gipfel sitzend und eine weite Gegend überschauend kann ich mir sagen: Hier ruhst du unmittelbar auf einem Grunde, der bis zu den tiefsten Orten der Erde hinreicht, keine neuere Schicht, keine aufgehäufte zusammengeschwemmte Trümmer haben sich zwischen dich und den festen Boden der Urwelt gelegt [...]. In diesem Augenblicke da die innern anziehenden und bewegenden Kräfte der Erde gleichsam unmittelbar auf mich wirken, da die Einflüsse des Himmels mich näher umschweben, werde ich zu höheren Betrachtungen der Natur hinauf gestimmt [...]. [H]ier auf dem ältesten ewigen Altare der unmittelbar auf die Tiefe der Schöpfung gebaut ist bring ich dem Wesen aller Wesen ein Opfer. Ich fühle die ersten festesten Anfänge unsers Daseins, ich überschaue die Welt ihre schroffern und gelindern Täler und ihre fernen fruchtbaren Weiden, meine Seele wird über sich selbst und über alles erhaben und sehnt sich nach dem nähern Himmel. (FA I 25, S. 314 f.)

Nach einem kurzen Vergleich mit einem ähnlichen Bericht aus derselben Zeit, Horace Bénédict de Saussures Beschreibung seiner Besteigung des Mont Blanc 1779, kommentiert Hadot die zitierte Passage, die zur Vorlage seiner eigenen Konzeption des ›Blicks von oben‹ wird:

> Goethe éprouve alors un sentiment de communion à la fois avec la terre et avec le ciel, qui se traduit toujours chez lui par un mouvement d'élévation de l'âme au-dessus d'elle-même. Des métaphores religieuses servent à décrire ce qui est en quelque sorte une extase cosmique : le rocher de granit est présenté comme un autel sur lequel Goethe offre un sacrifice qui n'est autre que le regard d'en haut porté à la fois sur le monde visible et sa beauté, et, en imagination, sur sa genèse.[8]

---

7 In der FA lautet der Titel *Granit II*.
8 Hadot (Anm. 2), S. 88 f.

(Goethe erlebt so in einem singulären Moment ein Gefühl der Gemeinschaft sowohl mit der Erde als auch mit dem Himmel, was in seinem Werk stets dazu führt, dass die Seele über sich selbst hinauswächst. Die religiösen Metaphern dienen der Beschreibung einer kosmischen Ekstase: Der Granitfelsen wird zum Altar, auf dem Goethe ein Opfer darbringt, das nichts anderes ist als der Blick von oben, der in einem einzigen Moment die sichtbare Welt, ihre Schönheit und ihre imaginierte Genesis wahrnimmt.)

Immer wieder betont Hadot, dass der Blick von oben entweder die ganze Schöpfung in einem einzigen Blick erfasst oder im Betrachter zumindest dieses Gefühl erzeugt – was, und das ist entscheidend für Hadot, keinen Unterschied macht. Die Empfindung, mit der Gesamtheit des Seienden zu verschmelzen, schenkt dem Betrachter eine kosmische Perspektive auf die ganze Bandbreite alles Menschlichen und erfüllt ihn gleichzeitig mit dem Gefühl, sich über den Alltag erhoben und einen freudvollen, von Dankbarkeit erfüllten Zustand der Kontemplation erreicht zu haben. Nach dem Zitat aus *Über den Granit* und seiner Einordnung als Referenz und Modell verfolgt Hadot die Spuren des ›Blicks von oben‹ zurück bis zu Homer, Apollonius von Rhodos, Seneca, Ammianus Marcellus, Lukrez, Pascal und Voltaire und kehrt danach wieder zu Goethes diversen Permutationen zurück – unter anderem in *Faust II*, *Wilhelm Meisters Lehrjahre*, *An Schwager Kronos*, *Harzreise im Winter* und in seinen Briefen an Schiller. Das Kapitel endet mit einer Analyse von Fotos der Erde aus dem All, die im Zuge der Weltraumerforschung entstanden sind.

Aus literaturwissenschaftlicher Sicht ist der ›Blick von oben‹ leicht einzuordnen: als ein Motiv, ein Bild, dessen ständige Wiederkehr eine zentrale Bedeutung für den Text nahelegt, im Gegensatz zu einem Bild, das nur einmal auftaucht. Hadot allerdings weist eine solche Interpretation als viel zu semiotisch, zu textgebunden zurück. Sie vernachlässige die lange philosophische Tradition, auf die Goethe sich bezieht. Denn, wie Hadot zeigt: Durch die Brille der klassischen Antike betrachtet ist der Akt der Darstellung, den der ›Blick von oben‹ konstituiert, genau genommen eine Praxis, eine spirituelle Übung:

> Pour les philosophes antiques, le regard d'en haute est un exercice de l'imagination par lequel on se représente que l'on voit les choses d'un point élevé que l'on a atteint en s'élevant de terre, le plus souvent grâce à un vol de l'esprit dans le cosmos.[9]

(Für die Philosophen der Antike ist der Blick von oben eine Übung der Vorstellungskraft: Man stellt sich vor, die Dinge von einem erhöhten Ort aus zu sehen, indem man sich über die Erde hinaus erhebt, dank eines Fluges des Geistes durch den Kosmos.)

In der Einleitung seines Buches fasst Hadot den Begriff der ›spirituellen Übung‹ etwas weiter, als »actes de l'intellect, ou de l'imagination, ou de la volonté, caractérisés par leur finalité: grâce à eux, l'individu s'efforce de transformer sa manière de voir le monde, afin de se transformer lui-même« (Akte des Intellekts, der Vorstel-

---

9 Hadot (Anm. 2), S. 99.

lungskraft oder des Willens, die sich durch ihre Zielgerichtetheit auszeichnen: Mit ihrer Hilfe wird der Einzelne befähigt, seinen Blick auf die Welt zu verändern, um sich selbst zu verwandeln).¹⁰ Die Übung kann eine physische sein, wie die tatsächliche Besteigung eines Berges, oder es kann ein Akt der Imagination sein, wie der Blick des Armen Tom über die Klippe in *König Lear*. Entscheidend ist nicht, was der Blick ins Weite bietet, sondern dass er unternommen wird mit dem Ziel der Selbstbildung. Mit Hadots Worten: »Il ne s'agit pas de s'informer, mais de se former« (Es geht nicht darum, sich zu informieren, sondern sich selbst zu formen).¹¹ Ihre spezifisch ethische Dimension liegt in dem Umstand, dass sie zu einer grundlegenden inneren Wandlung des Praktizierenden führt, einem Wandel zu etwas, das normativ als das Gute, das Wahre, das Weise wahrgenommen wird.

Im Kapitel über die philosophische Bedeutung des ›Blicks von oben‹ in der Antike (*Le regard d'en haut dans l'Antiquité*) zeigt Hadot, dass dieses höchste Gut ein variables ist, abhängig vom Denker, der sich der Übung unterzieht. Für Marc Aurel führt der ›Blick von oben‹ zu einem Realismus, der es dem philosophierenden Denker ermöglicht, die eigenen Scheuklappen abzulegen, um die Wahrnehmung auf die ganze Breite der menschlichen Existenz und ihrer sozialen Dimension auszuweiten. In den *Totengesprächen* Lukians hingegen, die in der kynischen Tradition stehen, beinhaltet der ›Blick von oben‹, was Foucault aufgrund seiner eigenen Hadot-Lektüre als ›die Ironie des Winzigen‹ bezeichnet, die bloßlegt, wie flüchtig und absurd aus der göttlichen Perspektive vermeintliche Tugenden wie Reichtum und Erfolg sind.¹² Indem er diese auf ihr angemessenes Maß zurückstutzt, befreit der Philosoph sich selbst allmählich von seinen Begierden und beginnt stattdessen, ein nachhaltiges und andauerndes Glück zu kultivieren, das dem kosmischen Prüfungsblick standhalten kann. Dem Goethe-Leser verheißt dies in beiden Fällen, dass der Rekurs auf den ›Blick von oben‹ weder mimetisch ist, in dem Sinn, dass er eine bestimmte Wirklichkeit nachstellen soll, noch semiotisch, also ein Zeichen, das auf andere Zeichen oder Zeichensysteme verweist, sondern eher asketisch im ursprünglichen griechischen Sinn: eine Praxis, die den Praktizierenden dem richtigen Leben näherbringen soll.

Dieser hermeneutische Beitrag zur Goethe-Analyse führt auch zu einer zentralen Frage in Bezug auf den ›ethischen‹ Goethe: Hat Goethe überhaupt eine Vorstellung vom ›richtigen‹ Leben? Zieht sich durch sein Werk eine systematisch erarbeitete Reihe von Tugenden, die er dem Leser verordnet? Hadot beantwortet diese Frage mit Nein. Aber dieser Punkt ist nicht so offensichtlich, wie es scheinen mag. Goethe liebäugelte in seinem Werk immer wieder mit einer systematischen Ethik, zum Beispiel in seinem *Versuch als Vermittler von Subjekt und Objekt*, in welchem er eine Reihe epistemischer Laster aufzählt, die dem wissenschaftlichen Prozess schadeten, darunter »Ungeduld, Vorschnelligkeit, Selbstzufriedenheit, Steifheit, Gedankenform, vorgefaßte Meinung, Bequemlichkeit, [...] Veränderlichkeit« (FA I, 25, S. 30),

---

10 Hadot (Anm. 2), S. 10.
11 Ebd.
12 Michel Foucault: *The Hermeneutics of the Subject. Lectures at the Collège de France 1981-82*. New York 2006, S. 307 f.

die, in ihr Gegenteil verkehrt, eine glaubwürdige Liste der Goethe'schen Tugenden ergäben, die sich konsistent von Anfang bis Ende durch sein Werk ziehen. Auch in Eckermanns *Gesprächen mit Goethe* finden sich wiederkehrend Bemerkungen, die nahelegen, dass er seine Werke als eine Art Testlabor für ein Goethe'sches ›System‹ versteht:

> Der Wert des Sittlich-Schönen und Guten aber konnte durch Erfahrung und Weisheit zum Bewußtsein gelangen, indem das Schlechte sich in seinen Folgen als ein Solches erwies, welches das Glück des Einzelnen wie des Ganzen zerstörte, dagegen das Edle und Rechte als ein Solches, welches das besondere und allgemeine Glück herbeiführte und befestigte. (FA II, 39, S. 595)

Natürlich sind solche Sätze zu sehr aus dem Ärmel geschüttelt, um als Bekenntnis einer moralischen Überzeugung verstanden zu werden. Dennoch lässt die Art und Weise, wie Goethe in solchen Momenten normative Konzepte (Schönheit, Güte, Erfahrung, Weisheit, Glück, Stärke, das Edle und das Rechte) mit disparaten Bereichen der Existenz und des Handelns (das Individuum und die Gemeinschaft) in einem Netz gegenseitiger Implikationen zusammenführt, vermuten, dass er daran glaubte, dass diese unter einem Begriff des allgemeinen, universellen Guten vereint seien – oder zumindest vereint werden könnten. Aus demselben Grund verwirft Hadot die Vorstellung von Goethe als Vordenker der Antimoral des Übermenschen, die Nietzsche vertritt oder auch Adrian Leverkühn in Thomas Manns *Doktor Faustus*, der die Münchner Kulturelite mit der Bemerkung, »Philine ist doch am Ende nur ein Hürchen, aber Wilhelm Meister, der seinem Autor nicht gar fernsteht, zollt ihr eine Achtung, mit der die Gemeinheit sinnlicher Unschuld offen geleugnet wird«, schockiert.[13] Für Hadot ist das höchste Ziel seines Goethe das Streben nach irdischem Glück. Ein solches Glück, glaubt Hadot, kann nicht im bösen Handeln gefunden werden, sondern, wie die Lektüre von Goethes *Schwebender Genius über der Erdkugel* lehrt, nur in der Ruhe, die entsteht, wenn das Selbst mit der kosmischen Ordnung eins wird. In seiner Übersetzung der Zeilen »Denkt er ewig sich ins Rechte, / Ist er ewig schön und groß« (MA 13.1, S. 132) wird aus dem Rechten das Gerechte (»ce qui est Juste«), mit einem großen ›J‹:

> J'ai mis une majuscule à ›Juste‹ pour faire comprendre que Goethe n'a pas voulu énoncer une formule moral banale du type: l'homme trouve sa grandeur en faisant ce qui est bien et juste [das Rechte]. […] [J]e pense que la tournure [ins Rechte] désigne l'ordre, la légalité du monde, dans lequel l'homme doit s'insérer, en se pensant à sa juste place au sein de cet ordre qui se manifeste par les phénomènes lumineux, mais aussi dans le ciel étoilé et dans les lois de la nature.[14]

(Ich habe ›Juste‹ großgeschrieben, um klar zu machen, dass Goethe keine banale Moralformel dieser Art äußert: Der Mensch findet seine Größe, indem er tut, was gut und richtig ist. […]. Ich denke, dass die Wendung *Ins Rechte* die Ord-

---

13 Thomas Mann: *Doktor Faustus. Das Leben des deutschen Tonsetzers Adrian Leverkühn erzählt von einem Freunde*. Frankfurt a.M 1990, S. 549.
14 Hadot (Anm. 2), S. 141.

nung, die Gesetzmäßigkeit der Welt bezeichnet, in die der Mensch sich einordnen muss, indem er seinen rechtmäßigen Platz innerhalb dieser Ordnung sucht, die sich in sichtbaren Erscheinungen, aber auch im Sternenhimmel und in den Gesetzen der Natur manifestiert.)

Der ›Blick von oben‹ macht die Gesamtheit des menschlichen Strebens sichtbar. Das Gute, das er bewirkt, ist das philosophische Bewusstsein auf Seiten des Handelnden, dass er Teil der natürlichen Ordnung des Seins ist. Was dieser daraus für Folgerungen für sein Verhalten zieht, bleibt ihm überlassen.

Das also ist der spirituelle Charakter der spirituellen Übung. Aber weshalb ist sie überhaupt eine Übung? Offensichtlich durch die Wiederholung: Um ihre Wirkung zu erzielen, muss sie immer wieder vollzogen werden. Diese Definition beruht auf einer kulturhistorischen Annahme: Weder der Zustand des philosophischen Bewusstseins, der durch den ›Blick von oben‹ entsteht, noch die Erfahrung des ›Eins seins‹ mit dem Prozess der Kosmogenese seien dem Menschen der Antike naturgegeben gewesen. Gegen Winckelmanns idyllische Vorstellungen vom Leben in der Antike argumentiert Hadot, ganz im Sinne Nietzsches, dass Goethe mit Recht davon ausging, dass »cette sérénité était acquise et non primitive, qu'elle résultait d'un immense effort de volonté: pour lui, il s'agissait d'une volonté esthétique de jeter sur les horreurs de l'existence le voile éblouissant de la création artistique« (diese Gelassenheit eine erworbene und keine angeborene war, dass sie das Resultat einer enormen Willensanstrengung war; für den [antiken Menschen] war es eine ästhetische Entscheidung, über den Schrecken des Daseins den glänzenden Schleier der künstlerischen Schöpfung zu werfen).[15]

Der spezifisch repetitive Charakter der spirituellen Übung galt dem Ziel, allmählich einen erlernten Zustand herbeizuführen, einen Zustand, der allerdings nicht dauerhaft aufrechterhalten werden konnte und kann; so wie der Bodybuilder, um seine Kraft zu steigern, immer wieder neu Gewichte hebt, die er über längere Zeit nicht oben halten könnte. Aus den oben zitierten, von Hadot analysierten Beispielen aus Goethes Werk ergibt sich, dass der ›Blick von oben‹ kein singuläres Ereignis ist, das nur im spezifischen poetologischen Kontext des einzelnen Werks und in Bezug auf seine dramatischen Funktionen zu verstehen ist. So ist zum Beispiel Werthers Idealisierung des Kranichflugs nicht mit derselben Ambivalenz zu betrachten, die im Text Werther selbst zuteilwird; auch stellt Wilhelm Meisters Blick auf die Berge, weil dieser Blick durch das Auftauchen der technologischen Moderne getrübt wird, keinen Bruch in Goethes Denken dar. Für Hadot ist – im sportlichen Sinn – jeder ›Blick von oben‹ in Goethes Werk eine Wiederholung eben jener Übung, die Goethes ganzes aktives Leben durchdringt. Jede einzelne dient dem Zweck, Goethe wie seine Leserschaft zu trainieren, um jenen erhabenen, aber flüchtigen Zustand wiederzuerlangen und jedes Mal ein wenig länger darin zu verweilen. Im Vollzug der Übung wird dieser Zustand in seiner ganzen Fülle erreicht – und dann wieder verloren. Aber jede Wiederholung bringt ihn einer asymptotischen Permanenz näher.

---

15 Hadot (Anm. 2), S. 40.

Dies ist natürlich eine höchst polemische Behauptung. In gewisser Hinsicht passt sie zu einer Tendenz der zeitgenössischen Sekundärliteratur zu Goethe, nicht mehr den literarischen Aspekt ins Zentrum ihrer Betrachtung zu rücken, sondern Goethe eher als Denker denn als Dichter zu begreifen. Dabei verschwimmen jedoch drei Schlüsselbegriffe, die für eine Betrachtung der Goethe'schen Ethik ausschlaggebend sind. Zum einen ist das die Unterscheidung zwischen seinem literarischen Werk, seinem autobiografischen und seinem wissenschaftlichen Schreiben. Hadot zitiert aus allen drei Gattungen frei und ohne Unterschiede zu machen. Zum zweiten gehen die Unterschiede zwischen verschiedenen künstlerischen Ausdrucksformen – vor allem zwischen Literatur, Malerei, Theater und Bildhauerei – und, nicht weniger problematisch, zwischen unterschiedlichen literarischen Gattungen, dem Epischen, Lyrischen und Dramatischen – verloren, die Goethe mit erheblichem Aufwand durchdacht und begründet hat. Die dritte und vielleicht wichtigste Unterscheidung ist allerdings die zwischen dem moralischen Gebot und der Darstellung eines moralischen Gebots. Denn, wie Hans Blumenberg in seiner Interpretation des Prometheus-Mythos bei Goethe gezeigt hat, lädt Goethe im Laufe seines Schreibens die Bilder und Motive, die in seinem Werk immer wieder erscheinen, wie Mythen mit unterschiedlichen, oft direkt widerstreitenden Bedeutungen auf, indem er sie immer neuen Konstellationen im Dienst seiner Poetik zuordnet.[16] Ist die Fähigkeit zur empathischen Freude am Moment, deretwegen sich Werther in Charlotte verliebt, dieselbe Fähigkeit, die wir bei Philine erleben, deren Sinnlichkeit oft herzlos ist und gerne romantische Qualen auslöst? Und sind diese mit dem verführerischen Versprechen gleichzusetzen, mit dem Mephisto Faust anlockt? Ist das von Torquato Tasso erträumte Goldene Zeitalter, in dem erlaubt ist, was gefällt, dieselbe Ära wie die, in der Mohammed den Koran verfasste, in dem das poetische Wort und seine Bedeutung in eins fielen? Hadots stillschweigende Annahme geht davon aus. Für Hadot lassen sich *alle* Darstellungen unter seinem höchst eigenwilligen Verständnis von Philosophie als willensgesteuerter Einbildungskraft subsumieren, deren letztes Ziel die Weisheit ist, verstanden als Bedingung für irdisches Glück. Mit diesem alles verschlingenden Konzept der spirituellen Übung versucht sich *N'oublie pas de vivre* an einem Abgleich: Was der spirituellen Übung an analytischer Klarheit fehlt, versucht sie wettzumachen, indem sie die mimetisch-semiotische Dublette aufbricht, um sich den Fragen nach Werten und Zielen zu öffnen, die Goethes Leser so oft stellen: Wofür steht die Kunst, und was ist gelingendes Leben?

Um meine Argumentation abzuschließen, werde ich mich nun den Implikationen zuwenden, die mit Hadots Konzept der Philosophie als Willensakt oder Imagination, praktiziert in der ewigen Gegenwart der Vorstellung, einhergehen. Dazu gehe ich zurück zum ersten Kapitel des Buchs, das Hadots Lektüre des Dialogs zwischen Faust und Helena im 3. Akt von *Faust II* wiedergibt.

Für Hadot ist das Zusammentreffen der beiden Liebenden in erster Linie die Begegnung zweier Epochen, aufgeladen mit historischer Signifikanz. Helena spricht im poetischen Metrum der antiken Tragödie, in trimetrischen Jamben, und der Chor der gefangenen trojanischen Soldaten antwortet ihr mit Strophen und Gegen-

---

16 Hans Blumenberg: *Arbeit am Mythos*. Frankfurt a. M. 2011, S. 433-604.

strophen. Doch als sie Faust begegnet und ihn sprechen hört – in Paarreimen, nach Hadot das poetische Metrum moderner Innerlichkeit –, ist sie von dieser ihr unbekannten Versform entzückt. Damit setzt sich der Liebesdialog, aber auch der Dialog der Reime zwischen Faust und Helena fort und lässt uns einen Moment von solcher Intensität und Bedeutung erleben, dass die Zeit und das Drama selbst stehen zu bleiben scheinen. Der Höhepunkt der Szene ist dieser Wortwechsel:

> HELENA So sage denn, wie sprech' ich auch so schön?
> FAUST   Das ist gar leicht, es muß vom Herzen gehn.
>   Und wenn die Brust von Sehnsucht überfließt,
>   Man sieht sich um und fragt –
> HELENA   Wer mit genießt.
> FAUST   Nun schaut der Geist nicht vorwärts nicht zurück,
>   Die Gegenwart allein –
> HELENA   Ist unser Glück.
> FAUST   Schatz ist sie, Hochgewinn, Besitz und Pfand;
>   Bestätigung wer gibt sie?
> HELENA   Meine Hand.
>
> (FA I, 7.1, V. 9377-9384)

Hadot unterbricht seine eigene Argumentation, um sich seiner Bewunderung für diese Szene hinzugeben, und schreibt: »On pense qu'Hélène et Faust n'ont plus rien à désirer, comblés qu'ils sont de leur mutuelle présence. On songe à l'*Élégie de Marienbad*: ›Tu n'avais plus ni vœu, ni espérance, ni désir, tu avais atteint le but de ta plus intime aspiration‹« (Man spürt, dass Helena und Faust nichts mehr zu wünschen bleibt, so erfüllt sind sie von der Gegenwart des anderen. Man fühlt sich an die *Marienbader Elegie* erinnert: ›Dir blieb kein Wunsch, kein Hoffen, kein Verlangen, / Hier war das Ziel des innigsten Bestrebens‹).[17]

Hadot behauptet, diese Zeilen stellten den entscheidenden Moment sowohl in *Faust I und II* als auch, ja, im Gesamtwerk Goethes dar. Hier betone Goethe mit der ihm eigenen Mischung aus klarer Sprache und dramatischem Pathos, dass wir nur im gegenwärtigen Moment, nicht in Vergangenheit oder Zukunft, Freude und Leid erfahren können; nur in der Gegenwart können wir uns entschließen zu handeln, nur im Jetzt können alle Erfahrungen stattfinden, können wir ändern, was zu ändern ist. Diesen Punkt unterstreicht Hadot später im Buch in seiner Interpretation des Gedichts *Lebensregel*, wenn er schreibt:

> On retrouve ici l'attitude que nous avons décrite: ne pas se soucier du passé, ne pas s'inquiéter de l'avenir, avec une certaine tonalité épicurienne: jouir du présent, mais aussi stoïcienne, sinon chrétienne: accepter la volonté de la providence.[18]

(Hier finden wir jene Haltung wieder, die wir beschrieben haben: sich nicht um die Vergangenheit sorgen, keine Angst vor der Zukunft haben, sondern mit einer gewissermaßen epikureischen Grundhaltung die Gegenwart genießen, aber auch stoisch, wenn nicht gar christlich: den Willen der Vorsehung akzeptieren.)

---

17 Hadot (Anm. 2), S. 19.
18 Hadot (Anm. 2), S. 75.

Mit dieser Erkenntnis Goethes, dass nichts wichtiger ist als die Gegenwart, geht eine zweite Erkenntnis einher, die eine Mahnung enthält – dass der gegenwärtige Moment trotz seiner Bedeutung vergänglich ist und deshalb ergriffen werden muss. Da unsere Aufmerksamkeit leicht durch andere Dinge gefesselt wird, müssen wir immer wieder an die Dringlichkeit des gegenwärtigen Augenblicks erinnert werden: »Et quand Wilhelm Meister, dans les *Années d'apprentissage*, visite la ›Salle du passé‹, il lit cette devise: ›Gedenke zu leben‹, ›N'oublie pas de vivre‹, qui est la traduction de ›Memento vivere‹« (Wenn in den *Lehrjahren* Wilhelm Meister den ›Saal der Vergangenheit‹ betritt, liest er diese Worte: »Vergiss nicht zu leben«, die Übersetzung von ›Memento vivere‹).[19] Diese Erinnerung muss immer wieder stattfinden, und Hadot verfolgt sie von den Stoikern über die Epikureer bis zum Werk Goethes. Nicht die Verwendung klassischer Stoffe und die Wiederbelebung der drei Einheiten von Zeit, Raum und Handlung machen nach Hadot den Kern seines ›Klassizismus‹ aus, sondern der Imperativ des Memento vivere.

Von dieser Stelle dürfte sich selbst ein Gelegenheitsleser Goethes provoziert fühlen: Wieso wählt Hadot ausgerechnet *Faust* aus Goethes Gesamtwerk, um diese Behauptung zu belegen? Denn Faust will weder den Geist der Antike wieder zum Leben erwecken, noch sucht er das Glück in der Gegenwart. Ganz im Gegenteil, als eine Figur der Moderne, die stets nach vorne strebt und nie zufrieden ist – so angestaubt und unwissenschaftlich das klingen mag –, verachtet Faust den glücklichen Augenblick. Noch verwirrender, aus einer wissenschaftlichen Perspektive, ist Hadots oberflächlicher Blick auf Fausts Wette mit Mephisto, die ja genau auf der Bejahung des Augenblicks beruht (»Verweile doch! / Du bist so schön!«), und die Hadot nur kurz zusammenfasst, um zum Schluss zu gelangen, dass dieser Moment mit Helena die Bedingungen von Fausts Wette mit dem Tod nicht erfüllt. Welche Behauptung wird hier also aufgestellt? Warum beharrt Hadot mit solchem Nachdruck auf dieser Szene, auf die er sich in seinen Studien immer wieder bezieht?

Für Hadot lautet die Antwort, was immer diese Szene für Faust bedeuten mag, für Goethes ethisch-philosophisches Denken wirft sie die entscheidende Frage auf: Können vergangene Lebensformen tatsächlich durch das Studium antiker Kunst und antiken Denkens wiedererweckt werden? Kann eine Begegnung mit der Vergangenheit mehr sein als eine historische Praxis? Natürlich war das die zentrale Frage der Weimarer Klassik, das ethische Begleitstück zu Schillers *Über naive und sentimentalische Dichtung* wie auch zu Goethes umfassenden Theorien und praktischen Experimenten mit der Historizität der Formen, nicht zuletzt im *Faust*, seinem Versuch, ein modernes Epos zu schreiben. Wenn wir jetzt Hadots Definition der Philosophie als zweckgebundener Anwendung von Imaginationskraft und Willen mit seiner Auffassung der Gegenwart als einzigem tatsächlich existierenden Zeitraum für das Handeln, für die Erlangung von Glück, verbinden, dann kann diese Frage nur bejaht werden. Wenn der Mensch sich auf die Gegenwart nur einlassen kann, indem er sich von Vergangenheit und Zukunft löst, dann gibt es streng genommen in Hadots Verständnis von Goethe keine Historizität. Alle Denksysteme und alle Seinsweisen sind dem philosophischen Praktiker zugänglich, zumindest für die Dauer eines singulären Moments. Wie in der Begegnung von Faust und Helena,

---

19 Hadot (Anm. 2), S. 11.

argumentiert Hadot, erfordert die Begegnung mit den Systemen der Vergangenheit ihre ›Modernisierung‹, also eine Nutzbarmachung für die Gegenwart, und gleichzeitig eine ›Antikisierung‹ des philosophierenden Praktikers, der sich vom zeitgenössischen Verständnis der Philosophie als rationalem Diskurs befreien muss. Aber das ist möglich. Es ist nicht wichtig, dass Fausts Begegnung mit Helena nicht von Dauer ist, ja, nicht von Dauer sein kann, und dass ihr gemeinsames Kind, Euphorion, das den Geist der antiken Dichtung verkörpert, im Jugendalter stirbt. Für diesen einen Moment, wenn sie miteinander in Versen sprechen, erreichen Helena, Faust und mit ihnen Goethe diese Vereinigung mit der Antike. Und Hadot besteht in der anschließenden Lektüre von Seneca und Marc Aurel darauf, dass ein solcher Augenblick für ein ganzes Leben reicht.

In meiner Rekonstruktion von *N'oublie pas de vivre* habe ich versucht, die wichtigsten Fragen der Goethe'schen Ethik herauszuarbeiten und zu zeigen, wie Hadot sie beantwortet, indem er dem Konzept der ›spirituellen Übung‹ besondere Bedeutung zumisst, das eine asketische anstelle einer mimetischen oder semiotischen Hermeneutik begründet. Zusammenfassend lässt sich sagen: Die Frage, ob Goethes Werk ein moralisches System vorantreibt, verneint Hadot – obwohl er darauf besteht, dass Goethes Dichtung irdisches Glück als höchstes aller Güter versteht und sein Leben als Dichter im Kern eine schicksalhafte, diesem Ziel gewidmete Berufung ist. Die zweite Frage, ob unterschieden werden kann zwischen den Darstellungsmöglichkeiten verschiedener Kunstformen bzw. -medien oder der Darstellung ethischer Prinzipien und ethischer Prinzipien selbst, beantwortet Hadot ebenfalls mit Nein. Denn wenn für Goethe sein Leben als Dichter eine existenzielle Berufung ist, dann ist es entscheidend, welche Wirkung Akte des Willens und der Imagination in ihrer zielgerichteten Entfaltung auf die Lebenswelt selbst haben. Die letzte Frage, ob vergangene ethische Ordnungen in heutigen Zeiten wiederhergestellt werden können, bejaht Hadot – sie müssen es. *N'oublie pas de vivre* geht von der These aus, dass Goethe in seiner Zeit der beste Beweis dafür war, und Hadot, wie er selbst es in seiner Einführung implizit nahelegt, ist es in unserer.

Obwohl es gute Gründe dafür gibt, dem, was man abfällig den ›therapeutischen‹ Goethe nennen könnte, skeptisch zu begegnen, wirft Hadots philosophisches Testament *N'oublie pas de vivre* unweigerlich die Frage nach dem Einfluss zeitgenössischer Literaturwissenschaft auf. Das Buch stellt die historisierenden Annahmen, die heutigen Analysen von Goethes Sicht auf die Antike und unserer eigenen Sicht auf Goethe zugrunde liegen, unüberhörbar in Frage. Hadots Werk lebt fort als Kritik der Selbstkritik, Selbstbeschränkung und falschen Bescheidenheit der heutigen Literaturwissenschaft – ein Aufruf an die Dichter und Denker unserer Zeit, wie Goethe das Glück einzufordern, das ihnen mit Fug und Recht zusteht.

Abhandlungen

Alfred Brendel

*Naivität und Ironie.
Goethes musikalische Bedürfnisse*

Nach einer Aufführung von Haydns *Schöpfung* in Weimar schrieb Carl Friedrich Zelter unter Goethes Augen einen Aufsatz, in dem er Haydn die Merkmale des wahren Genies bescheinigt, nämlich Naivität und Ironie. Ich werde später auf diese Behauptung zurückkommen. Die Frage, ob Goethe selbst musikalisch war und wieviel Musik er brauchte, ist oft gestellt worden. Der Anteil der Musik an Goethes Leben wird gewöhnlich unterschätzt.

Betrachten wir zunächst, was Goethe selbst über Musik gesagt und geschrieben hat, zuerst über die Liebe zur Musik: »Wer Musik nicht liebt, verdient nicht, ein Mensch genannt zu werden, wer sie nur liebt, ist erst ein halber Mensch, wer sie aber treibt, ist ein ganzer Mensch« (*Gespräche* 3.1, S. 560). Des Weiteren über die Wertigkeit der Musik im Vergleich zur Sprache: »Wäre die Sprache *nicht* unstreitig das Höchste was wir haben, so würde ich Musik noch höher als Sprache und also ganz zu oberst setzen« (FA I, 25, S. 136). Zuletzt über den Stellenwert der Musik als Kunst überhaupt: »[Musik] steht so hoch, daß kein Verstand ihr beikommen kann, und es geht von ihr eine Wirkung aus, die Alles beherrscht und von der niemand im Stande ist, sich Rechenschaft zu geben« (FA II, 12, S. 458). So steht es bei Eckermann. Mit anderen Worten: Goethe spricht der Musik dämonische Qualitäten zu. Über Bach schreibt Goethe an Zelter:

> [...] als wenn die ewige Harmonie sich mit sich selbst unterhielte, wie sichs etwa in Gottes Busen, kurz vor der Weltschöpfung, möchte zugetragen haben; so bewegte sich's auch in meinem Innern und es war mir als wenn ich weder Ohren, am wenigsten Augen und weiter keine übrigen Sinne besäße noch brauchte. (MA 20.3, S. 833)

In seinen *Maximen und Reflexionen* lesen wir: »Die Musik ist heilig oder profan. Das Heilige ist ihrer Würde ganz gemäß, und hier hat sie die größte Wirkung aufs Leben, welche sich durch alle Zeiten und Epochen gleich bleibt. Die profane sollte durchaus heiter seyn« (FA I, 13, S. 135). Die Musik war für Goethe der Ort, »woher alle Dichtungen entspringen und wohin sie zurückkehren« (FA I, 17, S. 175).

Im *Werther* heißt es: »wie mich der einfache Gesang angreift!« (FA I, 8, S. 79) und auch in Goethes Gedichten spiegelt sich die Einheit von Text und Musik als liedhaftem Ursprung von Lyrik: »Nur nicht lesen! immer singen!« (*An Lina*; FA I, 1, S. 646, V. 7); »Fühlst du nicht an meinen Liedern / Daß ich Eins und doppelt bin?« (*Gingo Biloba*, FA I, 3.1, S. 79, V. 11 f.); »Drum danket Gott, ihr Söhne der Zeit, / Daß er die Pole für ewig entzweit« (*Gott, Gemüt, und Welt*; FA I, 2, S. 381, V. 63 f.). Wir sind hier in das Gebiet der Ironie geraten. Mit den Widersprüchen in Goethes Natur will ich mich später beschäftigen.

Trotz seiner enzyklopädischen Interessen, seiner riesigen Arbeitsleistung als Autor, seiner intensiven Beschäftigung mit den Naturwissenschaften, seiner Belesenheit im Griechischen und Lateinischen, seiner Kenntnis englischer, französischer und italienischer Schriftsteller, seiner Verantwortung für die Universität von Jena und seiner Staatspflichten ist Goethes Verbindung mit der Musik kaum jemals unterbrochen worden. Seine Beschwörung, man solle nie lesen, immer singen, ist fast wörtlich zu nehmen. Schon ein frühes Gedicht, das er kaum 17-jährig in englischer Sprache schrieb, enthält die Zeilen: »I hum no supportable tune, / I can no poet be« – Ich summe keine geeignete Melodie, also kann ich kein Dichter sein (*A song over the unconfidence towards my self*, FA I, 1, S. 35, V. 27 f.). Viele seiner Gedichte waren schon in der Vorstellung mit Musik verbunden. Gedichte mussten so schnell wie möglich komponiert werden, manche waren schon von vornherein auf bereits existierende Melodien zugeschnitten. Einige von Goethes oder Schillers Gedichten wurden gleich mit beigefügten Musiknoten publiziert. Die wunderbaren Gedichte, die in Goethes *Wilhelm Meister* mysteriös auftauchen, erschienen im Erstdruck des Romans schon in Reichardts Vertonung. Goethe nannte zahlreiche seiner Gedichte »Lieder« – in allen seinen Ausgaben der gesammelten Werke standen sie am Anfang. Nach Goethes Wunsch mussten die Kompositionen einfach bleiben, durften den Text nicht stören und mussten die Anfangsmelodie, ob es nun drei Strophen waren oder zehn, beibehalten, ein Schema, das vom Volkslied herrührte. Das hört sich heutzutage mühsam an und konnte schon damals nur den Vorteil haben, dass die Melodie sich dem Gedächtnis einprägte. Ferdinand Hiller nannte es eine »idealisirte [ ] Bänkelsängermanier«.[1] Abwechslung schaffen musste der deutlich deklamierende Sänger. Nicht der Komponist sollte charakterisieren, sondern der Interpret. Dieses Schema entsprach den Grundsätzen der Ersten und Zweiten Berliner Liederschule, denen Reichardt bzw. Zelter als ihre bemerkenswertesten Mitglieder angehörten. Die hier geforderte Einfachheit war die Reaktion auf barocke Kompliziertheit und auf die Virtuosität italienischer Koloraturarien. Das Ziel war, mit Hilfe weniger Noten den Hörer unprätentiös ans Herz zu greifen.

Goethe liebte es, seinen Komponistenfreunden zu sagen, wie sie komponieren sollten, und zwar nicht nur seine Gedichte, sondern auch seine Opernlibretti. Mit der Oper hat Goethe sich nämlich die längste Zeit seines Lebens abgegeben. Aber es mussten leichte Opern sein, wie sie damals die *Opera comique*, *Opera buffa* und das Singspiel vor Augen führten. Goethe schätzte die *Opera seria* gar nicht und zog die Vergnügtheit Cimarosas bei weitem vor. Der Sänger Eduard Genast hat verzeichnet, dass Goethe mit seiner Bassstimme komische Texte unvergleichlich deklamierte, während sich im Tragischen manchmal falsches Pathos einschlich.[2] Sein Freund Philipp Christoph Kayser bezeugte, dass in Goethes Libretti die Oper quasi schon vorauskomponiert war; die Anweisungen waren so detailliert, dass

---

[1] Ferdinand Hiller: *Goethe's musicalisches Leben*. Köln 1883, S. 53.
[2] Eduard Genast: *Aus dem Tagebuche eines alten Schauspielers*. 4 Bde. Leipzig, 1862-1866.

dem Komponisten wenig Bewegungsfreiheit übrig blieb. Eine ganze Reihe dieser Libretti wurde zu seinen Lebzeiten vertont und aufgeführt, und einige sogar in seine gesammelten Werke aufgenommen. Unter den Komponisten waren neben Kayser auch Johann André, Karl Sigmund von Seckendorff, die Sängerin und Schauspielerin Corona Schröter, die Herzogin Anna Amalia und Johann Friedrich Reichardt. Dreizehn verschiedene Versionen von *Claudine von Villa Bella* und sechzehn von *Jery und Bätely* sind bekannt. Noch im 20. Jahrhundert komponierte Othmar Schoeck *Erwin und Elmire* und der Schönberg-Schüler Egon Wellesz *Scherz, List und Rache*. Hofmannsthal studierte Goethes Operntexte und schrieb ein Vorwort für einen Sammelband.[3] Keine der komponierten Fassungen machte allerdings einen bleibenden Eindruck, und der Triumph von Mozarts *Entführung aus dem Serail* stellte alle anderen Versuche, ein deutsches Singspiel zu präsentieren, in den Schatten.

Goethe war geradezu besessen von Lied und Gesang. Im Lied musste die Musik unmittelbar dem Wort und der Wortmelodie entnommen werden und allen Verlockungen, das Gedicht zu illustrieren, aus dem Weg gehen. Wie sein Mentor Herder war er davon überzeugt, dass es die Musik sei, von der alle Dichtungen herkommen und wohin sie zurückkehren. Als Goethe in jungen Jahren auf Herders Wunsch elsässische Volkslieder und Balladen sammelte, sang er sie seiner Schwester Cornelia vor, die sie niederschrieb.[4] *Des Knaben Wunderhorn*, die Sammlung von Volkspoesie Achim von Arnims und Clemens Brentanos, erschien 1806 mit einer Widmung an Goethe, der das Werk freundlichst aufnahm.

In der orientalischen Dichtung, die Goethe später so entzückte, spielt neben dem Lieben, Trinken und Beten das Singen eine wichtige Rolle. Marianne von Willemer, deren Gedichte im *West-östlichen Divan* Goethe mit seinen eigenen vereinigte, erfreute ihn durch die Fähigkeit, ihre Lieder zur Gitarre zu singen. Musik steht auch im Zentrum von Goethes letztem Roman *Wilhelm Meisters Wanderjahre*. Für die Bewohner der pädagogischen Provinz ist Gesang der erste Schritt ihrer Erziehung, dem alles Übrige nachfolgt und der alles Weitere erreichbar macht. Wo in den *Wanderjahren* Menschen zusammenkommen, wird gesungen. Goethe selbst brauchte immer jemanden, der ihm vorsang. In Weimar waren es drei junge Frauen: Caroline Bardua, Maria (Minna) Brand und Ernestine Engels, die das besorgten. In späteren Jahren, als Goethe selten das Haus verließ, hielt er sich sein eigenes Collegium Musicum Vocale, das in Christianes Räumen seine Proben abhielt und mit einer einfachen Mahlzeit belohnt wurde. Manchmal griff er in die Proben ein und gab Ratschläge zu Tempo und Ausdruck.

Goethes musikalische Ansprüche waren anhaltend, aber unvollständig. Es scheint, als hätte er nie eine Aufführung einer Haydn-, Mozart- oder Beethoven-Symphonie angehört. Dass Mendelssohn ihm Beethovens *Fünfte* zumindest in Teilen vorspielte, kann kaum als vollwertige Aufführung gelten. Während das eine seiner Ohren für den Gesang stets offen war, blieb das andere für instrumentale Musik weitgehend taub, es sei denn, sie wurde von Wunderkindern präsentiert

---

[3] Hugo von Hofmannsthal: *Reden und Aufsätze I. 1891-1913*. Hrsg. von Bernd Schoeller in Beratung mit Rudolf Hirsch. Frankfurt a. M. 1979, S. 443-448.
[4] Peter Canisius: *Goethe und die Musik*. München 1999, S. 48.

oder von schönen Damen. Goethe hatte den siebenjährigen Mozart in Frankfurt spielen gehört, ein Eindruck, der ihm bis ans Ende des Lebens gegenwärtig blieb. Andere Kinder, die ihm vorspielten, waren Mendelssohn, den er wie einen Sohn liebte, Clara Wieck, Carl Eckert und Ferdinand Hiller. In Goethes Worten: »Ursprüngliches Talent, das ist Wasser auf meine Mühle« (*Gespräche* 3.2, S. 798). Unter den Frauen war es die Polin Maria Szymanowska, die »zierliche Tonallmächtige« (FA II, 10, S. 81), deren Klavierspiel und Schönheit ihn ins Herz traf. Eine männliche Ausnahme war Johann Heinrich Friedrich Schütz, dem er drei oder vier Stunden lang zuhören konnte, wenn er Bach oder, historisch geordnet, Späteres spielte. Goethe besorgte ihm eine Abschrift des *Wohltemperierten Claviers*. Unübertrefflich blieb die Wirkung der führenden Sängerinnen der Opernbühne: Gertrud Schmehling, Corona Schröter, Anna Milder-Hauptmann, Wilhelmine Schröder-Devrient und Henriette Sontag.

Als Goethe sich in Weimar niederließ, war das kleine Herzogtum musikalische Provinz. Zwar hatte Johann Sebastian Bach dort mehrere Jahre verbracht, zunächst 1703 als Geiger im Dienste des Fürsten, dann seit 1708 als sein Organist und Kapellmeister. Um 1757 bestand die Hofmusik, laut Wilhelm Bode, aus einem Musikdirektor, einem Hoforganisten, zehn Hofoboisten (!), einem Hofpandoristen, acht ›musikalischen Trompetern‹ und zwei Paukern.[5] Im Jahre 1775 übernahm der 18-jährige Carl August die Regierung. Goethe genoss, wie wir von Wieland wissen, das uneingeschränkte Vertrauen und Wohlwollen des Herzogs. 1791 wurde er zum Leiter des Weimarischen Theaters ernannt, eine Aufgabe, derer er sich 26 Jahre später entledigte. Innerhalb dieses Zeitraums gab es im Theater mehr als 1800 Veranstaltungen. Es wurden 600 Theaterstücke aufgeführt, darunter 104 Opern und 31 Singspiele.[6] Sämtliche spätere Opern Mozarts standen auf dem Spielplan, am häufigsten *Die Zauberflöte* (82) und *Don Giovanni* (68), den er mit besonderer Sorgfalt inszenierte.[7] Als Goethe in der *Zauberflöte* Regie führte, ließ er sich von seinem Schwager Vulpius ein neues Textbuch schreiben.[8] Goethe war von dieser Oper, diesem komponierten Bildungsroman, so gefesselt, dass er das Libretto einer Fortsetzung entwarf, die zum Glück nie komponiert wurde. Schiller schrieb ihm, kein Libretto sei imstande, eine Oper zu retten, solange die Musik nicht überzeugend sei.

Während seiner zehnjährigen engen Verbindung mit Reichardt beriet ihn dieser in der Auswahl von Werken und Sängern. Goethes späte Direktionsjahre wurden durch die Sängerin und Schauspielerin Caroline Jagemann getrübt, die als Geliebte des Fürsten das Theaterleben zunehmend beeinflusste. Goethe, der kein Kämpfer

---

5 Vgl. Wilhelm Bode: *Die Tonkunst in Goethes Leben*. Bd. 1. Berlin 1912, S. 53 f.
6 Vgl. Carl August Hugo Burkhardt: *Das Repertoire des Weimarischen Theaters unter Goethes Leitung 1791-1817*. Hamburg und Leipzig 1891.
7 Axel Schröter: *Mozarts Opern auf Goethes Bühne. Konstanten innerhalb eines experimentierfreudigen Theaterbetriebs*. In: *Musik und kulturelle Identität*. Bd 3.: *Freie Referate und Forschungsberichte*. Hrsg. von Detlef Altenburg u. Rainer Bayreuther. Kassel, Basel, London, New York, Prag 2012, S. 135-141.
8 Christian August Vulpius: *Die Zauberflöte. Gesangstexte und Dialog für die Weimarer Aufführung im Jahr 1794*. Bearbeitet u. hrsg. von Hans Löwenfeld. Leipzig 1911 (Nachdruck der Ausgabe Weimar 1794, ergänzt um ein Nachwort des Herausgebers).

war, zog sich allmählich zurück. »Mit der Oper wie sie bei uns zusammengesetzt ist, mag ich mich nicht abgeben [...]« (MA 20.1, S. 156), schrieb er an Zelter. Die Qualität der Vorstellungen muss dürftig gewesen sein, das Orchester schwach, die Sänger oft mittelmäßig und die Probenzeit zu kurz. Es gab keinen permanenten Chor, man lieh sich Studenten und Schulkinder von der Schule aus, zum Missvergnügen der Lehrer. Anders war die Situation im Sprechtheater, wo sowohl das Repertoire als auch die Qualität der Darstellung dank Goethe einen Aufschwung erlebten, der Weimar zu einer der lebendigsten Bühnen Deutschlands machte.

Der Opernspielplan der Zeit enthielt Namen, die inzwischen verblichen sind: Méhul, Auber, Boieldieu, Paër, Marschner, Spontini. Erst seit 1791 gab es in Weimar ein festes Hoftheater. Davor stützte sich das Weimarer Kulturleben, von reisenden Theatertruppen abgesehen, hauptsächlich auf Amateure, unter denen sich viele Mitglieder der Aristokratie befanden, die im Theater auftraten oder sangen, oder sogar für das Theater schrieben und komponierten. Goethe übersah und organisierte diese Tätigkeiten. Er selbst spielte einige der Hauptrollen, in denen man nicht singen musste. Besonders gern sah er sich der schönen Corona Schröter gegenüber. Sie komponierte auch und malte und war die einzige professionelle Sängerin. Manchmal machten sie Ausflüge zu zweit, um gemeinsam zu zeichnen. Goethe war ein geschickter Zeichner. Zu seinen schönsten Blättern gehört ein Porträt Coronas.

Goethe war beeindruckt von Palestrina, dessen Musik er während der plötzlichen Italienreise 1786 kennenlernte. Er bewunderte Händels Oratorien und spielte sogar mit dem Gedanken, den Umfang des *Messias* in einem zehnteiligen Werk, das alle wichtigen Ereignisse der Bibel behandeln würde, zu übertreffen. Es gehörte zu Goethes vielen Widersprüchen, dass er, der sich weder als christlich noch als gläubig ansah, geistliche Musik besonders schätzte. In seinen früheren Jahren war er begeistert von Gluck, der ihn allerdings damit enttäuschte, dass er die von Goethe eingesandten Gedichte nicht komponieren wollte mit der Begründung, ein Opernkomponist brauche keine »gefeilten Verse«.[9] Goethe pries auch Rousseau, der damals als Komponist von *Le Devin du village* allgemein bekannt war, weil dessen einfacher und geradliniger Stil seinen musikalischen Vorstellungen entgegenkam. Zelter rühmte ihm Haydns Messen,[10] Goethe pries vor allem Mozart – der Goethes *Veilchen* komponiert hatte und dachte, das Gedicht sei von Gleim. Mozarts Komposition ist kein Lied im damaligen Sinn, sondern eine kleine dramatische Szene.

An Beethoven ging Goethe fast völlig vorbei, mit einer Ausnahme: Seine Musik zu *Egmont* wurde dankbar entgegengenommen und in Weimar aufgeführt.[11] Goethes Freund Zelter sagte über Beethoven: »Mir erscheinen seine Werke wie Kinder deren Vater ein Weib oder deren Mutter ein Mann wäre« (MA 20.1, S. 286). Und er gestand: »Auch ich bewundere ihn mit Schrecken« (ebd.). Dass Goethe diese

---

9 Zit. nach ebd., S. 45.
10 *Der Briefwechsel zwischen Goethe und Zelter*, Bd. 2.: *1819-1827*. Im Auftrag des Goethe- und Schiller-Archivs nach den Handschriften hrsg. von Max Hecker. Leipzig 1915, S. 429.
11 Helga Lühning: *Egmont op. 84*. In: *Das Beethoven-Lexikon*. Hrsg. von Heinz von Loesch u. Claus Raab. Regensburg 2008, S. 208-211.

Meinung nicht geteilt hätte, ist kaum anzunehmen. Als der junge Berlioz ihm seine *Faust-Szenen Op. 1* schickte, nannte sie Zelter, der sich gerne drastisch ausdrückte, eine »Abgeburt welche aus greulichem Inzeste entsteht« (MA 20.2, S. 1244).

Schubert und Loewe, die großen Erneuerer des Liedes und der Ballade, wurden von Goethe nicht wahrgenommen, ebensowenig wie Beethoven, der zwanzig von Goethes Gedichten komponiert hat. Es bedurfte der inspirierenden Gegenwart der großen Wilhelmine Schröder-Devrient, um Goethe nach ihrer Aufführung von Schuberts *Erlkönig* die Feststellung abzuringen: »[...] so vorgetragen, gestaltet sich das Ganze zu einem sichtbaren Bild« (*Gespräche* 3.2, S. 608). Für einen so visuellen Menschen wie Goethe war das ein Wort der Anerkennung. Beethoven und Schubert, auf der anderen Seite, verehrten Goethes Schriften.

Goethe, der die böhmischen Bäder oft besuchte, traf Beethoven 1812 viermal in Teplitz und danach auch noch in Karlsbad. Nach der ersten Begegnung schrieb Goethe an seine Frau: »Zusammengefaßter, energischer, inniger habe ich noch keinen Künstler gesehen« (FA II, 7, S. 76). Dieser Satz gereicht Goethe zu immerwährender Ehre, denn er trifft in wunderbarer Weise auch den Charakter von Beethovens Musik: ihre Konzentration, ihre vorwärtsweisende Dynamik, und ihre Wärme und Zartheit. Beethoven erinnerte sich an Goethe stets mit der größten Dankbarkeit – obwohl es ihn verstimmt haben könnte, dass Goethe mit der lebhaften, wenn auch leidenden, Kaiserin von Österreich, Maria Ludovica, in Teplitz allzu viele Stunden verbrachte. Goethe seinerseits fand Beethoven zu ungezähmt; er war zwar damit einverstanden, dass man die Welt »detestabel« findet, sah aber keine Notwendigkeit, dies jedermann mitzuteilen.[12]

In Weimar kannte man kein gehobenes Konzertleben, bevor Johann Nepomuk Hummel die musikalische Leitung übernahm. Hummel galt als der führende Pianist der Zeit und war auch als Komponist hochgeschätzt. Er hob das Niveau der weimarischen Oper und brachte Symphonien zu Gehör, wo sich vorher über Jahrzehnte nur reisende Virtuosen bei Hofe produziert hatten. Erst im späteren 18. Jahrhundert verlor die gesungene Musik ihre Dominanz und trat langsam hinter die Instrumentalmusik zurück.

Keiner der Musiker, mit denen Goethe den engsten Kontakt hielt, war Symphoniker oder reisender Virtuose. Philipp Christoph Kayser und Johann Friedrich Reichardt waren beide gute Pianisten und Sänger. Kayser, den Goethe von seiner juristischen Studienzeit her kannte, galt bei seinen Freunden als junges Genie, und Goethe versuchte ihn auch wirtschaftlich zu fördern. Johann Caspar Lavater, Goethes Schweizer Freund, reproduzierte sein Gesicht gleich dreimal in seinen *Physiognomischen Fragmenten* als den Inbegriff eines Musikers. Die Zentralsonne des Buches war Goethe. Doch Kayser enttäuschte Goethes Erwartungen und zog es vor, in Zürich ein bescheidenes Dasein zu führen. Reichardt hingegen war hyperaktiv als Komponist und begabter Schriftsteller in seiner lebhaften persönlichen Präsenz. Im Berliner Musikleben nahm er seit seinem 23. Jahr eine wichtige Stellung ein. Anscheinend komponierte er mehr als tausend Lieder, darunter alle Goethe-Gedichte, derer er habhaft werden konnte, aber auch Werke größeren Umfangs.

---

12 Goethe an Zelter, Brief vom 2.9.1812, zit. nach: *Der Briefwechsel zwischen Goethe und Zelter* (Anm. 10), S. 28.

Seine Aktivität war zeitweise erdrückend. Während Goethe Kayser seine Libretti aufgedrängt hatte, überschüttete Reichardt Goethe mit seiner Musik, ohne auf seine Ratschläge zu warten. Reichardts Version des Singspiels *Jery und Bätely* blieb über Jahre hinweg erfolgreich. Als er sich auf die Seite der Französischen Revolution schlug, verlor er Goethes Sympathien – Schiller konnte ihn ohnehin nicht leiden.[13] Carl Friedrich Zelter wurde daraufhin Goethes Lieblingskomponist und blieb über mehr als dreißig Jahre hinweg einer seiner engsten Freunde. Auch Zelter war auf seine Weise höchst kommunikativ, und der Briefwechsel von 871 Briefen wurde zum schönen Abschluss von Goethes autobiographischen Schriften. Von Beruf Maurermeister, übernahm Zelter die blühende Baufirma seines Vaters, von der er sich allmählich freimachte, um sich der Musik zu widmen. Da es, wie er erklärte, während der Herrschaft Napoleons in Berlin nichts zu mauern gab, übernahm er 1800 die Leitung der Singakademie, die er in einen der besten Chöre verwandelte. Sein genialer Schüler Mendelssohn benützte ihn für seine vielbeachtete Wiedererweckung der Bach'schen *Matthäus-Passion*. Zusätzlich gründete Zelter die erste »Liedertafel«, eine Bruderschaft von zwölf singenden Freunden, die auch Gedichte schrieben und diese komponierten. Mehr als ein Jahrhundert hindurch blieben Männerchöre ein Bestandteil des Musiklebens.

Zelters Liebe zu Goethe grenzte an Anbetung. Er brachte es fertig, Mignons Lied *Kennst Du das Land wo die Zitronen blühn* sechsmal zu komponieren. In enger Zusammenarbeit mit Goethe entstanden siebzig Lieder. Da Goethe keine Lust hatte, nach Berlin zu reisen, besuchte Zelter ihn in Weimar vierzehnmal und blieb, als dieser nach der Abreise von Maria Szymanowska schwer erkrankte, zwanzig Tage lang bei ihm. Im Gegensatz zu Reichardt komponierte Zelter keine größeren Werke, und Goethes bizarrer Text der Kantate *Die erste Walpurgisnacht* blieb unvertont, bis der junge Mendelssohn sich der Aufgabe gewachsen zeigte. Leider hat Goethe eine Aufführung nicht mehr erlebt.

Die Wirkung von Goethes Schriften auf die Musik ließ den begrenzten Umfang seiner Ästhetik weit hinter sich zurück und widersprach seinen Vorstellungen, was Musik zu sein hat und wohin sie führen soll. Durch die Errungenschaften Schuberts wurden Lieder aus der Gebrauchsmusik heraus und in den Status von Meisterwerken erhoben. Dass Goethe nicht imstande war, die musikalischen Möglichkeiten in seinen eigenen Gedichten zu erkennen, mag damit zusammenhängen, dass die Form und Musik seiner eigenen Worte ihn völlig absorbierte: Der große Lyriker war in seinem eigenen Wortklang gefangen. Die geringen Freiheiten und Varianten, die Reichardt und Zelter sich herausnahmen, standen in keinem Verhältnis zu dem neuen musikalischen Zugriff, den der 17-jährige Schubert offenbarte. Während Schubert das 22. Jahr erreichen musste, um als Instrumentalkomponist ganz er selbst zu werden, gelangen schon dem Jüngling Lieder von überwältigender Vollendung. Schubert hatte das Glück, in Johann Michael Vogl einen singenden Partner von größter Überzeugungskraft zu finden. Lieder gut aufzuführen, wurde eine Kunst. Befreit vom Korsett einer programmierten Einfachheit kamen Charakter, Atmosphäre und Psychologie zu ihrem Recht, nicht zuletzt mit Hilfe eines Klavier-

---

13 Dieter Borchmeyer: »*Eine Art Symbolik fürs Ohr*«. *Goethes Musikästhetik*. In: Walter Hinderer (Hrsg.): *Goethe und das Zeitalter der Romantik*. Würzburg 2002, S. 432 f.

satzes, der das Gedicht in einer Weise ergänzte, interpretierte und kommentierte, die Goethe ablehnte. Der neue Klavierstil in seiner Nuanciertheit und mit seinen orchestralen Farben öffnete den Weg zu Liszt, der in seinen Transkriptionen von Schubert-Liedern dann allerdings über das Ziel weit hinausschoss. Obwohl Schubert selbst kein virtuoser Spieler war, muss er imstande gewesen sein, den Klavierpart seiner Lieder überzeugend auszuführen. Schon in den ersten Takten sind in manchen Schubert-Liedern die Charaktere formelhaft versammelt: Im *Lindenbaum* haben wir das Rauschen der Blätter, das Säuseln der Brise und das Murmeln der Quelle; *Im Dorfe* kombiniert das Bellen der Hunde, das Rasseln der Ketten und das Schnarchen der Schläfer; der Anfang des *Erlkönigs* mit seinen kühn repetierten Oktaven suggeriert die Nacht, den Sturm und den Galopp des Pferdes; und *Gretchen am Spinnrade* demonstriert zugleich das Spinnrad, den Fuß, der es in Bewegung hält, und die Unruhe des Herzens.

Gibt es einen zweiten Dichter, der so häufig vertont wurde? Aber nicht nur seine Lyrik inspirierte die Musiker verschiedener Nationen. Bereits der unerhörte Erfolg seines frühen Romans *Die Leiden des jungen Werthers* hatte 1792 eine Oper von Rodolphe Kreutzer ins Leben gerufen, der hundert Jahre später Jules Massenets *Werther* nachfolgte. Unter den unzähligen Komponisten des *Faust*-Stoffes finden wir Berlioz und Schumann, und natürlich Gounod mit seinem Welterfolg. Es folgte Busonis außerordentlicher *Doktor Faust*, der, von Jarnach und Beaumont vollendet, auf dem *Puppenspiel des Doktor Faust* beruhte, das im 18. Jahrhundert Goethes Versionen vorausgegangen war.

Zu den Instrumentalwerken gehören Wagners *Faust-Ouvertüre* (1840/1855) sowie Liszts *Faust-Symphonie*, aber auch dessen große h-Moll-Sonate, die, obwohl sie ausnahmsweise keinen poetischen Titel trägt, ebenfalls der *Faust*-Sphäre angehört. Von Goethe selbst wissen wir, dass für ihn Mozart der einzige war, der imstande gewesen wäre, seinem *Faust* Genüge zu tun.[14]

Seit dem späten 19. Jahrhundert ist ein weiterer Aspekt des *Faust* zum Leben erwacht. Georges Méliès, der geniale Pionier des Films, hat nicht weniger als vier kurze *Faust*-Filme hergestellt. Unter den späteren Verfilmungen waren solche von Murnau, Gründgens und Gorski. Wenn man heute den zweiten Teil des *Faust* liest, gewinnt man den Eindruck eines Amalgams von Drama, Oper, Film, Kabarett, Alchemie und Halluzination.

Es wäre höchst seltsam gewesen, wenn Goethe, der die Urpflanze und den Ursprung der Farben Suchende, sich nicht auch mit dem Ursprung der Musik beschäftigt hätte. Mit dem Physiker Ernst Chladni besprach er akustische, aber auch musikalische Dinge.[15] Durch Chladni erklärte sich ihm, wie es möglich wurde, sämtliche Dur- und Molltonarten der Musik dienstbar zu machen. Mit Zelter diskutierte er die Bedeutung von Dur und Moll, wobei er Rameaus Erklärung von Dur als der dominierenden, natürlichen, weil auf der Obertonreihe beruhenden Kraft, die dem Moll nur eine ergänzende Funktion zuwies, ablehnte. Goethe beharrte auf dem emotionellen Gewicht beider und hielt sie für eine Erscheinungsform des

---

14 Ebd., S. 437f.
15 Aeka Ishihara: *Goethe und die Astronomie seiner Zeit. Eine astronomisch-literarische Landschaft um Goethe*. In: GJb 2000, S. 103-117; hier S. 111.

Gesetzes der Polarität. In seiner *Farbenlehre* spricht er über dieses Phänomen, welches die Möglichkeit einer ursprünglichen Spaltung nahelegt, die fähig ist, zur Einheit zurückzukehren, bzw. einer Einheit, die fähig ist, sich zu spalten. Diese ewige Systole und Diastole erschien ihm als die Grundlage der Natur. Rameaus Erklärung ist im Sprachgebrauch von mineur und majeur, von major und minor auch heute noch vorhanden. Im Übrigen hat sich die Musik seit dem 20. Jahrhundert von der Obertonharmonik weitgehend befreit. In einer großen Tabelle entwarf Goethe die Umrisse einer Tonlehre,[16] die versucht, die Gesetze des Hörbaren zu systematisieren. Er ließ auf einem großen Blatt Papier eine kalligraphische Abschrift anfertigen und befestigte sie an der Wand seines Schlafzimmers, wo er sie bis zu seinem Tod bewahrte.

Wie ich anfangs sagte, attestierten Goethe und Zelter dem Komponisten der *Schöpfung*, Joseph Haydn, die Merkmale des wahren Genies: Naivität und Ironie. Diese beiden Qualitäten erscheinen uns als Gegensätze wie Vertrauen und Zweifel, Unmittelbarkeit und Distanz, Natur und Idee, Einfachheit und Kompliziertheit, Spontaneität und Rationalität. In der Literatur des 18. Jahrhunderts ironisiert, wie der große Ironologe Douglas Colin Muecke uns mitteilt, das Komplexe das Simple, das Mehrdeutige das Eindeutige, das Ungewisse die Sicherheit und das Relative das Absolute.[17] Für Friedrich Schlegel, den höchst beredsamen jungen Romantiker, war die Welt paradox, und nur eine ambivalente Sicht könne ihren Widersprüchen gerecht werden. Schlegel hatte den Begriff »Ironie«,[18] der bald zu einem Schlüsselwort des frühen 19. Jahrhunderts wurde, 1798 in seiner viel beachteten Besprechung von Goethes *Wilhelm Meister* benutzt. Muecke fragt, ob es klug sei, Ironie überhaupt formell definieren zu wollen. Da jedoch Erich Heller in seinem Buch *Thomas Mann. Der ironische Deutsche* das Wort schon hinreichend nicht definiert habe,[19] sei es wohl überflüssig, sagt Muecke, dieses Wort ein zweites Mal nicht zu definieren.[20] Ironie, meint er, sei ja nicht bloß der natürliche und beste Weg, mit dem Leben fertigzuwerden, sondern vielleicht der einzige.

Der springende Punkt ist nicht, entweder naiv oder ironisch zu sein, sondern beides. Für Schlegel war die Naivität Goethes höchste Ironie. In Schlegels Worten: »Das schöne, poetische, idealische Naive muß zugleich Absicht, und Instinkt sein.«[21] Und hier kommen wir, wie ich glaube, zu einem von Goethes charakteristischsten Zügen. »[M]it dem Positiven«, so schreibt er 1826 an den Grafen Sternberg, »muß man es nicht so ernsthaft nehmen, sondern sich durch Ironie darüber erheben und ihm dadurch die Eigenschaft des Problems erhalten« (WA IV, 41,

---

16 Vgl. *Tabelle zur Tonlehre*. In: FA I, 25, S. 180-184 (Anhang).
17 Vgl. hier und zum Folgenden Douglas Colin Muecke: *The Compass of Irony*. London 1969, S. 181-204.
18 Friedrich Schlegel: *Über Goethes Meister*. In: *Kritische Friedrich-Schlegel-Ausgabe*. Abt. 1. Bd. 2: *Charakteristiken und Kritiken I (1796-1801)*. Hrsg. von Hans Eichner. München, Paderborn, Wien 1967, S. 126-146; hier S. 133.
19 Erich Heller: *Thomas Mann. Der ironische Deutsche*. Frankfurt a.M. 1959.
20 Vgl. Muecke (Anm. 17), S. 14.
21 Friedrich Schlegel: *Athenäums-Fragmente*. In: *Kritische Friedrich-Schlegel-Ausgabe*. Abt. 1. Bd. 2: *Charakteristiken und Kritiken I (1796-1801)*. Hrsg. von Hans Eichner. München, Paderborn, Wien 1967, S. 165-255; hier S. 173.

S. 169). Aber er schreibt auch an Großherzog Carl August, dass Ironie »von ihrem zartesten Gipfel bis zu ihrer plattesten Base hundert Formen darbietet, die Leute zu quälen, ohne daß man sich beklagen darf« (WA IV, 27, S. 188). Äußerungen wie diese bestätigen, dass das olympische Gleichgewicht von Goethes Persönlichkeit, dort, wo es überhaupt zustande kam, ein Balanceakt zwischen Gegensätzen war. Gefühlslyrik und Sarkasmus waren ihm gleichermaßen zur Hand und die Neigung zum Phantastischen gehört ebenso zu ihm wie das bis ins Pedantische reichende Ordnungsbedürfnis der ›pädagogischen Provinz‹. In Haydns Musik ist das Kühne und Launische im Maß gehalten durch Klarheit, und seine Gefühle bedrohen uns nie. Es muss Goethe dankbar berührt haben, die beiden alten Kontrahenten Naivität und Ironie so einträchtig miteinander tanzen zu sehen.

Ich möchte diesen Beitrag mit dem großartigsten Gedicht abschließen, das wohl je über Musik geschrieben wurde. Es ist Maria Szymanowska gewidmet.

> Die Leidenschaft bringt Leiden! – Wer beschwichtigt
> Beklommnes Herz dich, das zuviel verloren?
> Wo sind die Stunden überschnell verflüchtigt?
> Vergebens war das Schönste dir erkoren!
> Trüb ist der Geist, verworren das Beginnen;
> Die hehre Welt wie schwindet sie den Sinnen!

> Da schwebt hervor Musik mit Engelsschwingen,
> Verflicht zu Millionen Tön' um Töne,
> Des Menschen Wesen durch und durch zu dringen
> Zu überfüllen ihn mit ewger Schöne,
> Das Auge netzt sich, fühlt im höhern Sehnen
> Den Götter-Wert der Töne wie der Tränen.

> Und so das Herz erleichtert merkt behende
> Daß es noch lebt und schlägt und möchte schlagen,
> Zum reinsten Dank der überreichen Spende
> Sich selbst erwiedernd willig darzutragen.
> Da fühlte sich – o daß es ewig bliebe! –
> Das Doppel-Glück der Töne wie der Liebe.
> (FA I, 2, S. 594 f.)

CHRISTIANE WIESENFELDT

*Romantische Ahnungen:
Johann Wolfgang von Goethes
»Der Junggesell und der Mühlbach«
in frühen Vertonungen*

Die Spuren der Romantik zu ihren Anfängen zurückzuverfolgen, ist ein recht aufwändiges, aber lohnendes Vorhaben. Es konfrontiert einerseits mit weit zurückreichenden Verwandtschaften von Topoi, Konzepten und Gattungen und ist somit geeignet, starren Epochenvorstellungen entgegenzutreten. Und es lehrt Differenzierungen dort vorzunehmen, wo der Schatten großer Meister bislang den Blick auf vermeintliche Randfiguren der Geschichte nicht nur verdunkelt hat, sondern diese gleichsam mit dem breiten Pinsel der meisterlichen Deutungsgeschichte übermalt wurden.[1] Den wohl längsten Schatten der Kunst- und Kulturgeschichte um 1800 auf sein Umfeld hat unzweifelhaft Johann Wolfgang von Goethe geworfen, und dies auch und vor allem auf die Musikgeschichte, die hier in Rede steht. Das hatte weitreichende Konsequenzen: Während Wolfgang Amadé Mozart 1791 zu früh verstorben war, um den *Faust* zu komponieren – es braucht nicht viel Fantasie, um sich vorzustellen, dass, wäre es dazu gekommen, die Musikgeschichte danach eine andere geworden wäre –, Joseph Haydn zwar noch bis 1809 lebte und sein Alterswerk schuf, doch in Wien offensichtlich mental und ästhetisch von Weimar ebenso weit entfernt war wie der Mond, blieb von der komponierenden Trias bedeutender ›Heroen‹ um 1800 nur Ludwig van Beethoven übrig, mit dessen revolutionären Tönen man in Weimar – und im Übrigen nicht nur dort – bekanntlich wenig anfangen konnte.

Zu Goethes Lebzeiten indes bevölkerte eine ganze Reihe bedeutender Komponisten mit ihren Werken die Bühnen und Konzerte in den 1780er- bis 1820er-Jahren, einer Zeit, der die Musikwissenschaft mit der epochalen Behelfs-Konstruktion als »klassisch romantisches Zeitalter«[2] einen Bärendienst erwiesen hat. Dies zunächst, weil ein an Künstlern wie Goethe entwickelter Wertbegriff mit einem Epochenwort und damit zwei unterschiedliche Ebenen der Ästhetik und der Geschichte enggeführt werden. Dies aber auch und vor allem, weil die Konjunktion eine Schieflage hat insofern, als die ›Klassik‹ als postulierte Vollendung, als Höhepunkt, zeitlich und normativ überwindungsresistent ist, sonst wäre sie nicht klassisch. Sie ist stets das Ende von etwas und kann allenfalls, in Aufführungen oder Relektüren, wiederholt werden, oder in Rezeptionen als dennoch weiterhin monolithischer, unüberwindbarer Bezugspunkt gelten. Kunst wird mit dieser normativen Setzung

---

1 Vgl. dazu Christiane Wiesenfeldt: *Die Anfänge der Romantik in der Musik*. Kassel u. a. 2022.
2 Unter anderem bei Carl Dahlhaus: *Die Idee der absoluten Musik*. Kassel u. a. ³1994, S. 8.

eines Höhepunktes stets am Fortschritt gemessen, sie wird zum Gegenstand einer Problemgeschichte, und ihre Geschichtserzählung gerät im Schatten der Konstruktion einer ›Klassik‹ zum Emanzipationsnarrativ im argumentativen Teufelskreis des ›noch nicht‹ – ›beinahe‹ – ›fast so gut wie‹ – ›leider dann doch nicht‹ oder – der ›Klassiker‹ in Programmheften: – ›zu Unrecht vergessen‹.

Die musikhistoriographische Konstruktion der ›Wiener Klassik‹ zu einem normativen, merkmalsgebundenen, gleichsam enthobenen Stil- und Formbegriff mit entsprechendem Hegemonieanspruch geht unter anderem auf T.S. Eliots einflussreichen Vergil-Essay *What is a Classic?* zurück.[3] Eliot definiert Klassik als den besonderen Moment der Koinzidenz der Hochleistung einer bemerkenswerten Persönlichkeit mit einem Zeitpunkt kulturell-nationaler Erhabenheit, was in der Folge einen gemeinverbindlichen Stil in Gang setze. Übertragen auf die Musikgeschichte wurde diese Idee der Gemeinverbindlichkeit des Klassischen wiederum an den drei Wiener ›Klassikern‹ Haydn, Mozart und Beethoven festgemacht, von denen vor allem die ersten beiden zu Messlatten des Komponierens schlechthin erhoben wurden, ihnen also ein gemeinverbindlicher ›klassischer Stil‹ zugesprochen wurde. Damit geht nicht nur ein erstaunliches Maß der Synthetisierung unterschiedlicher, auch unvereinbarer Konzepte des Komponierens um 1800 einher, sondern die Kehrseite des Verfahrens ist Marginalisierung und Ausgrenzung. In der Musikwissenschaft hat dies nicht nur dazu geführt, dass Komponistinnen im Kanon zu lange keine Rolle gespielt haben, sondern auch, dass sich höchst fragwürdige Kategorien wie ›Komponisten der zweiten, dritten oder vierten Reihe‹ – oder, noch schlimmer: die Kategorie ›Kleinmeister‹[4] – etabliert haben. Der Pianist und Musikwissenschaftler Charles Rosen hat dies in seinem einflussreichen Buch *Der klassische Stil* von 1970 folgendermaßen beschrieben:

> Die Leistungen Haydns und Mozarts lassen sich nicht vor dem Hintergrund ihrer Zeitgenossen verstehen, weder in Bezug auf historische Größe noch historischen Einfluß und ganz bestimmt nicht, was die Sinnrichtung der Musikentwicklung des 18. Jahrhunderts angeht. Vielmehr müssen die Kleinmeister im Zusammenhang mit den Grundprinzipien der Musik von Mozart und Haydn, oder als interessanter- und originellerweise sich von jenen distanzierend, betrachtet werden.[5]

›Kleinmeister‹ werden demnach an Haydn und Mozart gemessen, und wenn sie etwas Eigenes leisten, also nicht nachahmen, sind sie besonders originell, bleiben aber Kleinmeister, Klassizisten, Epigonen oder, noch abwertender: Eklektiker. Aus dieser Kanonisierungsfalle gibt es kein Entkommen, die joviale Geste vermeintlich ›klassischer‹ Überlegenheit ist vergleichenden Analysen noch oft eingeschrieben.

---

3 London 1945, deutsch Frankfurt a.M. 1963.
4 Immerhin ergibt die Suche nach dem Stichwort »Kleinmeister« in der *MGG online* 127 Treffer, darunter bezeichnenderweise auch in den Einträgen »Goethe, Johann Wolfgang von« sowie »Romantik und romantisch«. *MGG Online*. Hrsg. von Laurenz Lütteken. New York, Kassel, Stuttgart 2016ff. (letzter Zugriff am 27.12.2022).
5 Charles Rosen: *Der klassische Stil. Haydn, Mozart, Beethoven*. München 1983, S. 21.

Für das Goethe-Umfeld bedeutet diese Entwicklung, dass sämtliche Musiker, die ihn umgaben, mit ihm korrespondierten oder seine Werke zu Lebzeiten vertonten, bis heute allenfalls als zweitrangig gelten.[6] Damit sind hier nicht Beethoven oder Franz Schubert gemeint, deren Musik Goethe nichts sagte, auch nicht der später mit dem greisen Goethe noch zusammengetroffene Felix Mendelssohn Bartholdy. Gemeint sind einerseits die Komponisten etwa in Mozarts (und Goethes) Alter, wie Georg Joseph Vogler (1749-1814), Friedrich Götzloff (1750-1836), Johann Friedrich Reichardt (1752-1814), Philipp Christoph Kayser (1755-1823), Carl Friedrich Zelter (1758-1832), Johann Rudolf Zumsteeg (1760-1802), Friedrich Franz Hurka (1762-1805) oder Bernhard Anselm Weber (1764-1821), andererseits die junge Generation der in den 1770er- und 1780er-Jahren Geborenen, nicht alle von ihnen Romantiker, darunter Friedrich August Kanne (1778-1833), Johann Nepomuk Hummel (1778-1837), Johann Georg Wilhelm Schneider (1781-1811) oder Carl Ludwig Blume (Pseudonym C. Blum, 1786-1844). Die Liste ließe sich beliebig verlängern. Kaum verändern wird sich damit das Bild, das diesen Namen musikhistoriographisch zukommt: Alle rangieren im kulturellen Gedächtnis, wenn man sie überhaupt kennt, heute ausnahmslos als Komponisten einer diffusen ›klassisch-romantischen‹ Epoche und zwar ebenso ausnahmslos als ›Kleinmeister‹, die dem Vergleich angeblich nicht standhalten. So besitze Hummels »Melodik bei weitem nicht den Adel Mozarts«,[7] Zumsteegs Verdienste lägen vor allem darin, mit »der Entwicklung der Ballade und des Liedes […] nicht wenige Anregungen an Schubert und Loewe weitergegeben und damit die Entwicklung entschieden vorangebracht«[8] zu haben, und Voglers Werk sei »seldom free of controversy«[9] gewesen, er habe überhaupt »gained little recognition as a composer«.[10] Besonders viel Unverständnis haben die beiden Goethe auch persönlich nahe stehenden Komponisten Zelter[11] und Reichardt[12] erfahren, ihr tatsächlicher Einfluss ist musikhistorisch schlicht noch nicht ermittelt worden.

---

6 Vielleicht brauchte es deshalb auch den unvoreingenommenen Blick eines Germanisten wie Norbert Miller, um Goethes Komponisten angemessen zu würdigen: *Die ungeheure Gewalt der Musik. Goethe und seine Komponisten.* München 2009.
7 Art. *Hummel, Johann Nepomuk.* In: *Hugo Riemanns Musik-Lexikon.* Berlin 1916, S. 488 f.; hier S. 489 (Bildnr. 520 f.).
8 Jörg Martin: *Zumsteeg, Johann Rudolph.* In: *MGG Online* (Anm. 4). https://www.mgg-online.com/mgg/stable/401230 (Art. von 2007; letzter Zugriff am 28.12.2022).
9 Margaret H. Grave: *Vogler, Georg Joseph.* In: *The New Grove. Dictionary of Music and Musicians.* Hrsg. von Sadie Stranley. Bd. 20. New York 1980, S. 62.
10 Ebd., S. 59.
11 »In seinem Schaffen hat er nahezu alle kompositorischen Gattungen seiner Zeit berücksichtigt, wenngleich nur in wenigen Bleibendes geschaffen«. Hans-Günter Ottenberg, Hartmut Grimm: *Reichardt, Johann Friedrich.* In: *MGG Online* (Anm. 4), https://www.mgg-online.com/mgg/stable/407111 (Art. von 2005; letzter Zugriff am 28.12.2022).
12 Selbst die Reichardt-Forschung, die lange allein aus den Studien Walter Salmens zu bestehen schien (v. a. *Johann Friedrich Reichardt. Komponist, Schriftsteller, Kapellmeister und Verwaltungsbeamter der Goethezeit.* Freiburg i. Br. 1963), bis vor Kurzem ein lesenswerter Sammelband zu seiner musikpublizistischen Tätigkeit erschien (*Johann Friedrich Reichardt [1752-1814]. Musikpublizist und kritischer Korrespondent.* Hrsg. von Gabriele Busch-Salmen und Regine Zeller. Hannover 2020), tut sich schwer damit,

Der hier gewählte Vorlauf erscheint nötig, um einen freien Blick auf ein Phänomen zu gewinnen, das kein Einzelfall ist, aber selbst als solcher bereits aussagekräftig wäre: der Ansturm von Komponisten auf Goethes 1797 entstandene, 1799 erstmals publizierte[13] Romanze *Der Junggesell und der Mühlbach*. Goethe scheint hier – wie so oft – den Ton seiner Zeit getroffen zu haben, und zwar einen genuin romantischen Ton. Der Text ging, wie man heute sagen würde, geradezu viral, kursierte in zahlreichen Flugschriften und Liederbüchern, regte romantische Illustrationen[14] und vor allem Wilhelm Müller zu seinem romantischen Zyklus *Die schöne Müllerin* 1821 an, den Franz Schubert wenig später in entsprechende Musik setzte.[15] Goethes Text, der als Nr. 2 von vier Romanzen bzw. Liedern auf seiner Schweizreise am 4. September 1797 noch in Stuttgart entstand, soll eine ›französische Romanze‹ als Quelle haben, die sich bislang indes nicht ermitteln ließ; möglicherweise ist diese Auskunft Goethes bereits Teil seines poetischen Programms, diese »Gespräche in Liedern«, so Goethe zu Schiller, mit zusätzlicher romantischer Spannung aufzuladen.[16] Klar ist dagegen, dass Goethe das Singspiel *Die Müllerin* von Giovanni Paisiello Anfang August 1797 in Frankfurt gesehen hat, wo ein Teil des Personals bereits auftritt. Die Romanzen beschreiben in einer Verknüpfung von Dialog, Erzählung und lyrischer Form einen »kleinen Roman«[17], so Goethe, in vier Etappen – 1. *Der Edelknabe und die Müllerinn*, 2. *Der Junggesell und der Mühlbach*, 3. *Der Müllerinn Verrath*, 4. *Der Müllerinn Reue* –, in dem die Nr. 2 das Zentrum bildet: Während die schöne Müllerin in Nr. 1 einen werbenden Edelmann abschüttelt, sind sich der Bach und der wandernde Junggeselle in Nr. 2 in ihrer Verliebtheit in die Müllerin ganz einig. In Nr. 3 wird der Rückblick auf eine gescheiterte nächtliche Verführung geboten, so dass der Jüngling, nur mit seinem Mantel bekleidet, in den Wald fliehen musste, und in Nr. 4 wird dem Jüngling berichtet, dass man beide verraten hat und sie nur deshalb erwischt wurden. Am Ende sind die Liebenden wieder vereint. Nachhaltige musikalische Wirkung – und textliche Nachwirkung bei Wilhelm Müller, der den Junggesellen im Bach später den Tod finden lässt – hat nur die Nr. 2 entfaltet:

    Reichardt als (wenigstens) Vordenker des Romantischen zu begreifen, und bemängelt stattdessen, dass sich »sein Denken […] nicht widerspruchsfrei in ein System eingliedern [läßt]« (Salmen: *Johann Friedrich Reichardt*, S. 191). Dass genau das den Romantiker in Reichardt womöglich ausmacht, wurde bislang nicht fruchtbar gemacht.

13 Im *Musen-Almanach für das Jahr 1799*. Hrsg. von Friedrich Schiller. Tübingen 1798, S. 107-110.

14 Radierung von E. N. Neureuther aus: *Randzeichnungen aus Goethe's Balladen und Romanzen*, o. O. 1830; Rudolph Schwertführer: *Der Junggeselle am Bach. Der Junggesell und der Mühlbach*. In: *Goethe-Album*. Leipzig o. J. [1856], o. S.; Adrian Ludwig Richter: *Junggesell und Mühlbach*. In: *Illustrationen zum Goethe-Album*. Leipzig 1853-1856.

15 Vgl. zum Zusammenwirken von Text und Musik als »romantisches Gesamtkunstwerk« bei Müller und Schubert: Christiane Wiesenfeldt, Dirk von Petersdorff: »*Wohin*«? *Wilhelm Müllers und Franz Schuberts romantische Suchbewegung*. In: *Romantik erkennen – Modelle finden*. Hrsg. von Stefan Matuschek u. Sandra Kerschbaumer. Paderborn 2019, S. 144-168.

16 *Goethe-Handbuch. Supplemente* 1, S. 411-418; hier S. 412.

17 Ebd., S. 413.

Gesell.
Wo willst du klares Bächlein hin,
So munter?
Du eilst, mit frohem leichtem Sinn
Hinunter.
Was suchst du eilig in dem Tal?
So höre doch und sprich einmal!

Bach.
Ich war ein Bächlein, Junggesell;
Sie haben
Mich so gefaßt, damit ich schnell,
Im Graben,
Zur Mühle dort hinunter soll,
Und immer bin ich rasch und voll.

Gesell.
Du eilest, mit gelass'nem Mut
Zur Mühle,
Und weißt nicht, was ich junges Blut
Hier fühle.
Es blickt die schöne Müllerin
Wohl freundlich manchmal nach dir hin?

Bach.
Sie öffnet früh bei'm Morgenlicht
Den Laden,
Und kommt, ihr liebes Angesicht
Zu baden.
Ihr Busen ist so voll und weiß;
Es wird mir gleich zum Dampfen heiß.

Gesell.
Kann sie im Wasser Liebesglut
Entzünden,
Wie soll man Ruh mit Fleisch und Blut
Wohl finden?
Wenn man sie Einmal nur gesehn,
Ach! immer muß man nach ihr gehn.

Bach.
Dann stürz' ich auf die Räder mich
Mit Brausen,
Und alle Schaufeln drehen sich
Im Sausen.
Seitdem das schöne Mädchen schafft,
Hat auch das Wasser bess're Kraft.

Gesell.
Du Armer, fühlst du nicht den Schmerz,
Wie Andre?
Sie lacht dich an, und sagt im Scherz:
Nun wandre!
Sie hielte dich wohl selbst zurück
Mit einem süßen Liebesblick?

Bach.
Mir wird so schwer, so schwer vom Ort
Zu fließen:
Ich krümme mich nur sachte fort
Durch Wiesen;
Und käm' es erst auf mich nur an,
Der Weg wär' bald zurückgetan.

Gesell.
Geselle meiner Liebesqual,
Ich scheide;
Du murmelst mir vielleicht einmal
Zur Freude.
Geh', sag' ihr gleich, und sag' ihr oft,
Was still der Knabe wünscht und hofft.
(FA I, 2, S. 122-124)

Das musikalische Interesse mag vordergründig an der regelmäßigen Form liegen, die paarig gereimten Vierzeiler aus jambischen Vierhebern eignen sich ideal für eine musikalische Interpretation. Darüber hinaus verweisen auch schon frühe Interpreten auf den »melodischen Klang«[18] und die »anpassende Rhythmik« des Textes und machen auf die »fließende Sprache«[19] aufmerksam. Zugleich wirkte der Text so schlicht, authentisch und ergreifend, dass er rückblickend geradezu zu einem urdeutsch-romantischen Volksstück stilisiert wurde: Es herrschten darin nämlich »Herzens Weh und Sehnen mit einer Wahrheit und Gemüthseinfalt […], als hätte der deutsche Volksgeist selbst das Gedicht aus seinem tiefsten Grunde hervorgesprochen«.[20]

Der im Text fließende Bach wirkt zunächst als eine Vermittlerfigur, er kann von seinen Begegnungen mit der Müllerin berichten, an der er – von einem leichten und munteren »Bächlein« sich talwärts durch einen »Graben« hin zu einem kraftvollen, rauschenden Bach entwickelnd, der sich »Mit Brausen« und »Im Sausen« auf die Mühlräder stürzt – vorbeitreibt. Sodann wird ihm »so schwer, so schwer«, und er »krümmt« sich nur noch seinen Weg durch die Mühlenwiesen, der ihn von der An-

---

18 Johann August Otto Ludwig Lehmann: *Goethes Liebe und Liebesgedichte*. Leipzig 1852, S. 323.
19 Heinrich Düntzer: *Goethes lyrische Gedichte. Erster Band: Goethe als lyrischer Dichter*. Leipzig 1875, S. 372.
20 Ignaz Hub: *Deutschland's Balladen- und Romanzendichter von G. A. Bürger bis auf die neueste Zeit*. Karlsruhe u. Würzburg ³1860, S. 30.

gebeteten wieder wegführt. Dass dem Bericht ein Paradox zugrunde liegt – der Bach ist an der Müllerin vorbeigeflossen, und da er nicht im Kreis, sondern immer weiter fließt, kann er niemandem davon berichten –, löst sich in der Gleichsetzung von Bach und Junggeselle als Liebende auf, denn der Dialog zwischen Mensch und Natur kann auch als Selbstgespräch gelesen werden: Der Junggeselle weiß, wohin der Bach strömt, dass die Müllerin den Mühlenladen morgens öffnet, ihr schönes Antlitz im Bach wäscht, aber auch alle Bewunderer, wie den Edelmann aus dem Lied Nr. 1, konsequent weiterschickt, so dass man sich als Liebender nur noch vor Schmerzen – wie der Bach – »krümmen« kann. Der Bach ist, wie die letzte Strophe berichtet, ein »Geselle meiner Liebesqual«, aber viel mehr noch ein klanglicher Marker, der den Junggesellen an sein Liebesleiden erinnert, denn er hofft, der Bach werde ihm »vielleicht einmal« etwas »zur Freude« vor-»murmeln«. Mit dem unsicheren Ausblick in eine Zukunft endet der Text, dessen Schein der Einfachheit und Unmittelbarkeit nicht über seine Sprachreflexion hinwegtäuschen sollte. Im Zentrum steht das romantische Bewegungs-Prinzip des Wassers und dies in unterschiedlichen Intensitäten, in Analogie zum Wandergesellen, die beide in dieselbe Richtung bergabwärts (»eilig in dem Thal«) streben. Dem Junggesellen erscheint diese Bewegung in der ersten Strophe als »froh«, »leicht« und »klar«, sie enthält unbestimmte Möglichkeiten. Dieser Bewegungsimpetus bleibt bis zum Schluss aufrechterhalten und gibt dem Text trotz seiner zweifellos narrativen Struktur etwas Unabgeschlossenes und Offenes, ja geradezu Kreisendes: eine romantische Ambivalenz jenseits tradierter metaphysischer Gewissheiten.

Der erste, der das Lied noch vor seiner Drucklegung in Musik setzte, war Zumsteeg.[21] Dieser retournierte die – heute verlorene – Komposition[22] am 13. September 1797 an Goethe:

> Ew. Excellenz erhalten hier das mir gütigst zugesandte Lied. Aber, wie soll der Tonkünstler die sinnliche Simplicität des Dichters erreichen? Schüchtern ergriff ich die Harfe, u. überlaße nun diesen Gesang dem Urtheil Ew. Excl. Möchte er denenselben nicht ganz mißfallen. Da Bach u. Geselle in Hinsicht des Mädchens gleiche Gesinnungen hegen, so laß ich auch beide dieselbe Melodie singen, u. zwar so, daß, wenn der Geselle spricht, des Baches Gemurmel immer im accompagnement gehört wird. Die Nüancirung des Liedes bleibt übrigens immer Sache der Vortragenden. So muß Z. B. die sechste Strophe: ›dann stürz ich auf die Räder mich‹ mit ungleich mehr Stärke, und die achte: ›mir wird so schwer‹ etwas langsamer als die übrigen vorgetragen werden. u. s. w.[23]

---

21   Goethe notiert sich den Besuch bei Zumsteeg: »Anfang Septembers fällt der Junggesell und der Mühlbach, den Zumsteeg sogleich componirt, sodann der Jüngling und die Zigeunerin« (WA I, 35, S. 74). Insofern ist die Feststellung zu korrigieren, nach der Goethe sich vergeblich bemüht habe, Zumsteeg um eine Vertonung zu bitten, vgl. Rainer Wild: *Goethes klassische Lyrik*. Stuttgart 1999, S. 267.
22   Es ist nur noch eine viertaktige Notenskizze Zumsteegs zur Zeile »Ich war ein Bächlein, Junggeselle« überliefert (in WLB Stuttgart, Cod. Mus. II, fol. 305, II-81).
23   Brief von Johann Rudolf Zumsteeg an Johann Wolfgang von Goethe, 13.9.1797, Regestnr.: 2/967, zit. nach https://ores.klassik-stiftung.de/ords/f?p=403:2:::::P2_ID:2543 (letzter Zugriff am 28.12.2022).

Das kleine Schreiben ist bereits höchst aufschlussreich, nicht nur, was die Interpretationsanweisungen betrifft, sondern auch hinsichtlich Zumsteegs Entscheidung, den textlichen Dialog eben nicht als musikalischen Dialog umzusetzen, sondern Junggeselle und Bach dieselbe Melodie zu geben. Freilich muss auch das bewegende Gemurmel des Baches zu hören sein, und schließlich ist der Hinweis auf die Harfe durchaus wörtlich zu nehmen: Lieder mit Harfenbegleitung waren in der Frühromantik groß in Mode, und zahlreiche Liedausgaben erschienen mit alternativer Harfen-, Lauten- oder Gitarren- statt Klavierbegleitung. In rascher Folge entstanden in den nächsten Jahren weitere Vertonungen des Goethe-Liedes, zuerst 1801 von Zelter[24], 1803 von Hurka[25], 1804 von Weber[26] und Kanne[27], 1805 von Reichardt, der alle vier Romanzen zu drei Dialog-Balladen vertonte,[28] und 1806 von Harder[29] und Götzloff[30]. Die Liste lässt sich bis weit in das 19. Jahrhundert fortsetzen. Ein Großteil der Werke ist heute nicht mehr leicht greifbar, manche Existenz lässt sich lediglich mit Verlagskatalogen oder durch Rezensionen belegen.

Eine solche Rezension, die zugleich Rückschlüsse darauf erlaubt, dass der Goethe'sche Text längst zu einer Messlatte romantischen Komponierens geworden war, erschien im ersten Heft der neuen Zeitschrift *Apollon* im Jahre 1803.[31] Die laut Untertitel *Zeitschrift für Poesie und Musik* wurde von zwei Herausgebern betreut, die unter Pseudonymen agierten: Hinter »Julius Werden« verbarg sich der spätere Jurist Johann Gottlieb Winzer (1780-1808), »Adolph Werden« hieß im richtigen Leben Carl Friedrich Theodor Mann (1780-1853) und war im Hauptberuf Theologe. Beide standen mit den Frühromantikern in Berlin und Jena in Kontakt. Denkbar ist entsprechend, dass das brüderliche Pseudonym »Werden« als Anspielung auf das romantische Zukunftsprojekt der Gebrüder Friedrich und August Wilhelm Schlegel gemeint war. Von der Zeitschrift kamen lediglich zwölf Hefte zur Ausgabe, dann wurde sie eingestellt.

---

24 *Zwölf Lieder am Clavier zu singen, in Musik gesetzt von Carl Friedrich Zelter*. Berlin 1801, Z. 122, Nr. 10.
25 Friedrich Franz Hurka: *Der Mühljunge und der Mühlbach, mit Begleitung des Piano-Forte oder der Guitarre*. Hamburg o. J. [1803]; nachgedruckt u. a. in: *Sammlung neuer beliebter Lieder zur geselligen Unterhaltung eingerichtet für Singstimme mit leichter Begleitung des Claviers oder der Guitarre*. Heft IV. München, Bern o. J. [1828], Nr. 9.
26 Bernhard Anselm Weber: *Gesänge beim Pianoforte zu singen*. Leipzig 1804; nachgedruckt u. a. hier: Bernhard Anselm Weber: *Gesänge mit Begleitung des Forte Piano*. Eltvill im Rheingau o. J. [ca. 1814].
27 Friedrich August Kanne: *Der Junggesell und der Mühlbach. Gedicht von Goethe gesetzt von F. A. Kanne*. Leipzig 1804 (GSA 32/1326); nachgedruckt in: *Erstes Toiletten-Geschenk. Ein Jahrbuch für Damen*. Leipzig 1805.
28 In: *Le Troubadour italien*, 36. Heft der Sammlung. 1806 (komponiert 1805); nochmals als Beilage der BMZ 2 (1806), Nr. 18.
29 August Harder: *Nr. 1*. In: *Gesänge mit Begleitung des Pianoforte op. 11*. o. O. 1806.
30 Friedrich Götzloff. In: *Deutsche Lieder mit Begleitung des Pianoforte*. Leipzig ca. 1806. In das zeitliche Umfeld gehört darüber hinaus eine frühe, bislang nicht im Druck nachweisbare Komposition um 1800 von Blume, vgl. *Goethe-Handbuch Supplemente* (Anm. 16).
31 N. N.: *Miscellen und Notizen*. In: *Apollon* 1 (1803), Heft 1, S. 67-71.

Der anonyme Autor – sicherlich einer der beiden Herausgeber oder der mit ihnen gemeinsam agierende Komponist Wilhelm Schneider (1781-1811)[32] – unternimmt eine vergleichende Besprechung von drei Vertonungen von Goethes Lied, die Komponisten sind Hurka, Weber und Zelter. Dabei entpuppt sich der Rezensent sofort als Romantiker, wenn er schreibt, dass ein Gesangskomponist grundsätzlich »die in der Poesie enthaltene innre Musik zu entwickeln, sie herauszuheben und in seiner Kunstsphäre darzustellen«[33] habe. Es geht ihm also nicht um eine musikalische Nachbildung oder -erzählung des Goethe-Gedichtes, sondern um das Herausarbeiten, das gleichsam Übersetzen der in seiner Poesie bereits vorhandenen Musik in Klang. Dass Goethes Gedicht ›klingt‹, ist bereits gesagt worden, dass es 1803 für den Rezensenten bereits als Konsens gilt, dass »schöne poetische Producte« ganz grundsätzlich »innre Musik« haben, ist eine romantische Überzeugung. Diese »innre Musik« sei entsprechend keine beliebige, sondern die dem Gedicht innewohnende. Komme es entsprechend dazu, dass »mehrere Musiker ein Gedicht componiren, so sollten sie in der Composition nothwendig zusammen treffen«. Denn:

> Kleine, nicht wesentliche Abweichungen werden bey der Mannichfaltigkeit der Mittel des musikalischen Ausdrucks auch von den Tonkünstlern, welche den Geist des Gedichtes vollständig aufzufassen im Stande sind, nicht fehlen; große, wesentliche Verschiedenheiten aber sind ein unfehlbares Zeichen, daß entweder nur einer von ihnen, oder auch wohl gar keiner, die innere, geistige Musik der Poesie erfaßt habe.[34]

Diese Kriterien gelungenen romantischen Lied-Komponierens sind nicht als regelpoetische Vorgaben misszuverstehen, denn jedes individuelle Gedicht enthält, sofern es romantisch ist, einen individuellen, eigenen Klang, den es zu entwickeln gilt, dies freilich mit eigenen Mitteln, aber jenseits von Beliebigkeit.

Nach einem Vergleich der drei Vertonungen befindet der Rezensent Hurkas Lied als misslungen, weil er nicht den gesamten Text, sondern nur die erste Strophe in Musik gesetzt habe, also Fragegesten im Text in musikalische Fragen »so gefaßt [habe], daß keine andre Strophe dazu paßt«.[35] Webers Vertonung sei wiederum dem Text zu entfremdet: »Weber's Melodie ist für die süße Sehnsucht des Jünglings viel zu traurig und klagend; jene geht dadurch ganz verlohren«.[36] Nur Zelters Vertonung gilt dem Rezensenten als gelungen, denn: Sie sei, was »die Musik zu einer ächten Romanze immer und vor allen Dingen seyn soll, nämlich ächt romantisch«.[37]

---

32 Die drei Romantiker arbeiteten auch etwa zeitgleich bei dem Projekt *Musikalisches Taschenbuch auf das Jahr 1803* zusammen. Hrsg. von Julius Werden [Johann Gottlieb Winzer] und Adolph Werden [Friedrich Theodor Mann]. Mit Musik von [Johann Georg] Wilhelm Schneider. Penig 1802. Vgl. dazu auch Burkhard Stauber: *Die Vertonung zweier Gretchenlieder Goethes durch Wilhelm Schneider*. In: GJb 2021, S. 92-113.
33 *Miscellen und Notizen* (Anm. 31); hier S. 67.
34 Ebd., S. 68.
35 Ebd., S. 69.
36 Ebd.
37 Ebd., S. 68.

[Notenbeispiel]

Wie sieht die romantische Idealvertonung des Goethe-Liedes nun aus? Zelters Musik ist schlicht gebaut, in simpler Harmonik mit aufsteigender Volkslied-Quarte zu Beginn, einer Orgelpunkt-Tonika in der ersten und zweiten Zeile auf *G* und sodann einer Septakkord-Quintschritt-Sequenz zurück zur Tonika in der dritten Zeile (vgl. Abb. 1).[38] Der Klaviersatz ist nichts anderes als eine Ausharmonisierung der Melodie, entsprechend auch mit Saiteninstrumenten wie der Harfe, Laute oder Gitarre mühelos in Arpeggien zu begleiten. Zelter hat sich weder verleiten lassen, das »Thal« (Takt 8) für eine absteigende Melodie zu nutzen noch bei »eilen« (Takt 4) das Tempo anzuziehen. Sein Lied ist eine simple Gesamtschau auf eine Naturszene, unaufgeregt und doch im Ganzen bewegt, denn der letzte, unvollständige Takt mit drei Achteln geht nahtlos in den ersten Auftakt über und wird zum vollen Takt, so dass die folgenden Strophen nahtlos anschließen und als stetig fließender Rundgesang einer ewig kreisenden, murmelnden Bewegung der Szene daherkommen. Abgesehen davon übernimmt Zelter hier den Kunstgriff Zumsteegs, denn er hat, im Gegensatz zu den anderen beiden Komponisten »mit dem größten Rechte«, so der Rezensent, Junggeselle und Bach dieselbe musikalische Sprache sprechen lassen. Das spricht den romantisch wachen Rezensenten an, der über die

---

38 Neusatz des Liedes von Roman Lüttin (Heidelberg), dem mein herzlicher Dank gilt.

rhetorische Frage »Wodurch unterscheiden sich denn die Empfindungen des Jünglings und des Bächleins?« in eben dieser melodischen Identität »die Anmuth der Dichtung« ideal verwirklicht sieht. In der Originalausgabe des Jahres 1801 ist Zelters Lied mit »Wechselgesang« überschrieben, so dass eine Aufführung mit zwei Sängern möglich ist, einer singt die Gesellen-, einer die Bach-Strophen. Auch dies mag ein Bezug zu Zumsteegs verlorener Fassung sein, dessen Brief diese Möglichkeit zumindest nicht ausschließt.

Zu der analytischen Beobachtung passt, dass Zelter später an Goethe schreiben sollte, er sei der Meinung, dass bei der Vertonung eines Textes eine »Totalempfindung« einsetzen müsse; diese affiziere eine musikalische Stimmung, die endlich durch die Arbeit am Detail, so durch die Fixierung des »Hauptworts« in den Versen, »wohin die Melodie geführt werden muß wenn das Gedicht bleiben soll was es ist« (MA 20.1, S. 618).[39] Diese Äußerung passt – analog zur *Junggesell*-Vertonung und der Debatte darum – kaum zum etablierten Bild eines Komponisten Zelter, der zeitlebens einer ›Zweiten Berliner Liederschule‹ angehört haben soll, die im Vergleich zum angeblich fortschrittsgeleiteten Modell des Durchkomponierens der Folgezeit als mindestens konservativ bis rückständig zu gelten hat. Dass aber genau diese Prinzipien der volksliedhaften Einfachheit und der Einheit von Wort und Ton sich im vorliegenden Fall – und sicher auch in zahlreichen weiteren Fällen – aus der Individualität des ›romantischen‹ Materials selbst und nicht aus einer regelpoetischen Norm einer ›klassischen‹ Gedichtvertonung ergeben, lässt über die eingangs angedeuteten Meistererzählungen von Musikgeschichte um 1800 neu nachdenken. Nicht nur hat Goethe mit *Der Junggesell und der Mühlbach* einen genuin frühromantischen Text vorgelegt, der seine musikalische Übersetzung geradezu herausforderte, sondern zahlreiche Komponisten haben das Angebot dieses Textes, frühromantisch zu komponieren, aufgegriffen. Selbst wenn man sich dagegen wehrt, Goethes und Zelters Lied und die ästhetische Debatte darum frühromantisch zu nennen, so sind beide mindestens von romantischen Ahnungen erfüllt, die um 1800 längst in der Luft lagen. Um diese attraktiv zu finden und daran mitzuwirken, muss man nicht das Etikett des Romantikers angeheftet bekommen; Künstler und Epochen lassen sich nicht mit dem Maßband kartieren. Ebenso wenig sollte die für die Gattung des Liedes konstitutive Einfachheit zu dem Fehlschluss auf mangelnde konzeptuelle Tiefe verleiten. Das kleine Lied – und nicht die große Sinfonie oder das gewaltige Musikdrama – war der erste und variantenreichste Erprobungsraum romantischer Konzepte.[40] Es ist somit ein idealer Seismograph für die Brüche und Kontinuitäten des Komponierens um 1800, auch und gerade in der Nähe Johann Wolfgang von Goethes.

39 Brief vom 7.6.1820.
40 Dazu ausführlich Wiesenfeldt (Anm. 1).

ULRICH HOHOFF

Iphigenie und Wilhelm Meister in den Alpen.
Ludwig Ganghofers Bildungsroman »Der Hohe Schein« (1904)

Der Schriftsteller Ludwig Ganghofer (1855-1920) war in der Zeit des Kaiserreichs ein bekannter Bestsellerautor. Seinen Publikumserfolg verdankte er in erster Linie den hohen Auflagen der Bergromane, die in den bayerischen und österreichischen Alpen spielen und seit dem Jahr 1912 auch verfilmt wurden. Die erfolgreichsten Romane bis 1910 waren *Edelweißkönig* (1886), *Schloß Hubertus* (1897), *Der Klosterjäger* (1893), *Das Schweigen im Walde* (1899) und *Der Mann im Salz* (1906). Sie alle singen ein Loblied auf die Schönheit und Gesundheit des Lebens in den Alpen. Der Autor lebte zwar mit seiner Frau Katinka in München, die meisten Bücher verfasste er aber im Sommerhalbjahr in seinem äußerst komfortabel ausgebauten Berghaus im Leutaschtal bei Mittenwald. Dorthin lud er auch Autoren, Künstler und andere Zeitgenossen als Gäste ein.

Den Tourismus in die Dörfer, auf die Berge und in die Täler der Alpen, der zu seiner Zeit einsetzte, konnte Ganghofer bereits für sich nutzen, befeuerte ihn aber in seinen Romanen, Erzählungen, Theaterstücken und Lesungen auch selbst. Seine Leserinnen und Leser ließen sich von den Alpen erzählen und verbrachten anschließend dort ihren Urlaub, in der Erwartung, hier das gesunde, natürliche Leben der Bergwelt aus seinen Büchern vorzufinden.

Mehrere Romane Ganghofers lassen sich beliebten Genres der Zeit zuordnen, etwa dem historischen Roman, dem Jagdroman, dem Familienroman, dem Salonroman oder dem Technikroman. Auch mit dem Bildungsroman, dessen klassisches Beispiel Goethes *Wilhelm Meister* ist, kam er in Berührung und legte mit *Der Hohe Schein* (1904) selbst ein Buch aus diesem Genre vor – allerdings in der Form des Bergromans, die sein Publikum gewohnt war. Das Buch wurde zunächst in der Familienzeitschrift *Die Gartenlaube* in Fortsetzungen publiziert und noch im selben Jahr auch als Buchausgabe in Ganghofers Stuttgarter Hausverlag Bonz.[1] Sehr viele Spuren führen in diesem Roman zu Goethes literarischen Werken. In der Forschung

---

[1] *Der Hohe Schein. Roman von Ludwig Ganghofer.* In: *Die Gartenlaube. Illustriertes Familienblatt* (1904). Der Roman wurde in 20 Fortsetzungen gedruckt. Halbheft 15, S. 401-414; 16, S. 433-440; 17, S. 465-472; 18, S. 493-504; 19, S. 521-535; 20, S. 553-559; 21, S. 581-594; 22, S. 609-620; 23, S. 654-659; 24, S. 674-679; 25, S. 695-699; 26, S. 715-719; 27, S. 734-739; 28, S. 754-759; 29, S. 773-779; 30, S. 792-799; 31, S. 812-819; 32, S. 833-839; 33, S. 854-859; 34, S. 874-879. Vgl. auch *Der Hohe Schein. Roman von Ludwig Ganghofer. Illustriert von Hugo Engl.* 2 Bde. Stuttgart o. J. [1904]. Im Jahr der Erstausgabe erschienen 10 Auflagen. Zitiert wird die 6. Aufl. [1904] mit Band- und Seitenzahl in Klammern nach dem Zitat.

zum Bildungsroman und in der Goetheforschung wurde, soweit ersichtlich, *Der Hohe Schein* bisher nicht untersucht.[2]

Zum Schauplatz macht der Autor ein Bergdorf nahe der Landesgrenze von Bayern und Österreich. Es wird von jenem fiktiven Berg überragt, dessen Name im Romantitel steht. Anders als in früheren erzählenden Werken (z. B. *Der Herrgottschnitzer von Ammergau* und *Der Jäger von Fall*) legte Ganghofer Wert darauf, die Romanhandlung nicht in einem realen Ort spielen zu lassen. Trotzdem hat man den *Hohen Schein* geographisch festzulegen versucht. Der Tal- und Ortsname Langenthal beziehe sich auf das 16 km lange Leutaschtal, hieß es da, und der Berg Hoher Schein sei die Hohe Munde, in deren Nähe Ganghofers Berghaus lag. Das erwähnte Städtchen Mitterwalchen müsse deshalb Mittenwald sein. Dagegen spricht zunächst nichts, solange solche Angaben als Vermutungen erkennbar bleiben.

Hauptfigur ist der promovierte Philosoph Walter Horhammer aus Berlin,[3] der an einem Morgen vom Gipfel des Hohen Scheins in das Tal hinabwandert. Beim Abstieg löst Walter unabsichtlich einen Steinschlag aus – ein Signal für seine Sorglosigkeit. Er entspricht dem Klischee eines Touristen. Ganghofer kleidet ihn in »eines von jenen braunen Touristengewändern, wie man sie in der Stadt hinter den Schaufenstern hängen sieht« (I, S. 10); die Schuhe sind zum Bergwandern nicht geeignet. Walters Gesicht zeigt ein ungesundes Aussehen. Es ist bleich und weist grüblerische Züge auf, mit Augen, »die lieber nach einwärts ins eigene Leben zu blicken schienen als hinaus in die Welt« (ebd.).

An einer scheinbar verwaisten Sennhütte zieht der Wanderer ein großes dickes Buch aus dem Rucksack und liest, ohne aufzuschauen. Nach einiger Zeit lenkt ihn ein Naturereignis ab, denn hinter dem Gipfel zieht jetzt die Sonne auf und strahlt immer kräftiger in das Tal: »Der Anblick dieses wundersamen Bildes wirkte umso tiefer auf den Schauenden, weil es mit allem Zauber seines Glanzes so jählings über ihn herfiel« (I, S. 12). Die zurückkehrende Sennerin kommentiert Walters Bewegung mit den Worten »Da schnappt wieder einer über!« (ebd.) und kommt mit ihm, dessen Lektüre sie interessiert, ins Gespräch. Das Buch entpuppt sich als *Die Welträtsel* von Ernst Haeckel, das als ›die Bibel des Monismus‹ gilt. Hier liegt ein erster Bezug zu Goethe vor, denn Haeckel schildert darin Goethes naturwissenschaftliche Forschungen als eine Vorstufe zur Abstammungslehre von Charles Darwin.[4] Doch

---

2 Das gilt für folgende Werke: Jürgen Jacobs: *Wilhelm Meister und seine Brüder. Untersuchungen zum deutschen Bildungsroman*. München 1972; Jürgen Jacobs, Markus Krause: *Der deutsche Bildungsroman. Gattungsgeschichte vom 18. bis zum 20. Jahrhundert*. München 1989; Gerhart Mayer: *Der deutsche Bildungsroman. Von der Aufklärung bis zur Gegenwart*. Stuttgart 1992; Rolf Selbmann: *Der deutsche Bildungsroman*. ²Stuttgart 1994; Ortrud Gutjahr: *Einführung in den Bildungsroman*. Darmstadt 2007; *Der Bildungsroman im literarischen Feld. Neue Perspektiven auf eine Gattung*. Hrsg. von Elisabeth Böhm, Katrin Dennerlein. Berlin 2016.
3 Die Wahl Berlins als Herkunftsort war vermutlich kein Zufall, denn in Berlin, wo Ganghofer eine Zeitlang studiert hatte, gab es eine sehr aktive Sektion des Deutschen Alpenvereins, die die bayerisch-österreichischen Alpen laufend durch größere Veranstaltungen bewarb. Ganghofer hatte dort eine große Lesergemeinde und auch seine Theaterstücke hatten in Berliner Theatern Erfolge gefeiert.
4 Haeckel war 1885 Mitglied im Gründungsvorstand der Goethe-Gesellschaft in Weimar.

als die Sennerin wissen will, ob die Rätsel der Welt denn gelöst würden, muss Walter dies verneinen.

Die Ausgangslage der Romanhandlung wird im ausführlichen ersten Kapitel deutlich. Ein weltfremder, kränkelnder, linkischer Stadtbewohner besucht Dorfbewohner in den Alpen, die über ein hohes Maß an Lebenserfahrung verfügen. Dieser Anfang ist nicht originell; Ganghofer variiert ihn mehrmals. Der Fremde trifft dann im Dorf auf unverstellte, im Einklang mit der Natur lebende Menschen, und der Aufenthalt bei ihnen fördert seine Entwicklung. Im *Hohen Schein* arrangiert Ganghofer für seine Hauptfigur Walter bereichernde Erlebnisse mit Natur und Kunst. Er erfährt deren Bedeutung für sein Leben, wird sich über seine Gefühle klar und findet schließlich seinen Weg ins praktische Leben. In Langenthal bessert sich seine Gesundheit rasch, neue Erfahrungen fördern die Persönlichkeitsentwicklung und seine Menschenkenntnis nimmt zu. Am Ende des Romans entscheidet Walter sich dafür, dauerhaft in Langenthal zu leben.

Hans Schwerte hat unter dem Titel *Ganghofers Gesundung* eine teils wissenschaftliche, teils polemische Auseinandersetzung mit dem Autor begonnen, deren Ziel es ist, Ganghofers Heile-Welt-Klischees zu dekonstruieren, indem er sie als reines Kalkül für den Markterfolg darstellt.[5] Seitdem hat die Forschung allerdings viele Querverbindungen zwischen sogenannter Hochliteratur und Trivialliteratur aufgezeigt, die eine differenziertere Betrachtung nahelegen. Auch gibt es bisher übersehene Kontexte zur Selbstheilung durch den Alpenaufenthalt, etwa die Nutzung des Heilklimas im Gebirge für medizinische Zwecke im Kaiserreich. Damals wurden nicht nur in Bayern neue heilklimatische Kurorte wie etwa Bad Reichenhall und Bad Adelholzen eröffnet. Ganghofers einseitige Schilderung des Lebens im Hochland der Alpen, die letztlich ähnlich wie ein Märchen Wunschbilder vorführt (die dortigen Schreckbilder fehlen bei ihm meistens), denen die Realität höchstens teilweise entspricht, hat übrigens lange nachgewirkt. Sie speist die Werbung für die Tourismusregion Bayern bis heute. »Ganghofers verkitschte Zeichnung der Alpen und ihrer Bewohner prägt das Bild Bayerns im Norden Deutschlands, eben ›Wald, Gebirg und Königstraum‹ und damit das Bild, das wir heute als ›Mythos Bayern‹ feiern«.[6]

Mit Goethe auf dem Bildungsweg

Im weiteren Verlauf der Handlung verliebt sich Walter in die junge Mathild Ehrenreich, die zweite Hauptfigur des Romans, die ihren Vater, den kranken Förster Ehrenreich pflegt und bei der Walter bald ein Zimmer zur Miete bezieht. Mit dem Liebesmotiv, das von da an durchgehend den Roman bestimmt, rücken nun Tal und Dorf in den Fokus, wo Walter Natur und Kunst – nicht zuletzt durch Mathild –

---

5 Vgl. Hans Schwerte: *Ganghofers Gesundung. Ein Versuch über sendungsbewußte Trivialliteratur*. In: *Studien zur Trivialliteratur*. Hrsg. von Heinz Otto Burger. Frankfurt a. M. 1968, S. 154-208.

6 Marita Krauss: *Die antimoderne »Hochland-Ideologie«, Ludwig II., Ganghofer und andere*. In: *Wald, Gebirg und Königstraum. Mythos Bayern. Katalog zur Bayerischen Landesausstellung 2018 in der Benediktinerabtei Ettal*. Hrsg. von Margot Hamm, Evamaria Brockhoff, Volker Bräu, Julia Lichtl, Ruth Wehning. Regensburg 2018, S. 77-83; hier S. 81.

neu kennenlernt. Die Achtsamkeit in Bezug auf die ihn umgebende Landschaft ist eine neue Erfahrung für ihn, vor der die Gelehrsamkeit verblasst:

> Wie schön ... Tausend Bücher! Und alle sind leer! Und da liegt ein kleines Blatt aus dem Buche der Natur vor mir, und man könnte lesen durch Ewigkeiten! Ohne verstehen zu wollen! Nur sich freuen! […] Bin ich von gestern auf heute ein anderer Mensch geworden? Weil ich Schönheit sah? Und weil sie in meinem Leben etwas Neues ist? (I, S. 24)

Diese neue Naturwahrnehmung ist der Auftakt zu weiteren Vorgängen dieser Art, durch die Walter zum Naturkenner heranreift. Das vollzieht sich in drei Phasen: Am Anfang steht die bloße Aufmerksamkeit gegenüber der Natur. Dann folgt der Versuch, in dem von ihr vorgegebenen Tagesrhythmus zu leben; Walter lernt Mähen und Säen, indem er je einen Tag mit Männern aus dem Dorf auf den Feldern mitarbeitet. Die dritte Phase generiert zugleich das Romanende, als der frühere Einzelgänger, der einsame und schwierige Jahre hinter sich hat, beschließt, den Lebensunterhalt als Landwirt in der Natur zu verdienen.

Goethe kommt bei einer Rast am Dorfweiher ins Spiel, wo zwischen den Bäumen ein grauer Felsblock mit acht eingemeißelten Textzeilen liegt. Die erste Strophe beginnt mit dem Vers »Wie sehn' ich mich, Natur, nach dir«; die zweite Strophe lautet »Wirst alle meine Kräfte mir / In meinem Sinn erheitern / Und dieses enge Dasein hier / Zur Ewigkeit erweitern!« (I, S. 35). Ganghofer wählte damit einen Text, der Walters Ausbildung seiner Kräfte und die Erweiterung seiner Persönlichkeit vorzeichnet – ein Indiz für einen Bildungsroman. Walter erfährt erst später, dass es sich um die Schlussstrophen von Goethes Gedicht *Künstlers Abendlied* handelt (vgl. MA 3.2, S. 34, V. 17-20). Diese Lektüre der Verse erzählt Ganghofer als fundamentale Erfahrung der Hauptfigur, die den Text durch Relektüre im Wortsinn verinnerlicht und dessen Aussagen selbst nacherlebt:

> ›Das muß ein Glücklicher gesungen haben!‹ Er las es immer wieder. Und als er endlich weiterwanderte durch den Wald, da war das klingende Liedchen lebendig in ihm geworden, so daß ihm alle Schlichtheit dieses Morgens wie ein Springbrunn war, der aus tausend Röhren spielte […]. (I, S. 35)

Zwei Verse aus Goethes Gedicht gehen hier in Walters eigene Empfindungen über: »Ein lustger Springbrunn wirst du mir / Aus tausend Rohren spielen« (MA 3.2, S. 34. V. 15 f.). Diese Form des unmittelbaren, sehr intensiven Erlebens und Verarbeitens von Literatur kennzeichnet Ganghofers Hauptfiguren Walter und Mathild. Sie stoßen auf einen Goethetext und machen bei der Lektüre eine existentielle Erfahrung. Indem Ganghofer Goethes Texte damit ganz nah an das persönliche Erleben dieser Figuren heranrückt, vermag er den jeweiligen Bildungseffekt aus deren eigener Perspektive zu schildern; beide werden durch die Goethelektüre geprägt und verändert. Die emotionale Bedeutung der Gedichtzeilen auf dem Stein für die beiden Hauptfiguren wird bei Ganghofer allerdings konterkariert durch eine Bemerkung aus einer Gruppe von Münchner Schauspielerinnen, die anschließend den Weiher passieren: »Was unglaublich Komisches! Das müßt ihr euch ansehen! Der Heilige von Weimar als Martertäfelchen im Bauernwald!« (I, S. 189). Bei aller Verwunderung über den Standort ist Goethe der Schauspielerin als Verfasser bekannt, und der Goethekult der Zeit gibt Anlass für ihre ironische Bemerkung.[7] Dessen Kontext bilden die zahlreichen Goethe-Denkmäler, die in der Zeit des Wilhelminismus in zahlreichen Städten aufgestellt wurden. In München, woher die Schauspielerinnen anreisen, stand seit 1869 eine Bronzeplastik am Lenbachplatz. Den Auftrag dafür hatte König Ludwig II. persönlich erteilt.

Als Walter seine Vermieterin, die Goethekennerin Mathild, später auf die Verse am Felsen anspricht, nennt sie *Künstlers Abendlied*. Ein kurzer Dialog über Goethes literarisches Werk schließt sich an.

> Ein bitteres Lächeln zuckte um seinen Mund. ›Wieder ein Loch in meinem Leben! Von Goethe kenn ich nur, was im Lesebuch der Volksschule steht ... ein paar Gedichte: der Sänger, Erlkönig, der Zauberlehrling, Johanna Sebus, die wandelnde Glocke.‹
> ›Und Faust?‹ fragte sie ganz erschrocken. ›Und Werther? Die Wahlverwandtschaften? Götz? Egmont? Iphigenie? Tasso? Wilhelm Meister?‹
> Er schüttelte den Kopf.
> ›Kann man denn leben ohne das?‹
> ›Wie Sie sehen! Freilich, seit ein paar Tagen beginn ich zu merken, daß die Zeit, die hinter mir liegt, nicht Leben war.‹ (I, S. 190 f.)

Die Nennung der vier Romane und fünf Dramen durch Mathild wird nicht direkt auf die Schule bezogen. Einschließlich des klassischen Dramas *Iphigenie auf Tauris*, das im Roman noch eine besondere Rolle spielt, dürften sie aber den im Kaiserreich am häufigsten gelesenen Schriften Goethes nahekommen. Untersuchungen über die Lehrpläne der Gymnasien in Hamburg weisen jedenfalls in diese Richtung.[8] Mathild formuliert ihren persönlichen Goethe-Kanon und auch ihre Haltung zu Goethe wird deutlicher. Sie sieht seine Dichtungen geradezu als lebensnotwendig an. Walter dagegen steht am Anfang seiner Goethelektüre, geht aber bereits so weit, ein Leben ohne Goethe als ›Nicht-Leben‹ abzuwerten. *Der Hohe Schein* ist damit nicht nur ein Bildungsroman, in dem die Entwicklung der Hauptfigur in der Nachfolge Wilhelm Meisters zu wertvollen Lebenserfahrungen führt, sondern Ganghofer stilisiert darüber hinaus die Begegnung mit Goethes literarischem Werk zum zentralen Gewinn auf diesem Bildungsweg.

Mathild belegt ihr entschiedenes Eintreten für Goethe anhand ihrer Lebensgeschichte. Eingangs weist sie auf die »große Freude« (I, S. 191) hin, die eine Beschäf-

---

[7] Entgegen der Behauptung ist ein Fels mit Inschrift allerdings kein Marterl.
[8] Die hier genannten Dramen waren von 1870 bis 1918 Pflichtlektüre am Gymnasium Johanneum in Hamburg und am Matthias-Claudius-Gymnasium in Wandsbek. Vgl. Joachim Schulze-Bergmann: *Goethe im Lehrplan des Deutschunterrichts. Zur Kanonisierung eines Klassikers.* In: *Dauer im Wechsel. Goethe und der Deutschunterricht.* Hrsg. von Bodo Lecke. Frankfurt a. M. 2000, S. 141-162, Lektüreliste auf S. 156 f. Schon früher zeigte Wolfgang Leppmann für das Hamburger Gymnasium im Grauen Kloster, dass Goethes Werke nach den Jahresberichten dort bis 1900 Unterrichtsstoff waren. Unter Goethes Werken wurden die Gedichte am häufigsten behandelt (23,6 %) und *Iphigenie auf Tauris* nimmt den zweiten Platz ein (17,2 %). Wolfgang Leppmann: *Goethe und die Deutschen. Der Nachruhm eines Dichters im Wandel der Zeit und der Weltanschauungen.* Erweiterte Neufassung. Bern 1982, S. 173 f., die Statistik auf S. 175.

tigung mit Goethe erzeuge: »Dann findet man Antwort bei ihm auf alle Fragen, denen man ratlos gegenüber stand. Und der Dichter wird zum Priester, der uns Ruhe gibt. Das hab ich an mir selbst erfahren« (ebd.). Literatur als Lebensberatung und ein Dichter, der an die Stelle des Geistlichen rückt: Bei aller Nähe zu Goethes Werk, die Ganghofers Hauptfiguren auszeichnet, macht Mathilds Satz doch deutlich, dass im *Hohen Schein* die zeitgenössische Tendenz zu einer Sakralisierung der Persönlichkeit des Dichters ebenfalls präsent ist, allerdings nur schwach ausgeprägt. Die Lektüre von Goethes *Werther* durch Mathild einschließlich der starken Wirkung auf ihre Psyche wird ausführlich geschildert. Aus der Literaturgeschichte sind Dokumente dieser Wirkung der *Werther*-Lektüre schon aus den 1770er Jahren bekannt.[9]

Die Prägung Mathilds durch das Buch erzählt Ganghofer in drei Phasen. Die erste erlebt sie am 15. Geburtstag, als Frau Ehrenreich, ihre Mutter, daraus vorliest:

> Das hat auf mich gewirkt, daß ich ganz aus dem Häuschen kam. Aber wenn ich ehrlich sein will, war eigentlich der Schreck, den ich hatte, viel größer als die Freude. Immer hatte ich das Gefühl, als wäre ein großes, eisernes Tor vor mir aufgesprungen […] und alles, was ich da drinnen sehe, das alles brennt. […] Und als sie am Schluß die Stelle las, die Werther in der letzten Nacht geschrieben: ›Auf dem Kirchhofe sind zwei Lindenbäume, hinten in der Ecke nach dem Felde zu, dort wünsche ich zu ruhen‹ … da hab ich schluchzen müssen, daß ich meinte, es zerreißt mir das Herz!‹ (I, S. 192)

Auf diese erste, mit Lustangst besetzte Lektürephase folgt Jahre später eine zweite, in der Mathild erlebt, dass die *Werther*-Lektüre ihr Kraft für den Alltag gibt. Die dritte Phase wird in der Romangegenwart erreicht. Nach vielfacher Relektüre stellt Mathild den *Werther* jetzt in einen sakralen Kontext:

> ›Seit damals hab ich das Buch immer wieder gelesen. Kein anderes ist mir so lieb. Und am Ostersonntag hab ich es mit in die Kirche genommen und immer nur die beiden Stellen über Gott gelesen […].‹ Sie lachte ein wenig vor sich hin. ›Mein Gebetbuch, hab ich gesagt. Und das war keine Notlüge.‹ Walter atmete auf. ›Kann ein Buch so wirken?‹ (I, S. 193)

Ganghofer überhöht die Wirkung des Romans zu einer Art von Seelsorge. Mathild überschätzt den Wert literarischer Bildung. Die Goethelektüre ist hier nahezu eine religiöse Handlung. Im Roman wurzeln Mathilds gute Goethekenntnisse in der Familiengeschichte. Der Platz am Weiher mit Bank und Gedenkstein ist von besonderer Bedeutung als Lieblingsplatz der Mutter, die der Tochter dort vorlas. Am letzten Abend vor ihrem überraschenden Tod hatte sie Mathild zuerst Goethes

---

9 Ein extremes Beispiel ist die junge Fanny von Ickstatt, die sich nach der Lektüre vom Turm der Münchner Frauenkirche stürzte. Weitere Dokumente über Lektüreerfahrungen bei Georg Jäger: *Die Leiden des alten und neuen Werther: Kommentare, Abbildungen, Materialien zu Goethes »Leiden des jungen Werthers« und Plenzdorfs »Neuen Leiden des jungen W.«.* Mit einem Beitrag zu den Werther-Illustrationen von Jutta Assel. München 1984, S. 107-146. Heute sind die Dokumente im Goethezeit-Portal zugänglich: https://publikationen.ub.uni-frankfurt.de/opus4/frontdoor/deliver/index/docId/12946/file/Das_Goethezeitportal_Georg_Jaeger_Rezeptionsdokumente_zu_Goethes_Werther.pdf (17.8.2022).

Gesang der Geister über den Wassern vorgelesen – Ganghofer zitiert im Roman die letzte Strophe –, anschließend *Das Göttliche* und dann noch *Künstlers Abendlied*, weshalb Mathild diese Verse einmeißeln ließ. Ihre Goethelektüre erfüllt damit zusätzlich die Funktion der *memoria* für ihre Mutter, der sie die Begeisterung für Goethe verdankt.

Als Walter sein Ferienzimmer betritt, liegen zwei Goethebücher bereit, ein Gedichtband und der *Werther*. Ganghofer schildert Walters *Werther*-Lektüre sehr ausführlich und reichert diesen Abschnitt mit nicht weniger als 16 Zitaten aus Goethes Briefroman an (vgl. I, S. 260-266). Walter startet die Lektüre, als sei es ein wissenschaftliches Werk, nämlich mit dem Bleistift in der Hand und einem linierten Heft für Exzerpte. Rasch bestärken ihn Werthers Briefe in seiner eigenen Sehnsucht nach Neuorientierung und die Lektüre wird für ihn zu einem existenziellen Erlebnis. Die exzerpierten Stellen klingen, »als wäre es eigens für ihn geschrieben« bzw. »wie aus seinem eigenen Herzen herausgesprochen« (I, S. 260). Wie schon Mathild wechselt auch er in einen emphatischen Lektüremodus, der ihn völlig absorbiert.[10] Walter identifiziert sich mit Werthers Gefühlen und die starken Emotionen, die das Buch in ihm auslöst, reichen bis zu einer Vertauschung der Identität, als er die Briefe Werthers an Lotte so liest, als seien sie an die von ihm geliebte Mathild gerichtet. Walters Identifikation mit Werther geht so weit, dass ein vitalistischer Rausch sein Ich gefährdet: »Alle gegensätzlichen Bilder des Buches [...] – das alles floß für Walter zusammen in eine einzige rauschende Woge des Lebens, die sich so mächtig über ihn herwarf, daß ihm die Sinne fast vergingen« (I, S. 262).

Diese Phase extremer Gefühle wird durch eine Phase tiefer Ruhe abgelöst, die Ganghofer als Katharsis darstellt. Einzig der Goethelektüre schreibt Ganghofer auch den Bildungsfortschritt zu: »Ihm war zu Mut, als wäre er in diesen Stunden ein besserer Mensch geworden, ein größerer, ein freierer« (I, S. 263). Darüber hinaus fasst Walter die Briefnotizen Werthers über Gott und dessen pantheistische Betrachtungen als Hilfe bei der eigenen Suche nach Weltanschauung auf. Ganghofer weist Goethe damit die Rolle des wichtigsten Erziehers seiner Hauptfigur zu. Der *Werther* wird zur weltanschaulichen Handreichung, ja wiederum zum »Gebetbuch« (I, S. 265). Der Gewinn aus der *Werther*-Lektüre wird als Beitrag zur Humanisierung der Person dargestellt.[11] Nach dieser Erfahrung setzt Walter auch ein äußeres Zeichen für seine Veränderung: Er geht zum Dorfweiher und wirft *Die Welträtsel* ins Wasser.

Im *Hohen Schein* wird ein merkwürdiger Widerspruch deutlich. Einerseits hütet Ganghofer sich davor, Goethe als Person ähnlich wie bei den Goethefeiern von 1899 auf die Rolle einer kulturellen Repräsentationsfigur zu reduzieren.[12] Ande-

---

10 »All diese Worte, die er wie Sprache seines eigenen Lebens fühlte, verwandelten den Leser, ohne daß er es merkte, in den Helden. Jeder Buchstabe wurde lebendig für ihn, jedes Wort zu einem Pulsschlag seines Herzens« (I, S. 261).

11 »Das ist kein Buch, das ist die Menschheit, das Leben, Gott und die Welt! Zwanzig Jahre haben mir nicht gegeben, was mir gestern die paar Stunden gaben: [...] Sie haben recht, Fräulein Mathild! Ein Gebetbuch!« (I, S. 293 f.).

12 Presseberichte über die Feiern von 1899 stehen z. B. bei Franz Joseph Wiegelmann: *Johann Wolfgang Goethe. Leben, Werk, Wirkung und Wirkungsgeschichte im Spiegelbild der Presse seit 1832*. 2. verb. und erg. Aufl. Bonn 2006, S. 193-210.

rerseits erhöht er zeittypisch Goethe zum Erzieher für die Hauptfiguren und seine Werke zu einer Art Religionsersatz. Die Lektüreerfahrung mit Goethe wird die entscheidende Station auf ihrem Bildungsweg. Dafür nutzt Ganghofer die *Iphigenie*, den *Werther* sowie später *Wilhelm Meisters Lehrjahre* und den *Faust* sowie mehrere Gedichte. Neunmal bringt der Autor im *Hohen Schein* ausführliche Zitate aus Goethes Gedichten, wobei er gezielt Strophen und Verse auswählte, die sich für seinen Zweck eignen.[13] Die zitierten Gedichte haben gemeinsam, dass in ihnen Ich-Aussagen stehen, die Walter als nützliche Lebensweisheiten auffasst: »Dieses Lied vom ›Schatzgräber‹ – war das nicht wie ein Lied seines eigenen Schicksals« (I, S. 338).

»Iphigenie auf Tauris« im alpinen Bauerntheater

Im ersten Band des Romans ist die Kenntnis Goethes in Langenthal noch eine Privatsache der beiden Hauptfiguren, im Übergang zum zweiten Band wird sie auch zu einer öffentlichen Angelegenheit.

Ein Schauspieler verteilt im Dorf Theaterzettel, auch an der Sägemühle, wo Familie Ehrenreich, gemeinsam mit Pfarrer Schnepfer, Mathilds Partner bei der Hausmusik, im Obstgarten beim Sonntagskaffee sitzt. Diese Runde erwartet kein qualitätvolles Stück, eher ein bäuerliches Volksstück, eine Komödie wie »Kasperl auf Reisen, oder die Haberfeldtreiber oder Wurst wieder [!] Wurst …« (I, S. 414), die in Ganghofers Zeit, häufig im Dialekt vorgetragen, im Münchner Theater am Gärtnerplatz, aber auch bei den vielen Liebhaberbühnen der oberbayerischen Orte im Programm standen und von Einheimischen und Touristen besucht wurden.[14] Dass stattdessen Goethes *Iphigenie auf Tauris* auf dem Theaterzettel steht, irritiert den Pfarrer: »Och du lieber Herrgott! Goethe und meine Langenthaler Krautsköpfe!« (ebd.). Er fürchtet, sein intoleranter Kaplan werde die Aufführung ablehnen: »Der! Und eine mangelhaft bekleidete Griechin! Das hätt ein schöner Spektakel werden können« (ebd.), und zu Mathild meint er: »Na also, jetzt hast ihn, deinen Goethe!« (I, S. 417).

Mathilds Bruder, Sägmüller Bertl Ehrenreich, erwartet sich trotz des Stücktitels eine »großartige Hetz«. Als Student in München – hier lässt ihn Ganghofer eine Anekdote erzählen – habe er *Faust. Erster Teil* in Binders Volkstheater gesehen, und sei dabei »den ganzen Abend nicht aus dem Lachen herausgekommen. Der alte Binder hätte damals den Mephisto gespielt und kein Wort seiner Rolle gewußt« (I, S. 414). Die Studenten hätten sich als Souffleure betätigt und als Faust mit dem Schmuck zu Gretchen ging, habe einer souffliert »Ich wittre Menschenfleisch!« Die

---

13 *Künstlers Abendlied* (I, S. 35 und II, S. 379; jeweils acht Verse sind zitiert); *Gesang der Geister über den Wassern* (I, S. 193; vier Verse); *Christel* (I, S. 335 f., acht Verse); zuvor bereits durch Walperl (Walburga) fehlerhaft zitiert (I, S. 333, vier Verse); *Zueignung* (I, S. 335, vier Verse); *Erinnerung* (I, S. 336, drei Verse); *Eigentum* (I, S. 337, sechs Verse); *Der Schatzgräber* (I, S. 339, acht Verse) und *Zum neuen Jahr* (II, S. 471 f., 24 Verse). Aus dem langen Gedicht *Zum neuen Jahr* z. B. werden nur die erste, die dritte und die fünfte von sechs Strophen zitiert. Die Gedichttitel sind weggelassen; nur das zweite Zitat der zwei Strophen aus *Künstlers Abendlied* macht davon eine Ausnahme.
14 In dieser Theatertradition konnten sich die Volkstheater in Schliersee, in Rottach-Egern am Tegernsee und das erst spät gegründete Chiemgauer Volkstheater bis heute halten.

Zuschauer fingen zu lachen an, der Schauspieler aber »schneidet ein richtiges Teufelsgesicht, drückt die Faust auf den Magen und stöhnt: ›Das bittere Menschenfleisch‹« (I, S. 415). Den Theaterzettel liest Bertl der Gruppe vor. Zum Verständnis des Romans wird er hier vollständig wiedergegeben:

> Mittwoch den 3. Juli im Jahre des Heils / und im Gasthaus zum roten Hirschen / bei festlich beleuchtetem Hause / Große Glanz- und Gala-Eröffnungsvorstellung / der / weltberühmten, erstklassigen Schauspieltruppe / **Suscula Maris**. / Zum unwiderruflich erstenmale / **Iphigenie auf Tauris** / oder / **Menschenopfer und Liebe** / oder / **Ende gut, alles gut,** /
> Grandioses Historien-, Liebes- und Spektakelstück aus dem / klassischen Altertum / von / weiland Seiner Exzellenz dem Weimaraner Staatsminister / **Johann Wolfgang von Goethe,** / gebürtig aus der berühmten Heimat der Frankfurter / Würstln, Ritter hoher, höchster und allerhöchster Orden. /
> **Dramatis personae:**
> **Iphigenie,** eine mit Dampf ent-/führte Prinzessin, das herrlichste / der Griechenmädchen .... Mamsell Aurelia; /
> **Thoas,** König von Tauris, ein edler / Mann und blutdürstiger Herr-/scher über wilde Völker .... Laertes; /
> **Orest,** ein wahnsinniger Prinz und / Muttermörder, sonst aber ein / liebenswürdiger Jüngling .... Mamsell Mariane; /
> **Pylades,** Freund des wahnsinnigen / Prinzen, aber treu und bei ge-/sundem Verstand .... Willy Meister; /
> **Arkas,** wirklicher geheimer Hofrat / Seiner Majestät des Königs / von Tauris
> .... Direktor Jarno. /
> Schauplatz: / Ein griechischer Obstgarten vor dem Tempel / der heidnischen Götzin Diana.
> Dem Stücke geht voran ein / **Prolog** / auf Deutsch: nähere Erklärung, / im Gewande der heiteren Göttin der Kunst und / in lustigen Schnaderhüpfeln gesprochen / von / **Mamsell Philine.**
> Anfang präzis 8 Uhr, / Ende, wenn's gar ist. (I, S. 415-417)

Dieser Theaterzettel ist eine Parodie, wieder spielt Ganghofer mit den Publikumserwartungen. Beim Vorlesen stolpert Bertl über den Namen der Schauspieltruppe. »›Suscula Maris! Das Schweinchen des Meeres‹« (I, S. 415). Diesen lateinischen Namen hat Ganghofer erfunden; wir kommen noch darauf zurück. Als Parodie auf einen werbewirksamen Untertitel wählt Ganghofer *Menschenopfer und Liebe*, was an den Dramentitel *Menschenhaß und Reue*, ein in Weimar gespieltes Stück von August von Kotzebue, erinnert. Entgegen der Konvention fügt Ganghofer einen dritten Titel hinzu, *Ende gut, alles gut*, heute eine Redensart, die wieder auf eine Komödie hindeutet.[15]

Die Information zum Dramenautor fällt barock ausladend aus. Reißerische Charakterisierungen von Figuren waren auf Theaterzetteln der Zeit üblich, Ganghofers

---

15 Ganghofer verwendet damit den Titel der Übersetzung von Shakespeares Komödie *All's Well, that Ends Well* durch Wolf Graf von Baudissin.

Schauspieler tragen die Namen von Figuren aus *Wilhelm Meisters Lehrjahren*. Nur Mathild bemerkt das sofort und reagiert verunsichert:

> Mathild schien nicht recht zu wissen, ob sie lachen oder über diese Verunglimpfung eines geliebten Kunstwerkes sich ärgern sollte. ›Und die Namen der Schauspieler! Papa? Ist dir das nicht aufgefallen? Philine, Jarno, Mariane, Laertes, Aurelia ... alle Namen aus dem Wilhelm Meister! Das muß eine Bedeutung haben, irgend eine Absicht.‹ (I, S. 417)

Ihre Frage wird nicht beantwortet. Stattdessen verstärkt Ganghofer die Verwirrung noch, indem er die Schauspieler ihre Rollennamen auch im privaten Umgang tragen lässt – eine Verbindung zwischen Romanhandlung und Literatur, die Anlass gibt, auch Ganghofers Romantitel als mehrdeutig auf das Theatergeschehen zu beziehen.

Als die kleine Theatertruppe an der Gastwirtschaft des Ortes den »Komödiantenwagen« (I, S. 197) auslädt, kommt Kaplan Innerebner vorbei, ein hagerer jüngerer Mann im Talar, der im Roman die Gegenposition zum liberalen Pfarrer vertritt und die Aufführung verbieten will.[16] Obwohl die Truppe eine Konzession vorweisen kann, droht er mit der Polizei. Der Leiter der Truppe, Jarno, bleibt aber demonstrativ gelassen: »Lustiger hätte die Sache doch gar nicht anfangen können als mit diesem dramatischen Konflikt zwischen Kunst und Kirche« (I, S. 203).

Dieser Satz stellt den Bezug zur sogenannten *Lex Heinze* her, einem Reichsgesetz von 1900, das die öffentliche Darstellung unsittlicher Handlungen, auch im Theater, unter Strafe stellte. Während die Kirchenvertreter es verteidigten, formierte sich starker Widerstand im liberalen Bürgertum und in der Sozialdemokratie. Unter anderem gründeten Münchener Schriftsteller 1900 in München den *Goethebund* gegen die Zensur. Der Dramatiker Max Halbe (1865-1944), ein Freund Ganghofers, übernahm den Vorsitz; auch die Schriftsteller Michael Georg Conrad, Ludwig Thoma und Frank Wedekind traten dem *Goethebund* bei,[17] und bald bildeten sich in weiteren Städten *Goethebünde*. Eine Änderung der *Lex Heinze* machte es später möglich, Theaterveranstaltungen für eine ›geschlossene Gesellschaft‹ abzuhalten, die dann nicht der Zensur unterworfen waren.

Im *Hohen Schein* wissen die Schauspieler sich jedoch zu helfen. Sie sprechen Walter an, der sich noch nicht für das Theater interessiert, und bitten ihn mit rührenden, altertümlich klingenden Worten, sich beim Bürgermeister Sonnweber und beim Pfarrer Schnepfer für die Aufführung einzusetzen. Walter willigt ein und kann dadurch die Aufführung retten.

Bei diesem Stand der Romanhandlung kennen die Leser bereits zwei Auszüge aus Goethes *Iphigenie*, die Mathild ihrem Vater vorgelesen hatte, ohne jedoch Goethe als Autor zu benennen.[18] Vielen Lesern Ganghofers war die *Iphigenie* noch aus der Schulzeit vertraut, denn Goethes Schauspiel gehörte an Gymnasien zu den belieb-

---

16 »[...] werd ich es verhindern, daß man den Landleuten ihr sauer verdientes Geld aus der Tasche lockt und ihren schlichten Sinn durch sündhaftes Gaukelspiel verdirbt« (I, S. 202).
17 Die Teilnehmerliste der Gründungsversammlung wurde u.a. im *Börsenblatt für den deutschen Buchhandel* abgedruckt (Nr. 61 vom 15.3.1900, S. 2062).
18 Ganghofer zitiert dazu 18 Verse (I, S. 440 f.).

testen Dramen.[19] Anders als im Roman war der Deutschunterricht dieser Jahre, zumindest an den höheren Knabenschulen, allerdings »eher eine Anstrengung des Intellekts als ein die Gemütskräfte ansprechender Gegenpol [...]«.[20]

Ganghofer nimmt sich viel Zeit, um den Ablauf der *Iphigenie*-Vorstellung im ausverkauften Festsaal des Gasthofs in Langenthal zu erzählen (vgl. II, S. 41-77); in diesen Passagen liest sich sein Buch wie ein Theaterroman.

Zu Beginn des Theaterabends regnet es. Doch der einsetzende Wind vertreibt den Sommerregen, die Sonne bricht kräftig durch und zum Erstaunen der eintreffenden Besucher überwölbt ein dreifacher Regenbogen den Eingang zum Theatersaal. Nach diesem Vorspiel der Natur startet der Theaterabend zum Erstaunen und Missfallen von Familie Ehrenreich mit Richard Wagners *Rheingold*-Vorspiel. »Aber das war keine Musik für das ländlergewohnte Ohr der Langenthaler ›Krautsköpfe‹. Laut begannen sie wieder zu schwatzen« (II, S. 39 f.).

Das Stück beginnt mit einem Prolog der Schauspielerin Philine, »[h]alb Psyche mit den Augen der Unschuld, halb leichtgeschürzte Muse mit wissendem Lächeln« (II, S. 41). Sie lässt zunächst ein übertrieben nebulöses Lob Goethes hören (»Was uns der Geister Edelster gesungen, / Was er aus Brunnen schöpfte, tief und klar, / Soll zu euch reden heut mit Feuerzungen / ...« (II, S. 43) – also etwa in der Art einiger Goethe-Festreden zum Jubiläum von 1899. Mittendrin wechselt sie dann unversehens in den oberbayerischen Dialekt, den das bäuerliche Publikum besser versteht. Der Prolog warnt die Zuschauer vor, die *Iphigenie* sei in hochdeutscher Sprache geschrieben, und stimmt sie rührend bemüht auf den Dichter Goethe ein: »Der Mo', der hoaßt G o e t h e ... reißts d'Ohrwascheln auf / Und schreibts enk den Namen aufs Herz obn drauf!« (II, S. 44). Seine Werke seien ein Reichtum für die Menschheit: »Wenn hundert Jahr zuagreiffst mit alle zwoa Händ, / Der Reichtum, der schwindt net, d e r Schatz nimmt koan [!] End! [...] Von die Goethischen Liader dös schönste und's best, / Dös kriagts heint zum hören! ... Leut! D ö s i s a F e s t ! « (ebd.). Ganghofer präsentiert Goethe einmal mehr nicht als Autor für Gebildete, sondern als Schriftsteller für alle, dessen Stücke unmittelbar und nachhaltig positiv wirken. Im Dialekt führt Philine dann in den Inhalt ein. Sie stellt die griechische Götterwelt und das »kreuzbrave Madl[ ]« Iphigenie vor, das gegen den »grauslichen Barbarenkönig[ ]« streitet (II, S. 45), was ein Floßknecht im Publikum schlagfertig kommentiert: »Brav, brav! A nette Familli! Da möcht ich gleich einiheiraten« (ebd.). Der Prolog verspricht dem Publikum, Goethes Stück werde gut ausgehen, und verheißt in groben Versen einen Gewinn fürs Leben:

> Und wachst iatz in Schönheit sei' Werk vor enk auf, / Leicht steigt enk da d' Einsicht ins Hirnkastl nauf / Daß 's bessere Sachen no' gibt auf der Welt, / Als an anbamster Magen und a Strumpf voller Geld, / Als bratene Bluatwürst und Schweinerns mit Kraut / Und der Misthaufen, der enk in d' Stub einischaut.
> (II, S. 46)

---

19 Im Deutschunterricht der Gymnasien in Hamburg und Wandsbek war sie Unterrichtsstoff in der Unterprima. Schulze-Bergmann (Anm. 8), S. 157.

20 James C. Albisetti, Peter Lundgreen: *Höhere Knabenschulen*. In: *Handbuch der deutschen Bildungsgeschichte*. Bd. 4: *1870-1918. Von der Reichsgründung bis zum Ende des Ersten Weltkriegs*. Hrsg. von Christa Berg. München 1991, S. 228-271; hier S. 258.

Am Ende, so sagt es Philine voraus, werde die Reaktion der Zuschauer lauten: »Der Goethe! Aaah sakra! Der kon's aber schön!« (II, S. 47).

Die Trennung zwischen Bühnengeschehen und Zuschauerreaktionen war im Bauerntheater traditionell nicht so streng wie in Theatern mit ernstem Repertoire. Ganghofer nutzt seine Bühnenerfahrung mit Komödien, um die Handlung aufzulockern, streut ausführlich Zuschauerkommentare zum Bühnengeschehen ein und schildert die emotionale Beteiligung des Publikums, aber auch dessen unerwartete Reaktionen. Er versucht in seinem Roman, das Gleichgewicht zu wahren zwischen Goethes Texten, der empathischen Darstellung von Bühnenszenen und solchen Passagen, welche Reaktionen von Zuschauern zeigen, die ja mehrheitlich das erste Mal eine Theateraufführung sehen. Bühnenreife Szenen spielen sich nicht nur auf der Bühne selbst, sondern auch im Publikum ab.

Kaum sind die ersten Verse aus Iphigenies Anfangsmonolog zitiert, folgen die Reaktionen. Mathild ist überwältigt. »›Eine Künstlerin!‹ stammelte Mathild erregt. ›Das ist eine Künstlerin‹« (II, S. 50). Auch einfacher strukturierte Zuschauer lassen sich von den großen Gefühlen auf der Bühne erfassen. Ein Waisenmädchen schreit vor Schmerz auf, als Iphigenie über den Tod ihrer Eltern spricht. Die Bitte der Priesterin an die Göttin Diana, sie als unschuldig Verfolgte mit Wolken zu verhüllen, hat zur Folge, dass Zuschauer »wie in der Kirche ihre Hände falteten und ein Stoßgebetlein flüsterten, als müßten sie mithelfen bei dieser flehenden Bitte um Rettung« (II, S. 55).

Ludwig Ganghofer schildert so intensiv, wie Schrecken und Mitleid sich auf das Publikum übertragen, als wolle er nachweisen, dass Goethes Schauspiel so wirkt, wie Aristoteles es für die Tragödie dargestellt hat. Den ersten Auftritt des Muttermörders Orest mit seinem Freund Pylades in Ketten nimmt der Erzähler zum Anlass, ein Spektrum von acht möglichen Zuschauerreaktionen zu schildern; es reicht vom Mitleid bis zum Ruf nach harter Bestrafung.

Den Pylades gibt der Schauspieler Willy Meister, an dem die Zuschauer bald bemerken, dass er besser aussieht als er spielt. Später wird sich herausstellen, dass er als einziger kein professioneller Schauspieler, sondern ein seiner Familie entflohener Grafensohn ist. Die Darstellerin der Iphigenie ist dagegen über jeden Zweifel erhaben. Schon ab den ersten Versen »Heraus in eure Schatten, rege Wipfel / Des alten, heil'gen, dicht belaubten Haines« (II, 49; vgl. MA 3.1, S. 161, V. 1 f.) bewundert das Publikum ihre äußere Erscheinung und ihre Darstellung von Schmerz, Sehnsucht und Unbeugsamkeit. Ganghofer lässt seine Zuschauer sogar über eine Variante des Dramenschlusses diskutieren, nämlich über die Frage, ob Iphigenie den König Thoas nicht direkt darum bitten solle, sie mit Orest in die Heimat zurückkehren zu lassen.

Aus der starken emotionalen, distanzlosen Beteiligung der Zuschauer, die den Spielcharakter der Vorstellung teilweise ignorieren, lässt Ganghofer auch komische Szenen entstehen. Als Iphigenie z. B. Thoas am Ende des Stücks bittet, ihr aus Freundschaft die Hand zu geben, und dieser zögert, »sprang von der letzten Bank einer auf, warf die eisernen Fäuste über den roten Kopf empor und schrie: ›D' Hand gibst ihr! Du Riegl du bockbeiniger! Oder i hilf dir!‹« (II, S. 71). Mathilds Magd Walperl (Walburga) hält Iphigenie, die Priesterin der Göttin Diana, wegen ihres weißen Gewands irrtümlich für eine Nonne. Ihr Freund korrigiert sie lautstark:

»Was dir einfällt! In die heidnischen Zeiten hat's keine Klöster geben. Da sind d'Leut noch gscheiter gwesen« (II, S. 51). Über diesen Satz muss der Darsteller des Thoas lachen, dann bricht der ganze Saal in Lachen aus.

Die Vorstellung endet mit einem langen und starken Applaus: »Das heilige Werk des gefürsteten Menschengeistes fand [...] einen Ausklang, als hätte man in einer lustigen Posse das letzte Scherzwort abgefeuert« (II, S. 71). Der Autor ironisiert das Pathos der *Iphigenie* und bekennt sich nochmals zu seinem Experiment, Goethes Stück den einfacheren Menschen dadurch näherzubringen, dass er es sozusagen mit einer Bauernkomödie kreuzt. Auf Walter übt die Langenthaler Aufführung die stärkste Wirkung aus, die lange anhält und ihn so befangen macht, dass er sich abschottet, nicht sprechen kann und die Familie Ehrenreich ohne ihn geht. Dann sieht Walter Aurelie, die Darstellerin der Iphigenie, und gesteht ihr seine Gefühle. Dabei löst sich sein Gefühlsstau und plötzlich küsst er sie, was sie auch zulässt. Ganz anders reagieren drei junge Männer ein Stockwerk tiefer in der Wirtsstube auf die Aufführung. Sie produzieren spontan drei Schnadahüpfln und singen ihre Begeisterung in den Abend hinaus. Eins davon lautet:

›Und d' Sterndln, die glanzen
Am Firmament,
Und so gut wie der Göthrich
Hat's keiner noch könnt!‹ (II, S. 79)

Langenthal wird zum Goethe-Dorf

Nachdem Mathild zuhause von dem Erfolg des Theaterabends berichtet hat, stellt auch ihr Vater Goethes Vorbildwirkung für humanes Handeln und Leben heraus: »Goethe! Das ist ein Quellenlöser und Herzdurchleuchter, ein Freudenschenker und Sehnsuchtswecker« (II, S. 98). Auch er siedelt die Wirkung des Dichters im persönlichen Bereich an; Bildung durch Literatur fungiert für ihn als Katalysator zur Verbesserung des Individuums.

Walters Bildungsweg in Form einer fortschreitenden Initiation in Goethes literarisches Werk wird noch am Abend der Aufführung fortgesetzt. Er schickt die Magd zu Mathild, um »eins von ihre Göthianerbüchln« (II, S. 87) auszuleihen.[21] Walter erhält die drei Bände des *Wilhelm Meister*, womit Ganghofers *Der Hohe Schein* der erste deutsche Bildungsroman sein dürfte, dessen Held auf diese Lektüre, das Muster des deutschsprachigen Bildungsromans, zurückgreift. Die Lektüre ergreift Walter wieder zutiefst und öffnet ihm auch die Augen für einen bisher unbemerkten Übergriff der Literatur auf seine Person. Denn die Schauspieler, die ihn mit gewählten Worten darum gebeten hatten, sich für die *Iphigenie*-Aufführung einzusetzen, hatten sich der Worte Goethes bedient und damit ihre Theaterrolle in die Realität getragen: »Nicht nur ihre Namen, fast jedes Wort, das sie damals zu ihm gesprochen, hatte er im Wilhelm Meister wiedergefunden« (II, S. 106). Bei der

---

21 Zum Begriff ›Goetheaner‹ vgl. Karl Robert Mandelkow: *Goethe in Deutschland. Rezeptionsgeschichte eines Klassikers*. Bd. 1: 1773-1918. München 1980, S. 69.

Schilderung von Walters Lektüreerfahrung verzichtet Ganghofer darauf, die Leser ausführlich in das Werk einzuführen, sondern zitiert nur jene zwei Passagen ausführlich, in denen Walter das eigene Gefühlschaos wiederzuerkennen glaubt (vgl. II, S. 105-111).

Dem Goethe-Eleven Walter fehlt nun auf seinem Bildungsweg mit Goethe noch die Bekanntschaft mit Goethes *Faust*. Sie wird durch ein Gespräch von Mathild mit ihrem kranken Vater eingeleitet, dem sie ihre Liebe zu Walter bekennt. Walter bittet Mathild nun darum, ihr im Krankenzimmer Goethe vorzulesen, wofür sie drei Passagen aus *Faust. Erster Teil* auswählt: Fausts verzweifelte Sinnsuche im Eingangsmonolog, seine Todessehnsucht und das Erwachen der neuen Lebenskräfte am Ostersonntag.²² Der Vers »Die Träne quillt, die Erde hat mich wieder!« (MA 6.1, S. 556, V. 784) ruft auch Walters Tränen hervor, er sieht seine eigene Situation in den Versen über den Makrokosmos und dessen verborgene Naturkräfte gespiegelt und lässt sie sich zweimal vorlesen. An die *Faust*-Lektüre schließt sich erneut eine für Ganghofers Romane typische Verknüpfung von Naturgeschehen und Menschenschicksal an: Ein kräftiger Sonnenuntergang, der das Tal und den Hohen Schein purpurfarben und violett erstrahlen lässt, entfaltet sich zu dem Zeitpunkt, an dem Mathilds Vater verstirbt. Die Szenerie des leuchtenden Sonnenuntergangs steht gleichzeitig sinnbildlich für Walters Bildungsstand. Am Berg entdeckt er eine silberne Spur, von unten nach oben führend, den soeben fertiggestellten Fußweg auf den Hohen Schein, und nennt sie »Mein Weg! Mein neuer Weg!« (II, S. 228). Er selbst hatte diesen schon bei seinem Eintreffen in Langenthal bei einem früheren Dorfbewohner in Auftrag gegeben, und die nun erfolgte Vollendung des Weges zum Gipfel symbolisiert Walters Vorankommen auf dem Weg der Vollendung seiner Bildung.

Durch den Tod des Vaters wird Mathild für Walter frei und er entscheidet sich dafür, dauerhaft in Langenthal zu leben. Heimlich hatte er zwischenzeitlich den zum Verkauf stehenden größten Hof im Dorf mit umfangreichem Grund und einer Alm erworben. Ganghofer markiert das erreichte Ziel überdeutlich, indem er dem Neulandwirt Walter einen neuen Namen gibt, der den neuen Lebensabschnitt und die Integration in das Dorf anzeigt. Nach dem Namen des erworbenen Hofes nennt der Autor seine Figur nun den »Scheidhofer«. Walter sieht in dem landwirtschaftlichen Betrieb sein Lebensprojekt und will damit zugleich zur Humanisierung der Arbeitswelt beitragen: »Ich glaube, daß es auch gehen wird, wenn ich redlich bin gegen alle, und wenn ich meine Leute als Menschen behandle« (II, S. 432). Zum letzten Mal lässt Ganghofer ihn den Gedenkstein mit den Versen aus *Künstlers Abendlied* am Weiher aufsuchen, das Ziel der Humanisierung ist erreicht: »Wie hatte dieses Lied sich treu erfüllt an seinem Leben« (II, S. 379).

Die neue, ländliche Existenz Walters reichert Ganghofer mit fortgesetzter Bildung an, denn sein Held verbindet den Hauptberuf des Agrarökonomen mit seinem Interesse an Literatur. Für den Bauernhof bestellt er eine Bibliothek mit rund 1.000 Bänden, den Buchhändler beauftragt er, ihm »[...] von deutscher Literatur

---

22 Ganghofer bringt in dieser Passage neun Textzitate mit insgesamt 59 Versen unter (vgl. II, S. 217-224).

alles [zu schicken], was Wert hat. Den Goethe in bester Ausgabe« (II, S. 429). Daneben wird englische und französische Dichtung in der Originalsprache sowie Literatur weiterer Sprachen in Übersetzung geordert. Aus Walter wird auf der letzten Etappe seines Bildungswegs ein intensiver Goetheleser. Er entwickelt sich, neben eingehender landwirtschaftlicher Fachlektüre, zu einem gebildeten bzw. ›gelehrten‹ Bauern.[23] Ganz in Übereinstimmung mit der Literaturpolitik des Wilhelminismus wird im Roman die Lektüre von *Faust* am höchsten bewertet. Bereits in den Wochen bis zur Einrichtung seiner Bibliothek hatte Walter »den ›Faust‹ immer wieder gelesen – er wußte nicht mehr, wie oft. Das Brevier seines Lebens war dieses Buch geworden« (II, S. 448). Erneut deutet die Wortwahl »Brevier« an, dass Ganghofers Hauptfigur die Literatur als eine Art Ersatz für die Religion schätzt.

Doch bleibt Ganghofer auch diesmal nicht bei der individuellen Rezeption Goethes stehen, sondern lässt Walter seine Begeisterung für die Literatur weitergeben, und zwar in Verbindung mit dem Projekt der Humanisierung der Arbeit. Für die Mitarbeiter der Scheidhofs, zu denen auch ein früherer Zuchthausinsasse gehört, wird das Arbeitsende jetzt auf nachmittags fünf Uhr festgelegt (seinerzeit ungewöhnlich früh), anschließend bekommen sie vom Hof noch ein Abendessen mit Bier oder Wein gestellt »[...] und dann las er ihnen was Schönes vor und erklärte das. Wie dankbar die Leute waren!« (II, S. 449). Das Bildungsziel ist bei Ganghofer erst dann erreicht, als Walter zum sozial denkenden und handelnden Agronomen und gleichzeitig zum Volksbildner und Literaturlehrer für jene Dorfbewohner wird, die keinen unmittelbaren Zugang zu Bildung haben. Am Ende des Romans kommen die Goethe-Lehrerin Mathild und ihr Goethe-Schüler endlich zusammen. Der Roman endet mit dem Geständnis ihrer Liebe; selbst dabei darf ein *Werther*-Zitat nicht fehlen (vgl. II, S. 485).

Die Aufführung der *Iphigenie* mit ihrer humanen Botschaft bewirkt eine Goethe-Begeisterung in Langenthal, die selbst den zuvor rigoros ablehnenden Kaplan Innerebner erfasst. Dankbar zitiert sein Pfarrer Schiller: »Das Theater muß halt doch eine erzieherische Wirkung haben!« (II, S. 238; vgl. Friedrich Schiller: *Was kann eine gute stehende Schaubühne eigentlich wirken?* In: SNA 20, S. 87-100; hier S. 97 f.). Als schreibe er ein Märchen, verwandelt Ganghofer den anfangs theaterfernen Kaplan am Ende in einen »Goethebruder vom reinsten Wasser« (II, S. 472). Auch für die unteren gesellschaftlichen Schichten schildert Ganghofer nur positive Folgen des *Iphigenie*-Abends. Walperl, die junge Magd im Hause Ehrenreich, huscht abends nach der Aufführung in den Garten, um sich am Sternenhimmel zu erfreuen, für dessen Schönheit jetzt Goethe, den sie mit dem Allmächtigen gleichsetzt, der Maßstab ist: »Herrgott, is d'Nacht heut schön! Grad als hätt s' der Göthinger gmacht!« (II, S. 101). Ihr Freund, der Großknecht Bonifaz, weint zum ersten Mal, da ihn die Aufführung in ein Wechselbad heftiger Gefühle stürzt: »Ich weiß net, was mich so derprackt hat! Ganz verdreht bin ich heut! [...] Heulen muß ich, und doch is d'Freud in mir drein wie narret ... mir scheint, heut haben s' ein Griechen

---

23 Reinhart Siegert hat diesen Strang der Aufklärung erforscht. Vgl. zuletzt: *Aufklärung und Volkslektüre. Exemplarisch dargestellt an Rudolph Zacharias Becker und seinem »Noth- und Hülfsbüchlein«*. Ergänzte und erweiterte Neuausgabe, mit einer aktualisierten Personalbibliographie. Bremen 2022.

aus mir gmacht« (II, S. 103). Walperl, die in ihn verliebt ist, ergreift daraufhin die Initiative und am nächsten Tag gehen sie als Paar durch das Dorf.

Das Waisenmädchen Nannerl dagegen, das in der Sägemühle der Familie von Bertl Ehrenreich wohnt und mitarbeitet, geht am Morgen in den Theaterraum zurück, um Blumen für Pylades abzugeben. Im Saal probt Willy Meister schon seine nächste Rolle, den Fabrice in Goethes Einakter *Die Geschwister*. Wieder greift die Literatur ins Leben hinüber, indem Willy mit Nannerl, die sich in ihn verguckt hat, in Sätzen spricht, die aus Goethes Stück stammen, bis sie merkt, dass er mit ihr spielt (vgl. II, S. 129-134). Später erzählt Nannerl den Kindern der Umgebung die Handlung der *Iphigenie* in Form eines Märchens weiter und steigert damit Goethes Bekanntheit. Insgesamt gelang es der Aufführung also, ihre Botschaft an alle gesellschaftlichen Schichten zu vermitteln, so dass Mathild resümiert: »Das hab ich heute gesehen: wahrhaft Schönes wirkt auf alle Menschen« (II, S. 86). Den tiefen Eindruck des Theaterabends auf das Leben der Dorfbewohner lässt Ganghofer einen jungen Mann zusammenfassen. »›Gelt, Schatzl, da denken wir unser Lebtag dran!‹ ›Halt ja! Die haben unser Glück gmacht, weißt! Ebbes schöners kommt uns nimmer!‹« (II, S. 364). Bei der Abfahrt der Schauspieler gibt es ein Gedränge, weil viele Dorfbewohner sie mit Handschlag verabschieden; junge Paare laufen dem Theaterwagen hinterher, dem man spontan zwei Schnadahüpfln nachschickt, von denen das erste lautet:

›Pfüat enk, ös Göthinger,
Z'gaach fahrts mer a'!
Bals amal wiederkimmts,
Bin i glei da!‹ (II, S. 366)

Ganghofer macht das Bergdorf Langenthal in den bayerisch-österreichischen Alpen nach der Aufführung von Goethes *Iphigenie* geradezu zu einem Goethe-Musterdorf. Goethe wird dort nun privat gelesen, vorgelesen, aufgeführt, in Gesprächen erwähnt, weitererzählt und erklärt.

Ganghofers Erlebnisse als Quellen für den Roman

Ludwig Ganghofer hat in seiner dreibändigen Autobiographie, die in den Jahren 1909-1911 erschien, vor allem die Erlebnisse seiner Kindheit und Jugend lebendig und detailliert erzählt. Er wuchs in Welden bei Augsburg auf, begleitet von Goethes Werken, wobei ihn die Liebe seiner Mutter Charlotte zu Goethe stark beeinflusste, und spielte begeistert Figurentheater im Elternhaus.[24]

> Goethe war Mutters Liebling, den sie mit leidenschaftlicher Zärtlichkeit verehrte. Diese kleinen Bändchen, die in blaßgrünes, mit Rosenknospen bedrucktes Papier gebunden waren, pflegte sie ihre ›Gebetbüechle‹ zu nennen. Und wenn sie aus diesen Bändchen vorlas oder, was häufiger geschah, mir eins von den Goetheschen Liedern auswendig vorsagte, das war immer wie Gottesdienst. […]

---

24 Vgl. Ludwig Ganghofer: *Lebenslauf eines Optimisten*. Bd. 1: *Buch der Kindheit*. Stuttgart 1909, S. 75.

> Manches, was die Mutter gerne zwitscherte, lernte ich ihr bald nachsingen: Jägers Abendlied, das Heidenröslein, Mignon, die Ballade vom Fischer und das Liedchen vom guten Damon, der die Flöte blies.[25]

Künstlerisch lebendig und durch Goethe mitgeprägt waren auch die Treffen des örtlichen Konsumvereins, die abwechselnd im Haus des Königlich-Bayerischen Revierförsters August Ganghofer (1827-1900)[26] und beim Ortsgeistlichen stattfanden.[27] Ganghofers eigene Mutter war Vorbild für die Figur der Mathild bzw. für deren Mutter in Der Hohe Schein, als Goetheleserin, aber auch durch ihre große Naturliebe und ihre undogmatische Religiosität, die der Roman an vielen Beispielen herausarbeitet: »Was ich im ›Hohen Schein‹ den Forstmeister Ehrenreich von seiner Frau erzählen ließ, das hätte mein Vater fast Wort für Wort von der Lebensreligion meiner Mutter sagen können [...].«[28] Auch die Aufführung von Goethes Iphigenie im Roman Der Hohe Schein wurzelt in Erlebnissen Ganghofers: Als Junge hatte er, nachdem er Bekanntschaft mit einem gastierenden Wandertheater gemacht hatte, selbst eine Aufführung des Stückes angeregt und in ihm sogar als Schauspieler mitgewirkt:[29]

> Ich spielte den Pylades mit einer Art von Raserei, die eigentlich Sache des Orest gewesen wäre. Aus diesem wahnsinnigen Königssohn machte der Franke einen gemütlichen Schweinfurter. Thoas und Arkas wußten kein Wort – der König, bevor er die alte Souffleuse verstehen konnte, sagte immer: »hmmtja!« Nur die vierzigjährige Priesterin mit den mageren Knochenschüsserln – nein, die war großartig, einfach hinreißend! Ich schimpfte und heulte vor Wut, rannte aber doch den ganzen Nachmittag in allen Gassen des Dorfes herum und trommelte die Leute ins Theater.[30]

Auch das Rätsel um den merkwürdigen Namen »Suscula Maris« der Schauspieltruppe im Hohen Schein wird in der Autobiographie gelöst: »Zwei Komödiantenwagen! Ein Meerschweinchen![31] Und ich rannte, als wäre da drunten wieder die Goldamsel geflogen. In einer Zeit, in der alle Nerven meines jungen Lebens zitterten, kam mir da eine Freude entgegen, die ich mit Gier umklammerte.«[32]

Es gab mehrere erfolgreiche Aufführungen, und Ludwigs Vater wurde am Ende mit einer hohen Rechnung des Gastwirts überrascht. Die Schilderung der Iphigenie-Aufführung im Roman basiert in vielen Details auf eigenem Erleben und auch die abschließende Wertung, dass die Aufführung ihr Bildungsziel erreicht habe, ist in der Autobiographie nachzulesen.

---

25 Ganghofer (Anm. 24), S. 154.
26 Der Vater August Ganghofer wurde 1879 in München zum Leiter des Forstwesens in Bayern befördert und 1887 in den persönlichen Ritterstand erhoben.
27 Vgl. Ganghofer (Anm. 24), S. 180f.
28 Ganghofer (Anm. 24), S. 206.
29 Vgl. Ludwig Ganghofer: *Lebenslauf eines Optimisten*. Bd. 2: *Buch der Jugend*. Stuttgart 1910, S. 223 f.
30 Ebd., S. 225.
31 Als ›Meerschweinchen‹ bezeichneten reisende Theater- und Zirkusleute denjenigen Theaterwagen, der eigentlich mit dem Heu für die Tiere beladen werden sollte.
32 Ganghofer (Anm. 29), S. 219f. und vgl. S. 229.

Goethe stand auch in Ganghofers Zeit als Gymnasiast am Katholischen Studienseminar in Neuburg an der Donau ganz oben auf seiner Leseliste. Als dreizehnjährigen Gymnasiasten bestrafte man ihn 1868 wegen einer Bestellung des *Reinecke Fuchs* beim Buchhändler mit Schularrest.[33] Das Verbot fachte sein Lesefieber umso stärker an. Zur Lektüre des Dreizehnjährigen gehörten die *Iphigenie* und der *Tasso*, *Die Wahlverwandtschaften* und *Wilhelm Meisters Lehrjahre*.[34]

Als Student der deutschen Literatur besuchte Ganghofer 1878 den damals beliebten altbayerischen Dialektautor Karl Stieler (1842-1885) in Tegernsee. Dieser war der Sohn des Goethe-Porträtisten Joseph Karl Stieler (1781-1858) und im Hauptberuf Archivar am Königlich Bayerischen Reichsarchiv in München. Stieler demonstrierte Ganghofer eindringlich, wie man Gedichte und Prosatexte auf ihre handwerklichen Mittel und ihren künstlerischen Wert hin analysiert; Goethetexte standen dabei im Mittelpunkt.[35] In einem späteren autobiographischen Beitrag schreibt Ganghofer, »fünf Worte von Goethe« halte er für wertvoller als ganze Räuberromane.[36] Da er sich häufig durch eigene Erlebnisse zu einem Roman inspirieren ließ, war angesichts seiner Sozialisation und seiner intensiven Goethelektüre fast zu erwarten, dass auch Goethe zum Romanthema werden würde.

Der Goetheroman und das Publikum

Als Kind seiner Zeit übernahm Ganghofer den hohen – wenn nicht überhöhten – Stellenwert der Bildungsidee, die die Kulturpolitik des Wilhelminismus dominierte. Diese Idee wurde von allen Bildungseinrichtungen propagiert und richtete sich ganz konkret an den Einzelnen; man kann darin ein Konzept der freiwilligen ›Selbstoptimierung‹ sehen. Es galt das »Wilhelminische[ ] Goetheverständnis[ ], das den Weimarer Dichter zum Prototyp des unpolitischen, antirevolutionären Schriftstellers schlechthin gemacht hatte«.[37] Walters Entwicklung und auch die Darstellung seiner *Faust*-Lektüre als Höhepunkt und Endpunkt seines persönlichen Bildungswegs spiegeln die zeittypische Bildungskonzeption wider, denn Goethes *Faust* mit der nach damaligem Verständnis »auf Tat und Tüchtigkeit zielenden Idee der Perfektibilität des Menschen [...] wurde das paradigmatische Werk der Epoche«.[38] Andererseits ist am *Hohen Schein* hervorzuheben, dass Ganghofer darin auf bio-

---

33 Die Aktennotiz des Präfekten ist abgedruckt in Ganghofer (Anm. 24), S. 378f.
34 Ebd., S. 380.
35 Vgl. Ludwig Ganghofer: *Lebenslauf eines Optimisten*. Bd. 3: *Buch der Freiheit*. Stuttgart 1911, S. 15 u. 17.
36 Ders., in: *Geistiges und künstlerisches München in Selbstbiographien*. Hrsg. von Wilhelm Zils. München 1913, S. 100-104; hier S. 102.
37 Mandelkow (Anm. 21), S. 210.
38 Ebd., S. 236. Allein die Ausgabe im Reclam Verlag, die nach der Freigabe der Verlagsrechte ab 1867 als Nr. 1 von *Reclams Universalbibliothek* erschien, verzeichnete eine Erstauflage von 5.000 Exemplaren, während die durchschnittliche Auflagenhöhe deutscher Verlage bei etwa 750 Exemplaren lag. Reclam konnte die *Faust*-Auflage nach und nach auf 20.000 Exemplare pro Jahr steigern. Vgl. dazu *150 Jahre Reclam. Daten, Bilder und Dokumente zur Verlagsgeschichte 1828-1978*. Zusammengestellt von Dietrich Bode. Stuttgart 1978, S. 37.

graphische Einzelheiten aus Goethes Leben, von denen die positivistisch ausgerichtete Forschung seiner Zeit immer wieder neue Details bekanntmachte, ganz verzichtete. Stattdessen entschied er sich dafür, für Goethes literarisches Werk durch ausführliche Werkzitate und durch die Schilderung positiver Leseerlebnisse zu werben.[39] Einzelne Goetheverse hat Ganghofer nur in einen kurzen Dialog der Schauspielerinnen über ihre männlichen Kollegen aufgenommen: »Paragraph eins: Sehe jeder, wie er's treibe!« »Und wer steht, daß er nicht falle!« (I, S. 184).

Der Wert der Goethetexte besteht für den Autor in ihrer unaufdringlichen Belehrung, die zur Überwältigung der Romanfiguren durch die ›Schönheit‹ der Zitate führt, sowie in ihrem guten Einfluss auf Leser und Zuschauer. Die Romanhandlung demonstriert, dass Goethetexte als persönliche Lebenshilfe tauglich sind und als solche auch funktionieren können. Ganghofer plädiert für eine persönlichkeitsbildende Goethelektüre. Goethes Werke sind für die Hauptfiguren von Nutzen, weil sie die eigene Innenwelt darin gespiegelt sehen. Die Goethelektüre befähigt sie, ein besseres Verständnis von sich selbst zu erlangen und so ihre Bildung zu vervollkommnen. Auslösendes Moment für diese Entwicklung ist bei Ganghofer stets die ›Schönheit‹ der literarischen Werke, die seine Figuren in ihren Bann ziehen und ihre Gefühlswelt verändern. Literatur ist Hilfsmittel zur Identitätssuche und Selbstfindung.

Die Ästhetisierung und Pädagogisierung von Goethes Werken ergänzt Ganghofer um die Ästhetisierung der Natur am Beispiel der Alpenlandschaft. Eine doppelte Vorrangstellung des Ästhetischen kennzeichnet also seinen Roman; deren Kehrseite ist die Einengung von Literatur und Natur jeweils auf das Phänomen der Schönheit. All das sind wiederum typische Züge der Diskussion über Kunst und Künstlertum um 1900. Ganghofers Perspektive auf Goethes literarisches Werk verleiht dem Dichter eine Aura, die ihn den normalen Lesern entrückt. Daher kann man auch seine Perspektive als einen Baustein zum Goethekult der Zeit ansehen.

Trotzdem bleibt *Der Hohe Schein* gleichzeitig ein bemerkenswertes Beispiel für ein pragmatisches Herantreten an Goethes Werk. Denn Ganghofer veranschaulicht an Goethes literarischen Texten – auf der Handlungsebene des Romans –, wie sie im Leben seiner Figuren und Rezipienten unmittelbar wirksam werden. Zusätzlich popularisiert er das literarische Werk Goethes durch umfangreiche Textzitate. Seine Textauswahl ist freilich nicht originell, sie korrespondiert vielmehr mit dem Goethe-Kanon des Gymnasiums. Ganghofer und die Schule seiner Zeit verfolgten mit

---

39 Nur in zwei Fällen sind Ganghofers Goethezitate sogenannte ›geflügelte Worte‹, wie sie durch Georg Büchmanns laufend erweiterte Anthologie mit diesem Titel populär geworden waren. Vgl. dazu Wolfgang Frühwald: *Büchmann und die Folgen. Zur sozialen Funktion des Bildungszitates in der deutschen Literatur des 19. Jahrhunderts*. In: *Bildungsbürgertum im 19. Jahrhundert. T. 2: Bildungsgüter und Bildungswissen*. Hrsg. von Reinhart Koselleck. Stuttgart 1990, S. 218. Der ›Büchmann‹ stand ab der ersten Auflage von 1864 für »die Bildung eines im Kern kleinen (an den Rändern sehr diffusen) Klassiker-Kanons, der in die Bildungsreligion des wilhelminischen Bürgertums mündete«. Er lag 1907 bereits in der 23. Auflage vor und wies über 2.000 Zitate nach. Goethezitate waren in aller Munde und fanden selbst in Buchtiteln Verwendung. Ganghofer aber geht es nicht um das kurze treffende Zitat, das sich im Gespräch als Nachweis der Bildung des Sprechers verwenden lässt, sondern er bringt längere Textauszüge.

unterschiedlichen Mitteln dasselbe Ziel: Die Lektüre und die Kenntnis von Goethes Werken sollen jeweils die Ausbildung der Persönlichkeit fördern. Im *Hohen Schein* wie in der Schule zeichnet sich damit eine Entwicklungslinie der Goetherezeption im Kaiserreich ab, die noch weithin unerforscht ist. Sie ergänzt die bekannte Entwicklungslinie der zunehmenden ›Philologisierung‹ Goethes.

Durch die ausführlich zitierten Goethetexte stellt Ganghofer viele Leseanreize für sein Publikum bereit und die Schilderung der starken emotionalen Auswirkungen der erzählten Goethe-Lektüren verstärkt diese Leseanreize noch. Im deutschen Kaiserreich wurde das Ideal propagiert, Bildung breiten Kreisen der Bevölkerung zugänglich zu machen. Zudem galt die Lektüre werthaltiger Texte seinerzeit als unerlässliche Voraussetzung für einen möglichen gesellschaftlichen Aufstieg. Daher ist es nicht verwunderlich, dass sogar ein Trivialautor wie Ganghofer Anspruch auf eine ›pädagogische Mission‹ erhob. Als zwei Jahre nach dem Erscheinen des Romans 1906 die Ausgabe seiner *Gesammelten Schriften* begann, schrieb Ganghofer im Vorwort:

> Und von den tausend Menschen, die ich schilderte, habe ich die einen so geschildert, wie sie sind, die anderen aber so, wie sie sein könnten, wenn sie nur wollten. Warum sollte man diesen Willen nicht wecken und durch die Mittel und Farben der Kunst erziehen dürfen?[40]

So merkwürdig es uns vorkommen mag, wenn ein Bestsellerautor sich auf ein pädagogisches Ideal beruft – diese Haltung entsprach der Vorstellung von Literatur im Wilhelminismus, als man auch unterhaltenden Werken das Potenzial zubilligte, den Bildungsweg von Leserinnen und Lesern positiv zu beeinflussen. Weitere zeitgenössische Erfolgsautoren wie E. Marlitt (Eugenie John) und Karl May, die ebenfalls in der *Gartenlaube* publizierten, äußerten sich ähnlich über ihre Absichten.

Rezeptionsdokumente zum *Hohen Schein* sind kaum zu finden. Der bekannte Literaturkritiker Josef Hofmiller fasste in einem Beitrag für die *Süddeutschen Monatshefte* das Buch als »Erziehungsroman« im positiven Sinne auf und äußerte über dessen Leserinnen und Leser:

> Es ist jedenfalls nicht das schlechteste Publikum, an das Ganghofer sich wendet: ein Publikum, das Goethe liebt und sich dafür interessiert, wie ein junger Mann langsam die ihm bis dahin unbekannt gebliebenen Werke Goethes in sich aufnimmt; wie sie in ihm gleichsam zu rumoren und zu quellen anfangen […].[41]

Angesichts des Vorabdrucks in der *Gartenlaube* mit ihrer riesigen Leserschaft, gerade außerhalb der Großstädte, ist das zu kurz gegriffen. Wahrscheinlicher ist es, dass der größte Teil des Lesepublikums Goethe nicht liebte, ja nicht einmal kannte. Ein Verdienst von Ganghofers Roman läge dann darin, dass er große Leserkreise erstmals an Goethes literarisches Werk heranführen konnte. Daneben bot er auch allen, die von Goethe wussten, in der Figur der Mathild eine Identifikationsfigur an.

---

40 Vorwort. In: *Ludwig Ganghofers Gesammelte Werke*. Bd. 1. Stuttgart 1906, S. XV.
41 Josef Hofmiller: *Ludwig Ganghofers Roman: »Der Hohe Schein«*. In: *Süddeutsche Monatshefte* 2 (1905), Teilbd. 1, S. 330-332; das Zitat S. 330 f.

Aus den Fakten zur Publikationsgeschichte lassen sich einige Indizien zur Beantwortung der Frage gewinnen, welchen Einfluss *Der Hohe Schein* auf die Leserschaft ausübte. Der Roman erschien 1904 zuerst in der größten deutschen Familienzeitschrift *Die Gartenlaube* in 20 Fortsetzungen, die alle 14 Tage ausgeliefert wurden. Angeblich lasen dieses Blatt um 1875 bis zu fünf Millionen Leser. Später sank die Auflage. Doch noch im letzten Heft des Jahrgangs 1900 konnte die Redaktion ihre Leserinnen und Leser mit Stolz darüber informieren, dass *Die Gartenlaube* »das Lieblingsblatt des deutschen Bürgerhauses, die weitaus verbreitetste Familienzeitschrift der Erde« sei.[42] Nach dem Tod ihres Leipziger Gründers Ernst Keil hatte der Stuttgarter Verleger Adolf Kröner (1836-1911) das Blatt von der Witwe gekauft und 1884 zusätzlich die Rolle des Hauptherausgebers übernommen. Ab 1886 war er auch Chefredakteur. Die Zeitschrift setzte vor allem auf den Abdruck von Fortsetzungsromanen und Erzählungen. Im Schlussheft des Jahrgangs 1893 fasste die Redaktion ihr Profil zusammen. Sie verfolge das Ziel, heißt es da,

> ein Vereinigungspunkt zu sein für die besten, volksthümlichsten Erzähler, Dichter und Denker Deutschlands, ein frischer, reiner Quell nützlicher Belehrung und edler Unterhaltung für das deutsche Haus, ein treuer Spiegel des geistigen Lebens unseres Volkes, ein warmer, verständnisvoller Freund desselben in Freud und Leid![43]

Um die Auflage steigern oder zumindest halten zu können, suchte die Zeitschrift laufend Autoren, die unterhaltsam schreiben konnten. Das Thema Alpen hatte lange Jahre Hermann von Schmid (1815-1880) aus München, der Direktor des Volkstheaters am Gärtnerplatz, abgedeckt. Von ihm erschienen hier zwischen 1861 und 1880 insgesamt 15 längere Erzählungen, die anschließend als Buchausgaben erhältlich waren. Einschlägige Werke tragen Titel wie *Almenrausch und Edelweiß* (1864), *Der Habermeister* (1869) und *Der Bergwirth* (1870).[44]

Ganghofer schildert im Manuskript für den geplanten vierten Band seiner Autobiographie eine zufällige Begegnung mit Kröner 1883 in München,[45] der auf der Suche nach einer neuen »oberbayerischen Zither« war; Ganghofer wurde ihm empfohlen. Verleger und Autor wurden sich schnell einig und besiegelten per Handschlag eine Zusammenarbeit, die rund 30 Jahre lang anhalten sollte.[46] Zwischen

---

42 Hier zitiert nach Alfred Estermann: *Zeitschriften*. In: *Deutsche Literatur. Eine Sozialgeschichte*. Bd. 8: *Vom Naturalismus zum Expressionismus, 1880-1918*. Hrsg. von Frank Trommler. Reinbek 1982, S. 86-101; hier S. 89.

43 Ebd.

44 Schmids Erzählwerke verzeichnet Ulrich Hohoff: *Voralpenland und bayerische Alpen in Erzählungen und Romanen. Bibliographie der Jahre 1850-1920*. Regensburg 2018, S. 263-270.

45 Hierzu ausführlicher Ulrich Hohoff: *Ein Bestsellerautor im Kaiserreich. Wie Ludwig Ganghofer das große Publikum gewann*. In: *Literatur in Bayern* 35 (2020), Sonderheft *Ludwig Ganghofer zum 100. Todestag*. Hrsg. von Ulrich Hohoff u. Klaus Wolf. München 2020, S. 7-25; hier S. 16-19.

46 Ludwig Ganghofer: *Buch der Berge*. In: *Das wilde Jahr. Fragmente aus dem Nachlaß von Ludwig Ganghofer*. Berlin 1921, S. 309-358; bes. S. 358-360 (Besuch Kröners) und S. 359 (Zitat).

1884 und 1915 publizierte Ganghofer in der *Gartenlaube* 15 Romane und längere Erzählungen in Fortsetzungen, darunter auch seine bekanntesten Titel.[47]

Die Buchausgabe von *Der Hohe Schein* erschien gegen Ende des Vorabdrucks, jedenfalls noch 1904, in Stuttgart im »Verlag von Adolf Bonz & Comp.«. Diesen Verlag leitete Alfred Bonz (geb. 1854), der Sohn des Verlagsgründers; dort erschienen fast alle Bücher Ganghofers bis zum Ersten Weltkrieg. Während der Abdruck des Romans in der *Gartenlaube* keine Illustrationen enthält, reicherte man die Buchausgabe mit ca. 75 Genrebildern des österreichischen Malers Hugo Engl (1852-1926), eines Schülers von Franz Defregger, an. Sie trugen maßgeblich zum Erfolg bei, da sie in der Mehrzahl das Klischee der heilen Bergwelt reproduzieren. Engl illustrierte dann auch weitere Ganghofer-Romane.

Der Hohe Schein hatte einen besonders prominenten Leser, denn Ganghofer war der erklärte Lieblingsautor Kaiser Wilhelms II. Als der Kaiser am 12. November 1906, dem Vorabend der Grundsteinlegung für das Deutsche Museum, nach München kam, lud er nach einer Festvorstellung im Hoftheater eine illustre Gesellschaft, darunter Ganghofer, zu sich in die Residenz ein. Als die Herren Platz nahmen, bat der Kaiser den Autor zu einem Spaziergang in den Hofgarten, der sich dann auf eineinviertel Stunden Länge ausdehnte. Teile ihres Gesprächs sind in der Dokumentation der Reden des Kaisers überliefert. Das Gespräch begann mit dem Roman *Der Hohe Schein*. Wilhelm sprach »längere Zeit eingehend über den Inhalt und den Gedankengang dieses Buches«,[48] das ihn nach seinen Worten länger beschäftigt hatte. Gefallen habe ihm daran der »optimistische Klang, die Predigt, die den Glauben an das Leben und die Aussöhnung mit den Schatten des Daseins, das Vertrauen auf die Zukunft und das Vertrauen auf die Menschen fordert«.[49] Ob der Kaiser, der als unverwüstlicher ›Reichsoptimist‹ galt, auch auf Goethe zu sprechen kam, ist nicht überliefert. Er hatte jedenfalls eine Tafel mit Zitaten (»Sinnsprüchen«) aus dem Roman, die er persönlich auswählte, anfertigen lassen und überreichte Ganghofer ein Exemplar davon auf dem Spaziergang. Ein weiteres ließ der Kaiser im Berliner Schloss in seinem Arbeitskabinett aufhängen. Diese ›Ganghofer-Tafel‹ war auch im Handel erhältlich.

Der Auflage von Ganghofers Roman hat die Begegnung mit dem Kaiser selbstverständlich nicht geschadet. Noch im Jahr der Erstveröffentlichung wurden 10 Auflagen des *Hohen Scheins* gedruckt. Immerhin 50.000 weitere Exemplare wurden ab 1906 im Rahmen der Ganghofer-Werkausgabe (»Volksausgabe«) gedruckt, bis 1920 war eine Gesamtauflage von 113.000 Exemplaren erreicht. Inzwischen hatte der Knaur Verlag in München die Verlagsrechte für Ganghofer übernommen; 1936 betrug die Gesamtauflage des *Hohen Scheins* bereits 324.000 Exemplare. Die erfolgreichsten Titel des Autors erreichten noch höhere Auflagen, doch im Vergleich war das ein guter Mittelwert. Auch die Ausleihdaten von Bibliotheken bieten Indizien für Ganghofers Popularität. Um 1905 war er in kommerziellen Leihbiblio-

---

47 Vgl. die Titelliste bei Hohoff (Anm. 44), S. 117-127.
48 *Die Reden Kaiser Wilhelms II. in den Jahren 1906 – Ende 1912.* Vierter Teil. Hrsg. von Bogdan Krieger. Leipzig o. J. [1912], S. 45-49, das Zitat S. 45.
49 Krieger (Anm. 48), S. 46.

theken und in öffentlichen Büchereien ein führender Erfolgsautor.[50] Auch in den Büchereien der Arbeiterschaft belegte er bei den Ausleihen die ersten Plätze.[51]

Das Werk Goethes wiederum wurde durch den sogenannten Volks-Goethe, die sechsbändige kommentierte Werkausgabe von Erich Schmidt, die 1909 in Anton Kippenbergs Insel-Verlag erschien, weiter popularisiert. 1914 erreichte diese Ausgabe 70.000 Exemplare, 1924 waren 100.000 Exemplare gedruckt. Bei der Analyse von Goethes Breitenwirkung sollte man jene Autoren nicht vergessen, die auf ihre Weise den Boden für diese Popularisierung bereitet hatten. Ludwig Ganghofers Bildungsroman *Der Hohe Schein* war ab 1904 für das große Lesepublikum eine sehr verbreitete und vermutlich auch weithin wirksame Werbung für Goethes literarisches Werk.

---

50 Vgl. Alberto Martino: *Die deutsche Leihbibliothek. Geschichte einer literarischen Institution (1756-1914)*. Wiesbaden 1990. Hier finden sich Zahlen zu Ganghofer in den größten Leihbibliotheken, Borstells Lesezirkel in Berlin (S. 634) und Ludwig Lasts Leihbibliothek in Wien (S. 851).
51 Vgl. die Analyse von Ausleihzahlen der Büchereien der Sozialdemokratie und der Gewerkschaften bei Dieter Langewiesche, Klaus Schönhoven: *Arbeiterbibliotheken und Arbeiterlektüre im Wilhelminischen Deutschland*. In: *Archiv für Sozialgeschichte* 16 (1976), S. 135-204; hier S. 191.

WERNER FRIZEN

Helena oder Apollo?
Thomas Mann revidiert den Goethe-Monolog in »Lotte in Weimar«

Bewundert viel und doch verworfen: Helena

Zwei Monate nach dem Abschluss des siebenten Kapitels von Lotte in Weimar verwarf Thomas Mann die erste Fassung des Monolog-Endes und schaltete ein dreiseitiges Typoskript in das Autograph ein. Warum das? Was war so dringlich? Für seinen Schreibprozess, der progredierend-linear organisiert war, war eine derartige Revision des *work in progress* ein nicht allzu häufig praktizierter Eingriff. Der Exilant, seit 1938 in Princeton ansässig und seit Anfang Juni 1939 auf Europareise, arbeitete schon seit längerem, genauer seit dem 24. Juli, am 8. Kapitel, und die Zeit drängte. Es waren die ersten Tage des Septembers, Hitler-Truppen hatten Danzig überfallen und waren in Polen einmarschiert, das erste Flüchtlingsschiff, der britische Ozeandampfer »Athenia«, wurde am 4. September von der deutschen Marine im Atlantik torpediert und versenkt, und Thomas Mann saß in Schweden fest in der Ungewissheit, ob und wie die Schiffsreise zurück in die USA unter kriegerischen Umständen gelingen sollte. Immerhin hatten ihn Druckbögen für die neue Stockholmer Ausgabe noch erreicht, doch beim Korrigieren der Fahnen zu Lotte in Weimar stellte sich »starke Unzufriedenheit mit den vorletzten Teilen des Siebenten« ein, »die steif geworden«,[1] ein Eindruck, der sich schon zwei Monate vorher angekündigt hatte und »Sorgen wegen der Beendigung von ›Lotte‹« und ein »Bewusstsein der Erstarrung u. Versteifung des VII. Kapitels« hinterließ.[2]

Nun hätte ja eine gewisse »Versteifung« zu der »Steifigkeit« durchaus gepasst, die Charlotte Kestner dem gealterten Jugendfreund attestierte;[3] doch zog Thomas Mann es vor, »zwischen dem Politischen«[4] die erste Version zu streichen und dem Abgesang des großen Monologs eine Bedeutung zu verleihen, die er dem Auftakt

---

1 Thomas Mann: *Tagebücher 1937-1939*. Hrsg. von Peter de Mendelssohn. Frankfurt a. M. 1980 (künftig zitiert als »Tb.« mit jeweiligem Datum und Seitenzahl), hier 4.9.1939, S. 464.
2 Tb. 2.7.1939, S. 429.
3 *Große Kommentierte Ausgabe der Werke Thomas Manns*. Frankfurt a. M. 2001 ff. (künftig im Text zitiert als »Werke« mit Bandangabe und Seitenzahl), hier Bd. 9.1: *Lotte in Weimar*. Hrsg. und textkritisch durchgesehen von Werner Frizen. Frankfurt a. M. 2003, S. 387. Auf der Basis meiner quellenkritischen Untersuchungen im Kommentar (Werke Bd. 9.2) versuche ich hier die Motive für die Revision des Monolog-Endes nachzuvollziehen sowie die Bedeutung der Quellenkomposition und der strategisch eingesetzten Eingriffe in die Leittexte zu verstehen.
4 Tb. 4.9.1939, S. 464: »Tagüber, zwischen dem Politischen, Umarbeitung erwogen.«

mit dem aus Traumtiefen auftauchenden und im Banne von Eros-Thanatos gefangenen Dichterfürsten schon mitgegeben hatte. Was für ihn »Versteifung« bedeutete, lässt sich an einem (im Manuskript erhaltenen) gestrichenen Passus überprüfen. Er knüpfte an die vorausgehenden Assoziationen zum zweiten *Faust*-Teil an, die von Fausts Scheitern im Politischen über die naturphilosophisch-mythologischen Phantasmagorien der *Klassischen Walpurgisnacht* zur Erscheinung Helenas führen:

> Es wird reizend sein, den romantischen, den Opern-Reim mit attischen Silbenmaßen zu vermischen, im phantasmagorisch Zeitlosen die Sphären zu vermählen, sprachlich das Abendland zu resümieren. Die Sprache sei der symbolische Schauplatz, wo das Kultur-Abenteuer erotischer Begegnung von christlich-germanischem Geist und der Antike sich feierlich vollziehe. Der Rest sei Spiel, Verzicht und Zauberflöte, und jene veredelnde Bedingung, daß es menschlich und ohne Teufelei zugehen müsse zwischen Faust und Helenen, ich laß sie, denk ich, fallen. Geist und Schönheit – im ganzen Jahr gibts nicht wieder so ein hübsches Paar. Aber Erquickung und Belebung ist das schöne Leben dem Geiste, nicht Erziehung. Helena als Erzieherin Faustens zum Schönen-Guten – brr, wir mögen nicht so platonisieren. Es lockt uns wenig, Aphroditen den Helm der Pallas aufzusetzen; die Bezirke des Schönen und des Sittlich-Seelenvollen zu vermengen. Schönheit ist Lebenswert, Wert der Natur und nicht des Geistes – das Verhalten des Geistes zum Schönen ist ironische Galanterie und eine Ehrer –[5]

Allzu akademisch verklausuliert sind hier die Überlegungen zur Stilistik, Metrik und Formgeschichte im Helena-Akt, gar zu fern liegen selbst für den Gebildeten unter den Lesern die abstrakten Spekulationen zur dramentechnischen Funktion der *Klassischen Walpurgisnacht*, zu wenig Variation bieten sie gegenüber der schon vorher bedachten Ideenkette zu Parodie, Travestie und spätzeitlicher Wiederholung der klassischen Muster (vgl. Werke 9.1, S. 350, Z. 16-19, 23-33), kurz: dieses Monologfinale war fachwissenschaftlich-germanistisch überfrachtet, getüftelt, lebensfern und partiell tautologisch.

»Goethe war zu alt geworden«, so las Thomas Mann in diesen Tagen zum wiederholten Male in Konrat Zieglers *Gedanken über Faust II*[6] – ein schonungsloses Resümee, das der couragierte Altphilologe am Ende seiner von der zeitgenössischen Goethe-Devotion unbeeindruckten Studie über das Alterswerk des Dichterfürsten zog. Zu ausgebrannt und überlastet sei er gewesen, um genügend Energie, um ausreichend »geistige Zeugungskraft« für die Vollendung seines Lebenswerks aufgebracht zu haben. Man kann ermessen, wie Zieglers Urteil über den Dichtergreis, der sich nur noch selten auf die »Kraft des Augenblicks« habe verlassen können,[7] auf Thomas Mann gewirkt haben mag, der schon in jungen Jahren die Angst des

---

5 Zitiert nach Werke 9.2, S. 660f. (hier ohne Korrekturen wiedergegeben).
6 Konrat Ziegler: *Gedanken über Faust II*. Stuttgart 1919. Mann las mehrfach intensiv darin und fertigte Exzerpte daraus an; dokumentiert sind Ziegler-Studien im Tagebuch am 5.9.1936 (S. 362 »viel angestrichen«), 8.11.1936 sowie am 17.8.1938. Das Zitat findet sich auf S. 58 (Anstreichung Manns).
7 Zitat aus dem Eckermann-Gespräch vom 15.1.1827 bei Ziegler (Anm. 6), S. 50 (doppelte Anstreichung Manns).

Baumeisters Solneß kannte, »rascher zu veralten, als nötig wäre«,⁸ bei der Arbeit am Roman die »Auflösung« auf sich zukommen, beim Silvester-Resümee von 1937 »Energie und Aktivität« dahinschwinden sah⁹ und nun auch selbstkritisch in seinem Goethe-Monolog sklerotische Züge zu entdecken glaubte.

Überdies hatte er sich in einen von Ziegler befeuerten sekundären Gelehrtenzwist mit Wilhelm Hertz über die *Klassische Walpurgisnacht* und den Auftritt Helenas eingelassen.¹⁰ Hertz, ebenfalls ein Nicht-Germanist, Jurist seines Zeichens, glaubte die Wiedergeburt des klassisch-schönen Menschen in Helena durch »das biologische Mysterium der klassischen Walpurgisnacht« und die Entstehung des organischen Lebens »naturgesetzlich« vorbereitet,¹¹ während nach Zieglers Auffassung die zunächst geplante, dann aber verworfene Hadesfahrt Fausts als »eine der gewaltigsten Schöpfungen Goethes« das natürliche Verbindungsglied zwischen erstem und drittem Akt, zwischen dem phantasmagorischen Erscheinen Helenas und ihrem persönlichen Auftritt, gewesen wäre. Der Dichter nahm in dieser Auseinandersetzung implizit für Hertz Stellung, ohne dass der unbefangene Leser den hintergründigen Gelehrtenstreit überhaupt hätte durchschauen können, und verpasste damit die Chance, seinen Goethe das »Mysterium der faustischen Hadesfahrt«¹² planen und Helena von Persephone losbitten zu lassen, was umso verwunderlicher ist, als er spätestens seit dem *Tod in Venedig* mit infernalischer Topographie nur zu vertraut war. Immerhin muss er fasziniert gewesen sein von diesem Plan, denn in Goethes zweitem Entwurf zur Ankündigung der Helena, den Ziegler referiert, interessierte er sich besonders für die nicht ausgeführte Rede der Manto als »Vertreterin« Fausts, die »Peroration, durch welche die bis zu Tränen gerührte Königin ihr Jawort erteilt«.¹³ Statt diese Katabasis auszuführen oder zumindest anzudeuten, lässt er im Roman seinen Goethe sinnieren, »daß es menschlich und ohne Teufelei zugehen müsse zwischen Faust und Helenen«¹⁴: also keine

---

8 »*Geist und Kunst*«. *Thomas Manns Notizen zu einem Literatur-Essay*. Ediert und kommentiert von Hans Wysling. In: Paul Scherrer, Hans Wysling (Hrsg.): *Quellenkritische Studien zum Werk Thomas Manns*. Bern, München 1967, S. 123-232; hier S. 207.
9 Tb. 17.7., S. 78, und 31.12.1937, S. 149.
10 Ziegler (Anm. 6), S. 20 f., 28 f., 44 f., 48 f., 51 f. Zieglers Broschüre war die zentrale Quelle, die Thomas Mann als Stoff- und Ideen-Fundus für die Phantasien seines Goethe über die Vollendung des zweiten *Faust* diente.
11 Wilhelm Hertz: *Goethes Naturphilosophie im Faust. Ein Beitrag zur Erklärung der Dichtung*. Berlin 1913, S. 15. Hertz' Büchlein gehört nicht zu den Quellenwerken; alles was Thomas Mann darüber weiß, weiß er über Zitate, Paraphrasen und Wertungen Zieglers. – Das *Internet Archive*, das den Titel digitalisiert hat (https://archive.org/details/gedankenberfauoozieguoft/mode/2up), verwechselt den Verfasser, den Juristen Gottfried Wilhelm Hertz (1874-1951), mit dem Dichter und Altgermanisten an der TH München Wilhelm (von) Hertz, bei dem Mann 1894 Vorlesungen hörte.
12 Ziegler (Anm. 6), S. 48 (Anstreichung Manns).
13 Ziegler (Anm. 6), S. 49 (An- und Unterstreichungen Manns).
14 Damit zitiert er gleichzeitig den ersten Entwurf zur Ankündigung der Helena-Dichtung vom 10.6.1826, demgemäß Persephone Helena nur unter der Bedingung aus der Unterwelt freilasse, »daß alles übrige, sowie das Gewinnen ihrer Liebe, mit menschlichen Dingen zugehen müsse«, zit. nach Ziegler (Anm. 6), S. 28 (Anstreichung Manns); vgl. MA 18.2, S. 66 f. Demnach hätte man, so Ziegler, auf ein Duell zwischen Geist und

Nekyia, keine Rede vor Persephone, keine Orpheus-Imitation, sondern allein die Begegnung von Geist (Faust) und Schönheit (Helena) unter Ausschluss aller moralischer Zielsetzungen, ohne anagogische Wirkung des Ewig-Weiblichen auf den seinem Ideal immer noch verworren dienenden Faust.»Schönheit ist Lebenswert, Wert der Natur und nicht des Geistes«,[15] so lautet das mit Nachdruck vorgetragene Fazit, das die griechische Heroine »einzig und allein« auf »eine Verkörperung des ästhetischen Ideals«[16] reduziert: »Helena als Erzieherin Faustens zum Schönen-Guten – brr, wir mögen nicht so platonisieren.«

So kann der Blick in die Handschrift nachvollziehen, dass der Monolog mit dieser abstrakten Deutung des Helena-Aktes (unfreundlich formuliert: einer Kompilation und Ausbeutung sekundärer Literatur) in eine Beschränkung der Perspektive hineingeraten wäre, die sich nicht nur einseitig auf eine Spezialfrage der *Faust*-Forschung eingeengt hätte, sondern vor allem einen den Zeitumständen angemessenen existenziellen Ernst hätte vermissen lassen. Der Verdacht liegt nahe, dass am Ende Zieglers kecke Abwertung des Helena-Aktes bei der Neuorientierung nachwirkte, der die Blutleere und Lebensferne der Rokoko-»Kurtisane« Helena, das Allegorisieren, Stilisieren und »unselige Antikisieren« des Dichters so auf den Punkt bringt: »Der höhere Sinn in der Helena ist keins der großen ewigen Menschheitsprobleme, sondern nicht mehr als eine ästhetische Zeitfrage, verschwindend in der Schau der Jahrhunderte«.[17] Deshalb nun also statt Helena, der weiblichen »Schönheit selbst« (Werke 9.1, S. 352), die Apotheose des formvollendeten nackten Jünglings: Apollo.

Schuldfreie Erotik: Winckelmanns Apollo

Es sind zwei kleine Sensationen, mit denen Thomas Mann unter den geschilderten erschwerten Umständen im schwedischen Ostseebad Saltsjöbaden Goethes inneren Monolog mit einer »Einschaltung«[18] beendete und die »Erscheinung« des Alten im

---

Schönheit gefasst sein können (soweit folgt ihm Mann), doch, so wiederum Ziegler, in der Ausführung gehe es durchaus nicht menschlich zu, sondern der »Mephistophelische Hokuspokus« trage die ganze Handlung. Darin folgt ihm Mann nun wiederum nicht.

15 Während Ziegler durchweg den Verlust tragischer Erhabenheit beklagt, deren Ergebnis ein »ästhetisches Monstrum« sei (Ziegler [Anm. 6], S. 21 [Unterstreichung Manns]), wertet der Monolog die kritisierte »Unform«, die Komik, Witz, Parodie und Ernst umgreifende Formmischung zu Goethes Intention um. Diese nicht-tragische, parodische Tendenz der Helena-Deutung verstärkt der frühere Entwurf des Monologschlusses dadurch, dass er sie mit einem satirischen Vers Goethes aus dem gänzlich anderen Zusammenhang der Satire *Geist und Schönheit im Streit* (1814) kombiniert, in dem die Schönheit dem Geist die Vermählung anbietet: »Geist und Schönheit – im ganzen Jahr gibts nicht wieder so ein hübsches Paar« (Werke 9.2, S. 660). Goethes spöttische Antistrophe richtet sich gegen eine moralisierende Parabel von Johann Christoph Friedrich Haug mit dem Titel *Der Geist und die Schönheit*. *Keine Fabel*, die die »Übermacht« des Geistes über die Schönheit triumphieren lässt, da deren Reize von der »Rächerinn«, der Zeit, allzu bald zum Erbleichen gebracht werden. Vgl. MA 9, S. 104, und Kommentar zu Haug S. 1112-1115; S. 1119.
16 Ziegler (Anm. 6), S. 44.
17 Ziegler (Anm. 6), S. 34, 32, 19.
18 Tb. 24.9.1939, S. 476.

achten Kapitel vorbereitete. Sie verbergen sich in und hinter zwei Paraphrasen Goethe'scher Werke, die – auf den ersten Blick – gegensätzlicher kaum gedacht werden können, der Winckelmann-Schrift von 1805 und der *Paria*-Legende: neuheidnischer Immoralismus hier – dämonische Verführung dort. Einer jedoch verbindet beide Hypotexte zu einer *concordia discors*: der göttliche Jüngling, Apollo in der Winckelmann-Schrift, der namenlose »Himmelsknabe« in der *Paria*-Legende. Über diese Konfiguration werden sie durch Thomas Manns Hypertext verknüpft, in eine sinnreiche Beziehung gesetzt und dabei markant gegen den Strich gebürstet.

Goethe hatte 1805 in den *Skizzen zu einer Schilderung Winkelmanns* den Begründer des Klassizismus zum Repräsentanten seiner Zeit erhoben, dem es exemplarisch gelungen sei, in der Rückwendung zur Antike eine Einheit von Leben und Werk und eine ganzheitliche Persönlichkeit zu verwirklichen, die zu realisieren Goethes Zeitgenossen, den Romantikern insbesondere, nicht mehr glücken wollte. Ihm selbst, dem dezidierten Nichtchristen, diente dieser »Heide« (MA 6.2, S. 357), der sein Leben dem Ideal des schönen Menschen gewidmet und auf seinem als symbolisch interpretierten Weg aus dem barocken Sachsen in das die hellenische Schönheit bewahrende Rom sein umfassendes »Glück« (MA 6.2, S. 368) gefunden habe, als Repräsentant des klassischen Kunst- und Lebensideals. In Abgrenzung gegen den »neudeutschen« Spiritualismus und den lustfeindlichen christlichen Dualismus zeichnete er das Ideal-Bild eines Apollinikers, dessen »Geheimnis« er als Kenner und Herausgeber von Winckelmanns Briefen längst durchschaut hatte. Ohne dieses »Geheimnis« jemals beim Namen zu nennen, ließ er keinen Zweifel an der sexuellen Orientierung seines Helden, indem er unter dem Deckmantel empfindsamer Sprachkonventionen und offener, weiter nicht definierter erotischer Begrifflichkeit das eigentlich Gemeinte verhüllend enthüllte.[19] Eine korrelierende Strategie versetzte die historische Figur in eine unhistorische Antike, in der ›Freundschaft‹ und ›Schönheit‹ und damit gleichgeschlechtliche Liebe zum ganzen ›Mann‹ essentiell hinzugehören.[20] Dabei blendete er in beabsichtigter Stilisierung aus, was das Ideal der vollkommenen Form und des geglückten Lebens hätte gefährden können, das Doppelleben des Hochgeehrten, sein Leiden an der Realität ebenso wie das blutige Ende in der Triester Locanda Grande, von dem Goethe gewusst haben muss.[21] Er verdrängte den brutalen Raubmord nicht bloß euphemistisch als »*Hingang*« (MA 6.2, S. 380), er gestaltete den unwürdigen Tod des Ästheten um zu einer Apotheose in hellenischem Geiste, als Triumph des Genius, den die Götter als Vollendeten zu sich nehmen: »Und in diesem Sinne dürfen wir ihn wohl glücklich preisen,[22] daß er von dem Gipfel des menschlichen Daseins zu den Seligen emporgestiegen, daß ein kurzer Schrecken, ein schneller Schmerz ihn von den Lebendigen hinweggenommen« (MA 6.2, S. 380).

---

19 Vgl. Heinrich Detering: *Das offene Geheimnis. Zur literarischen Produktivität eines Tabus von Winckelmann bis Thomas Mann*. Göttingen ²2013, bes. S. 61-67.
20 Vgl. W. Daniel Wilson: *Goethe – Männer – Knaben. Ansichten zur ›Homosexualität‹*. Berlin 2012, S. 162-168.
21 Vgl. Hans Mayer: *Außenseiter*. Frankfurt a.M. 2007, S. 202.
22 »Wen die Götter lieben, den nehmen sie früh zu sich« (»Quem di diligunt adulescens moritur«) – ein Fragment Menanders, überliefert von Plautus, *Bacchides*, V. 816f.

Thomas Mann nun unterläuft in seiner »Einschaltung« Goethes Strategie. Er beginnt zwar abstrakt, lässt den Leittext der *Skizzen zu einer Schilderung Winkelmanns* mit sich anschließender platonisch klingender Reflexion kurz zu Wort kommen und lenkt dann um in eine direkte Apostrophe an den Besprochenen, die ohne Umwege und Umschreibungen gleich auf das sexuelle »Geheimnis« zusteuert, das die *Skizze* verhüllt:

> Winckelmann ... »Genau genommen kann man sagen, es sei nur ein Augenblick, in welchem der schöne Mensch schön sei.« Merkwürdiger Satz. Wir erwischen im Metaphysischen den Augenblick des Schönen, da es, bewundert viel und viel gescholten, in melancholischer Vollkommenheit hervortritt, – die Ewigkeit des Augenblicks, den der vergangene Freund schmerzlich vergöttlichte mit jenem Wort. Teurer, schmerzlich scharfsinniger Schwärmer und Liebender, ins Sinnliche geistreich vertieft! Kenn ich dein Geheimnis? (Werke 9.1, S. 352 f.)

Doch bevor dieses ›Geheimnis‹ aufgedeckt wird, erlaubt sich Thomas Mann, einige Signale an die Informierten unter seinen Lesern zu senden, die ihm zeigen, dass auch er die Technik des eindeutig uneindeutigen Sprechens beherrscht. Mitten hinein in den Gedankenstrom stiehlt sich in scheinheiliger Parenthese der erste jambische Trimeter aus dem Helena-Akt, nur verkürzt um den Namen der sich selber vorstellenden Tragödin: »Bewundert viel und viel gescholten Helena« (MA 18.1, S. 233, V. 8488). Überquer werden die Geschlechter vertauscht, und Helena leiht (ungenannt) ihre Schönheit an das männliche Schönheitsideal Winckelmanns aus. So vollzieht Thomas Mann auch für sich selbst den Übergang von dem verworfenen Helena-Passus zu Apollo nach. Diese List hat Methode; sie wird nämlich auch vice versa eingesetzt, indem Helena ihrerseits inmitten von Wortmaterial, das aus Zieglers *Faust*-Schrift stammt,[23] mit einem Zitat aus dem Kapitel *Schönheit* des Winckelmann-Essays geschmückt wird:

> [...] wer hätte denken können, daß er [Homunculus] zu ihr, der Schönsten, in unbändig-lebensmystische Beziehung treten, gut werden würde zu neckisch-scientifischer, neptunisch-thaletischer Begründung und Motivierung des Erscheinens sinnlich höchster Menschenschönheit! »Das letzte Produkt der sich immer steigernden Natur ist der schöne Mensch.« Der Winckelmann verstand was von Schönheit und sinnlichem Humanismus. (Werke 9.1, S. 351)

Der »schöne Mensch«, dem zugebilligt wird, der Höhepunkt der Evolution zu sein, ist natürlich nicht die Frau, nicht einmal das »Muster aller Frauen« Helena, sondern der Mann schlechthin. In diesem die »Einschaltung« einleitenden Satz lässt der Goethe des Romans am deutlichsten durchblicken, dass Winckelmanns Bedürfnis nach »Freundschaft« nicht nur einen sokratischen (›platonischen‹) Eros meint, sondern konkret sexueller Natur ist. Die »Forderung des *sinnlich* Schönen und das *sinnlich* Schöne selbst«, so der historische Goethe im unmittelbaren Kontext des Zitats, müsse sich mit dem Bedürfnis nach tiefer Freundschaft verbinden, um das wahre »Glück« einer mann-männlichen Beziehung zu stiften: »Finden nun beide

---

23 Vgl. Ziegler (Anm. 6), S. 51 f.

Bedürfnisse der Freundschaft und der Schönheit zugleich an einem Gegenstande Nahrung, so scheint das Glück [...] des Menschen über alle Grenzen hinauszusteigen [...]« (MA 6.2, S. 356, Hervorh. W. F.). Thomas Mann hat intuitiv verstanden, dass Goethe mit diesen Formulierungen eine genaue Vorstellung von Winckelmanns sexuellem Begehren zum Ausdruck brachte, diese als Verwirklichung eines glücklichen Lebenslaufes bejahte und die Homoerotik als Ursprung und Bedingung seiner Ästhetik verstand. Denn er lässt seinen Goethe – der gedanklich doch eigentlich mit Helena als Gipfelpunkt der Menschwerdung beschäftigt ist – hinzusetzen: »Der Winckelmann verstand was von Schönheit und sinnlichem Humanismus«. Die Reflexion schließt sich durch die Verknüpfung von »Humanismus« mit »Sinnlichkeit« an Goethes Würdigung gleichgeschlechtlicher Beziehungen an und lässt keinen Zweifel, dass Winckelmanns Sexualität ein dem Humanum, dem ganzheitlichen Menschen zugehörendes Wesensmerkmal ist.[24]

Während Goethe eine mythologisierende Aura über den schönen Schein der Textoberfläche breitet, deckt Thomas Mann den Schleier der Maja auf und zwar so, dass er im Medium seines Goethe gleich auch die *Technik* von Winckelmanns Camouflage offenlegt. Eine wiederholte Spiegelung ist die Folge; der implizite Erzähler durchschaut Goethe, der seinerseits Winckelmann durchschaut:

[...] und ich versteh mich schon auf deine Schliche, denk auch mit heiterster Offenheit des artigen blonden Kellnerburschen vorigen Sommer auf dem Geisberg oben in der Schenke, wo Boisserée wieder dabei war in katholischer Diskretion. Singe du den andern Leuten und verstumme mit dem Schenken! (Werke 9.1, S. 353)

Diese Erinnerung an die sonnigen Tage der Rhein-und-Main-Reise von 1815, deren Gegenstand freilich nicht Marianne von Willemer, sondern ein blonder Kellnerbursche ist, dient erneut der Demaskierung, nunmehr in der Tonlage unbeschwerter Heiterkeit. Sie stellt ein augenzwinkerndes Einverständnis mit dem fiktiven Gesprächspartner her in dem Sinn, dass auch er, Goethe, sich auf dessen »Schliche«, die ›griechische Liebe‹ also, verstehe. Mit diesem Augenzwinkern wird explizit, was Goethes Essay sub rosa nur andeutet. Folgerichtig zitiert Thomas Mann zum Abschluss der Textpassage, ohne das Zitat zu markieren, die beiden letzten Zeilen des *Divan*-Gedichts »Nennen dich den großen Dichter«: »Singe du den andern Leuten und verstumme mit dem Schenken!«[25] Denn dieses Rollengedicht des persischen Mundschenken lässt, wenn der gebildete Leser, den Thomas Mann zu seiner Zeit voraussetzte, den Kontext ergänzt, wenig Zweifel daran, dass der ungenierte, schalkhaft-verführerische Schenke dem »großen Dichter« nahelegt, das Dichten hintanzustellen zugunsten der sexuellen Vereinigung:

Nennen dich den großen Dichter,
Wenn dich auf dem Markte zeigest;

---

24 Vgl. Wilsons analoge Analysen zum Winckelmann-Essay: Wilson (Anm. 20), S. 162-168.
25 Dass Augenzeuge Boisserée in seinem Tagebuch vom 8.8.1815 das *Divan*-Gedicht auf die Tändelei mit dem Kellner bezieht, war Mann bekannt durch Woldemar Freiherr von Biedermann: *Goethes Gespräche*. Bd. 3. Leipzig 1889, S. 197f.; vgl. auch Tb. 19.1.1939, S. 349.

> Gerne hör' ich wenn du singest
> Und ich horche wenn du schweigest.
>
> Doch ich liebe dich noch lieber,
> Wenn du küssest zum Erinnern;
> Denn die Worte gehn vorüber,
> Und der Kuß der bleibt im Innern.
>
> Reim auf Reim will was bedeuten,
> Besser ist es viel zu denken.
> Singe du den andern Leuten
> Und verstumme mit dem Schenken.
> (MA 11.1.2, S. 102, V. 1-12)

Mag Boisserée, der »Gute von Köln« (Werke 9.1, S. 310), vom *Divan*-Verfasser diesbezüglich instruiert, die Verbindung zwischen dem Dichter und dem Schenken im sokratischen Sinne als »edles, freies pädagogisches Verhältniß« kaschieren,[26] mag auch Goethe selbst im Kapitel *Künftiger Divan* die Rezeption verschleiernd ins Unverfängliche steuern wollen, indem er ebenfalls eine »Wechselneigung« »in aller Reinheit« unterstellt (MA 11.1.2, S. 210 f.), so hat Thomas Mann nicht zuletzt dank eigener vergleichbarer Erlebnisse[27] und sich daraus ergebender Empathie diese »Schliche« durchschaut. Allein: auch er verstummt und gibt mit drei Punkten der Aposiopese Raum.

Soweit, vom Verstummen abgesehen, scheint die Unbefangenheit in Goethes Umgang mit der Ephebophilie über die bekannte moralische Skrupulosität des Autors sich selbst und seinem Begehren gegenüber zu dominieren. Jedoch kommt auch hier das Einerseits nicht ohne Andererseits aus. Wird doch in demselben oben zitierten ›Dialog‹ Goethes mit Winckelmann die selbstverständliche Naivität im Sprechen von der mann-männlichen Liebe anspielungsreich mit skeptischen Akzenten versehen und mittels Zitatparodien, Zitatverdrehungen und Codewörtern eingeschränkt, die dem »Wissenden« die (für Thomas Mann) bedrohlichen Untergründe unter dem klassizistischen Schönheitskult signalisieren. Kein Leser wird auf den Gedanken kommen, den als Zitat markierten Satz »[G]enau genommen kann man sagen, es sei nur ein Augenblick, in welchem der schöne Mensch schön sei« nicht Winckelmann zuzuschreiben, da der grammatische Bezug eindeutig ist: »Wir erwischen im Metaphysischen […] die Ewigkeit des Augenblicks, den der vergangene Freund schmerzlich vergöttlichte mit jenem Wort« (Werke 9.1, S. 352). Tatsächlich gehört jenes Wort Goethe selbst und stammt wörtlich aus dessen Winckelmann-Essay (MA 6.2, S. 355), so dass sich im neuen Kontext der Roman-Goethe über das Aperçu des historischen Goethe wundert. Während dieser aber die Verewigung des Augenblicks in der »idealen Wirklichkeit« der Kunst feiert (ebd.), die die Vergänglichkeit der natürlichen Schönheit vergessen macht und, Natur und Kunst kaum noch unterscheidend, den Bund von »Freundschaft« und »Schön-

---

26 Biedermann (Anm. 25), S. 205 (Unterstreichung Manns).
27 Erfahrungen, die dann der Pariser »Schenke« Felix Krull absorbiert.

heit« als ein »Glück« preist, das »über alle Grenzen hinauszusteigen« scheint (ebd., S. 356), bleibt jener bei dem verkürzten und falsch zugeschriebenen Zitat stehen und setzt mit dem zweimal wiederholten Akzent »schmerzlich« Signale, die die »Vollkommenheit« des Augenblicks relativieren (Werke 9.1, S. 352), aus der Höhe der leidensfreien Vergötterung auf die Ebene menschlicher Fehlerhaftigkeit herabholen und die tatsächliche oder vermeintliche Flüchtigkeit gleichgeschlechtlicher Beziehungen mit ›Melancholie‹ quittieren. Die Winckelmann-Schrift hingegen überspielte diese Flüchtigkeit im Blick auf das realisierte Glück in der Freundschaft: »So finden wir W. oft in Verhältnis mit schönen Jünglingen, und niemals erscheint er belebter und liebenswürdiger, als in solchen, oft nur flüchtigen Augenblicken« (MA 6.2, S. 356).

Gab Goethe sich alle Mühe, Freundschaft, Schönheit und Sinnlichkeit im Sinne der griechischen Liebe als Einheit zu sehen und alle Disharmonien zugunsten des apollinischen Ideals auszuklammern, lenkt Thomas Mann den Blick auf die leidvolle Realität oft kurzlebiger gleichgeschlechtlicher Beziehungen. Er positioniert den »Schwärmer« Winckelmann nahe bei August von Platen, dessen »unendliche und unstillbare Liebe« »in den Tod einmündet, die der Tod ist, weil sie auf Erden nicht Genüge findet«.[28] So kehrt er hervor, was der historische Goethe euphemistisch zugunsten des Schönheitskultes verbrämt. »Kenn ich dein Geheimnis?«, fragt sein Goethe den imaginären Dialogpartner und präzisiert: »*Den inspirierenden Genius* all deiner Wissenschaft, *den heute bekenntnislosen Enthusiasmus*, der dich mit Hellas verband?« (Werke 9.1, S. 353, Hervorh. W. F.) Was denn ist das »Geheimnis«, das sich hinter dem apollinischen Schein verbirgt? Gewiss, zuallererst, die »Art der Geschlechtlichkeit«, die »bis in den letzten Gipfel seines Geistes« hinaufreicht.[29] Zum anderen: auch wer nicht wüsste, dass die Assoziation an die Apotheose des Todeseros in Platens *Tristan*-Gedicht sich immer wieder dann bei Thomas Mann einstellt, wenn er über die »Libertinage« der mann-männlichen Liebe spricht, erhält von ihm per Zitatcamouflage einen deutlichen Fingerzeig, dass der »Schwärmer« Winckelmann, der »die Schönheit angeschaut mit Augen«, in Folge seiner erotischen Disposition »dem Tode schon anheimgegeben« war.[30] Mit dem inspirierenden »Geheimnis« Winckelmann'scher Erotik geht der Tod einher, der dunkle Musaget seiner Ästhetik – wie aus dieser Schopenhauer-Parodie erhellt: »Der Tod«, so der Philosoph, »ist der eigentliche inspirirende Genius oder der Musaget der Philosophie [...]. Schwerlich sogar würde, auch ohne den Tod, philo-

---

28 Thomas Mann: *Gesammelte Werke in dreizehn Bänden*. Bd. 9. Frankfurt a. M. 1974, S. 270.
29 Friedrich Nietzsche: *Sämtliche Werke. Kritische Studienausgabe in 15 Bänden*. Bd. 5: *Jenseits von Gut und Böse*. Hrsg. von Giorgio Colli und Mazzino Montinari. München 1980, S. 87.
30 »Diese Verse«, heißt es 1930 im Festvortrag *August von Platen*, seien »Ur- und Grundformel« einer »Seelenwelt«, »in welcher der Lebensbefehl, die Gesetze des Lebens, der Vernunft und Sittlichkeit nichts gelten, eine Welt trunken hoffnungsloser Libertinage, die zugleich eine Welt der stolzesten Form und der Todesstrenge ist [...]«. Mann (Anm. 28), Bd. 9, S. 270.

sophirt werden.«³¹ Indem der Roman-Goethe diese Ur- und Grundformel des Schopenhauer'schen Philosophierens anachronistisch antizipiert, hat er Winckelmanns dunkles Fatum anklingen lassen – ein Unding für den Propagator klassischer Programmatik. Mit dem dionysisch codierten Begriff des Enthusiasmus, dessen Unzeitgemäßheit, tragische und quasireligiöse Qualität Thomas Mann hervorhebt (»den heute bekenntnislosen Enthusiasmus«), überformt er die Erinnerung an den antiken Musenführer zugunsten des ενθουσιασμός, des dionysischen Rausches, und enthüllt so hinter Winckelmanns Ästhetik, in deren Zentrum der Apollo aus dem Belvedere oder der »im Marmor nur haltbare[n] Schönheitsmoment des Jünglings« stehen, »die Schrecken und Entsetzlichkeiten des Daseins«, wie sie der Nietzsche der *Geburt der Tragödie* aufgedeckt hatte: »um überhaupt leben zu können, musste er [der Grieche] vor sie hin die glänzende Traumgeburt der Olympischen stellen«.³² Mit Nietzsches Optik stellt er den Kunsttraum Winckelmanns in Frage und lässt Goethe die Bedrohung der statuarischen Würde durch den dionysischen Umsturz der Lebensordnung als »produktive[s] Grauen« (Werke 9.1, S. 354) erfahren. Für Thomas Mann war dies zweifellos der springende Punkt: das Dionysische hinter der antikischen Form offenzulegen, dem Winckelmann in Wahrheit erliegt, während er selbst diesen Kontrollverlust als die andere, immer sublimierte Möglichkeit seiner Lebensform an Gustav von Aschenbach delegiert hatte. Das grausam-blutige Ende des depressiven, orientierungslos reisenden Antiquars in der Triester Absteige wird so zwar nicht explizit gemacht, aber auch nicht ausgeblendet. Im Gegenteil, die Besonderheit der Mann'schen Komposition besteht darin, Winckelmann-Schrift und *Paria*-Legende nicht nur nebeneinanderzustellen, sondern sich verzahnen zu lassen, so dass der nur scheinbar sonnig-apollinische Winckelmann-Passus zusätzlich verdunkelt wird durch das »Entsetzen«, das wenig später die alle klassischen Maße verletzende monströse Gestalt der Göttin mit dem vertauschten Kopf hervorruft.

Verführung und Schuld: der göttliche Jüngling der Paria-Legende

Hat gerade noch der persische Ganymed des *Divan* in aller Unverblümtheit den Dichter vom literarischen Markt abziehen und zur Zweisamkeit des Liebesspiels verführen wollen, erfolgen nun, durch die drei Punkte markiert, die Zäsur und der endgültige Umschwung in erhebliche moralische Skrupel:

> Gibts irgend was in der sittlichen, der sinnlichen Welt, worein vor allem mein Sinnen sich innigst versenkt hat in Lust und Schrecken dies ganze Leben lang, so ists die Verführung, – die erlittene, die tätig zugefügte, – süße, entsetzliche Berührung, von oben kommend, wenns den Göttern so beliebt: es ist die Sünde, deren wir schuldlos schuldig werden [...]. (Werke 9.1, S. 353)

---

31 Arthur Schopenhauer: *Sämtliche Werke*. Bd. 3: *Die Welt als Wille und Vorstellung*. Hrsg. von Arthur Hübscher. Wiesbaden 1972, S. 528 f.
32 Nietzsche (Anm. 29), Bd. 1: *Die Geburt der Tragödie aus dem Geiste der Musik*. München 1980, S. 35.

Alle möglicherweise noch verbliebene Illusion zerstörend setzt der Monolog mehr »Schrecken« als »Lust« erregende dramatische Signale. »Verführung« und »Schuld«, Erinnerungen an dunkle Punkte der Biographie lenken die Perspektive von der Ästhetik weg auf die Moral hin und leiten gleichzeitig über *Paria*-Zitate[33] hinüber zum »Grauen«, das die Legende von der geköpften Brahmanin erregt. Das letzte Wort von Goethes langem Gedankenspiel gilt also dieser Groteske von der Versuchung der Brahmanenfrau durch eine überirdisch-göttliche Schönheit, so pompös wie mysteriös als »geheimnisschweres Spätprodukt« (Werke 9.1, S. 354)[34] angekündigt: Solange sie »rein«, also von Verführung unangefochten ist, bedarf die Brahmanin beim Wasserholen keines Krugs noch Eimers; das Ganges-Wasser ballt sich zur kristallenen Kugel, das die Unschuldige nach Hause tragen kann. Kaum hat sie aber den »Himmelsjüngling« erblickt, »versagt sich ihr die Welle zur Formung« (Werke 9.1, S. 355). Dem Gatten genügt dieses Indiz, um sie schuldig zu sprechen und mit dem Schwert zu richten. Er erlaubt aber dem um das Leben der Mutter flehenden Sohn, Haupt und Rumpf wieder zusammenzufügen, worauf dieser den Körper der Mutter mit dem einer am gleichen Ort hingerichteten Verbrecherin verwechselt, dem er das Haupt der Mutter aufsetzt. Das entstehende Doppelwesen – rein wie unrein, Brahmanin als auch Paria, Übeltäterin als auch Göttin – kann nun, obwohl eine »Grausenhafte« (V. 136), als Mittlerin zwischen Göttlichem und Irdischem fungieren.

So jedenfalls, als Versöhnung im Sinne des Humanitätskonzepts, erklärt sich die *communis opinio* der Interpreten die überkreuz zusammengesetzte Mischnatur im Anschluss an Goethes Selbstdeutung. Obwohl »das Höchste dem Niedrigsten eingeimpft ein furchtbares Drittes darstellt«, wirke es »zu Vermittlung und Ausgleichung beseligend« auf die Paria-Kaste ein (MA 13.1, S. 388). So zitiert auch Thomas Manns Sekundärquelle, des Orientalisten Hans Heinrich Schaeders Monographie über *Goethes Erlebnis des Ostens*, dessen Aufsatz *Die drei Paria*,[35] wehrt aber mit Entschiedenheit eine christliche Auffassung der Zwittergöttin als Erlösergestalt ab. Wie auch bei der Montage der Zitate aus der Winckelmann-Schrift setzt Thomas Mann, Schaeder in diesem Punkt folgend, bei der Paraphrase der *Paria*-Legende von der »Ausgleichung«, die Goethes Selbstinterpretation behauptet, entschieden abweichende Akzente: Die Rahmung der Trilogie, insbesondere das harmonisierende Dankgebet des Paria, das den Schmerz der monströs entstellten Brahmanin durch die Vergöttlichung kompensiert sieht – »Wendet euch zu dieser Frauen / Die der Schmerz zur Göttin wandelt« (V. 9 f.) –, liegt außerhalb seines Gesichtsfeldes, zumal, wie Schaeder zu Recht betont, diese Deutung an die Perspektive des Unberührbaren gebunden ist, der eine seiner Paria-Kaste bisher verweigerte Verbindung zu Brahma erfleht. Was Thomas Mann an Schaeders Nachweis faszi-

---

33 MA 13.1, S. 83-88, hier und im Folgenden nach Versangaben (»V.«) zitiert: »Schuldig, keiner Schuld bewußt« (V. 49); »Wenn's den Göttern so beliebt« (V. 112).
34 Ein »Spätprodukt«, das der historische Goethe 1823 zum Abschluss brachte, dessen Stoff er aber des Öfteren schon zu gestalten in Erwägung zog, gerade auch in jenem September 1816, in dem Charlotte Kestner ihn in Weimar heimsuchte.
35 Hans Heinrich Schaeder: *Goethes Erlebnis des Ostens*. Leipzig 1938; hier S. 140 f.

nierte (bei allen deutlich akzentuierten Vorbehalten gegenüber dessen Vereinnahmung Goethes in nationalsozialistischem Ungeist, die er mit Randbemerkungen wie »Dummkopf« oder »Schafskopf und Fälscher« quittierte),[36] was ihn unmittelbar und nachdrücklich ansprach – man erkennt es an seinen zahlreichen, lebhaften An- und Unterstreichungen –, ist der Fokus, den dieser auf den »Widerstreit« zwischen Göttlichem und Widergöttlichem legt, den die hybride Brahmanin trotz ihrer Vergöttlichung ewig in sich austragen muss, einen Kampf, der sich aus der weiterhin bestehenden Verführung und Verführbarkeit wie auch der nach wie vor daraus folgenden Verstrickung in Schuld ergibt.[37]

»Verführung« und »Verführbarkeit«, das sind die Schlüsselwörter, auf die Thomas Mann reagiert. »Verführung«, so lautet auch der einzige lakonische Reflex, als er am 22. Juli 1939 in Noordwijk die *Paria*-Legende las, zu diesem Zeitpunkt wohl noch nicht ahnend, dass er diesen Problemkomplex einige Wochen später wieder aufgreifen würde. Qual, Dissonanz, Zerrissenheit zwischen »[w]eise[m] Wollen« und »wilde[m] Handeln« (V. 97), darin fand er sich wieder: »Ewig wird sie wiederkehren, die verstörend göttliche Erscheinung, die sie vorübereilend streifte, immer steigend, immer sinkend, sich verdüsternd, sich verklärend, – so hat Brahma dies gewollt« (Werke 9.1, S. 355). Für ihn ist also Verführung keineswegs aufgehoben in einen letztlich sinnvollen Weltenplan. Der Brahma der *Legende* bemitleidet die Verführte (vgl. V. 138), obwohl er es ist, der die Verführung initiiert hat, Thomas Manns Goethe hingegen beendet den Monolog mit dem verstörenden Fazit: »Ich denke, Brahma fürchtet das Weib, denn ich fürcht es« (Werke 9.1, S. 355). Die Umkehrung der Dominanzverhältnisse zwischen dem Verführung veranlassenden Gott und der Verführten dämonisiert die ohnehin schon »grausenhafte« Brahmanin zusätzlich. Als Welt-Gewissen gemahnt sie den Gott und den sich an dessen Stelle versetzenden Goethe dauerhaft an den unaufhebbaren Konflikt von Schuld und Unschuld: »wie das Gewissen fürcht ich ihr freundlich-wütendes Vor-mir-stehen, ihr weises Wollen und wildes Handeln, und so fürcht ich das Gedicht [...]« (Werke 9.1, S. 356). Woher diese durch die Quellen nicht tradierte Furcht vor der Brahmanin? Diese Frage beantwortet erneut die Sekundärliteratur, denn die Initialzündung für diese Dämonisierung dürfte auf den »Schafskopf« Schaeder zurückzuführen sein, der nicht nur den Fokus seiner Deutung ausschließlich auf die Problematik der Verführung richtet, sondern auf den »Dämon«, der Goethe getrieben hat, »indem er Verführung erlitt und erleiden ließ« (»so ists die Verführung, – die erlittene, die tätig zugefügte«, Werke 9.1, S. 353).[38]

---

36 Schaeder (Anm. 35), S. 14, 19. Der Kommentar des empörten Lesers im Tagebuch vom 26.7.1938, S. 261: »Schauerliche Merkmale deutschen Geistes von heute«, und am 28.7.1938, S. 262: »ärgerlich, aber interessant«.
37 Vgl. Schaeder (Anm. 35), S. 147-150.
38 Schließlich zitiert Schaeder auch die Tagebuchnotiz, die der vor einer Bindung fliehende Goethe am 30.10.1775 nach der Trennung von Lili Schönemann eintrug und die wörtlich auf die Schuld der Brahmanin vorausweist: »Bin ich denn nur in der Welt, mich in ewiger unschuldiger Schuld zu winden?« Schaeder (Anm. 35), S. 148 (An- und Unterstreichung sowie Ausrufezeichen Manns).

Auch die Form der Begegnung zwischen Verführer und Verführter verändert sich gegenüber dem Prätext in doppelter Beziehung. Goethe hatte der Verführung der Brahmanin durch den jungen, strahlend schönen Gott die Unmittelbarkeit genommen. Sie erfolgt als diesseitige Spiegelung einer jenseitigen Schönheit im Ganges, als Epiphanie, für deren Phänomenologie die Gleichzeitigkeit von sich offenbarender Präsenz und verhüllender Verborgenheit des Heiligen wesentlich ist:

> Plötzlich überraschend spiegelt
> Aus des höchsten Himmels Breiten
> Über ihr vorübereilend
> Allerlieblichste Gestalt
> Hehren Jünglings [...].
> (V. 19-22)

Thomas Mann macht sich aus diesem Goethe interessierenden metaphysischen Problem der Unmöglichkeit unmittelbarer Gottesbegegnung überhaupt nichts, sondern hebt ausschließlich die persönlich-direkte Konfrontation hervor, den zwischenmenschlichen Konflikt, der aus der Verführung durch den übermenschlich-attraktiven, jedoch keineswegs göttlichen Jüngling und der mit ihr verbundenen Grenzüberschreitung resultiert.

In der *Legende* ist es der Gott, der die Sterbliche verführt; er ist es, der die humane Ordnung der Ehe zerstört, sie hingegen bleibt in der Verführung »[s]chuldig, keiner Schuld bewußt« (V. 49). Ein Wunder beweist ihre Unschuld: Das Blut der übereilt Gerichteten erstarrt nicht am Richtschwert, sondern fließt wie aus frischer Wunde. Heißt es dort: »Denn von oben kommt Verführung, / Wenn's den Göttern so beliebt« (V. 111 f.), spielt Thomas Mann diese Schlüsselsentenz herunter, streicht die Götter und belässt es bei einer »süße[n], entsetzliche[n] Berührung, von oben kommend« (Werke 9.1, S. 353).[39] Die Perspektive des Monologs ist eine horizontal-immanente, und von den Göttern ist nur noch metaphorisch die Rede. Sie hat Einblick in zwischenmenschliche Verführung, in die Psyche der Verführten wie der Verführer und ihren Widerstreit. »Vor dem Auge der Reinen wird das Gesicht der Versuchung, *das selige Jünglingsbild, wehen in Himmelszartheit*«, schreibt Thomas Mann, während der Prätext den Knaben dem Himmel zuweist: »Ja *des Himmelsknaben Bildnis* / [w]ebt so schön vor Stirn und Auge« (V. 99 f., Hervorh. W. F.). In der *Paria*-Dichtung erregt das Bild des »Himmelsknaben« »tolle *Wut*begier« (V. 102, Hervorh. W. F.), das »Jünglingsbild« jedoch »*Lust*begier«[40]: »aber senkt sich [das Jünglingsbild] ins Herz der Unreinen hinab, regt es Lustbegier, rasend-

---

39 Mann ist sich der Änderung gegenüber der Vorlage deutlich bewusst und versieht die betreffenden Verse, die die Verführung als Prüfung auf die Veranlassung Brahmas zurückführen (in Schaeders vollständiger Wiedergabe der Trilogie: Schaeder [Anm. 36], S. 143), mit Anstreichung und Ausrufezeichen: »Er gebot ja buntem Fittich, / Klarem Antlitz, schlanken Gliedern, / Göttlich einzigem Erscheinen, / Mich zu prüfen, zu verführen«.

40 Vgl. Pierre Sonnerats *Reise nach Ostindien und China* (1783), Goethes Quelle: »Mariatale ward durch die Reize derselben bezaubert, und die Lustbegierde schlich sich in ihr Herz« (zit. nach Schaeder [Anm. 35], S. 141).

verzweifelte, darin auf.« (Werke 9.1, S. 355; Hervorh. W. F.). Diese winzige Änderung des Goethe'schen Textes,[41] die man irrtümlich für einen Lapsus gehalten hat, verdoppelt und verstärkt den sexuellen Charakter des Begehrens, zusätzlich betont durch das nachgestellte Attribut »rasend-verzweifelte«, dessen erneute Doppeltheit das Bacchantische dieses erotischen Wahnsinns (»rasend«) wie die Unerfüllbarkeit des Verlangens (»verzweifelte«) vereinigt. Ist diese psychologische Perspektive auf den Mythos einmal eingenommen, ergeben sich für den Roman-Goethe zwei weitere Verschiebungen gegenüber dem Goethe von 1824: die eine vom Hetero- ins Homoerotische, die andere vom Überirdisch-Transzendenten ins Poetologische-Kreativitätspsychologische.

Es scheint, als gäbe es für Thomas Mann beim Thema »Verführung« keine andere Verknüpfung als die mit der ureigenen Erfahrung von homosexuellen Gefährdungen seiner mühsam austarierten Lebens- und Schaffensordnung. Nachdem er zunächst die Sinnlichkeit in Winckelmanns Schönheitsverständnis klargestellt hat, gestaltet er nun einen tiefenpsychologischen Kontext, in dem die »Erscheinung« des Jünglingsgottes in der *Legende* sich weniger als Theophanie ereignet denn als allzuirdischer, erotisch faszinierender Schein der Schönheit, in den sich täuschend die Verführung gehüllt hat, ein Bann, für den der Autor immer wieder das ungoethesche Code-Wort der »Heimsuchung«[42] verwendet hat – wie etwa im *Tod in Venedig* für den im orgastischen Traum vom fremden Gott heimgesuchten Aschenbach (vgl. Werke 2.1, S. 584) oder für die Mänade Mut-em-enet, die dem göttlich schönen Joseph verfällt (Werke 8.1, S. 1037), und nicht weniger für sich selbst, der von seiner »letzten Liebe« heimgesucht wird.[43] So auch hier: »der hohe Gatte durchschauts, Rache, Rache waltet, die Heimgesuchte, die Schuldlos-Schuldige schleppt er zum Todeshügel« (Werke 9.1, S. 355). Das Code-Wort klingt nur wie eine Remythisierung, soll aber tatsächlich dem Leiden am Gefühl einen Tarnnamen geben. So wie der »Himmelsknabe« sich zum Jünglingsbild verweltlicht, so wandelt sich die »von oben« kommende »Verführung« und »Berührung« wenige Zeilen später in »selbst geübte Verführung«, so wird aus dem auf die Brahmanin gemünzten entlastenden Urteil »Schuldig, keiner Schuld bewußt« (V. 49) ein gravierendes moralisches Verdikt über die Verführung generell als »Paradigma aller [!] Versuchung und Schuld«, und verkehrt sich schließlich das erduldende »Opfer« der Paria-Brahmanin in eine so passiv wie aktiv wirkende Synergie von Verführer und Verführtem: »So beliebt es den Göttern, uns süße Verführung zu senden, sie uns

---

41 Während das Grimm'sche Wörterbuch von 1960 das Hapaxlegomenon »Wutbegier« als »heftiges, wütendes Verlangen« paraphrasiert (DWb 30, Sp. 2490), deutet der Kontext der *Legende* auf eine Doppelperspektive der Wortkomposition insofern, als die Wut auch Brahma gilt, der die ungestalte Doppelnatur der Paria-Brahmanin zu verantworten hat. Ihren Sohn lässt sie deshalb wissen, dass sie in vergleichbarer Doppeltheit vor den Gott treten wird: »Und ich werd' ihn freundlich mahnen / Und ich werd' ihm *wütend* sagen / Wie es mir der Sinn gebietet, / Wie es mir im Busen schwellet« (V. 140-143, Hervorh. W. F.).
42 Das Substantiv kennt Goethe nur unter Bezug auf das Fest Mariae Heimsuchung (vgl. Lk. 1, 39-56); das Verbum »heimsuchen« als Bezeichnung für das Eintreten eines unheilvollen Ereignisses, nie jedoch mit erotischen Konnotationen (vgl. GWb 4, Sp. 844).
43 Tb. 16.7.1950, S. 220, vgl. auch Tb 22.8.1950, S. 251-253.

erleiden, sie von uns ausgehen zu lassen als Paradigma aller Versuchung und Schuld, denn eines ist schon das andre« (Werke 9.1, S. 353).

Mit dieser reziproken Verführung drängt sich das Paradigma des Narkissos auf, und die Verführung der Brahmanin erfährt eine Geschlechtsumwandlung: »Die Verführung durchs eigene Geschlecht möchte als Phänomen der Rache und höhnender Vergeltung anzusehen sein für selbstgeübte Verführung – des Narkissos Betörung ist sie ewig durch das Spiegelbild seiner selbst« (Werke 9.1, S. 353 f.). Wenn das Spiegelungsmotiv bei Goethe die Erscheinung des Gottes mit den beschränkten Fähigkeiten des Menschen vermittelt, dem Göttlichen von Angesicht zu Angesicht standzuhalten, dient es bei Thomas Mann moralischer Sanktionierung. Wird die verführte Brahmanin dort so »[p]lötzlich« (V. 18), wie es Epiphanien eigen ist, von der Verführung überrascht, ist es hier der verführte Verführer, der der Verführung deshalb nicht widerstehen kann, weil er zum einen diese selber aktiv, in Form abgefeimter sexueller Gewalt ausgeübt hat, und zum anderen – aus Gründen der Vergeltung – ihr anheimfällt, da er im gleichgeschlechtlichen Gegenüber sein eigenes Spiegelbild liebt, ein Begehren, das, im Ovid'schen Mythos zumindest, tödliche Folgen hatte.

»Schuldlos schuldig«

Jedoch – es bleibt nicht bei diesem generellen Verdikt. *Eine* Ausnahme von der moralischen Regel erlaubt sich der Goethe, wie Thomas Mann ihn modelliert, immerhin. Sie kommt zustande durch die Verknüpfung der *Legende* mit dem *Divan*-Gedicht *Lied und Gebilde*. Das liegt nahe und entspricht auch Goethes Intentionen; die direkte Fusion allerdings hebt den Sinnzusammenhang pointiert hervor, eine Apologie erotischer Bindungsfreiheit, die nach den mit so großem moralischen Nachdruck vorgetragenen Vorbehalten frappiert. Gleich dreimal lässt Thomas Mann seinen Goethe die Schlusszeilen des Gedichtes zitieren, in denen die Fähigkeit, Wasser zur Kugel zu ballen, die in der *Legende* der reinen, von Verführung unberührten Brahmanin eignet, dem Dichter zugesprochen wird: »Schöpft des Dichters reine Hand / Wasser wird sich ballen« (MA 11.1.2, S. 18, V. 11 f.). Schon beim ersten Mal kontaminiert er sie mit den analogen Zeilen des *Paria*: »Seligem Herzen, frommen Händen / Ballt sich die bewegte Welle / Herrlich zu krystallner Kugel« (V. 9-11): »Ja«, heißt es, indem sich der Dichter zum Subjekt des Wasserwunders erklärt, »ich« – und nicht die Brahmanin – »wills ballen zur krystallenen Kugel« (Werke 9.1, S. 354). Ein zweites Mal, nach dem gemodelten Referat des Legendeninhalts, appelliert der Dichter erneut an sich selbst, dass er mit dem Selbstbewusstsein des *Divan*-Schöpfers an eben dieses Werk der *Legende* gehen will, in dem sich die »krystallene Kugel« eben nicht ballen lässt: »Dichte dies! Balle dies zu federnd gedrängtestem Sprachwerk!« (Werke 9.1, S. 355) Und schließlich verabschiedet er sich endgültig aus dem Zwielicht von Tag und Traum in die den Traum zerstörenden täglichen Aufgaben hinein mit der Absicht, seinen inspirierten Zustand »zu curios-geheimem Werke« zu nutzen, worauf eine gewaltige Aposiopese folgt: »Schöpft des Dichters reine Hand – – –«. Und August mit der »recht kuriose[n] Vorfallenheit« aufwartet, dass Charlotte Kestner ihn heimsuchen will und es wieder einmal nichts ist mit dem geheimen Werk: »Konnt' sie sich's nicht verkneifen, die Alte, und mir's nicht ersparen?« (Werke 9.1, S. 356f., 367) Vorbei ist es mit der hochgestimmten Literarisierung der eigenen Biographie; mit der ergrauten Charlotte Kestner, der Wiedergängerin aus Jugendtagen, »kommt alte Lieb' und Freundschaft mit herauf«, aber eben auch Versuchung und Schuld.

Die verdichtende Kombination der beiden Gedichte geht über die bloße Motivgleichheit der geballten Kugel weit hinaus. In *Lied und Gebilde* rechtfertigt Goethe seine Abkehr vom streng-klassizistischen Konzept der Jahrhundertwende und verbindet polar das klassisch-plastische »Gebilde« mit dem »flüßgen Element« orientalischer Dichtung, zwischen denen »Hin und wieder schweifen« die wahre Wonne des modernen Dichters ist:

> Aber uns ist wonnereich
> In den Euphrat greifen,
> Und im flüßgen Element
> Hin und wieder schweifen.
> (MA 11.1.2, S. 18, V. 5-8)

Hier nimmt er für den Dichter in Anspruch, was er später der Brahmanin nicht zugestehen wird: »der Seele Brand«, die feurige erotische Exzitation, »im flüßgen Element« löschen zu können:

> Löscht ich so der Seele Brand
> Lied es wird erschallen;
> Schöpft des Dichters reine Hand
> Wasser wird sich ballen.
> (V. 9-12)

Die Sublimation in der vollkommenen »Kugel« der Dichtung, so die Schlussfolgerung des fiktiven Goethe, bewahrt dem »[V]erführerisch-[V]ielverführte[n]« die Reinheit, eine »Gabe«, die allein ihm gewährt ist: »[D]enn der Dichter, der vielversuchte, der verführerisch-vielverführte kanns immer noch, ihm bleibt die Gabe, die das Zeichen der Reinheit. Nicht auch dem Weibe« (Werke 9.1, S. 354f.). Mithilfe des *Divan*-Gedichtes ist nun im Kontrast zur *Legende* die Perspektive invertiert: Nicht das Göttliche und von oben kommende Verführung sind das Thema des Monologs, sondern es ist der Dichter, der das ihm erscheinende, ihn verführende Menschlich-Schöne zum ›Göttlichen‹ (im uneigentlichen Sinne) verklärt.[44] Dass er sich dabei nicht passiv als Objekt der Verführung verhält, sondern verführerisch die Verführung provoziert, um zum Werk stimuliert zu werden, ist im paradoxen Junktim vom ›Verführerisch-Vielverführten‹ deutlich ausgesprochen – auch darin unterscheidet er sich von dem einseitigen Überwältigtwerden des »Weibes«. Durch die konfessorische Poetisierung der Verführung leistet der Dichter Pönitenz und exkulpiert gleichzeitig sich selbst.

---

44 So wie der Schau-Lustige in St. Moritz einen argentinischen Tennisspieler mit »Hermesbeinen« zum »göttlichen Jüngling« oder auch »Tennisgott« deifiziert, dabei »tiefes erotisches Interesse« empfindend (Tb. 6.8.1950, S. 238-240).

Das »produktive Grauen«, das Thomas Mann zu Goethes Dichtung hinzudichtet (Werke 9.1, S. 354), funktioniert dessen Intentionen im Sinne der eigenen Biographie um und trägt in die Goethe'schen Basistexte eine existentiell bedeutsame Selbst-Rechtfertigungslehre ein. Gezielte Zitate, Zitatmodulationen oder auch Zitatvertauschungen, geringfügige Modifikationen im Wortmaterial, überraschende Kombinationen, die Unverbundenes verbinden, legen dem Leser nahe, die Rolle der *Paria*-Frau wie die des Hatem der *Divan*-Lyrik als Camouflage[45] zu lesen, die verhüllend gerade genug enthüllt, um die »Schliche« auch durchschauen zu lassen (Werke 9.1, S. 353). Goethes nachgerade geflügeltes Wort aus *Dichtung und Wahrheit*, seine Werke seien »Bruchstücke einer großen Konfession« (MA 16, S. 306), wird hier in Mann'scher Art und Weise aufgegriffen, weshalb er seinen Goethe sagen lässt: »Lebensgeschichte ist's immer.« (Werke 9.1, S. 356) Zu den ›Schlichen‹, an denen alle drei Autoren teilnehmen, gehört vornehmlich auch die Einsicht in und der Umgang mit Sprachregelungen, die es erlauben, Privates literarisch zu inszenieren, ohne das christliche Tugendideal oder das am christlichen orientierte bürgerliche zu verletzen. Während der historische Winckelmann seine Opposition gegen die gesellschaftlich herrschende Sexualmoral hinter seiner kunsthistorisch kaschierten Erotisierung der stillen Größe marmorglatter Plastik verbarg und (z. B. in seinen Briefen) gleichgeschlechtliche Neigungen mit dem sexuell uneindeutigen Freundschaftsdiskurs der Empfindsamkeit bemäntelte,[46] wendet Thomas Mann Winckelmanns Strategem ins Grammatische, »Generische«:

> Denn dein Aperçu [dass es nur ein Augenblick sei, in welchem der schöne Mensch schön ist, W. F.] passt ja eigentlich so recht nur aufs Männlich-Vormännliche, auf den im Marmor nur haltbaren Schönheitsmoment des Jünglings. Was gilts, du hattest das gute Glück, daß »der Mensch« ein masculinum ist, und daß du also die Schönheit masculinisieren mochtest nach Herzenslust. (Werke 9.1, S. 353)

Die Empörung gendersensibler Diskurstheoretiker und -theoretikerinnen dürfte dem Dichter gewiss sein (so sie denn *Lotte in Weimar* läsen), dem Thomas Mann, der hier auch eine seiner eigenen Methoden, sprachliche Zeichen auszutauschen, reflektiert und, ob gewollt oder ungewollt, einen Fingerzeig gibt, warum er in der »Einschaltung« eine Helena, »das Muster aller Frauen«, »masculinisiert« und durch die makellosen göttlichen Jünglinge ersetzt hat. Wenige Zeilen später wird er dann, wie oben beschrieben, der verführten Brahmanenfrau in einem Glissando, das von der »Verführung durchs eigene Geschlecht« über »des Narkissos Betörung« zur Rache des Brahmanen führt, ein männliches Geschlecht substituieren.

Das Bemerkenswerteste an der Taktik der »Einschaltung« dürfte sein, dass Thomas Mann, der in jungen Jahren, in Wilhelminischer Zeit, Doppeldeutigkeiten in diversen Formen und Methoden praktiziert hat, diese bei Goethe nicht nur wiederentdeckt, sondern aufdeckt. Diese Offenlegung des seit Winckelmann praktizierten

---

45 Detering (Anm. 19), S. 61-67.
46 Vgl. Frank Busch: *August Graf von Platen – Thomas Mann: Zeichen und Gefühle*. München 1987, S. 33-36; Paul Derks: *Die Schande der heiligen Päderastie. Homosexualität und Öffentlichkeit in der deutschen Literatur 1750-1850*. Berlin 1990, S. 194; Detering (Anm. 19), S. 59 f.

Verfahrens der Rezeptionssteuerung beim Sprechen über Homosexualität ist neu in seinem Werk. Und der Autor, der seit über vierzig Jahren auf seine raffinierte Weise das Tabu der »widernatürlichen Unzucht unter Männern« literarisch unterlaufen hat, kommt mit Winckelmann und mit Goethes Winckelmann dieser Praktik genau an dem Punkt auf die Schliche, wo sie literarhistorisch relevant wird.[47] Beim Wiedererkennen entwickelt er als unmittelbar Betroffener eine Intuition für diese Strategie, die Erkenntnisse späterer literaturwissenschaftlicher Detektive vorwegnimmt. Indem er Goethes tatsächliche Intentionen des Winckelmann-Essays klarstellt und auf den Begriff bringt, vereitelt er psychologisierend sowohl die Idealisierung Winckelmanns als auch die Idealisierung des Idealisierenden. Seinem Goethe schreibt er die Rolle des Sprachkritikers zu, der die Sprachspiele im Sprechen über gleichgeschlechtliche Beziehungen durchschaut – die Euphemismen einerseits, die Aposiopesen, das beredte Verstummen, andererseits. Die Dramatisierung des Problems sodann, die er durch das Zusammenspiel mit dem *Paria*-Komplex erzielt, hat mindestens zwei Seiten: Sie stellt zum einen indirekt die Harmonisierung der ›griechischen Liebe‹, das Ausblenden aller Komplikationen, Restriktionen und Sanktionen eines ›Homosexuellen‹ im 18. Jahrhundert durch Goethe aus der Sicht eines Nationalschriftstellers in Frage, dessen Biographie von der Homophobie des 19. und der ersten Jahrzehnte des 20. Jahrhunderts richtungsweisend geprägt wurde. Und sie eröffnet zum anderen die Möglichkeit, die eigene Befindlichkeit, die eigenen Dilemmata, Ängste, »Heimsuchungen« und Skrupel, im Modus der Anspielungen literarisch zu transformieren, die nach wie vor (oder mehr denn je angesichts des Zusammenbruchs der Zivilisation und der »Heimsuchung« Deutschlands)[48] den Kollaps einer als gesichert geglaubten Lebensordnung vor Augen hatte. Allerdings: Das Enthüllen dominiert über das Verhüllen insofern, als der Unsagbarkeitstopos unterlaufen und die Furcht überdeutlich ausgesprochen wird. Nach wie vor ist das Sprechen über Homosexualität auch flankiert von massiven moralischen Urteilen – mit dem Unterschied freilich, dass diese übergeschlechtlich verallgemeinert werden zum Schuldkomplex von Verführen und Verführtwerden.

Mit dem etablierten Denkbild von der ›Imitatio Goethes‹ ist dieses Verhältnis zwischen den beiden Nationaldichtern nicht angemessen zu erfassen. Im Paradigma von der Nachahmung stimmen die Richtung und die Dominanzverhältnisse nicht. Nicht Thomas Mann imitiert Goethe, sondern sein fiktiver Goethe re-präsentiert, was ihm der Autor der Moderne in die Gedanken legt. Dieser modelliert nicht sein Bildnis nach dem Goethes, wie es etwa Gerhart Hauptmann bis zur Peinlichkeit praktiziert hat, sondern formt sich umgekehrt seinen Goethe nach seinem Bilde, und das mit einem Wesensmerkmal, das wie kein anderes für seine Biographie prägend war. Wenn also Thomas Mann, nachdem er sich fünf Tage mit der Revision des Monologs geplagt hat, am Ende selber »Bravo« sagt, hat er in mehr als einer Beziehung recht: Der Paria-Abschnitt, so attestiert er sich am 10. September 1939, sei »eine sinnreiche, die Handlung verstärkende Einfügung«.[49]

---

47 Detering (Anm. 19), S. 35.
48 »Der Untergang des Regimes unter schwerer Heimsuchung des schuldigen Landes ist im Grunde alles, was ich wünsche« (Tb. 19.9.1939, S. 474).
49 Tb. 10.9.1939, S. 468.

Goethe philologisch.
Neue (und ältere) Projekte

Jutta Heinz

Facetten eines unterschätzten ›*Mehrzweck-Instruments*‹*, oder: Wozu ein* »*Goethe-Wörterbuch*«?

Was Spelunke nun sei, verlangt ihr zu wissen? Da wird ja
Fast zum Lexikon dieß epigrammatische Buch. (WA I, 1, S. 324)

Zu Beginn des Jahres 2022 jährte sich die Eröffnung der ersten Arbeitsstelle des sozusagen aus Ruinen neu gegründeten *Goethe-Wörterbuchs* in Berlin zum 75ten Mal. Sie wurde wissenschaftlich geleitet von dem renommierten Altphilologen Wolfgang Schadewaldt, der mit Fug und Recht als geistiger Gründervater und Spiritus Rector des Unternehmens gelten kann, dessen Programm er in seiner später veröffentlichten *Denkschrift* damals vorlegte. Das *Goethe-Wörterbuch* sollte dieser Denkschrift zufolge nichts Geringeres werden als eine »Magna Charta« der deutschen Sprache und ein »Standard des guten Deutsch«.[1] Weit vorausschauend heißt es am Ende bereits: »Einer der wichtigsten Faktoren ist jedoch in allen Planungen die Möglichkeit des Fertigwerdens«.[2] Inzwischen liegen sechs Bände und sechs Einzellieferungen für Band 7 gedruckt vor, die die Lemmata »A« bis »Sapupi« enthalten;[3] seit 2005 ist das *Goethe-Wörterbuch* auch online im Portal *Wörterbuchnetz* verfügbar,[4] und das Ende der Förderungsdauer des interakademisch organisierten und betreuten Unternehmens ist in Sicht. Zeit für eine Rekapitulation, die fächerartig Geschichte, Methodik und Struktur und vor allem mögliche Nutzanwendungen des *Goethe-Wörterbuchs* für unterschiedliche wissenschaftliche Disziplinen, aber auch in populärer Hinsicht entfaltet[5] – letzteres vor allem deshalb, weil die Klage über die schwache Rezeption des Monumentalwerks eine Art Begleitdiskurs seiner Entstehung geworden ist, die Goethe selbst das vielzitierte *argumen-*

---

[1] Wolfgang Schadewaldt: *Das »Goethe-Wörterbuch«. Eine Denkschrift*. In: *Goethe. Viermonatsschrift der Goethe-Gesellschaft* 11 (1950), S. 293-305; hier S. 294.
[2] Ebd., S. 303.
[3] Vgl. die Aufstellung der bisher erschienenen Bände und Lieferungen online unter: https://www.hadw-bw.de/forschung/forschungsstelle/goethe-woerterbuch/publikationen.
[4] *Wörterbuchnetz*, online unter: https://woerterbuchnetz.de/.
[5] Für detaillierte Erläuterungen wird in den einzelnen Unterkapiteln dieses summarischen Überblicks auf die Darstellungen in der Forschungsliteratur verwiesen.

tum crucis verdankt: »Wenn einem Autor ein Lexikon nachkommen kann so taugt er nichts« (WA I, 42.2, S. 252). Wozu also braucht man für einen (nicht fachlich spezialisierten) Autor überhaupt ein Lexikon?

Vom Nutzen und Nachteil geisteswissenschaftlicher Langzeitprojekte für das kulturelle Erbe: Zur Geschichte des Goethe-Wörterbuchs

Es macht einen sehr angenehmen Eindruck, wenn wir dasjenige, von welchem wir eine vereinzelnde, verzettelte Kenntniß haben mögen, nun in seiner Vollständigkeit beysammen sehen, wo wir uns mit dem neu Erworbenen des alten Besitzes erfreuen dürfen. (WA IV, 48, S. 236)

In weiten Teilen der Öffentlichkeit wie im wissenschaftspolitischen Diskurs stehen geisteswissenschaftliche Langzeitprojekte in schnelllebigen Zeiten unter zunehmendem Legitimationsdruck: Erfordern sie doch über Jahrzehnte hinweg verlässliche finanzielle Förderung, eine dem rasanten technischen Fortschritt angepasste Ausstattung (samt Betreuung und Pflege), kontinuierliche wissenschaftliche Begleitung unter wechselnden Methoden und Moden und nicht zuletzt in der komplexen Materie eingearbeitete und motivierte Mitarbeiterinnen und Mitarbeiter. Schon Wolfgang Schadewaldt konstatierte, »daß eine wirkliche Darstellung der Sprache und der Gedankenwelt Goethes nur in einem umfassenden mehrbändigen Goethe-Thesaurus möglich ist, wie ein solcher nicht durch einen einzelnen Mann, sondern nur als ein langfristig geplantes Gemeinschaftswerk modernen Stils geleistet werden kann«.[6] Zwar ist heute viel vom Erhalt und der Pflege des ›kulturellen Erbes‹ als unentbehrlicher Identitätsressource moderner Gesellschaften die Rede. Diese Pflege des immateriellen Kulturerbes droht jedoch durch eine zunehmende Verlagerung ins Digitale zu einer rein technischen Frage von Langzeitspeicherung, Datensicherung und benutzerfreundlicher Aufbereitung von Bedienungsmenüs zu werden. Diesem Trend können sich auch die wissenschaftlichen Akademien kaum entziehen, die sozusagen die natürliche Umgebung einer solchen langjährigen, methodisch abgesicherten und notwendig interdisziplinär ausgerichteten Auseinandersetzung mit dem kulturellen Gedächtnis sind – und die dazu ja auch in den letzten Jahren bereits zukunftsweisende interakademische Organisations- und Fördermodelle entwickelt haben.[7]

---

[6] Wolfgang Schadewaldt: *Einführung*. In: *Goethe-Wörterbuch*. Bd. 1: A-azurn. Hrsg. von der Akademie der Wissenschaften der DDR, der Akademie der Wissenschaften in Göttingen u. der Heidelberger Akademie der Wissenschaften. Stuttgart, Berlin, Köln, Mainz 1978, S. III-XV; hier S. III.

[7] Vgl. zu diesem Themenkomplex die Bandeinführungen, vor allem diejenige zu Bd. 4, die auch die Verkürzung der Projektlaufzeit und diverse Straffungsmaßnahmen reflektierte: »Gleichzeitig stand die Arbeit unter einem gesteigerten Finanzierungs- und Legitimationsdruck, der auch nach einer im Februar 2003 erfolgreich durchgeführten Evaluation des Gesamtunternehmens durch die Union der Akademien nicht gemindert wurde«. Gewarnt wurde damals schon: »Dieses Wörterbuch nicht in ganzem Umfang zu Ende zu bringen hätte zur Folge, daß wir eine bedeutende Verstehenstradition unterbrechen«.

Die Geschichte des *Goethe-Wörterbuchs*, die hier nur summarisch rekapituliert werden kann, bietet reiches Anschauungsmaterial, und zwar für eine Organisationsgeschichte von Langzeitunternehmen ebenso wie eine Methoden- und Strukturgeschichte der Germanistik in ihrem weitesten Sinne. Demonstrieren doch die im langjährigen wechselseitigen Zusammenwirken forcierten Entwicklungen literaturwissenschaftlicher und sprachwissenschaftlicher Methoden sowie lexikographischer Darstellungsweisen und Verfahren eine Einheit des Faches, die zuweilen weder auf akademischer Ebene noch in der Öffentlichkeit wahrzunehmen ist – genau das sah schon Schadewaldt in der Gründerphase als einen der wichtigsten Aspekte des von ihm später so genannten »Mehrzweck-Instrument[s]«.[8] Die durchaus wechselvolle Geschichte des *Goethe-Wörterbuchs* im Einzelnen dokumentieren sowohl die jeweils den gedruckten Gesamtbänden vorausgestellten Einführungen der jeweiligen wissenschaftlichen Kommissionen als auch die projektbegleitenden Veröffentlichungen teils langjähriger, in der Praxisarbeit außerordentlich erfahrener Arbeitsstellenleiter und Mitarbeiter.[9]

Schadewaldt präsentierte seine Denkschrift vor der Deutschen Akademie der Wissenschaften zu Berlin am 12. Dezember 1946; sie wurde vom Plenum der Akademie gebilligt, und damit fiel der Startschuss für »eines der größten lexikographischen Projekte der Nachkriegszeit«, dem bereits eine Reihe von Einzelstudien zur Sprache Goethes vorausgegangen waren.[10] Die Gründungsphase ist geprägt durch die Bemühungen, die programmatisch von Schadewaldt niedergelegten Idealvorstellungen in lexikalische Praxis zu überführen.[11] Wesentliche Aspekte, die auch projektbegleitend von Bedeutung blieben, sind zum einen die Komplementarität zum *Deutschen Wörterbuch* der Brüder Grimm: Dessen umfassender diachroner Ansatz sollte ergänzt werden durch ein konsequent synchron angelegtes Individualwörterbuch des bis anhin (und wohl bis heute) wort- und einflussreichsten Autors deutscher Sprache. Das *Goethe-Wörterbuch* war von Anfang an als »Goethe-

---

8 Schadewaldt (Anm. 6), S. VII.
9 Vgl. dazu ausführlich den gemeinsamen Artikel der derzeitigen Arbeitsstellenleiterinnen in der *Zeitschrift für Germanistik*, auf den sich die hier komprimierte Darstellung in wesentlichen Passagen bezieht: Undine Kramer, Elke Dreisbach, Martina Eicheldinger: *Von der Wörterbuchidee zur Wörterbuchwirklichkeit*. In: *Zeitschrift für Germanistik* (erscheint 2023). Weitere wichtige Beiträge zur Geschichte des *Goethe-Wörterbuchs* stammen aus der Feder ehemaliger Arbeitsstellenleiter; besonders empfehlenswert sind Thomas Gloning und Rüdiger Welter: *Wortschatzarchitektur und elektronische Wörterbücher: Goethes Wortschatz und das Goethe-Wörterbuch*. In: *Chancen und Perspektiven computergestützter Lexikographie. Hypertext, Internet und SGML/XML für die Produktion und Publikation digitaler Wörterbücher*. Hrsg. von Ingrid Lemberg, Bernhard Schroeder u. Angelika Storrer. Tübingen 2001, S. 117-132. https://www.jstor.org/stable/j.ctvbkjwp2.10?seq=1#metadata_info_tab_contents. Georg Objartel: *Johann Wolfgang Goethe*. In: *Handbücher zur Sprach- und Kommunikationswissenschaft*. Bd. 21: *Lexikologie*, Bd. 2. Hrsg. von David Alan Cruse u. a. Berlin, New York 2001, S. 1489-1494; Horst Umbach: *Das Goethe-Wörterbuch. Beschreibung eines literatur- und individualsprachlichen Wörterbuchs*. In: *Praxis der Lexikographie. Berichte aus der Werkstatt*. Hrsg. von Helmut Henne. Tübingen 1979, S. 1-19.
10 Vgl. Kramer, Dreisbach, Eicheldinger (Anm. 9), S. 2.
11 Schadewaldt (Anm. 1). Vgl. dort auch zur Vorgeschichte und zu Vorläufern des Projekts.

Thesaurus« konzipiert: Angestrebt wird Vollständigkeit aller schriftlich dokumentierten Einzelworte in alphabetischer Anordnung. Schadewaldt ging dabei von einem sprachphilosophischen, hermeneutisch unterfütterten Grundgedanken aus: Goethes Sprache sei in ihrer »Gegenständlichkeit und Faßlichkeit« und ihrer »Sach- und Wirklichkeitsgemäßheit«[12] von einer besonderen ontologischen Relevanz; sie erschließe gleichzeitig Goethes Erlebnis- und Sachwelt, seine Bild- wie seine Ideenwelt. Seine Sprachauffassung sei, wie Goethes gesamtes Denken und Schaffen, am Paradigma des natürlichen Organismus orientiert: Jedem Wort komme seine eigene »Morphologie«[13] zu. Schadewaldts Vision einer lebendigen »lexikalisch-lakonischen« Darstellung im Gegensatz zu toten »Ziffern-Friedhöfen«[14] hat in der Realgeschichte des *Goethe-Wörterbuchs* naturgemäß etwas herabgestimmt werden müssen. An den Reibungsstellen zwischen einem organizistisch-hermeneutischen Ideal und einer an Regelhaftigkeit und Standardisierbarkeit orientierten lexikographischen Realität haben sich jedoch im Lauf der Jahrzehnte durchaus produktive Konflikte entzündet.

In einer konzeptionell geprägten Phase bis ca. 1965 fiel als erstes die Entscheidung für die Materialbasis (Weimarer Ausgabe als vollständigste Werkausgabe). Die zunächst hand-, später maschinenschriftliche Exzerption jedes einzelnen Wortes (insgesamt ca. 95.000 Stichwörter) samt seines direkten Textumfeldes aus den 143 Bänden mit Hilfe einer kleinen Heerschar von Mitarbeitern wurde umsichtig organisiert und durchgeführt. Die dabei erstellten 3,4 Millionen Karteikarten bilden heute noch den Grundstock der Lexikon-Arbeit in den Arbeitsstellen. Anhand von Probeartikeln und Wortmonographien wurde in umfangreichen Diskussionen zwischen den Arbeitsstellen die lexikographische Struktur herausgebildet und immer weiter verfeinert. Die Arbeitsstellen in Berlin und Hamburg nahmen beide bereits 1947 die Arbeit auf, 1948 folgte Leipzig; ab 1951 schließlich wurde nach der Berufung Schadewaldts nach Tübingen an seinem neuen Wohn- und Lehrort die letzte Arbeitsstelle gegründet. Finanziert wurde das Projekt zunächst jeweils befristet von verschiedenen Geldgebern, darunter die Deutsche Akademie der Wissenschaften in Berlin, die DFG sowie unterschiedliche Stiftungen.

Seit der mühsamen und personalintensiven Verzettelung begleiteten Überlegungen zur Rationalisierung der Arbeit durch Einsatz von EDV das *Goethe-Wörterbuch*. Es entwickelte sich dabei in den Folgejahren zu einem Pionierprojekt der Digitalisierung auf dem jeweils aktuellen Stand der technischen Entwicklungen: So fanden bereits in den 1960er Jahren erste Versuche zur maschinellen Textverarbeitung mit Lochkarten statt.[15] In kontinuierlichen Debatten zwischen den Arbeits-

---

12 Schadewaldt (Anm. 1), S. 295 f.
13 Ebd., S. 302.
14 Ebd.
15 Vgl. zum technologiegeschichtlichen Aspekt besonders die Darstellungen von Michael Niedermeier, Michael Müller: *Goethe im digitalen Wissensraum. Perspektiven für die Vernetzung des Goethe-Wörterbuchs mit lexikografischen, editorischen und archivalischen Ressourcen*. In: *Historische Lexikographie des Deutschen. Perspektiven eines Forschungsfeldes im digitalen Zeitalter*. Hrsg. von Gerhard Diehl u. Volker Harms. Berlin, Boston 2022, S. 153-172. https://www.degruyter.com/document/doi/10.1515/9783110758948-010/html. Vgl. auch Gloning, Welter (Anm. 9) sowie Thomas Gloning und

stellen wurde in dieser Zeit auch das der Lexikonarbeit zugrundeliegende, für alle Arbeitsstellen bis heute verbindliche »Regelwerk« entwickelt, das die Einheitlichkeit aller Artikel und einen gemeinsamen Bearbeitungsstandard gewährleistet. Die redaktionelle und konzeptionelle Zusammenarbeit der Arbeitsstellen wurde seit Ende der 1950er Jahre durch die zunehmende Einflussnahme der SED auf die ostdeutsche Germanistik sowie durch die deutsche Teilung, die persönliche Kontakte für lange Jahre unmöglich machte, zwar erheblich behindert; sie kam aber niemals zum Erliegen.[16] Zu Beginn der 1960er Jahre übernahmen die Akademien in Berlin, Hamburg und Heidelberg die Projektverantwortung für die einzelnen Arbeitsstellen; 1963 wurde in einer interakademischen Vereinbarung über die Fortführung des *Goethe-Wörterbuchs* die bisherige freie Kooperation rechtlich fixiert. Durch den 1966 mit dem westdeutschen Kohlhammer-Verlag für den Druck aller Bände geschlossenen Vertrag war das Unternehmen schließlich institutionell und publizistisch konsolidiert. Seit 1998 wird das *Goethe-Wörterbuch* wissenschaftlich von einer interakademischen Kommission betreut. In diese Zeit fallen auch intensive Bemühungen um eine weitere Rationalisierung der Arbeitsweise. Das Projektende, das ursprünglich auf 2036 geschätzt wurde, wurde in dieser Zeit zunächst auf 2029 und schließlich auf 2025 vorgezogen, bei begleitenden Straffungsmaßnahmen der Arbeitsverfahren, die auch durch die immer bessere Verfügbarkeit und Leistungsfähigkeit digitaler Quellen und variabler Zugriffsangebote ermöglicht werden sollte.

Spätestens mit der technisch aufwändigen Entwicklung und Einführung des digitalen lexikographischen Arbeitsplatzes[17] und der Online-Stellung der ersten vier Bände in Zusammenarbeit mit dem Trier Center of Digital Humanities trat das *Goethe-Wörterbuch* in eine letzte Umbruchsphase, die sowohl die lexikographische Arbeit in den Arbeitsstellen vor Ort wie auch die Darstellungs- und Nutzungsmöglichkeiten des *Goethe-Wörterbuchs* stark veränderte. Durch die zunehmende Vernetzung mit anderen Wörterbuch- und Goethe-Projekten eignet sich das *Goethe-Wörterbuch* auch in Zukunft dafür, ein zentraler Knotenpunkt »im digitalen Wissensnetzwerk zu Goethe und seiner Zeit«[18] zu werden; es gehört bereits zu den Partnerprojekten des *Propyläen*-Portals, das alle Goethe-Biographica systematisch zusammenstellt und online verfügbar macht. Voraussetzung dafür ist die dauerhafte Sicherstellung der institutionellen, finanziellen und technischen Betreuung auch über das Projektende hinaus – eine Kontinuität, die in einer immer stärker auf akademische Exzellenz und Spitzenforschung fixierten Wissenschaftslandschaft nur die wissenschaftlichen Akademien als prädestinierte Orte des wissenschaftlichen Austauschs der Disziplinen, einer verantwortungsbewussten Vermittlung von Wissenschaft an die Öffentlichkeit und der Erhaltung verschiedener Zugangswege zum kulturellen Erbe dauerhaft sicherstellen können.

Christiane Schlaps: *Prototypen für ein elektronisches Goethe-Wörterbuch*. In: *Sprache und Datenverarbeitung. International Journal for Language Data Processing* 23.2 (1999 [2000]), S. 21-34.

16 Vgl. zu diesem insgesamt an den Archivmaterialien in den Arbeitsstellen gut aufzuarbeitenden Problemkomplex besonders Kramer, Dreisbach, Eicheldinger (Anm. 9).
17 Vgl. Niedermeier, Müller (Anm. 15).
18 Niedermeier, Müller (Anm. 15), S. 154.

Entwicklungsmotor der Lexikographie, oder: Bedeutungsfächer, systematisiert

Denn, daß ein Wort nicht einfach gelte,
Das müßte sich wohl von selbst verstehn.
Das Wort ist ein Fächer! (WA I, 6, S. 42)

Das *Goethe-Wörterbuch* ist ein Bedeutungswörterbuch. Es verzeichnet den größten bekannten deutschen Individualwortschatz, der besonders von der umfassenden »sprachliche[n] Kompetenz des Sprachmächtigsten seiner Zeit«[19] profitiert: Zum allgemeinen Wortschatz hinzu treten bei Goethe umfangreiche Spezialwortbestände aus einer Vielzahl von wissenschaftlichen Disziplinen vom Bergbau bis zur Zoologie. Seine Ausbildung in der Juristen- und Kanzleisprache der Zeit sowie seine umfassenden Fremdsprachenkenntnisse bilden ein weiteres großes Wort-Reservoir; ebenso sein Interesse für dialektale wie dichtersprachliche Wortbildungen sowie eine im Alterswerk expandierende Neigung zu Wortneubildungen, Wortspielereien, Wortexperimenten. Beinahe die Hälfte der 95.000 verzeichneten Lemmata wird nur in einer einzigen Textstelle verwendet; ein- bis dreimal verwendete Wörter machen insgesamt ca. zwei Drittel des Thesaurus aus. Am Wortmaterial zeigt sich eine Goethe'sche Vorliebe für Bindestrich-Komposita oder Klammer- und Sparfügungen, wie sie gerade die deutsche Sprache ermöglicht; es gibt reiche grammatikalische Wortbildungsvarianten ebenso wie veraltete Wörter oder Neologismen.[20] Diese sprachliche Fülle muss in einer lexikalischen Darstellung gebändigt, normiert, standardisiert werden.[21] Grundlegend war dabei zunächst die Entscheidung für ein alphabetisch organisiertes Bedeutungswörterbuch, das die semantische Spannweite eines jeden Wortes bei Goethe in hierarchischer Gliederung auf mehreren Ebenen dokumentiert und damit eine systematische »Architektur eines Wortschatzes«[22] zur Verfügung stellt. Jeder Artikel folgt einer festgelegten Struktur (die jedoch nicht notwendig alle diese Elemente enthalten muss): Dazu gehört nach dem Lemma selbst eine (fakultative) Vorbemerkung, die Angaben zur Häufigkeit des

---

19 Horst Fleig: *Über die Metamorphose der Bedeutungen. Das Goethe-Wörterbuch.* In: *Schweizer Monatshefte* 67.11 (1987), S. 943-953; hier S. 945. Vgl. zur Wortschatzgröße anderer Autoren und Wörterbücher Objartel (Anm. 9).

20 Vgl. die Beispiele bei Horst Umbach: *Individualsprache und Gemeinsprache. Bemerkungen zum Goethe-Wörterbuch.* In: *Zeitschrift für germanistische Linguistik* 14 (1986), S. 161-174.

21 Vgl. zu den lexikographischen Überlegungen besonders die Arbeiten von Umbach (Anm. 9 und 20) sowie Josef Mattausch: *Das Autoren-Bedeutungswörterbuch.* In: *Wörterbücher. Ein internationales Handbuch zur Lexikographie* II. Hrsg. von Franz Josef Hausmann, Oskar Reichmann, Herbert Ernst Wiegand u. Ladislav Zgusta. Berlin, New York 1990, S. 1549-1562.

22 Vgl. Gloning, Welter (Anm. 9), S. 118, sowie die Darstellung der bei der Festlegung leitenden Prinzipien in der Bandeinführung zu Bd. 1; schließlich die Darstellung der Gliederung von Beispielartikeln (›Denker‹ bei Fleig, Anm. 19); Rüdiger Welter: *Wie wir im »Goethe-Wörterbuch« ›Liebe‹ gemacht haben. Oder: Lexikographie als akademisches Handwerk.* In: Ditte Bandini, Ulrich Kronauer (Hrsg.): *100 Jahre Heidelberger Akademie der Wissenschaften. Früchte vom Baum des Wissens. Eine Festschrift der wissenschaftlichen Mitarbeiter.* Heidelberg 2009, S. 137-140.

Wortgebrauchs, seiner zeitlichen oder quantitativen Verteilung (im poetischen Werk, im wissenschaftlichen Werk, in Briefen, in Gesprächen etc.), sowie zu unterschiedlichen Schreibweisen enthalten kann; bei umfangreich belegten und inhaltsschweren Worten können auch sprach- und ideengeschichtliche Informationen hinzukommen. Die Erläuterung der jeweiligen Bedeutungsnuance auf den verschiedenen Gliederungsebenen geschieht in einer Leitbemerkung, die paraphrasierend verfährt oder umschreibende Synonyma anbietet. Den umfangreichsten Teil bildet eine Auswahl von Belegstellen, also Werkzitaten, in denen das jeweilige Lemma in der jeweiligen Bedeutungsnuance verwendet wird, samt siglierter Angabe der Quelle. Den Abschluss bildet eine Auflistung von Artikel-Querverweisen auf Wortderivate und Synonyme, die eine Rekonstruktion von Wortfeldern ermöglichen. Die Bedeutung wird also aus verschiedenen Richtungen beleuchtet und zusammengesetzt – oder, um in Goethes eigenem Bild zu bleiben, ›aufgefächert‹: im Blick auf sprachgeschichtliche und (generell zurückhaltend verwendete) etymologische Hintergründe sowie quantitative Merkmale der Verwendung; im systematischen Zusammenspiel verschiedener Bedeutungsnuancen (häufig in verschiedenen fachlichen oder inhaltlichen Bezugssystemen); in der veranschaulichenden Demonstration des konkreten Wortgebrauchs durch eine Auswahl besonders signifikanter und interessanter Belegstellen, die zum intendierten ›Lesebuch‹-Charakter beiträgt; und im Blick auf die Vernetzungen im Gesamtwortschatz durch die Derivate und Synonyme. Das Ziel ist die Erstellung eines »Gebrauchsprofil[s] Goethes für jedes einzelne Wort«[23] – sei es ein Massenwort wie ›und‹ oder ein hochspezifisches Goethe-Wort wie ›veloziferisch‹.

Die Herausbildung dieser zwar äußerlich schematischen, aber für Feinabstufungen flexiblen Grundstruktur war die wesentliche lexikographische Herausforderung der ersten Bearbeitungsphase; eine zweite war die ›Übersetzung‹ der dabei entwickelten Struktur ins Medium des Digitalen. Im Laufe der Zeit entwickelte sich dabei eine hochgradig differenzierte und präzisierte Beschreibungssprache, deren Feinheiten sich bei einer oberflächlichen Lektüre zwar kaum erschließen. Sie ist jedoch eine unentbehrliche Vorarbeit für zukünftige sprachanalytische, stilometrische oder sprachhistorische Auswertungen auf Basis der hier strukturiert vorliegenden ›big data‹. Dabei bewegt sich die Lexikonarbeit weithin auf einem schmalen Grat zwischen der hermeneutischen Vieldeutigkeit und Kontextabhängigkeit des Wortes auf der einen Seite und der lexikographisch unentbehrlichen Rigidität, Bedeutungsfestlegung und Normierung der Darstellung auf der anderen. Sowohl allgemeine Methoden- und Paradigmenwechsel wie konzeptuelle Änderungen und schließlich auch Personalstile haben das Unternehmen über die lange Zeit notwendig formiert und verändert;[24]

---

23 Fleig (Anm. 19), S. 949.
24 Vgl. dazu beispielsweise den erhellenden Aufsatz von Bernd Hamacher: *Ideen über ›Ideen‹. Das Goethe-Wörterbuch als Spannungsfeld aktueller disziplinärer und methodischer Herausforderungen*. In: *Grenzen der Germanistik. Rephilologisierung oder Erweiterung?* Hrsg. von Walter Erhart. Stuttgart, Weimar 2004, S. 502-520; sowie Myriam Richter, Bernd Hamacher: *Der Sprachkörper unter dem Seziermesser: Strukturalismus im Goethe-Wörterbuch*. In: Hans-Harald Müller, Marcel Lepper, Andreas Gardt (Hrsg.): *Strukturalismus in Deutschland: Literatur- und Sprachwissenschaft 1910-1975*. Göttingen 2010, S. 320-337.

absolute Einheitlichkeit und erschöpfende Systematik wären jedoch nicht nur unmöglich, sondern letztlich nicht einmal wünschenswert angesichts der Materie einer »lebendigen, lebhaft[en] [...] Sprache«, wie sie Goethe selbst mit skeptischem Unterton charakterisiert: »[K]ann man doch nicht abläugnen, daß jene [...] in einer lebendigen, lebhaft gebrauchten Sprache unendlich mannichfaltigen Abstufungen unter der Form eines alphabetischen Lexikons nicht bezeichnet werden können«.[25] Aber die Vorstellung einer gegenseitigen Steigerung auf der Basis einer ausgeprägten Polarität von Phänomenen war schließlich Goethes wichtigstes methodisches Credo überhaupt.

Vademecum der Goethe-Spezialforschung, oder: Der ganze Goethe in einer Wortschale

Ich bin überzeugt, daß die Bibel immer schöner wird, je mehr man sie versteht, d.h. je mehr man einsieht und anschaut, daß jedes Wort, das wir allgemein auffassen und im Besondern auf uns anwenden, nach gewissen Umständen, nach Zeit- und Ortsverhältnissen einen eignen, besondern, unmittelbar individuellen Bezug gehabt hat. (WA I, 42.2, S. 192)

Diejenige Disziplin, die eigentlich am meisten vom *Goethe-Wörterbuch* profitieren sollte – und die auch bedeutende Mitarbeiter zum Projekt selbst beigetragen hat –, die Literaturwissenschaft im Allgemeinen und die Goethe-Philologie im Besonderen also, haben das Unternehmen bisher kaum zur Kenntnis genommen. Daran haben auch die zumeist sehr positiven und kenntnisreichen Rezensionen renommierter Fachvertreter nichts geändert:[26] »Aber in den theorieseligen Phasen der Literaturwissenschaft herrscht offensichtlich eine Berührungsscheu angesichts dieser mächtigen Bände«, summierte Gerhard Sauder schon 2011.[27] In Fachpublikationen wird das Werk kaum erwähnt, im Studienalltag kommt es nicht vor. Schadewaldts Idealvorstellung, ein »Organ der Goethe-Deutung« zu schaffen, die einen »stetigeren Fortgang« auf der Grundlage »ruhiger Einzelinterpretationen«[28] nehmen könnte, war wohl von Anfang an angesichts der beschleunigten Dynamik disziplinärer Entwicklungen seit der Mitte des 20. Jahrhunderts unrealistisch. Es ist

---

25 WA I, 41.1, S. 147 f. Vgl. zu Goethes eigenem produktivem Umgang mit Wörterbüchern: Jutta Heinz: *Goethe und die Wörterbücher*. In: *Athene. Magazin der HadW* 2 (2020), S. 25-27.
26 Vgl. Frieder von Ammon: »*aus der Tasche des Weltlaufes*«. *Unvorgreifliche Gedanken anlässlich der jüngsten Lieferungen des Goethe-Wörterbuchs*. In: GJb 2020, S. 195-197. Gerhard Sauder: *Ein Thesaurus für Goethe. Das Goethe-Wörterbuch (Rezension)*. In: *IASL-Online* (2011). https://www.iaslonline.lmu.de/index.php?vorgang_id=1391. Thomas Schwarz: *Review: Goethe-Wörterbuch*. Bd.4. In: *Translation as Cultural Praxis. Goethe Society of India = Yearbook Goethe Society of India* (2007). Hrsg. von Milind Brahme. New Delhi 2008, S. 224-227. Hans Rudolf Vaget: *Goethe-Wörterbuch (Rezension)*. In: *Goethe-Yearbook* 12 (2004), S. 258-260.
27 Vgl. Sauder (Anm. 26).
28 Schadewaldt (Anm. 1), S. 298, 300.

aber erstaunlich, dass sich das »Mehrzweck-Instrument« gerade in seinem Kernbereich bisher wenig durchsetzen konnte. Das hat sicherlich mit dem raschen Wechsel von Methoden-Moden zu tun, ebenso mit der durch die Digitalisierung beispielsweise der gesamten Weimarer Ausgabe gebotenen Möglichkeit für jeden Leser, Volltext-Wortrecherchen jederzeit selbst durchzuführen. Gerade angesichts allseits beklagter Bildungs- und Sprachverluste in der nachwachsenden Studierendengeneration sollte jedoch der Wert lexikalischer Hilfsmittel für Lehr- und Unterrichtszwecke nicht geringgeschätzt werden: Bei der schieren Größe von Goethes Wortschatz sowie seinem Ausgreifen in die verschiedensten Sach-, Fach- und Sprachgebiete kann nicht erwartet werden, dass ein ganz grundlegendes Textverständnis allein auf sprachlicher Ebene eine Selbstverständlichkeit ist. Und häufig sind es gerade auf der Oberfläche ganz einfache Wörter, die grundlegende Missverständnisse auslösen: gemein kann eben gemeinsam (1), generell (2), üblich (3), gewöhnlich, alltäglich (4) bedeuten, und schließlich, wie heute wohl zuerst assoziiert: schlecht, roh, niedrig, trivial (5) – so die systematische Bedeutungsgliederung im Artikel ›gemein‹ des *Goethe-Wörterbuchs*. Und auch für die in vielen Ländern auf hohem Niveau arbeitende Auslandsgermanistik und für die Vielzahl von Austauschstudierenden mit schwächeren Deutschkenntnissen bietet das *Goethe-Wörterbuch* eine leicht zugängliche, erschöpfend informierende Verständnisressource. Für (beispielsweise im Rahmen der Historisch-Kritischen Ausgabe von Goethes Briefen[29] immer noch entstehende) Kommentare und Editionen sollte die Benutzung sowieso Pflicht sein. Und auch die Goethe-Forschung im engeren Sinne könnte durch eine Konsultation gelegentlich Impulse erhalten: So gibt es bei dem ›Erfinder‹ der Erlebnislyrik das Wort »Erlebnis« ganze zwei Mal, und beide Male in Aufzeichnungen mündlicher Gespräche.[30] Schließlich ist hier auch reichliches Material für die in der Anfangsphase diskutierten Werkwörterbücher oder Spezialuntersuchungen zum literarischen und poetischen Wort- und Bildgebrauch erschlossen; oder für eine Ästhetik und Poetologie, die goethespezifisch nicht ohne enge Bezüge zu den Naturwissenschaften und Goethes umfassendem praktischen Wirken im Literaturbereich zu denken ist. Der große Vorzug des *Goethe-Wörterbuchs* ist dabei, dass es in jedem einzelnen Artikel von dem ›ganzen Goethe‹ ausgeht, dass in jedem einzelnen Artikel der ›ganze Goethe‹ spür- und erlebbar ist. Letztlich ist das *Goethe-Wörterbuch* auch für eine Geisteswissenschaft, die sich gegenüber immer kleinteiligeren spezialisierten Fachkulturen gern zur umfassenden, gegenwartsrelevanten Kultur- oder Lebenswissenschaft metamorphosieren möchte, eine enorme Wissensressource.

---

29 Johann Wolfgang Goethe: *Briefe*. Historisch-Kritische Ausgabe. Hrsg. von Frieder von Ammon, Jutta Eckle, Yvonne Pietsch u. Elke Richter. Berlin 2008 ff.
30 Vgl. Umbach (Anm. 9), S. 6.

Ein Steinbruch zur Sprachgeschichte, -wissenschaft, -philosophie, oder: Goethes Organon-Modell der menschlichen Sprache

> [S]chöne Darstellung, wie die Sprachen über die Welt verbreitet seyen [...] ich würde mir eine Hemisphären Charte danach illuminiren [...] so würde mir Ihre Sprachcharte in gar vielen Fällen zu Auffrischung des Gedächtnisses und zum Leitfaden bey mancher Lectüre dienen. (WA IV, 23, S. 84)

Dass man in einem *Goethe-Wörterbuch* etwas über Goethe sollte lernen können, liegt auf der Hand. Man kann jedoch aus diesem individualsprachlichen Wörterbuch viel über die Sprache selbst lernen.[31] Sprachgeschichtlich scheint zwar zunächst der Nutzen durch die entschiedene Anlage als synchrones Bedeutungswörterbuch beschränkt. Gleichwohl kommen nicht nur in den Vorbemerkungen häufig sprachgeschichtliche oder etymologische Aspekte in den Blick, die bei der Bearbeitung nach umfassender Einsicht in das vorliegende Wortmaterial signifikant erscheinen. Häufig verwendet Goethe Worte noch in einer veralteten, häufig auch anschaulich-konkreten Bedeutung, die sich dann immer mehr verallgemeinert und abstrahiert oder auch verbildlicht hat; für all dieses bietet die Beschreibungssprache (notwendig mehr oder weniger formale) Benennungsmöglichkeiten.[32] Gelegentlich lässt sich ein allgemeinerer Bedeutungswandel sogar in Goethes eigener Sprachverwendung über seine eigene Lebenszeit abbilden, was in der Unterscheidung zwischen Jugend- und Alterswerk mit je spezifischen sprachlichen Eigenschaften schon immer mehr unterstellt wurde denn systematisch-gründlich nachvollzogen werden konnte. Wann und aufgrund welcher semantischen Voraussetzungen wird ein Wort ein geflügeltes Wort? Welche (volkstümlichen) Redensarten werden aufgenommen und ggf. in ihrer Anwendung und Bedeutung variiert? Wo wird Bibelsprache verwendet, und wie verändert sie ihre Bedeutung in unterschiedlichen Bezugsbereichen? Was passiert mit bildlicher Wortverwendung, wenn sie zunächst konventionalisiert wird und dabei abblasst, aber dann ggf. wieder in ihrem bildlichen Gehalt in anderen Kontexten reaktiviert wird? Dies ist nur eine knappe Reihung von Fragen, die zukünftige literatur- und sprachwissenschaftliche Analysen auf Basis des *Goethe-Wörterbuchs* behandeln könnten.

Die Untersuchung von konkreten Mechanismen des Sprach- und Bedeutungswandels führt weiter zu allgemeineren sprachwissenschaftlichen Problemkomplexen: Genannt seien nur das Verhältnis von Mündlichkeit und Schriftlichkeit (zu untersuchen beispielsweise anhand des Verhältnisses von Gesprächsanteilen und schriftlichen Anteilen bei einzelnen Lemmata); oder die Frage nach dem Verhältnis von Sprechen und Denken bzw., wie schon in Schadewaldts sprachontologischer Vorstellung angesprochen, von Gegenständen und Worten. Pragmatische Formen von Wortverwendung oder ein spezifischer Wortgebrauch in verschiedenen Textsorten (nicht nur literarischen Gattungen!) könnten ebenso materialreich untersucht werden wie das Verhältnis von Wort und Bild, das Goethe immer wieder beschäftigt hat und das bereits im Übergangsbereich zu einer Sprachphilosophie

---

31 Vgl. dazu Fleig (Anm. 19), S. 951.
32 Vgl. dazu bes. Umbach (Anm. 9).

liegt.³³ Der angeblich theoriefeindliche Goethe war auch allgemeineren Reflexionen über die Natur der Sprache gar nicht abgeneigt: Die oben zitierte Äußerung mit Bezug auf Wilhelm von Humboldts *Plan einer Sprachcharte*³⁴ zeigt, in welchem Maße er die Sprachentwicklung und -ausbreitung analog zu organischen und allgemein kulturgeschichtlichen Prozessen denkt. Das Konzept des nationalsprachlichen Sprachwandels, sowohl in negativ als auch positiv akzentuierter Form, ist ihm ebenso wie die Gefahren einer übermäßigen Korrektheitswut in Bezug auf die Sprachentwicklung jederzeit gegenwärtig; und eine Perle wie den folgenden Beleg muss man erst einmal finden im Goetheschen Sprachkosmos:

> Die Berliner Sprachverderber sind doch auch zugleich die einzigen, in denen noch eine nationelle Sprachentwickelung bemerkbar ist, zum Beispiel ›Butterkellertreppengefalle‹, das ist ein Wort, wie es Aristophanes nicht gewagter hätte bilden können.³⁵

Für all das bietet das »Mehrzweck-Instrument« einen systematisch vorgebahnten (und auf die Gefahr der Wiederholung hin sei es wiederholt: massendatengestützten und systematisch vorstrukturierten) Zugang, ausgehend vom Einzelwort und fortschreitend über Querverweise und Bezüge zum weiteren Wortfeld.

Weltlicher Nutzen, oder: Ein ABC-Buch für das Sprachgewissen

[E]in von der Natur mir anvertrautes Talent zeitgemäß zu steigern und dadurch [...] meinem Vaterlande nützlich zu sein und zur Ausbildung des Geistes und Ausdrucks nach meinem Sprachgewissen stufenweise behülflich zu seyn. (WA I, 42.1, S. 116 u. 446)

Es ist naheliegend und gerechtfertigt, dass man von öffentlich finanzierten Langzeitprojekten auch öffentlich verwertbare Ergebnisse erwartet. In diesem Bereich ist der Legitimationsdruck inzwischen besonders hoch und zeigt sich auch in den Bemühungen wissenschaftlicher Institutionen wie der Akademien, stärker an einer Darstellung ihrer Aufgaben sowie an der öffentlichen, niedrigschwelligen Vermittlung von Forschungsergebnissen zu arbeiten. Das sollte beim *Goethe-Wörterbuch* geradezu exemplarisch leicht fallen: Könnte es doch, so bereits Schadewaldt, »allen, die mit dem Schreibgeschäft zu tun haben, Schriftstellern, Dichtern, Essayisten, Publizisten – von denen die nicht Geringsten ohnehin bereits Lexika zu kon-

---

33 »Man bedenkt niemals genug, daß eine Sprache eigentlich nur symbolisch, nur bildlich sei und die Gegenstände niemals unmittelbar, sondern nur im Widerscheine ausdrücke« (WA II, 1, S. 302).
34 Vgl. dazu: Jürgen Trabant: *Wilhelm von Humboldts ›Anleitung zur Entwerfung einer allgemeinen Sprach Karte‹ von 1802.* In: GJb 137 (2020), S. 149-168.
35 *Gespräche* 3.2, S. 805. Vgl. dazu besonders den Aufsatz *Deutsche Sprache*, wo Goethe schreibt: »Die Muttersprache zugleich reinigen und bereichern ist das Geschäft der besten Köpfe; Reinigung ohne Bereicherung erweis't sich öfters geistlos: denn es ist nichts bequemer, als von dem Inhalt absehen und auf den Ausdruck passen« (WA I, 41.1, S. 116).

sultieren pflegen –, ein neuer und umfassender Mentor sein«.³⁶ Noch nicht einmal genannt sind in dieser Aufzählung Übersetzer – Goethe hat bekanntlich selbst mit großer Energie an der Übersetzung wichtiger eigener Werke in andere Sprachen mitgearbeitet, und die eminente Bedeutung von Übersetzungen für die ›Weltliteratur‹ war dem selbst vielsprachig Lesenden und die Verbreitung der deutschen Literatur und Kultur im Ausland aufmerksam Beobachtenden sowieso selbstverständlich. Ebenso wäre die Aufstellung zweifellos um Lehrberufe zu ergänzen: Wenn die Lektüre von Goethe-Texten noch einen Platz in einem zukünftigen Schul-Kanon finden soll, dann wird die ›Übersetzungsleistung‹ des *Goethe-Wörterbuchs* unverzichtbar sein. Auch hier kommt unterstützend hinzu, dass die Auseinandersetzung mit den Worten Sach- und Fachkenntnis transportiert; die historische Distanz zu Goethes Lebenszeit und Lebenswelt, will man sie nicht mit aller Gewalt aktualisierend nivellieren, kann exemplarisch und anschaulich an der Sprachverwendung dargestellt werden. Und vielleicht ist eine gewisse Schulung des Sprachgefühls, oder gar des »Sprachgewissens«, wie es Goethe bei sich selbst detektierte, nicht nur ein unverzichtbarer (hoch-)sprachlicher Bildungsakt, sondern auch eine Form lebenslangen Lernens an der Muttersprache und ihren Ausdrucksmöglichkeiten: Sei es in Hinsicht auf Präzision und Differenzierung (eine genuin anti-populistische Übung des Urteilsvermögens), sei es zur Förderung kreativer Aneignung und Anverwandlung – was in moderneren Unterrichtsplänen als Kernkompetenz gilt; oder sei es überhaupt als Voraussetzung für gelingende Kommunikation unter Menschen aus immer unterschiedlicheren kulturellen, sprachlichen oder ideologischen Kontexten.

Schließlich, und das feiern die unterschiedlichsten Rezensenten ebenso wie das »Goethe-Wort der Woche« des *Goethe-Wörterbuchs* auf Twitter:³⁷ die reine Freude des laienhaften, des dilettantischen (im besten Goethe'schen Wortsinn) oder des akademischen Goethe- und ›Wortfreundes‹ am Wort, an ›Wortarbeit‹, ›Wortbild‹, ›Wörtervorrat‹, ›Wortfülle‹, ›Worthauch‹, ›Worträtsel‹, ›Wortreichtum‹, ›Wortspiel‹, ›Wortstoff‹ und ›Wortweisheit‹ (alles Goethe-Wörter). »Wirkliche ›Blütenlesen‹ aus Goethes Poesie und Prosa sind diese durchaus nicht trockenen Lexikon-Artikel mit ihren so reich ausgehobenen Belegen«, so hoffte der noch konventionell altphilologisch denkende Gründervater.³⁸ Aber auch die meisten Rezensenten werden angesichts der noch durch ›Wortklauberei‹, ›Wortklapperei‹ oder ›Wortgeprahle‹, ja sogar durch ›Worthändel‹ und ›Wortschwall‹ durchschimmernden Begeisterung für das Wort erfasst, wie sie die neueste Rezension von Frieder von Ammon im Goethe-Jahrbuch auf den Punkt bringt:

> Zum Schluss sei noch auf ein besonderes Einzelwort hingewiesen […]: ›quintessenziieren‹ im Sinne von ›das Wesentliche von etwas herausarbeiten‹. Ein wunderbares Wort, das zumindest der Verfasser dieses Beitrags in seinen aktiven Wortschatz übernommen haben wird, wenn er jetzt folgendermaßen endet: Wollte man Goethes Werk ›quintessenziieren‹, könnte es keinen besseren Ausgangspunkt dafür geben als das *Goethe-Wörterbuch*.³⁹

---

36 Schadewaldt (Anm. 6), S. X.
37 Vgl. Goethe Wörterbuch (@GWoerterbuch) / Twitter.
38 Schadewaldt (Anm. 6), S. X.
39 Von Ammon (Anm. 26), S. 197.

GERRIT BRÜNING

Goethes Gedichte. Die Weimarer Ausgabe und die Herausforderungen für eine neue historisch-kritische Edition

Seit 1806 stehen Gedichtsammlungen am Anfang von Goethes Werkausgaben: als Band 1 der ersten bei Cotta erschienenen Gesamtausgabe (Sigle: A),[1] Band 1 und 2 der zweiten (B)[2] und schließlich Band 1-4 der dritten, der *Ausgabe letzter Hand* (C).[3] In deren Ankündigung von 1826 ist die übergreifende Bezeichnung »Gedichte« für die ersten vier Bände verankert: »I. Band. Gedichte. Erste Sammlung«; »II. Gedichte. Zweyte Sammlung«; »III. Gedichte. Dritte Sammlung«; »IV. Gedichte. Vierte Sammlung«.[4] Es folgt »V. Westöstlicher Divan«.[5] In den 1827/28 erschienenen Bänden der *Ausgabe letzter Hand* ist die Gedichtsammlung nicht in derselben Weise explizit als solche benannt. Ein der Ankündigung entsprechendes und dem *Divan* analoges Titelblatt fehlt den Bänden C 1-4. Die vorhergehenden Gesamtausgaben nach den Göschenschen *Schriften* (Sigle: S, *Vermischte Gedichte* in Bd. 8, 1789) zeigen ein ähnliches Bild: Der Sammlungstitel »Gedichte« kommt seit den *Neuen Schriften* (Sigle N, Gedichte in Bd. 7, 1800) in den von den Gesamtausgaben abgeleiteten Titelauflagen, nicht aber in jenen selbst vor.[6] Auch die innere Geschlos-

---

1 *Goethe's Werke*. Bd. 1. Tübingen 1806 (Sigle: A). Vgl. Waltraud Hagen: *Die Drucke von Goethes Werken*. Hrsg. von der Akademie der Wissenschaften der DDR. ² Berlin 1983, S. 26, 41, 51f., 88. Der vorliegende Beitrag fasst Forschungen zusammen, die der Verfasser seit 2014 zur Vorbereitung einer historisch-kritischen Ausgabe von Goethes Gedichten angestellt hat, und steht im Zusammenhang mit dem Projekt »Goethe LYRIK« (vgl. https://goethe-lyrik.net/, zuletzt abgerufen am 1. Februar 2023).
2 *Goethe's Werke*. Bde. 1-2. Stuttgart, Tübingen 1815 (Sigle: B).
3 *Goethe's Werke. Vollständige Ausgabe letzter Hand*. Bde. 1-4. Stuttgart, Tübingen 1827 (sog. Taschenausgabe, Sigle: C¹). Dasselbe, 1827-28 (sog. Oktavausgabe, Sigle: C³).
4 *Anzeige von Goethe's sämmtlichen Werken, vollständige Ausgabe letzter Hand. Unter des Durchlauchtigsten deutschen Bundes schützenden Privilegien*. In: *Goethe: Schriften zur Literatur. Historisch-kritische Ausgabe*. Hrsg. von der Akademie der Wissenschaften der DDR. Bd. 3: *Text*. Bearb. von Horst Nahler. Berlin 1973, S. 387-393; hier S. 387. Analog dazu heißt es in den vorhergegangenen Anordnungen von 1825 jeweils »Vermischte Gedichte« (vgl. ebd., Bd. 6: *Überlieferung, Varianten und Paralipomena zu Band 3*. Berlin 1978, S. 654, 657f.).
5 *Anzeige von Goethe's sämmtlichen Werken* (Anm. 4), S. 387 (wieder analog dazu die Anordnungen von 1825, vgl. Anm. 2). Die mehr als 300 Gedichte des *West-östlichen Divans* (C 5) sind zu Goethes Lebzeiten nie unter einem gemeinsamen Titel mit den übrigen Gedichten erschienen; in Kräuters *Repertorium über die Goethesche Repositur* sind Gedichte aller Art einerseits und Teile des *Divans* andererseits durchweg unter eigenen Nummern verzeichnet (vgl. GSA 39/I,1a S. 16f.).
6 Vgl. Hagen (Anm. 1), S. 155 (Nr. 273: »Göthe's neueste Gedichte«), 175 (Nr. 367: »Goethe's Gedichte«), 181 (Nr. 396: »Goethe's Gedichte«), 195 (Nr. 471: »Goethe's Gedichte«, Neudruck).

senheit der Gedichtsammlungen ist beeinträchtigt: In N 7 und in C 4 erscheinen die einzelnen Gedichtrubriken mit nichtlyrischen Rubriken und Einzeltexten auf derselben Gliederungsebene, in C 4 sogar »recht sonderbar« im Wechsel mit ihnen.[7] Das Fehlen des übergreifenden Titels »Gedichte« in den Gesamtausgaben ist vor diesem Hintergrund kein Zufall, sondern verweist auf die Differenz zwischen Werken in einem stärkeren Sinn (wie es der *West-östliche Divan* ist) und den Ensembles, zu denen Goethe seine Gedichte unabhängig von deren Entstehung nachträglich zusammenstellte.[8] Werkcharakter in einem weiteren Sinn kann den Sammlungen jedoch durchaus zugesprochen werden: Die Komponiertheit der Gedichtsammlungen spielte bereits bei den Überlegungen über die Anordnung von Goethes Schriften in der Weimarer Ausgabe (WA) eine Schlüsselrolle.[9]

Die in wissenschaftlichen Gesamtausgaben seit der WA unter dem Titel »Gedichte« gebildeten Einheiten sind ein Hybrid: Einerseits ist ihre Zusammenstellung dem Überlieferungsbefund und somit Goethes Entscheidungen verpflichtet: Die 1.500 in C 1-4 auftretenden Gedichte bildeten jeweils den Kern. Andererseits erfuhr das Korpus jedoch in den postum erschienenen *nachgelassenen Werken* (C 41 ff.), der Ausgabe Q und dann vor allem der WA erheblichen Zuwachs: durch Gedichte, die auch in C, aber außerhalb der Bände C 1-5 erschienen, solche, die zu Lebzeiten gedruckt, aber nicht in die Gesamtausgaben aufgenommen wurden, ferner Gedichte, die zu Lebzeiten ungedruckt geblieben waren (teils aber handschriftlich bereits zirkulierten), und schließlich solche, deren Zuschreibung zu Goethe mangels eindeutiger Zeugnisse zweifelhaft war.[10] Die Zahl der Gedichte in WA 1-5 mit den Nachträgen in Bd. 53 fällt infolgedessen erheblich höher aus als in C 1-4, sie beläuft sich auf 3.300 (wobei allerdings jedes Xenion als ein Gedicht zählt).[11]

Im Ergebnis war das zur editorischen Einheit ›Gedichte‹ gehörende Material ausgesprochen umfangreich; und zwar infolge nicht so sehr der Textmenge, sondern vor allem der Vielzahl von handschriftlichen und gedruckten Zeugen. Die Zählung der Handschriften umfasst knapp 900 Nummern (H^1-H^{898}), 30 weitere Handschriften wurden mit dem Zusatz »a« nachträglich in diese Zählung eingeschoben.[12] Etliche weitere Handschriften sind anstatt mit einer numerischen Sigle mit dem Kürzel der Hand (»Gö« für Louise von Göchhausen, »St« für Charlotte von Stein etc.) belegt oder ohne Sigle beschrieben. Die *Xenien*-Handschriften, bearbeitet von Erich Schmidt auf Basis der Separatausgabe von 1893, haben eine eigene

---

7 Wilhelm Scherer: *Über die Anordnung Goethescher Schriften*. Teil I. In: GJb 1882, S. 159-173; hier S. 168.
8 Zum Begriff der Ensembles vgl. Karl Eibl in FA I, 2, S. 732-734.
9 Scherer (Anm. 7). Ders.: Teil II. In: GJb 1883, S. 51-78; Ders.: Teil III. In: GJb 1884, S. 257-287.
10 Siehe im Vergleich dazu Scherer (Anm. 7), Teil III. In: GJb 1884, S. 257-287; hier S. 286.
11 Diese Angabe basiert wie die folgenden auf den alphabetischen Verzeichnissen der Gedichtanfänge in WA I, 5.2, S. 427-501 sowie WA I, 53, S. 576-579.
12 Diese Angabe beruht auf einer Auswertung des *Gesamtinventars der Goethe-Gedichte*. Hrsg. von der Klassik Stiftung Weimar, Goethe- und Schiller-Archiv. Bearb. von Jürgen Gruß, Silke Henke u. Judith Steiniger, abrufbar unter: URL: https://ores.klassik-stiftung.de/ords/f?p=405.

Zählung.[13] Der überwiegende Teil der Handschriften lag seit jeher als Teil des Goethe'schen Archivs in Weimar versammelt. Wie weit verstreut dagegen der übrige Bestand der Gedichthandschriften war, lässt sich daran ablesen, dass heute 90 institutionelle Sammlungen bekannt sind.[14] Neben der handschriftlichen war noch die gesamte Drucküberlieferung einzubeziehen, deren Spektrum von den Gesamtausgaben über Einzeldrucke, Journale und Almanache bis hin zu Einblattdrucken reicht. Heute sind mehr als 300 textkritisch relevante bibliographische Einheiten mit einem Gesamtumfang von 55.000 Seiten (davon 10.000 Seiten Gedichttext) bekannt.[15]

Die Bearbeitung dieses Materials übernahm Gustav von Loeper, der seiner Ausbildung nach kein Philologe, sondern Jurist war. Trotzdem gelang es ihm, nicht nur eine bedeutende Autographensammlung und Bibliothek aufzubauen, sondern sich auch als Goetheforscher große Anerkennung zu erwerben. Er war an der sog. Hempel'schen Ausgabe beteiligt und besorgte eine ebenfalls bei Hempel erschienene Neuausgabe der Gedichtbände.[16] Darin wertet er die ihm bekannten Drucke und Handschriften der einzelnen Gedichte aus und verzeichnet Varianten.[17] Als die Großherzogin Sophie 1885 das Goethe'sche Archiv erbte und eine darauf gegründete neue Ausgabe ins Leben rief, beriet sie sich zuerst mit Loeper, der dann zusammen mit Wilhelm Scherer und Erich Schmidt die Leitung der Ausgabe übernahm[18] und innerhalb weniger Jahre die Bände 1-4 der WA (1887-1891) bearbeitete.

Die Entscheidung, den 4. Band (1891) und auch den 5. Band ohne textkritischen Apparat erscheinen zu lassen und die Lesarten zu beiden Bänden gemeinsam als Bd. 5.2 zu bringen, fällten die Redaktoren Loeper, Schmidt und Suphan im Mai 1891, als Loeper noch für die Bearbeitung der Bände 4 und 5 vorgesehen war.[19] Sie lag also nicht darin begründet, dass Loeper, der noch im selben Jahr verstarb, den Apparat nicht mehr abschließen konnte.[20] Seine Aufgaben übernahm Carl Redlich, der infolge gesundheitlicher Probleme jedoch auch nur den folgenden Textband (5.1) besorgen konnte (1893), zu dem Erich Schmidt mit den *Xenien* einen erheblichen Teil beisteuerte. Das von Redlich hinterlassene Material zu den Lesarten muss von der Druckreife weit entfernt gewesen sein. Julius Wahle übernahm die

---

13 *Xenien 1796. Nach den Handschriften des Goethe- und Schiller-Archivs.* Hrsg. von Erich Schmidt u. Bernhard Suphan. Weimar 1893.
14 Vgl. das Register der Standorte im *Gesamtinventar der Goethe-Gedichte* (Anm. 12).
15 Die Angabe zu den Drucken beruht auf der Auswertung der Bibliographie Waltraud Hagens (Anm. 1) sowie der Sichtung der verfügbaren Exemplare in der Herzogin Anna Amalia Bibliothek, die unter Leitung des Verfassers im Stabsreferat Forschung und Bildung (später Stabsreferat Forschung) der Klassik Stiftung Weimar von Friederike Schmid (FSJ Kultur 2019/20) und Luise Westphal (FSJ Kultur 2020/21) geleistet wurde.
16 *Goethe's Gedichte. Mit Einleitung und Anmerkungen.* 3 Bde. Hrsg. von Gustav von Loeper. Berlin 1882-1884.
17 Zu den benutzten Handschriften (Goethes Nachlass war noch verschlossen) vgl. summarisch Gustav von Loeper: *Einleitung.* In: *Goethe's Gedichte* (Anm. 16). Bd. 1, S. XI-XVI; hier S. XV.
18 Vgl. Herman Grimm in WA I, 1, S. XIV.
19 Beschlüsse der Redaktorenkonferenz vom 10. Mai 1891, GSA 150/A 490, Bl. 6.
20 Vgl. Julius Wahle in WA I, 5.2, S. 3; zum folgenden vgl. ebd., S. 3-5.

Durchsicht und Ergänzung, »eine Nacharbeit, die in vielen Partien der Mühe einer Neubearbeitung gleichkam«.[21] Dabei zeigte sich, dass gemäß den Grundsätzen der Ausgabe zahlreiche Textverbesserungen an den Bänden 4 (Loeper) und 5.1 (Redlich) anzubringen waren.[22] Der Band 5.2 mit den Lesarten zu den beiden Textbänden folgte diesen in einem Abstand von mehr als anderthalb Jahrzehnten (1910), als letzter Band der ersten Abteilung (vom Nachtragsband 53 abgesehen). Doch waren die Arbeiten auch zum Zeitpunkt der Drucklegung noch nicht abgeschlossen, so dass der Band selbst zahlreiche Berichtigungen und Nachträge zu den Lesarten enthält.[23] Von den »Hindernisse[n]«, die insbesondere die Erarbeitung des umfangreichen Bandes beeinträchtigten, wird nur die »schwierige Beschaffung des weit verbreiteten, vielfach aus versteckten Winkeln erst aufgestöberten handschriftlichen Materials« ausdrücklich genannt.[24] Angesichts der Verstreutheit und Kleinteiligkeit des Materials sowie der Tatsache, dass in Bd. 5.2 allein zwei Drittel der einzelnen Handschriften auszuwerten waren (H^{271}-H^{898}, zzgl. anders oder nicht siglierter Handschriften, s. o.), kann die ungewöhnlich lange Bearbeitungsdauer des Bands nicht verwundern.[25] Insgesamt zog sich die Bearbeitung der Bände 1-5 der WA über 25 Jahre hin. Bereits Bd. 2 brachte Korrekturen und Nachträge zu Bd. 1.[26] Der 1912 erschienene Nachtragsband 53 zur I. Abteilung enthält nochmals umfangreiche Nachträge und Verbesserungen zu den Gedichten: bislang sekretierte Texte, deren Veröffentlichung in Bd. 5.2 Erich Schmidt noch nicht hatte durchsetzen können,[27] weitere Paralipomena,[28] Textverbesserungen zu den Gedichtbänden[29] sowie Nachträge zu den Lesarten der Bände.[30] Vollständigkeit war dabei »nicht angestrebt, es wird nur das gegeben, was gelegentlich an den Tag gekommen ist«.[31]

---

21 Ebd., S. 3; vgl. auch ebd., S. 503.
22 Vgl. ebd., S. 327-332.
23 Ebd., S. 333-344. Es folgen Nachträge zum Textbestand (*Tagebuch* und einige *Xenien*, ebd., S. 345-353). Einen letzten Nachtrag enthält das Schlusswort (ebd., S. 503 f.). Vor diesem Hintergrund wird man Suphans 1903 formulierte Rechtfertigung gegenüber der großherzoglichen Schatullverwaltung für vorgeschoben halten müssen: Der Band sei nicht erschienen, »2. um die drei Concurrenten der Weimarischen Ausgabe noch eine Zeitlang außer Möglichkeit zu setzen, ihre Gesammtausgaben zu unserem Schaden abzuschließen« (Niederschrift über den Stand der Arbeiten an der WA zur Vorlage bei der großherzoglichen Schatullverwaltung, 16. Januar 1903, Konzept, GSA 150/A 485, Bl. 2).
24 Wahle in WA I, 5.2, S. 503.
25 Zu einem Teil dürfte die Verzögerung auch darauf zurückzuführen sein, dass Wahle noch an anderen Bänden der Ausgabe mitzuwirken hatte: Zur Rechtfertigung des Nichterscheinens des Bandes führte Suphan 1903 als Ursache an: »1. wegen Inanspruchnahme [darunter gestrichen »Überhäufung«] des Dr. Wahle für viele von andern Mitarbeitern auszuführender Bände« (vgl. Niederschrift über den Stand der Arbeiten an der WA [Anm. 23], Bl. 2).
26 WA I, 2, S. 361-366.
27 WA I, 53, S. 3-22 mit darauf bezüglichen Lesarten ebd., S. 454-464, zu den Umständen der Veröffentlichung Wahle ebd., S. 451-453.
28 Ebd., S. 345-361.
29 Ebd., S. 531 f.
30 Ebd., S. 540-563.
31 Wahle ebd., S. 453. Das folgende ebd.

Auf dieser Grundlage lassen sich bereits einige Schlussfolgerungen für eine Gesamteinschätzung der Gedichtbände ziehen: Loeper und die drei späteren Bearbeiter standen bei der Bearbeitung der Gedichte vor einer ungeheuren Aufgabe. Infolge der personellen Wechsel kam keiner der Bearbeiter in die Lage, das Material so zu überschauen wie z. B. Erich Schmidt im Fall des *Faust*, zu dem immerhin nicht viel weniger als 500 teils umfangreiche, teils schwer oder kaum entzifferbare Handschriften ebenfalls verstreut vorlagen. Gewichtige Versehen im Bereich der Gedichte rühren unmittelbar von diesem Mangel an Übersicht her.[32] Ebenso sicher ist, dass die in Einleitung und Schlusswort zu 5.2 ziemlich schonungslos offengelegten Probleme sich auf die Qualität des Ergebnisses stärker ausgewirkt haben, als dies aus den Nachträgen und Verbesserungen hervorgeht.[33]

Jenseits der in den Verbesserungen und Nachträgen offengelegten Mängel und Lücken sind systematische Probleme in textkritischer Hinsicht festzustellen. Die Entscheidung für die *Ausgabe letzter Hand* als Textgrundlage ist die wichtigste Wurzel dieser Probleme.[34] Die Redaktoren und Bearbeiter waren jedoch weit davon entfernt, den Text von C gedankenlos zu kanonisieren.[35] Gelegentlich gingen sie entgegen den Grundsätzen der Ausgabe auf Erstdrucke zurück.[36] So wurde die spätere Abkehr von C durch die im Zuge der Bearbeitung gewonnenen textkritischen Erkenntnisse nicht nur vorbereitet, sondern teilweise bereits begonnen. Im Fall der Gedichte wäre C allerdings nicht zu übergehen gewesen, da Goethes Gedichtsammlungen aufgrund ihrer Komponiertheit Werkcharakter zugeschrieben wurde und da erst in C die letztgültige, umfangreichste Gedichtsammlung vorliegt. Eine andere Textgrundlage als C stand daher nicht ohne weiteres zur Wahl. Die Verwendung von C schloss zudem nicht aus, unter Rückgriff auf frühere Zeugen erkannte Fehler zu beheben, wie es den Grundsätzen der Ausgabe entsprach.[37] Vor dem Beginn der Weimarer Ausgabe war das Bewusstsein für die textkritischen Pro-

---

32 So sah Redlich die Handschrift H³, die Loeper bereits für WA I, 1 und 2 ausgewertet hatte, nicht noch einmal ein. Infolgedessen entging ihm, dass in ihr eine spätere Fassung des Gedichts *Wahrer Genuss* enthalten war. Der nachfolgende Bearbeiter Wahle bemerkte Redlichs Versäumnis erst nachträglich (vgl. Wahle in WA I, 5.2, S. 503). Dies war vermutlich nur der augenfälligste, am schwersten wiegende Fall.

33 Vgl. nochmals Wahle in WA I, 53, S. 453: »[ ] Vollständigkeit nicht angestrebt; es wird nur das gegeben, was gelegentlich an den Tag gekommen ist«.

34 Kritisch dazu schon Heinrich Düntzer: *Die Weimarer Gesamtausgabe von Goethes Werken*. In: *Die Grenzboten* 47 (1888), I, S. 29-38; hier S. 32 f.

35 Vgl. z. B. Jakob Baechtold u. a.: *Bericht der Redactoren und Herausgeber*. In: GJb 1892, S. 260-277.

36 Karl Julius Schröer über *Stella*: »Unsere Ausgabe geht auf den ursprünglichen Text zurück […]« (Baechtold u. a. [Anm. 35], S. 266). Erich Schmidt: »Der mehrfach emendirte Text des ›Winckelmann‹ beruht, soweit nicht bestimmte Gründe der Aenderung in C ersichtlich waren, auf dem Einzeldruck E von 1805« (ebd., S. 271 f.). Weitere Belege für den kritisch reflektierenden Umgang der WA mit C bei Dietmar Pravida, Gerrit Brüning: *Komplexe Überlieferungssituationen und Probleme des Autorisationsbegriffs, am Beispiel Goethes*. In: editio 33 (2019), S. 94-113; hier S. 99 f.

37 *Grundsätze für die Weimarische Ausgabe von Goethes Werken*. Weimar, Berlin 1886, S. 6, § 11 (Supplement zur Weimarer Ausgabe im Deutschen Taschenbuch Verlag. München 1987). Bernhard Suphan in WA I, 1, S. XX.

bleme bei Goethe'schen Werken mit langer und komplexer Druckgeschichte bereits ausgeprägt.[38] Aufgrund seiner Arbeit an der Hempel'schen Ausgabe verfügte auch Loeper über weitreichende und detaillierte bibliographische Kenntnisse. In seiner Entgegnung auf Heinrich Düntzers Kritik bezeichnet Loeper die Ausgabe C als »reichlich« fehlerhaft.[39] Einige Quellen möglicher Überlieferungsstörungen waren in der Anfangszeit der Weimarer Ausgabe jedoch noch unbekannt.[40] Ebenso unbekannt war zu der Zeit, dass bestimmte Drucke des Hauptstrangs der Überlieferung (insbesondere die zweite Cotta'sche Gesamtausgabe, Sigle: B) durch den Vergleich mit scheinbar randständigen, aber aufgrund ihrer besonderen stemmatischen Position (vgl. Abb. 1) aufschlussreichen Drucken textkritisch besser hätten geprüft werden können. Bis zum Erscheinen der Bände 1-5.1 war das volle Ausmaß der Überlieferungsstörungen in C noch nicht zu erkennen; es trat erst bei der Bearbeitung anderer Teile der WA ans Licht.

Die Gedichtbände 1 und 2 waren von dieser erst allmählichen Entwicklung des Kenntnisstands besonders stark betroffen. Ihr Inhalt, entsprechend den Bänden 1 und 2 der *Ausgabe letzter Hand*, war fast vollständig bereits in der zweiten Cotta-Ausgabe (B), teilweise auch schon in den vorhergehenden Ausgaben S (*Schriften* bei Göschen, Bd. 8, 1789), N (*Neue Schriften* bei Unger, Bd. 7, 1800) und A (*Werke* bei Cotta, Bd. 1, 1806) enthalten. Die ältesten Gedichttexte von C 1 und 2 haben somit die gesamte Druckgeschichte von Goethes Werken mit durchgemacht. An ihnen haben so viele Schreiber- und Setzerhände ihre Spuren hinterlassen, dass gleichsam auf Schritt und Tritt mit Überlieferungsstörungen zu rechnen ist. Diesen Sachverhalt hatte Bernays schon lange vor der Weimarer Ausgabe auf die prägnante Formel gebracht: »was wir Geschichte des Textes nennen, ist ja nur Geschichte seiner Corruptionen«.[41] Zugleich gehörten die Gedichtbände 1 und 2 zu den frühesten Bänden der WA überhaupt. So sehr sie daher an den Folgen der Druckgeschichte partizipieren, so wenig konnten ihnen die erst später gewonnenen Erkenntnisse über Quellen und Korrektive von Fehlern zugutekommen.[42] An erster Stelle ist hier die Einsicht in die Bedeutung der sog. Wiener Ausgabe zu nennen, die parallel zur zweiten Cotta'schen Gesamtausgabe von Goethes Werken (B) erschien (Sigle: B^a).[43] Auf

---

38 Pravida, Brüning (Anm. 36), S. 97 f.
39 Gustav von Loeper: *Weimarer Goethe-Ausgabe.* In: Ludwig Geiger (Hrsg.): *Bibliographie der Goethe-Literatur für 1890. Mit einem Beitrage G. v. Loeper's und Mittheilungen von Fachgenossen. Erweiterter Abdruck aus Goethe-Jahrbuch Band XII.* Frankfurt a. M. 1891, S. 5-16; hier S. 6.
40 Zum Begriff der Überlieferungsstörung vgl. Gerrit Brüning, Dietmar Pravida: *Editorischer Bericht.* In: Johann Wolfgang Goethe: *Faust. Eine Tragödie. Konstituierter Text.* Bearb. von Gerrit Brüning und Dietmar Pravida. Göttingen ²2018, S. 487-571; hier S. 489 f.
41 Michael Bernays: *Über Kritik und Geschichte des Goetheschen Textes.* Berlin 1866, S. 84.
42 Zu dieser grundsätzlichen Problematik bereits Ernst Grumach: *Prolegomena zu einer Goethe-Ausgabe.* In: GJb 1950, S. 60-88; hier S. 62 f.
43 Vgl. Hagen (Anm. 1), S. 48-51; zur Einschätzung der Wiener Ausgabe vgl. Dietmar Pravida: *Die Wiener Ausgabe von Goethes Werken (1816-1822) und ihre textkritische Bedeutung. Mit einer Nachbemerkung zum Text von Faust I.* In: *Euphorion* 112 (2018), S. 253-270.

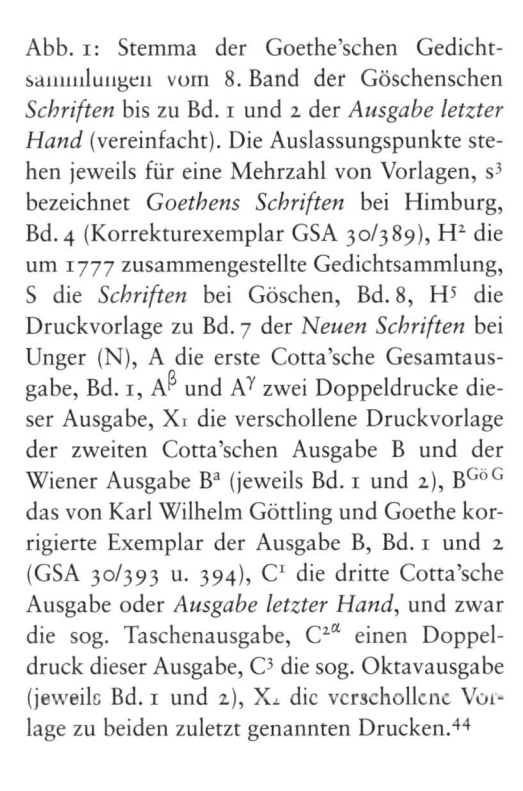

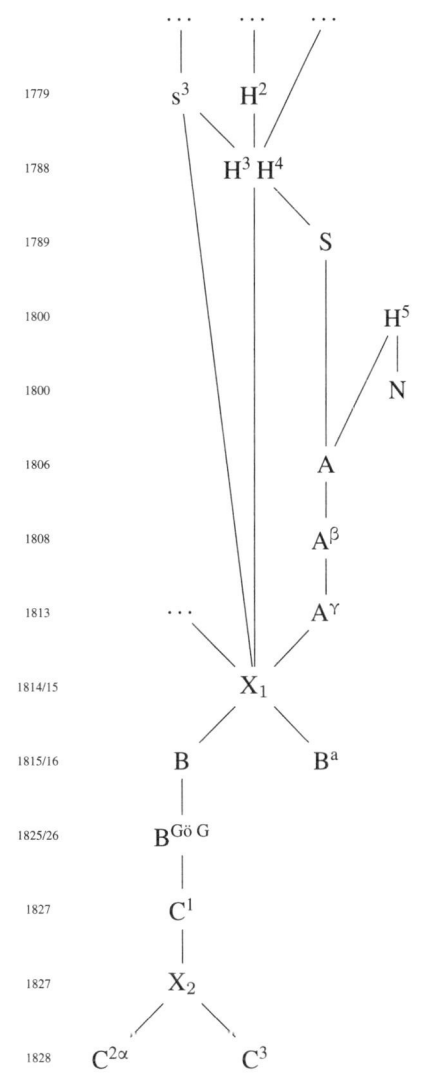

Abb. 1: Stemma der Goethe'schen Gedicht-sammlungen vom 8. Band der Göschenschen *Schriften* bis zu Bd. 1 und 2 der *Ausgabe letzter Hand* (vereinfacht). Die Auslassungspunkte stehen jeweils für eine Mehrzahl von Vorlagen, s^3 bezeichnet *Goethens Schriften* bei Himburg, Bd. 4 (Korrekturexemplar GSA 30/389), H^2 die um 1777 zusammengestellte Gedichtsammlung, S die *Schriften* bei Göschen, Bd. 8, H^5 die Druckvorlage zu Bd. 7 der *Neuen Schriften* bei Unger (N), A die erste Cotta'sche Gesamtausgabe, Bd. 1, A^β und A^γ zwei Doppeldrucke dieser Ausgabe, X_1 die verschollene Druckvorlage der zweiten Cotta'schen Ausgabe B und der Wiener Ausgabe B^a (jeweils Bd. 1 und 2), $B^{GöG}$ das von Karl Wilhelm Göttling und Goethe korrigierte Exemplar der Ausgabe B, Bd. 1 und 2 (GSA 30/393 u. 394), C^1 die dritte Cotta'sche Ausgabe oder *Ausgabe letzter Hand*, und zwar die sog. Taschenausgabe, $C^{2\alpha}$ einen Doppeldruck dieser Ausgabe, C^3 die sog. Oktavausgabe (jeweils Bd. 1 und 2), X_2 die verschollene Vorlage zu beiden zuletzt genannten Drucken.⁴⁴

die Notwendigkeit, diese Ausgabe systematisch einzubeziehen, machte zuerst der Bearbeiter der *Divan*-Gedichte, Konrad Burdach, aufmerksam.⁴⁵ Gleichzeitig stellte Jakob Minor für den *Egmont* fest, dass die Wiener Ausgabe »überhaupt

---

44 Vgl. auch die stemmatischen Darstellungen bei Gretchen Louisa Rogers: *Zur Textgeschichte der Gedichte Goethes*. Phil. Diss. Johns Hopkins University. Baltimore 1938, S. 53, sowie (beginnend mit A und bezogen auf die Cotta'schen Ausgaben insgesamt) bei Klaus Kanzog: *Einführung in die Editionsphilologie der neueren deutschen Literatur*. Berlin 1991, S. 48.
45 Als Schlussfolgerung aus den Erkenntnissen über den *Divan* erhebt Burdach es zur »Pflicht, der Wiener Ausgabe überhaupt größere Aufmerksamkeit zu schenken« (Gustav von Loeper u.a.: *Weimarer Goethe-Ausgabe. Bericht der Redactoren*. In: GJb 1889, S. 269-282; hier S. 273).

näher zu A« steht als die Cotta'sche Ausgabe B.[46] Das eigentlich Bedeutsame an diesem Sachverhalt, seine Ursache, bleibt implizit. Erst Bernhard Seuffert formulierte in Bezug auf die *Guten Weiber* mit Deutlichkeit, was sich auch bereits aus Minors Beobachtung über den *Egmont* ergibt, dass nämlich B und B^a (Seuffert: B^1) »auf der gleichen Druckvorlage beruhen müssen«.[47] Er nimmt dies vorläufig auch für die gesamte Wiener Ausgabe an und fährt fort: »Die Tragweite dieser Beobachtung ist um so grösser, als nach übereinstimmendem Urtheil der Text in vielen, vielleicht allen Bänden von *B* oft schlecht ist; hier also war ein Mittel gewonnen, seine Richtigkeit zu controliren, seine Fehler zu verbessern«.[48]

Insoweit C auf B beruht (was für die Gedichtbände 1 und 2 gilt, vgl. Abb. 1), ist mit der Wiener Ausgabe dadurch zugleich ein Korrektiv für den Text von C gewonnen, das aber Loeper noch nicht benutzte.[49] Diejenigen Fehler, die C von B ererbt hatte und die erst durch einen Vergleich von B und B^a identifiziert werden konnten, mussten ihm verborgen bleiben.[50] Den Gewinn aus der Berücksichtigung von B^a zog erst Eduard von der Hellen, der die 20 Bände von B und B^a »bei der textkritischen Arbeit für die Jubiläums-Ausgabe durchgehends verglichen« hat.[51] Ein anderes Korrektiv speziell für den der WA zugrundeliegenden Text der Oktavausgabe letzter Hand (Sigle: C^3) hat Loeper selbst entdeckt und zuerst beschrieben: den Doppeldruck der Taschenausgabe (C^{2α}).[52] Er verzeichnet jedoch nur wenige Lesarten dieses Drucks und benutzt sie nur an einer Stelle zur Verbesserung.[53] Seine Bedeutung als »Korrektiv für C^3«[54] scheint er nicht gesehen zu haben.

46 Minor in WA I, 8 (1889), S. 342. Ebenso in: *Weimarer Goethe-Ausgabe. Bericht der Redactoren und Herausgeber*. In: GJb 1890, S. 207-214; hier S. 208.
47 Bernhard Seuffert: *Goethes Erzählung »Die guten Weiber«*. In: GJb 1894, S. 148-177; hier S. 167.
48 Ebd.
49 B und B^a gehen auch in Bd. 1 und 2 auf dieselbe Druckvorlage zurück, vgl. Eduard von der Hellen: *Anmerkungen*. In: *Goethes Sämtliche Werke. Jubiläums-Ausgabe. Bd. 4: Gedichte. Mit Einleitung und Anmerkungen von Eduard von der Hellen*. Stuttgart 1907, S. 253-354; hier S. 261 f., Rogers (Anm. 41), S. 44 (zu den Lesarten, die B^a gegen B mit A teilt, vgl. ebd., S. 64 f.) sowie Eibl in FA I, 2, S. 895. Vgl. auch Armbruster an Cotta, 22.5.1816. In: *Quellen und Zeugnisse zur Druckgeschichte von Goethes Werken. Bd. 1: Gesamtausgaben bis 1822*. Bearb. von Waltraud Hagen unter Mitarbeit von Edith Nahler. Berlin 1966, S. 601.
50 Er kennt die Wiener Ausgabe (Loeper [Anm. 16], Bd. 1. Berlin 1882, S. 264), führt sie jedoch in WA I, 1, S. 368 nicht einmal auf. Durch ihre Vernachlässigung war er auch dort, wo er unabhängig von B^a, durch Vergleich der älteren Überlieferung, in B einen Fehler vermutete, Zweifeln ausgesetzt, die er durch die Hinzuziehung von B^a leicht hätte ausräumen können, vgl. Loeper in WA I, 1, S. 370 zu *Der neue Amadis*, V. 12: »Die von C übernommene Änderung in *B* [»verstört«] dürfte schwerlich auf Anordnung des Dichters beruhen oder von ihm genehmigt sein. Der Gebrauch des Zeitworts verstören ist ihm jedoch nicht fremd. Daher zweifelhaft« (B^a hat die ältere Lesart »zerstört«, sichert also die Vermutung eines Fehlers in B ab).
51 Von der Hellen (Anm. 49), S. 261.
52 Loeper in WA I, 2, S. 299, Hagen (Anm. 1), S. 62-72.
53 WA I, 2, S. 356; vgl. dagegen ebd., S. 358, wo Loeper gegen C^1 und C^2 die Lesart von C^3 vorzieht.
54 Hagen (Anm. 1), S. 62; Eibl in FA I, 2, S. 911-913.

Was bis dahin unbekannte Fehlerquellen betrifft, war Loeper vor allem über den Unterschied zwischen dem Originaldruck der ersten Cotta'schen Ausgabe (A) und dem Doppeldruck A$^\gamma$ im Unklaren (vgl. Abb. 1). Einige Angaben lassen erkennen, dass er anstelle des Originaldrucks A ein Exemplar von A$^\gamma$ benutzte, dieses aber für ein Exemplar des Originaldrucks A hielt und dessen Varianten entsprechend unter der Sigle A verzeichnet. Infolgedessen sind seine Angaben zu A gelegentlich falsch, weil sie zwar für A$^\gamma$, aber eben nicht für den Originaldruck A zutreffen,[55] und durchweg unzuverlässig. Da Loeper den Doppeldruck A$^\gamma$ zwar benutzte, aber nicht als solchen erkannte, war ihm zugleich dessen Rolle als wichtige Fehlerquelle nicht bewusst. Goethe hatte nämlich A$^\gamma$ anstelle von A als Grundlage für die entsprechenden Gedichte in B benutzt und infolgedessen Fehler dieses Doppeldrucks reproduziert.[56] Dieser Fall, die Verwendung von Nachdrucken (hier eines rechtmäßigen, andernorts aber auch von unrechtmäßigen) kommt in der Druckgeschichte von Goethes Werken öfters vor und ist eine Hauptursache für die Komplexität der Überlieferungssituation insgesamt.[57] In den Worten Waltraud Hagens hatte Goethes sorglose Benutzung solcher Drucke zur Folge, dass er die den Verlegern »immer wieder eindringlich nahegelegte Korrektheit des Druckes selbst an der Wurzel untergrub«.[58] Die Doppeldrucke der Ausgabe A wurden erst 1911 durch William Kurrelmeyer fundiert beschrieben.[59] Loeper war der Verwechselungsgefahr daher noch schutzlos ausgeliefert.

Außerdem spielte die Himburg'sche Ausgabe von *Goethens Schriften* auch für einige Gedichte eine Rolle. Loeper schloss dies aus der Tatsache, dass in den Gesamtausgaben B und C das Gedicht *Im Sommer* erscheint, obwohl es vermutlich nicht von Goethe, sondern von Johann Georg Jacobi stammt.[60] Ursprünglich anonym in der *Iris* publiziert, wurde das Gedicht vom Himburg'schen Herausgeber als ein vermeintlich Goethe'sches Gedicht im 4. Band von *Goethens Schriften* (1779, Sigle: s^3) aufgenommen; »dort scheint es Goethe bei der Vorbereitung von B um 1814 gefunden und es [...] für eins seiner Jugendgedichte gehalten zu haben«.[61] In den Lesarten weist Loeper den Druck in s^3 und etwaige Lesarten jedoch lediglich

---

55 Vgl. WA I, 1, S. 396, zu *Frühlingsorakel*, V. 14 (A liest »Sage«); ebd., zu *Die Glücklichen Gatten*, V. 71 (A hat »Er«) sowie insbesondere ebd., S. 382, zu *Die Freuden*, Überschrift »Die Freude« habe »zuerst A«, aber »nicht in allen Exemplaren« – d. h., Loeper kannte Exemplare des Originaldrucks, benutzte aber hauptsächlich eins von A$^\gamma$.
56 Hagen (Anm. 1), S. 28-32, 42; Eibl in FA I, 2, S. 895.
57 Pravida, Brüning (Anm. 36), S. 94-98.
58 Waltraud Hagen: *Die Doppeldrucke von Goethes Werken bei Cotta 1806-1808. Neue Zeugnisse und bibliographische Nachweise*. In: GJb 1966, S. 179-196; hier S. 181.
59 Ebd., S. 181-183.
60 Zu den Belegen für Jacobis Autorschaft vgl. Loeper in WA I, 1, S. 388 f.; zum Folgenden mit Hinweisen auf die weitere Literatur Gerrit Brüning: *Goethe als Herausgeber seiner Gedichte. Zur Rolle des Himburgschen Nachdrucks bei der Vorbereitung der Gesamtausgaben von 1789 und 1815*. In: *Handschrift im Druck von ca. 1500-1800. Annotieren, Kommentieren, Weiterschreiben*. Hrsg. von Sylvia Brockstieger und Rebecca Hirt. Berlin, Boston 2023, S. 121-146; hier S. 128. Vgl. auch die Redaktorenkorrespondenz GSA 150/A 486, Bl. 2-4.
61 Loeper in WA I, 1, S. 388.

für drei Gedichte nach, die Goethe wie das Gedicht *Im Sommer* erst in B aufnahm (*Christel, Rettung, An Zachariä*). Dagegen lässt er s³ bei drei weiteren erst in B aufgenommenen Gedichten (*Sprache, Recensent, Autoren*) sowie generell bei allen schon in S erscheinenden Gedichten außer Acht. Der Verdacht, dass Goethe den Himburg'schen Nachdruck auch schon für die Gedichtsammlung in S benutzt haben könnte, kam ihm offenbar nicht, oder er ging ihm nicht nach. Das Korrekturexemplar mit handschriftlichen Einträgen Goethes war Loeper noch unbekannt. Dabei hätte ihn die Erkenntnis, dass s³ für die Gedichte überhaupt eine Rolle spielt, alarmieren müssen angesichts der von Bernays identifizierten Verderbnisse, die Goethes Benutzung in anderen Teilen der Göschen'schen *Schriften* nach sich gezogen hatte. Erst in der neueren Forschung konnte nachgewiesen werden, dass Goethe s³ sowohl für die Gedichtsammlung in S als auch für die in B benutzt hat (vgl. Abb. 1) und dass einzelne Abweichungen vom ursprünglichen Text von Goethes Benutzung des Nachdrucks s³ und der ungeprüften Übernahme von dessen Lesarten herrühren.[62]

Die Mängel insbesondere der Bände 1 und 2 der WA rühren also nicht allein daher, dass ihnen den allgemeinen Grundsätzen der Ausgabe entsprechend C 1 und 2 zugrunde liegt, sondern dass Loeper das volle Ausmaß der Überlieferungsstörungen im Text von C nicht erkennen konnte. Diese erben sich zu einem erheblichen Teil schon von früheren Drucken her. Es wäre daher verkürzt, bei der Kritik von C allein auf die Vorbereitung (v. a. die Rolle Göttlings), auf die Eigenheiten der Ausgabe insgesamt oder der Oktavausgabe abzustellen und die Problematik des Textes damit erneut zu unterschätzen.[63] Zusammenfassend kann konstatiert werden: Die Weimarer Ausgabe erfasst und erschließt als erste und bislang einzige Ausgabe die gesamte handschriftliche und gedruckte Überlieferung zu den Gedichten. Angesichts des Materialumfangs bleibt dies eine ungeheure Leistung, auch aus heutiger Sicht. Gleichwohl mussten die Gedichtbände bereits zum Zeitpunkt ihres Abschlusses und nach den reformierten Grundsätzen der Ausgabe selbst[64] als revisionsbedürftig gelten: Besonders den Bänden 1 und 2 fehlt es an einer Durchdringung der druckgeschichtlichen Verhältnisse und der aus ihnen resultierenden textkritischen Probleme, den Bänden 4 und 5 an einer Bewältigung der Materialfülle. Die Mängel der Gedichtbände sind somit spezifischer, als es sich aus den hier in Frage kommenden allgemeinen Merkmalen der WA (Orientierung an C, Normalisierungen, Knappheit der Angaben zur Überlieferung, unvollständige Variantenverzeichnung) er-

---

62 Waltraud Hagen: *Die Sammlung von Goethes Gedichten in dem Nachdruck Himburgs. Vorlagen und Nachwirkung.* In: Helmut Holtzhauer, Bernhard Zeller (Hrsg.): *Studien zur Goethezeit. Festschrift für Lieselotte Blumenthal.* Weimar 1968, S. 61-73. Neue Gesamteinschätzung bei Brüning (Anm. 60), S. 142 f.

63 Vgl. Karl Richter unter Mitw. von Herbert Wender: *Vorüberlegungen zu einer historisch-kritischen Ausgabe von Goethes Gedichten.* In: *Goethe-Philologie im Jubiläumsjahr – Bilanz und Perspektiven.* Hrsg. von Jochen Golz. Tübingen 2001, S. 43-54; hier S. 44: »Wir mögen heute gelassener urteilen [...], vielleicht sogar entdecken, daß die Eingriffe in weiten Teilen der Lyrik eher geringfügig sind«.

64 August Fresenius: *Weimarer Goethe-Ausgabe. Bericht der Redactoren und Herausgeber.* In: GJb 1895, S. 260-273; hier S. 261-263.

geben würde.⁶⁵ Sie wiegen schwerer als diese allgemeinen Merkmale und machen die Erneuerung der Gedichtbände zu einem dringlichen Desiderat.

Seither sind in Teilbereichen sowohl die Überlieferungsverhältnisse besser verstanden als auch zuverlässigere Texte hergestellt worden. Eduard von der Hellen zog in der Jubiläums-Ausgabe den Gewinn aus der Arbeit an der WA; mangels Apparat fehlte ihm allerdings die Möglichkeit, diesen Gewinn auszuweisen und die Einzelerkenntnisse für die Nachwelt zu dokumentieren. Gretchen Rogers untersuchte detailliert die Textgeschichte der Gedichte, die in der Gedichtsammlung der ersten Cotta'schen Ausgabe (A, Bd. 1) enthalten sind (gut 400 Gedichte).⁶⁶ Waltraud Hagen erfasste die Drucküberlieferung von Goethes Werken, darunter die Gedichte, vermutlich nahezu vollständig.⁶⁷ Zudem legte sie wegweisende Forschungsbeiträge vor, darunter eine Untersuchung der Nachwirkung von s³ im Bereich der Gedichte. Hanna Fischer-Lamberg edierte die Gedichte des jungen Goethe auf Grundlage der frühen Zeugen neu.⁶⁸ Karl Eibl bot die Gedichte in der Frankfurter Ausgabe (FA I, 1-2) erstmals im Rahmen wechselnder Ensembles und unterzog die Gedichtsammlungen in B 1 und 2 sowie C 3 und 4 einer eigenständigen Textkritik unter Berücksichtigung der Rolle von A^γ, B^a und C^{2α}. Andere Teile seiner Ausgabe beruhen dagegen auf älteren Ausgaben.⁶⁹ Die Münchner Ausgabe bietet ihrem chronologischen Prinzip entsprechend jeweils den Text relativ früher Zeugen (Erst- und sonstige Drucke, Handschriften, Handschriftenfaksimiles, daneben auch ältere Ausgaben, wenn diese den Erstdruck darstellen). Ensembles, die schon entstehungsgeschichtlich als Einheit vorliegen, bleiben gewahrt. Forschende des Goethe- und Schiller-Archivs haben den Weimarer sowie in Anschluss daran den weltweiten Bestand der in institutionellen und privaten Sammlungen, Auktionskatalogen und sonstigen Quellen nachgewiesenen Gedichthandschriften erfasst.⁷⁰ Von einigen Handschriften liegen vollständige Faksimiles vor.

Wer nach wissenschaftlich erarbeiteten Texten einzelner Gedichte und Ensembles, nach überlieferungsbezogenen Informationen oder Untersuchungen einzelner Zusammenhänge sucht, wird also an verschiedensten Orten auch jenseits der WA fündig. Was jedoch die WA dem Anspruch nach bietet – eine vollständige Ausgabe der Gedichte mit Beschreibung der gesamten handschriftlichen und gedruckten Überlieferung sowie mit Verzeichnung der wesentlichen Varianten –, ist seither nie

---

65 Waltraud Hagen u. a.: *Handbuch der Editionen. Deutschsprachige Schriftsteller. Ausgang des 15. Jahrhunderts bis zur Gegenwart*. Berlin 1979, S. 186 f.
66 Rogers (Anm. 41), S. 1.
67 Hagen (Anm. 1). Hagen warnt ausdrücklich davor, die druckgeschichtliche Forschung für abgeschlossen zu halten; es sei »auch weiterhin mit Neuentdeckungen zu rechnen« (ebd., S. VII).
68 *Der junge Goethe. Neu bearbeitete Ausgabe in fünf Bänden*. Hrsg. von Hanna Fischer-Lamberg. Berlin 1963-1974.
69 Vgl. Eibl in FA I, 1, S. 741.
70 *Inventare des Goethe- und Schiller-Archivs*. Hrsg. von der Stiftung Weimarer Klassik, Goethe- und Schiller-Archiv. Bd. 2: *Goethe-Bestand*. T. 1: *Gedichte*. Red. Gerhard Schmid unter Mitarb. von Jürgen Gruß, Silke Henke, Evelyn Liepsch, Wolfgang Ritschel, Christa Rudnik, Brigitte Schillbach u. Roswitha Wollkopf. Weimar 2000. *Gesamtinventar der Goethe-Gedichte* (Anm. 12).

wieder erreicht worden. Wer heute ein Gedicht Goethes interpretiert, kann also die Herkunft der als Grundlage gewählten Fassung ermitteln und auf Wunsch weitere Fassungen heranziehen. Doch wie Goethe an dem betreffenden Gedicht gearbeitet hat, wer außer ihm am Text mitgewirkt hat, ob der Text hier oder dort einmal anders lautete, seit wann und warum er so oder so lautet, ob er korrekt oder möglicherweise fehlerhaft ist, woher Schreibung und Interpunktion rühren, in welchen Überlieferungszusammenhängen das Gedicht im Lauf der Textgeschichte gestanden hat usw. – diese Fragen können nur im Rahmen spezialisierter Forschung beantwortet werden. Interpretierende haben bis heute somit praktisch keine Möglichkeit, sich des Texts umfassend zu vergewissern.

Die Konzeption einer neuen historisch-kritischen Edition der Gedichte, die diesen Missstand behebt, ist mit zahlreichen Fragen verbunden.[71] Einige der Fragen ergeben sich unmittelbar aus den Problemen der WA.

Erstens: Wie ist die Überlieferung in ihrem Umfang und ihrer Komplexität zu bewältigen? Die Ausgangslage hat sich zwar insofern stark verbessert, als die Drucke und Handschriften annähernd vollständig bekannt, leichter zugänglich und in ihren Abstammungsverhältnissen grundsätzlich verstanden sind. Aufgrund dieses Kenntnisstands, der Weiterentwicklung der Editorik sowie der digitalen Technologien ist die Ausgabe jedoch zugleich erhöhten Ansprüchen ausgesetzt: mit Blick etwa auf Vollständigkeit und Genauigkeit, aber auch auf adäquate Formen der Aufbereitung und Zugänglichkeit. Aufgrund der Vielzahl von Einzeltexten und Zeugen ist von einer entsprechenden Vielzahl von Datierungsfragen und textkritischen Einzelproblemen auszugehen. Die nach wie vor hohe Zahl von Handschriften in Streubesitz erschwert die Bearbeitung zusätzlich. Angesichts der außerordentlich langen Zeit, welche die Bearbeitung von WA I 1-5 insgesamt in Anspruch nahm, scheint es zweckmäßig, innerhalb des darin bearbeiteten Materials mindestens zwei große Subcorpora zu bilden:

1. Gedichte, die in den Gedichtsammlungen S 8 bis C 1-4 erschienen sind,
2. andernorts publizierte oder zu Lebzeiten ungedruckte Gedichte, Zweifelhaftes.[72]

Eine solche Unterteilung wird zugleich der jeweils unterschiedlichen Überlieferungslage gerecht. Die Gedichtsammlungen weisen eine komplexe und teils sehr lange Druckgeschichte auf, worunter die betreffenden Texte erheblich gelitten haben. Die zweite Gruppe ist im Textbestand mit Abgrenzungsproblemen verbunden und auch weniger kompakt überliefert, was sich in der Vielzahl der Einzelhandschriften widerspiegelt.[73] Beide Gruppen halten somit große, durchaus unterschiedliche Herausforderungen bereit und sind als editorische Einheit jeweils besser zu über-

---

71 Vgl. schon Richter (Anm. 62), S. 44-54.
72 Der Vorschlag zu dieser Unterteilung entstand im Gespräch mit Silke Henke.
73 Zu den Problemen der Eingrenzung vgl. schon die Beschlüsse der Redaktorenkonferenz 1891 (Anm. 19), Bl. 6. Nicht jeder Text, der für sich betrachtet als Gedicht gelten kann, gehört auch dem Überlieferungskriterium nach zu den Gedichten im Sinne einer editorischen Einheit. Mehrfache Edition von Briefgedichten, wie sie die WA-Redaktoren noch bewusst in Kauf nahmen, ist durch Integration der Daten der Gedicht- und der Briefausgabe so weit wie möglich zu ersetzen. Es kommen aber, der seitherigen editorischen Tradition und der Einteilung der WA I-Erneuerung entsprechend, Texte aus WA I, 16 und

schauen als die Gesamtmasse. Auch für sich bleiben die hier unterschiedenen Gruppen so umfangreich, dass die Genauigkeit und Treue der Wiedergabe und Beschreibung in Grenzen gehalten werden muss.

Zweitens: Wie sind die Gedichtsammlungen in ihrer Veränderung zu repräsentieren? Wilhelm Scherer hat die Gedichtsammlungen beginnend mit den Göschen'schen *Schriften*, ergänzt um die Sammlung in den *Neuen Schriften* bei Unger und fortgesetzt in den Cotta'schen Gesamtausgaben A, B und C in ihrer Komponiertheit und ihren Veränderungen eingehend gewürdigt und daraus erstmals die editorische Verpflichtung abgeleitet, das vom Dichter geschaffene Arrangement in seiner letzten Form (C) ziemlich strikt zu wahren.[74] Eine historisch-kritische Ausgabe steht vor der Herausforderung, neben dieser letzten Form nicht nur ausgewählte frühere, sondern alle Sammlungen in ihrem Verhältnis zueinander adäquat abzubilden, die dadurch entstehenden und mitunter später wieder gelösten Sinnzusammenhänge lesbar zu machen.[75] Dass dies nur im digitalen Medium gelingen kann, liegt auf der Hand: Eine vollständige Wiedergabe der einzelnen Ensembles stößt hier nicht an die Begrenzungen einer gedruckten Ausgabe. Die Geschichte der Ensembles, d.h. der Übergang der Gedichte von einer Sammlung zur anderen, die wechselnden Positionen der Gedichte zueinander über die Vielzahl der Stadien hinweg sinnfällig zu repräsentieren, wird eine Aufgabe der künftigen Edition sein. Diese zu lösen ist Voraussetzung dafür, auch die Einzeländerungen (Varianten) der von Goethe zusammengestellten Gedichttexte in den Kontext zu stellen, in dem sie erst verstanden werden können.

Drittens: Wie ist ein konstituierter Text der Gedichte beschaffen, der ein überschaubares (auch buchtaugliches) Leseangebot bereithält und den beschriebenen textkritischen Problemen Rechnung trägt? Der erste Anspruch bedeutet, die »Vorstellung von dem *einen* Edierten Text« nicht von vornherein preiszugeben, sondern im Gegenteil von ihr auszugehen.[76] Verloren geht dadurch nichts (die Gesamtheit aller überlieferten Fassungen ist im dokumentarischen Teil der Edition verfügbar), hinzu kommt ein editorisch verantworteter Text. Da neben den Gedichten auch Goethes Gedichtsammlungen Werkcharakter aufweisen,[77] führt an ihnen und zumal ihren späteren Ausprägungen kein Weg vorbei. Diese sind jedoch in einem Textzustand wiederzugeben, der im Gegensatz zum Text von C³ zwar nicht mehr ursprünglich, aber noch autornah ist. Den letzten autornahen Textzustand der Gedichtsammlungen bildeten die Vorlagen zu B 1 und 2 sowie zu C³ 3 und 4. Die andernorts in C, die nur außerhalb der Gesamtausgaben gedruckten sowie die zu Lebzeiten ungedruckt gebliebenen Gedichte sind analog zu behandeln, bieten aber insofern weniger Probleme, als sie in der Regel keine lange und komplexe Druckgeschichte durchgemacht haben. Fassungen, die weniger autornah und zugleich

---

37 hinzu (zu den Gedichten in WA I, 37 vgl. die Beschlüsse der Redaktorenkonferenz, ebd.: Die »Knabengedichte« und »Juvenilia« werden dort unter die »andern Urkunden der Entwicklung Goethes« verwiesen).
74 Scherer (Anm. 7), T. II, passim, T. III, S. 257-284.
75 Vgl. Richter (Anm. 63), S. 47 f.
76 Vgl. ebd., S. 48.
77 Die Formulierung Richters markiert einen diesbezüglichen Konsens, vgl. Richter (Anm. 63), S. 47.

nicht zu vernachlässigen sind, kommen allenfalls ausnahmsweise vor. Sowohl für die Aufnahme als auch für die Einteilung und Anordnung gibt das Überlieferungskriterium den Ausschlag.[78] Der konstituierte Text bringt gegenüber dem der WA und allen nachfolgenden wissenschaftlichen Ausgaben substantielle Verbesserungen. Zudem ermöglicht er es, sich des Textes in dem beschriebenen umfassenden Sinn zu vergewissern, einschließlich der bleibenden Unwägbarkeiten und der diskussionsbedürftigen Entscheidungen, die zu seinem Zustandekommen geführt haben. Er verweist zudem unmittelbar auf die Gesamtüberlieferung, die ihm zugrundeliegt, deren Wiedergabe den größten Teil der Edition bildet und von der weitere Forschungen ausgehen sollen.

---

78 Die Gedichte stehen danach zusammen, ob sie zu Lebzeiten in C (außerhalb von C 1-4), zu Lebzeiten nur außerhalb der Gesamtausgaben oder erst postum gedruckt wurden. Bereits von Goethe gebildete Gruppen bleiben bestehen. Die editorisch festgestellte Chronologie kommt als Anordnungsprinzip zum Zug, wo weder die Überlieferung noch nachweisbare Entscheidungen Goethes einen Anhalt bieten. Unabhängig vom konstituierten Text macht die Ausgabe die Gedichte in chronologischer Anordnung lesbar, und zwar optional mit Zusammenhaltung der Zyklen oder mit Absehung von Zyklen sowie mit Einbeziehung der späteren Fassungen oder reduziert auf die Erstfassungen.

Goethe-Bücher der Vergangenheit, neu gelesen

Gustav Seibt

Gott spielen.
Zu Thomas Manns Roman »Lotte in Weimar«

In seinen *Tag- und Jahresheften* gedenkt Goethe am Ende des Jahres 1816 einer Reihe von Besuchen, »sämtlich Erinnerungen früher und frühster Zeit erweckend«, darunter, als letzte der Aufzählung, »Hofrätin Kästner aus Hannover« (MA 14, S. 254). Dies und vier ebenso einsilbige Erwähnungen im Tagebuch sind alles, was Goethe vom Wiedersehen mit der mehr als vier Jahrzehnte zuvor geliebten Lotte verlauten ließ. Dabei gab es immerhin zwei ausführliche Begegnungen bei Einladungen, eine am 25. September zum Mittagessen bei Goethes und eine Abendgesellschaft bei Kanzler Müller am 14. Oktober. Zweimal, am 19. und am 21. Oktober, besuchte Charlotte Kestner, geborene Buff, zudem das Hoftheater. Am 19. offenbar mit Goethe, am 21. als Gast in Goethes Loge.[1] Am 19. Oktober wurde der *Epimenides* gegeben. Goethe begleitete seine alte Freundin also zu einem Stück, das in jeder Hinsicht maximalen Abstand zu *Die Leiden des jungen Werthers* zeigt, dem Jugendwerk, das Charlotte ihren Welt- und Nachruhm sicherte. Die Hofrätin hatte sich schon am 4. Oktober, also noch vor der Einladung bei Müllers, in einem Brief an ihren Sohn August etwas ausführlicher geäußert:

> Von dem Wiedersehen des großen Mannes habe ich Euch selbst noch wohl nichts gesagt; viel kann ich auch nicht darüber bemerken. Nur soviel: ich habe eine neue Bekanntschaft von einem alten Mann gemacht, welcher, wenn ich nicht wüßte, daß es Goethe wäre, und auch dennoch, keinen angenehmen Eindruck auf mich gemacht hat. Du weißt, wie wenig ich mir von diesem Wiedersehen, oder vielmehr dieser neuen Bekanntschaft versprach, war daher sehr unbefangen; auch tat er nach seiner steifen Art alles Mögliche, um verbindlich gegen mich zu sein.[2]

---

[1] Der Kommentar der kritischen Ausgabe der Tagebücher Goethes rechnet mit drei persönlichen Begegnungen zwischen der Hofrätin Kestner und Goethe: am 25.9, 14.10 und 21.10.1816. Am 19.10.1816 wäre Lotte demnach allein in Goethes Loge im Theater gewesen. Vgl. zum 25.9.1816: GT V,2, S. 983.
[2] Charlotte Kestner an ihren Sohn August am 4.10.1816. In: *Gespräche* 2, S. 1162.

Schon fünf Tage zuvor war an den gleichen Adressaten ein etwa zehnmal so langer Bericht von Lottes Tochter Clara Kestner ergangen, dessen Quintessenz der Nebensatz »denn Rührung kam nicht in sein Herz« zusammenfasst.[3] Man darf nach damaligen Korrespondenzumständen damit rechnen, dass Mutter und Tochter ihre Briefe wechselseitig lasen. Das Bild der Ernüchterung, das sie geben, wird von dem Umstand komplettiert, dass die späteren Begegnungen mit Goethe den beiden Besucherinnen keine weiteren schriftlichen Berichte entlockten. Wie gefiel Charlotte Kestner der *Epimenides*? Wir erfahren es nicht. Dieses spätere Schweigen der beiden Damen ist angesichts des Eifers, mit dem zahllose andere Besucher noch kleinste Brocken ihrer Goethe-Audienzen zusammenfegten und ausschmückend aufbereiteten, vielsagend, um nicht zu sagen buchenswert. Nun waren Lotte und Clara Kestner eigentlich nicht Goethes wegen nach Weimar gereist, sondern zum Verwandtenbesuch bei Kammerdirektor Ridel, der Amalie Buff, eine jüngere Schwester Lottes geheiratet hatte. Zwischen Ridel und Goethe bestand eine nicht intime, aber kollegiale Nähe unter Staatsdienern, die eine gewisse Veralltäglichung des Goetheschen Charismas bewirkt haben mag.

Und doch: Es gibt wohl keinen fühlenden Goethe-Leser, keine Leserin, die sich nicht fragt, wie die beiden durch jugendliche Leidenschaft und ihre Verwandlung in Literatur verbundenen Menschen sich nach 44 Jahren angeschaut haben mögen. Solche Wiederbegegnungen über Zeitabgründe sind in der heutigen unentwegt reisenden Welt rar geworden, sofern nicht politische Schicksale alte Verbindungen zwangsweise unterbrechen. Zudem sichern Fotografien und längst auch kleine Filme die Erinnerung und halten die Menschen auf dem Stand ihrer äußerlichen Veränderung in der Zeit. Ein Wiedersehen nach so langer Zeit hatte in einer Welt mit weniger Verkehr und nur vortechnischen Bildmedien ein völlig anderes Gewicht. Die kühle Nüchternheit, die sich in den wenigen Zeugnissen des Jahres 1816 zeigt, ist auffallend und lässt ahnen, dass die Vergangenheit vergangen war; das Gefühl war aufgezehrt. Und das ist womöglich nicht einmal überraschend.

Als Thomas Mann seit 1936 aus dem Wiedersehen des Jahres 1816 seinen Roman *Lotte in Weimar* entwickelte, in einer *Amplificatio*, die dem Verhältnis von Bibel und Josephs-Romanen gleichkommt, waren ihm die Begegnungen zwischen Charlotte Kestner und Goethe nach dem 25. September 1816 gar nicht bewusst und damit entging ihm auch ihr zusätzliches Ernüchterungspotential. Auf spätere Hinweise des Germanisten Bernhard Blume reagierte er sogar verschnupft: »Übrigens sind mir diese historischen Wiederbegegnungen ein wahres Ärgernis, und ich finde wieder bestätigt, daß die Dichtung wahrer ist als die Wirklichkeit« (K 74, 3.12.1944).[4] Erzähldramaturgisch hat er alles Recht auf seiner Seite. Wiederholte Begegnungen hätten im Roman einen unerträglichen Spannungsabfall bedeutet und die geisterhafte Szene in Goethes Kutsche am Schluss unmöglich gemacht.

Wer von der dokumentierten Wirklichkeit des Wiedersehens von 1816 zu Thomas Manns Roman übergeht, verlässt ein kahles Zimmer und betritt einen gewal-

---

3   Clara Kestner an ihren Bruder August am 29.9.1816. In: *Gespräche* 2, S. 1160.
4   Thomas Manns Äußerungen zu *Lotte in Weimar* werden im Folgenden im Text mit »K« und Datum zitiert nach: Thomas Mann: *Selbstkommentare. »Lotte in Weimar«*. Hrsg. von Hans Wysling unter Mitarbeit von Marianne Eich-Fischer. Frankfurt a. M. 1995.

tigen, luxurierenden und reich möblierten Erzählpalast oder mit einem anderen Vergleich: eine mit präziser historischer Kenntnis ausgestattete Filmkulisse. Das beginnt bei den Äußerlichkeiten, den ausführlich geschilderten Garderoben, Frisuren und Accessoires der Figuren, den Inneneinrichtungen, so beim Mobiliar im »Parlour-Room« des Hotels »Zum Elephanten«, wo die Hofrätin Kestner logiert – weißer säulenförmiger Ofen, Carl-August-Bild (L, S. 56)[5] –, bis zu den wohlbekannten Interieurs am Frauenplan; es setzt sich fort mit einer überbordenden Fülle dokumentierter Fakten aus Goethes Leben und Werk, durchschwirrt von Stimmen, Anspielungen und Zitaten, von denen sich so viele nachweisen lassen, dass reine Erfindungen Thomas Manns sogar besonderes Gewicht erhalten. Ein großer Kenner Goethes, der Philosoph Ernst Cassirer, hielt schon 1940 in der ersten gründlichen Studie zu Thomas Manns Roman fest, um das Material für *Lotte in Weimar* zu gewinnen, sei »nichts Geringeres erforderlich als ein Studium des *ganzen* Goethischen Werks«, er billigte dem Autor eine »gewaltige, offenbar Jahrzehnte umfassende Arbeit« zu und postulierte, dass die dabei erreichte Goethe-Kenntnis »sich […] nur den Wissenden und Verstehenden ganz erschließen kann.«.[6]

Diese Erschließung fand 2003 einen gewissen Abschluss in dem Kommentarband, den Werner Frizen im Rahmen der *Großen kommentierten Frankfurter Ausgabe* der Werke Thomas Manns vorgelegt hat. Er ist doppelt so umfangreich wie der in dieser Ausgabe 450 Seiten zählende Roman. Der reine Stellenkommentar hat mehr als 600 Seiten. Schon diese Zahlenverhältnisse geben einen Eindruck von dem Ausmaß alexandrinischer Intertextualität, die *Lotte in Weimar* unterfüttert. Der Roman gleicht in seiner Montagetechnik jenen mittelalterlichen Bauten, die aus Spolien antiker Vorläufer zu etwas ganz Neuartigem zusammengefügt wurden, das dabei noch etwas vom Stil und Geist des verwendeten Bauschutts bewahrte und in eine andere Zeit trug. Dabei zeigt vor allem die Übersicht zu den Quellen die Effizienz von Thomas Manns Arbeitsweise, die gar nicht jahrzehntelanger Vorarbeiten bedurfte. Thomas Mann war durchaus ›goethefest‹, und schon die Goethe-Essays und -Reden seit 1921, gehäuft im Gedenkjahr 1932, hatten ihn mit einem soliden Grundstock an biographischem Wissen und abrufbaren Zitaten versehen.[7] An den Vorstudien zum Roman fällt auf, wie scharfsichtig er sekundäre, zuweilen dubiose Quellen, deren intellektuelle Fragwürdigkeit ihm durchaus bewusst war, auf ihren faktischen Nutzwert und ihre Anregungskraft siebte. Das ist neben dem Roman ein eigenes Lektürevergnügen, das Bewunderung erregt, weniger für sturen

---

5 Thomas Manns Roman wird im Text mit »L« und Seitenzahl nach Band 9.1 der *Großen kommentierten Frankfurter Ausgabe* zitiert. Der Stellenkommentar in Band 9.2 ist dabei jeweils mitzitiert. Weitere Verweise auf den Kommentarband im Text mit »L 9.2« und Seitenzahl. Thomas Mann: *Lotte in Weimar*. Hrsg. u. kommentiert von Werner Frizen. 2 Bde. Frankfurt a. M. 2003.

6 Ernst Cassirer: *Thomas Manns Goethe-Bild. Eine Studie über »Lotte in Weimar«.* In: *The Germanic Review* 20 (1945), S. 166-194, wo der 1940 entstandene Text zuerst erschien. Hier zitiert nach Ernst Cassirer: *Geist und Leben. Schriften.* Leipzig 1993, S. 142, 144, 146.

7 Thomas Manns umfangreiches essayistisches Goethe-Werk ist zusammengestellt und ausführlich kommentiert in dem Band: Thomas Mann: *Goethe*. Hrsg. von Yahya Elsaghe und Hanspeter Affolter. Frankfurt a. M. 2019.

gelehrten Fleiß als für phantastische Intelligenz, die weiß, was sie braucht, und findet, was sie sucht.

So lenkt *Lotte in Weimar*, wenn man den Roman als ›Goethe-Buch‹ liest, den Blick auf mehr oder weniger verschollene andere Goethe-Bücher, meist solche aus der Hochphase positivistischen Sammelns und biographischer Forschung vor dem Ersten Weltkrieg, wie sie durch das Wachsen der Weimarer Ausgabe begünstigt wurde. Dafür stehen Namen und Bücher wie Albert Bielschowskys zweibändige Goethe-Biographie, ein seit 1895 in vielen Auflagen verbreitetes wilhelminisches Hausbuch, das Thomas Mann lebenslang begleitete; Wilhelm Bodes Biographie von *Goethes Sohn* August aus dem Jahr 1918, ein akkurates, freundlich geschriebenes Buch, dessen Lektüre bis heute lohnt – sie sei, so Frizen (L 9.2, S. 71) nahezu »vollständig in den Roman umgeschmolzen« worden; Ludwig Geigers nicht minder nützliche und gut lesbare Porträtsammlung *Goethe und die Seinen* von 1908 und natürlich die diversen Auflagen der Biedermannschen Gesprächssammlung sowie Riemers *Mitteilungen über Goethe*. Wer nur den keineswegs esoterischen Band Bodes über August von Goethe gelesen hat, verfügt über ein exemplarisches, über weite Strecken tragendes Instrument, um dokumentiertes historisches Material und Fiktion im Lotte-Roman gegeneinanderzuhalten. Wer sich die Freude macht, in älteren Abbildungswerken wie Emil Schäffers *Goethes äußere Erscheinung* (1914) zu blättern, wird viele Details wiedererkennen. Frizens Verzeichnis der von Thomas Mann benutzten Literatur ist genau fünf Seiten lang (L 9.2, S. 859-864); das ist nicht übermenschlich, zumal darin anregende psychoanalytische Literatur, Hintergrundwerke wie Ricarda Huchs *Blüthezeit der Romantik* (1899), Werkausgaben von Nietzsche oder Schopenhauer und natürlich die von Thomas Mann benutzten Goethe-Ausgaben mitenthalten sind. Jede heutige Doktorarbeit kommt leicht auf das Zehnfache an Bibliographie. Dass Thomas Mann mit dieser Ausrüstung einen wirklichen Gelehrten wie Cassirer so beeindrucken konnte – um es nicht blenden zu nennen –, beweist eine eigene Genialität. Ein besserer Leser hat wohl selten gearbeitet.

Zugleich enthält der Roman, wie Alexander Nebrig gezeigt hat, eine ironische Darstellung und Kritik an jener biographistischen Goethe-Philologie mit ihren Leben-Werk-Gleichungen, auf die Thomas Mann sich zur Materialbeschaffung stützte.[8] Gleich zu Beginn besteht der naiv enthusiastische Kellner Mager auf der »Identität« der angereisten Charlotte Kestner mit der literarischen Gestalt der Lotte im *Werther*, sogar gegen die Einwände der Hofrätin (L, S. 21 f.). Riemers Aufmerken, als Lotte ihm von jener Rezension der *Gedichte von einem polnischen Juden*[9] berichtet, in der Goethe zum ersten Mal auf ihre Familienverhältnisse und das Wetzlarer Liebesidyll angespielt hatte, ist kaum weniger schlicht: »Verehrteste, das ist eine Sache von größter Wichtigkeit!« (L, S. 112). Denn selbst Riemer war – im Roman – dieser Text von 1772 bisher unbekannt geblieben. Die Riemer-Figur steht für eine Einfühlung und intime Kenntnis, die es zuweilen besser zu wissen meint als Goethe selbst. Der Adlat kann Briefe für den Meister verfassen und sich dabei in so

---

8 Alexander Nebrig: *Disziplinäre Dichtung. Philologische Bildung und deutsche Literatur in der ersten Hälfte des 20. Jahrhunderts*. Berlin, Boston 2013, S. 211-246.
9 MA 1.2, S. 349-351.

»kurialisch geisterhaften und hochverschnurrten Wendungen« bewegen, »daß diejenigen seiner Briefe, die von mir sind, goethischer sein mögen als die von ihm diktierten« (L, S. 81 f.). Das Volk, das unter Charlottes Fenstern im Weimarer »Elephanten« auf das »Urbild« (L, S. 19) der Werther-Lotte wartet, steht mit seiner primitiven Neugier für die »persönlichen Specialissima« (L, S. 54) nur am Beginn eines Kontinuums, das im Roman bis in den inneren Monolog des siebten Kapitels führt. Dem Autor Thomas Mann waren die Fallstricke einer solchen philiströsen Philologenintimität offenkundig bewusst – das Ironie-Signal in den eigenen Text hinein ist unüberhörbar.

Die nun ihrerseits positivistische Detailkommentierung der Thomas-Mann-Forschung am Text des Romans relativiert auch einen gewichtigen Zweifel: Ist *Lotte in Weimar* überhaupt ein Goethe-Roman? Der Literaturkritiker Reinhard Baumgart hat dies 1983 in der FAZ bestritten:

> Aber »Lotte in Weimar« ist so sehr und so wenig ein Goethe-Roman, wie die »Meistersinger von Nürnberg« eine Hans-Sachs-Oper oder der »Tasso« ein dramatisches Gedicht über das Leben eines Cinquecento-Dichters sind. Denn es geht hier wie dort, bei Thomas Mann oder Goethe oder Wagner, nicht um Porträts aus der Weltkunstgeschichte, sondern um das Verhältnis von Kunst und Leben, Konvention und Ausnahme, Genie und Gesellschaft.[10]

Nun kann man einen Roman von Thomas Mann über Goethe trivialerweise von zwei Seiten aus betrachten, von der Manns und der Goethes. Die Alternative ist keine, sie bezeichnet zwei Aspekte derselben Sache, und zwar in viel höherem Maß als bei den anderen von Baumgart genannten Beispielen, weil *Lotte in Weimar* in unvergleichlich höherem Maß historische Empirie verwendet als Goethe im *Tasso* oder Wagner in den *Meistersingern*. Baumgarts Vergleiche machen diese Eigentümlichkeit von Thomas Manns Roman sogar besonders sichtbar.

Nähert man sich ihm von der Seite seines Autor her, wie es in der Germanistik meist üblich ist, dann erscheint er als Variation von Thomas Manns Lebensthema, dem Widerstreit von Leben und Kunst, dem Opfer des Lebens und der Liebe für die Kunst.[11] Zugleich kann man ihn als Endpunkt und Lösung eines ödipalen Dramas verstehen, in dem der Autor Thomas Mann in die Goethe-Nachfolge als »epochaler Nationalschriftsteller« eintritt.[12] Beide Motive vereinen sich in der Verbindung von Mythos und Psychologie, die das Romanwerk *Joseph und seine Brüder* vorgemacht hat und die *Lotte in Weimar* am Beispiel Goethes variiert. Sie konstituieren die tiefe Ambivalenz von Verehrung für einen Gott und Aufsässigkeit gegen ihn, die den Roman insgesamt trägt. Vom dritten bis zum sechsten Kapitel kommen allesamt ›Opfer‹ von Goethes Größe zu Wort. Ein Opfer ist schon Lotte selbst, in

---

10 Reinhard Baumgart: *Eine Fata Morgana deutscher Kultur*. In: *Frankfurter Allgemeine Zeitung* (15.11.1983). Der Beitrag war Teil der von Marcel Reich-Ranicki redigierten Serie »Romane von gestern – heute gelesen«.
11 Käte Hamburger: *Thomas Manns Goethe*. In: Helmut Kreuzer, Jürgen Kühnel (Hrsg.): *Käte Hamburger zum 90. Geburtstag*. Siegen 1986, S. 11-24.
12 Peter von Matt: *Das Schicksal der Phantasie. Studien zur deutschen Literatur*. München 1994, S. 242-256 (»Zur Psychologie des deutschen Nationalschriftstellers«).

deren beginnender Ehe sich Goethe als göttlicher »Schmarutzer« (L, S. 117) niederließ wie Zeus bei Alkmene und Amphitryon.¹³ Ein Opfer ist Riemer, der zugunsten eines Lebens für Goethe auf die »Mannesehre« (L, S. 60) der Selbständigkeit verzichtet. Dass Riemers Physiognomie mit der eines Rindes verglichen wird, signalisiert seine Rolle als Opfertier des Zeus, am beeindruckendsten in einer Erschöpfungspause des Gesprächs mit Lotte:

> Er war bleich, Schweißtropfen standen auf seiner Stirn, seine Rindsaugen blickten blind und glotzend, und sein offener Mund, dessen sonst bloß maulender Zug dem Ausdruck einer tragischen Maske ähnlicher geworden war, atmete schwer, rasch und hörbar. (L, S. 97)

Man kann es in der therapeutischen Sitzung, die sich zwischen den beiden Opfern entwickelt, als Todeserfahrung lesen. Ein Opfer ist auch Goethes Sohn August, dem seine Sohnschaft eine unbeschwerte Jugend, die Möglichkeit der Studentenfreundschaft mit den modernen Romantikern und die Teilnahme als Freiwilliger in den Befreiungskriegen verwehrt. August wird, ob er will oder nicht, in die Zeitfremdheit und Gegenwartsablehnung seines Vaters gezogen, er verkümmert dabei regelrecht. Gespenstisch ist, dass der Vater an seinem Sohn das Muster des göttlich-erotischen »Schmarutzertums« wiederholt: August heiratet die ihn gar nicht liebende Ottilie von Pogwisch, weil diese eine weitere Variation jener zarten Frauengestalten ist, von denen sein Vater seit Friederike Brion und Lotte Buff bis zu Marianne von Willemer erotisch-poetisch-leidenschaftlich affiziert war, ohne ihnen sonst näherzukommen. Ein Hauch von Inzest zieht in solchen Wiederholungsspielen ins Haus am Frauenplan.

Was für ein Gott ist das? Riemer spricht von seiner »eigentümliche[n] Kälte, eine[m] vernichtenden Gleichmut«, der »Neutralität und Indifferenz der absoluten Kunst«, von »umfassende[r] Ironie« (L, S. 92) einer »elbischen« Natur, die in einer Welt »des allgemeinen Geltenlassens und der vernichtenden Toleranz [...], einer Welt ohne Zweck und Ursach'« lebt, »in der das Böse und das Gute ihr gleiches ironisches Recht haben« (L, S. 93). Das ist, wie Hans Wysling schon 1978 gezeigt hat, eine Variation von Heines Goethe-Bild in der *Romantischen Schule*, wo es von Goethes »Indifferentismus« heißt:

> Sein Indifferentismus war ebenfalls ein Resultat seiner pantheistischen Weltansicht. [...] nicht selten hat der Pantheismus die Menschen zu Indifferentisten gemacht. Sie dachten: wenn Alles Gott ist, so mag es gleichgültig sein, womit man sich beschäftigt, ob mit Wolken oder antiken Gemmen, ob mit Volksliedern oder mit Affenknochen, ob mit Menschen oder mit Comödianten.¹⁴

Von Heine – aus *Religion und Philosophie in Deutschland* – stammt auch die witzigste Charakterisierung Goethes als ›Olympier‹, die Thomas Mann in seiner Anwendung des Amphitryon-Mythos auf Goethes Liebesleben aktualisiert:

---

13 Eckhard Heftrich: *Lotte in Weimar*. In: Helmut Koopmann (Hrsg.): *Thomas-Mann-Handbuch*. ³Stuttgart 2001, S. 436.
14 Hans Wysling: *Thomas Manns Goethe-Nachfolge*. In: *Jahrbuch des Freien Deutschen Hochstifts* (1978), S. 498-551; hier S. 540.

Man sagte von dem sitzenden Jupiter des Phidias zu Olympia, daß er das Dachgewölbe des Tempels zersprengen würde, wenn er einmal plötzlich aufstünde. Dies war ganz die Lage Goethes zu Weimar; wenn er aus seiner stillsitzenden Ruhe einmal pötzlich in die Höhe gefahren wäre, er hätte den Staatsgiebel durchbrochen, oder, was noch wahrscheinlicher, er hätte sich daran den Kopf zerstoßen. [...] Der deutsche Jupiter blieb ruhig sitzen und ließ sich ruhig anbeten und beräuchern.[15]

Olympier, Proteus, Narziß: Die Fülle der mythologischen Bezüge, die Thomas Mann aufruft, ist gewaltig.[16] Riemer weiß natürlich, was er sagt, wenn er von der »Poesie«, deren »Handlanger und Geheimsekretär« er seit neun plus vier Jahren ist, erklärt, sie sei ein »Mysterium, die Menschwerdung des Göttlichen«, »tatsächlich ebenso menschlich wie göttlich« (L, S. 118). Den Vergleich Goethes mit Jesus von Nazareth hatte Thomas Mann selbst in einem kurzen Text über Goethe *An die japanische Jugend* schon 1932 gezogen.[17] Und so darf Lotte sich als Madonnenfigur »im Dom der Humanität« begreifen (L, S. 125). Solche feierliche Hyperbolik steht in einem komischen und zugleich rührenden Kontrast zur Puppenhaftigkeit der historisch präzise ausgepinselten und möblierten Kulissen der Romanhandlung. Dieser Gott läuft unentwegt Gefahr, sich den Kopf an irgendeinem Giebel zu zerstoßen, und sei es die Theaterdekoration für ein Lustspiel.

Von der Lustspielhaftigkeit seiner Anlage, überdeutlich schon am Beginn, der mit der Ankunft der Damen im Hotel unverkennbar an Lessings *Minna von Barnhelm* erinnert, hat Thomas Mann selbst gesprochen. Er habe lange geschwankt, »ob dieser Stoff nicht besser fürs Theater tauge mit seinen Lustspielelementen« (K 54, März/April 1940). Das zeigt sich schon in der geringen Anzahl der durchweg in Innenräumen gelegenen Schauplätze, die sich auf das Hotel »Zum Elephanten« und Goethes Haus am Frauenplan konzentrieren. Auch Theater und Kutsche im Schlusskapitel sind solche Innenräume. Dazu kommt die durchgehende Dialogstruktur, die auch im siebten Kapitel, wo sie zum inneren Monolog zusammenschrumpft, immer wieder durchbricht, in Goethes Gesprächen mit Diener, Schreiber und Sohn. Dialog bedeutet das szenische Zusammenfallen von Erzählzeit und erzählter Zeit, sie öffnet also das Tor zur Verfilmung, die selbstverständlich nicht ausblieb.[18] Die äußerliche Beschreibungsdichte, die Thomas Mann vom historischen Roman ererbt hat, trägt von Anfang an drehbuchhafte Züge: Die Ankunft vor dem Hotel, das Aussteigen der Damen aus der Kutsche, ihr Eintreffen an der Rezeption des Hotels lassen sich nachstellen. Eine Anmutung von Agfa-Color liegt

---

15 Ebd. Vgl. Heinrich Heine: *Sämtliche Schriften*. Bd. 3. Hrsg. von Klaus Briegleb. München 1971, S. 394 u. S. 620.
16 Friedhelm Marx: »*Die Menschwerdung des Göttlichen*«. Thomas Manns Goethe-Bild in »*Lotte in Weimar*«. In: *Thomas-Mann-Jahrbuch* 10 (1997), S. 113-132; hier S. 122-128.
17 Mann (Anm. 7), S. 194.
18 Die DEFA verfilmte den Stoff unter der Regie von Egon Günther (1975). Vgl. Andréas-Benjamin Seyfert: *Goethe lebt! Der Dichter als Filmgestalt*. In: Alexander Honold, Edith Anna Kunz u. Hans-Jürgen Schrader (Hrsg.): *Goethe als Literaturfigur*. Göttingen 2016, S. 255-270; hier S. 266-268.

über der Szenerie. Die dialogische Form ist allerdings offen für novellistische Einlagen, und nicht ohne Grund hat man an die Parallele zu Goethes *Unterhaltungen deutscher Ausgewanderten* erinnert.[19] Die Binnennovelle des fünften Kapitels – *Adele's Erzählung* – ist der einzige Teil des Romans, der die Bühnenhaftigkeit der Interieurs verlässt und einen großen Schritt an die frische Luft wagt. Doch das dialogische Zusammenfallen von Erzählzeit und erzählter Zeit auf dem Bühnenvordergrund darf nicht über die viel weitergespannten Themen, über die da verhandelt wird, hinwegtäuschen. Die Gespräche des Romans berühren wesentliche Etappen von Goethes Leben, die erste Liebe zu Friederike in Sesenheim, das Drama von Wetzlar, die Liebe zu Marianne von Willemer und ihre Bedeutung für die Entstehung des *West-östlichen Divans*. Der Raum von drei Tagen, in dem sich der allergrößte Teil des Romans abspielt, wird zum Gefäß für fünf Jahrzehnte. Das ist keine ausgeführte Biographie, aber doch ein großes Stück von ihr.[20]

Diese Beobachtungen führen auf das Spiel, das der Romanaufbau mit dem Leser – dem Zuschauer des Lesedramas – spielt. In den ersten sechs Kapiteln wird der Held und Gegenstand des Buches, der göttliche Nationaldichter, in immer engeren Kreisen umzingelt. Die äußeren Ringe sind durch die Popularität beim Volk, das sich vor dem Hotel versammelt, durch den Kunstenthusiasmus des Kleinbürgers Mager und die Prominentenjagd der Bildreporterin Miss Cuzzle bezeichnet. Zwei innere Kreise beschreiben die Figuren Riemer und August, der intime Helfer und der Sohn. Dazwischen liegt die Welt der Weimarer Gesellschaft, die sich ans Leben mit dem Gott gewöhnt hat und die in den Berichten Adele Schopenhauers präsent ist. Allen diesen Sphären ist gemeinsam, dass sie Goethe von außen zeigen und sehen lassen, wenn auch in unterschiedlichen Abständen und Brennweiten. Ein konventionellerer Aufbau als der, den Thomas Mann wählte, hätte in einem nächsten Schritt Goethe selbst szenisch in Gesellschaft auftreten lassen können. Man streiche versuchsweise das siebte Kapitel aus dem Roman: Er würde mit geringen Retuschen immer noch funktionieren und ein sinnvolles Ganzes ergeben. Man redet über einen Helden und dann betritt er selbst die Szene. Der Abstand wird noch einmal verringert, naheliegender geht es eigentlich nicht.

Stattdessen hat sich Thomas Mann für einen Sprung ins Innere Goethes – und gleichzeitig zu einem Zeitschritt zurück um mehrere Stunden am ersten Handlungstag, dem 22. September 1816 – entschieden. Die Außenperspektive wird gekontert von einer Innensicht. Das ist bei einer Figur, die zuvor ausführlich als übermächtige, Opfer fordernde, zwischen Allseitigkeit und Nihilismus oszillierende, mit vernichtender Toleranz und nicht dingfest zu machender Ironie ausgestattete Gottheit charakterisiert wurde, eine wahrhaft erstaunliche, eigentlich atemberaubende Operation. Eine bemerkenswerte Folge dieses Erzählschritts ist, dass der Leser ins achte Kapitel, das große Mittagsmahl bei Goethe, als Komplize des großen Mannes geht, auch wenn dieses Kapitel Goethe wieder von außen zeigt, als handelnde und redende Theaterfigur. Der Leser hat im siebten Kapitel die andere Perspektive ge-

---

19 Hinrich Siefken: *Thomas Mann. Goethe – »Ideal der Deutschheit«. Wiederholte Spiegelungen 1893-1949*. München 1981, S. 199 f.
20 Ein wenig erinnert die Stoffwahl an das beliebte Thema »Goethe und die Frauen«. Vgl. z. B. Wilhelm Bode: *Goethes Liebesleben. Dichtung und Wahrheit*. Berlin 1913.

wonnen, er vermag Goethes Umgebung aus den Augen des Olympiers zu sehen, der sich seinen Kopf an den Dachbalken der eigenen Behausung zu stoßen droht und dem die fatale Mischung aus Unterwerfung und Aufsässigkeit, die seine Existenz bei seiner Umgebung erzeugt, nicht entgeht. Dass Goethe selbst darauf die Probe macht, indem er das chinesische Sprichwort vom großen Mann, der ein öffentliches Unglück sei, ins Gespräch bringt, verleiht der Szenerie eine Art diebischer Abgründigkeit (L, S. 411). An keiner Stelle ist er einem veritablen Bühnenstück näher als in diesem prekären Moment.

Thomas Mann hat schon ganz am Beginn seiner Arbeit vom »Spaßhaften«, das er sich ausdenke, gesprochen: »Die Vorstellung, den ›Mythos‹ einmal wirklich auf die Beine zu stellen und ins Leben zu rufen (›sehnsüchtiger Gewalt – die einzigste Gestalt‹) hat etwas sehr Aufregendes und Amüsantes, wofür zu leben lohnt« (K 8, 21.10.1936). Später hat ihn keine Reaktion auf den Roman mehr gefreut als die Bekundung eines Rezensenten in einem Luzerner Blatt, »seit den Indianergeschichten seiner Knabenzeit habe er kein Buch mehr so verschlungen! Das hat mir großen Spaß gemacht, denn es spricht für eine gewisse Abenteuerlichkeit der Lektüre [...]« (K 53, 23.3.1940). Dem Luzerner Rezensenten, Kuno Müller, hat er diese Formulierung in einem Brief freudig weitergesponnen:

> Zugleich aber ist das Buch auch ein Abenteuer, für den Leser offenbar nicht weniger als es für den Autor war, nämlich durch die Verwirklichung des Mythos [...]. Der Leser hat die Illusion, ganz genau zu erfahren wie *Er* wirklich gewesen; er hat die Illusion, dabei zu sein, und das ist aufregend. Ihre Indianer-Erinnerungen mögen damit zusammenhängen. (K 51, 3.3.1940)

Bei »Illusion« bleibt es nicht einmal: An einen anderen Adressaten, Harry Slochower, schrieb Thomas Mann am 30. August 1941: »Wir Geschichtenerzähler sind ja Primitive, und unter Primitiven bedeutete, einen Gott zu *spielen*, immer auch ein wenig, ein Gott zu *sein*. Nicht umsonst sprechen Sie von ›Identifikation‹« (K 69, 30.8.1941).

Funktioniert dieses Indianerspiel noch? Im Binnenraum des Romans, wenn man sich als Leser einmal auf ihn eingelassen hat, zweifellos. Die Gebanntheit der Akteurinnen und Akteure von der Hauptfigur wird mit allen Mitteln einer gewieften Erzählkunst plausibel gemacht. Die Dramaturgie des allmählichen Einkreisens, der atmenden Abstandsverringerung und Annäherung bis zur Unio mystica zwischen Lotte und ihrem alten Geliebten in der Kutsche des letzten Kapitels ist bezwingend. Am Ende muss die Entscheidung beim Leser liegen. Was bedeutet ihm der Mythos Goethe? Der Roman setzt eine kulturelle und nationalhistorische Bedeutsamkeit voraus, die in Thomas Manns Epoche so unstritten war, dass sowohl die Intimität, auf die der Roman zusteuert, wie die psychologisch-ironische Kritik am Mythos Goethe einen fraglosen Reiz, bei vielen auch Abstoßung und Befremden, ausüben konnten. Exemplarisch ist die verehrungsvolle Ambivalenz, die Ernst Cassirer bekundete:

> Wir können von ihm [dem Werk] nur ›mit Bewunderung zweifelnd, mit Zweifel bewundernd‹ sprechen. [...] [I]ch wage zu behaupten, daß derjenige, der sich ein Urteil über dasselbe nicht zu erkämpfen hat, keinen Anspruch darauf erheben darf, es verstanden zu haben. Beim ersten Anlauf erringt man sich ein solches

Verständnis nicht. Es kann nur allmählich gewonnen werden, und es setzt von seiten des Lesers nicht nur die volle Hingabe, sondern auch eine ständige geistige Mitarbeit voraus.[21]

Das klingt nun anders als »Indianergeschichte«. Aber beides ist wahr, so lautet jedenfalls die eigene langjährige Erfahrung des Verfassers dieses Beitrags, der dafür den Roman nun schon zum fünften Mal gelesen hat: Wahr ist die Gebanntheit, wahr bleibt der Zweifel.

Das siebte Kapitel macht die Leserin, den Leser mit der Innenansicht des zuvor von seinen Abhängigen so umstandsreich vergöttlichten Helden bekannt. Sie ist entspannter, lässiger als die Außenansicht, unfeierlich, bei allem Selbstbewusstein. Wir erleben den Beginn eines *Tags im Leben Goethes*, wie ihn Erich Trunz auf ungleich kleinerem Raum kaum weniger suggestiv rekonstruiert hat.[22] Das Bild von den materiellen Umständen ist wirklichkeitsgetreu, sogar chronologisch weithin passgenau auf das Jahr 1816 zugeschnitten. Man sieht die Aufgabenfülle eines Vielbeschäftigten zwischen einem Gutachten zum aufsässigen Professor Oken, einem Gelegenheitsgedicht zum Dienstjubiläum des Kollegen Voigt im Staatsministerium und der visionären Vorwegnahme des »Mummenschanzes« im zweiten Teil des *Faust*. Leibliches, die Morgenerektion, Frisur und Frühstück geben absichtsvoll den Kammerdienerblick auf die Größe, auf ihre allzumenschliche Innenseite. Reinhard Baumgart nannte den fast enzyklopädischen Rundblick um die geistige Welt des alten Goethe »[b]ewundernswert als Schreibleistung – sicher, gespenstisch aber in ihrem Effekt. Die kunstreiche Textpartitur stellt gerade nicht her, was sie herbeizaubern möchte, die schöne, herzliche Wärme und humane Fülle dieses überreich begabten Denkens«.[23] Stimmt das? Man hört jedenfalls einem überraschend meinungsfreudigen Grantler zu. Goethe, der ein großer Schweiger sein konnte, wirkt in einem Bewusstseinsstrom, der zwangsläufig auf Verbalisierung des Ungesagten hinausläuft, ungewohnt redselig. Man erlebt einen Dichter, der sich unverhüllt unpoetisch, zuweilen fast ungeformt ausspricht. Hinrich Siefken hat zurecht herausgearbeitet, dass Thomas Mann eher mit Allusionen als mit wörtlichen Zitaten Goethescher Texte arbeitet.[24] Ein kleines Beispiel mag das illustrieren. Zu den Forderungen des anhebenden Tages gehört das Carmen zum fünfzigjährigen Dienstjubiläum – Thomas Mann macht daraus irrtümlich einen Geburtstag – von Christian Gottlob von Voigt, Goethes langjährigem Kollegen in der Weimarer Regierung.[25] Es entstand tatsächlich am 25. September 1816, am Tag des Mittagessens im Roman. Thomas Mann hat es also nur drei Tage vorgezogen. Die erste Stanze des Gedichts ist feierlich und volltönend:

---

21 Cassirer: *Thomas Manns Goethe-Bild* (Anm. 6), S. 142.
22 Erich Trunz: *Ein Tag im Leben Goethes*. München 1990, S. 7-41.
23 Baumgart (Anm. 10).
24 Hinrich Siefken: *Goethe ›spricht‹. Gedanken zum siebenten Kapitel des Romans »Lotte in Weimar«*. In: Eckhard Heftrich, Helmut Koopmann (Hrsg.): *Thomas Mann und seine Quellen. Festschrift für Hans Wysling*. Frankfurt a.M. 1991, S. 224-247.
25 Hans Tümmler: *Goethe der Kollege. Sein Leben und Wirken mit Christian Gottlob von Voigt*. Köln, Wien 1970, S. 206 f.

Von Berges Luft, dem Äther gleich zu achten,
Umweht, auf Gipfelfels hochwald'ger Schlünde,
Im engsten Stollen, wie in tiefsten Schachten
Ein Licht zu suchen, das den Geist entzünde,
War ein gemeinsam köstliches Betrachten,
Ob nicht Natur zuletzt sich doch ergründe?
Und manches Jahr des stillsten Erdelebens
Ward so zum Zeugen edelsten Bestrebens.
(MA 11.1.1, S. 171 und S. 500)

Thomas Mann überführt diese Verse in eine saloppe Prosaversion, die ein vom eigenen Gelegenheitsdichten sehr nüchtern denkender, vom Termindruck geplagter Goethe in seinem Kopf bewegt:

Nun kommt der Tag-Spuk wieder herauf, das ganze Zeug, – da ist auch das Konzept zum »Geburtstagscarmen« an Excellenz von Voigt – Himmel, es will ja gemacht und mundiert sein, am siebenundzwanzigsten ist der Geburtstag, und viel ist es nicht, was ich habe, eigentlich nur ein paar Verse, wovon einer taugt: ›Ob nicht Natur zuletzt sich doch ergründe?‹ Das ist gut, das läßt sich hören, das ist von mir, das mag den ganzen Quark tragen, denn natürlich wirds ein schicklicher Quark […]. (L, S. 289 f.)

Ein paar Viertelstunden später geht es weiter mit dem Verfertigen im Kopf:

Teufel noch mal, das Geburtstagsgedicht! Anfang: Von Berges Luft, dem Aether gleichzuachten, Umweht, auf Gipfelfels hochwaldiger Schlünde – Ist eine etwas herrische Zusammenziehung: ein Gipfel von Schlünden, müssens mir durchgehen lassen, ist doch ein kühn aufrufend Bild, Schlund ist Schluck, sollens nur schlucken […]. (L, S. 331)

Die folgenden Stanzen des Gedichts rafft der Thomas-Mann-Goethe in ein paar Zeilen zusammen, um auf brauchbare Reime zu stoßen:

[…] kehrt unser Sinn sich treulich zu dem Alten, worauf sich *erhalten* reimt, und rasch auch noch die Menge, von der jeder nach eigenem Willen *schalten* will, – gut, wenn du dich nach dem Diktat dahinterstellst, bringst du die Strophen in zwanzig Minuten zusammen. (Ebd.)

Das ist witzig, es verführt allerdings auch zu einer Intimität mit der Leistung des Großen, die leicht zu ihrer Unterschätzung führen mag: ein Angebot an den Leser, sich ein wenig wie ein Genie vorzukommen. Peter Hacks kommentierte den Vorgang in seiner berühmten Seminararbeit zu Thomas Manns Roman so: »Mit despektierlicher Bosheit und unendlicher Skepsis gegen intuitives Diktat wird die Herstellung eines Gelegenheitsgedichtes geschildert: eines widerwillig, gehirnlich zusammengestellten – Meisterwerks«.[26] Im Großen hat Thomas Mann solches prosaisches Prosawerden als schöpferische Vorform der Dichtung – eine regelrechte

---

26 Peter Hacks: *Über den Stil in Thomas Manns »Lotte in Weimar«.* In: *Sinn und Form. Sonderheft Thomas Mann* (1965), S. 240-254; hier S. 245.

Metabasis eis allo genos – bekanntlich an Hand des »Mummenschanzes« im ersten Akt von *Faust II* vorgeführt (L, S. 361-365): Was für ein Spaß!

Der naturgemäß undiplomatische Goethe des morgendlichen Selbstgesprächs – das ist es mehr als ein ›Monolog‹, gar ein Bewusstseinsstrom nach Art von James Joyce – kontrastiert dramaturgisch sehr wirksam mit der feierlich-steifen Gestalt, die das Mittagessen im achten Kapitel bietet. Der Leser verfügt über einen phantastischen Informationsvorsprung gegenüber den geladenen Gästen, die nur die Außenansicht erblicken, während er auch die Innenseite kennt. Die zuweilen fast karikaturhaften Züge, die der Goethe dieses Kapitels trägt, setzen das erzählerische Entmythologisierungsprogramm des siebten Kapitels aber doch bruchlos fort.

Wie gestaltet der Roman nun im achten Kapitel endlich den Moment des leibhaftigen Wiedersehens nach 44 Jahren, den die kargen Dokumente der Überlieferung uns vorenthalten? Der Empfang im Hause Goethes, die Beschreibung des eleganten, vornehm altfränkischen, teuer gekleideten Hausherrn liest sich wie ein Kondensat aus den hunderten Berichten, die von solchen, oft von Befangenheit und Herzklopfen begleiteten Besuchen erhalten sind. Thomas Mann orientierte sich vornehmlich an Franz Grillparzers Bericht von 1828,[27] aber natürlich war er belesen genug im *Biedermann*, um freihändig eine glaubwürdige Atmosphäre zu schaffen. »Charlotte erkannte ihn und erkannte ihn nicht – von beidem war sie erschüttert« (L, S. 393). Das ist das ambivalente Drama dieser Mittagsstunden. Lotte sieht Goethe scharf, seine Steifheit, seinen leidenden Arm, seine konventionelle Höflichkeit. Auch ihre Tochter, bei Thomas Mann »das herbe Lottchen« (und nicht Clara wie in der historischen Wirklichkeit), durchschaut die Deplatziertheit eines konventionellen Kompliments zu ihren Augen, die »unter der Männerwelt schon manches Unheil angerichtet haben« (L, S. 390) mögen. Sieht Goethe Lotten? Wie sieht er sie? Da das Wiedersehen aus den Augen Lottes geschildert wird, können wir das eigentlich nicht erfahren. Doch es kommt zu einer kurzen Kommunikation der Blicke, die den emotionalen Kern des Romans in einer Sekunde verdichtet:

> Seine Augen gingen etwas unstät zwischen Mutter und Tochter hin und her, aber auch über sie hinaus gegen die Fenster. Charlotte hatte nicht den Eindruck, daß er sie eigentlich sähe; wessen er aber im Fluge gewahr wurde, war, wie ihr nicht entging, das jetzt ganz unbezähmbare Nicken ihres Kopfes: – für einen kurzen Moment schloß er mit einem bis zur Erstorbenheit ernsten und schonenden Ausdruck die Augen vor der Wahrnehmung, kehrte aber aus dieser betrübten Zurückgezogenheit im Nu und als sei nichts geschehen wieder zu verbindlicher Gegenwart zurück. (L, S. 389 f.)

Danach läuft das beklommene Mittagessen mit seinen Anspielungen aufs christliche Abendmahl, gar auf ein archaisches Opfermahl auf ein großes Ausweichen hinaus. Und Thomas Mann exzelliert in einer seiner Meisterdisziplinen, der auskostenden Schilderung von Peinlichkeit.[28] Keine Rührung. Diese bleibt dem Geis-

---

27 Mit den Unterstreichungen Thomas Manns abgedruckt im Kommentarband (Anm. 5) L 9.2, S. 804-809.
28 Irmela von der Lühe: »*Der große Mann ist ein öffentliches Unglück.« Pathos und Komik in Thomas Manns Goethe-Verehrung*. In: Richard Brittnacher, Thomas Koebner

tergespräch in der Kutsche am Schluss, also der Phantasie Lottes vorbehalten. Dort und allein dort spricht »Goethe« (der Goethe in Lottes Imagination) auch von den Kosten der Entsagung in seiner Existenz, etwas, das der wirkliche Goethe eisern beschwieg.

Ein selbstbezügliches Spiel mit den Quellen erlaubt sich Thomas Mann kurz vor dem Ende. Dort lässt er Lotte jenen originalen Brief nach Hause schreiben, den wir hier eingangs zitiert haben. Der Erzähler vergleicht diesen kühlen, in der Logik des Romans tief enttäuschten Bericht mit dem erfundenen Billet, das er Lotte unmittelbar nach ihrer Ankunft im Hotel an Goethe richten lässt. Dort hieß es fiktiverweise: »[…] wie es mich denn auch freuen würde, wieder in ein Antlitz zu blicken, das, während wir beide, ein jeder nach seinem Maße, das Leben bestanden, der Welt so bedeutend geworden ist« (L, S. 31). Der Vergleich der beiden Schreiben, so der Erzähler, »zwingt zu der Bemerkung, einer wieviel sorgsameren inneren Vorbereitung dieses [das erfundene also] seine Form verdankt« (L, S. 431).

Der Roman *Lotte in Weimar* ist nicht nur die Frucht von Thomas Manns seit den zwanziger Jahren intensivierten, im Gedenkjahr 1932 zu einem Höhepunkt gekommenen Goethe-Studien, er ist auch ein Produkt seiner Entstehungszeit in den Jahren von 1936 bis 1939. Wie die Josephs-Romane arbeitet er an der Humanisierung des Mythos, dem faschistisch missbrauchten Begriff, durch Kritik an den menschlichen Kosten der künstlerischen Größe und durch humoristische Veralltäglichung einer nationalen Identifikationsfigur: Zeus im Bett, im Arbeitszimmer, als Gastgeber an einem bürgerlich gedeckten Tisch, als angestrengter Arbeiter, als ein in Umgangsformen verpanzerter schonungsbedürftiger Mensch. Man mag diesen Goethe allzu Thomas-Mann-nah finden, zu nah an der »narzißtische[n] Eingepanzertheit des Schneekönigs«[29], doch vieles an dem Bild ist lebensecht. Zugleich aber und anders als *Joseph und seine Brüder*, das den Mythos im Fest des Erzählens aktualisiert, ist *Lotte in Weimar* auch ein historischer Roman.[30] Im Hintergrund entsteht das Panorama einer Epochenschwelle, das durch Napoleon und den von ihm angefachten, bald romantisch grundierten Nationalismus bestimmt ist. Dieser historische Roman entfaltet sich ganz regelrecht um einen mittleren Charakter, der zwischen den widerstreitenden Kräften des Alten und Neuen steht,[31] nämlich Goethes Sohn August. August ist zerrissen zwischen Vaterwelt und jugendlichem Aufbruch, zwischen Klassik und Romantik, zwischen napoleonischem Kosmopolitismus und nationaler Erhebung, früher hätte man gesagt zwischen »Weltbürgertum und Nationalstaat« (Friedrich Meinecke). Diese Konstellation schildert der Roman, vor allem in der Novelle um den Freiheitskrieger Heinke in *Adele's Erzählung*, auf den Spuren von Wilhelm Bode überaus treffend, mit einem von der Erfahrung des Nationalsozialismus und der Emigration geschärften politischen Bewusstsein. Hier-

(Hrsg.): *Vom Erhabenen und Komischen. Über eine prekäre Konstellation.* Würzburg 2010, S. 143-150.
29 So die Charakterisierung Thomas Manns durch Michael Maar: *Fliegenpapier. Vermischte Notizen.* Hamburg 2022, S. 37.
30 So ausdrücklich Käte Hamburger (Anm. 11), S. 20.
31 Über die Funktion des ›mittleren‹ Helden im genreprägenden Werk Walter Scotts, eines Autors, der im Hause Goethe von Jung und Alt gelesen wurde, vgl. Georg Lukács: *Der Historische Roman.* Berlin 1955, S. 26 f.

her gehören auch berühmte Anspielungen auf die Gegenwart des Romans, so Goethes bittere Kritik an den Deutschen (L, S. 327), wo gut eingewickelt in originale Äußerungen davon die Rede ist, »daß sie sich jedem verzückten Schurken gläubig hingeben, der ihr Niedrigstes aufruft, sie in ihren Lastern bestärkt und sie lehrt, Nationalität als Isolierung und Rohheit zu begreifen [...]« (L, S. 327).[32] Auch der Exkurs über ein spätmittelalterliches Judenpogrom in Eger am Mittagstisch (L, S. 404 f.) ist eine solche überdeutliche Anspielung. Doch in der Summe sind solche unmittelbaren zeitgenössischen Bezüge im Roman geringfügig, zumal das Wesentliche, die Kritik am Mythos Goethe, in Thomas Manns Schriften der frühen dreißiger Jahre längst ausformuliert war.[33] Entscheidend sind hier ohnehin nicht einzelne Anspielungen, sondern das Gesamtbild einer psychologisch-ironisch gebrochenen, auf ihr menschliches Maß gebrachten, unendlich zivilisierten, hintergründigen Gestalt, die in allen ihren Zügen ein humanes Gegenbild zum martialischen Bild von deutscher Größe darstellte, das vom deutschen Schreckensregime propagiert wurde. Hätte sich Thomas Mann hier auf eine bestimmtere Negation eingelassen, dann hätte er diesem Gegner viel zu viel Macht über seinen Gegenstand eingeräumt. Schon die eine Hitler-Anspielung wirkt wie ein Gifttropfen, der das Ganze zu verseuchen droht.

Thomas Mann nannte in seiner Frankfurter Rede von 1949 Goethes Leben im Widerspruch zur heute wieder populären Ansicht, es sei ein Kunstwerk, ein »Kunststück«.[34] Das Gewagte, Prekäre und Anfechtbare ist in diesem Ausdruck ebenso enthalten wie Virtuosität, Überraschung, ja Blendung, die zum Staunen verführen. Kein besseres Wort gibt es für *Lotte in Weimar*.

---

32 Dieses vermeintliche Goethe-Zitat fand seinen Weg bis in ein Plädoyer der Nürnberger Prozesse – und musste von Thomas Mann wiederholt als eigene Zutat deklariert werden, etwa K 82, 20.10.1946, Fn 249 – Thomas Mann an die Redaktion des *German American* in New York.
33 Über *Lotte in Weimar* als Werk des Exils vgl. Karl Robert Mandelkow: *Goethe in Deutschland*. Bd. 2. München 1989, S. 127-134. Zusätzliche Details: Herbert Kraft: *Goethe 1939. Thomas Manns Roman »Lotte in Weimar«*. In: Heinz Gockel, Michael Neumann, Ruprecht Wimmer (Hrsg): *Wagner – Nietzsche – Thomas Mann. Festschrift für Eckhard Heftrich*. Frankfurt a.M. 1993, S. 310-323; Gesa Dane: *Lotte im Hotel ›Zum Elephanten‹. Zur Codierung des Historischen in Thomas Manns »Lotte in Weimar«*. In: *Jahrbuch der Deutschen Schiller-Gesellschaft* 43 (1999), S. 353-376; Hanjo Kesting: *Goethe-Vision aus dem Exil: »Lotte in Weimar«*. In: Ders.: *Thomas Mann – Glanz und Qual*. Göttingen 2023, S. 107-130.
34 Mann (Anm. 7), S. 424.

Miszellen

MARGRIT WYDER

»Solang die Berge stehn auf ihrem Grunde«.[1]
Schweizer Zeichnungen Goethes neu verortet

Goethe dokumentierte seine Reisen durch die Schweiz in unterschiedlichen Medien. Neben Tagebuchnotizen und Briefen sind auch etwa drei Dutzend Zeichnungen und Skizzen mit Schweizer Motiven erhalten. Fast alle stammen aus dem Sommer 1775, als Goethe versuchte, seine ersten Eindrücke von den durchwanderten Landschaften mit dem Zeichenstift festzuhalten. Die Blätter folgen seiner Reiseroute, die vom Rheinfall über Zürich, Schwyz und die Rigi an den Vierwaldstättersee und schließlich auf den Gotthardpass führte. Nur wenige dieser Zeichnungen sind aber von Goethe selbst mit Ort und Datum beschriftet worden, eventuell auch erst im Nachhinein. So wurde die Identifizierung und korrekte Einordnung der oft nur skizzenhaften Darstellungen zu einer Aufgabe der Goetheforschung.

Mit viel Scharfsinn versuchte Gerhard Femmel, der hauptsächliche Bearbeiter des *Corpus der Goethe Zeichnungen*[2], den Zusammenhang der Blätter zu rekonstruieren. Allerdings fehlte ihm meist die Möglichkeit, seine Zuschreibungen an Ort und Stelle zu überprüfen. 1989 konnte die Zürcher Publizistin Barbara Schnyder-Seidel in ihrem Band *Goethe in der Schweiz: anders zu lesen* mehrere Zeichnungen Goethes, vor allem aus dem Gebiet der Rigi, genauer lokalisieren.[3] Doch auch sie vermochte nicht alle Rätsel zu lösen. Im Folgenden werden hier einige neue oder genauere Lokalisierungen von Landschaftszeichnungen vorgestellt, die aufgrund von Recherchen vor Ort gelungen sind. Hilfreich dabei war, dass sich die Berglandschaften in den bald 250 Jahren seit Goethes erstem Besuch kaum verändert haben, im Gegensatz etwa zu den Verkehrswegen. So sind es meist einzelne charakteristische Berggestalten, die zum Erfolg geführt haben.

---

1 Friedrich Schiller: *Wilhelm Tell*. Dritter Aufzug. Dritte Szene. In: SNA 10, S. 220.
2 *Corpus der Goethezeichnungen*. Hrsg. von den Nationalen Forschungs- und Gedenkstätten der klassischen deutschen Literatur in Weimar. Leipzig 1958-1973; im Beitrag ab jetzt mit Sigle CGZ verzeichnet.
3 Barbara Schnyder-Seidel: *Goethe in der Schweiz: anders zu lesen. Von der Wahrheit in der Dichtung letztem Teil*. Bern, Stuttgart 1989.

Abb. 1
Goethe: *Die Mythengruppe bei Schwyz*, Zeichnung vom 17. Juni 1775, 346 × 427 mm.

»Naturpyramiden« – die Mythen bei Schwyz

Die Mythen[4], ein dreigipfliges Bergmassiv aus Kalkstein, ragen als prominente Felszacken im Kanton Schwyz über die voralpine Flyschzone empor. Goethe sah sie auf allen drei Schweizer Reisen, und auch in Schillers *Wilhelm Tell*, dem das Titelzitat dieses Aufsatzes entnommen ist, zeigen sich im Hintergrund der ersten Szene »*die Spitzen des Haken*« (SNA 10, S. 131) – so wurde damals das ganze Massiv bezeichnet. Der Groß Mythen mit seinen 1898 m Höhe war der erste ›richtige‹ Berg, dem Goethe in seinem Leben nahekam. Auf dem Weg von Einsiedeln nach Schwyz konnte er am 16. Juni 1775 beim Passübergang der Haggenegg (1414 m ü. M.) die »ungeheuern unregelmäßigen Naturpyramiden« (MA 16, S. 784), wie er sie in *Dichtung und Wahrheit* nennt, aus verschiedenen Perspektiven betrachten. Sein Begleiter für die Wanderung durch die »kleinen Kantone« (MA 16, S. 777) der

---

4 Das y wird hier, wie im Ortsnamen Schwyz, nicht als ü, sondern als langes i ausgesprochen. Der Gebirgsstock hat seinen Namen entweder von der »Mitte«, also der Alpweide, die zwischen Groß und Klein Mythen liegt, oder vom lateinischen Wort *meta* (f.), was »etwas Aufragendes« bedeutet. Die Schwyzer nennen den Hauptberg denn auch immer noch »die Mythe«.

Abb. 2
Schwyz, im Hintergrund die Mythen, von Süden, Aquatinta von Rudolf Dikenmann (1860).

Zentralschweiz war der Frankfurter Jugendfreund und Theologe Johann Ludwig Passavant, der damals in Zürich bei Johann Caspar Lavater als Hilfsprediger wirkte. Nachdem Goethe und Passavant abends spät in Schwyz eingetroffen waren, wurde dort laut Tagebuch noch »Gejauchtzt bis Zwölf« (GT I,1, S. 5). Für den 17. Juni meldet das Tagebuch: »Morgens der Hocken vor dem Fenster Wolcken dran auf« (GT I,1, S. 5).

Goethe schreibt weiter, er sei mit Passavant um ein Uhr nachmittags von Schwyz zum Lauerzersee aufgebrochen, wo sie sich von zwei Mädchen über den See rudern ließen.[5] So blieb am Vormittag Zeit, um den weitläufigen Flecken zu erkunden – Zeit auch, um eine sorgfältige Zeichnung der Mythengruppe anzufertigen (Abb. 1). Auf einem später gefalteten großen Blatt sind (von links gesehen) die Bergspitzen von Haggenspitz, Klein und Groß Mythen detailliert mit Bleistift aufgenommen. Schnyder-Seidel setzte die Entstehung der Mythen-Zeichnung auf den Nachmittag des 17. Juni, als Goethe und Passavant auf dem Pilgerweg von Lauerz nach Rigi Klösterli unterwegs waren.[6] Doch ein solches Werk lässt sich nicht unterwegs schnell verfertigen. Die Silhouetten der Mythengruppe sind zudem so exakt wiedergegeben, dass der Standpunkt des Zeichners sich noch heute auf wenige hundert Meter genau feststellen lässt: Er liegt beim Ort Ibach etwas südlich von Schwyz, wo

---

5 Vgl. GT I,1, S. 5, und die ausführlichere Fassung im 18. Buch von *Dichtung und Wahrheit* (MA 16, S. 784).
6 Schnyder-Seidel (Anm. 3), S. 47.

Abb. 3
Goethe: *Der Lauerzersee mit den Mythen*, Skizze vom 17. Juni 1775, 217×342 mm.

die Brücke über die Muota eine topografische Zäsur im Tal bildete. An der Muota sind auch andere zeitgenössische Abbildungen entstanden (Abb. 2). Die Mythen waren demnach zugleich die ersten Berge, die Goethe in der Schweiz zeichnete, und die Detailtreue dieser einen Zeichnung hat er auf der ganzen Reise nicht mehr erreicht. Letztlich scheint es ihm schon hier an Zeit oder Geduld gefehlt zu haben, um das Blatt vollständig auszuführen, denn der Vordergrund ist nur mit wenigen Strichen angedeutet.

Unterwegs auf dem Pilgerweg von Lauerz zum Rigi Klösterli verfertigte Goethe dann zwei Skizzen auf kleineren Blättern. Zunächst zeichnete er den Blick zurück nach Osten auf den Lauerzersee und den Talkessel von Schwyz (Abb. 3). Auch auf diesem Blatt ist am Horizont die Mythengruppe sichtbar, doch ist die Perspektive deutlich von der großen Mythenzeichnung unterschieden. Der Standort des Zeichners ist östlich von Fallenboden auf etwa 650 m ü. M., die Insel Schwanau ist durch eine Geländekuppe verdeckt. Goethe hätte sie sonst bestimmt eingezeichnet, da er sie kurz zuvor besucht hatte. Dabei gilt es aber zu berücksichtigen, dass der Bergsturz von Goldau im September 1806 diese Gegend so verändert hat, dass der direkte Weg von Lauerz seither nicht mehr existiert. Goethes Zeichnung ist also auch ein Dokument für den Zustand vor der Naturkatastrophe. Weiter oben ist die originale Wegführung erhalten geblieben. Hier skizzierte Goethe den Ausblick nach Norden zum Zugersee und auf die Kirche von Arth (Abb. 4).[7] Entstanden ist

---

[7] In CGZ I, Nr. 108 noch falsch als Lauerzersee bezeichnet und von Schnyder-Seidel berichtigt. Vgl. Schnyder-Seidel (Anm. 3), S. 47-49.

Schweizer Zeichnungen Goethes neu verortet 195

Abb. 4
Goethe: *Rigiflanke mit Blick auf den Zugersee*, Skizze vom 17. Juni 1775, 215 × 343 mm.

Abb. 5
Blick auf den Zugersee von der Alp Ochsenchneu (Ochsenknie)
auf dem Weg nach Rigi Klösterli.

diese Zeichnung bei der Alp Ochsenknie auf rund 900 m ü. M., wo ein letztes Mal die weite Aussicht ins Tal möglich ist, bevor der Weg in den Wald eintaucht. Ganz links oben hat Goethe wohl auch den Gipfel der Rigi erfasst, der über den parallelen Bändern der steilen Ostflanke nach links abflacht. Heute lassen sich Berg und Kirche wegen des stärkeren Baumbestands nicht mehr gleichzeitig ins Auge fassen (Abb. 5).

»Gezeichnet habe ich keine Linie« – eine Erinnerung an Schwyz

Im Herbst 1779 kam es zu einem Wiedersehen mit Schwyz und den Mythen. Seine zweite Schweizer Reise hatte Goethe damals als Begleiter von Herzog Carl August nochmals zum Gotthard geführt, aber auch durch viele andere Gegenden der Schweiz. Auf der Rückreise vom Gotthardpass wanderten Goethe und der Herzog nach einer Fahrt auf dem Vierwaldstättersee am 15. November 1779 die eine Stunde Fußmarsch erfordernde Strecke von Brunnen nach Schwyz. Ziel des Abstechers war es, die Medaillen und Zeichnungen von Johann Carl von Hedlinger zu besichtigen.[8] Dessen künstlerischen Nachlass hütete ein Verwandter des berühmten Medailleurs, der Schwyzer Landamtmann Hedlinger. Wegen einer Beerdigung, an der er teilzunehmen hatte, mussten die Reisenden aber einen Tag auf die Besichtigung der Sammlung warten. Sie nahmen Quartier im »Wyssen Rössli« am Hauptplatz von Schwyz. Es blieb Goethe also etwas Zeit, um den Ort und seine Umgebung besser kennenzulernen. Dabei dürften ihm die vielen Kirchen und Kapellen aufgefallen sein, die sich in der Talschaft verstreut finden.

Anderntags wanderten Goethe und Carl August nach der Besichtigung der Hedlinger'schen Sammlung von Schwyz zurück nach Brunnen, wo sie zu Mittag aßen und ein Schiff nach Luzern mieteten. An Johanna Schlosser, geb. Fahlmer, schrieb Goethe am 16. November 1779 aus Luzern nach einer kurzen Rekapitulation des Reisewegs: »Gezeichnet habe ich keine Linie. Adieu! Ich habe nun des grosen fast zu viel.« (GB 3,I, S. 343) Trotz dieser Aussage – oder vielleicht gerade deswegen – ist es möglich, eine Skizze Goethes aus dem Stammbuch Reynier hier zu verorten (Abb. 6). Zu diesem kleinformatigen Stammbuch, das in der Bibliotheca Bodmeriana in Cologny bei Genf aufbewahrt wird, kann man im *Corpus der Goethezeichnungen* detailliertere Auskunft finden (vgl. CGZ VI B, S. 96). Goethe hatte das Büchlein am 13. November 1774 in Frankfurt erhalten und es vielleicht 1779 mit in die Schweiz genommen, möglicherweise aber auch erst auf der Rückreise in Frankfurt wiederentdeckt und an sich genommen. Es enthält u.a. einige Kopien von Zeichnungen Johann Heinrich Füsslis, die Goethe sammelte.[9] Dazu kommen drei auf die Schweiz beziehbare Landschaftsskizzen. Die eine (CGZ VI B, Nr. 38) scheint als Reminiszenz an den Besuch des Rheinfalls von Anfang Dezember 1779 entstanden

---

8 Johann Carl von Hedlinger (1691-1771) wirkte ab 1718 als Medailleur am schwedischen Hof in Stockholm und erhielt Aufträge von vielen europäischen Fürstenhäusern, bevor er 1745 nach Schwyz zurückkehrte, um dort seinen Lebensabend zu verbringen.
9 Vgl. dazu Petra Maisak: *»Goethe – und Füßli – vortrefflich zusammengepaart«. Johann Heinrich Füssli im Blickfeld Goethes.* In: GJb 2018, S. 89-105.

zu sein, die andere ist von Goethe eigenhändig datiert auf den 25. Dezember 1779 und gehört in den thematischen Zusammenhang eines Denkmals, das er sich in Erinnerung an die glücklich beendete Reise in einem Brief an Lavater von Füssli erbat (CGZ VI B, Nr. 37). Die dritte hier abgebildete Landschaftszeichnung (CGZ VI B, Nr. 180) lässt sich nicht datieren. Auch sie könnte erst nachträglich entstanden sein, nachdem Goethe das Stammbuch in Frankfurt wieder an sich genommen hatte – so die Vermutung von Hans Wahl,[10] die Femmel nicht teilte. Er fand die Zeichnung zu detailreich, um nur auf Erinnerung zu gründen, und führte im *Corpus der Goethezeichnungen* Hinweise auf drei von Carl August auf der Schweizer Reise erwähnte Kirchen an, mit dem Zusatz: »Weitere Nachforschungen müssen der lokalen Nachprüfung überlassen bleiben« (CGZ VI B, S. 65).

Betrachten wir das Blatt genauer: Der Standpunkt des Zeichners ist eine leicht erhöhte Stelle vor einem nicht vollständig sichtbaren Gebäude; im Vordergrund ist ein Brett als Steg über einen kleinen Bach gelegt. Im Hintergrund ist eine Ebene zu erahnen, die gegen den Horizont hin wieder ansteigt und in einer Bergkette endet. Der linke, höhere Gipfel ist denn auch der Schlüssel zur Lokalisierung des Blattes, denn hier ist offensichtlich der Groß Mythen dargestellt. Ein Vergleich mit der 1775 von Goethe sehr sorgfältig gezeichneten Mythengruppe (vgl. Abb. 1) macht dies deutlich: Am Groß Mythen fällt der rechts etwas auskragende dunkle Geißstock (1613 m ü. M.) auf. Was die Identifizierung bisher verhindert hat, ist der Umstand, dass Goethe auf seiner Skizze anscheinend die Lage von Groß und Klein Mythen vertauscht hat – ein deutlicher Hinweis auf eine spätere Entstehung. Es gibt allerdings auch die Möglichkeit, dass er hier den Bergrücken rechts vom Groß Mythen, die Rotenfluh (1571 m ü. M.), darstellen wollte. Doch der Klein Mythen verschwindet im Talkessel von Schwyz nie aus dem Blickfeld.

Der Standort des dargestellten Gebäudes, etwas erhöht am Rand des Talkessels, erinnert an die Lage der Kirche von Ingenbohl-Brunnen, die am Weg von Schwyz nach Brunnen auf einem Felssockel steht. Man kann hier auch eine 18 Jahre später, auf der dritten Schweizer Reise Goethes, notierte Bemerkung hinzuziehen. Dort heißt es im Tagebuch vom 30. September 1797: »[...] Kirche von Brunnen auf Kalk und schiefrichem Thon« (GT II,1, S. 205). Wie die Pfarrkirche St. Leonhard zu Beginn des 19. Jahrhunderts aussah, hat der Schwyzer Pfarrer und Historiker Joseph Thomas Fassbind (1755–1824) gezeichnet (Abb. 7).[11] Das Gebäude wurde seither nicht wesentlich verändert, es kann deshalb nicht als direktes Vorbild gelten. Ein aktuelles Foto, aufgenommen direkt hinter der Kirche, zeigt das ehemalige Beinhaus mit Blick auf die Bergsilhouetten bei Schwyz (Abb. 8).

Für Brunnen als erinnerten Ort der Skizze lässt sich auch psychologisch argumentieren: Auf seiner ersten Reise hatte Goethe genau diesen Ort am Vierwaldstättersee *nicht* berührt: Mit Passavant war er am 17. Juni 1775 über Lauerz auf die Rigi gestiegen und nach dem Aufenthalt in Rigi-Klösterli über den Südhang des Berges nach Vitznau gewandert; von dort gelangten sie auf dem Seeweg nach

---

10 Hans Wahl: *Aus der Frühzeit der Freundschaft Goethes und Karl Augusts.* In: GJb 1925, S. 30-87; hier S. 30-32.
11 Norbert Flüeler: *Das alte Land Schwyz in alten Bildern.* Schwyz 1924, S. 61.

Abb. 6
Goethe: *Kirchenportal*, Blatt 81 aus dem Stammbuch Reynier.
Fondation Bodmer, Cologny bei Genf.

Flüelen und zum Gotthard. Der Rückweg führte sie dann, wiederum auf dem See, an Brunnen vorbei nach Küssnacht am Rigi. So ›fehlte‹ also in der zeichnerischen Dokumentation der ersten Schweizer Reise gerade dieser Blick von Brunnen Richtung Schwyz, und Goethe hätte 1779 einen besonderen Grund gehabt, sich diesen Landstrich jetzt einzuprägen. Auch das kurz danach in Luzern niedergeschriebene Eingeständnis, er habe bis dahin »keine Linie« gezeichnet (s. oben), kann man so deuten, dass Goethe dies nun bereute und sich von dem zuletzt besuchten Ort eine bildliche Erinnerung wünschte. Dies veranlasste ihn – so meine Vermutung – im Nachhinein zu der Skizze.

Der skizzenhafte Charakter gilt auch für das dargestellte Gebäude und die männliche Figur. Laut Femmel handelt es sich um ein Kirchenportal mit Vordach an einem »mittelalterlichen Turm«, rechts angebaut vermutete er einen Friedhof (CGZ VI B, S. 64). Vordächer mit Steinsäulen oder auch Holzträgern sind an den sakralen Gebäuden des Schwyzer Talkessels sehr häufig zu finden, aber nicht an den Türmen, sondern am Eingang zum Kirchenschiff. Goethe scheint seine Darstellung hier mit künstlerischer Freiheit verändert bzw. vereinfacht zu haben. Denn die Schwyzer Kirchen und Kapellen sind grundsätzlich symmetrisch gebaut, das heißt, ihr Eingang befindet sich in der Mitte der Frontseite. Auch der Oculus, das runde Fenster oberhalb des Vorbaus, wurde immer mittig angebracht. Es ist deshalb wohl unmöglich, ein exaktes Vorbild für das von Goethe gezeichnete Gebäude

Abb. 7
Joseph Thomas Fassbind: *Die Kirche von Ingenbohl-Brunnen von Norden*, um 1800.

Abb. 8
Das Beinhaus hinter der Kirche von Ingenbohl-Brunnen,
mit Blick auf die beiden Mythen und die Rotenfluh.

zu finden; entsprechende Recherchen sind denn auch nicht erfolgreich gewesen.[12] Zweifelhaft bleibt zudem, ob die Figur einen Musikanten darstellt, wie Femmel meinte, oder eher einen von Goethes Wandergefährten.

»Freudiges Erstaunen« – das Urserental im Kanton Uri

Auch bei den Zeichnungen Goethes vom Gotthardweg konnte Barbara Schnyder-Seidel ältere Zuschreibungen korrigieren; so identifizierte sie etwa eine Skizze, die von Goethe selbst als »Teufels Brücke« angeschrieben worden war (CGZ I, Nr. 126), als Häderlisbrücke.[13] Auch ihr gelang es aber nicht, eine großformatige Zeichnung (Abb. 9) zu lokalisieren, die von Femmel als »Gebirgssee« betitelt wurde (CGZ I, Nr. 109).[14] Ein Bildvergleich mit zeitgenössischen Abbildungen von der Gotthardroute ermöglicht jedoch eine eindeutige Zuordnung. Der Herausgeber des *Corpus der Goethezeichnungen* hatte mit der Identifizierung der Lokalität als Seeufer leider eine falsche Spur gelegt. Bei genauerer Betrachtung ist hier kein See zu sehen, sondern eine Ebene, genauer: die Reußebene bei Andermatt. In *Dichtung und Wahrheit* erinnerte sich Goethe an das »freudige Erstaunen« (MA 16, S. 786), das er beim ersten Anblick des flachen Urserentals nach dem Durchgang durch den dunklen Tunnel des Urnerlochs empfand. Die Szenerie, die er am 21. Juni 1775 erstmals vor sich sah, schildert er so:

> Der mäßig scheinende Fluß schlängelte sich hier milde durch ein flaches, von Bergen zwar umschlossenes, aber doch genugsam weites, zur Bewohnung einladendes Tal; über dem reinlichen Örtchen Urseren [Andermatt, M. W.] und seiner Kirche, die uns auf ebenem Boden entgegen standen, erhob sich ein Fichtenwäldchen, heilig geachtet: weil es die am Fuße Angesiedelten vor höher herabrollenden Schneelawinen schützte. Die grünenden Wiesen des Tales waren wieder am Fluß her mit kurzen Weiden geschmückt; man erfreute sich hier einer lange vermißten Vegetation. (MA 16, S. 786 f.)

Goethes Zeichnung gibt genau die hier geschilderte Aussicht ins Urserental wieder. Der dreiecksförmige Bannwald über dem Dorf Andermatt ist präzise dargestellt, ebenso die Weidenbüsche entlang des Flusses; rechts hinten im Tal sieht man wohl die Häuser von Tennlen, einem Weiler vor Hospental. Der letzte Teil der Route zum Gotthardpass beginnt bei Hospental, in dem nach links ansteigenden Tal. Wahrscheinlich ist dieses Blatt nicht nach dem anstrengenden Aufstieg durch die

---

12 Dabei war auch zu berücksichtigen, dass gerade die Vorbauten der Kirchen im Laufe der letzten zweihundertfünfzig Jahre oft verändert wurden. So hatte z. B. die 1946 abgebrochene St. Anton-Kapelle in Ibach eine gewisse Ähnlichkeit mit Goethes Darstellung, vgl. das Foto in *Die Kunstdenkmäler des Kantons Schwyz*. Hrsg. von der Gesellschaft für Schweizerische Kunstgeschichte. Neue Ausgabe. Basel 1978, Bd. I, S. 439. Doch zeigt eine Zeichnung von Fassbind um 1800 noch eine völlig andere Gestaltung des Eingangs. Vgl. Flüeler (Anm. 11), S. 27.
13 Schnyder-Seidel (Anm. 3), S. 73–77. Diese mehrbogige Brücke befindet sich oberhalb von Göschenen am Beginn der Schöllenenschlucht; sie wurde 1987 bei einem Unwetter zerstört, doch wenige Jahre später nach altem Vorbild wiedererrichtet.
14 Schnyder-Seidel (Anm. 3), S. 50 f.

Abb. 9
Goethe: [neu:] *Blick auf Andermatt und das Urserental*,
Zeichnung vom Juni 1775, 345×430 mm.

Schöllenenschlucht entstanden, die Goethe nur mit »Noth und Müh – und schweis« (GT I,1, S. 6) bewältigt hatte, sondern auf dem Rückweg vom Pass, so wie auch mehrere andere Blätter von der Gotthardroute.[15] Es war demnach der letztmögliche Blick auf das Urserental vor dem Gang hinab durchs Urnerloch. Die sitzende Figur im Vordergrund wurde von Femmel wohl zu Recht auf den »Refftragenden Boten« bezogen, also den Gepäckträger, den Goethe in *Dichtung und Wahrheit* in der Entscheidungssituation auf dem Gotthardpass erwähnt: »Schnell stand ich auf, damit ich von der schroffen Stelle wegkäme und der mit dem Refftragenden Boten heranstürmende Freund mich in den Abgrund nicht mit fortrisse«. (MA 16, S. 792)

Die von Goethe gewählte Perspektive auf das Urserental ist auch von anderen Künstlern seiner Zeit dargestellt worden. Als Vergleich ist hier ein wenige Jahre vorher entstandenes Werk abgebildet (Abb. 10). Es stammt von Johann Ulrich Schellenberg (1709-1795), einem Winterthurer Landschaftsmaler und Kupferstecher, dessen Darstellung alle Elemente von Goethes Zeichnung enthält und verdeutlicht. Schellenberg verfertigte 1769/70 eine Radierungsfolge mit Ansichten der

15 Eine flüchtige Skizze Goethes zeigt, wohl vom gleichen Standort aus, die Landschaft zum Urnerloch hin (CGZ I, Nr. 119).

Abb. 10
Johann Ulrich Schellenberg: *Ursenen* [sic!] *auf dem St. Gotthardsweg*,
Radierung, um 1770.

Gotthardroute.[16] Mittlerweile sind das Urnerloch und die Ebene bei Andermatt so verbaut, dass ein vergleichendes Foto aus diesem Blickwinkel leider nicht mehr möglich ist. Goethes Zeichnung ist deshalb nicht nur Zeugnis seines persönlichen Landschaftserlebens, sondern auch Erinnerung an eine endgültig vergangene Epoche der Verkehrs- und Tourismusgeschichte.

16 Bruno Weber: *Johann Ulrich Schellenberg. Reise zum Gotthardpass im Juli 1769.* Zürich 1987, S. 49-52.

MELANIE HILLERKUS

Eine Abschrift der Weimarer Bühnenbearbeitung? Zum Frankfurter Theatermanuskript von Goethes »Stella. Trauerspiel in 5 Aufzügen« (1809)

Bekanntlich existiert kein handschriftliches Theatermanuskript von Goethes Drama *Stella. Ein Trauerspiel*, welches am 15. Januar 1806 in Weimar uraufgeführt wurde.[1] Die mutmaßlich primär von Schiller erarbeitete Bühnenfassung wurde durch den Theaterbrand im Jahr 1825 vernichtet.[2] Goethe hat leider diese eigens für das Weimarer Hoftheater erstellte Umarbeitung seines früheren Skandalstücks (*Stella. Ein Schauspiel für Liebende*, 1776) nicht zur Veröffentlichung bestimmt,[3] so dass es bislang nur anhand spärlich überlieferter Zeugnisse möglich war, Aussagen zur Bühnenbearbeitung und deren Entstehungsgeschichte zu treffen.[4]

Allerdings wird bis heute oft in der Forschung eine reizvolle Spur außer Acht gelassen. So bleibt meist unberücksichtigt, dass Goethe Abschriften von Bühnenbearbeitungen für diverse Theater erstellen ließ. Bevor diese Fährte, welche geradewegs zu einer *Stella*-Abschrift für das Frankfurter Theater führt, näher verfolgt wird, sei vorab ein kurzer Blick auf diese gängige Praxis der Manuskriptvervielfältigung geworfen.

Das Abschreiben bzw. ›Kopieren‹ von selbsterstellten Bühnenmanuskripten – seien es Bearbeitungen eigener Dramen (wie u. a. *Götz von Berlichingen*) oder fremder Stücke (wie z. B. Shakespeares *Romeo und Julia*) – gehörte zum Alltag der Theaterschaffenden.[5] Nur so war es möglich, mehrfach Honorare (d. h. von verschiedenen Theatern) für eine bestimmte Bühnenbearbeitung zu beziehen. Sobald diese nämlich als Publikation auf dem Buchmarkt zur Verfügung stand, hatte der Autor kein Anrecht mehr auf ein Honorar seitens der Theaterleitung. Somit war es

---

1 Siehe den Abdruck des Theaterzettels der Weimarer Premiere in meinem Beitrag in diesem Goethe Jahrbuch: *Vom »Schauspiel für Liebende« zum »Trauerspiel für Moralisten«? Die Umarbeitung von Goethes »Stella« für das Weimarer Hoftheater* (dort Abb. 1).
2 Vgl. FA I, 6, S. 1206, Kommentar Dieter Borchmeyer u. Peter Huber.
3 Goethe veröffentlichte *Stella* erst 1816 in der Umarbeitung als *Trauerspiel* in der (zweiten) Werkausgabe bei Cotta (*Goethe's Werke. 1815-19*, Bd. 6, 1816; entspricht FA I, 6). Hierfür hatte er lediglich das neukonzipierte Finale an das ursprüngliche *Schauspiel für Liebende* (in der bereits leicht umgearbeiteten Version der Göschen-Ausgabe von 1787, *Goethe's Schriften*. Bd. 4) angefügt bzw. den Schluss ›ausgetauscht‹. Die Zitate der Trauerspielfassung folgen FA I, 6.
4 Insbesondere ist Goethes Aufsatz *Über das deutsche Theater* (1815) heranzuziehen. Hier erfahren wir rückblickend nicht nur, dass *Stella* Schiller »ihre Erscheinung auf dem Theater verdankt« (FA I, 19, S. 684), sondern Goethe gibt auch Einblicke in die Bühnenfassung, die gegenüber der Vorlage Kürzungen erfuhr und »eine tragische Wendung« (ebd.) bekam.
5 Siehe hierzu ausführlich: Hans Heinrich Borcherdt: *Einführung. Die Bühnenmanuskripte der hochklassischen Zeit*. In: SNA 14.II, S. 267-276.

in der Regel attraktiver, die Veröffentlichung hinauszuzögern und das Manuskript zuerst verschiedenen Bühnen anzubieten.⁶ Diese Praxis war aber nicht nur für die Autoren lukrativ, sondern auch für die Theaterdirektionen gewinnbringend. Diese kamen so in den Besitz einer autorisierten Bühnenfassung, die eben (noch) nicht veröffentlicht worden war und somit keinen weiteren, d. h. potentiell konkurrierenden Bühnen zur Verfügung stand. »Sobald die Kunde vom Werden eines neuen Werkes an die Öffentlichkeit« gelangte, begann daher, wie Hans Heinrich Borcherdt festhält, »das Werben der Theaterdirektoren um die neue Dichtung«.⁷

So lässt sich anhand von Briefen nachverfolgen, wie beispielsweise die Theaterakteure in Frankfurt am Main im Jahr 1804 – noch bevor die Weimarer Premiere (am 22. September 1804) stattfand – von Goethes neuer Bearbeitung seines Sturm- und-Drang-Stücks *Götz von Berlichingen* erfuhren.⁸ In der Folge bemühte man sich um das Manuskript. So hat sich Johann Friedrich von Meyer, von 1803 bis 1804 künstlerischer Leiter des Frankfurter Nationaltheaters, für die Aufführung von Goethes Dramen engagiert.⁹ In einem Brief, der im Goethe- und Schiller-Archiv aufbewahrt wird, berichtet dieser zuerst über die gelungene Aufführung des *Clavigo* (am 14. Juli 1804) und gesteht Goethe dann, dass mit dieser Neuinszenierung »wieder ein glücklicher Schritt gethan« sei, um »unser Schauspielverzeichniß mit denjenigen frühern Hauptwerken, [die] also entweder nie gegeben oder zurückgelegt waren, zu bereichern [...]«.¹⁰ Mit Blick auf die angestrebte Spielplangestaltung versuchte er, die eben erwähnte *Götz*-Bearbeitung zu erhalten, da »unser Publicum nach dem neuen Götz von Berlichingen ein eifriges Verlangen trägt«.¹¹

6 Vgl. ebd., S. 272.
7 Vgl. ebd., S. 270.
8 So schildert die in Frankfurt lebende Katharina Elisabeth Goethe, die häufig das Theater besuchte und in einem freundschaftlichen Kontakt mit Bühnenangehörigen stand, ihrem Sohn im Juni 1804 das ihr zu Ohren gekommene Gerücht, er hätte den *Götz von Berlichingen* neu für die Bühne bearbeitet. Vgl. Brief an Goethe, 15.6.1804. In: *Briefe aus dem Elternhaus*. Hrsg. von Wolfgang Pfeiffer-Belli. Zürich, Stuttgart 1960, S. 816f.; hier S. 817.
9 Siehe zur Geschichte des Frankfurter Theaters, welches als stehende Bühne ab Ende 1792 den Titel »Nationaltheater« führte, u. a. die älteren Studien: Anton Heinrich Emil von Oven: *Das erste städtische Theater zu Frankfurt am Main. Ein Beitrag zur äußeren Geschichte des Frankfurter Theaters 1751-1872*. Frankfurt a.M. 1872, bes. S. 34-45; Anton Bing: *Rückblicke auf die Geschichte des Frankfurter Stadttheaters von dessen Selbständigkeit (1792) bis zur Gegenwart*. 2 Bde. Bd. 1: *Das Frankfurter Stadttheater unter der ersten Aktionär-Gesellschaft (1792-1842)*. Frankfurt a.M. 1892, S. 53-85. Zudem: Bernhard Frank: *Die erste Frankfurter Theater-AG (1792-1842) in ihrer Entwicklung von der »Nationalbühne« zur »Frankfurter Volksbühne«. Ein Beitrag zur Erforschung von Schauspiel-Stil und Regie des 19. Jahrhunderts*. Frankfurt a.M. 1967.
10 Brief von Johann Friedrich von Meyer an Johann Wolfgang von Goethe, 19.7.1804, GSA 28/45, Bl. 306. Zum Premierenerfolg des *Clavigo* siehe auch den Brief von Goethes Mutter, 20.7.1804. In: Pfeiffer-Belli (Anm. 8), S. 817-819; hier S. 818.
11 Brief von Johann Friedrich von Meyer an Johann Wolfgang von Goethe, 7.7.1804, GSA 30/244, Bl. 123. Allerdings ist Goethe dem Wunsch nach dem *Götz*-Manuskript nicht gleich nachgekommen, sodass Katharina Elisabeth Goethe im April 1806 Christiane Vulpius um Hilfe bat, denn »das sämptliche Personahle der hiesigen Schauspieler Gesellschaft bittet durch mich um das noch ungedruckte Exemplar des Götz von Berlichingen!«.

Auch von einer Umarbeitung des brisanten Jugenddramas *Stella,* welches anstelle eines Happy Ends jetzt einen tragischen Ausgang bekommen hatte, hörte man wohl in Frankfurt, so dass man auch hier den Autor um eine Kopie gebeten haben dürfte. Darauf deutet zumindest ein Brief von Goethe hin, der am 16. Oktober 1808 an seine Ehefrau schrieb, die sich zu dem Zeitpunkt in Frankfurt aufhielt: »Herrn Schmidt danke in meinem Namen für die gefällige Aufnahme im Theater. Biete ihm die Manuscripte von ›Götz‹, ›Egmont‹, ›Stella‹ an, sie hätten sie längst gern gehabt«.[12] Wenige Monate später, am 6. März 1809, ließ Goethe die Abschrift durch den Weimarer Theatersouffleur Johann Christian Rötsch anfertigen: »Rötsch liquidiert für Abschrift von ›Stella‹«.[13] Dass es sich hierbei um das gewünschte Manuskript für das Frankfurter Nationaltheater handelt, erhellt ein Tagebucheintrag. Am 5. April 1809 lesen wir, dass Goethe der Schauspielerin Friederike Margarethe Vohs (1776-1860), die ehemals am Weimarer Hoftheater engagiert war und seit 1805 zum Ensemble des Frankfurter Nationaltheaters gehörte, das Bühnenmanuskript vermittelt hat.[14] Er notierte einen Brief »an Madam Vohß nach Frankfurt mit der Stella« (GT IV,1, S. 25). Dann ging es mit der Aufführung des Stückes sehr schnell: Bereits am 19. April erfolgte die Zensurbewilligung durch den Kanzleirat Carl Ludwig Böhmer, und schon am 22. Mai fand die Frankfurter Erstaufführung statt.[15]

Zit. nach: Pfeiffer-Belli (Anm. 8), S. 839-841; hier S. 840. Als nun Goethe endlich im Herbst 1808 seine Bühnenbearbeitung anbot, entschied man sich in Frankfurt anders und wählte für die Neuinszenierung (Premiere am 5.6.1809) eine ältere Mannheimer Bearbeitung, siehe dazu: Wilhelm Pfeiffer-Belli: *Die Dramen Goethes auf dem Theater seiner Vaterstadt 1775 bis 1832.* Frankfurt a. M. 1929, S. 65-79.

12 Brief von Goethe, 16.10.1808, zit. nach: Hans Gerhard Gräf (Hrsg.): *Goethes Ehe in Briefen.* Leipzig 1966, S. 295 f. Der im Brief genannte Philipp Nikol. Schmidt war Mitglied der Oberdirektion des Frankfurter Nationaltheaters und hatte Christiane von Goethe mutmaßlich freien Eintritt ermöglicht. Vgl. Pfeiffer-Belli (Anm. 11), S. 160, Anm. 247.

13 Zit. nach: C[arl] A[ugust] H[ugo] Burkhardt: *Zur Kenntnis der Goethe-Handschriften.* II: *Chronologisches Verzeichnis der Dictat-Arbeiten und Reinschriften.* In: Ders.: *Zur Kenntnis der Goethe-Handschriften.* Neudruck der Ausgabe Wien 1887-1900, Aalen 1992, S. 9.

14 Zu Friederike Margarethe Vohs, die von 1793 bis 1802 in Weimar als Schauspielerin und Sängerin engagiert war, siehe: Birgit Himmelseher: *Friederike Margarethe Porth, verw. Vohs, verh. Keer, verh. Werdy (1776-1860).* In: *FrauenGestalten Weimar-Jena um 1800. Ein biobibliografisches Lexikon.* Hrsg. von Stefanie Freyer, Katrin Horn u. Nicole Grochowina. Heidelberg 2009, S. 260-263. In welchem Verhältnis die Schauspielerin zu diesem Zeitpunkt zu Goethe stand und welche Rolle ihr womöglich bei der Vermittlung der Bühnenfassung zukam, ist noch unbeleuchtet. Als gesichert gilt, dass sie in Frankfurt die Rolle der Stella spielte. Zur Rollenbesetzung: Pfeiffer-Belli (Anm. 11), S. 109.

15 Alle Abhandlungen zur Frankfurter Theatergeschichte notieren lediglich die erfolgte Erstaufführung, vgl. u. a. Bing (Anm. 9), S. 79. Zudem geht aus dem von Bernhard Frank erstellten Verzeichnis aller zwischen 1792 und 1842 gespielten Stücke hervor, dass keine Wiederholungen stattfanden, siehe Frank (Anm. 9), S. 212. Es lassen sich keine Theaterkritiken auffinden, so dass weder Aussagen über die Darstellungsweise noch über die Aufnahme der Umarbeitung beim Publikum gemacht werden können. Dazu: Pfeiffer-Belli (Anm. 11), S. 112; auch jüngst Frank (Anm. 9), S. 88.

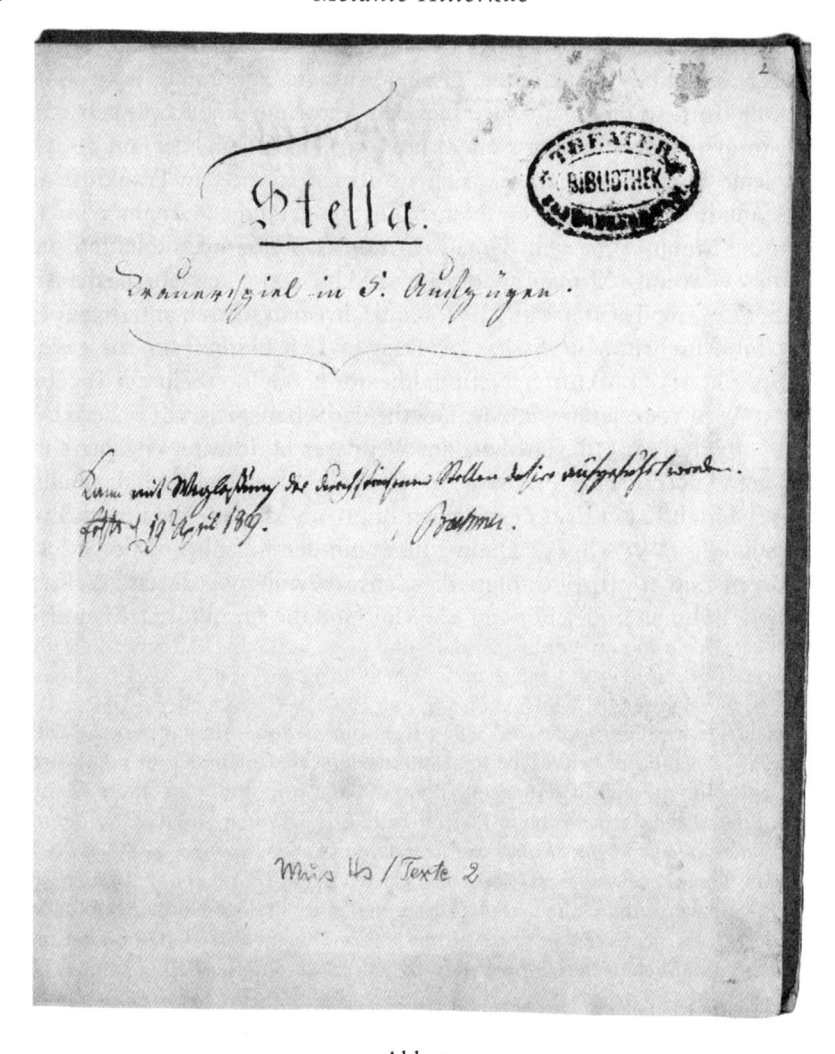

Abb. 1
Titelblatt des Frankfurter Textbuchs von Goethes *Stella*. Der Zensurvermerk lautet:
»Kann mit Weglaßung der durchstrichenen Stellen dahier aufgeführt werden.
Frft. d. 19. April 1809. Boehmer«.

Das Bühnenmanuskript, welches dieser (vermutlich einzigen) *Stella*-Aufführung zugrunde lag und wohl als Soufflierbuch verwendet wurde, hat sich erhalten. Es wird in der Theatersammlung der Universitätsbibliothek Johann Christian Senckenberg Frankfurt am Main aufbewahrt (Abb. 1).[16] Es handelt sich um ein mehr-

16 Das handschriftliche Manuskript enthält die Überschrift *Stella. Trauerspiel in 5 Aufzügen*. Es ist in braune Pappe gebunden und umfasst 72 durchnummerierte Blätter, die zur Seitenidentifizierung in recte (r) und verso (v) zu teilen sind. Es ist Bestandteil der Spezialsammlung Musik und Theater (Theatertext-Sammlung) der Universitätsbibliothek Johann Christian Senckenberg Frankfurt a. M., Provenienz: Stadtbibliothek Frankfurt, Signatur: Mus Hs Texte 2. Die Handschrift wird im Weiteren mit der Sigle FB (»Frankfurter

schichtiges Textbuch: Neben der sehr gut lesbaren, sauberen Handschrift mit Tinte, welche die Grundschicht ausmacht, gibt es nachträgliche Eintragungen und Korrekturen mit Tinte und Bleistift (von einer zweiten und ggf. sogar dritten Schreiberhand).[17] Zusätzlich sind diverse Striche mit einem Rotstift erkennbar, was auf die Eingriffe des Zensors selbst hindeutet bzw. auf zensurale Maßnahmen verweist.

Auf die Überlieferung dieser Handschrift macht bereits der Theater- und Literaturhistoriker Wilhelm Pfeiffer-Belli in seiner im Jahr 1929 publizierten Abhandlung *Die Dramen Goethes auf dem Theater seiner Vaterstadt 1775 bis 1832* aufmerksam.[18] Allerdings wurde diese ältere Studie in den Beiträgen zur Bühnen- und Rezeptionsgeschichte der *Stella* bislang (noch) nicht berücksichtigt, sodass die Handschrift ein Schattendasein fristet.[19] Zudem muss auffallen, dass das genannte Bühnenmanuskript in keiner Goethe-Ausgabe, d.h. weder in der Weimarer Ausgabe noch in den jüngeren Werkausgaben Erwähnung findet.[20] Dagegen verweist Hans Heinrich Borcherdt im 14. Band der Schiller-Nationalausgabe auf die Existenz dieser Bühnenfassung. Da er diese als Kopie der Schiller'schen Bühnenbearbeitung bestimmt, berücksichtigt er sie in dem zweiten (Teil-) Band der *Bühnenbearbeitungen* (SNA 14.II, S. 337-342).[21] Er entschied sich zwar gegen die Edition,[22]

Bühnenbearbeitung«) aufgeführt. Zudem sind neun Rollenhefte, die für die Mitwirkenden angefertigt wurden und lediglich die eigene Rolle (mitsamt kurzen Stichworten für den Einsatz) enthalten, in der Theatersammlung überliefert. Es fehlen lediglich die Rollen des Verwalters und des Postillions. Die Signaturen der neun Rollenhefte lauten Mus Hs Texte 2 a-i. Das Textbuch und die Rollenhefte sind von verschiedenen Schreibern angefertigt worden, was die im Beitrag erläuterte Vermutung, das Textbuch stamme vom Weimarer Souffleur und Schreiber Rötsch, untermauert. Während das Textbuch in Weimar angefertigt wurde, entstanden die Rollenhefte somit erst am Frankfurter Theater.

17 Während es mithilfe von Schriftproben gelang, die Schreiberhand der Grundschicht zweifelsfrei zu ermitteln (die Handschrift von Rötsch), bleibt es noch ungeklärt, wer weitere Texteingriffe vollzogen hat. Es muss zudem vielfach unbeantwortet bleiben, ob zwei oder drei Schreiber auszumachen sind. Vgl. künftig: Johann Wolfgang von Goethe: »Stella« – Vom »Schauspiel für Liebende« zum »Trauerspiel«. *Das Frankfurter Theatermanuskript (1809) im Kontext der »Stella«-Fassungen*. Hrsg. von Melanie Hillerkus, Hannover 2023.

18 Siehe Pfeiffer-Belli (Anm. 11), Kap. zu *Stella*, S. 109-112.

19 Zum Beispiel nicht erwähnt von u.a.: Georg-Michael Schulz: *Stella*. In: *Goethe-Handbuch*. Bd. 2: *Dramen*. Hrsg. von Theo Buck. Stuttgart, Weimar 1997, S. 123-141, zur Rezeption S. 136-138.

20 Siehe entsprechend den Kommentarteil in WA I, 11, S. 406-416, FA I, 4, S. 976-1000, FA I, 6, S. 1204-1210, Hamburger Ausgabe IV, 2, S. 552-558; MA I, 2, S. 707-724; MA 6, 1, S. 967-971.

21 Es bleibe an dieser Stelle nicht unerwähnt, dass Hans Heinrich Borcherdt zudem auf ein »Berliner Dirigierbuch« mit dem Titel *Stella. Ein Trauerspiel in 5 Aufzügen* verweist (vgl. SNA 14.II, S. 338), welches ihm wohl glücklicherweise noch vor dem Zweiten Weltkrieg vorlag. Es gehörte zur einstigen Bibliothek der Preußischen Staatstheater und könnte zu den kriegsbedingten Verlusten zählen. Bei der für den vorliegenden Beitrag angestellten Recherche in den Berliner Bibliotheken und Archiven konnte die Handschrift noch nicht aufgefunden werden.

22 Heinz Gerd Ingenkamp begründet Borcherdts Verzicht damit, dass die Bearbeitung, wohl »auf so wenig charakteristische Art in das Stück ein[greife]«. Friedrich Schiller: *Werke und Briefe in zwölf Bänden*. Bd. 9: *Übersetzungen und Bearbeitungen*. Hrsg. von

erstellte aber ein Variantenverzeichnis, das Abweichungen zwischen der Handschrift und dem Trauerspiel listet (SNA14.II, S. 339-342).

Vor diesem Hintergrund ist es verwunderlich, dass in Studien zu Schillers Theaterarbeit bzw. dramaturgischer Praxis am Weimarer Hoftheater die Existenz eines Frankfurter *Stella*-Manuskripts noch weitgehend unberücksichtigt geblieben ist. Borcherdts bemerkenswerter Fingerzeig auf das erhaltene Bühnenmanuskript wird bislang, so mein Kenntnisstand, noch nicht weiterverfolgt. Bisherige Forschungsarbeiten zu Schillers dramaturgischer Praxis berühren die *Stella*-Bühnenfassung nur am Rande und erwähnen, wenn überhaupt, lediglich die Frankfurter Handschrift.[23] Stattdessen wird heute eher eine ›Unsicherheit‹ formuliert, d.h. es sei »unsicher«, ob Schillers *Stella*-Bearbeitung in einer Frankfurter Handschrift »vorliegt«.[24]

Nachdem nun mit dem glücklichen Fund die Existenz des Manuskripts außer Frage steht, möchte ich folgenden Fragestellungen nachgehen: Handelt es sich bei dem Frankfurter Manuskript tatsächlich um eine Abschrift der Weimarer Bühnenfassung? Und wenn ja, welche Einblicke bekommen wir somit in die Schillersche Bühnenbearbeitung? Welche Bearbeitungstendenzen lassen sich also festmachen? Schließlich soll untersucht werden, welche nachträglichen Bearbeitungsspuren das Frankfurter Textbuch aufweist. Es gilt diesbezüglich zu klären, inwiefern man am Frankfurter Nationaltheater im Rahmen der Inszenierung neue Akzente setzte.

Den ersten Hinweis darauf, dass es sich um eine Abschrift der Schiller'schen Bearbeitung handelt, liefert ein Eintrag im Theatermanuskript (im Folgenden unter der Sigle FB [Anm. 16] aufgeführt). Auf der Rückseite des ersten unbeschriebenen Blattes findet sich die (eventuell nachträglich angefügte und von einem noch unbekannten Schreiber stammende) Bleistiftanmerkung: »Bearbeitung von Schiller (Weimarer Abschrift)« (ebd., Bl. IV).[25] Dass die Abschrift tatsächlich aus Weimar von Goethe verschickt wurde und es sich demnach also um das an die Schauspielerin Vohs adressierte Manuskript handelt, macht eine Analyse der Handschrift deutlich. Nach Wilhelm Pfeiffer-Belli liegt unzweifelhaft die Handschrift des Weimarer Souffleurs Rötsch vor.[26] Dieser Befund lässt sich auch mithilfe einer neuen Schriftprobe bestätigen (Abb. 2).

Heinz Gerd Ingenkamp. Frankfurt a.M. 1995, S. 758). Dass die Veränderungen höchst bedeutsam sind, möchte mein Beitrag zeigen.

23 Vgl. z.B. Marion Müller: *Zwischen Intertextualität und Interpretation – Friedrich Schillers dramaturgische Arbeiten 1796-1805*. Karlsruhe 2004, S. 109 u. Fn. 398.

24 Heinz Gerd Ingenkamp: *Bühnenbearbeitungen*. In: *Schiller-Handbuch. Leben – Werk – Wirkung*. Hrsg. von Matthias Luserke-Jaqui. Stuttgart, Weimar 2005/2011, S. 529-535; hier S. 534. Ingenkamp nimmt im Band 9 die *Stella*-Bearbeitung nicht auf. Ferner schreibt er auch hier mit Zurückhaltung, dass eine *Stella*-Bearbeitung lediglich »möglicherweise« in der Frankfurter Handschrift vorliegen »könnte«. Ingenkamp (Anm. 22), S. 758, S. 773.

25 Erst die Zuhilfenahme des Zettelkatalogs (Universitätsbibliothek J.C. Senckenberg, »Schauspieltexte zu Aufführungen in Frankfurt«, Signaturengruppe Mus Hs Texte) führt womöglich zur Identifikation der Schreiberhand: Es handelt sich wohl um eine viel später (etwa nach 1930) angefügte Notiz des Frankfurter Bibliothekars Robert Diehl.

26 Pfeiffer-Belli (Anm. 11), S. 110. Pfeiffer-Belli zieht als Schriftvergleich die von Burkhardt abgedruckten Schriftproben heran, siehe: C[arl] A[ugust] H[ugo] Burkhardt: *Zur Kenntnis der Goethe-Handschriften. T.I: Faksimiles und kurze Biographien*. In: Ders.:

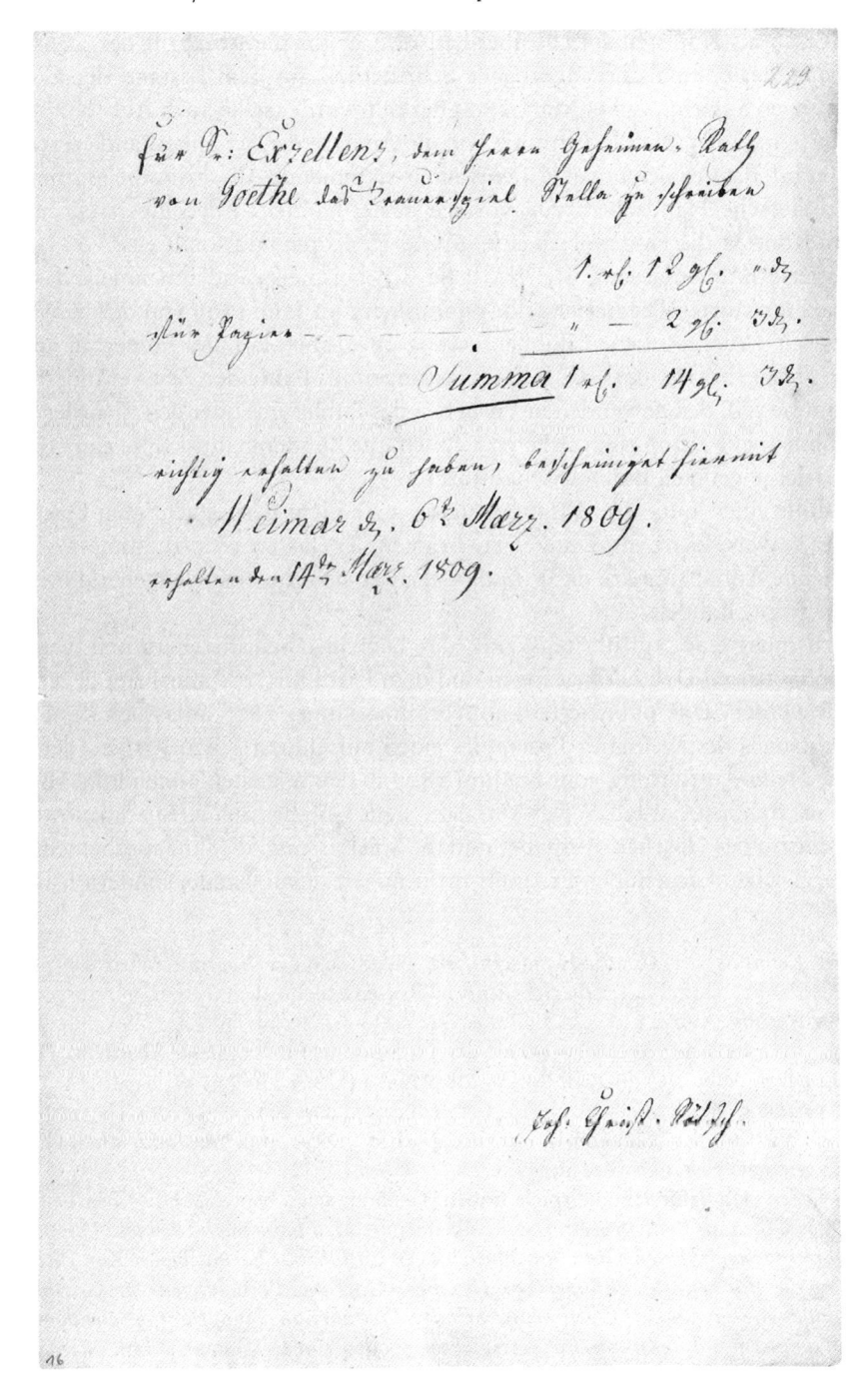

Abb. 2
Quittung über die Entlohnung seiner Abschrift der *Stella*,
ausgestellt von Johann Christian Rötsch, 6. März 1809.

Für Rötsch als Kopisten spricht überdies, dass er für die Abschrift der *Stella*, wie auch das hier erstmals herangezogene Schriftstück aus dem Bestand der Goethe-Rechnungen aufzeigt, am 6. März 1809 bezahlt wurde (siehe auch Abb. 2).[27] Beide erläuterte Indizien, die Bleistiftnotiz wie die Analyse der Schreiberhand, verweisen also darauf, dass es sich um eine aus Weimar stammende Abschrift, die mutmaßlich die Schillersche Handschrift zur Vorlage hatte, handelt. Allerdings stellt sich in diesem Kontext die Frage, ob es eine sorgfältige Kopie und somit eine von Goethe autorisierte Bühnenfassung ist.[28] Es ließe sich beispielsweise annehmen, dass das für das Frankfurter Theater erstellte Manuskript im Jahr 1809 von der in Weimar bereits seit 1806 gegebenen Bühnenfassung abweichen könnte. Immerhin gehörte es zur Theaterpraxis, dass die Bühnenfassungen im Laufe der Zeit verändert wurden, um sie z. B. den gewandelten Vorlieben des Publikums oder den Erfordernissen der Bühne (neu) anzupassen.[29] Es war üblich, die Bühnenmanuskripte ganz für den Zweck der jeweiligen Bühne zu modifizieren.[30]

Mithilfe einer in diesem Zusammenhang noch nicht berücksichtigten Quelle gelingt es, etwas Licht ins Dunkel zu bringen. Es lassen sich zumindest vielversprechende Anhaltspunkte dafür finden, dass es sich um eine weitgehend originalgetreue Kopie handelt.

Dazu muss eine Aufführungskritik des Leipziger Schriftstellers und Verlegers Johann Gottfried Dyk herangezogen und dem Frankfurter Manuskript gegenübergestellt werden. Dyk publizierte (anonym) im Sommer 1807 anlässlich des Leipziger Gastspiels des Weimarer Ensembles einen aufschlussreichen Artikel, der nicht nur die *Stella*-Aufführung vom 12. Juni 1807 in den höchsten Tönen lobt, sondern auch eine Synopse enthält.[31] Der Verfasser stellt Goethes *Stella. Ein Schauspiel für Liebende* (in der Göschen-Ausgabe) und die Spielfassung, die ihm anscheinend vorlag, vergleichend gegenüber. Er zitiert nicht nur das neue Finale, sondern listet alle

---

Zur Kenntnis der Goethe-Handschriften. Neudruck der Ausgabe Wien 1887-1900, Aalen 1992, S. 42, Nr. 17: die Schriftprobe Rötschs. Siehe auch die von mir ausgewählte Schriftprobe (Abb. 2).

27 Vgl. Rötschs Beleg über den Erhalt der Entlohnung für die *Stella*-Abschrift: GSA 34/XX,4 (vgl. Abb. 2). Vgl. auch Burkhardt (Anm. 13), S. 9.

28 So vermutet Pfeiffer-Belli (Anm. 11, S. 111) bereits, dass die Frankfurter Theaterfassung tatsächlich auf der Weimarer Umarbeitung beruhe. Diese Annahme kann nun im Folgenden erstmals bestätigt werden.

29 Es ließen sich zahlreiche Beispiele finden. Genannt seien bspw. Goethes Bearbeitungen seines *Götz von Berlichingen*. Dazu: Silke Henke: »*Ich habe mich zu einem Versuch verführen lassen, meinen Götz von Berlichingen aufführbar zu machen.*« *Zur Überlieferung der Bühnenbearbeitungen von Goethes »Götz von Berlichingen« im Goethe- und Schiller-Archiv.* In: *Das Goethe- und Schiller-Archiv 1896-1996. Beiträge aus dem ältesten deutschen Literaturarchiv.* Hrsg. von Jochen Golz. Weimar, Köln, Wien 1996, S. 175-193.

30 Vgl. Borcherdt (Anm. 5), S. 275.

31 [Johann Gottfried Dyk:] *Ueber einige Vorstellungen der Weimarischen Hofschauspieler zu Leipzig. Schreiben an Herrn Prof. M** in Br.* In: *Bibliothek der redenden und bildenden Künste.* 3. Bd., 1. St., Leipzig 1807, S. 403-442, zur *Stella*-Aufführung am 12.6.1807: S. 421-424. Georg Witkowski hat Dyk als Verfasser ausgemacht. Vgl. ders.: *Die Leipziger Goethe-Aufführungen im Jahr 1807.* In: GJb 1917, S. 130-152.

Veränderungen gegenüber der Vorlage auf. Es ist auffällig, dass er – abgesehen von der Hinzufügung des neuen Schlusses[32] – nur Kürzungen festmacht und somit primär die Reduktion als Bearbeitungsverfahren identifiziert. Dabei ist zu beachten, dass uns Dyk nur eine Auswahl an Kürzungen wiedergibt und seine Synopse keinen Anspruch auf Vollständigkeit erhebt.[33]

Ziehen wir nun die Frankfurter Handschrift (FB [Anm. 16]) heran, dann wird zunächst ersichtlich, dass Schiller bei der Bearbeitung tatsächlich von der Göschen-Ausgabe der *Stella* (1787) ausging und *nicht* vom Erstdruck (1776), so dass Dyks Textbasis für die Erstellung der Synopse absolut plausibel wird. Zudem lässt sich jede einzelne von Dyk vermerkte Kürzung in der Handschrift ›wiederfinden‹, d.h. im Sinne einer Leerstelle ausmachen.[34] Genau diese Beobachtung führt zu einem zweifachen Erkenntnisgewinn:

Da Dyk seine Synopse bereits 1807 auf der Grundlage einer ihm vorliegenden Bühnenbearbeitung verfasste und genau die von ihm identifizierten Striche in der späteren Frankfurter Handschrift anzutreffen sind, bedeutet dies erstens, dass es sich bei letztgenannter um eine Abschrift der Weimarer Bühnenbearbeitung handelt. Die nicht zu übersehende Übereinstimmung von Dyks Synopse und der Frankfurter Handschrift lässt sich also *nur* darauf zurückführen, dass beiden derselbe Ausgangstext, sprich die Weimarer Bühnenfassung, zugrunde lag. Besonders signifikant ist meines Erachtens in diesem Zusammenhang eine winzige Textstelle: Bei der Wiedergabe der neuen Schlussszene wählt Dyk die Formulierung: »nimmt er [Fernando] heimlich ein Pistol vom Tisch und geht langsam ab«.[35] Im Druck von 1816 entfällt »heimlich« und es heißt dagegen: »*Fernando hat mit der linken Hand ein Pistol ergriffen, und geht langsam ab*« (FA I, 6, S. 565). Diese feine Differenz kann darauf hindeuten, dass Dyk die erwähnte Konzeptfassung des Trauerspiels – ein Fragment der Weimarer Bühnenbearbeitung – abschrieb, denn hier heißt es explizit in der Regiebemerkung, dass Fernando die Pistole »heimlich« nehme und langsam abgehe.[36] Faszinierend ist nun, dass die Frankfurter Handschrift dieselbe Regiebemerkung enthält (FB [Anm. 16], Bl. 69v) – ein weiterer Beleg dafür, dass

---

32 Da die neuen Schlusspassagen korrekt zitiert werden, lässt sich schlussfolgern, dass Dyk die ihm bekannte Bühnenfassung wortwörtlich abgeschrieben haben muss. Ein akribischer Textvergleich legt nahe, dass Dyk die Konzeptfassung *Stella. Neuer Schluss*, die im Goethe- und Schiller-Archiv (GSA 25/W 1255) aufbewahrt wird, verwendet hat.
33 Dyk (Anm. 31, S. 421) bekennt, dass er *nur* exemplarische Stellen aufzählt, die gestrichen wurden. Die Theaterhandschrift weist also noch mehr Striche auf, was sich nun im Folgenden nachweisen lässt.
34 Lediglich eine der von Dyk identifizierten Kürzungen wurde nachträglich zurückgenommen, indem ein Zettel angefügt wurde (siehe FB [Anm. 16], Bl. 24v.). Der Schriftvergleich zeigt, dass es nicht Rötschs Handschrift ist. Während Dyk die Kürzung von »S. 33 die drey letzten und S. 34 die acht ersten Zeilen« angibt (Dyk, Anm. 31, S. 421, entspricht *Goethe's Schriften*. Bd. 4: *Stella. Ein Schauspiel für Liebende*. Leipzig 1787, S. 1-102; hier S. 33 f. und FA I, 6, S. 534, Z. 2-10), findet sich diese Passage, in der Stella von ihren Erinnerungen an Fernando schwärmt, nun wieder ›eingeklebt‹.
35 [Dyk] (Anm. 31), S. 423.
36 GSA 25/W 1255, Bl. 2v.

Dyks Synopse und die Frankfurter Abschrift auf ein und dieselbe Bühnenbearbeitung, die Weimarer Umarbeitung, zurückgehen.

Zweitens kann erst im Umkehrschluss die Zuhilfenahme der Frankfurter Handschrift Dyks Aussagen bestätigen. Zwar ließe sich annehmen, dass Dyks Darstellung insofern an Glaubwürdigkeit gewinnt, da Goethe in seinem Aufsatz *Über das deutsche Theater* (1815) schildert, dass Schiller seine *Stella* für die Bühne umsichtig kürzte (vgl. FA I, 19, S. 684). Ungeachtet dessen bliebe aber unbeantwortet, ob wirklich haargenau diejenigen Sätze und Szenenanteile, die Dyk so feingliedrig aufzählt, gestrichen wurden. Dieser Sachverhalt lässt sich nun erstmals mithilfe des Frankfurter Bühnenmanuskripts verifizieren. Damit lässt sich festhalten, dass Dyk definitiv aus dem Umfeld der Weimarer Akteure an die Bühnenfassung gelangt sein musste, ohne dass wir den Weg zum Manuskript heute nachzeichnen können.

Als Zwischenergebnis ist an dieser Stelle festzuhalten, dass man davon ausgehen darf, dass es sich bei dem Frankfurter Theatermanuskript um eine originalgetreue Abschrift der aus Schillers Feder stammenden Weimarer Bühnenbearbeitung handelt. Wir haben also erstmals die Möglichkeit einer ›Rekonstruktion‹ der verlorengegangenen Schiller'schen Umarbeitung, wenn wir die Grundschicht des Frankfurter Textbuches (FB [Anm. 16]) näher betrachten.

Wie bereits herausgestellt werden konnte, wurde zwecks der Bühneneinrichtung der *Stella* nicht nur das glückliche Ende zugunsten eines Tragödienschlusses umgestaltet, sondern auch das gesamte Stück modifiziert. Es handelt sich dabei um eine vergleichsweise geringfügige Umarbeitung des Originals.[37] Es wurden keine Szenen umgestellt oder ergänzt.[38] Obgleich keine größeren Textpassagen hinzugedichtet wurden, trifft man das Verfahren der Addition doch da an, wenn es um die konkrete Bühnenpraxis geht. So haben wir eine in Aufzüge und Szenen durchgegliederte Theaterfassung vorliegen.[39] Der Auftritt einer oder mehrerer Figuren definiert eine Szene bzw. bestimmt den Szenenwechsel. Mit der neuen Szeneneinteilung, die Goethe später in der Druckfassung des Trauerspiels zurücknimmt, geht ein leicht ergänzter Nebentext einher, d. h. mit Beginn jeder Szene gibt es Angaben zur Dekoration wie zum Auftritt der jeweiligen Rollenfiguren. Allerdings hat Goethe bei dem Erstdruck des Trauerspiels (FA I, 6, S. 563-566) versehentlich bei der Hinzufügung des neuen Schlusses die Unterteilung in Auftritte 5 und 6 übernommen und erst in der Ausgabe letzter Hand korrigiert, indem er eine Szeneneinteilung verwarf.[40] Dieses Versehen deutet nicht nur darauf hin, dass eben diese sehr feingliedrige Szenenaufteilung in der Theaterfassung bestand, sondern es zeigt, dass Goethe für die Publikation die gesamte Umarbeitung verworfen hatte und lediglich die letzten beiden Auftritte ›anklebte‹, nachdem er den ›alten‹ Schluss seiner *Stella*

---

37 Vgl. auch Pfeiffer-Belli (Anm. 11), S. 110-112.
38 Dieter Borchmeyer und Peter Huber vermuten dagegen irrtümlicherweise, dass die Bühnenbearbeitung wohl noch zumindest eine zusätzliche Szene enthielt, welche die Beweggründe und Umstände von Stellas Vergiftung zeige. Siehe: FA I, 6: Kommentar Dieter Borchmeyer u. Peter Huber, S. 1205 f.
39 Die Anzahl der Szenen bzw. Auftritte je Aufzug ist unregelmäßig: I/12, II/5, III/5, IV/4, V/6.
40 Vgl. FA I, 6, Kommentar, S. 1205.

›abgeschnitten‹ hatte. Goethe entschied sich also bewusst *gegen* die Veröffentlichung der bühnengerechten Umarbeitung als Ganzes.

Von diesen sehr wenigen Hinzufügungen abgesehen lässt sich die Reduktion als dominierendes Bearbeitungsverfahren identifizieren. Es werden einzelne Wörter oder Sätze und ganze Repliken innerhalb der Dialoge sowie größere Szenenteile gestrichen. Augenscheinlich betreffen die meisten Kürzungen Stellas Redeanteile und die Fernando-Stella-Konstellation als solche. Von großflächigen Reduktionen sind die Dialoge zwischen Stella und Fernando betroffen. Komprimiert wurden insbesondere Stellas aufflammende Gefühlsbekundungen wie ihre ausschweifenden Erinnerungen an das gemeinsame Liebesglück mit Fernando.[41] Dieser Befund stimmt mit dem überein, was Goethe über Schillers Kürzungsintention andeutet, wenn er rückblickend schreibt: »Denn wie in einem Stück zuviel geschehen kann, so kann auch darin zuviel Empfundnes ausgesprochen werden« (FA I, 19, S. 684). Wohl aus Gründen der Wohlanständigkeit wurde ferner die religiöse Dimension des Liebesempfindens abgemildert.[42] Zudem fällt die erotisch anmutende Berührung von Stellas langen, offenen Haaren vollends weg, da es sich um eine sehr intime Geste handelt.[43] Die Rede ist von dieser Passage (FA I, 6, S. 541):

> STELLA: – Daß man euch so lieb haben kann! – Daß man euch den Kummer nicht anrechnet, den ihr uns verursachet!
>
> FERNANDO: *ihre Locken streichelnd:* Ob du wohl graue Haare davon gekriegt hast? – Es ist dein Glück, daß sie so blond ohne das sind – Zwar ausgefallen scheinen dir keine zu sein.
> *Er zieht ihr den Kamm aus den Haaren, und sie rollen tief herunter.*
>
> STELLA: Mutwille!
>
> FERNANDO: *seine Arme drein wickelnd:* Rinaldo wieder in den alten Ketten!

Um die sexuelle Dimension der außerehelichen Liebesbeziehung zwischen dem verheirateten Fernando und seiner Geliebten Stella etwas zu retuschieren, erfolgten weitere Eingriffe. Intendiert wurde offensichtlich nicht nur die sanfte Zähmung des männlichen Begehrens, wenn beispielsweise das erotisch konnotierte Spiel mit den

---

41 Alle Kürzungen und Texteingriffe werden in einer kommentierten Edition der Handschrift erläutert. Allein *nur* mit Blick auf Stellas Redeanteile fehlen im Frankfurter Theatermanuskript FB (Anm. 16) folgende Passagen (nach FA I, 6): S. 534, Z. 2-10; S. 534, Z. 15-24; S. 535, Z. 1-7; S. 536, Z. 6-11; S. 540, Z. 13-17; S. 540, Z. 23; S. 541, Z. 10; S. 541, Z. 36; S. 542, Z. 3; S. 551, Z. 27; S. 552, Z. 21; S. 557, Z. 8-11, Z. 13-14, Z. 18-21; S. 558, Z. 6, Z. 13. Allein diese Auflistung vermittelt einen lebhaften Eindruck davon, wie geschickt Schiller *Stella* an vielen Stellen kürzte.

42 Gestrichen wurde in der leidenschaftlichen Wiedersehensszene u. a. Fernandos enthusiasmierte Rede: »Aber diese Augenblicke von Wonne in deinen Armen machen mich wieder gut, wieder fromm. – Ich kann beten, Stella; denn ich bin glücklich« (FA I, 6, S. 540).

43 Das offene, lange Frauenhaar wurde damals mit weiblicher Sexualität assoziiert, sodass Fernandos Berührungen womöglich als anstößig empfunden und daher im Bühnenspiel unterlassen werden mussten. Vgl. Carol Rifelj: *The Language of Hair in the Nineteenth-Century Novel*. In: *Nineteenth-Century French Studies* 32 (2003), S. 83-96; hier S. 88.

Haaren entfiel, sondern es ging auch um eine sanfte Abmilderung des weiblichen Begehrens. Diesbezüglich kommt es nicht nur zu weiteren Streichungen. Ein Beispiel sei hierzu kurz erläutert. In der Schauspielversion wie im späteren Trauerspieldruck findet Stellas Erinnerungsschwelgerei in einem Monolog folgenden Ausdruck: Stella, in Selbstmitleid zerfließend, klagt: »Arme Stella! [...] Sonst da er [Fernando] dich noch liebte, noch in deinem Schoße lag, füllte sein Blick deine ganze Seele [...]« (FA I, 6, S. 532). In der Grundschicht des Theatermanuskripts, d. h. in Rötschs *Stella*-Abschrift, wird diese Aussage wie folgt unterbunden: »Sonst da er dich noch liebte, füllte sein Blick deine ganze Seele« (FB, Bl. 22r). Interessanterweise wurde dann von einer weiteren (noch nicht identifizierten) Schreiberhand nachträglich in die Bühnenbearbeitung eingegriffen, indem Goethes Originaltext nuanciert ersetzt wurde. Stella durfte also jetzt in der Bühnenfassung sagen: »Sonst da er dich noch liebte, dich noch an seinen Busen drückte« (FB [Anm. 16], Bl. 22r). Dass tatsächlich der »Schoß« zum »Busen« wurde und die Schauspielerin Vohs somit diesen Text auf der Bühne sprach, zeigt das ebenfalls überlieferte Rollenheft.⁴⁴ Es handelt sich um eine subtile und dennoch vor der Folie rigoroser Sittlichkeitsvorstellungen und normativer Geschlechterentwürfe, welche die Keuschheit der Frau propagieren,⁴⁵ relevante Verschiebung.⁴⁶

Diese hier erläuterten Verfahren der Texttransformation – vor allem die genannten Reduktionen – sind in der Grundschicht des Theatermanuskripts vorhanden und waren somit höchstwahrscheinlich schon für die Weimarer Aufführung virulent. Schließlich gehörten genau solche Texteingriffe, die sich nach den Kriterien der *bienséance* richten, zur dramaturgischen Bearbeitungspraxis am Weimarer Hoftheater.⁴⁷ Goethe betont rückblickend im Jahr 1812 ausdrücklich, dass man bei der Spielplangestaltung stets darauf achtete, dass »die anstößigsten Stellen [der zu spielenden Stücke, MH] theils sogleich, theils nach und nach ausgelöscht [wurden], so daß nicht leicht etwas ganz Auffallendes vorkam« (FA I, 27, S. 243). Ähnliches finden wir bei der Spielplanpolitik in Frankfurt am Main wieder. Bereits in dem an den Senat gerichteten Schreiben der Aktiengesellschaft, die im Jahr 1791 die Leitung des Frankfurter Schauspielhauses instruierte, heißt es bezüglich der intendierten Stückauswahl:

> Nicht weniger werden wir uns die Auswahl der Stücke, die aufgeführt werden, zu einer besonderen Angelegenheit machen und keine aufführen lassen, die in

---

44 Rollenheft: *Stella* (Sign. Mus Hs Texte 2 a, Bl. 2r).
45 Im ausgehenden 18. Jahrhundert sprach man der Frau »jedes eigene sexuelle Verlangen ab« und begriff die »Keuschheit als ihre ureigenste natürliche Anlage«. Barbara Stollberg-Rilinger: *Die Aufklärung. Europa im 18. Jahrhundert*. Stuttgart ²2011, S. 156f.
46 Die Veränderung vom »Schoß« zum »Busen« findet man beispielsweise auch in den beiden Versionen von Gretchens Monolog am Spinnrad in der *Frühen Fassung* bzw. im *Faust I* wieder. Gretchens Ausruf »Mein Schoos! Gott! drängt / Sich nach ihm hin / Ach dürft ich fassen / Und halten ihn« (FA I, 7.1, S. 519, V. 1098-1101) wurde von Goethe in *Faust I* zu »Mein Busen drängt / Sich nach ihm hin. / Ach dürft' ich fassen / Und halten ihn!« (FA I, 7.1, S. 147, V. 3406-3409) abgeändert.
47 Vgl. Andrea Heinz: *Goethes Weltrepertoire auf dem Weimarer Hoftheater*. In: *Goethe und die Weltkultur*. Hrsg. von Klaus Manger. Heidelberg 2003, S. 297-310; hier S. 307.

Ansehung der guten Sitten und in anderen Rücksichten anstößig sind, oder für Moralität eher schädliche, als nützliche Folgen nach sich ziehen könnten.[48]

Die in der Folgezeit geschlossenen Verträge zwischen der Stadt und den Aktionären belegen, dass eine Theaterzensur existierte, d.h. alle neuen Stücke mussten der Zensurbehörde vorgelegt werden, ehe sie einstudiert werden durften.[49] Dass selbstverständlich auch das Bühnenmanuskript aus Weimar vom Zensor geprüft wurde, ist bereits zur Sprache gekommen. Doch welche Zensurvermerke lassen sich finden? Was wurde mit Rötel angekreidet?

Die nachträglichen Eingriffe sind insgesamt sehr überschaubar, die Grundschicht wird also keineswegs durch zahlreiche Korrekturen verdeckt.[50] Es werden sowohl einzelne Formulierungen als auch ganze Sätze gestrichen (vgl. FB [Anm. 16], Bl. 11v, Bl. 31v, Bl. 45r, Bl. 45v, Bl. 48r, Bl. 54r, Bl. 65v, Bl. 69v). Außerdem werden zwei Textstellen außen am Rand markiert bzw. mit Rotstift ›verklammert‹, was wohl auf eine Kürzungsintention schließen lässt (ebd., Bl. 22r, Bl. 57r).[51] Lediglich auf einen interessanten Zensureingriff, der über ein der Umarbeitung noch inhärentes Provokationspotential Aufschluss zu geben vermag, sei näher eingegangen: In der Schauspielfassung wie auch in der später gedruckten Trauerspielfassung erzählt Cecilie die mittelalterliche Legende vom Grafen von Gleichen, der auf einem Kreuzzug in Gefangenschaft geriet. Schließlich »erbarmte sich seines Herrn Tochter« und »lös'te seine Fesseln«, woraufhin sie gemeinsam »flohen« (FA I, 6, S. 562). In der Heimat angekommen, erfährt die Ehefrau von der Rettung und willigt großmütig in eine Ehe zu dritt ein. Cecilie endet ihre Erzählung mit den Worten:

> An ihrem Halse rief das treue Weib, in tausend Tränen rief sie: »Nimm Alles was ich dir geben kann! Nimm die Hälfte des, der ganz dein gehört – Nimm ihn ganz! Laß mir ihn ganz! Jede soll ihn haben, ohne der andern was zu rauben – Und rief sie an seinem Halse, zu seinen Füßen: Wir sind dein!« – – Sie faßten seine Hände, hingen an ihm – Und Gott im Himmel freute sich der Liebe, und sein heiliger Statthalter sprach seinen Segen dazu. Und ihr Glück, und ihre Liebe faßte selig Eine Wohnung, Ein Bett, und Ein Grab.
> (FA I, 6, S. 562)

Genau diese Passage finden wir in einer leicht veränderten Version in dem Theatermanuskript vor. Im Vergleich mit Goethes Textvorlage offenbart das Bühnenmanuskript zwei Eingriffe. Die erste Veränderung ist offensichtlich, wenn man die Handschrift betrachtet (Abb. 3). Der Zensur fiel der als provokant empfundene Sachverhalt, wonach der »heilige Stadthalter […] seinen Segen« (FB [Anm. 16],

---

48 Anton Bing (Anm. 9, S. 3-5; hier S. 5) druckt die an den Senat gerichtete Eingabe vom 31.3.1791 vollständig ab.
49 In dem Vertrag zwischen den Aktionären und der Stadt Frankfurt vom Jahr 1802 heißt es explizit, dass »überhaupt nur solche« Stücke gespielt werden dürfen, »welche die angeordnete Censur gestattet«, (Bing [Anm. 9], S. 55). Zur Theaterzensur am Frankfurter Nationaltheater siehe auch: Frank (Anm. 9), S. 35-36.
50 Dazu auch Pfeiffer-Belli (Anm. 11), S. 112.
51 Alle nachträglichen Eingriffe in das Frankfurter Bühnenmanuskript werden in der geplanten Edition systematisch aufgezeigt.

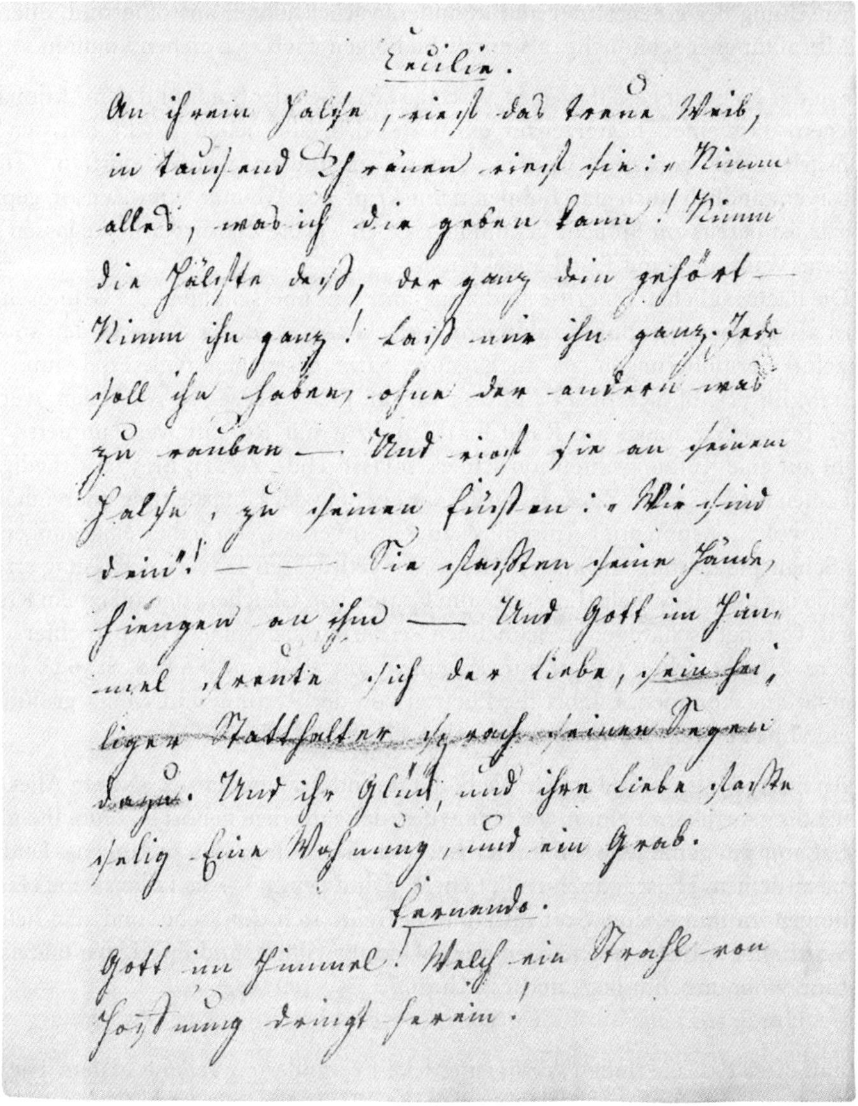

Abb. 3
Eingriffe im Bühnenmanuskript der *Stella*

Bl. 65v) sprach und damit die Ehe zu dritt anerkannte, zum Opfer. Wie ebenfalls das erhaltene Rollenheft der Schauspielerin Christiane Magdalene Elisabeth Haßloch (1764-1820), welche die Rolle der Cecilie übernahm, zeigt, wurde ihr Text dementsprechend angepasst.[52] Die zweite Abwandlung gegenüber der Textvorlage

---

52 Rollenheft: *Cecilie*, Mus Hs Texte 2 i, Bl. 21r. Dass die Schauspielerin Haßloch die Rolle der Cecilie übernahm, können wir der Aufschrift auf dem Rollenheft und den nachträglichen Eintragungen im Personenverzeichnis des Textbuches entnehmen. Vgl. auch: Pfeiffer-Belli (Anm. 11), S. 109.

wurde dagegen nicht erst nachträglich als zensuraler Eingriff vollzogen, sondern ist Teil der Grundschicht. Während es in Goethes *Stella* (in allen gedruckten Fassungen) heißt: »Und ihr Glück, und ihre Liebe faßte selig Eine Wohnung, Ein Bett, und Ein Grab« (FA I, 6, S. 562), fehlt in Rötschs Abschrift das »Bett«. Der Graf von Gleichen teilt mit seinen Frauen jetzt zukünftig »Eine Wohnung, und ein Grab« (FB [Anm. 16], Bl. 65v), so dass der skandalisierende Umstand einer erotisch-sexuellen Ehe zu dritt herausfällt und stattdessen eine platonische Verbindung suggeriert wird. Es handelt sich bei diesem Satz um die markante Schnittstelle, d. h. *danach* folgt erst in der von Goethe publizierten Trauerspielfassung der neue Schluss. Genau nach diesem Satz wurde also der ursprüngliche Text ›abgetrennt‹. Aus diesem Grund ist ausgerechnet dieser Satz nicht mehr Teil der handschriftlichen Konzeptfassung des ›neuen Schlusses‹.[53]

Somit wurde in der bühnentauglichen Umarbeitung sogar Cecilies Erzählung, die in der frühen Schauspielfassung schließlich als Vorbild, als rettendes Momentum, für die gemeinsame Lösung zu dritt fungierte, wohl zugunsten gesellschaftlicher Konventionen abgemildert. So verweigert die Bühnenbearbeitung nicht nur das einstige Happy End, die sich abzeichnende erotische Dreiecksbeziehung bzw. das geteilte »Bett«,[54] und wählt stattdessen ein tragisches Ende, nämlich den Selbstmord von Stella und Fernando. Überdies wurde das gesamte Stück dadurch entschärft, dass Anspielungen auf Polygamie, die als Beziehungsform im ausgehenden 18. Jahrhundert durchaus kontrovers diskutiert wurde,[55] sanft zurückgenommen wurden.

Es lässt sich vermuten, dass diese Form der Abmilderung ursprünglich noch nicht Teil der Weimarer Bühnenbearbeitung war und Goethes Zuschauerinnen und Zuschauer noch von dem »Bett« hörten. Dyk, dem wir eine gewisse Akribie attestieren können, schildert nämlich nachdrücklich in seiner Rezension, dass Cecilies Satz erhalten blieb und *dann* erst der neue Schluss folgte.[56] Es wäre also einerseits denkbar, dass Rötsch bei der Abschrift der Weimarer Handschrift schlichtweg ein Fehler unterlief. Andererseits könnte man annehmen, dass die Weimarer Bühnenfassung entsprechend der gesellschaftlichen Erwartungen oder Publikumsreaktionen nachträglich abgemildert wurde, sodass letztlich sogar diese Streichung – wie auch die des weiblichen »Schoßes« – von Goethe autorisiert wurde. Dagegen erscheint mir jedoch die Einschätzung Pfeiffer-Bellis, wonach der Kopist schon »vorsorglich« die Stelle für die hiesige Bühne gestrichen habe, am plausibelsten.[57] Es handelt sich somit um eine intendierte Kürzung mit Blick auf das Frankfurter

---

53 Vgl. GSA 25/W 1255, Bl. 1r.
54 Die Mehrheit der Rezipienten nahm eine sexuelle Doppelbeziehung wahr. Beispielsweise kommentiert Johann Jakob Bodmer Goethes Schluss in einem Brief an Johann Georg Sulzer wie folgt: »Zum Glück besinnt man sich anders, Fernandos Herz ist für beide Damen genugsam, beide Damen finden es überfließend für jede von ihnen. Und so gehn sie zusammen zu Bette«. Zit. nach Peter Müller: *Der junge Goethe im zeitgenössischen Urteil*. Berlin 1969, S. 243.
55 Bezogen auf den deutschsprachigen Raum siehe u. a.: Isabel V. Hull.: *Sexuality, State, and Civil Society in Germany 1700-1815*. Ithaca, London 1996, S. 176-179.
56 Siehe Dyk (Anm. 31), S. 422.
57 Pfeiffer-Belli (Anm. 11), S. 112.

Theater. Wie auch Borcherdt hinsichtlich Schillers diverser Abschriften seiner Bühnenmanuskripte herausstellt, war es üblich, die Theaterbearbeitung den Bedürfnissen des jeweiligen Theaters anzupassen.[58] Um die Frankfurter Zensurvorschriften wissend, könnte Goethe demnach die moralische Optimierung der Grafen-Legende beabsichtigt haben. Es bleibt jedoch ein Rätsel, weshalb und wie es genau zu dieser Streichung des »Betts« gekommen ist. Immerhin regt genau solch eine schimmernde Leerstelle dazu an, die bühnengerechte Umarbeitung des skandalträchtigen Sturm-und-Drang-Stückes nach Spielräumen zu durchsuchen, die es sogar ermöglichen, Doppellieben bzw. Polygamie zu verhandeln. Schaut man sehr genau hin, so lässt sich erkennen, dass auch die publikumskonforme Theaterbearbeitung mit ihrem konventionellen Tragödienschluss nichts an Provokation verloren hat.[59]

58 Vgl. Borcherdt (Anm. 5), S. 275.
59 Siehe dazu ausführlich meine Studie in diesem Goethe-Jahrbuch, S. 15-26.

HÉCTOR CANAL

Ein unbekannter Brief Joseph von Beroldingens an Goethe vom 6. November 1784

Den Domherren in Speyer und Hildesheim Joseph Anton Sigismund (Siegmund) von Beroldingen (1738-1816) lernte Goethe am 24. September 1779 kennen.[1] Auf Johann Heinrich Mercks Anregung hin besuchten ihn Goethe und Herzog Carl August in Speyer auf ihrem Weg in die Schweiz. Davon berichtete Goethe Charlotte von Stein am darauffolgenden Tag aus Rheinzabern:

> Gestern Mittag kamen wir zu Speyer an [...] und suchten den Domher Beroldingen auf. Er ist ein lebhafter, grader, und rein theilnehmender Mann. [...] Wir fanden bei Berold. selbst manches Gute an Gemählden und Kupfern, aber alles durcheinander gekramt, eben eine Hagestolzen Wirthschafft. Er ist des Jahrs 5 Monate in Hildesheim die übrige Zeit theils hier theils auf Touren, und so kommt er nicht zur Ruhe und Ordnung. Er kennt und liebt die Kunst sehr lebhafft, und weis was ein Mahler thut. (GB 3,I, S. 299-301)

In den letzten Dezembertagen 1779 fand eine weitere Begegnung statt, als Beroldingen Goethe und Carl August auf deren Rückreise abpasste: »Diese gute Seele ist express nach Mannheim gekommen, um uns zu sehn, und von da uns hierher [nach Frankfurt, HC] in aller Stille nachgereist. Es ist gar ein gutes, warmes, treues Blut«.[2] In der Zeit nach der Schweizer Reise erwähnte Goethe Beroldingen lediglich in einem Brief an Merck vom 7. April 1780, weil dieser dem Weimarer Hof einen Brief Beroldingens aus Paris mit Nachrichten von der dortigen Kunstszene hatte zukommen lassen.[3] Bisher gab es keine Spur eines brieflichen Kontaktes aus der Zeit vor Goethes Reise nach Italien – nur der kurze Briefwechsel aus dem Jahr 1811 ist überliefert.[4] Auf der Grundlage des nun entdeckten Briefes von Beroldingen lassen sich zwei verschollene Briefe Goethes an Beroldingen vom 20. September und vom 24. November 1784 erschließen.[5]

Im Gegensatz zu den meisten eingegangenen Briefen aus der Zeit vor der Schweizer Reise, die Goethe in den großen Autodafés im Jahr 1797 vernichtete,[6] ist Berol-

---

[1] Zu Beroldingen vgl. Hartmut Harthausen: *Joseph Anton Siegmund Freiherr von Beroldingen (1738-1816)*. In: *Pfälzer Lebensbilder* 3 (1977), S. 107-143.
[2] Brief von Carl August an Anna Amalia vom 26.12.1779, zit. nach: Alfred Bergmann: *Briefe des Herzogs Carl August von Sachsen-Weimar an seine Mutter die Herzogin Anna Amalia*. Jena 1938, S. 34.
[3] Vgl. GB 4,I, S. 41.
[4] Vgl. RA 6, Nr. 81; WA IV, 22, S. 81-83.
[5] Der Bezugsbrief geht aus Beroldingens Brief hervor, der Antwortbrief ist durch den Vermerk auf Beroldingens Brief belegt (Anm. 20). Diese erschlossenen Briefe werden in GB 5,I dokumentiert (Druck in Vorbereitung).
[6] Vgl. die Tagebucheinträge vom 2. und 9.7.1797 (GT II,1, S. 119f.) sowie die *Tag- und Jahres-Hefte* für 1797 (WA I, 35, S. 73).

dingens Brief deswegen überliefert, weil Goethe ihn im amtlichen Schrifttum, in den Akten zum Ilmenauer Bergbau, ablegen ließ.[7] Er nutzte zunächst die persönliche Bekanntschaft mit Beroldingen, um eine amtliche Angelegenheit vorzubringen: Von persönlichen Mitteilungen ist in Goethes Briefen an Beroldingen auszugehen, denn auch in dessen Brief werden nicht allein der offizielle Anlass der brieflichen Kommunikation (die Unterzeichnung eines Kuxes oder Anteils am neuen Ilmenauer Bergbau) thematisiert, sondern auch private Angelegenheiten. In modernen Briefeditionen erfolgt die Entscheidung, ob ein Schriftstück als Brief oder als amtliches Schreiben aufzufassen ist, unabhängig von der archivalischen Überlieferung und deren Kontingenzen. So lauten die Editionsgrundsätze der historisch-kritischen Goethe-Briefausgabe: »Enthalten amtliche Schriftstücke zusätzliche über Anrede und Grußformel hinausgehende persönliche Mitteilungen, gelten sie als Briefe und werden in die Ausgabe aufgenommen«.[8] Zwar ist in manchen Fällen die Unterscheidung zwischen Schreiben (amtlich) und Brief (privat) diffizil; das hier edierte Schriftstück Beroldingens ist jedoch eindeutig als ein Brief anzusehen.[9]

Bekanntlich war Goethes Zugang zur Geologie und Mineralogie von seiner amtlichen Tätigkeit geprägt. In Folge der Reise in die Schweiz im Herbst 1779, wo er mehrere Naturalienkabinette besuchte, und der Übernahme der Leitung der Bergwerkskommission im April 1780 intensivierte sich sein Interesse an beiden wissenschaftlichen Gebieten.[10] So schrieb er am 24. Juli 1780 an Carl Ludwig von Knebel: »Ich bin in die Passion der Mineralogie gefallen«.[11] Goethe bediente sich seiner Netzwerke – er ließ bei seinen Bekanntschaften aus der Schweiz, darunter Jacob Samuel Wyttenbach oder Horace Bénédict de Saussure,[12] anfragen; er erbat sich Stufen (Mineralien- und Gesteinsproben) von alten Freunden, von Sophie von La Roche,[13]

---

7 Für das Jahr 1784 sind unter den eindeutig datierbaren Briefen an Goethe sehr wenige ausgefertigte Briefe überliefert (z.B. legten Lavater und Jacobi Abschriften ihrer abgesandten Briefe ab): Abgesehen von den beiden Schriftstücken des Bankiers Lorenz Streiber (Kontoauszüge; RA 1, Nr. 188 und Nr. 189) haben sich nur die Briefe Philipp Christoph Kaysers vom 15.2.1784 (RA 1, Nr. 182), Mercks vom 29.4.1784 (RA 1, Nr. 186), Heinrich von Trebras vom 21.8.1784 (RA 1, Nr. 190) und Justus Christian Loders vom 31.10.1784 (vgl. RA 1, Nr. 194) erhalten. Überliefert sind außerdem einige Briefe, die Goethe in thematische Konvolute zu Naturwissenschaften ablegte, wie Trebras Brief von Ende August 1784 (RA 1, Nr. 191) und Friedrich Heinrich Reinharths Brief vom 9.9.1784 (RA 1, Nr. 192).
8 GB 1,II, S. XI.
9 Das gilt auch für Johann Friedrich Wilhelm Charpentiers Brief vom 25.7.1780, den Goethe ebenfalls in ein amtliches Konvolut ablegen ließ, der aber eine private Mitteilung zur Mineraliensammlung enthält, vgl. GB 4,II, Erläuterung zu S. 89, Z. 21.
10 Vgl. ebd., Erläuterung zu S. 89, Z. 10f.
11 GB 4,I, S. 93.
12 Vgl. GB 4,II, Erläuterungen zu S. 96, Z. 12-14, und zu S. 145, Z. 24-25.
13 Vgl. GB 4,II, Erläuterung zu S. 112, Z. 17-18. Ein Teil der von Georg Michael von La Roche für Goethe zusammengestellten Suite lässt sich heute noch in dessen Sammlung identifizieren, vgl. Héctor Canal: »*La Roche Stufen*«. *Zur Identifizierung und Datierung eines Mineralienverzeichnisses in Goethes Nachlass*. In: Anschauen und Benennen. Beiträge zu Goethes Sammlungen und Studien zur Naturwissenschaft. Hrsg. von Jutta Eckle u. Aeka Ishihara. Heidelberg 2022, S. 67-78.

Johann Caspar Lavater[14] oder Merck,[15] und von neuen, durch amtliche Aufgaben entstandenen Bekanntschaften wie Charpentier[16] –, um eine ansehnliche Sammlung zusammenzutragen, die mit Johann Carl Wilhelm Voigts Unterstützung nach Abraham Gottlob Werners Prinzipien geordnet wurde.[17]

Beroldingens Brief ist ein wichtiger Textzeuge zur Rekonstruktion von Goethes naturwissenschaftlicher Sammeltätigkeit in der voritalienischen Zeit. Allerdings ist die von Beroldingen in Aussicht gestellte Suite in Goethes Sammlungen nicht zu identifizieren. Ob die Lieferung überhaupt stattgefunden hat, darüber kann nur spekuliert werden, zumal ein entsprechendes Verzeichnis nicht überliefert ist. Genaueres über Beroldingens naturwissenschaftliche Sammlungen ist nicht bekannt: Nach seiner Rückkehr aus Paris berichtete er Merck am 9. Mai 1780 von der Anschaffung mehrerer Objekte, darunter »Conchylien, Seegewächse, Vögel und Steine«.[18] In Speyer verkehrte Beroldingen mit Christoph Philipp von Hohenfeld, in dessen Haus das Ehepaar La Roche wohnte: Sie alle gehörten zu Mercks Freundeskreis und kamen über ihn mit Goethes geologischen Reflexionen in Berührung.[19] Möglicherweise wusste Beroldingen von Georg Michael von La Roches Mineraliensendung für Goethe, die zwischen dem 31. Dezember 1782 und dem 8. Januar 1783 nach Weimar gegangen war.

Joseph von Beroldingens Brief an Goethe vom 6. November 1784 (Abb. 1-2):[20]

---

14 Vgl. GB 4,II, Erläuterung zu S. 105, Z. 17 f.; GB 6,II, Erläuterung zu S. 59, Z. 8.
15 Vgl. GB 4,II, Erläuterung zu S. 86, Z. 14-16.
16 Vgl. Ebd., Erläuterung zu S. 89, Z. 18 f.
17 Vgl. Goethes Tagebucheintrag vom 5.7.1780 (GT I,1, S. 113). Aus der Zusammenarbeit mit Voigt ging der frühestens 1783 angelegte Katalog A hervor, der die systematischen Mineralien- und Gesteins-Sammlungen (jeweils A 1 und A 2) umfasst; vgl. Hans Prescher: *Goethes Sammlungen zur Mineralogie, Geologie und Paläontologie. Katalog.* Berlin 1978, S. 158. Zu Goethes Sammelpraxis und konkret zur Mineralien- und Gesteinssammlung vgl. Gisela Maul: *Die naturwissenschaftlichen Sammlungen Goethes.* In: *Durch Lebensereignisse verbunden. Festgabe für Dorothea Kuhn zum 90. Geburtstag am 11. März 2013.* Hrsg. von Jutta Eckle u. Dietrich von Engelhardt. Stuttgart 2013, S. 199-224; hier S. 209-212.
18 Johann Heinrich Merck: *Briefwechsel.* Hrsg. von Ulrike Leuschner in Verbindung mit Julia Bohnengel, Yvonne Hoffmann u. Amélie Krebs. 5 Bde. Göttingen 2007, hier Bd. 2, S. 439. Im Brief vom 30.7.1784 ist auch von Fossilien die Rede, vgl. ebd., Bd. 3, S. 558. Beroldingen trug außerdem eine ansehnliche Gemälde- und Grafiksammlung zusammen, wie Goethe in seinem Brief vom 25.12.1779 feststellte, vgl. GB 3,1, S. 301; Hermann Engfer: *Die Hildesheimer Domherren von Beroldingen und ihre Sammlungen.* In: *Alt-Hildesheim. Jahrbuch für Stadt und Stift Hildesheim* 37 (1966), S. 20-33; hier S. 26-28.
19 Merck ließ Georg Michael von La Roche Goethes ausführlichen Brief vom November 1782 (WA IV, 6, S. 81-85) zukommen, der ihn Hohenfeld zu lesen geben wollte, vgl. Canal (Anm. 13), S. 68-71.
20 Überlieferung: LATh – HStA Weimar, Bergwerke B 16232, Bl. 254 f. Die Handschrift liegt in einem gebundenen Aktenkonvolut: »Acta / die wegen Zusammenbringung der neuen *Ilmenauer Berggewerkschaft* geführte Correspondenz und erlassene Verfügungen enthaltend. / Ergangen vor Fürstl. Sächßl. Bergwerks-Commission zu Weimar. / 1783. 1784. / Vol. V. / der neuen BergwercksActen«. Antwortvermerk S. 1 am unteren Rand: »Ist von dem Herrn Geh. Rath von Göthe beantwortet worden. d. 24. Nov. 1784. / J. C. W. Voigt.«

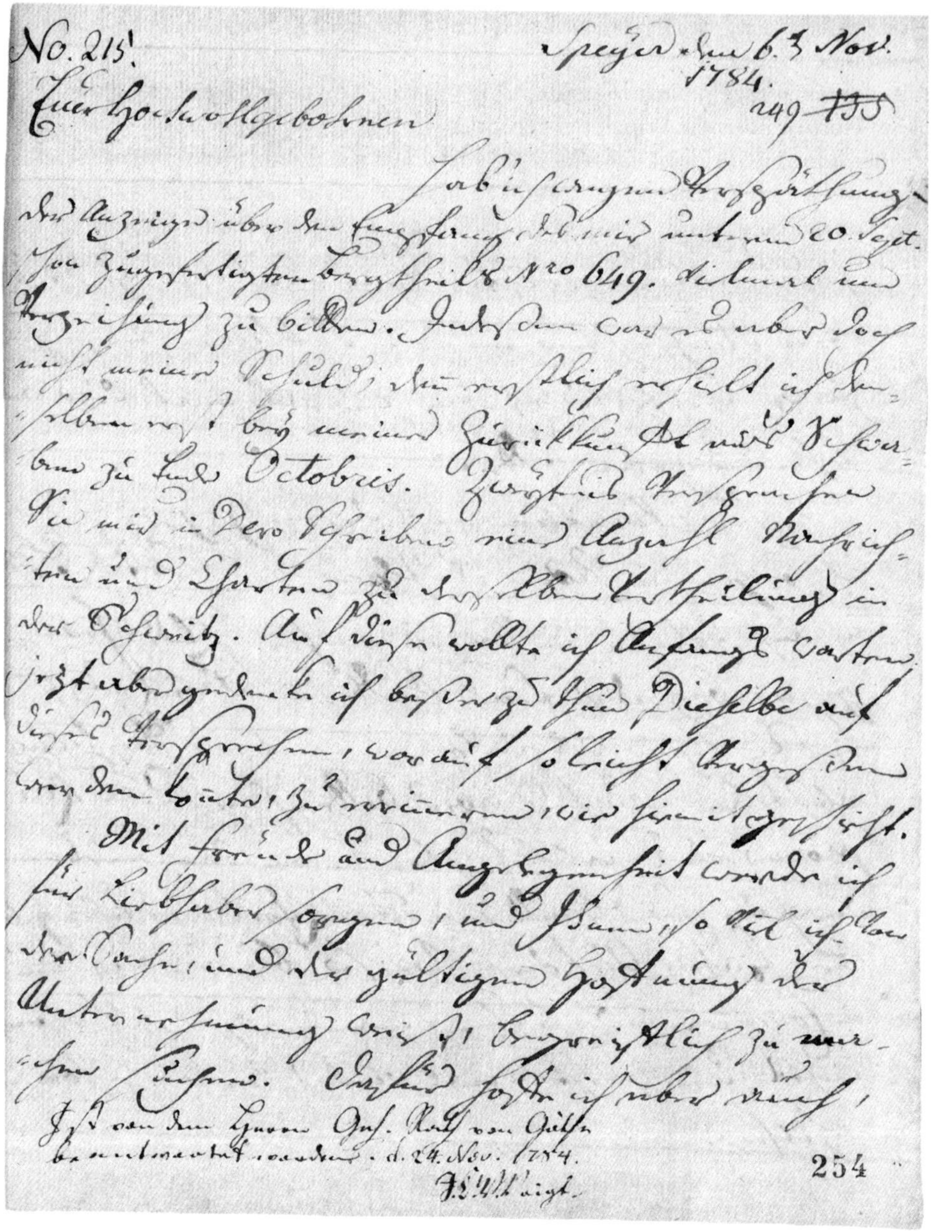

Abb. 1
Joseph von Beroldingen an Goethe, 6. November 1784, S. 1.

Speyer den 6.tn Nov. 1784.

Euer Hochwohlgebohrnen

hab' ich wegen Verspäthung der Anzeige über den Empfang des mir unterm 20. Sept. schon zugefertigten Bergtheils N^{ro} 649.[21] vielmal um Verzeihung zu bitten. Indeßen war es aber doch nicht meine Schuld; denn erstlich erhielt ich denselben erst bey meiner Zurükkunfft aus Schwaben zu Ende Octobris. Zweytens versprachen Sie mir in Dero Schreiben eine Anzahl Nachrichten und Charten[22] zu derselben Vertheilung in der Schweitz.[23] Auf diese wollte ich Anfangs warten; jezt aber gedenke ich beßer zu thun, Dieselbe auf dieses Versprechen, worauf so leicht vergeßen werden konnte, zu erinnern, wie hiemit geschieht.

Mit Freude und Angelegenheit werde ich für Liebhaber sorgen, und Ihnen, so viel ich von der Sache, und der gültigen Hoffnung der Unternehmung weiß, begreifflich zu machen suchen. Dafür hoffe ich aber auch, / jedesmal zu rechter Zeit mit den gedrukten Nachrichten an das Publicum[24] versehen zu werden, wozu ich ein für allemal die Befehle zu geben bitte.

Für Mineralien aus diesen Gegenden werde ich sorgen, und wenn es Ihnen so beliebt, so offt ich auf Johannis im Sommer nacher Hildesheim[25] gehe, bey der

---

[21] Erwartet wurde der Verkauf von 1000 Kuxen (Anteilen) für jeweils 20 Reichstaler, vgl. Kurt Steenbuck: *Silber und Kupfer aus Ilmenau. Ein Bergwerk unter Goethes Leitung. Hintergründe, Erwartungen, Enttäuschungen.* Weimar 1995, S. 132-140. Laut dem von Johann Carl Wilhelm Voigt geführten »GewerkenBuch« stellte Beroldingen die Zahlungen für seinen Anteil ein (Nr. 649), und dieser wurde am 1.8.1796 kaduziert, vgl. LATh – HStA Weimar, Bergamt Ilmenau Nr. 177.

[22] Vgl. [Johann Christian Ludwig Eckardt:] *Nachricht von dem ehmaligen Bergbau bey Ilmenau in der Grafschaft Henneberg und Vorschläge ihn durch eine neue Gewerkschaft wieder in Aufnahme zu bringen.* Weimar 1783. Dieser Schrift, die in der Öffentlichkeit für die Beteiligung an der neu gegründeten Gewerkschaft werben sollte, wurde die von Franz Güßefeld gezeichnete und von Adrian Zingg gestochene *Charte über einen Theil der Gebirge im Hennebergischen Herzogl. Sachs-Weimarischen Antheils* beigelegt, vgl. GB 4,II, Erläuterungen zu S. 89, Z. 5, und S. 98, Z. 1. Wahrscheinlich hatte Goethe Beroldingen auch die für die Gewerken (Anteilseigner) bestimmte *Nachricht von dem am 24sten Februar 1784. geschehenen feyerlichen Wiederangriff des Bergwerks zu Ilmenau* [Weimar 1784] sowie seine *Rede bey Eröffnung des neuen Bergbaues zu Ilmenau. Den 24sten Februar 1784* zukommen lassen [Weimar 1784]; vgl. WA I, 36, S. 365-372.

[23] Das adlige Geschlecht der Beroldingen stammte aus dem Land Uri. Joseph von Beroldingen war Mitglied der Helvetischen Gesellschaft und zu dieser Zeit sogar deren Vorsitzender, vgl. Harthausen (Anm. 1), S. 124 f. Außerdem war Beroldingen Ehrenmitglied der Physikalischen Gesellschaft in Zürich, sodass er über gute Kontakte zu intellektuellen und bürgerlichen Kreisen verfügte. Vermutlich hat Beroldingen keine weiteren Kuxe vermittelt, im geographischen Register des Gewerken-Buchs wurden keine Anteilseigner aus der Schweiz geführt, vgl. LATh – HStA Weimar, Bergamt Ilmenau, Nr. 166.

[24] Jedes Jahr sollte mit Datum vom 24. Februar eine *Nachricht von dem Fortgang des neuen Bergbaues zu Ilmenau* im Auftrag der Bergwerkskommission gedruckt und an die Gewerken verschickt werden. So erschienen insgesamt sieben Hefte mit leicht abweichenden Titeln (1785, 1787, 1788, 1791, 1791, 1793 und 1794).

[25] Als Domherr in Speyer und Hildesheim hatte Beroldingen eine doppelte Residenzpflicht.

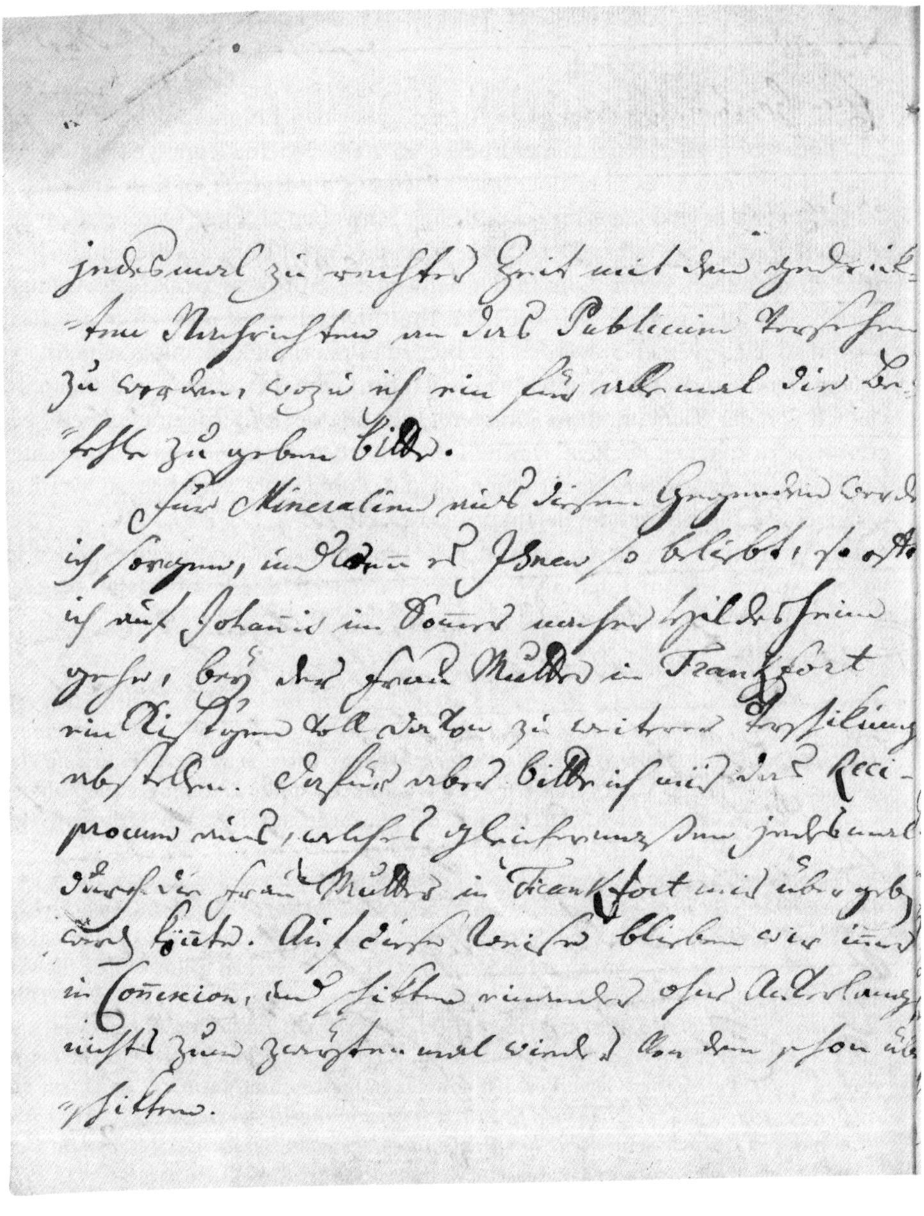

Abb. 2
Joseph von Beroldingen an Goethe, 6. November 1784, S. 2.

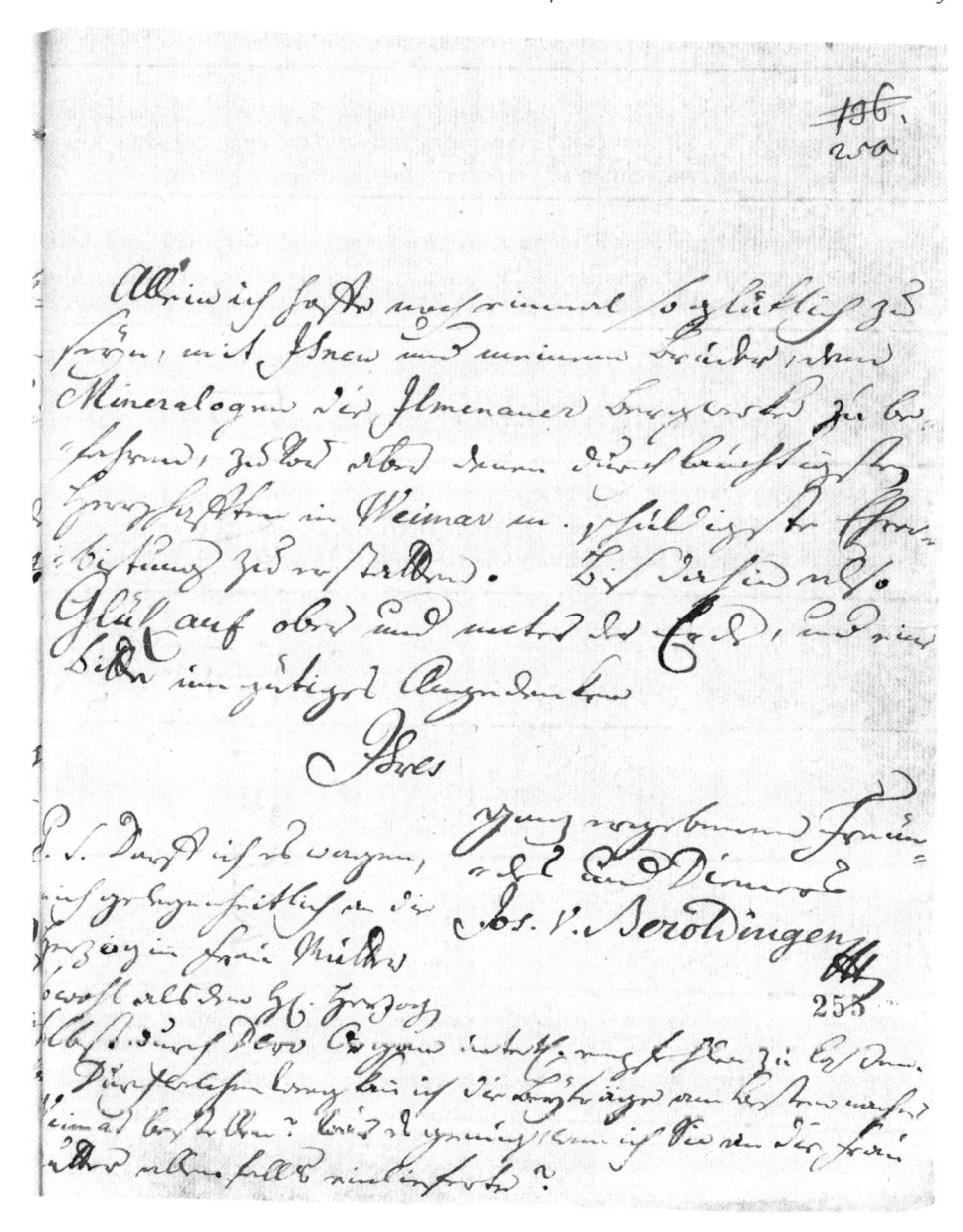

Abb. 3
Joseph von Beroldingen an Goethe, 6. November 1784, S. 3.

Frau Mutter in Frankfort[26] ein Kistgen voll davon zu weiterer Verschikung abstellen. Dafür aber bitte ich mir das Reciprocum[27] aus, welches gleichermaßen jedesmal durch die Frau Mutter in Frankfort mir übergeben werden könnte. Auf diese Weise blieben wir immer in Connexion, und schikten einander ohne Anverlangen nichts zum zweytenmal wieder von dem schon überschikten. /

Allein ich hoffe noch einmal so glüklich zu seyn, mit Ihnen und meinem Bruder, dem Mineralogen[28] die Ilmenauer Bergwerke zu befahren, zuvor aber denen Durchlauchtigsten Herrschafften in Weimar m. schuldigste Ehrerbietung zu erstatten.[29] Bis dahin also Glück auf ober und unter der Erde, und eine Bitte um gütiges Angedenken

Ihres

        ganz ergebenen Freündes und Dieners
        Jos. v. Beroldingen

P. S. Darff ich es wagen, mich gelegenheitlich an die Herzogin Frau Mutter sowohl als dem Hℓ. Herzoge[30] selbst durch Dero Organ unterthℓ. empfehlen zu laßen. Durch welchen Weg kann ich die Beyträge am besten nacher Weimar bestellen? Wärs es genug, wenn ich Sie an die Frau Mutter allenfalls einlieferte?[31]

---

26 Eine Übersendung von Mineralien durch Catharina Elisabeth Goethe ist nicht belegt.
27 Auch für die Zusendung von Doubletten aus Goethes Mineraliensammlung an Beroldingen gibt es keinen Beleg.
28 Beroldingens jüngerer Bruder Franz Cölestin (1740-1798) war Domkapitular in Hildesheim, Archidiakon in Elze und Kanonikus in Osnabrück, lebte aber auf seinem Gut Walshausen. Der geologische Autodidakt legte mehrere Publikationen vor und wurde zum Ehrenmitglied der *Naturforschenden Gesellschaft zu Jena* bei ihrer Gründung im Jahr 1793 ernannt. Er trug eine ansehnliche Sammlung von ca. 14.000 Stufen zusammen, von der zumindest ein Teil ins Britische Museum gelangte. Heute wird ein kleiner Teil im Natural History Museum aufbewahrt, vgl. Gudrun Wille: »... *so will ich mich bei künstlichen Erfahrungen nicht aufhalten*«. *Franz Cölestin Freiherr von Beroldingen 1740-1798*. Hildesheim 2003, S. 32-35 und 153-164; Engfer (Anm. 18), S. 31 f.
29 Eine weitere Begegnung mit Goethe fand nicht statt.
30 Über eine persönliche Begegnung Beroldingens mit Herzoginmutter Anna Amalia ist nichts bekannt.
31 Aus den Unterlagen des für die Kommunikation mit den Gewerken zuständigen Bergamtes in Ilmenau ist nicht ersichtlich, wie Beroldingen seine Zahlungen leistete. Im geographischen Register wurde er unter Paderborn geführt, vgl. LATh – HStA Weimar, Bergamt Ilmenau, Nr. 166, Bl. 10v. Möglicherweise übernahm ein dortiger Agent die Zahlungen für Beroldingen.

Christoph Cremer

Neue Blicke auf Newton und Goethe anlässlich der Veröffentlichung von Werner Heils »Empirische[n] Untersuchungen an Prisma und Gitter« (2021)

Seine vielfältigen theoretischen und empirischen Untersuchungen zur Natur und Wirkung der Farben dokumentierte Goethe in seiner 1810 erschienenen *Farbenlehre*, einem seiner umfangreichsten Werke. Über ihre Bedeutung wird bis heute diskutiert, ja heftig gestritten. Was hat zum Beispiel Goethes Farbenlehre mit der Entwicklung der modernen Optik zu schaffen? Dies scheint ein Widerspruch in sich selbst zu sein: Auf der einen Seite stehen weltberühmte Physiker wie Isaac Newton, Gustav Kirchhoff, James Clerk Maxwell, Max Planck, Albert Einstein, Niels Bohr, Erwin Schrödinger, Werner Heisenberg und viele tausende weiterer Wissenschaftler, die mit ihren theoretischen und experimentellen Arbeiten das himmelragende Gebäude der heutigen Optik und ihrer alle Lebensbereiche durchdringenden Anwendungen errichtet haben, vom elektrischen Licht bis zu den Glasfaserkabeln der digitalen Vernetzung und den vielfältigen optischen Systemen der Lebenswissenschaften. Auf der anderen Seite steht Goethe, dessen literarisch-künstlerisch beschriebene Erfahrungen mit Lichterscheinungen – so eine vielfach verbreitete Meinung – die Weltsicht eines dichterisch begabten Dilettanten widerspiegeln, dessen Widerspruch zu Newtons bahnbrechenden optischen Untersuchungen aus heutiger Sicht unverständlich ist.

In dem 2021 erschienenen, großartig mit zahlreichen Farbtafeln ausgestatteten Band legt Werner Heil seine akribisch durchgeführten, umfangreichen Experimente an Prisma und Gitter vor,[1] in denen die meisten der hier relevanten Versuche Goethes zur Farbenlehre in bewundernswürdiger Weise wiederholt werden; die dabei genutzten Hilfsmittel wurden so verwendet, dass eine größtmögliche Annäherung an den Kern der Versuche Goethes erzielt wurde. Anhand vieler empirischer Beispiele arbeitet Heil dabei heraus, wie hochpräzise die Farbphänomene von Goethe beobachtet wurden, während Newton hier anscheinend sich auf das in seine Theorie der Farben Passende zu beschränken scheint. Was die Genauigkeit und Deutlichkeit der beschreibenden Darstellung der an Hell-Dunkel-Grenzen erscheinenden Farbphänomene betrifft, so ist der vielerfahrene, gereifte Experimentator Goethe dem zu Zeiten seiner optischen Experimente noch jungen und theoretisch veranlagten Newton offenbar deutlich überlegen. Insgesamt hat Goethe viel mehr optische Versuche durchgeführt als Newton, der ja einen erheblichen Teil seines langen Lebens als bedeutender Mathematiker, theoretischer Physiker und – last not

---

[1] Werner Heil: *Empirische Untersuchungen an Prisma und Gitter. Neue Blicke auf Newton und Goethe*. Stuttgart: SchneiderEditionen 2021, 112 S., 38,- €.

least – erfolgreicher Wissenschaftsorganisator und ›Finanzminister‹ des British Empire verbracht und sich aus der Optik weitgehend zurückgezogen hatte.

Auch in der hier vorgelegten hervorragenden Wiederholung der Goethe'schen Farbenphänomenologie wird der Rang Goethes als eines ernst zu nehmenden Naturforschers belegt, dem das Prädikat einer genuin wissenschaftlichen Beschäftigung im Bereich der Erforschung der Phänomenologie der Farben nicht versagt werden kann. Wenn man den Umfang der Publikationstätigkeit als einen Ausweis wissenschaftlicher Tätigkeit wertet, so entspricht seine *Farbenlehre* rund 200 Fachpublikationen ›Optik-üblicher‹ Länge oder dem Lebenswerk eines heutigen Wissenschaftlers. Wie seine Farbenlehre ausweist und in der Heil'schen Rekonstruktion detailliert bestätigt wird, war Goethe ein äußerst genauer Beobachter der Lichtphänomene in ihrer Gesamtheit, wobei er sich der zu seiner Zeit verfügbaren modernsten Beobachtungsmethoden bediente und seine Beobachtungen in den geschichtlichen Rahmen einer breit angelegten Geschichte der Farbenlehre einbettete.

Ein erhebliches Problem für einen optisch interessierten Leser der umfassend angelegten empirischen Studien Goethes besteht darin, dass man von der wunderbaren poetischen Sprache seiner Darstellungen ganz begeistert ist, aber nur sehr wenig versteht, um welche Farbphänomene und Bedingungen ihrer Erzeugung es sich genau handelt. Dies aber ist für ein Verständnis der Optik von entscheidender Bedeutung: »Beim Licht kann man nie wissen«, soll ein berühmter theoretischer Physiker des 20. Jahrhunderts gesagt haben; in der Tat sind die mit Licht in Wechselwirkung mit Materie erzeugten Phänomene so komplex, vielfältig und überraschend, dass schon kleinste Änderungen der Versuchsanordnung bereits zu ganz wesentlichen Modifikationen der beobachteten Erscheinungen führen können.

Hier füllt das von Werner Heil vorgelegte Buch eine wesentliche Lücke. In seinen empirischen Untersuchungen an Prisma und Gitter stellt er die hierzu von Goethe durchgeführten Experimente im Einzelnen so genau wie möglich nach, versehen mit ausführlichen Kommentaren und detaillierten Beschreibungen. Werner Heil verdeutlicht in eindrucksvoller Weise die vielfältigen, hochkomplexen Farbphänomene, die beim Durchgang von weißem Licht durch Prisma und Gitter entstehen. Dabei versucht er nicht, die Beobachtungen im Sinne der heutigen Vorstellungen zur Physik des Lichts zu interpretieren, sondern dies in einer der Zeit der Entstehung der *Farbenlehre* angemessenen Weise zu tun; die Ausführungen Goethes und Newtons (aus seiner 1704 erschienenen *Opticks*[2]) werden einander gegenübergestellt und im Lichte der zugehörigen, von Heil systematisch wiederholten Versuche Goethes interpretiert.

Die empirischen Untersuchungen von Werner Heil und ihre streng phänomenologische Interpretation auf dem Hintergrund der um 1700/1800 bestehenden qualitativen Vorstellungen von der Natur des Lichts machen deutlich, dass zur Zeit der Abfassung der *Farbenlehre* es keineswegs so ausgemacht war, dass Newton ›recht‹ und Goethe ›unrecht‹ hatte, was die allgemeine ›Natur‹ des Lichtes angeht. Ohne auf die inzwischen Bibliotheken füllende ›polemische Literatur‹ einzugehen, hier

---

2 Isaac Newton: *Opticks: or, a treatise of the reflexions, refractions, inflexions and colours of light. Also two treatises of the species and magnitude of curvilinear figures*. Palo Alto 1998.

nur ein Beispiel aus dem Werk von Georg Christoph Lichtenberg (1742-1799), einem glühenden Verehrer Newtons, Professor für Experimentalphysik an der zum Herrschaftsgebiet von Georg III., König von Großbritannien und Kurfürst von Braunschweig-Lüneburg, gehörenden Universität Göttingen. In seiner Physikvorlesung[3] schreibt Lichtenberg zur Newton'schen Hypothese über die Brechung der Lichtstrahlen »– unstreitig die richtigste unter allen, –«: sie reduziere »sich bekanntlich auf die lichtanziehende Kraft der durchsichtigen Körper«.[4]

Von diesem Postulat der lichtanziehenden Kraft (analog der Gravitation) eines durchsichtigen Körpers auf die Newton'schen Lichtteilchen (die hier ganz materiell gedacht werden, als eine Reihe schnell bewegter kleiner Korpuskeln, die wie Kanonenkugeln der Royal Navy durch den Raum schießen) zeigt Lichtenberg ›more geometrico‹, dass bei der Brechung der Lichtstrahl nicht nur abgelenkt wird, sondern seine Geschwindigkeit im Medium zunimmt, also größer ist als vor dem Eintritt in den Glaskörper. Nach dem Austritt wirkt die lichtanziehende Kraft des Körpers entgegengesetzt in der Weise, dass der Lichtstrahl (also die in ihm sich bewegenden Lichtteilchen) wieder die gleiche Geschwindigkeit haben wie vorher. Das ist eine sehr stringente und bei der Annahme Newtons, das Licht bestehe aus kleinen Korpuskeln, konsequente Ableitung. Nur leider: Diese Erklärung Newtons des Brechungsgesetzes ist nach heutiger Physik vollkommen falsch: In Wirklichkeit vermindert sich die Ausbreitungsgeschwindigkeit der als ›Licht‹ bezeichneten elektromagnetischen Welle im Glas, und zwar (bei Übertritt aus Vakuum) um den Faktor n (Wert des Brechungsindex). Zum Beispiel bedeutet dies, dass beim Übertritt des Lichts von Luft in Glas seine Ausbreitungsgeschwindigkeit von etwa 300.000 km/s auf ›lediglich‹ 200.000 km/s absinkt.

Mit den Versuchsanordnungen Newtons und Goethes war diese Verminderung natürlich nicht feststellbar; hier hatte Goethe recht, wenn er erklärte, einige wenige Versuche wie bei Newton reichten nicht aus, das geheimnisvolle Wesen des Lichts zu erklären. Heute arbeiten weltweit viele tausende optischer Fachleute unter Verwendung teuerster Geräte daran, die extrem komplexen physikalischen Eigenschaften des Lichts näher zu charakterisieren. An einem in Heils Farbenversuchen nachgestellten Phänomen wird allerdings heute nicht gezweifelt, es hat sich milliardenmal experimentell bestätigt und ist die Grundlage der Optik nicht nur von Vergrößerungsgläsern, Brillen, Mikroskopen und Fernrohren, sondern auch der unser Internet ermöglichenden Glasfasertechniken: Das ist das berühmte Brechungsgesetz. Auch die von Heil genau beschriebenen scheinbaren ›Abweichungen‹ beim Durchgang von Licht durch ein Prisma sind in Übereinstimmung mit diesem ›Gesetz‹, sofern dieses physikalisch korrekt interpretiert wird; schließlich ist ein Prisma keine einzelne ideal ebene lichtbrechende Fläche (wie beim Brechungsgesetz angenommen), sondern hat zwei lichtbrechende Kanten, deren Winkel zueinander einen erheblichen Einfluss auf die Gesamtablenkung haben; die Herleitung der Ge-

---

3 Georg Christoph Lichtenberg: *Physikvorlesung. Nach J. Chr. P. Erxlebens Anfangsgründen der Naturlehre. Aus den Erinnerungen von Gottlieb Gamauf*. Bearbeitet und mit einer Einleitung versehen von Fritz Krafft. Wiesbaden 2007.
4 Gottlieb Gamauf: *Erinnerungen aus Lichtenbergs Vorlesungen über Erxlebens Anfangsgründe der Naturlehre*. Wien u. Triest 1811, S. 394 f.

samtablenkung aus dem Brechungsgesetz ergibt sich aus einer komplizierten Formel, in die eine Reihe von Größen eingehen.

Allgemein muss beachtet werden, dass die sogenannten Gesetze der Physik stark abstrahierte Versuchsbedingungen zur Voraussetzung haben: Die postulierten quantitativen Beziehungen zwischen beobachteten Versuchsparametern gelten nur unter präzise definierten Bedingungen (die mehr oder weniger genau realisiert werden können).

Wenn die ›Richtigkeit‹ einer Theorie durch ihre unmittelbare Brauchbarkeit für weiterführende quantitative Untersuchungen aufgrund mathematisch formulierbarer Modellvorstellungen und ihre praktische Anwendbarkeit in der Konstruktion optischer Instrumente gegeben ist, dann hatte die Newton'sche Annahme, dass weiß erscheinendes Sonnenlicht aus kleinen, schnell bewegten materiellen Teilchen bestimmter ›Farbqualität‹ besteht, die durch Glaskörper in verschiedene Richtungen abgelenkt und hierdurch in unterschiedliche ›Farben‹ ›aufgespalten‹ werden können, ihre eindeutigen Vorteile: Für das sich damals immer weiter ausdehnende britische Weltreich waren genaue Positionsbestimmungen seiner Kriegs- und Handelsschiffe von fundamentaler Bedeutung, und Newtons Mathematik zur Berechnung der Planetenbahnen und Newtons Optik bildeten hier entscheidende Grundlagen. Am Ende seines Lebens war Newton so berühmt, dass sein Sarg, vom Lordkanzler Englands und mehreren Herzögen getragen, in Westminster Abbey zur Rechten des Hauptaltars beigesetzt wurde. Auf seinem dortigen Grabmal wurde auch das Prisma dargestellt, und seine Beiträge zur Begründung der neuen Himmelsphysik wurden mit den Worten gewürdigt, er habe einen »fast göttlichen Geist« (»mens prope divina«) besessen. Eine Statue am Eingang der Kapelle des Trinity College in Cambridge, wo er einige Jahre als Professor wirkte, zeigt ihn ebenfalls mit einem Prisma in der Hand. Dies belegt, wie hoch seine Theorie des Lichts im damaligen Britannien angesehen wurde, und selbst in dem üblicherweise mit England im Kampf um Amerika und Indien im Krieg befindlichen Frankreich erfuhr Newton ›olympische‹ Ehren. In der Folge wurde Newtons Optik so etwas wie das 5. Evangelium der materialistischen Naturerklärung.

Allerdings war seine Interpretation des Lichts als materielle Teilchen nicht so unumstritten, wie es zur Goethezeit für die meisten aussah: So begnügte sich der mit Newton um die wissenschaftliche Weltherrschaft streitende Leibniz im Sinne Goethes mit der Feststellung, dass die Farben beim Durchgang durch das Prisma ›erscheinen‹.

Wenn die ›Richtigkeit‹ einer Theorie darin gesehen wird, dass sie es erlaubt, Lichterscheinungen in ihrem zahlenmäßig erfassbaren Verhalten mit wenigen einfachen Postulaten mathematisch zu beschreiben und neue, quantitativ validierbare oder falsifizierbare Voraussagen optischer Phänomene zu machen, dann bietet die Optik Newtons mit ihrer geometrischen Behandlung der z. B. bei der ›Brechung‹ weißen Lichts am Prisma auftretenden Farben Möglichkeiten eines ständigen Fortschreitens der Erkenntnis, die bis zur heutigen elektrodynamischen Wellentheorie und Quantentheorie des Lichts führten.

Wenn die ›Richtigkeit‹ einer Theorie allerdings darin gesehen wird, dass sie zu langfristigem Nachdenken anregt, dessen Früchte vielleicht erst Jahrhunderte später reifen, dann ist Goethes Farbenlehre auch heute noch aktuell, und im vergangenen 20. Jahrhundert haben einige seiner bedeutendsten Physiker die Beschäftigung mit Goethes Farbenlehre weitergeführt.

Beide Herangehensweisen an die Natur von Licht und Farben haben ihre Berechtigung; beide sind im Geist bedeutender Wissenschaftler in ständiger Wechselwirkung geblieben und haben Wirkungen gezeitigt, die das Leben und Denken der Menschheit fundamental verändert haben: So erlauben die von Newton ersonnenen Spiegelteleskope in ihrer heutigen Weiterentwicklung einen Blick in Milliarden Lichtjahre entfernte Welten am Beginn unserer Zeit; die verfeinerten Methoden der Analyse optischer Spektralerscheinungen lieferten seit der Mitte des 19. Jahrhunderts den Schlüssel zum Aufbau der Materie.

Untersuchungen zur Farbenlehre wie die hier von Heil beschriebenen veranlassten Goethe um 1825 zur Gründung einer Glashütte für Präzisionsoptik in Jena, wobei er als Sponsorin Maria Pawlowna (1786-1859) gewinnen konnte, die Gemahlin von Großherzog Carl Friedrich (1783-1853) und Schwester der Zaren Alexander I. und Nikolaus I. Ziel war es, ein optisches Postulat Newtons (Unmöglichkeit einer vollkommenen Korrektur von Farbfehlern bei Linsen) experimentell zu widerlegen, also gewissermaßen Newton ›in offener Feldschlacht‹ zu besiegen. Als Direktor seiner Glashütte ernannte Goethe seinen ›Farbenassistenten‹ Friedrich Körner und berief ihn zum Dozenten an ›seiner‹ Universität Jena. Dort hatte Körner einen tüchtigen Studenten, der aus einer Familie mit vielen Juristen und Theologen, aber auch tüchtigen Handwerkern stammte: Carl Zeiss. Dieser gründete in Jena im Jahre 1846 eine kleine Optikwerkstätte und fing an, Mikroskope zu fertigen und mit den Jahren immer weiter zu verbessern. Um 1880 waren die von Zeiss gebauten Mikroskope die besten der Welt; sie ermöglichten die detaillierte Analyse vieler ›mikrobischer‹ Krankheitserreger, z. B. für Milzbrand, Tuberkulose, Cholera und Pest, und bildeten eine wesentliche Grundlage der modernen Medizin. Aus kleinen Anfängen entwickelte sich die von Carl Zeiss gegründete Werkstatt zum bedeutendsten Optikkonzern der Welt, der fast alles produziert, was mit Licht zu tun hat.

Die von Heil experimentell nachvollzogene, ausführlich beschriebene und mit vielen Farbtafeln versehene Rekonstruktion von Goethes Optikuntersuchungen beschränkt sich auf die Wechselwirkung von Licht mit durchsichtigen Körpern. Dabei wird die ganze von Goethe hier studierte Farbenphänomenologie einbezogen, von der unterschiedlichen Brechbarkeit der Farben, der Entstehung des Grüns, der Bedeutung von Grenzen für das Auftreten von Farberscheinungen, dem Einfluss von Hell-Dunkel-Verhältnissen für die Farbbildung, den Versuchen mit farbigen Flächen bis zu den Farbmischungen. Das ist ein weites Feld, aus dem der Verfasser in seinen Physikvorlesungen nur einen kleinen Ausschnitt realisieren konnte.

Eine über dieses von Heil vorgelegte breite Versuchsspektrum hinausgehende Darstellung von Goethes Forschung zur chemischen Wirkung von Licht hätte daher wohl den gesetzten Rahmen gesprengt. Zur Würdigung der großen Bedeutung von Goethes Optik für die moderne Naturwissenschaft darf dennoch an dieser Stelle nachgetragen werden, dass die von Goethe vertretene Theorie der Polarität von Licht und Dunkel zu einer teilweise gemeinsam mit Johann Wilhelm Ritter gemachten Entdeckung führte, deren Bedeutung für die moderne Optik schwer überschätzt werden kann: Die Entdeckung der ultravioletten Strahlung und der wellenlängenabhängigen Fluoreszenz.

Wie Goethe bereits in einem Brief vom 2. Juli 1792 an Samuel Thomas Sömmerring berichtete, machte er die Entdeckung der Fluoreszenzinduktion an einem Bologneser Leuchtstein, unter Verwendung der prismatischen Spektralzerlegung des Lichts:

> Ich warf auf die gewöhnliche Weise das farbige sogenannte Spectrum solis an die Wand und brachte einen in Bologna zubereiteten Leuchtstein in den gelben und gelbrothen Theil des Farbenbildes, und fand zu meiner Verwunderung, daß er darauf im Dunkeln nicht das mindeste Licht von sich gab. Darauf brachte ich ihn in den grünen und blauen Theil, auch alsdann gab er im Dunkeln kein Licht von sich, endlich nachdem ich ihn in den violetten Theil legte, zog er in dem Augenblicke Licht an und leuchtete sehr lebhaft im Finstern. (WA IV, 9, S. 318)

Dies zeigt, dass sich Goethe aller Polemik gegen Newtons Spektralzerlegung zum Trotz dennoch dessen Versuchsanordnung zunutze machte. Während das farbige Leuchten von Bologneser Steinen bereits seit langem bekannt war, entdeckte Goethe, dass dieses Leuchten nur auf der (heute kurzwellig genannten) Seite des Spektrums auftrat. Während Newton, seiner materiellen Korpuskulartheorie folgend, die Umwandlung von einer Farbe in eine andere (hier des Violetten in andersfarbiges Licht) für unmöglich hielt, war Goethe – dank seines Konzepts der Polarität – offen, dieses völlig unerwartete Phänomen zu würdigen.

Ein paar Jahre später entdeckte das Forscherteam Ritter und Goethe die jenseits des Blauvioletten erscheinende ultraviolette Strahlung anhand seiner photochemischen Wirkungen. Diese Entdeckungen können in ihrer Bedeutung kaum überschätzt werden. In der modernen Naturwissenschaft und Technik werden sie in vielfältiger Weise angewandt, von der Fotografie, der Zellbiologie und medizinischen Diagnostik bis zur Gensequenzierung oder der Herstellung elektronischer Chips, der materiellen Grundlage der heutigen Computer. Um z. B. die unglaublich dicht gepackten Mikrostrukturen für solche Chips herzustellen, werden nanolithographische Belichtungsverfahren verwendet, die optisch ähnlich funktionieren wie Mikroskope; je kleiner die verwendete Wellenlänge ist, desto höher die erreichbare Speicherdichte. Das geschieht mittels der von Ritter und Goethe entdeckten photochemischen Wirkungen des ultravioletten Lichts. Heute werden rund 80 Prozent aller Mikrochips weltweit mit ZEISS Optiken hergestellt. Die kleinsten von Carl Zeiss und Partnern derzeit damit realisierbaren Chipstrukturen sind rund 5.000mal kleiner als die Dicke eines einzelnen Haares!

Als ein weiteres Beispiel für die Bedeutung der von Goethe und Ritter entdeckten Fluoreszenz und ihrer ›chemischen Wirkung‹ sind in den letzten Jahrzehnten eine Reihe von Methoden entwickelt worden, die bislang für absolut gehaltene Grenze der optischen Auflösung in der Lichtmikroskopie in dramatischer Weise zu überwinden, genauer gesagt zu umgehen. Seit kurzem werden diese ›Nanoskopie‹-Methoden sogar für die Erforschung von ›Mikroben‹ nutzbar gemacht; selbst einzelne Viren kann man damit sichtbar machen. Konzeptuell beruhen derartige ›superauflösende Lichtmikroskopieverfahren‹ auf einem der *Farbenlehre* nahestehenden Prinzip, das von Goethe wie folgt formuliert wurde:

Nunmehr behaupten wir, [...] daß [...] Hell, Dunkel und Farbe zusammen allein dasjenige ausmachen, was den Gegenstand vom Gegenstand, die Teile des Gegenstandes von einander, fürs Auge unterscheidet. Und so erbauen wir aus diesen Dreien die sichtbare Welt [...]. (MA 10, S. 20)

Die grundlegenden naturphilosophischen Gedanken Goethes zur Wechselwirkung zwischen Licht und Materie und seine wissenschaftstheoretischen Prinzipien zum Verhältnis von Experiment und Theorie haben wahrscheinlich auch bei der Entwicklung der modernen Quantenphysik eine anregende Rolle gespielt. Es gibt gute Gründe anzunehmen, dass Goethes Bestehen auf dem Vorrang der Phänomene und dem Einfluss der Polarität von Licht und Dunkel auf die Entstehung der Farben eine erhebliche Wirkung auf die Entwicklung der modernen Atomphysik gehabt haben könnte. In seinem Nachwort in der Hamburger Ausgabe stellte Carl Friedrich von Weizsäcker fest, Goethes »Licht [sei] nicht das des Leuchtturms [...], der den Hafen anzeigt, sondern das eines Sterns, der uns auf jeder Reise begleiten wird«.[5] In dieser Parabel wäre Newtons Farbenlehre einem Leuchtturm zu vergleichen, und Goethes Farbenlehre einem leitenden Stern.

Beide, Newton'scher Leuchtturm und Goethe'scher Stern, sind unverzichtbare, aber komplementäre Herangehensweisen an die Erscheinungen von Licht und Farbe. Eine unmittelbare Kollision dieser beiden fundamental verschiedenen Betrachtungsweisen ist eigentlich nur dort zu erwarten, wo es um ganz konkrete Beobachtungen geht. Gut möglich, sogar wahrscheinlich, dass – wie Heils Experimente nahelegen – an der einen oder anderen Stelle der jugendliche Theoretiker Newton gegenüber dem erfahrenen Experimentator Goethe das Nachsehen hat, oder auch ganz bewusst Phänomene ignoriert hat, für deren Beschreibung sein geometrisch-mathematisches ›Begriffswerkzeug‹ nicht ausreichte. Diese Methode wird in der Physik oft angewandt: Aus der hoch verwickelten Fülle der Phänomene wird dasjenige herausgegriffen, zu dem man hofft, eine theoretisch quantitativ begründete Interpretation geben zu können. Insgesamt können die von Werner Heil vorgelegten didaktisch und experimentell beeindruckenden phänomenologischen Experimente als Beitrag zu einer neuen Würdigung von Goethes Farbenlehre sehr begrüßt werden. Auch die Methode, sie im Wesentlichen so anzulegen, wie sie zur Zeit Goethes durchgeführt werden konnten, kann als gelungen bezeichnet werden. Man sieht an ihnen sehr schön, wie komplex selbst konzeptuell einfach erscheinende optische Erscheinungen wie der Durchgang von Licht durch ein Prisma bei sorgfältiger Beobachtung ausfallen, und wie schwer es auch mit heutigen Kenntnissen sein würde, all diese Befunde ganz genau und quantitativ zu erklären. Das ist ja schon beim Fallen eines Blattes so: Der Physiker ist sich sicher, dass dessen Bewegung durch Gravitation und Luftwiderstand bestimmt wird, wobei die Blattform und ihre Lage im Raum eine wesentliche Rolle spielen. Wenn man den Physiker aber bitten würde, Fallzeit und Auftreffort aus 10 Meter Höhe im Herbstwind auf 1 Millisekunde und 1 Mikrometer (also 1 Tausendstel Millimeter) positionsgenau vorauszusagen, dann würde wohl selbst ein heutiger Supercomputer in Streik treten. Ähnlich ist es bei den Farbenexperimenten: Um überhaupt zu kon-

---

5 *Goethes Werke*. Bd. 13, ⁵Hamburg 1966, S. 554.

zeptuellen Einsichten zu kommen, sind normalerweise (abgesehen von sehr präzisen ›künstlichen‹ Versuchsanordnungen) bei der Interpretation erhebliche Abstraktionen erforderlich.

Auch wenn der Rezensent aus Sicht der modernen Physik nicht allen diesbezüglichen Interpretationen des Autors zu folgen in der Lage ist, würden in praktischer Hinsicht die Farbenexperimente von Werner Heil eine hervorragende didaktische Grundlage bieten, Studierenden (z. B. im Rahmen eines Seminars/Praktikums zur ›Wissenschaftsgeschichte der Physik‹) die Problematik naturwissenschaftlicher empirischer Grundlagenforschung und die konzeptuellen Ansätze deutlich zu machen, die zu ihrer Lösung entwickelt wurden.

Die Studierenden könnten so ein besseres Gespür auch dafür bekommen, dass Forscherleistungen nicht nur im Hinblick auf die Richtigkeit oder die Nützlichkeit für spätere Jahrhunderte betrachtet werden sollten, sondern auch unter Berücksichtigung der experimentellen Möglichkeiten und Denkweisen der Zeit. Beispielsweise hat Newton dekretiert, es gäbe bei der Wechselwirkung von Licht mit Materie nur Reflexion, Transparenz und Absorption; eine Umwandlung von einer Farbe in die andere gab es demnach nicht, das war ja schon konzeptuell nicht möglich: Wie sollte sich ein Lichtteilchen der Sorte A (z. B. Blau) plötzlich in ein Lichtteilchen der Sorte B (z. B. Grün) verwandeln können? Genau das hat Goethe aber mit seinen auf dem Konzept der Polarität basierenden Spektraluntersuchungen beobachtet und war damit auf die wellenlängenabhängige Fluoreszenz gestoßen, also eine der bedeutendsten und folgenreichsten Entdeckungen der modernen Naturwissenschaften, mit Anwendungen, die unser Leben verändern. Heute würde Goethe wohl gute Chancen haben, hierfür mit dem Nobelpreis für Physik oder Chemie geehrt zu werden, zusammen mit Johann Wilhelm Ritter.

Rezensionen

Goethe. Begegnungen und Gespräche. Band VII: *1809-1810*. Hrsg. von Renate Grumach u. Bastian Röther. Berlin, Boston: De Gruyter 2022, 501 S., 199,95 €

»Le grand Göthe se porte bien«, berichtet der romantische Dramatiker Zacharias Werner, dessen Tragödie *Wanda, Königin der Sarmaten* im Jahr zuvor am Hoftheater in Weimar uraufgeführt worden war (und dessen ›Schicksalsdrama‹ *Der vierundzwanzigste Februar* im Jahr darauf folgen sollte), am 16. Januar 1809 brieflich an Madame de Staël (S. 12). Diese Einschätzung mag aus der Sicht Werners nicht falsch gewesen sein. Wie wenig sie jedoch dem Verhältnis zwischen ihm und Goethe aus dessen Perspektive gerecht wird, davon kann man sich anhand des jetzt erschienenen siebten, die Jahre 1809 und 1810 abdeckenden Bandes der Edition *Goethe. Begegnungen und Gespräche* ein genaues Bild verschaffen. Das Jahr 1809 hatte nämlich mit einem veritablen »Ausfall« Goethes begonnen, und dass er durch den bekennenden Katholiken Werner, genauer: durch dessen Vergleich des Vollmonds mit einer Hostie ausgelöst worden war, geht aus einem Brief Wilhelm von Humboldts (der damals zu Gast in Weimar war) vom 1. Januar 1809 an seine Frau hervor:

> Goethe ist seitdem so wild geworden, daß er Carolinen [von Wolzogen] und mir noch heute im Eifer versicherte, auch jede gemalte Madonna sei nur eine Amme, der man die Milch verderben möchte (höchsteigene Worte), und die Raphaelschen stäken im gleichen Unglück. Er treibt jetzt den Haß so weit, daß er nicht einmal mehr leiden will, daß eine irdische Frau ihr Kind selbst im Arm haben soll. Ist das nicht komisch? (S. 1)

Komisch kann man das finden, aber dass es Goethe in dieser Situation ›gut gegangen‹ sein soll, wie Werner es sah, wird man kaum annehmen wollen. Aus einem Tagebucheintrag von Goethes Sekretär Friedrich Wilhelm Riemer vom selben Tag erfährt man des Weiteren, dass dieser den »Ausfall« Goethes zum Anlass genommen hatte, »nach Tisch« ein offenbar satirisches Sonett zu verfassen, in dem es um Werners Vergleich ging, und es Goethe vorzulesen, der allem Anschein nach davon durchaus angetan war (ebd.). Dass Riemer gerne, allzu gerne Sonette schrieb und sie anderen vorlas, kann man wiederum einem weiteren Brief Wilhelm von Humboldts an seine Frau entnehmen, in dem Humboldt ein maliziöses Bild des Sekretärs zeichnet, das der Figur des »trockne[n] Schleichers« Wagner aus (dem im Vorjahr erschienenen) *Faust I* nachempfunden zu sein scheint:

> Riemer ist noch breiter, schwammiger und zerflossener geworden als Du ihn schon kanntest, und so behaglich und gemächlich, daß er um 8 Uhr immer noch im Bett liegt. Er ist ganz eigentlich der Famulus des großen Mannes, redet immer in ›Wir‹ und hat auch zu den kleinsten Dingen, um die man ihn bittet, nie einen Augenblick Zeit. Dabei treibt er unendlichen gesellschaftlichen (auch Goethe nachgemachten) meist sehr tändelnden, meist läppischen und arg magistermäßigen Spaß. So macht er jetzt Sonette, die Goethe unendlich protegiert. Nicht genug, daß Riemer sie mir vorlesen mußte, so nahm auch Goethe selbst sie oft und las sie noch einmal. Sie sind nicht geradehin schlecht, meist komisch und satirisch, aber doch oft sehr fade… (S. 5)

Es ist diese Polyphonie und Multiperspektivität, die den neuen – nach den bewährten editorischen Richtlinien[1] mustergültig von Renate Grumach und Bastian Röther herausgege-

---

1 Vgl. die Rezensionen der Bände VI (GJb 2000, S. 300-305), XIV (GJb 2011, S. 295-297) und VIII (GJb 2013, S. 235 f.) von Horst Nahler sowie X (GJb 2019, S. 311-313) von Frieder von Ammon.

benen – Band wie die gesamte Edition der Begegnungen und Gespräche Goethes zu einem so wertvollen Instrument für alle diejenigen macht, die sich mit diesem Autor und den Menschen in seinem Umfeld befassen. Das ›Ereignis Weimar‹, ja ein beträchtlicher Teil der deutschen ›Kultur um 1800‹ wird so in gleichsam prismatischer Brechung fassbar und dies auch auf eine oft sehr unterhaltsame Weise. Ein interessantes Detail folgt hier auf das nächste: Kurz nach der Aufregung um Werner ist etwa Martin Friedrich Arendt bei Goethe zu Gast, ein faszinierend schillernder Gelehrter, wie ihn sich Daniel Kehlmann nicht besser hätte ausdenken können. Er muss sein Wissen über altnordische Runen in Gesellschaft nicht ohne Selbstgefälligkeit zum Besten gegeben haben, weswegen Riemer ihn scherzhaft als »Runen-Antiquarius« bezeichnet und ihn wegen seiner abgetragenen Kleidung überdies mit dem Bettler Irus aus Homers *Odyssee* vergleicht. Anders als dieser sei Arendt jedoch »mit Manuscripten aller Art reichlich versehen« gewesen, die er in den »tiefe[n] Taschen oder vielmehr Schubsäcke[n]« seines verschlissenen Überrocks verwahrte. Auch über sein ungebührliches Verhalten bei Tisch erfährt man so manches, durchaus unvorteilhaftes (S. 16 f.). Das alles ist aber so anschaulich wie aussagekräftig. Man mag sich gar nicht ausmalen, was geschehen wäre, wenn Thomas Mann bei der Arbeit an *Lotte in Weimar* bereits auf diese Edition hätte zurückgreifen können.

Dass sie nach wie vor keinen Kommentar enthält, ist natürlich ein Manko. Doch es fällt nicht so schwer ins Gewicht, weil es ja glücklicherweise viele weitere Hilfsmittel gibt, die man zu Rate ziehen kann, um sich erläuterungsbedürftige Passagen selbst zu erschließen. Je weiter außerdem das Projekt *Propyläen. Goethes Biographica* fortschreitet – in dessen Rahmen neben den Begegnungen und Gesprächen auch Goethes Tagebücher, Briefe sowie die Briefe an ihn ediert und auch digital zugänglich gemacht werden –, desto mehr wird man auch auf einen gesonderten Kommentar zu den *Begegnungen und Gesprächen* verzichten können, denn die verschiedenen Quellen perspektivieren sich gegenseitig.

Die Jahre 1809/10 sind natürlich auch die Jahre der *Wahlverwandtschaften*. Zuerst erwähnt Wilhelm von Humboldt sie (S. 5), daraufhin kann man dann den gesamten weiteren Entstehungsprozess von der Arbeit an einzelnen Kapiteln über die Korrektur der Revisionsbögen bis hin zu den Reaktionen der ersten Leserinnen und Leser mitverfolgen, und selbst wenn man das meiste davon schon aus anderen Quellen gut kennt,[2] ist es doch erhellend, diesen Prozess aus verschiedenen Blickwinkeln und in seinen jeweiligen Kontexten zu verfolgen. Bemerkenswert ist beispielsweise, wie empfindlich Goethe auf Kritik an seinem Roman reagiert. Humboldt (der selbst Kritikpunkte hatte) hat dies festgehalten: »Ihm aber darf man so etwas nicht sagen. Er hat keine Freiheit über seine eigenen Sachen und wird stumm, wenn man im mindesten tadelt. Es schadet dem Verhältnis und hilft nicht der Sache« (S. 226).

Was ist darüber hinaus bemerkenswert? Unendlich vieles. Zum Beispiel die Tatsache, dass der im Band behandelte Zeitraum durch Musik gleichsam gerahmt wird: Das erste Wort, das Goethe am 1. Januar 1809 in sein Tagebuch einträgt, ist »Musik« (der Tagebucheintrag Riemers von demselben Tag verrät, dass die Sänger und Schauspieler Goethe am Morgen offenbar ein Ständchen gegeben hatten [S. 1]), und ganz am Ende berichtet Goethe (in den *Tag- und Jahres-Heften*) von einer »Aufführung vor großer Gesellschaft«: »Eberwein dirigirte meisterhaft« (S. 417). Auch dazwischen ist immer wieder von Musik die Rede: Derselbe Carl Eberwein (er war Musikdirektor in Weimar) berichtet Carl Friedrich Zelter brieflich etwa, er habe Goethe Zelters Vertonung der Ballade *Johanna Sebus* siebenmal vorspielen und -singen müssen, wobei Goethe in Tränen ausgebrochen sei (S. 244 f.). Selbst wenn Eberwein hier etwas übertrieben haben sollte, um Zelter zu schmeicheln, wird doch erkennbar, wie stark Goethe sich durch Musik affizieren lassen konnte.

---

2 Vgl. »*Die Wahlverwandtschaften*«. *Eine Dokumentation der Wirkung von Goethes Roman 1808-1832*. Reprint der Erstausgabe mit neuen Funden als Anhang. Hrsg. von Heinz Härtl. Göttingen 2013 (= SchGG 76).

Nicht nur für Germanisten und Germanistinnen signifikant ist auch seine Beschäftigung mit dem *Nibelungenlied*, die – wie er auffällig betont – auf Wunsch der »Damen« erfolgte (die sich teilweise noch Jahre später daran erinnerten [S. 8]): Dass Goethe aus dem *Nibelungenlied* vorlas und den Text dabei offenbar ad hoc ins Neuhochdeutsche übersetzte und erläuterte, war bekannt, doch dass dies offenbar in einem Zusammenhang stand mit dem Besuch des erwähnten »Runen-Antiquarius«, der auch ein Kenner der *Edda* war und darüber mit Goethe sprach, dürfte bisher nur wenigen bewusst gewesen sein.

In Band VII kann man Dutzende von Entdeckungen dieser Art machen. Insofern sei allen an Goethe Interessierten dringend ans Herz gelegt, ihn – wie im Übrigen auch die anderen vorliegenden Bände der Edition – selbst in die Hand zu nehmen und sich ein Bild zu machen von dieser Epoche, die – wie Goethe am 7. Juni 1825, wenige Jahre vor seinem Tod, an Zelter schrieb – »sobald nicht wiederkehrt«.

Frieder von Ammon

Johann Wolfgang von Goethe: *Briefwechsel mit Friedrich Wilhelm Riemer*. Hrsg. von Héctor Canal, Jutta Eckle, unter Mitarb. von Uta Grießbach, Annette Mönnich, Florian Schnee im Auftrag der Klassik Stiftung Weimar. Goethe- und Schiller-Archiv. Weimar 2020, https://ores.klassik-stiftung.de/ords/f?p=408:1, kostenfrei

Digitale Editionen zählen zu den jüngsten Arbeitsmitteln der modernen geistes- und sozialwissenschaftlichen Forschung, sind aber schon jetzt aus den täglichen Arbeitsprozessen nicht mehr wegzudenken. Das Goethe- und Schiller-Archiv Weimar (GSA) hat, nach der Mitherausgabe der im Jahr 2018 veröffentlichten digitalen *Faust*-Edition,[1] im September 2020 erstmals einen maschinell les- und auswertbaren Briefwechsel vorgelegt. Die 430 Briefe umfassende und bis dahin als solche noch unveröffentlichte Korrespondenz zwischen Goethe und dem vor allem als dessen Sekretär bekannten Philologen Friedrich Wilhelm Riemer (1774-1845) liegt nun in digitaler Form als historisch-kritische Ausgabe vor. Unter der Federführung Jutta Eckles und Héctor Canals nahm dieses Editionsprojekt bereits im Jahr 2013 seinen Anfang und gilt damit nicht nur als Pilotprojekt für das Akademien-Vorhaben PROPYLÄEN. *Forschungsplattform zu Goethes Biographica*, sondern präsentiert auch eine der ersten digitalen Briefeditionen des Typus ›historisch-kritisch‹. Ursprünglich als Hybridausgabe konzipiert, ist zunächst nur die digitale Präsentation durchgeführt worden, deren Langzeitverfügbarkeit auf den Servern der Klassik Stiftung Weimar gewährleistet ist. Die Nachnutzung der erarbeiteten XML/TEI-Dateien ist durch eine Anfrage beim Goethe- und Schiller-Archiv gegeben. Eine Dokumentation der durchgeführten Überführung der Handschriften ins XML/TEI-Format ist ebenfalls vorhanden.

Riemer, dessen Name (abgesehen von der pedantischen Figur in Thomas Manns Roman *Lotte in Weimar*) bis heute lediglich durch seine unerfüllte Liebe zu Caroline von Humboldt und aus Editionen wie eigenen Werken über Goethe aus dem 19. Jahrhundert bekannt ist, gehört zu den in der Forschung bisher unterrepräsentierten Personen der Goethezeit, wenngleich er eine tragende Rolle im Leben Goethes spielte. In den Jahren 1803-1808 hauptsächlich als Hauslehrer August von Goethes (1789-1830) angestellt, entwickelte er sich durch seine exzellenten philologischen und altertumswissenschaftlichen Kenntnisse nicht nur zu Goethes Sekretär, sondern auch zu einem geschätzten Lektor seiner Manuskripte und in

---

1 Johann Wolfgang von Goethe: *Faust*. Hrsg. von Anne Bohnenkamp, Silke Henke, Fotis Jannidis unter Mitarb. von Gerrit Brüning, Katrin Henzel, Christoph Leijser, Gregor Middell, Dietmar Pravida, Thorsten Vitt, Moritz Wissenbach. Frankfurt a. M., Weimar, Würzburg 2018, https://faustedition.net/.

letzter Instanz sogar zu dessen Nachlassverwalter. Bis zu seiner Anstellung als Professor am Weimarer Gymnasium im Jahr 1812 lebte Riemer auch in Goethes Haus. Zwei Jahre später wurde er überdies zum zweiten Bibliothekar der Herzoglichen Bibliothek ernannt und blieb weiterhin einer der engsten Mitarbeiter Goethes.

Die Korrespondenz beider Männer steht in einer chronologisch geordneten Listenübersicht zur Verfügung. Darüber hinaus ist eine graphische Ansicht der Briefe möglich, anhand derer die Zeiträume und die Häufigkeit der überlieferten Schreiben durch einen Klick visuell erfassbar sind. Jedes Dokument ist separat unter einer Identifikationsnummer erfasst worden, die das eineindeutige Referenzieren eines Briefes gewährleistet. Weiterhin kann jeder Brief in drei Ansichtsmodi betrachtet werden: als Parallelansicht von ediertem Text und Kommentar in Spaltenform; ebenso von Transkription und Manuskript; als Faksimile. Bei Briefen, die als Konzept(e) und Ausfertigung überliefert sind, steht zusätzlich ein Textzeugenvergleich zur Verfügung, in welchem die Textzeugen einander gegenübergestellt werden. Inner- wie intertextuelle Varianten können wahlweise ein- und ausgeblendet werden. Im Gegensatz dazu lassen sich allerdings nicht alle Varianten eines Textzeugen gleichzeitig einblenden. Hinter dem Reiter »Suche« verbirgt sich eine gesamttabellarische Übersicht des Briefwechsels, die sich via facettierte Volltextsuche anhand eines gesuchten Begriffs chronologisch neu konstituiert und somit etwa eine gezielte Suche in Texten und Kommentaren oder nach Absende- und Empfangsorten ermöglicht. Gerahmt wird die Edition mit vier Registern, die nicht nur Goethes in den Briefen erwähnte Werke verzeichnen, sondern auch erstmals Riemers Werke sowie erwähnte Anonyma und Periodika aufführen.

Der vorliegende Briefwechsel öffnet auf unterschiedlichen Wegen die Türen zu Goethes Werkstatt. Er gewährt einerseits umfassende Einblicke in eine bisher noch nicht gekannte Fülle von Goethes Archiv und präsentiert erstmals die vollständige digitale Abbildung der archivalischen Überlieferung jedes einzelnen Briefes. Andererseits können durch die zu großen Teilen auf den Arbeitsgegenstand konzentrierten Briefe beider Männer Einsichten in Goethes Arbeitsmethodik und die daraus resultierenden Feinabstimmungen mit Riemer gewonnen werden. Die Korrespondenz zwischen Goethe und Riemer ist damit zweifelsohne eine wichtige Quelle zur weiteren Erforschung von Goethes Werken und bietet überdies eine wesentliche Grundlage für das Studium textgenetischer, entstehungs- und publikationsgeschichtlicher Vorgänge in dessen Schaffen. Einen nicht zu unterschätzenden Beitrag leisten dabei auch die fast vollständig digitalisierten Briefbeilagen. Bei diesen handelt es sich häufig um Manuskripte oder Druckbogen von Goethes Werken, die Riemer vor der letzten Arbeitsberatung durchlesen sollte. Sie machen auf eindrückliche Weise deutlich, wie wichtig Riemer für Goethe war, und dass dieser nicht nur Korrekturen, sondern auch wertvolle Denkanstöße lieferte. Über das geschäftliche Verhältnis hinaus gewähren einige wenige Briefe längeren Umfangs auch Einblicke in die persönliche Beziehung beider Männer zueinander, z. B. wenn Riemer in einem Schreiben an Goethe seinem »zusammengepreßten Herzen[s]« Luft machen konnte und bezüglich der Restriktionen gegenüber seiner Familie während der Cholera-Epidemie 1831 klagte (GR Nr. 399, 2.10.1831, S. 5); oder wenn Goethe sich über ein verzögertes Eintreffen Riemers in Weimar besorgt zeigte, wo er auf gemeinsames »erheitern, ermannen und wechselseitig zum Guten ermuntern« sann (GR Nr. 139, 7.10.1821, S. 1).

Über die inhaltlichen Novitäten hinaus demonstriert die vorliegende Edition beispielhaft die Chancen des digitalen Raumes für die moderne Editionswissenschaft. Die im digitalen Medium visualisierbare Mehrdimensionalität mit den vier Ansichtsmodi eines jeden Einzeldokumentes und den inner- wie intertextuellen Varianten ermöglicht nicht nur Forschern, Goethes Schreibprozesse nachzuvollziehen. Damit öffnet sich die Edition gegenüber einem größeren Rezipientenkreis. Weitere besondere und an Arbeitsaufwand nicht zu unterschätzende Dienste am Nutzer sind die Verlinkungen von ediertem Text und Kommentar sowie jene von Einzelstellenkommentaren untereinander. Befindet sich ein Kommentar als Fußnote gekennzeichnet im edierten Text, wird der Nutzer durch einen Klick auf die Fußnote in der rechten Spalte zum gewünschten Kommentar geleitet. Diese Funktion zeigt sich bei innerhalb der Kommentierung vorangestellten umfangreicheren Einleitungen und den Einzelstellenerläuterungen, die weitere Briefe und Dokumente anbieten, als äußerst nutzerfreundlich.

Insgesamt lässt die vorliegende Edition, gemessen an den aktuellen Standards digitaler Editionen, nur wenige Wünsche offen. Sie bietet nicht nur die ganze Komplexität einer historisch-kritischen Ausgabe, sie schafft vor allem durch ihre Nutzerfreundlichkeit auch die Grundlage dafür, dass ein breiteres Publikum auf komplexe Inhalte wie die Entstehungsgeschichte Goethe'scher Werke zugreifen kann.

Betty Brux-Pinkwart

Karl Ludwig von Knebel. Tagebücher und Briefwechsel. Späte Weimarer Jahre 1791-1797. Hrsg. von Ronny Teuscher unter Mitarbeit von Jens-Jörg Riederer, Detlef Jena und Uwe Hentschel. Bucha bei Jena: quartus 2021, XXXV und 483 S., 24,90 €

Unter Goethe-Liebhabern und -Forschern ist Karl Ludwig von Knebel (1744-1834) kein Unbekannter. Nachdem der ehemalige Offizier in preußischen Diensten Goethe am 12. Dezember 1774 in dessen Elternhaus in Frankfurt kennengelernt hatte, fädelte er dessen Bekanntschaft mit Carl August von Sachsen-Weimar und Eisenach ein. In den ersten Weimarer Jahren war Knebel Goethes vertrautester Freund; der Austausch wurde regelmäßig bis zu Goethes Tod geführt. Dies lag maßgeblich an Knebels ungewöhnlicher Empathiefähigkeit und dem damit verbundenen Talent, mäßigend und ausgleichend auf seine Umgebung einzuwirken.

Der Dichter, der jahrzehntelang an Properz' *Elegien* und an der Lukrez-Übersetzung *Von der Natur der Dinge* feilte, der einfühlsame Briefschreiber und gewissenhafte Tagebuchführer ist heute nur noch in Ausgaben aus dem 19. Jahrhundert zugänglich, die dringend einer Revision bedürfen.[1] Bereits vor einigen Jahrzehnten plante Regine Otto eine gut durchdachte Studienausgabe, die eine breite Auswahl von Briefen, Tagebüchern und Übersetzungen bieten sollte, aber nicht realisiert werden konnte.[2] Seitdem ruht der umfangreiche Nachlass Knebels, der zum größten Teil im Goethe- und Schiller-Archiv aufbewahrt wird, wieder in einer Art Dornröschenschlaf.[3] Nun wird Ronny Teuschers Projekt einer siebenbändigen Ausgabe von Tagebüchern und Korrespondenz mit dem dritten Band eröffnet.

Teuschers Ziel ist es, eine vollständige Edition der Tagebücher vorzulegen; um die Einträge herum werden die Briefe angeordnet. Dadurch wird »erstmals ein Repertorium der Knebelschen Korrespondenz« angestrebt (S. XIII). Die vorliegende Arbeit, die auf den Abdruck bereits edierter Briefe und somit auf die dringend notwendige Revision der veralteten Editionen verzichtet, sich darüber hinaus auf die Datierungen der Herder-Briefausgabe (HB), der historisch-kritischen Goethe-Briefausgabe (GB) und der Regestausgabe der Briefe an Goethe (RA) stillschweigend stützt, kann jedoch diesen Anspruch nicht erfüllen. Erstens

---

1 Vgl. *K. L. von Knebel's literarischer Nachlaß und Briefwechsel*. Hrsg. von Karl August Varnhagen von Ense u. Theodor Mundt. 3 Bde. Leipzig 1835-1836; *Briefwechsel zwischen Goethe und Knebel (1774-1832)*. Hrsg. von Gottschalk Eduard Guhrauer. 2 Bde. Leipzig 1851; *Zur deutschen Literatur und Geschichte. Ungedruckte Briefe aus Knebels Nachlaß*. Hrsg. von Heinrich Düntzer. 2 Bde. Nürnberg 1858.
2 Vgl. Regine Otto: *Reichweite und Grenzen von Studienausgaben autobiographischer Schriften und Briefe am Beispiel Karl Ludwig von Knebels*. In: *Edition von auto-biographischen Schriften und Zeugnissen zur Biographie*. Hrsg. von Jochen Golz. Tübingen 1995, S. 197-204.
3 Die einzige nennenswerte Ausnahme ist eine unveröffentlichte Dissertation, vgl. Annette Mönnich: *Karl Ludwig von Knebel. Gedichte (1762-1790)*. Diss. Wien 2016.

fehlen die entsprechenden Verzeichnisse eines Repertoriums (nach Briefschreibern und Adressaten mit Angabe von Seitenzahlen). Zweitens fehlen Briefe – um nur einige Beispiele aus Archiven zu nennen, deren Bestände online durchsuchbar sind: Christian von Knebels Brief vom 20. Februar 1795 aus Mewe, Wilhelm von Knebels Briefe vom 11. Januar, 23. Januar und 13. Februar 1795 aus Karlsruhe sowie die Briefe an Herzog Carl August vom 12. Juni und 1. Juli 1791.[4]

Teuschers Behauptung, sein Vorhaben könne »nur mittels eines eigenen, bislang wohl noch nicht versuchten Editionstyps herausgegeben werden« (S. XIV), meint die Kombination von Tagebüchern und Briefen in chronologischer Sortierung. Dieses Verfahren, wogegen prinzipiell nichts auszusetzen ist (der Lesbarkeit wegen hätte ich die stichwortartigen Tagebuchnotizen, wenn überhaupt, als Anhang zu den Briefen ediert), bedeutet keine wirkliche Abweichung »von hergebrachten Editionstypen« (S. XVI), wie Teuscher behauptet.[5] Wirklich neu – ja unerhört – ist die faksimilierte Wiedergabe derjenigen Passagen, die Teuscher nicht lesen und transkribieren konnte. Der Editor verletzt somit seine erste Pflicht, eine zuverlässige Textgrundlage anzubieten. Nutzer der vorliegenden Ausgabe können beispielsweise eine Passage im Eintrag vom 26. August 1791 nicht zitieren (S. 28): Das nicht transkribierte, aber gut lesbare Wort heißt »Legion«. Teuscher bleibt in seiner grundsätzlichen, im Ergebnis fatalen Verwechslung von (Text-)Kritik und Hermeneutik gefangen: Weil er den Befund nicht deuten kann, stellt er diesen infrage. Für jemanden, der mit Knebels familiärer Umgebung vertraut wäre, verwiese der Eintrag »An Legion« auf die Versendung eines Briefes an den älteren Bruder Wilhelm von Knebel, den Kurhannoverschen Legationsrat.[6]

Insgesamt wird dem Leser eine paläografische Schnitzeljagd angeboten – der Rezensent muss sich hier mit einigen Beispielen begnügen: »Heiligen« (S. 45), »Las« (S. 49), »mehreres« (S. 81), »Lesung« (S. 116), *Mr Gore* (S. 205); »Austern« (S. 207), »Krickel Krackel« (S. 229), »Inverari« (S. 241), »Estelle« (Roman von Claris de Florian, S. 241 f.), »Herzog« (S. 248), »kl. Present« (S. 273), »Tisane« (S. 305), »gespielt u.« (S. 327), »spaziren« (S. 388), »Piquen« (S. 389), »Aachen« (S. 444) und »Hühner gesetzt« (S. 449) hat Teuscher nicht lesen können. An manchen Stellen schlägt er eine Lesart in der Fußnote vor, da er aber »den genauen Zusammenhang [...] nicht ermitteln« konnte, gibt er die faksimilierte Stelle im Fließtext wieder (S. 91; vgl. auch S. 88 f.) – besser wäre eine unsichere Lesung im konstituierten Text gewesen. An anderen Stellen verstößt Teuscher gegen seine eigenen Editionsprinzipien und bietet nicht einmal die Reproduktion an, so bei eindeutigen Befunden: »Gevatterstelle« (9. April 1792, S. 79), »*Gouté*« (3. Mai 1793, S. 158), »Er« (13. Mai 1793, S. 160), »geschr.[ieben]« (30. Oktober 1794, S. 266), »Windig« (29. November 1794, S. 270).

Darüber hinaus häufen sich grobe, zum Teil sinnentstellende Transkriptionsfehler (von Kleinigkeiten in Rechtschreibung und Interpunktion, von fehlerhaften Auszeichnungen lateinischer Schrift und Hervorhebungen ganz zu schweigen): »FriStein« (S. 38 und 48, recte: FvStein); »Ennügirt« (S. 73, Ennuyirt); »Gnadenbrief« (S. 81, Gevatterbrief); »mir« (S. 126, nur); »aller Lande« (S. 129, alle Bande); »Herdern« (S. 159, Fritzen); »Weltkupfer« (S. 167, Weltkugeln); »tausnd« (S. 252, tausend tausend); »Mádam Simoni« (S. 266, *Médecin Siennois*); »Kriegesgöttin« (S. 272, Siegesgöttin); »meine Abscheu« (S. 278, einen Abscheu); »Arancement« (S. 298, Avancement); »Korrelia« (S. 327, Kornelia); »regere« (S. 361, en-

---

4 GSA 54/189, Bl. 43-45; GSA 54/191,2, Bl. 31 f. und 35-38; LATh – HStA Weimar, HAA XIX Nr. 65, Bl. 137-140.
5 Zwei für die Knebel-Forschung relevante Beispiele: die II. Abteilung der Goethe'schen Frankfurter Ausgabe (FA II 1-11 [Bd. 27-38]); *Imhoff Indienfahrer. Ein Reisebericht aus dem 18. Jahrhundert in Briefen und Bildern*. Hrsg. von Gerhard Koch. Göttingen 2001.
6 Auf diesen Schertznamen weisen Düntzer und Koch hin, allerdings jeweils mit einer abweichenden Identifizierung, vgl. *Aus Karl Ludwig von Knebels Briefwechsel mit seiner Schwester Henriette (1774-1813). Ein Beitrag zur deutschen Hof- und Litteraturgeschichte*. Hrsg. von Heinrich Düntzer. Jena 1858, S. 21, 38, 41 und 51; Koch (Anm. 5), S. 423.

gere); »mögliches« (S. 364, möglichstes); »unsere Mutter wie [sie] das mir schreibt« (S. 366, unsere Mutter wie du mir schreibst); »thät« (S. 376, thut); »auch irgend einer Art« (S. 408, auf irgend eine Art); »ehe« (S. 453, daß); »mein bester Freund« (S. 454, meine besten Freunde).

Im Zentrum von Teuschers Bemühungen stehen Knebels Tagebücher, in denen in lakonischem Ton die Wetterlage, Begegnungen, der Empfang und die Absendung von Briefen, gelegentlich auch Lektüren notiert werden. Im Gegensatz zur kultur- und literaturwissenschaftlichen Bedeutung von Goethes Tagebüchern ist der Wert einer solchen Tagebuchedition fraglich; sie kann allenfalls ein nützliches Hilfsmittel für ein sehr spezialisiertes Publikum werden, allerdings unter der Voraussetzung, dass sie mit den notwendigen Metadaten (normierten Personen-, Werk-, Ortsdatensätzen) verknüpft würde, wofür sich das digitale Medium besser eignete.

Weder über Knebels Führung seines Tagebuchs verliert Teuscher ein Wort, noch beschreibt er die Schreibkalender, deren sich Knebel als Textträger bediente. Erst auf S. 108 f. (Abb. 2-3) vermag sich der Leser durch eine faksimilierte Doppelseite in Originalgröße einen Eindruck von der Materialität der Schreibkalender zu verschaffen. Die spannende Frage, inwiefern das begrenzte Format des vorgedruckten Textträgers den Schreibprozess beeinflusst hat, wird nicht reflektiert. Und obwohl es an mehreren Stellen ersichtlich ist, dass Knebel aus dem Gedächtnis Tagebuch für mehrere Tage auf einmal führt (diese Einträge also möglicherweise nicht mehr zuverlässig sind), wird dies nicht thematisiert.[7]

Dass Knebel ein begnadeter Briefschreiber war, ist unter Kennern Konsens. Allerdings wird das Leseerlebnis durch Teuschers pragmatische Entscheidung getrübt: Bereits gedruckte Briefe werden weder anhand des Originals überprüft (nicht selten nahmen die Bearbeiter im 19. Jahrhundert Kürzungen und Eingriffe in die Texte vor) noch wiederabgedruckt, sondern »in gekürzter, teils regestierter und kommentierter Form aufgenommen« (S. XVI). Eine Ausnahme macht Teuscher bei einem angeblichen Konzept. Bei Friedrich Hildebrand von Einsiedels Brief vom 4. Oktober 1794 (S. 258-261) handelt es sich jedoch keineswegs um ein Konzept, sondern um eine nachträglich korrumpierte Ausfertigung. Die auf der abgebildeten Seite der Handschrift (S. 259, Abb. 4) sichtbaren Korrekturen mit Tinte stammen nicht von Einsiedels Hand, sondern von den Bearbeitern des Erstdrucks.[8] Für die Textkonstitution sind sie irrelevant.

Abschließend seien noch weitere Defizite der vorliegenden Ausgabe stichwortartig genannt: Die Textkonstitution von Knebels Gedicht *Der Geist der Zeit* an Sophie von Schardt (S. 200 f.)[9] sowie der fragmentarisch abgedruckten Korrekturen Schillers zu Knebels Properz-Elegien mit dessen Kommentaren dazu ist unzulänglich (S. 346 f.).[10] Die Anordnung der Verse erschwert die Lektüre unnötig, indem Teuscher hier (und nur hier) am Format des Textträgers festhält und die Umbrüche bei überlangen Versen im Druck reproduziert (S. 100 f., 129 f., 164, 168, 199-201, 208). Die nicht konsequente Angabe der Aufenthaltsorte ist verwirrend (Reise nach Jena, Rückkehr nach Weimar nicht als Marginalie vermerkt, S. 209, 225, 314 und 319); Kolumnentitel mit Datums- und Ortsangabe hätten den Band übersichtlicher gemacht. Die Register sind unsystematisch: Beim Tagebucheintrag »Mein Bruder aus Potsdam« (S. 141) findet sich keine Entsprechung im Personenregister (Leberecht

---

7 Siehe die Einträge vom 11.-13.4.1792 (S. 79), 12.-13.8.1793 (S. 182 f.), 2., 4. u. 9.4.1794 (S. 223 f.), 4.-5.8.1794 (S. 242), 29.-30.8.1796 (S. 397 f.).
8 Vgl. Varnhagen von Ense, Mundt (Anm. 1), Bd. 1, S. 238 f.
9 Das Gedicht datiert auf ihren Geburtstag am 23.11.1793 (und nicht wie in Teuschers Lesart auf den »20.«), das Enjambement in der vorletzten Strophe »Sie trennten« wurde in den folgenden Vers gerückt, die letzte Strophe ist nicht als solche zu erkennen.
10 Dazu sei auf den vorbildlichen und von Teuscher ignorierten Erstdruck verwiesen: Lieselotte Blumenthal: *Schillers und Goethes Anteil an Knebels »Properz«-Übertragung*. In: *Jahrbuch der Deutschen Schillergesellschaft* 3 (1959), S. 71-93; hier S. 85-87.

von Knebel).¹¹ Die Anmerkungen in den Fußnoten zeichnen sich durch die Wiedergabe von enzyklopädischem Wissen aus, was dem Leser gelegentlich einen Blick in ein Lexikon ersparen mag; das spezielle Wissen, also das Verhältnis Knebels zu der jeweiligen Person, und die kontextabhängigen Erläuterungen fehlen vollends. Die Auswahl der Erläuterungen ist reichlich willkürlich: Bei der Aufführung von *Heinrich IV.* am 14. Februar 1793 vermerkt Teuscher die Rolle Luise Rudorffs, Knebels späterer Frau (S. 145, Fn. 348), unterlässt dies aber bei der Weimarer Uraufführung von Grétrys Singspiel *Richard Löwenherz* am 30. Januar 1793 (S. 144), bei der Rudorff die Rolle der Margaretha übernahm.

Die vorliegende Edition bietet viele Funde, die in Knebels spätere Weimarer Jahre 1791-1797 fallen, wie August von Herders rührende Briefe, darunter ein Gedicht auf seinen Mentor Knebel: »[…] Ist mit den Künsten Roms und Griechenlands er genährt. / Ist er einfach und gut, liebt er Wahrheit und Recht […]« (S. 242). Leider sind die Briefe an seine zukünftige Frau Luise, die Knebel in dieser Zeit kennenlernt, nicht überliefert. Eine angenehme Überraschung sind Knebels Briefe an Katharina von Schückher in Nürnberg, die fränkische Köstlichkeiten nach Weimar schickte; er beruhigte sie über die politische Krise der Reichsstadt: »Die geistige Unvermögenheit u. Schwachheit, der leere Dünkel u. die Nachahmungssucht eines grossen Theils Ihrer Patricier hat vieles zu Grund gehen lassen […]. Es wird und muß anders werden« (S. 401). Wer sich jedoch für die Zusammenarbeit mit Herder, für den Austausch mit Goethe oder Schiller interessiert, wird immer auf die Ausgaben der jeweiligen Autoren zurückgreifen müssen.

Eine seriöse Edition muss eine verlässliche, zitierfähige Textgrundlage bieten, die durch Register, Verzeichnisse und Erläuterungen erschlossen wird. Diese Kriterien werden von der vorliegenden Ausgabe nicht im Ansatz erfüllt. Auch wenn Teuscher Recht haben mag, dass eine Knebel-Edition »für eine Forschungseinrichtung keine Schwierigkeit« wäre (S. XIV), ist seine Edition als missglückt zu bezeichnen und für die Chancen auf eine öffentliche Finanzierung einer Knebel-Edition nicht förderlich. Im Gegensatz zum Freundeskreis des Goethe-Nationalmuseums, der den vorliegenden Druck finanziell unterstützt hat, muss sich eine aus Steuergeldern finanzierte Forschungseinrichtung regelmäßigen Evaluierungen unterwerfen – ein unabhängiges Gutachten der Knebel-Edition in der von Teuscher konzipierten und realisierten Form dürfte auch eine größere Institution in Schwierigkeiten bringen. Teuscher kündigt an, weitere sechs Bände folgen zu lassen. Sollte er an seinen zweifelhaften Editionsprinzipien und seiner unsauberen Arbeitsweise festhalten, darf die Erscheinung des folgenden Bandes eher befürchtet als erwartet werden. Für die geisteswissenschaftliche Forschung sowie für eine an Literatur und Kultur der Goethezeit interessierte Öffentlichkeit wäre eine (im Idealfall hybride) Edition der großartigen Korrespondenzen Knebels von großem Nutzen – nur müsste sie modernen editionsphilologischen Standards entsprechen, eine Revision der überholten Drucke vornehmen, Überblickskommentare liefern und mit differenzierten Metadaten versehen werden. Um der Sache willen wäre es wünschenswert, wenn eine öffentliche Forschungseinrichtung sich dieses anspruchsvollen Desiderats, auf das Teuschers Arbeit deutlich hinweist, annehmen würde.

Héctor Canal

---

11 Gleiches gilt auch für Knebels andere Brüder Friedrich, Christian und Wilhelm (vgl. S. 217, 227, 424 und 443) sowie für Alexander von Humboldt (S. 424).

Stefan Höppner: *Goethes Bibliothek. Eine Sammlung und ihre Geschichte.* Frankfurt a.M: Vittorio Klostermann 2022 (ZfBB Sonderband 125), 504 S., 39,00 €

Bei seinem Tod 1832 hinterließ Johann Wolfgang von Goethe in seinem Wohnhaus am Frauenplan nicht nur unzählige Manuskripte, sondern auch rund 18.000 Mineralien, über 9.000 Blätter Graphik, etwa 4.300 Handzeichnungen, zahlreiche Plastiken, Gemälde sowie weitere naturwissenschaftliche Objekte. Wie sich zeigte, hatte Goethe offenbar nicht allein des »Lebens ernstes Führen« von seinem Vater Johann Caspar geerbt, sondern auch dessen Sammelleidenschaft. Und wie der Vater sammelte der Sohn nicht willkürlich, sondern mit Plan und Absicht, in erster Linie zur eignen Bildung. Zitiert wird in diesem Zusammenhang gerne Goethes Bekenntnis: »Alles kommt auf's Anschauen an«.[1]

Mit Büchern verhält es sich freilich anders. Wenn man kein Bibliophiler ist – und Goethe war beileibe keiner –, kommt es nicht auf das Äußere eines Buches an, sondern auf den Inhalt. Goethes Bibliothek interessierte die Goethe-Philologen daher auch seit Generationen, weil man sich aus seinem Bücherbesitz Rückschlüsse auf seine Lektüren und natürlich auf sein eigenes Werk erhoffte. Vorbehalte gegen ein solches Verfahren hätte man allerdings in Goethes Autobiographie *Dichtung und Wahrheit* finden können, wo Goethe berichtet, wie er die schönsten Klassikerausgaben aus der Bibliothek seines Vaters »mit nach Straßburg genommen und sie auf einem reinlichen Bücherbrett aufgestellt, mit dem besten Willen, sie zu benutzen«. Doch sie blieben ungelesen stehen, was Herder, »der größte Feind alles Scheins und aller Ostentation«, veranlasste, den genialen Dichter damit aufzuziehen.[2] Aber natürlich dachte der junge Goethe anders über seine Bücher als der alte, und auch wenn sich in Goethes Weimarer Bibliothek zahlreiche unaufgeschnittene Bände finden, so ist ihm seine Weimarer Büchersammlung doch eine wichtige Arbeitsbibliothek gewesen, die keinerlei repräsentativen Zwecken diente und die er für seine Nachfahren und die Nachwelt möglichst geschlossen aufbewahrt wissen wollte.

Dies ist nur eines der Ergebnisse, die Stefan Höppner, der Autor des Buches *Goethes Bibliothek. Eine Sammlung und ihre Geschichte* vorlegt. Man möchte über dieses Buch wie Goethe in einem Brief an Zelter anmerken: »Was ein Buch sey bekümmert mich immer weniger; was es mir bringt, was es in mir aufregt das ist die Hauptsache«.[3] Und Höppners Buch ist höchst anregend. Es ist das Resultat eines Projektes, das 2010 mit der Gründung des Forschungsverbundes Marbach – Weimar – Wolfenbüttel begann und die organisatorisch-strukturellen Voraussetzungen dazu schuf, Goethes Bibliothek in Weimar genauer zu erforschen. Bisher musste sich die Goethe-Philologie mit dem ›Ruppert‹ begnügen, einer gedruckten Bestandsübersicht der Goethe-Bibliothek, die Hans Ruppert bereits im Jahr 1958 vorgelegt hatte.[4] Bis heute blieb der ›Ruppert‹ ein viel benutzter und gesuchter Katalog, der allerdings in die Jahre gekommen ist. Im digitalen Zeitalter sind die Möglichkeiten, Goethe als Büchersammler und -leser zu präsentieren, ganz andere als zu Rupperts Zeiten. Daher ist Höppners Buch gleichen Titels auch keine Neuauflage des ›Ruppert‹, sondern vielmehr ein Buch, das – wie der Untertitel verrät – die Geschichte von Goethes Büchersammlung erzählt. Rupperts Verzeichnis, aus guter Tradition noch gerne genutzt, ist allerdings für Eingeweihte schon seit 2016 Geschichte, denn damals stellte Höppner im Verbund mit der Bibliothekarin Ulrike Trenkmann und anderen Mitarbeitern den digitalen Katalog *Goethe Bibliothek Online* unter der Adresse https://lhwei.gbv.de/DB=2.5/ ins Netz. Auf dieser Seite werden nicht allein die 7.250 Bände von Goethes privater Bibliothek öffentlich zugänglich gemacht, sondern auch die 3.300 Bücher, die der Dichter aus der herzoglichen Weimarer

---

1 Einleitung der *Propyläen*. In: WA I, 47, S. 26.
2 WA I, 27, S. 311.
3 Brief von Goethe an Zelter, 20.2.1828. In: WA III, 43, S. 209.
4 *Goethes Bibliothek: Katalog.* Bearb. von Hans Ruppert. Weimar 1958.

Bibliothek entlieh, der Vorgängerin der heutigen HAAB. Dabei wurde die gesamte Privatbibliothek – zusammen mehr als eine Million Seiten – nach Provenienzmerkmalen wie Widmungen, Marginalien und Anstreichungen abgesucht, die zusätzlich dokumentiert werden. Rund 2.000 Bücher werden von der HAAB sukzessive digitalisiert und über die »Digitalen Sammlungen« der Bibliothek zugänglich gemacht. Die *Goethe Bibliothek Online* kann daher als ein Musterbeispiel dafür gelten, was digitale Bibliothekskataloge bei der Dokumentation von Autorenbibliotheken leisten können.[5]

Höppners Buch tut dagegen das, was ein Online-Katalog nicht leisten kann, es erzählt die spannende und wechselvolle Geschichte von Goethes Büchersammlung von seinem Eintreffen in Weimar bis heute. In dieser Geschichte spielen auch eine Reihe von Personen und Institutionen eine Hauptrolle, die für die Bibliothek verantwortlich waren – von Goethes Familie bis ins Kaiserreich und die Gegenwart. So erfährt man, dass Goethe einer der ersten Dichter ist, der – um ein Wort der neueren Literaturwissenschaft zu verwenden – ein »Nachlassbewusstsein« entwickelt und darüber nachdenkt, wie mit seinem schriftstellerischen Nachlass umgegangen werden soll. Kanzler Friedrich von Müller lässt er 1830 in einem Gespräch wissen:

> Meine Nachlassenschaft ist so complicirt, so mannichfaltig, so bedeutsam, nicht blos für meine Nachkommen, sondern auch für das ganze geistige Weimar, ja für ganz Deutschland[.] [...] Es wäre Schade, wenn dieß alles auseinander gestreut würde. [...] Den Bibliotheck Secretair Kräuter will ich zum Conservator dieser Gegenstände und meiner sämtlichen Literalien bestimmen; er ist mit vielem davon schon seit lange beckannt, ist sehr ordentlich und pünctlich und gewiß alles in guter Ordnung erhalten. (S. 68)

Goethe wusste, was er tat, denn dem gewissenhaften Bibliothekssekretär und Schreiber Goethes, Friedrich Theodor Kräuter, kommt eine Schlüsselrolle für die Erhaltung von Goethes Bibliothek zu (ebd.). Ihm vertraute Goethe nicht allein die Verwaltung seiner Bibliothek an, sondern auch die Ordnung und Verzeichnung seiner Handschriften. Im Jahr 1817 begann Kräuter mit der Betreuung von Goethes Privatbibliothek, ordnete sie neu und fertigte 1822 einen handschriftlichen Katalog an, den *Catalogus Bibliothecae Goethianae*, mit knapp 1.000 Seiten.

Der Anfang für Goethes verändertes Nachlassbewusstsein scheint in den schwierigen Jahren nach 1805 zu liegen, die Goethe als Zeitenwende begriff. Damals hatte er eine schwere Krankheit zu überstehen, der Tod Schillers ging ihm sehr nahe und im Oktober 1806 bedrängten ihn marodierende Franzosen im eigenen Haus. Todesangst und der beunruhigende Gedanke, das eigene Werk und alle Sammlungen könnten unwiederbringlich verloren gehen, führten, so Höppner, zu einer »substanzielle[n] Wendung« in seinem Leben (S. 56). Das Bewahren und Sammeln wurde nun zu einem wesentlichen Lebensinhalt. Goethes Bedürfnis nach ›Selbsthistorisierung‹ führt schließlich dazu, dass er auch seine Bibliothek durch den Bibliothekar Kräuter professionell verwalten lässt und diesen Wunsch auch in seinem Testament vermerkt. Die Geschichte der Bibliothek nach Goethes Tod, die Konflikte zwischen den Nachfahren und dem testamentarisch eingesetzten Verwalter, das spätere Bestreben, das Goethehaus mit seiner Einrichtung zu einem nationalen Gedenkort zu machen, das alles liest sich gut und dokumentiert einen wichtigen Aspekt deutscher Kulturgeschichte.

---

5   Mit Hilfe von Digital Humanities in Weimar und an der FH Potsdam schloss sich eine erste digitale Auswertung der Forschungsdaten an. Eine Visualisierung (https://vikusviewer.fh-potsdam.de/goethe/) zeigt alle dokumentierten Ausleihen aus der herzoglichen Büchersammlung, angeordnet entlang einer Zeitachse von Goethes Ankunft in Weimar bis zu seinem Tod. Sie gibt einen direkten Zugriff auf die Digitalisate der entliehenen Titel sowie ihre Verzeichnung in den Ausleihbüchern, im Online-Katalog der HAAB sowie in Elise von Keudells Verzeichnis *Goethe als Benutzer der Weimarer Bibliothek* von 1931.

Im zweiten Teil seines Buches arbeitet Höppner weniger historisch, sondern systematisch. Er fragt nach der Rolle der Bibliothek für Goethes Arbeitsprozess und nimmt die Sammlung selbst genauer unter die Lupe. Dabei untersucht der Autor etwa das Zusammenspiel von Goethes privaten Büchern mit den vielfachen Ausleihen aus anderen Bibliotheken in Weimar, Jena und Göttingen. Höppner zeigt, dass Goethes Autoren- und Arbeitsbibliothek kein homogenes Gebilde ist, sondern auch Bücher des Vaters Johann Caspar, des Sohnes August, der Schwiegertochter Ottilie oder des Enkels Wolfgang Maximilian enthält. Unerwartet ist, dass Goethes Bibliothek weitestgehend eine Bibliothek des 19. Jahrhunderts ist. Fast drei Viertel der vorhandenen Bände sind nach 1800 erschienen. Nur bei zwei Prozent der Bücher liegt das Erscheinungsdatum vor 1700. Aus dem 18. Jahrhundert stammt nur ein Viertel der Bücher, und viele davon dürften aus der Frankfurter Bibliothek seines Vaters stammen, aus der sich Goethe 1794, als seine Mutter das Elternhaus mit Bibliothek verkaufte, bediente: 126 Bände dieser Provenienz konnten bestimmt werden. Das Übergewicht von Literatur aus der Zeit nach 1800 bestätigt die These einer Arbeitsbibliothek, denn offenbar hatte Goethe kein Problem damit, Bücher, die er nicht mehr brauchte, auszusondern. Selbst seine eigenen Werke besaß der Dichter nicht vollständig, weder die vielen Erstdrucke noch die Belegexemplare seiner Schriften oder die seiner Kollegen Wieland, Herder und Schiller. Allerdings konnte er ja auch auf die Bestände der Bibliotheken in Weimar und Jena bauen. Den Bibliothekar freut es.

Interessant ist auch, dass in Goethes Bibliothek zwar eine große Vielzahl an Sprachen vertreten ist, deutschsprachige Drucke mit 70 Prozent aber den größten Anteil stellen. Lediglich lateinische und französische (je 10 Prozent) sowie italienische und englische Titel (zusammen 6 Prozent) sind nennenswert vertreten. Thematisch beanspruchen den größten Anteil der Büchersammlung die Naturwissenschaften und Mathematik (1.900 Einheiten), gefolgt von Archäologie und Kunstgeschichte. Natürlich widmet sich Höppners Buch auch der organischen Entwicklung der Büchersammlung, also den Umständen von Erwerbungen und Schenkungen (Widmungsexemplare) und Provenienzen (Goethe besaß Bücher aus dem Besitz von Gryphius oder Leibniz). So ist es besonders aufschlussreich, dass Goethes Bibliothek zu mindestens 40 Prozent aus eingesandten Büchern besteht, häufig unaufgefordert eingesandte Werke von jungen Schriftstellern, die um die Beurteilung des Dichterfürsten baten. Auch wenn manche Bücher ungelesen blieben, geben sie doch Auskunft über Goethes Beziehungen zu anderen Autoren und seinem sozialen Netzwerk.

Exemplarisch werden in Höppners Studie auch Anstreichungen, Marginalien und Einlagen in Büchern untersucht, die Goethe zumeist als Notizen auf separaten Blättern festhielt, die dann in sein handschriftliches Archiv eingegangen sind. Solche Bearbeitungsspuren, die im Buch exemplarisch analysiert werden, können wichtige Hinweise geben, wovon sich der Verfasser dieser Buchbesprechung selbst ein Bild machen konnte. In Goethes Bibliothek finden sich in einem Band mit der Aufschrift *Frankfurt 1807-1808 Judaica* (Ruppert 3515) verschiedene Schriften zur jüdischen Erziehung in Frankfurt am Main, darunter auch ein Sonderduck von Franz Joseph Molitor, dem Inspektor und Oberlehrer am 1804 gegründeten Frankfurter Philanthropin, einer ersten staatlich anerkannten Schule für jüdische Kinder, die auch nichtjüdischen Schülern offen stand. Die Lehrer gehörten weitgehend der jüdischen Reformbewegung an, die weit über Frankfurt hinaus wirkte. Molitors Aufsatz *Ueber bürgerliche Erziehung, mit besonderer Hinsicht auf das jüdische Schulwesen in Frankfurt* erhielt Goethe, wie ein eingelegtes hellblaues Papier zeigt, von Bettine Brentano zugeschickt, die ankündigte: »Von Molitor über welchen mit morgendem Posttag eine genaue Relation schreiben werde Bettine« (Ruppert 3515).[6] Der durchschossene Druck, der in der digitalen

---

6 Vgl. dazu und zu den folgenden Zitaten Wolfgang Bunzel: »*Jüdisch-Paedagogische Franco-furtensien*«. *Goethe, Bettine Brentano und die Frankfurter Juden*. In: Anna-Dorothea Ludewig, Steffen Höhne (Hrsg.): *Goethe und die Juden – die Juden und Goethe. Beiträge zu einer Beziehungs- und Rezeptionsgeschichte*. Berlin 2018, S. 20.

Ausgabe der *Goethe Bibliothek Online* noch nicht ermittelt werden konnte, stammt aus der Zeitschrift *Europäische Staats-Relationen* und enthält auch einen Kommentar Bettines zu dem unterstrichenen Satz: »das in dem großen Kampfe mit dem Weltschicksale sich durch seine eigene Kraft noch immer erhalten, indeß die andere Völker des Alterthums bis auf ihre Namen untergegangen sind«.[7] Dazu merkt Bettine an: »daß ist ein großer Trost, daß wir hoffen, wenn uns die Menschen erwürgen, daß uns Gott wieder auferweckt« und verweist dabei auf die Bibelstelle 2. Makkabäer 7.14, wo es heißt: »Als es aber mit ihm zum Sterben ging, sprach er: Das ist ein großer Trost, dass wir auf Gottes Verheißungen trauen: Wenn uns Menschen töten, wird er uns wieder auferwecken. Du aber wirst nicht auferweckt werden zum Leben«. So zeigt dieser wahrscheinlich erst von einem der Nachlassverwalter zusammengestellte Band mit *Jüdisch-Paedagogischen Francofurtensien* aus Goethes Bibliothek nicht nur, dass sich der Dichter zu Beginn des 19. Jahrhunderts für die besondere Entwicklung des Schulwesens in seiner Heimatstadt interessierte, sondern wirft auch ein interessantes Licht auf seine Beziehung zu Bettine Brentano, als diese bei Catharina Elisabeth Goethe Informationen über den Frankfurter Goethe sammelte. Dass solche Anstreichungen und Marginalien nun auch digital erschlossen und für die Forschung zugänglich sind, wird der künftigen Goethe-Forschung neue Anregungen geben, auch wenn das Erkenntnispotenzial von Goethes Bibliothek, wie Höppner zu Recht anmerkt, noch längst nicht ausgeschöpft ist.

Joachim Seng

Stefan Bollmann: *Der Atem der Welt. Johann Wolfgang Goethe und die Erfahrung der Natur.* Stuttgart: Klett-Cotta 2021, 650 S., 28,00 €

Brauchen wir noch eine Goethe-Biographie? – Die von Stefan Bollmann vorgelegte ganz gewiss und schon lange! Keine bisherige Biographie konnte es sich leisten, Goethes Naturforschung vollständig zu ignorieren, aber sie blieb doch meistens etwas unbequem im Hintergrund. Im engeren Sinne wissenschaftsgeschichtliche Betrachtungen sortieren Goethes Bemühungen auf diesem Feld unterschiedlich. Meistens geht es um die Frage, wo Goethe richtig lag (Zwischenkieferknochen) und wo er falsch lag (Farbenlehre). Andere ordnen die Naturforschung in einen Goethe-Gesamtkosmos ein, und wieder andere, wie Albrecht Schöne, sind den älteren alchemistischen und hermetischen Spuren nachgegangen. Hier und da sind in jüngerer Zeit auch Überlegungen angestellt worden, ob Goethes Einsichten und Methoden vielleicht doch auch heute noch anschlussfähig sein könnten. Eckart Försters Buch *Die 25 Jahre der Philosophie* (2011) hat einen entsprechenden Vorschlag gemacht. Aber insgesamt herrscht die Ansicht vor, dass die ganzheitsorientierte Naturforschung des zum ›Schauen geborenen‹ Goethe den Entwicklungen der experimentellen Naturwissenschaft seit dem frühen 19. Jahrhundert inkompatibel und seine Forschung deshalb eine Marotte des Dichters gewesen sei: »Schöngeist mit einem Natursspleen« (S. 21).

Dass das ein schwerer Irrtum ist, zeigt Bollmann ganz ohne Rechthaberei in seiner wunderbar zu lesenden Biographie. Sie holt nach, was Goethe einmal geplant, aber nicht ausgeführt hat, nämlich ein »populäres Buch nach der Art von Charles Bonnets *Betrachtung der Natur* zu schreiben« (S. 21). Erhalten hat sich bloß ein spätes Schema, in dem Goethe seine Biographie mit der Entwicklung der Naturforschung zwischen 1750 und 1820 korreliert (vgl. S. 20). Bollmann hat dieses Projekt auf knapp 600 Seiten ausgeführt, kenntnisreich und oft amüsant, immer anregend, aber äußerst sorgfältig, mit viel Sinn für Details, erzählerischem Geschick und frei von aller Anbiederei. In der Summe liefert uns seine Erzählung des

---

7 *Europäische Staats-Relationen* 11 (1808), 2. Heft, S. 155-168.

Goethe-Lebens jenes andere unausgeführt gebliebene Projekt eines *Romans über das Weltall*, von dem wir nur die beiden Texte *Über den Granit* haben. Dass Goethes Forscherleben als ein »Roman über das Weltall« verstanden werden kann, ist die eine Idee, die Bollmanns Darstellung über die Heterogenität von Goethes vielfältigen Interessen hinweg ihre verblüffende Kohärenz verleiht. Die andere ist die Goethe schon früh wichtige Figur des Wanderers. Unter diesen Auspizien kann Bollmann Goethes Leben am Leitfaden seiner Naturforschungen erzählen. Die Chronik dieser rastlosen Tätigkeiten fügt sich wie von selbst zu einem Bogen, der sich von tiefen Schächten bis zu hohen Gletschern, von den Steinen über Pflanzen und Tiere bis zu Chemie, Elektrizität, Optik und Meteorologie wölbt. Es ist tatsächlich ein erdumspannender Bogen: »Stets geforscht und stets gegründet, / Nie geschlossen, oft gerundet« (FA I, 2, V. 3 f.).

Weil Bollmann Distanz zu allen Mythologemen der Goethe-Forschung pflegt, fallen seinem unvoreingenommenen Blick auch die Anschlussstellen an jüngere und jüngste Erkenntnisse der Naturwissenschaften mühelos zu. Viele von Goethes Überlegungen finden sich etwa in den von Margulis und Lovelock angestoßenen Forschungen zur Erde als einem sich selbst regulierenden Planeten wieder, was heute Earth System Science heißt (S. 550f.). Die Urpflanze, über die seit Schillers und Goethes Disput so viel gestritten wurde, wird mit Hilfe des heute so wichtigen Modellbegriffs aus der Alternative von Idee oder Erfahrung entlassen (S. 397-400). Was Goethe den ›Etat der Natur‹ nannte, dass ein Mehr an einer Stelle durch ein Weniger an einer anderen ausgeglichen werde, kennt man heute als Kompensationsgesetz (S. 467-469). Bollmann forciert solche Anschlüsse nicht, aber er macht sie denkbar und plausibel. Dabei hilft ihm seine Gabe, auch komplizierte wissenschaftliche Sachverhalte verschiedener Provenienz allgemeinverständlich darzustellen.

Die Überzeugungskraft der Darstellung verdankt sich jedoch auch der sehr weit gehenden Rücksichtnahme auf das, was sonst gerne unter ›Kontexte‹ verbucht wird. Die bewegte Wissenschaftslandschaft zu Goethes Lebzeiten ist hier kein Hintergrundpanorama, sondern wird plastisch in den Figuren, mit denen Goethe im Team zusammengearbeitet hat: Loder, Sömmerring, Bertuch, Döbereiner und viele andere, aber natürlich auch Schelling, Schiller und die Brüder Humboldt. Vor allem der jüngere Alexander von Humboldt nimmt (aus guten Gründen) so viel Raum ein, dass man streckenweise eine Doppelbiographie liest. Dass Bollmann sich nicht nur die Goethe-Forschung vom Leib gehalten, sondern auch auf die Topik von Goethes Selbstbeschreibungen weitgehend verzichtet hat (nur das ominöse Urphänomen wird etwas ausführlicher beleuchtet), erweist sich als ein Glücksfall, denn so kann die Praxis den Vorrang behaupten, den sie für Goethe hatte. Und sie zeigt u. a. sehr deutlich, dass man sich endlich von der ganz abwegigen Vorstellung verabschieden muss, Goethe habe etwas gegen das Experimentieren oder gegen Apparate (das Barometer!) gehabt. Wenn es galt, den Augen Entzogenes sichtbar zu machen, kannte sein Eifer keine Grenzen und alle Apparate und Vorrichtungen waren ihm recht. Die von anderen Zeitgenossen wie Lichtenberg geteilte und (so zeigt Bollmann) von den Impressionisten später malerisch ausgelebte Obsession mit den farbigen Schatten macht das sinnfällig (S. 420-448). Aber die Beispiele sind Legion. 650 Seiten umfasst das Buch nicht nur, weil Goethe so lange gelebt hat, sondern weil er auf dem Gebiet der Naturforschung so viel gemacht hat! Die anderen Lebensereignisse fallen nicht weg, weder die Liebesgeschichten noch die Freundschaften oder die beruflichen Aufgaben; besonders wichtig sind und ausführlich beschrieben werden die Reisen. Fast ganz in den Hintergrund rückt jedoch die literarische Produktion. Man gewinnt den Eindruck, dass das Dichten nicht die wahre Leidenschaft dieses Dichters war. Vielleicht fiel es ihm zu leicht; von Ausnahmen abgesehen, musste er sich um das Dichten nie viel mühen, während Naturforschung, auch wenn sie ihm nicht die Anerkennung einbrachte, die seine poetische Produktion schon früh genoss, seinem Selbstverständnis als tätigem Wanderer eher entgegenkam. Es gibt nur einen einzigen Gegenstand, der Goethes literarischer Einbildungskraft widerstand und den »*dichterisch zu gewältigen*«[1] ihm zeit-

---

1 Zit. nach Rüdiger Safranski: *Goethe. Kunstwerk des Lebens. Biographie.* München 2013, S. 367.

lebens nicht gelang. Folgt man Bollmann, so haben die Ideen der Französischen Revolution jedoch sehr wohl und in erheblichem Umfang Eingang in seine Naturforschung gefunden (vgl. S. 385-387). Goethe war, so darf man schließen, auf diesem Gebiet offenbar freier als auf allen anderen, die Literatur eingeschlossen. Zieht man die ganze Literatur ab, bleibt noch sehr viel Goethe.

So kommt es, dass man sich als literaturwissenschaftliche Leserin bei fortschreitender Lektüre zusehends beklommener fragt, ob denn auch umgekehrt Goethes Leben einmal ausschließlich entlang seiner literarischen Texte dargestellt werden könnte. Man ahnt zwar, dass das unmöglich bleiben muss, erfährt den Grund dafür aber erst im vorletzten 31. Kapitel, »in dem ein Mensch gemacht wird« (S. 552). Es geht um den Homunculus und, weitergehend, den ganzen *Faust*, der Goethe sein Leben lang begleitet und ihm auch zugesetzt hat wie sonst nur noch die Naturforschung. Es ist der einzige literarische Text, den Bollmann ausführlicher diskutiert, weil er die Geschichte eines Naturforschers ist und Goethes kritisches, heute sehr aktuelles Verhältnis zu unserer Gegenwart zur Darstellung bringt: »Gerade in dem, was er fürchtete, ist Goethe unser Zeitgenosse, mehr als jeder andere Denker und Schriftsteller dieser fast zweihundert Jahre entfernten Epoche, die wir Goethe-Zeit nennen« (S. 573). Das »Weltspiel« *Faust* ersetzt den Roman über das Weltall nicht, ist ihm aber ebenbürtig, denn es ist »ein Drama der Erde« (S. 556). Wenn man den Prozess zwischen Naturforschung und Literatur, den letztere mit Bollmanns Buch trotz und wegen *Faust* erst einmal verloren hat, doch noch einmal aufrollen wollte, dann müsste man mit dem *Faust* beginnen und Bollmans Buch gründlich gelesen haben.

Es hat nur einen einzigen Nachteil, für den der Autor hoffentlich nicht verantwortlich ist. Auf dem Schutzumschlag hat man dem überstrapazierten »Goethe in der römischen Campagna« von Tischbein ein Prisma in die rechte Hand gedrückt, hinter dem Knie erheben sich Basaltfelsen, von den Rändern her ranken sich gelbe und grüne Blümchen ins blass-blaue Bild. Und zu allem Überfluss hat sich rechts unten noch der Klett-Cotta Verlag mit seinem Emblem des fliegenden Pegasus verewigt. Es ist zum Davonlaufen, und der Autor hat das so wenig verdient wie die penetranten Kapitelüberschriften. Von diesem Erscheinungsbild darf man sich aber unter keinen Umständen irre machen lassen, sondern sollte lesen.

Eva Geulen

Eva Axer, Eva Geulen, Alexandra Heimes: *Aus dem Leben der Form. Studien zum Nachleben von Goethes Morphologie in der Theoriebildung des 20. Jahrhunderts.* Unter Mitarbeit von Michael Bies, Ross Shields und Georg Toepfer. Göttingen: Wallstein 2021, 348 S., 29,90 €

Fragen der Formbildung und des Formwandels spielen heute in vielen Wissenschaften – von der Botanik, der Zoologie und der Geologie über die Medizin und die Physik bis zu der Sprach- und Literaturwissenschaft – eine wichtige Rolle. Ein gesteigertes Interesse an morphologischen Problemstellungen und Methoden zeichnet sich derzeitig auch im Kontext wissenschaftsgeschichtlicher und -philosophischer Betrachtungen ab.[1] Worin liegen Gründe für die Aktualität morphologischen Denkens?

Eva Axer, Eva Geulen und Alexandra Heimes untersuchen in inter- wie transdisziplinärer Perspektive das »Nachleben« der Goethe'schen Morphologie in der Theoriebildung des

---

[1] Vgl. mit durchgehendem Anschluss an das Werk von Ernst Cassirer: Ralf Müller, Ralf Becker, Sascha Freyberg u. a. (Hrsg.): *Morphologie als Paradigma in den Wissenschaften*. Stuttgart-Bad Cannstatt 2022.

20. Jahrhunderts. Vorgelegt haben sie eine »Kollektivmonographie« (S. 8), die unter Mitarbeit von Michael Bies (»Morphologischer Strukturalismus bei Claude Lévi-Strauss«), Ross Shields (»Morphology and Music Theory«) und Georg Toepfer (»Lebewesen und Maschinen als formdeterminierte Systeme«) entstanden ist. Die Kapitel des Bandes verbinden sich eng in der gemeinsamen Problemstellung: Im Zentrum des Erkenntnisinteresses steht die *Reflexion auf das Verhältnis von Form und Zeit* in Prozessen der Formbildung (vgl. S. 8, 38, 48). Wo dieses Verhältnis bedacht und problematisiert wird, entdecken die Autorinnen und Autoren das vielfältige und zum großen Teil noch unerschlossene Material des Fortwirkens der Goethe'schen Morphologie im 20. Jahrhundert. In methodischer Absetzung von einer Historik des direkten Rekurses auf Goethe wie in Abhebung von disziplinär organisierten Fachgeschichten der Morphologie legen sie es mit Blick auf den Zeitraum zwischen 1913 und 2019² frei auf den Feldern von Biologie (D'Arcy Wentworth Thompson, Adolf Meyer-Abich) und Systemtheorie (Ludwig von Bertalanffy), von Technik und Maschinenkunde (Fritz Zwicky), von Architektur- (Greg Lynn) und Musiktheorie (Arnold Schönberg, Anton von Webern), von Kunstgeschichte (George Kubler) und Literaturwissenschaft (Andre Jolles, Franco Moretti, Eberhard Lämmert) wie von Geschichtstheorie (Siegfried Kracauer) und Philosophie (Ernst Cassirer, Gilbert Simondon). Indem sie sich in ihrer historiographischen Arbeit bewusst *zwischen* den Fächern und Disziplinen bewegen, machen sie die morphologischen Motive, Denkfiguren und Problembestände in den Wissenschaften als einen offenen theoretischen Gegenstand von eminenter Gegenwärtigkeit sichtbar.

Die Vielzahl der erzielten Ergebnisse kann hier nicht diskutiert werden. Zu verdeutlichen ist zunächst deren methodologische Basis: Es ist das Konzept des »Nachlebens« (Aby Warburg, Walter Benjamin), das es Eva Axer, Eva Geulen und Alexandra Heimes erlaubt, ›tiefer‹ anzusetzen als die bisherigen Rezeptionsgeschichten. Erschlossen wird eine komplexe interdisziplinäre Wirkungsgeschichte, die nicht in linearen Narrativen und einfachen Oppositionen zu finden ist: Rechnung getragen werden muss dem Umstand, dass das Fortleben der Morphologie sich »höchst *diskontinuierlich* darstellt« und in seinem Verlauf »*disparate* thematische und theoretische Kontexte aufruft«.³ Es ist die Wirkungsgeschichte eines »offenen Gegenstandes« (vgl. S. 39 und 56), der nicht in einem Gewordensein aufgeht, sondern, wandelbar wie alles Lebendige, auch für die Zukunft noch neue Wirkungen und Aneignungsmöglichkeiten entfalten kann: »Zum Nachleben der Morphologie gehört, dass immer wieder neu und je anders gesondert und verknüpft wurde« (S. 35).

Die Grundthese des Bandes, die mit den Mitteln einer theoriegeschichtlich orientierten Experimentalanordnung in einer Folge von Fallstudien entfaltet wird, lautet: »Die morphologische Lehre von Formbildung und Formwandel ist als selbst ›bildsames‹ Agens und Reagens, als Irritationsindikator und Irritationsfaktor im Gefüge des Wissens zu untersuchen« (S. 14; vgl. S. 30 und 33 f.). Vordringlich wurde morphologisches Denken stets dort, so heißt es im Rahmen der ausführlichen Einleitung mit Blick auf die Analyse epistemischer Praxen,

> wo disziplinäre Logiken unter Druck gerieten, aufgrund wissenschaftsinterner Konflikte, Konkurrenzen zwischen einzelnen Wissenschaften, weil neue Wissenschaften sich entwickelten oder ein Problem so über die Grenzen der einzelnen Wissenschaft hinausdrängte, dass es zu einem allgemeineren Theorieproblem wurde. Das betrifft auch und vor allem die Rolle der Morphologie im Verhältnis von Geistes- und Naturwissenschaf-

---

2 Zwischen der Programmschrift des britischen Biologen und Mathematikers D'Arcy Thompson: *On Growth and Form.* Cambridge 1917, und dem die Unverzichtbarkeit morphologischer Intuitionen herausstellenden Aufsatz des italienischen Historikers Carlo Ginzburg: *Medals and Shells. On Morphology and History. Once Again.* In: *Critical Inquiry* 45 (2019), H. 2, S. 380-395.

3 Vgl. Eva Axer, Eva Geulen, Alexandra Heimes: *Zeit und Form im Wandel. Goethes Morphologie und ihr Nachleben im 20. Jahrhundert.* In: Michael Bies, Michael Gamper (Hrsg.): *Ästhetische Eigenzeiten. Bilanz der ersten Projektphase.* Hannover 2019, S. 325-343; hier: S. 326 (Hervorhebung H.H.).

ten. In unserer Perspektive bietet Morphologie die Chance, den ›zwei Kulturen‹ der Wissenschaft einen gemeinsamen Fragehorizont zu eröffnen bzw. zu erhalten« (S. 30 f. mit Anm. 114).

Genau dies scheint heute – vor dem Hintergrund zunehmender Differenzierung und Spezialisierung – in besonderer Weise notwendig.

Die Erforschung der morphologischen Theoriegeschichte im 20. Jahrhundert[4] zeigt zugleich die Grenzen des rezeptionsgeschichtlichen Interpretationsschemas auf, das Goethes Theorie und Praxis der verzeitlichten Form mit Karl Robert Mandelkow auf ein holistisches Gestaltverständnis zu bringen sucht, welches kompensatorisch oder apotropäisch auf krisenhafte Modernisierungserfahrungen reagiert (vgl. S. 16, 35, 59, 108). Die Grundlage für die im Band vollzogene Umdeutung der Rezeptionsgeschichte hat Eva Geulen mit ihrer im Jahr 2016 publizierten Untersuchung von Goethes Heften *Zur Morphologie* geschaffen; auch diese trägt den Obertitel *Aus dem Leben der Form*.[5]

Der vorgelegte Forschungsband ist ein ebenso mutiges wie inspirierendes Experiment. In beeindruckender Weise wird an einem offenen theoretischen Gegenstand profiliert, wie die Historisierung von Theorie als Theoriegeschichte methodisch verfahren und wie sie sich in produktiver Weise mit der »Entwicklung ›alternativer Genealogien der Moderne‹« verbinden kann (vgl. S. 8). Die Darstellung versucht durchgehend, reflexive Distanz zu halten gegenüber gewohnten Praktiken der Bewertung, instituierten Logiken der Gruppierung und Verlaufsmustern, die häufig in Anspruch genommen werden. Die Entdeckungslust der Autoren und Autorinnen, die mit der vorgenommenen Auswahl der behandelten Probleme und Konstellationen nicht beanspruchen, ›die‹ Wirkungsgeschichte der Morphologie im 20. Jahrhundert darzustellen, überträgt sich beim Lesen. Dass Denker wie Walter Benjamin, Aby Warburg, Ernst Jünger oder Ludwig Wittgenstein im Rahmen der Untersuchung vernachlässigt werden, mag man bedauern. Dass ihre Rezeption der Morphologie »bereits erschöpfend dargestellt wurde« (S. 31), ist mit Gründen zu bezweifeln.

Auch für die Goethe-Forschung im engeren Sinn sind die Beiträge, wie deutlich geworden ist, überaus relevant, zeigen sich doch in der Theoriegeschichte des 20. Jahrhunderts, mit dem Literaturwissenschaftler und Morphologen Franco Moretti zu reden, vielfältige »Exadaptionsmöglichkeiten« Goethe'scher Erkenntnisbemühungen (vgl. S. 317). Zu den Voraussetzungen des Bandes »gehört das Verständnis von Goethes Morphologie als offenem, weder disziplinär noch methodisch gehegtem oder auch nur entschiedenem Gegenstand, als eine schwankende Lehre mit Lücken und Sprüngen, Spannungen und Widersprüchen« (S. 28).

Helmut Hühn

Dirk Weissmann: *Les langues de Goethe. Essai sur l'imaginaire plurilingue d'un poète national*. Paris: Kimé 2021, 216 S., 22,00 €

Bekanntlich besaß Goethe im Französischen, Englischen, Italienischen, Lateinischen und Altgriechischen beachtliche Kenntnisse: Mehrere Stellen von *Dichtung und Wahrheit* bestätigen allerdings, dass er diese Sprachen wie linguas maternas gelernt hat, also ohne systematische Rücksicht auf Grammatik. Weil er z. B. Französisch zunächst nicht fehlerfrei schreiben

---

4 Vgl. im direkten theoriegeschichtlichen Zusammenhang mit dem hier besprochenen Band auch: Eva Geulen, Claude Haas (Hrsg.): *Formen des Ganzen*. Göttingen 2022.
5 Eva Geulen: *Aus dem Leben der Form. Goethes Morphologie und die Nager*. Berlin 2016; vgl. Helmut Hühn: *Rezension*. In: GJb 2016, S. 203-205.

und sprechen konnte, haben ihn seine Straßburger frankophonen Kommilitonen zu seinem größten Ärger häufig bespöttelt. Man weiß weniger, dass Goethe sich in der Entstehungszeit des *Divan* die arabische Schrift aneignen wollte, in Kindheit und Jugend zumindest Hebräisch lesen lernte und bei Aufenthalten im Frankfurter Getto auch mit dem Jiddischen in Kontakt kam. Jene schon in den Kinderjahren gepflegte »polyglotte Leidenschaft« (S. 48) kann als ein guter Indikator für die im Elternhaus herrschende Stimmung gelten. Dass sich Gebildete fremden Sprachen und Kulturen geöffnet haben, war im 18. Jahrhundert zwar Standard, aber in ihrem Ausmaß stellt diese Aufgeschlossenheit im Haus am Hirschgraben einen Sonderfall dar; sie prägt das ganze Leben lang Goethes vielfältige kulturelle Neigungen und die von ihm gepflegten Geselligkeitsformen.

Allerdings gehörte Goethe nicht zu denjenigen, die regelmäßig Italienisch oder Französisch schrieben wie etwa die Brüder Alexander und Wilhelm von Humboldt – sieht man von seinem Briefwechsel, von einigen fremdsprachlichen Sprachübungen in Form von »poésies fugitives«, die er vornehmlich in seinen jungen Jahren gemäß der pädagogischen Modi der Zeit verfasst hat, sowie später von einigen naturwissenschaftlichen Abhandlungen ab. Größere Übersetzungsleistungen stellen seine Übertragungen von Cellinis Autobiographie, von Dramen Voltaires und Werken Diderots dar. Insgesamt aber blieb sein Umgang mit Fremdsprachen weitgehend im Rahmen des zu seiner Zeit beliebten Usus der ›produktiven Rezeption‹, außergewöhnlich ist bei ihm aber die Häufigkeit, mit der er sich mit Nachahmungen, Übersetzungen (bzw. fingierten Übersetzungen), Adaptionen und fremden Kulturen über indirekte Übersetzungen aus zweiter Hand auseinandergesetzt hat und die er zu eigenen Originalwerken zusammengeschmolzen hat. Recht häufig sind auch in Goethes Werk die Passagen, in denen Sprache und Übersetzung selber zum Gegenstand der Analyse werden. Diese Stellen untersucht Weissmann ebenso akribisch wie feinfühlig und betont dabei die mitunter widersprüchliche Vielfalt von Goethes Aussagen. Nimmt nämlich Goethe trotz seiner Nähe zu Herder keinen Anteil an der Reflexion seiner Zeit über das Wesen und den Ursprung der Sprache, so verleitet ihn seine beinahe alltägliche Übersetzungspraxis seit den Kinderjahren zu Positionen, die vornehmlich in *Maximen und Reflexionen* ihren Niederschlag finden und die alle das Original und seinen Reflex zusammendenken sowie Kontrastives und Dialektisches hervorheben: Übersetzer seien »geschäftige Kuppler [...], sie erregen eine unwiderstehliche Neigung nach dem Original« (MA 17, S. 773), und von der Muttersprache heißt es: »Wer fremde Sprachen nicht kennt, weiß nichts von seiner eigenen« (ebd., S. 737).

Trotz seiner sprachlichen Homogenität kann der *Wilhelm Meister* als das Werk gelten, in dem die Thematik der Mehrsprachigkeit besonders präsent ist und sich im Umfeld des Gedichts »Kennst du das Land...?« verdichtet. In der Fassung von 1795 betont Wilhelm seine Unzufriedenheit mit seiner eigenen Übersetzung von *Mignons Lied*, da er »die Originalität der Wendungen [...] nur von ferne nachahmen« konnte, so dass »der Reiz der Melodie« des Originals »verschwand« (III. Buch, 1. Kap.).[1] Das fremdsprachige Original bleibt allerdings dem Leser unbekannt. Apropos: Was ist Mignons Mundart? Weissmann vermutet ein »broken German« von Migranten (S. 120) oder – symmetrisch zu den »Paradieses-Worten« im *Divan* – »die utopische Vorstellung einer mythischen Sprache, die den Horizont der Nationalmundarten überschreitet« (S. 122). Im *Märchen* am Ende der *Unterhaltungen* sprechen die zwei Irrlichter ebenfalls eine unbekannte Sprache.

Der ›Nationaldichter‹, zu dem Goethe im 19. Jahrhundert stilisiert wurde, interessierte sich für Regionalidiome, lehnte den Purismus ab und tadelte im Gedicht *Die Sprachreiniger* (1816) die »Tyrannei« derer, die wie der Lexikograph Campe Fremdwörter aus der deutschen Sprache verbannen möchten. In der Tat finden sich regionale Formen vornehmlich im Frühwerk – man denke an *Götz von Berlichingen* –, und zwar häufiger, als man es den ›nor-

---

1 Johann Wolfgang von Goethe: *Wilhelm Meisters Lehrjahre. Ein Roman.* Zweyter Band. Frankfurt a. M. und Leipzig 1795, S. 7-25; hier S. 9.

malisierenden‹ Werkausgaben des 19. Jahrhunderts entnehmen kann, die Goethes Sprache ins »Nationalparadigma« (S. 111) hineinzwängen wollten. Noch 1804 meinte der ›Klassiker‹, dass der Dialekt nicht aus dem literarischen Feld verschwinden darf. Gleichwohl hat er zur gleichen Zeit in den *Regeln für Schauspieler* (1803) die regionalen Aussprachevarianten verworfen. Abweichungen vom ›Standard‹ wollte Goethe nämlich lieber durch indirekte Verfahren markieren: Im Zweiten Teil des *Faust* etwa lassen die metrischen Formen, der Wechsel von griechischem und deutschem Versmaß, die sprachliche und kulturelle Alterität bzw. Identität gewisser Figuren erkennen.

Goethes Umgang mit fremden Sprachen und Kulturen bekam nach 1814 mit der Arbeit am *West-östlichen Divan* eine neue Qualität. Seine Begeisterung dafür brachte ihn sogar dazu, einige seiner Gedichte vom Orientalisten Johann G. Kosegarten ins Arabische übersetzen zu lassen, um sie zweisprachig in die Ausgabe der Gedichte aufzunehmen. In diesen Jahren taucht in seiner Reflexion der Begriff der Weltliteratur als eines literarischen Archivs der Menschheit auf. Als er 1808 gebeten wurde, eine ›nationale‹ Anthologie zusammenzustellen, wollte er durch die Aufnahme fremdsprachiger Gedichte den Beitrag vieler Kulturnationen zur deutschen Literatur betonen. Aus seiner Perspektive ist die Literatur nicht ›national‹, sondern besitzt einen Drang zur Universalität. Nichtsdestoweniger lässt sich in den Gesprächen mit Eckermann eine erstaunliche Stelle nachlesen, in der Goethe für eine Weltliteratur in deutscher Sprache plädiert, die die Menschen von der undankbaren Aufgabe, Fremdsprachen zu lernen, befreien würde (FA II, 12, S. 131-134; hier S. 132). An zahlreichen Stellen von Goethes Werken lässt sich ein Spannungsverhältnis erkennen, das in *Wilhelm Meister* voll zum Durchbruch kommt: zwischen einem kulturellen Relativismus, der Pluralität der *logoi* (S. 176) und einem Universalismus, zwischen »dem monolingualen Anspruch der deutschen Klassik und dem Reiz der sprachlichen Vielfalt« (S. 130), denn Goethe blieb fest von der gegenseitigen Befruchtung der Sprachen und Kulturen überzeugt.

Gérard Laudin

Christoph König, Denis Thouard (Hrsg.): *Goethe, le second auteur. Actualité d'un inactuel*. Paris: Hermann 2022, 500 S., 41,00 €

»Goethe, der zweite Autor«, lautet der Titel des umfangreichen Bandes, der die Ergebnisse einer Tagung präsentiert, die im August 2018 in Cerisy-la-Salle stattfand. Das Gruppenbild am Anfang des Bandes, das eingefügte Konzertprogramm mit Vertonungen von Goethe-Gedichten, die Transkription eines Gesprächs mit dem Schriftsteller Adolf Muschg sowie Einblicke in die Diskussionen lassen den Leser einen Eindruck vom Verlauf und von der Atmosphäre der Veranstaltung gewinnen. Tatsächlich dokumentiert das Buch einen Moment der Elaboration des Wissens, bei dem teilweise sehr unterschiedliche Perspektiven aufeinandertreffen und – so viel sei vorweggenommen – mehr Fragen aufgeworfen als endgültige Antworten formuliert werden.

Am Anfang des Bandes steht ein Postulat, das man als Topos (wenn nicht als Klischee) der Goethe-Literatur bezeichnen kann: »Der Name Goethes ist berühmt und man weiß um seine Bedeutung, aber sein Werk, das sich dem Leser als unnahbarer Kosmos darstellt, wird nicht wirklich gelesen«[1] (S. 7). Diese Diagnose gilt den Herausgebern Christoph König und Denis Thouard zufolge nicht nur für die heutige Zeit, sondern auch für Goethes Lebzeiten: Die Berühmtheit des Schriftstellers habe ihn wörtlich dazu »gezwungen«, sich in seinem Schaffen neu zu erfinden und »einen zweiten Autor im Schatten des ersten« (ebd.) entstehen zu lassen.

---

1 Die französischen Zitate sind von der Verfasserin übersetzt.

Die Intention des Buches ist es, diesen »unbekannten und noch unterschätzten Goethe« (ebd.) durch eine »intensive Lektüre« seines Werks (S. 18) aufzuspüren.

Was das Innovative an der im »Prolog« skizzierten Herangehensweise sein soll, wird erst im ersten Teil des Bandes ausgeführt, in dem das Konzept des »zweiten Autors« in zwei Beiträgen der Herausgeber Anwendung findet. König (*Le lieu d'Erichto. L'ordre dans le »Second Faust de Goethe«*, S. 21-41) greift in seiner exemplarischen Analyse der Szene *Pharsalische Felder* in *Faust II*, in der er auf die alte Frage nach der Ordnung des Dramas zurückkommt, auf die Vorstellung der »zweiten Autorschaft« zurück, die er andernorts am Beispiel Nietzsches ausgearbeitet hat.[2] Gemeint ist das Durchdringen des Schaffensprozesses durch die philologische Praxis, wobei König diese Praxis als »das Beherrschen und also wirkliche Verstehen dessen, was vorher gekannt war« definiert (S. 35). Gegen ältere, hauptsächlich symbolische Deutungen von *Faust II* fokussiert er auf das strukturierende Potenzial der Figuren, das es ermögliche, eine dem Drama eigene Entwicklungslogik festzumachen. Diesem spezifischen Verständnis von »zweiter Autorschaft« stehen die Ausführungen Thouards gegenüber (*Une poétique de la résignation. Réflexions sur le style tardif*, S. 44-64). Ausgehend von den Überlegungen Goethes zur eigenen und vor allem zur künstlerischen Vergänglichkeit, liest er das Spätwerk als eine produktive »Poetik der Entsagung« (S. 59), wobei er im Begriff ›ent-sagen‹ ein neues – reflexives – Verhältnis zur Sprache begründet sieht. Das Konzept des »zweiten Autors« wird also auf sehr unterschiedliche Weise ausgelegt. König sieht darin eine werkimmanente Instanz, die zu einer erneuten hermeneutischen Interpretation der Texte anregen soll, Thouard dagegen die (distanzierte) Haltung, die der Schriftsteller zum eigenen Schaffen und insbesondere zur Sprache einzunehmen vermag.

Einige der darauffolgenden Beiträge befassen sich zwar mit Goethes retrospektivem Blick auf sein Werk (Anne Lagny: *Goethe et le théâtre dans les Conversations avec Eckermann*, S. 181-20; Anne Baillot: *Le vieux Goethe et la reprise de l'œuvre au miroir de la correspondance*, S. 207-221), mit seinen (impliziten) Antworten auf Kritiker (Michael N. Forster: *Goethe et Hegel:* »*Faust*« *et la* »*Phénoménologie de l'esprit*«, S. 67-86) sowie der Wiederaufnahme seiner Stoffe (vgl. die Beiträge von Bernhard Fischer und Kirk Wetters zu *Wilhelm Meisters Wanderjahren*). Doch das konzeptuelle Angebot der Herausgeber wird darin nicht diskutiert. Erst im fünften Teil zur selbstreflexiven Dimension des lyrischen Werks wird es wieder aufgegriffen, wobei weitere Auslegungen suggeriert werden. Guillaume Métayer zeigt vor dem gattungsgeschichtlichen Hintergrund überzeugend, wie Goethe in den *Venezianischen Epigrammen* (*Goethe, épigramme et inactualité*, S. 283-303) auf eine veraltete und von Konventionen bestimmte Gattung zurückgreift, um sich als »zweiten Autor«, d.h. in diesem Fall als »Dichter des Negativen« (S. 297) neu zu erfinden. Für Michael Woll (*Le potentiel du »Divan occidental-oriental« pour la poésie du XXe siècle*, S. 324-344) ist eine zweite Autorschaft – diesmal im Sinn der Integration einer philologischen Praxis – erst ausgehend von späteren produktiven Lesarten auszumachen, wie er am Beispiel des *West-östlichen Divans* darlegt, dessen zyklisches Potenzial in der Lyrik des 20. Jahrhunderts (Hofmannsthal, Celan) entfaltet werde.

Gerade die zwei zuletzt genannten Aufsätze lenken die Aufmerksamkeit auf den Untertitel des Bandes: »Aktualität eines Inaktuellen«. Mit der Idee des »zweiten Autors« verspricht das Buch einen neuen Zugang zu Goethe; das Konzept erscheint aber mehr als ein Vorwand, um (abermals) die ›Aktualität‹ des Klassikers zu belegen, wobei der Begriff mehr oder weniger synonym mit ›Modernität‹ verwendet wird. Dabei geht es nicht nur um die dichterische, sondern auch um die reflexiv-philosophische Modernität des Schriftstellers. Eine Stärke des Bandes ist, dass er literaturwissenschaftliche und philosophische Herangehensweisen zusammenbringt. Sehr lesenswert sind Bruno Haas' ästhetisch und sprachphilosophisch fundierte Interpretation der *Farbenlehre* (*Le ›phénomène originaire‹ dans son rapport à la crise*

---

[2] Christoph König: *Zweite Autorschaft. Philologie, Poesie und Philosophie in Friedrich Nietzsches »Also sprach Zarathustra« und »Dionysos-Dithyramben«*. Göttingen 2021.

du langage, S. 87-114) als »Symptom einer Sprachkrise« (S. 112) sowie Mildred Galland-Szymkowiaks Ausführungen zu Goethes Theaterästhetik (*Théâtre et symbolisation chez Goethe*, S. 153-180), die sie als eine »Theorie einer totalen symbolischen Erfahrung« (S. 160) deutet, womit sie die Vorstellung von *Faust II* als Lesedrama endgültig widerlegt. In den meisten Beiträgen aber wird der Blick auf jene Aspekte gelenkt, die aus heutiger Perspektive ›modern‹ erscheinen. Doch so wie Goethe – wie Elisabeth Décultot in ihrem Aufsatz zu seiner Übersetzung/Interpretation von *Diderots Versuch über die Malerei* zeigt (*La traduction comme dialogue critique*, S. 377-392) – den Diderot modellierte, den er zur Vermittlung seiner eigenen Auffassung von Kunst brauchte, konstruiert auch dieser Band einen aus heutiger Sicht modernen, aktuell-inaktuellen Goethe, der sich insgesamt durch seine Diskontinuität und Fragmentarizität kennzeichnet.

Dieser Vorgang wird nicht nur im bereits genannten Aufsatz von Michael Woll reflektiert, sondern auch im letzten Beitrag von Roland Krebs (*La réception de Goethe en France dans les années 1930*, S. 427-447), der sich als einziger mit den tatsächlichen Ausprägungen der im »Prolog« erwähnten »Berühmtheit« Goethes auseinandersetzt (S. 1). Krebs erinnert daran, dass jede Epoche ihre eigene Goethe-Aktualität definiert – wo heute die schriftstellerische Modernität im Mittelpunkt steht, wurde im Frankreich der 1930er Jahre »Goethes Weisheit« (S. 435) zelebriert. Es ist das Verdienst von Rezeptionsstudien, dass sie immer auch die Relativität der je aktuellen Moderne-Projektionen aufzuzeigen vermögen. Denn auch der »zweite Autor« vermag keinen bis heute geheim gebliebenen Goethe zu offenbaren, wie im »Prolog« behauptet wird; er beleuchtet vielmehr – und dies durchaus gewinnbringend – sein Werk aus heutiger Perspektive.

Sophie Picard

Hendrik Birus: *Gesammelte Schriften*. Bd. 3: *Goethe-Studien*. Göttingen: Wallstein 2022, 718 S., 49,00 €

Vorliegender Band, der auf 700 Seiten die Goethe-Aufsätze von Hendrik Birus versammelt, kann als dritte Säule eines Werks betrachtet werden, das als einer der wichtigsten Beiträge zur Goetheforschung der letzten fünfzig Jahre Anerkennung verdient. Die beiden anderen Säulen dieser Leistung sind natürlich die wegweisenden Ausgaben vom *West-östlichen Divan* und von *Kunst und Altertum I-II*. Der Kommentarteil dieser beiden Ausgaben umfasst zusammen etwa 2200 Seiten. Das ergibt eine Gesamtseitenzahl von 2900 Seiten, was auch rein numerisch betrachtet einen Eindruck vom Ausmaß dieser wissenschaftlichen Leistung vermitteln möge.

Der Band enthält fünfunddreißig Aufsätze, von denen die meisten in den ersten zwei Jahrzehnten dieses Jahrhunderts veröffentlicht wurden. Auch wiederabgedruckt sind drei substanzielle Rezensionen, deren Bedeutung über eine Bewertung der diskutierten Bücher hinausgeht. Die Bandbreite der Themen ist beeindruckend. Wie nicht anders zu erwarten, laufen viele der Aufsätze parallel zu den beiden eben genannten großen editorischen Projekten. So sind fünf Aufsätze der Zeitschrift *Kunst und Altertum* gewidmet. Zu diesen gehört der Beitrag *»Ueber Kunst und Alterthum«: Ein unbekanntes Alterswerk Goethes,* der zusammen mit der von Birus besorgten Edition zu Recht als Wendepunkt in der Erforschung von Goethes Spätwerk angesehen wird. Hinzu kommen fünfzehn Aufsätze, die sich mit unterschiedlichen Aspekten des *West-östlichen Divans* befassen, jeder Aufsatz ein Fanal auf dem Weg zu einem adäquaten Verständnis eines der bedeutendsten Werke der deutschsprachigen Lyrik. Hendrik Birus hatte den Lehrstuhl für Allgemeine und Vergleichende Literaturwissenschaft an der Ludwig-Maximilians-Universität in München inne und seine Forschung war von Anfang an komparatistisch ausgerichtet. Die Bedeutung seiner Editionen des

Divans und der Zeitschrift *Kunst und Altertum I-II* gründet nicht zuletzt in dieser komparatistischen Kompetenz. Schließlich zeigen beide Publikationen Goethe als Akteur in einem weltliterarischen Feld. Bekanntlich wurde der Begriff Weltliteratur von Goethe geprägt und im Zuge der Globalisierung rückte der Begriff in den Mittelpunkt einer intensiv geführten internationalen Diskussion. Hendrik Birus gehört zu den eminentesten Teilnehmern an dieser Diskussion und seine *Goethe-Studien* enthalten auch zwei Aufsätze, in denen er Goethes komplexe Antwort auf die mit dem Begriff Weltliteratur bezeichneten historischen Entwicklungen erörtert.

Die klassische Formel eines komparatistischen Aufsatzes ist zweigliedrig: Autor A + ausländischer Autor B (oder gelegentlich: Autor A + ausländische Tradition B). Die diesem Muster entsprechenden Studien im vorliegenden Band befassen sich mit transnationalen Verhältnissen von herausragender kultureller Bedeutung: Goethe und Homer, Goethe und Shakespeare, Goethe und die französische Literatur. Jedes dieser Themen ist unzählige Male behandelt worden, aber in allen drei Aufsätzen gelingt es Birus, neue Erkenntnisse zu gewinnen. Meines Erachtens verdient die Shakespeare-Studie (»*William! Stern der schönsten Höhe …*«: *Goethes Shakespeare*) besondere Beachtung, und zwar sowohl wegen ihrer synthetischen Kraft (Goethes gesamte Karriere wird behandelt) als auch wegen ihrer Aufmerksamkeit für sprachliche Nuancen (z. B. die Implikationen des Adjektivs in der Formulierung »schönsten Höhe«). Sehr überzeugend werden auch Ambivalenzen in Goethes Verhältnis zu seinem wichtigsten Vorgänger herausgearbeitet.

Auch sieben Aufsätze, die als Beiträge zur Goethe-Forschung im engeren Sinne zu klassifizieren sind, enthält der Band. Es mag zunächst überraschend, ja provokant anmuten, Goethe als »Großstadtlyriker« zu bezeichnen, aber der Aufsatz dieses Titels überzeugt ebenso wie die innovative Interpretation der *Italienischen Reise* als Kritik an der Romantik. Zu den eher germanistisch orientierten Goethe-Studien gehören auch Arbeiten zu Faust-Illustrationen und zu Goethes musikalischen Dramen sowie ein aufschlussreicher Aufsatz über seine Stammbuchverse. Überhaupt ist der thematische Reichtum eindrucksvoll. Besonders wichtig fand der Rezensent den schön konstruierten Essay »*Le temps present est l'arche du Seigneur*«: *Zum Verhältnis von Gegenwart, Geschichte und Ewigkeit beim späten Goethe*. Die Studie, die ursprünglich als Vortrag vor der Bayerischen Akademie der Wissenschaften gehalten wurde, partizipiert an dem sogenannten »temporal turn« (Christopher Clark) in den historischen Wissenschaften, einer Wende, die sich auch in der Literaturwissenschaft bemerkbar macht. Ausgehend von einer obskuren, dafür aber faszinierenden französischen Zeile, die Goethe in ein Schema für ein geplantes Heft von *Kunst und Altertum* eingetragen hatte, arbeitet der Essay (es handelt sich wirklich um einen Essay) thematische Konsonanzen zwischen Goethe und Hegel bzw. Goethe und Spinoza heraus, legt zudem dar, wie gewisse *Divan*-Verse den Inhalt ihrer philosophisch-religiösen Intertexte transformieren, untersucht dann die komplexe Dynamik des Begriffs »Augenblick« zumal im *Faust*-Drama und schließt mit Angabe der bislang unbekannten Quelle der mysteriösen französischen Zeile. (Offenbar hatte sie Goethe einem Versepos von Voltaire entnommen.) So werden auf engstem Raum Goethes diverse Zeitvorstellungen prägnant dargestellt und erläutert: eine *tour de force*.

Die fünfzehn Beiträge, die den *Divan* zum Thema haben, kann man als ein gediegenes Buch über Goethes anspruchsvollste Gedichtsammlung ansehen. Ihrer Entstehung nach handelt es sich natürlich um Gelegenheitsstücke, aber das Buch, das sie zusammen ausmachen, gehört sicherlich zu den wichtigsten interpretativen Studien zum *Divan*, welche die Forschung vorzuweisen hat. Dessen Bedeutung gründet in einer profunden Kenntnis der Textgenese und der von Goethe benutzten Quellen, aber auch in einer hermeneutischen Diskretion, welche der für die Poetik des *Divans* charakteristischen Synthese von intellektuellem Anspruch und Leichtigkeit gerecht zu werden vermag. Beispielsweise gelingt es Birus in einer virtuosen Analyse des Gedichtes *Hegire* zu zeigen, wie ein Vergleich mit den Quellen, auf die sich Goethe bezieht, den »paradoxen Einstand von Einfachheit und Raffinement, Archaik und Synkretismus, Religiosität und Frivolität« (S. 523) erkennen lässt, der die ganze Sammlung prägt. Ein weiterer Aufsatz arbeitet sehr erhellend das komplexe Verhältnis Goethes zum Toleranzbegriff der Aufklärung heraus. Und in einem dritten Beitrag in dieser Gruppe wird eine subtile Analyse des »orientalisierenden« Liebesdialogs geliefert, den Goethe zwischen Hatem und Suleika sich entfalten lässt. An allen genannten Beispielen ist die nahtlose Vereinigung von Gelehrsamkeit und poetischer Sensibilität zu gewahren, welche überhaupt die hier versammelten Beiträge zum *Divan* auszeichnet.

Eine abschließende Bemerkung zur Methodik der *Goethe-Studien* ist angebracht. An fast allen Beiträgen ist ein Zusammenfluss von vier geistigen Strömungen zu erkennen. Vordergründig ist natürlich die editionsphilologische Kompetenz: die Aufarbeitung der Quellen und die Erschließung der Textgenese. Das ist nicht verwunderlich, denn, wie eingangs angedeutet, hängen die im Band enthaltenen Aufsätze in der Mehrzahl mit der editorischen Tätigkeit des Verfassers zusammen. Die Grundschicht der Arbeiten geht also auf die im 19. Jahrhundert entstandene Philologie zurück. Gleichzeitig bemerkt man aber an vielen Aufsätzen den Einfluss der an die Linguistik anknüpfenden Textanalyse, wie sie vor allem in Russland und Frankreich entwickelt wurde. Das zeigt sich beispielsweise an der Aufmerksamkeit für phonetische Strukturen, für rhetorische Figuration, für Erzählmuster. In einer Dimension seiner literaturwissenschaftlichen Arbeit ist Birus Schüler von Roman Jakobson, dessen Werke er ja herausgab. So ist die zweite methodologische Schicht der hier versammelten Arbeiten der literaturwissenschaftliche Strukturalismus, allerdings nicht als Weltansicht, sondern als Bemühung um eine präzise, intersubjektiv nachvollziehbare Beschreibungssprache für literarische Phänomene. An den Arbeiten von Birus ist aber gleichzeitig ein anders gerichtetes Erkenntnisinteresse am Werk, das aus der deutschen philosophischen Tradition stammt. Es scheint mir nämlich evident zu sein, dass das frühe Studium des deutschen Idealismus und zumal die Auseinandersetzung mit Werken Schleiermachers einen prägenden Einfluss auf den literaturwissenschaftlichen Denkstil von Birus hatten. Daher entspringt die sich in den hier besprochenen Arbeiten häufig durchsetzende Tendenz, Verbindungen zwischen Goethes Werken und philosophischen Positionen – beispielsweise von Platon, Spinoza oder Hegel – zu thematisieren. Fast allen in diesem Band versammelten Arbeiten liegt die Überzeugung zugrunde, dass Goethes Werk nur dann in seiner Bedeutsamkeit verstanden werden kann, wenn es im Zusammenhang mit der europäischen Tradition der Philosophie und Theologie gesehen wird. Die dritte methodologische Schicht, die sich durch den Band hindurch bemerkbar macht, ist also die philosophische Hermeneutik. Schließlich bin ich der Ansicht, dass die von Birus praktizierte wissenschaftliche Arbeitsweise kommunikative Parität mit dem Leser anstrebt. Auffallend ist beispielsweise, wie oft Textausschnitte ausführlich zitiert werden. Diese Darstellungsweise gewährt dem Leser Zugang zum besprochenen Gegenstand und damit auch eine Grundlage zur eigenen Urteilsbildung. Hinzu kommt, dass der Stil sämtlicher Beiträge – auch dort, wo es sich um komplexe Themen handelt – von einer bewundernswerten Klarheit ist. Diese Bemühung um kommunikative Parität hängt m. E. mit der von Birus vertretenen Auffassung von Literatur zusammen. Auch in ihren sperrigsten Erzeugnissen richtet sich die Literatur an den *sensus communis*. Die vierte formgebende Schicht der hier versammelten Beiträge ist also die normative Idee einer nicht-erzwungenen Sozialität, die seit der Aufklärung ein Apriori literarischen Schreibens ist.

David E. Wellbery

Daniel Ehrmann, Norbert Christian Wolf (Hrsg.): *Der Streit um Klassizität. Polemische Konstellationen vom 18. zum 21. Jahrhundert*. Paderborn: Brill Fink 2021, 332 S., 79,00 €

Nach einer längeren, von Berührungsängsten geprägten und entsprechend wenig produktiven Phase hat die literaturwissenschaftliche Forschung zu dem Problemzusammenhang der ›Klassik‹ neuerdings wieder an Intensität gewonnen.[1] Insofern ist es nur naheliegend, dass sie jetzt auch das – eng mit der Klassik verbundene, aber unbedingt von ihr zu unterscheidende – Phänomen des ›Klassizismus‹ wieder in den Blick nimmt, zumal es, wie Daniel Ehrmann, einer der beiden Herausgeber des vorliegenden Sammelbandes, zu Recht bemerkt, »immens vielgestaltig ist«, zugleich aber »undeterminiert erscheint« (S. 89). Ausgangspunkt des in dem Band unternommenen Versuchs, Letzteres zu verändern, ist zum einen die Beobachtung einer »Tendenz zur doppelten Funktionalisierung« des Klassizismus (S. 1), der sich auf eine notwendigerweise in der Vergangenheit liegende Klassik beruft, zugleich aber die jeweilige Gegenwart als nicht-klassisch abwertet; zum anderen die Annahme einer »charakteristische[n] Beweglichkeit« des Klassizismus (S. 5), die etwa in der Tatsache zum Ausdruck kommt, dass sich um 1800 sowohl Vertreter eines ›konsequenten Klassizismus‹ (unter ihnen Goethe) als auch der antiklassizistischen Romantik auf völlig unterschiedliche Weise, aber jeweils programmatisch auf den Klassizisten Raffael bezogen haben. Die Herausgeber ziehen daraus den – überzeugenden – Schluss:

> Vieles spricht dafür, dass Klassizismus nicht einfach das Ergebnis einer bestimmbaren, schon gar nicht einer historisch stabilen, Menge von Eigenschaften im Sinne eines Merkmalsbündels ist, sondern das einer Auseinandersetzung. Wenn dabei dasselbe Werk oder derselbe Künstler nacheinander – bisweilen aber sogar zeitgleich – sowohl klassizistisch als auch antiklassizistisch erscheinen kann, wenn mithin die Urteile darüber einer näher zu untersuchenden Perspektivität unterworfen sind, dann erhärtet sich auch der Anfangsverdacht, dass die Auseinandersetzungen um den Klassizismus am besten im Rahmen polemischer Konstellationen zu beschreiben sind. (Ebd.)

Insgesamt elf solche ›Beschreibungen‹ von ausgewiesenen Forscherinnen und Forschern aus Österreich, Deutschland und Brasilien sind in dem Band versammelt. Die im Zentrum der jeweiligen Konstellationen stehenden Autoren und die eine Autorin reichen von Karl Philipp Moritz (Helmut Pfotenhauer), Goethe (Michael Bies) und Hölderlin (Kathrin Rosenfield) über Ludolf Wienbarg, Heine und Börne (Dirk Rose), Rudolf Borchardt (Peter Sprengel), Guillaume Apollinaire und Jean Cocteau (Susanne Winter), Thomas Bernhard und Peter Handke (Harald Gschwandtner), Peter Hacks und Volker Braun (Bernadette Grubner) bis hin zu Elfriede Jelinek (Uta Degner) und Durs Grünbein (Wolfgang Riedel): eine stattliche, teils erwartbare, teils überraschende, in jedem Fall aber aussagekräftige Reihe also, die ohne jeden Zweifel dazu beiträgt, das Phänomen des Klassizismus in der Moderne genauer zu konturieren als bisher. Bedauerlich ist allenfalls, dass keine Konstellationen aus der Frühen Neuzeit untersucht werden, obwohl es den Klassizismus in der europäischen Kulturgeschichte laut den Herausgebern »zumindest« seit dieser Epoche gibt (S. 1). Auch wenn das mit Blick auf vergleichbare Phänomene im Mittelalter zu überprüfen wäre (Liegt den programmatischen Bezugnahmen auf den ›klassischen‹ höfischen Roman im Spätmittelalter etwa keine wenigstens im Kern klassizistische Haltung zugrunde?), ist doch klar, dass das

---

[1] Vgl. Paula Wojcik, Stefan Matuschek, Sophie Picard, Monika Wolting (Hrsg.): *Klassik als kulturelle Praxis. Funktional, intermedial, transkulturell*. Berlin, Boston 2019; dazu die *Rezension* von Carsten Rohde in: GJb 2019, S. 355-357, und Thorsten Valk (Hrsg.): *Die Rede vom Klassischen. Transformationen und Kontinuitäten im 20. Jahrhundert*. Göttingen 2020, dazu die *Rezension* des Verfassers in: GJb 2020, S. 232-235.

Phänomen seit der Renaissance an Relevanz gewonnen hat. Was den deutschen Bereich betrifft, könnte man zum Beispiel an den ›frühbarocken Klassizismus‹ um Martin Opitz denken oder an den ›frühaufklärerischen Klassizismus‹ um Johann Christoph Gottsched, die beide ebenfalls und geradezu exemplarisch aus polemischen Konstellationen hervorgegangen sind. Ehrmann führt jedoch ein bedenkenswertes Argument für eine Konzentration auf die Zeit seit etwa 1770 an: Im Zuge einer sich verstärkenden Reflexion »auf die historische und zugleich kulturräumliche Bedingtheit der Künste«, die auch in den sich mehrenden Versuchen zum Ausdruck komme, »Literatur und Kunst in Stil-Epochen zu gliedern«, hätten sich die ästhetischen Debatten damals »verkomplizier[t]«: »So ist der Klassizismus (ebenso wie die unterschiedlichen auf ihn bezogenen Anti-Klassizismen) seit dieser Umbruchszeit bereits mehr als ein ›Stil‹ [...]« (S. 91 f.). Dem wäre freilich entgegenzuhalten, dass dies auch für Opitz und Gottsched schon gegolten hat. Von einer Verkomplizierung der Sachlage seit der ›Sattelzeit‹ lässt sich jedoch sicherlich ausgehen.

In jedem Fall ist der Beitrag Helmut Pfotenhauers, der mit der Polemik des in Italien zum Klassizisten gewordenen Karl Philipp Moritz ausgerechnet gegen Winckelmann, den »Gründungsvater des Klassizismus im Deutschland des 18. Jahrhunderts« (S. 33), der ältesten Konstellation im Band gewidmet ist, ein glänzender Auftakt und bestens dafür geeignet, die Produktivität des Paradigmas ›Klassizismus als polemische Konstellation‹ zu erweisen. Wie Pfotenhauer zeigen kann, lässt sich Moritz' polemische Strategie auf die Formel »Klassizismus durch antiklassizistische Polemik« bringen (ebd.). Dabei wird allerdings deutlich, dass »[s]chon der Winckelmann'sche Klassizismus [...] terminologisch nicht starr, sondern fließend [ist], und [...] ein Weiterdenken geradezu heraus[fordert]«. Dieses Weiterdenken führte bei Moritz dann zu einem »radikalisierte[n] Klassizismus«, der »Affinitäten zum Gegenstandslosen der Kunst [hat], die in die Moderne vorauszuweisen scheinen« (S. 39). Auch im vierten Teil des *Anton Reiser* hat dies Spuren hinterlassen, die Pfotenhauer vorsichtig, aber plausibel als den »wunde[n] Punkt« von Moritz' Leben deutet (S. 44). Auch darüber hinaus enthält dieser Beitrag einige brillant zugespitzte Thesen, die förmlich danach verlangen, von der künftigen Forschung auf diesem Gebiet aufgegriffen und – wie Winckelmann durch Moritz – weitergedacht zu werden: »Klassizismus ist per se Streitkultur« (S. 34) und »alles andere als ein bloß rückwärtsgewandtes Dogma« (S. 39). Vielmehr ist er »eine diskursive Gemengelage, ein Diskussionszusammenhang mit Sprengkraft, mit Zukunftspotential« (ebd.).

Auch wenn sie es verdient hätten, können nicht alle Beiträge an dieser Stelle gewürdigt werden. Eine besondere Hervorhebung verdienen aber vielleicht diejenigen zur Gegenwartsliteratur, die im Rahmen des Diskurses über den Klassizismus ja selten Erwähnung findet, obwohl sie es – wie die Beiträge über Elfriede Jelinek und Durs Grünbein deutlich machen – durchaus verdient hätte. Bei Jelinek, von der man eher antiklassizistische Äußerungen gewohnt ist – in einem Interview von 2012 sagte sie etwa, sie wolle »mit schwachen Fingernägeln« an dem »Marmorblock Goethe« »kratzen« (S. 249) –, ist das eine veritable Überraschung: Doch Uta Degner arbeitet anhand von *Ulrike Maria Stuart* (dem ersten Drama Jelineks, nachdem sie den Nobelpreis für Literatur erhalten hatte) und anderen Klassiker-Bearbeitungen dieser Autorin präzise heraus, dass der vermeintliche – mit einem prägnanten Begriff – »›Klassikoklasmus‹« Jelineks »der gesellschaftlichen Marmorisierung und Instrumentalisierung« von Klassikern gilt – »also einem sekundären Rezeptionsphänomen und nicht den ›klassischen‹ literarischen Texten und Autoren an sich« (S. 262). Gerade dadurch stelle sich Jelinek aber »selbstbewusst in eine erlesene Ahnenreihe« (S. 263).

Auf ganz andere Weise macht das auch Durs Grünbein, wie Wolfgang Riedel es in seinem den Band abschließenden, mit mehr als 50 Seiten zu einer regelrechten Abhandlung angewachsenen Beitrag über diesen Autor virtuos vorführt. Die Debatten, die in der Gegenwart über ihn geführt werden – trotz seines Erfolgs kann er als ein durchaus umstrittener Autor gelten, der zumal wegen seines Klassizismus zuweilen scharf kritisiert wird –, werden von Riedel dabei bewusst gar nicht weiter thematisiert. Stattdessen analysiert er Grünbeins Gedichte mit Antiken-Bezug detailliert und stellt sie in einen größeren geschichtlichen Kontext, was zweifellos eine methodisch stringente Herangehensweise an das im Zeichen der ›Omnitemporalität‹ stehende und sich unter anderem an der Silbernen Latinität, genauso aber an der Klassischen Moderne abarbeitende Werk Grünbeins ist. Die Erkenntnisse, die Riedel dabei zu Tage fördert, sind zu zahlreich, als dass sie hier vollständig aufgelistet werden könnten. Unbedingt genannt zu werden verdient indes der Begriff, mit dem Riedel Grünbeins Haltung abschließend zusammenfassend beschreibt: Er spricht von einem »Humanismus des Zerbrechlichen – der überdies von sich weiß, dass er ein Humanismus in der Defensive (und im Ernstfall auch der Ohnmacht) ist« (S. 321). Wenn nicht alles täuscht, hat Riedel hier – nicht ohne Melancholie – auch seine eigene Haltung formuliert.

Um nun zu einem Ende zu kommen, das hoffentlich zugleich ein Anfang ist: Mit dem vorliegenden Sammelband ist eine neue Debatte über das Phänomen des Klassizismus eröffnet. Wie der Gegenstand selbst hat auch sie Zukunftspotenzial.

Frieder von Ammon

Lucjan Puchalski: *Dichtung und Liebe. Über Goethes Briefe an Charlotte von Stein.* Leipzig: Leipziger Universitätsverlag 2022, 381 S., 24,90 €

Seit Mitte des 19. Jahrhunderts die erste Ausgabe von Goethes Briefen an Charlotte von Stein erschien,[1] ist das Interesse an ihnen nicht erloschen. Der Erstausgabe folgten bis heute zahlreiche weitere Editionen,[2] außerdem Biographien[3] und Studien zu *Goethe und Frau von Stein*.[4] Den meisten Autoren, die sich mit Goethes mehr als 1.700 Briefen an Charlotte von Stein beschäftigten, zumeist nur mit den etwa 1.600 aus der Zeit von 1776 bis zum Ende der italienischen Reise im Juni 1788, galten sie als authentische Zeugnisse, mit deren Hilfe sich Goethes Biographie des ersten Weimarer Jahrzehnts und die ›wirkliche‹ Liebesgeschichte zwischen Briefschreiber und Adressatin rekonstruieren lasse. So wurden sie nicht nur in der älteren Goethe-Forschung und -Biographik verstanden, auch Helmut Koopmann behandelt sie 2002 noch als autobiographisch ›glaubwürdige‹ Dokumentation der *Geschichte einer Liebe*[5] und Sigrid Damm 2015 als »heitere Spiegelungen eines miteinander gelebten Alltags«, »Wortliebkosungen« und »Huldigungen«.[6]

---

1 *Göthe's Briefe an Frau von Stein aus den Jahren 1776 bis 1826*. Hrsg. von A[dolf] Schöll. 3 Bde. Weimar 1848-1851.
2 Als verbindlich gilt bis heute die inzwischen teilweise überholte Ausgabe von Jonas Fränkel: *Goethes Briefe an Charlotte von Stein. Umgearbeitete Neuausgabe*. 3 Bde. Berlin 1960-1962. – Die Briefe erscheinen nach und nach im Rahmen der Gesamtausgabe *Johann Wolfgang Goethe. Briefe. Historisch-kritische Ausgabe* (GB). Bisher erschienen: *Briefe 1776-1781*: GB 3,I/II A-B; 4,I/II A-B; *Briefe 1785-1796*: GB 6,I/II; 7,I/II; 8,I/II; 9,I/II; 10,I/II; 11,I/II; *Briefe 1798-1800*: 13,I/II; 14,I/II.
3 Die bis heute umfassendste Biographie stammt von Wilhelm Bode: *Charlotte von Stein*. Berlin 1910. In jüngster Zeit erschienen u.a.: Jochen Klauß: *Charlotte von Stein. Die Frau in Goethes Nähe*. Beucha-Markleeberg 2016. – Als Baustein zu einem wissenschaftlichen Charlotte von Stein-Bild versteht sich der Sammel- und Dokumentenband: Elke Richter, Alexander Rosenbaum (Hrsg.): *Charlotte von Stein. Schriftstellerin, Freundin und Mentorin*. Berlin, Boston 2018. – Auch die Goethe-Biographik rekurriert für das erste Weimarer Jahrzehnt auf die Briefe an Charlotte von Stein, u.a. Richard Friedenthal: *Goethe. Sein Leben und seine Zeit*. München 1963; Nicholas Boyle: *Goethe. Der Dichter in seiner Zeit*. 2 Bde. München 1995-1999; Rüdiger Safranski: *Goethe. Kunstwerk des Lebens. Biographie*. München 2013.
4 Helmut Koopmann: *Goethe und Frau von Stein. Geschichte einer Liebe*. München 2002; eine literarische Recherche zum Thema unternimmt Sigrid Damm: *Sommerregen der Liebe. Goethe und Frau von Stein*. Berlin 2015.
5 Koopmann (Anm. 4).
6 Damm (Anm. 4), S. 58.

Im Unterschied zu dieser traditionellen ›Lesart‹ der Goethe-Briefe verfolgt Lucjan Puchalski methodologisch und erkenntnistheoretisch einen gänzlich anderen Ansatz, der sich an Konzepten des französischen Strukturalismus, besonders von Félix Guattari und Gilles Deleuze, orientiert. Seine Studie stellt Puchalski in den Kontext der interdisziplinären »*life-writing-studies*«, die zwar an »positivistische Anfänge« (S. 8) der Erschließung von Egodokumenten anknüpfen, zugleich aber dem Medienwandel, der allumfassenden Digitalisierung und Vernetzung Rechnung tragen. In vier thematisch gegliederten Kapiteln werden sprachlich-stilistische Besonderheiten der Briefe, ihre Bezüge zu den parallel entstandenen literarischen Werken und ihre Funktion für Goethe als Schriftsteller analysiert.

Im einführenden Kapitel skizziert der Autor die Herzogtümer Sachsen-Weimar und Eisenach um 1775 als ›Bühne‹, auf der Goethe im Dienst des jungen Landesherrn Carl August erprobte, wie ihm »die Weltrolle zu Gesicht stünde«[7]. Vor allem aber schildert er die ›Vorgeschichte‹ der Korrespondenz. Noch vor der ersten persönlichen Begegnung sah Goethe Charlotte von Steins ›Schattenriss‹, und zwar zugleich mit dem von Maria Antonia von Branconi, damals der Geliebten des Erbprinzen und späteren Herzogs Carl Wilhelm Ferdinand von Braunschweig-Lüneburg-Wolfenbüttel. Die beiden Silhouetten inspirierten Goethe zu einer Doppelcharakteristik im Stil von Johann Caspar Lavaters *Physiognomischen Fragmenten*.[8] Der Reiz der Porträts habe zum einen darin bestanden, dass die Porträtierten als »höfische Schönheiten« (S. 45) der ›großen Welt‹ entstammten, »zu deren Eroberung sich Goethe gerade anschickte« (S. 46). Zum anderen verkörperten sie zwei unterschiedliche Lebens- und Liebesmodelle, die ihn beide faszinierten. »Am Anfang war also das Bild, aber dazu gesellte sich die Imagination einer libertinistisch emanzipierten Weiblichkeit, die eine neue Herausforderung für seinen von Erfolgen verwöhnten männlichen Ehrgeiz darstellte« (S. 48). Nach Puchalski könnte daher Goethes Wunsch, Charlotte von Stein kennenzulernen, einer der Gründe für die Entscheidung gewesen sein, nach Weimar zu gehen.

Auch wenn sich diese These nicht belegen lässt, ist sie geeignet zu erklären, weshalb Goethe schon wenige Monate nach seiner Ankunft in Weimar im November 1775 einen so intensiven und alle Konventionen außer Acht setzenden Briefwechsel mit einer Angehörigen des Hofadels beginnt, die noch dazu mit dem herzoglichen Oberstallmeister verheiratet war. Dem Medium Brief und seinem Wandel im ausgehenden 18. Jahrhundert widmet der Verfasser im zweiten Kapitel einen ausführlichen, wenn auch etwas vom Thema abführenden Exkurs. Im Unterschied zur traditionellen Rolle des Briefes als schriftliche Fortführung von Gesprächen seien Goethes häufig von Haus zu Haus verschickte Briefe Ergänzungen und Pointierungen gewesen. »Die täglichen ›Zettelgen‹« hätten »eine ähnliche Funktion wie die heutigen SMS« erfüllt (S. 92). Der großteils in der Forschung getroffenen Schlussfolgerung, die Briefe würden daher Goethes »Privatleben und seine emotionalen Zustände ziemlich glaubwürdig widerspiegeln«, seien »spontaner Ausdruck des augenblicklichen Lebens« (ebd.) und ihre scheinbare stilistische Schlichtheit und der Mangel an rhetorischer Raffinesse nur dem Zeitdruck geschuldet, folgt der Autor aber nicht. Auch erkennt er darin keine »naive Spontanität und Authentizität«, die sie in den Augen der Nachwelt »als die schönsten Liebesbriefe der deutschen Sprache« (S. 92 f.) erscheinen ließen. Vielmehr knüpft er an Lesarten an, die den »›erdichteten‹ Aspekt der größten Liebesaffäre der deutschen Literaturgeschichte« betonen (S. 95). Die Analyse der frühen Korrespondenz von 1776 bis 1779, für die allerdings nur ganz wenige der 346 aus diesem Zeitraum überlieferten Briefe herangezogen werden, führt den Autor zur rhetorischen Frage, weshalb Goethe denn überhaupt derart häufig an Charlotte von Stein geschrieben habe, wenn er nur die »immer gleichen Themen

---

7 Brief Goethes an Johann Heinrich Merck, 22.1.1776; GB 3,I, S. 23.
8 Johann Caspar Lavater: *Physiognomische Fragmente, zur Beförderung der Menschenkenntniß und Menschenliebe. Erster bis Vierter Versuch.* Leipzig, Winterthur 1775-1778. Am 24.7.1775; GB 2,I, S. 196, Z. 11-22.

und Motive« variierte und ihr »ähnlich monoton« seine ›Liebe‹ versicherte (S. 126). Seine Antwort verweist auf die Hauptthese der Studie: Goethes »›Zettelgen‹ wurden nicht vom Leben diktiert, sie wurden wider das Leben bzw. gegen das Leben geschrieben, sie sollten den alltäglichen Missmut und Frust kompensieren« (S. 127).

Mit der Rückkehr von der Schweizer Reise im Januar 1780 begann für Goethe eine neue Lebensphase. Äußeres Zeichen der neuen ›Epoche‹ seines Weimarer Lebens und der veränderten Stellung am Hof war die Häufung seiner Amtsgeschäfte, der Umzug vom Gartenhaus in die repräsentative Stadtwohnung am Frauenplan im Juni 1782 und die Erhebung in den Adelsstand. Spätestens zu diesem Zeitpunkt war er »kein junger zorniger Dichter mehr, der sich zeitweise auf das fremde Gebiet der Politik verirrt« hat (S. 156). Die Charlotte von Stein bislang häufig zugeschriebene Rolle als »einer pädagogischen Instanz«, die mäßigend und sublimierend auf das ›junge Genie‹ einwirkte und ihm höfische Manieren vermittelte, hätte sie demnach schon in den ersten fünf bis sieben Jahren ihrer Beziehung erfüllt. Dennoch blieb sie weiterhin Goethes zentrale Bezugsperson und die wichtigste Adressatin seiner Briefe, wofür die Forschung bislang keine überzeugende Erklärung bereithalte. So z. B. vermute Helmut Koopmann, dass nach 1781 die Beziehung in eine Phase »der körperlichen Nähe und glücklichen Erfüllung« (S. 161) eingetreten sei. Diese in der älteren Forschung viel diskutierte Frage ließe sich anhand der Quellen kaum seriös klären. Ihre Beantwortung sei zudem für die Untersuchung zweitrangig, wie Puchalski betont. Stattdessen nimmt er eine völlig andere Perspektive ein, die es erlaubt, die Briefe im Kontext der parallel entstandenen Werke, etwa des *Torquato Tasso* oder von *Wilhelm Meisters theatralischer Sendung*, zu verstehen. Puchalski folgt auch hier nicht dem traditionellen Interpretationsmodell, das Analogien zwischen Leben und Werk aufspürt und die Briefe vor allem als historische Quellen versteht. Er wählt stattdessen ein »Verfahren *à rebours*« (S. 184). Die Briefe an Charlotte von Stein erscheinen so als Transfiguration der Inhalte und Motive von Goethes dichterischer Phantasie, als »alternativer Lebensraum« (S. 199) für das, was in der realen Welt nicht zu verwirklichen war. Sie werden damit zu Goethes »wichtigste[m] literarischen Projekt« des ersten Weimarer Jahrzehnts, »viel wichtiger als alle seine Ämter, wichtiger als Texte, an denen er damals arbeitete« (S. 264).

Folgerichtig tritt der Autor auch der noch immer verbreiteten These von der angeblichen ›Flucht‹ nach Italien im September 1786 entgegen, zu der maßgeblich Goethes Wunsch beigetragen hätte, sich aus seiner Abhängigkeit von Charlotte von Stein zu lösen, die angeblich seine Entwicklung als Künstler behinderte. Weder die Briefe aus dem Jahr 1786, die sich in Inhalt und Tonfall kaum von früheren unterscheiden, noch die Tatsache, dass Goethe ohne Angabe seines Ziels zu einer Reise aufbrach, belegten eine Krisensituation. Ganz im Gegenteil sei Goethe damals überzeugt gewesen, »dass es ihm in den letzten zehn Jahren gelungen ist, das nächste Kapitel in seinem Curriculum Vitae zu schreiben«, und zwar »im Zeichen der durchaus geglückten Kohabitation von Kunst und Leben« (S. 265). Im abschließenden Teil folgt eine Neubewertung der italienischen Reise mit Blick auf das Verhältnis zu Charlotte von Stein, deren Person mehr und mehr in den Hintergrund trete. Die gesamte Reise nämlich habe Goethe auf eine neue Bühne für seine Selbstinszenierung als Künstler geführt. Die ›Weltrolle‹ erprobte er nun in Rom und Neapel. Für das Ende der intensiven Beziehung zu Charlotte von Stein sei daher auch nicht so sehr die zeitweise Unterbrechung der brieflichen Kommunikation oder die emotionale Entfremdung nach der langen Trennung entscheidend gewesen, sondern die durch die italienischen Erfahrungen Goethes ausgelöste »Evolution seines ästhetischen Programms« (S. 286). Entscheidend dafür waren sein Leben als bildender Künstler unter Künstlern, seine Begegnungen mit Malern und Kunsttheoretikern, darunter Johann Heinrich Meyer, und die Bekanntschaft mit Karl Philipp Moritz. Insbesondere dessen Abhandlung *Über die bildende Nachahmung des Schönen* (1787) habe Goethes Auffassungen von der Autonomie der Kunst nachhaltig beeinflusst. Das »epistoläre Spiel mit Frau von Stein« verlor mithin »seine Berechtigung« (S. 297). Spätestens mit der Neapel- und Sizilienreise im März 1787 erlosch Goethes Bedürfnis nach einem Briefdialog, die Briefe an sie werden um diese Zeit auffallend seltener. Die »Briefliebe« Goethes (S. 297) sei mithin noch vor dem realen Bruch der Beziehung im Frühjahr 1789 zu Ende gegangen.

Puchalskis methodischer Ansatz erweist sich insofern als fruchtbar, als er einen neuen Zugang zu Goethes Briefen an Charlotte von Stein von 1776 bis 1788 eröffnet, die viel mehr sind als ein Missing Link der Autobiographie des Dichters im ersten Weimarer Jahrzehnt. Indem anscheinend »unzusammenhängende Aspekte des Wirkens und des Werkes« zusammengebracht und »Brücken zwischen Wort und Bild« geschlagen werden (S. 19), finden sich überraschende Erklärungen für den außergewöhnlichen Umfang der Korrespondenz, ihre Dauer und das nur scheinbar abrupte Ende des intensiven brieflichen Austauschs. Hervorzuheben ist auch die Einbeziehung der umfangreichen Forschungsliteratur, vor allem der Goethe-Biographik, die immer wieder befragt, aber auch kritisch bewertet wird.[9] Dennoch erscheint die Untersuchung nicht durchweg überzeugend, wirken Interpretationen mitunter spekulativ, was vor allem an der Perspektive des Autors auf die Gattung Brief liegen mag. Problematisch an der Hauptthese der ›erschriebenen Liebe‹, der grundsätzlich zuzustimmen ist, erscheint vor allem der Rückschluss auf das ›wirkliche Leben‹ der Briefpartner, das dem Autor zufolge ›nicht so gewesen‹ sein soll, wie es die Briefe nahelegen. Dieser Behauptung ist in ihrer Pauschalität und Entschiedenheit nicht zuzustimmen. Vielfach lassen sich der historische Kontext der Briefe, ihre Bezüge auf reale Erlebnisse und Begebenheiten anhand zeitgenössischer Quellen erstaunlich genau erschließen und ihr Referenzsystem detailliert rekonstruieren.[10] Dies ermöglicht das adäquate Verständnis der Texte und ist Grundlage jeder wissenschaftlichen Rezeption. – Goethes Briefe an Charlotte von Stein sind auch, aber eben nicht nur literarische Fiktionen, sondern zugleich persönliche Dokumente, eine Dimension, die nicht ausgeblendet werden darf.

Elke Richter

Wulf Segebrecht: *Goethes Nachtlied »Über allen Gipfeln ist Ruh«. Ein Gedicht und seine Folgen.* Göttingen: Wallstein 2022, 267 S., 29.00 €

Dass literaturwissenschaftliche Monographien in neuen, aktualisierten Ausgaben erscheinen, kommt selten vor – und wenn es doch geschieht, liegt es meist eher am Renommee des Autors, der Autorin als am jeweiligen Gegenstand und erscheint entsprechend nicht immer zwingend. Im vorliegenden Fall aber ist das anders: Hier war eine Neuausgabe geradezu dringend geboten, weil sich im Hinblick auf den Gegenstand der Monographie in der Zwischenzeit einiges ereignet hat, was nur mit dem Prädikat ›unbedingt buchenswert‹ versehen werden kann. Die Rede ist von einem Klassiker der Goethe- wie der Lyrik- wie der Rezeptionsforschung, der zuerst 1978 in der (leider nicht mehr existierenden) Reihe ›Literatur-Kommentare‹ im Hanser Verlag erschienen ist, also beinahe vor einem halben Jahrhundert. *Zum Gebrauchswert klassischer Lyrik* lautete der Untertitel dieser Untersuchung des Bamberger Emeritus Wulf Segebrecht bei ihrer Erstausgabe, womit die fachlichen Diskussionszusammenhänge erkennbar werden, in denen sie entstanden ist. Die (auf Eberhard Lämmert zurückgehende) Grundidee der Untersuchung war einfach, aber produktiv: Segebrecht hatte sich vorgenommen, am Beispiel des *Nachtlieds* (»Über allen Gipfeln / Ist Ruh'«), also des wahrscheinlich bekanntesten Goethe-Gedichts, das vielleicht sogar als das bekannteste deutschsprachige Gedicht überhaupt gelten kann (oder wenigstens lange Zeit gelten konnte), aufzuzeigen, »daß, wie und zu welchem Zweck ein allbekanntes exemplarisches (und in diesem Sinne ›klassisches‹) deutsches lyrisches ›Meisterwerk‹ tatsächlich (und unabhängig

---

9 Vgl. Anm. 3.
10 Vgl. die Kommentarbände der historisch-kritischen Ausgabe von Goethes Briefen (Anm. 2).

von der Frage, ob Lyrik brauchbar ist oder nicht) gebraucht und benutzt worden ist«.[1] Dass es Segebrecht überzeugend gelungen ist, dieses Vorhaben umzusetzen, wurde nicht nur durch die positiven Reaktionen der damaligen Kritiker (im Fach und darüber hinaus) bestätigt, sondern vor allem auch durch die Tatsache, dass seine Untersuchung in den Folgejahren eine große Rolle in Forschung und Lehre gespielt hat. Wie er jetzt berichtet (S. 124), hat Segebrecht seit 1978 außerdem »zahllose« Zuschriften mit Hinweisen auf weitere Bezugnahmen auf das Gedicht erhalten. Sie hat er, zusammen mit eigenen Funden, in die Neuausgabe eingearbeitet.

Was kann man hier also Neues erfahren? Zum einen wichtige Details zur Rezeptionsgeschichte des *Nachtlieds* bis 1815 (als der erste von Goethe autorisierte Druck erschien): Zum (nicht autorisierten) Erstdruck des Gedichts etwa kam es – anders als man es noch in der Erstausgabe von Segebrechts Untersuchung und zum Beispiel auch im (darauf Bezug nehmenden) Kommentar der Frankfurter Ausgabe nachlesen kann (FA I, S. 1072) – nicht erst im Februar 1801 im Rahmen eines in der Londoner Zeitschrift *The Monthly Magazine, or British Register* erschienenen Artikels in englischer Sprache, sondern bereits im September 1800, als die von einem anonymen Autor (es handelt sich um Joseph Rückert) stammende deutsche Vorlage dieses Artikels unter dem Titel *Bemerkungen über Weimar* in der Zeitschrift *Genius der Zeit* veröffentlicht wurde. Segebrecht hatte diese Entdeckung bereits in einem 1986 (also nach dem Erscheinen der Erstausgabe seiner Untersuchung) veröffentlichten Aufsatz publik gemacht, doch offenbar war dieser Beitrag nicht von allen seinen Kollegen zur Kenntnis genommen worden, sodass sich einer von ihnen peinlicherweise noch im Jahr 2005 damit brüsten konnte, den Erstdruck als erster ausfindig gemacht zu haben. Neu ist dieses Detail demnach nicht, aber allgemein bekannt war es bislang auch nicht. Durch die Neuausgabe dürfte sich das schnell ändern.

Völlig neu hingegen ist Segebrechts Entdeckung, dass Carl Friedrich Zelters Vertonung des *Nachtlieds* von 1814, die als die erste Vertonung dieses Gedichts in die Musikgeschichte eingegangen war, in Wahrheit gar nicht die erste war: Vorausgegangen ist ihr eine Vertonung von Zelters Schüler (und späterem Nachfolger als Direktor der Berliner Singe-Akademie) Carl Friedrich Rungenhagen, die nach Segebrechts überzeugendem Datierungsvorschlag bereits 1806/07 veröffentlicht wurde. Diese Entdeckung ist indes nicht nur musikgeschichtlich von Bedeutung, sondern auch deshalb, weil sie ein neues Licht auf die (textlich abweichende) Fassung des *Nachtlieds* in der Handschrift Heinrich von Kleists wirft, die – vielleicht das buchenswerteste Ereignis in der Rezeptionsgeschichte des Gedichts seit 1978 – 2001 im Auktionshandel aufgetaucht war und an der sich damals eine rege Forschungsdiskussion entzündet hatte, in deren Verlauf auch die These vertreten wurde, Kleists Fassung des *Nachtlieds* sei als ein polemischer Akt in seinem ›Kampf mit Goethe‹ (K. Mommsen) zu werten. Segebrecht kann aber nun plausibel machen, dass die Abweichungen in Kleists Fassung wahrscheinlich damit zu erklären sind, dass er die Vertonung Rungenhagens kannte und sich den Text des *Nachtlieds* möglicherweise nach einer Aufführung der Vertonung im Rahmen der Berliner Liedertafel (die er nachweislich besucht hat) notierte. Mehrere der Abweichungen in seiner Fassung finden sich nämlich auch in der von Rungenhagen vertonten Fassung. Insofern kann Segebrecht resümieren:

> Kleists Niederschrift des Gedichts ist weder ein ›Racheakt‹ an Goethe (so der Auktionskatalog) noch ein ›Gegengedicht‹ gegen Goethe (so Reuss), sondern die Aufzeichnung eines ihm gelungen erscheinenden Textes Goethes, den er gehört oder gesehen hatte und für aufhebenswert hielt, zu welchem Zweck auch immer. (S. 48)

Zum anderen verzeichnet die Neuausgabe zahlreiche neuere Bezugnahmen auf das *Nachtlied*, die – wie Segebrecht freudig bemerkt (S. 156) – teilweise auch schon unter Benutzung

---

[1] Wulf Segebrecht: *J. W. Goethe. »Über allen Gipfeln ist Ruh«. Texte, Materialien, Kommentar.* München, Wien 1978, S. 7.

der Erstausgabe seiner Untersuchung entstanden sind. Das bekannteste neuere Beispiel für die literarische Rezeption, eine der raffiniertesten und witzigsten Parodien des Gedichts (und des Kults um ihn) überhaupt, ist zweifellos die in Daniel Kehlmanns internationalem Bestseller *Die Vermessung der Welt* von 2005, wo das *Nachtlied* in Form einer fingierten Rückübersetzung in indirekter Rede aus Alexander von Humboldts so freier wie fiktiver Übersetzung ins Spanische in Erscheinung tritt. Wie man Segebrechts Untersuchung entnehmen kann, steht diese Parodie in einer Tradition, die unter anderem zu Karl Kraus zurückführt, der das Gedicht bzw. – wie Kehlmann – den Umgang mit ihm in *Die letzten Tage der Menschheit* zum Thema macht, im Rahmen eines grotesken Dialogs zweier dichtender Hofräte, die verschiedene unsägliche Parodien des Gedichts zum Besten geben, die Kraus wohl der Presse entnommen hat. Wenn man weiß, wie sehr Kehlmann Kraus schätzt (was sich unter anderem an seiner Mitarbeit zu dem Buch *The Kraus Project* seines US-amerikanischen Kollegen Jonathan Franzen zeigt), scheint es naheliegend zu sein, die beiden Passagen in einen Bezug zueinander zu setzen. Tut man dies, wird erkennbar, wie sich der Fokus der Kritik in den gut 100 Jahren zwischen Kraus' Drama und Kehlmanns Roman verschoben hat: Fungierten die von Kraus zitierten Parodien noch als »Belege des unmenschlichen Ungeistes seiner Zeit« (S. 126), nutzt Kehlmann seine Parodie eher, um spielerisch die Unübersetzbarkeit von Lyrik zu illustrieren und zugleich das Klischee, das *Nachtlied* sei das schönste Gedicht in deutscher Sprache, ad absurdum zu führen.

Weniger überzeugend als Kehlmanns Parodie ist die jüngste von Segebrecht angeführte Bezugnahme auf das *Nachtlied*, die ihrerseits in einer langen Tradition steht: das 2021 erschienene, auf die Corona-Pandemie verweisende Gedicht *der gipfel* von Albert Ostermaier, ein – wie es darin heißt – »gedicht mit / beatmungsgerät« (zit. nach S. 188), das – so Segebrecht – »zunehmend mit Wörtern und Formulierungen aus Goethes Nachtlied intubiert [wird], so dass das Gedicht selbst wie ein Beatmungsgerät wirkt, wie ein Therapeutikum«, das »den Leser in den Zeiten der Pandemie behutsam, aber mit Nachdruck zu Goethes Gedicht als tröstliches Überlebensmittel hin[führt]« (S. 190). So geeignet dieses Gedicht als Schlusspunkt für Segebrechts Durchgang durch die Folgen des *Nachtlieds* ist, so fraglich ist seine literarische Qualität: Wie Ostermaier hier mit den Referenzen spielt, ist zwar sicherlich nicht ungeschickt – aber etwas platt ist es auch. Zu einem ähnlichen Urteil gelangt man angesichts von Helmut Kraussers *Coverversion*: »alles oben schweigt, / von unten steigt / kein hauch, der wärmt, / hinauf, in jene ruh. / kein käuzchen lärmt. / bald ruhst auch du« (zit. nach S. 161). Wenn der Eindruck nicht täuscht, haben Autorinnen übrigens weitaus seltener auf das *Nachtlied* Bezug genommen als ihre männlichen Kollegen, woran sich auch seit 1978 nichts geändert zu haben scheint. Eine der wenigen (in der Neuausgabe hinzu gekommenen) Ausnahmen ist Friederike Mayröcker. Womit das wohl zusammenhängen mag? Haben es Autorinnen womöglich weniger nötig, sich mit Goethe zu messen, sich an seinem berühmtesten Gedicht ›abzuarbeiten‹? Oder liegt es daran, dass es – wie der ehemalige Stuttgarter Oberbürgermeister Manfred Rommel im Rahmen eines kuriosen Plädoyers für die »Entmännlichung der Sprache« festgestellt hat – fünf männliche, aber nur ein weibliches Hauptwort enthält? Rommels entmännlichte Fassung liest sich folgendermaßen:

> Über allen Spitzen ist Ruh'.
> Bei aller Hitzen spürest Du
> kaum eine Brise;
> die Tauben schweigen im Walde.
> Warte nur, balde.
> kommst auch Du in die Krise. (Zit. nach S. 162)

Den niederschmetternden Tiefpunkt aller literarischen Bezugnahmen auf das *Nachtlied* bildet nach wie vor die zutiefst antisemitische Parodie, die – wie Segebrecht nachweist – »bereits Ende des 19. Jahrhunderts während einer Versammlung des Bundes der Landwirte verlesen« worden war (S. 168), bevor Julius Streicher sie 1943, unverhohlen auf die Judenvernichtung anspielend, im *Stürmer* zitierte. Fassungslos bleibt man angesichts eines derart infamen Umgangs mit Goethes Gedicht zurück. Auch dies gehört aber zu dessen Folgen und sollte entsprechend nicht in Vergessenheit geraten.

Während sich die Ausstattung des Buches, das zuerst in einer schmucklosen Paperback-Ausgabe erschienen war und nunmehr in der gewohnt gediegenen Ausstattung des Wallstein Verlags als Hardcover mit Schutzumschlag vorliegt, stark verändert hat, ist es im Hinblick auf seinen Aufbau weitgehend gleich geblieben. Abgesehen von einigen Überschriften, denen man möglicherweise den Zeitpunkt ihrer Formulierung angemerkt hätte und die entsprechend durch neue ersetzt wurden, hat sich auch stilistisch insgesamt nur wenig verändert. Das war allerdings auch nicht nötig, denn Segebrecht war schon immer immun gegen den Fachjargon. Im Gegensatz zu manchen der von ihm angeführten – wie er einmal mit erfrischender Deutlichkeit sagt – »Zeugnisse germanistischen Schwätzens« (S. 123) schreibt er eine Prosa von wohltuender Klarheit. Nicht nur aus diesem Grund ist man nach der Lektüre dieses Buches vor allem eines: dankbar.

Frieder von Ammon

Hellmut Ammerlahn: *Imagination & Meisterschaft/Mastery. Neue und frühere Goethe-Studien plus Essays on Goethe written in English*. Würzburg: Königshausen & Neumann 2021, 208 S., 29,80 €

Die Aufsatzsammlung *Imagination & Meisterschaft/Mastery. Neue und frühere Goethe-Studien plus Essays on Goethe written in English* versammelt acht Texte von Hellmut Ammerlahn in deutscher und englischer Sprache und gibt einen Überblick über das Schaffen des Goetheforschers, dessen umfassende und kenntnisreiche Studien zu den *Wilhelm Meister*-Romanen aus der Forschungsliteratur nicht mehr wegzudenken sind. Bei zweien der Texte handelt es sich um zuvor unveröffentlichte Studien; die anderen Aufsätze sind zwischen 1994 und 2013 in verschiedenen Zeitschriften und Sammelbänden erschienen. Sie werden hier in einen gemeinsamen thematischen Kontext eingeordnet, der sich als ›Dialektik der Einbildungskraft‹ in Goethes literarischem Werk beschreiben lässt. Die destruktive Seite der menschlichen Einbildungskraft, die Goethe in seinen frühen Werken, etwa in den *Leiden des jungen Werther*, ausgelotet hat, werde gemeistert durch die fortschreitende Ausbildung ihres schöpferisch-produktiven Potenzials, das im Roman *Wilhelm Meisters Lehrjahre* zur Darstellung kommt – das ist die grundlegende These Ammerlahns, die die verschiedenen Beiträge in unterschiedlichen Textkonstellationen, von den frühen Dramen *Lila* und *Der Triumph der Empfindsamkeit* bis hin zu *Faust II*, ausarbeiten.

Zu Beginn des Bandes steht das Thema der Imagination im Vordergrund; von dort aus wird der Begriff der Meisterschaft – im Sinne der gelungenen Handhabung der Einbildungskraft – erschlossen. Gegenstand der ersten zwei Aufsätze sind die Erscheinungsformen verschiedener Arten von Einbildungskraft. Ammerlahn arbeitet die »Gefahren der Phantasieverführung« (S. 25) heraus, die dazu verleite, den Unterschied zwischen Kunst und Leben zu verkennen, und stellt die von Goethe in den Dramen *Lila* und *Triumph der Empfindsamkeit* entwickelte Lösung für das Problem der Vermischung beider Sphären heraus. Diese bestehe in einer therapeutischen Funktionalisierung der Einbildungskraft, die eine Kunst hervorbringe, die den Künstler von dem im Leben erlittenen Leiden befreie (vgl. S. 25 und 31).

Der Ausbildung eines meisterhaften Gebrauchs der Einbildungskraft widmen sich, anhand von Goethes Märchen *Die neue Melusine* und den *Wilhelm Meister*-Romanen, die folgenden vier Beiträge. Das *Märchen* aus den *Unterhaltungen deutscher Ausgewanderten* begreift Ammerlahn dabei als »künstlerische Höchstform der Verschmelzung von Imagination und dichterischer Meisterschaft« (S. 50); den Weg dorthin zeichnet er in den Aufsätzen zum *Wilhelm Meister* auf der Ebene der Romanhandlung und mit Blick auf die formale Gestaltung der *Lehr-* und der *Wanderjahre* nach. Im vierten und sechsten Aufsatz stehen Fragen der Struktur und der Gattung im Vordergrund. So zeigt der Verfasser in einer vergleichenden Strukturanalyse beider Romane, dass deren Handlung durch die Bewältigung eines traumatischen Erlebnisses motiviert wird – in den *Lehrjahren* sei dies der Verlust Marianes, in den *Wanderjahren* der retrospektiv erzählte Tod des Fischerknaben. Demonstriert wird durch die Äquivalenz der narrativen Grundmuster der strukturelle Zusammenhang beider Werke und die »zunehmende dichterische Gestaltungskraft« Goethes (S. 78) in der Überarbeitung der Romanfassungen. Diese trete auch in gattungspoetologischer Hinsicht durch die Syntheseleistung zutage, die Goethe in den *Lehrjahren* gelinge, indem er den in der *Theatralischen Sendung* angelegten Künstlerroman verbindet mit dem Genre des Bildungsromans. *Wilhelm Meisters Lehrjahre* lassen sich so verstehen als die Geschichte vom Werden eines Künstlers, der seine Einbildungskraft zu beherrschen und produktiv zu machen lernt, wobei Autobiographie und Romanfiktion hier für Ammerlahn konvergieren: »Our multiple approaches finally support the claim that *Wilhelm Meisters Lehrjahre* can also be regarded as an ironically distanced and veiled inner autobiography revealing what Goethe himself desired, confronted and mastered« (S. 162 f.). Diese Deutung ermöglicht Ammerlahn die Beantwortung der – viel umrätselten und nur selten befriedigend gelösten – Frage, worin die ›Bildung‹ in diesem prototypischen Bildungsroman eigentlich besteht bzw. warum dessen ahnungsloser Protagonist ausgerechnet den Namen ›Meister‹ trägt. Im fünften Aufsatz des Bandes mit dem Titel *Goethe's Wilhelm Meisters Lehrjahre: An Apprenticeship toward the Mastery of Exactly What?* begreift der Verfasser den Protagonisten als ein Symbol der schöpferischen Einbildungskraft (vgl. S. 113), die der Titelheld im Laufe des Romans zu meistern lernt – eine Fähigkeit, die ihn auch für die Turmgesellschaft unverzichtbar mache (vgl. S. 131). Vor dem Hintergrund dieser umfassenden Deutung der *Wilhelm Meister*-Romane beleuchten die beiden abschließenden Texte bekannte Symbole und ihre Verzweigungen in Goethes literarischem Werk: Die Metaphorik des Kästchens und des Schlüssels wie auch die Figur des Doppelgängers, die sich durch die *Wilhelm Meister*-Romane und das *Faust*-Drama ziehen, werden als Konfigurationen einer Dynamik der Einbildungskraft verstanden, die sich von einer exzessiv subjektiven hin zu einer reflexiv-schöpferischen wandelt.

Wer mit Ammerlahns umfangreicher Studie[1] zur Konzeption der Imagination in den *Lehrjahren* vertraut ist, wird in *Imagination & Meisterschaft/Mastery* bekannten Ansätzen und Thesen begegnen. Dazu gehört eine werkimmanente Herangehensweise, die ihre Interpretationen aus einlässlichen Lektüren und der Kontextualisierung der behandelten Texte im Gesamtwerk Goethes entwickelt, ebenso wie die Auffassung dieses Werks als eines sinnhaften Ganzen, mit der sich der Verfasser, hier wie in der Monographie von 2003, auf die Hermeneutik Hans-Georg Gadamers beruft (vgl. S. 141). Unklar bleibt in Anbetracht dieser konzeptuellen Nähe beider Publikationen, in welchem Verhältnis die gegenwärtige Textsammlung zur Monographie steht bzw. wie die Substitution von ›Wahrheit‹ durch »Meisterschaft/Mastery« im Titel zu verstehen ist. Eine Reflexion des Zusammenhangs beider Veröffentlichungen, etwa in der Einleitung, hätte zur Konturierung des Anliegens der Publikation beitragen können.

Ammerlahns umfassende Deutung von Goethes Symbolik, die vielfach mit Parallellektüren verwandter Metaphernkomplexe arbeitet (vgl. S. 65), besticht durch die eingehende Kenntnis von Goethes Schriften, die eine werkgenetische Perspektivierung ermöglicht. Vor allem in den Lektüren der *Wilhelm Meister*-Romane erweist sich die genaue Differenzierung zwischen den Fassungen der *Theatralischen Sendung*, der *Lehrjahre* von 1795/96 und der *Wanderjahre* von 1821 bzw. 1829 als äußerst fruchtbar. Geschärft werden die Textanalysen durch den genauen Blick des Verfassers für gattungstheoretische Zusammenhänge und seine

---

1 Hellmut Ammerlahn: *Imagination und Wahrheit. Goethes Künstler-Bildungsroman »Wilhelm Meisters Lehrjahre«. Struktur, Symbolik, Poetologie.* Würzburg 2003.

Sensibilität für strukturelle Analogien. Die Verdienste der werkimmanenten Lektüren und die bewundernswerte Werkkenntnis hätten womöglich gewinnen können durch die Berücksichtigung von kultur- und wissensgeschichtlichen Arbeiten aus den letzten Jahren. Der Verfasser grenzt sich ausdrücklich ab von poststrukturalistischen Ansätzen, die die Inkonsistenzen in Goethes Texten überbetonten (vgl. S. 138 f.), doch stellt sich die Frage, ob die von Ammerlahn entwickelten Thesen – etwa zur Gattungstheorie des Bildungsromans oder zu Goethes ›therapeutischer Poetik‹ – durch eine kultur- und wissensgeschichtliche Kontextualisierung, wie sie Studien der vergangenen Jahre unternommen haben, nicht auf fruchtbare Weise hätten vertieft werden können.[2] Letztlich aber würde der Verweis auf eine mangelnde Beachtung der aktuellen Forschungslage, auf die Ammerlahn ausdrücklich verzichtet (vgl. S. 11 und 14), dem Anspruch seines Bandes nicht gerecht, der sich im Wesentlichen als Zeugnis einer lebenslangen Faszination für Goethe und einer damit korrespondierenden Arbeit am Werk Goethes versteht.

Leichtigkeit erlangt die Rückschau auf eine mehrere Jahrzehnte umfassende Forschungstätigkeit durch ihren Verzicht auf eine systematische Rahmung, die die eher essayistische Zusammenstellung der Texte konzeptuell überfrachten würde. Erfrischend bleiben die von Ammerlahn verfassten und hier versammelten Texte dadurch, dass sie sich nicht scheuen, die großen Fragen der Goetheforschung aufs Neue zu stellen und zu beantworten: Was bedeutet es, *Wilhelm Meisters Lehrjahre* als einen ›Bildungsroman‹ zu bezeichnen – für die Interpretation von Goethes Roman, aber auch für die Konzeption des Genres? Goethes Texten wird dabei mit einer Ernsthaftigkeit begegnet, die detailfreudigen Einzelstudien oder auch theoriegesteuerten Untersuchungen abhanden kommen kann. Der Autor ›geht aufs Ganze‹ und seine Annahme einer inneren Kohärenz von Goethes Werk fördert Zusammenhänge zutage, die sonst leicht übersehen würden; Studien, die die *Lehrjahre* und die *Wanderjahre* in ihren Wechselbezügen *zusammen* lesen, sind nach wie vor eine Seltenheit.

Mitunter stellt sich die Frage, in welchem Maße das Streben nach dem Aufweis der inneren Kohärenz des Werks, das den Analysen Ammerlahns zugrunde liegt, Goethes Lust am Unaufgelösten Rechnung trägt. Das Schwanken als Grunddisposition von Wilhelms Charakter etwa, das einem teleologisch gefassten Bildungsnarrativ entgegensteht, wird in den genauen Textlektüren scharfsichtig herausgearbeitet, aber als eine instrumentale Stufe des Übergangs begriffen, deren innere Dissonanzen letztlich nichts als die Vorbereitung eines finalen Zustands der Harmonie sind, in dem der – reale wie fiktive – Künstler durch den meisterhaften Gebrauch der eigenen Einbildungskraft zu sich selbst kommt:

> The goal for both narrator and protagonist is the same: that their imagination will no longer vacillate and waver – which is the distinguishing characteristic of fantasy without direction – but become free and sovereign while firmly rooted in discernible reality. (S. 155)

Ob ein teleologisch gefasstes Bildungsnarrativ der geeignete Rahmen ist, um Goethes Geschmack an ›schwankenden Gestalten‹ beizukommen, ist eine Frage, die sich ausgehend von Ammerlahns Band diskutieren ließe. Kritisch erörtert werden könnte auch die autobiographische Lesart, die den Roman bisweilen recht umstandslos als Verarbeitung der persön-

---

[2] Zum kulturhistorischen Kontext von Bildung und Erziehung im 18. Jahrhundert vgl. etwa Heike Heckelmann: *Schultheater und Reformpädagogik. Eine Quellenstudie zur reformpädagogischen Internatserziehung seit dem 18. Jahrhundert*. Tübingen 2005; Martin Jörg Schäfer: *Das Theater der Erziehung. Goethes »pädagogische Provinz« und die Vorgeschichten der Theatralisierung von Bildung*. Bielefeld 2016; Jennifer A. Herdt: *Forming Humanity: Redeeming the German »Bildung« Tradition*. Chicago 2019. Zur medizingeschichtlichen bzw. wissenspoetologischen Vertiefung des zeitgenössischen Diskurses um Krankheit und Heilung vgl. etwa Cornelia Zumbusch: *Die Immunität der Klassik*. Berlin 2011; Maximilian Bergengruen: *Verfolgungswahn und Vererbung. Metaphysische Medizin bei Goethe, Tieck und E. T. A. Hoffmann*. Göttingen 2018.

lichen Konflikte des Autors Goethe deutet. Eine analytische Differenzierung zwischen Autor, Erzähler und Romanfigur und eine narratologisch informierte Herausarbeitung der Bezüge zwischen ihnen könnten zur Plausibilisierung der Interpretation der *Lehrjahre* als einer »ironically distanced and veiled inner autobiography« (S. 163) etwa auf rezente Ansätze zur Theorie der Autofiktion zurückgreifen.[3] – Deutlich zeigt sich hier aber auch die Anschlussfähigkeit der von Ammerlahn aus der werkimmanenten Lektüre entwickelten Einsichten an aktuelle literaturwissenschaftliche Forschungskontexte, für die der vorliegende Band als Bezugspunkt dienen kann.

Elisa Ronzheimer

Anastasia Klug, Olaf L. Müller, Troy Vine, Derya Yürüyen und Anna Reinacher (Hrsg.): *Goethe, Ritter und die Polarität. Geschichte und Kontroversen.* Paderborn: Brill 2021, 385 S., 109,00 €

Der Sammelband gibt Einblick in die Ergebnisse des von der Deutschen Forschungsgemeinschaft 2015-2019 geförderten Projektes *Goethes Farbenlehre und photochemische Experimente J. Ritters*. Insgesamt gliedert sich der Band in zwei Teile. Während die ersten Kapitel das Historische beschreiben, sind die folgenden Abschnitte der Kontroverse gewidmet. Die Aufsätze stellen, wie das Projekt selbst, Schlaglichter auf historische Betrachtungen dar, ohne einen Anspruch auf Vollständigkeit zu erheben. Neben den theoretischen Abhandlungen finden sich darunter ›Reenactments‹, d. h. Replikationen historischer Versuche, welche jedoch nicht wissenschaftlich neutral, sondern »nicht ohne eine gewisse Portion an Wohlwollen« (S. 18) durchgeführt wurden. Letzteres ist sehr bedauerlich, da die Tragfähigkeit der erarbeiteten Ergebnisse damit erheblich gemindert wurde.

Die Naturwissenschaft allgemein und die Physik im Besonderen bedienen sich Modellen, die mit fortschreitender Erkenntnis entweder stets weiterentwickelt oder verworfen und durch neue ersetzt werden müssen. Die Zahl verworfener Modelle steigt mithin täglich. Manche Modelle halten sich aus religiösen oder weltanschaulichen Gründen jedoch trotz eindeutiger Gegenbeweise unverhältnismäßig lang – die Modelle der Erdscheibe oder des geozentrischen Weltbildes sind als Beispiele allen vertraut. Die Idee der Polarität im Verständnis Goethes stellt ein weiteres dieser längst überholten Modelle dar. Wenig überraschend ist daher, dass die vier Beiträge des vorliegenden Bandes, welche den Polaritätsgedanken aus heutiger Sicht diskutieren, sich im Wesentlichen des fehlerhaften Ansatzes einig sind. Olaf Müller betrachtet diese deutlichen Kritiken äußerst wohlwollend und zieht daraus Desiderate für zukünftige Arbeiten zum besseren Verständnis der historischen Polarisationsidee.

Aus dem ersten Teil herausgreifen möchte ich Müllers Aufsatz zum Nachweis der UV-Strahlung durch Ritter und Goethes Beitrag zu eben dieser Entdeckung. Es handelt sich hierbei um eine sehr stark gekürzte Version der 2021 erschienenen Monografie Müllers *Ultraviolett. Johann Wilhelm Ritters Werk und Goethes Beitrag – zur Biografie einer Kooperation*. In meinem Verständnis hat Goethe durch seine Theorie der Polarität das Suchfeld für Ritter definiert. Dass jener Ritter in diesem Suchfeld fündig wurde, ist fraglos ein großes Verdienst, kausal aber entkoppelt vom (fehlenden) Wahrheitsgehalt der ursprünglichen Annahmen Goethes. Daher sehe ich die auf falschen Annahmen basierende Definition des Suchfeldes als für die Entdeckung wichtig, aber per se nicht als wissenschaftliche Leistung an. Olaf Müller stellt den Fehler in den Annahmen Goethes dar. Der Leser kann aber den Ein-

---

3 Vgl. Martina Wagner-Egelhaaf (Hrsg.): *Auto(r)fiktion. Literarische Verfahren der Selbstkonstruktion.* Bielefeld 2013.

druck gewinnen, als sähe Müller in der Definition des Suchfeldes trotzdem eine gewisse wissenschaftliche Leistung. Darüber kann und wird man sich wohl streiten. Streiten kann man sich ferner über die Reputation und Qualität der Arbeiten Ritters – insbesondere aus Sicht der Zeitgenossen. Auf der hohen wissenschaftlichen Reputation Ritters basiert eine der wichtigen Thesen des Kapitels: Denn, überspitzt formuliert, nur wenn man Ritter als Naturforscher anerkennt und Müllers Bezeichnung als »Top-Physiker der Goethe-Zeit« folgt, tragen, im Sinne der Ausführung des Aufsatzes, dessen von Goethe angeregte und durch Ritter durchgeführte Arbeiten wiederum zur Aufwertung der naturwissenschaftlichen Reputation Goethes bei.

Ritter entdeckte 1801 das UV-Licht und ihm gelang 1802 die Erfindung des ersten elektrischen Akkumulators. Beides sind wichtige Verdienste. Vorwerfen kann man Ritter wie Goethe jedoch die vorwiegend bis ausschließlich phänomenologische statt mathematische Beschreibung des Lichts. Die von Olaf Müller zwar nicht hier, aber in der Monografie dargestellten späteren Arbeiten Ritters zu den Wünschelruten entbehren aus heutiger Sicht jeder Grundlage und waren auch zu Ritters Lebzeiten nicht als seriöse Ansätze anerkannt. Die Wissenschaftlichkeit der Arbeiten Ritters bietet daher viel Raum für Diskussionen.

Im ersten Kapitel des zweiten Teils zeigt Hubert Schmidtleitner eine Ungereimtheit in Goethes Beschreibung des Kantenspektrums auf. Abschließend versucht er dabei der Diskussion um Goethes Grundanschauung der Polarität etwas Positives abzugewinnen. Zur allgemein akzeptierten Lesekompetenz zählt, Statistiken und deren Interpretation zu hinterfragen. Angeregt durch Goethes Beschreibung des Kantenspektrums regt Schmidtleitner entsprechend an, jede Form der sich medial verbreitenden wissenschaftlichen Darstellungen kritisch hinsichtlich der Motivation oder des Verständnisses des jeweiligen Urhebers zu hinterfragen. Insbesondere gelte dies für die mögliche Willkür beim Erschaffen von grafischen Darstellungen. Hierzu führt er die bekannte Illustration auf dem Pink-Floyd-Cover *The dark side of the moon* von 1973 an, bei welcher das Spektrum am Prisma nicht kontinuierlich, sondern vereinfacht mit diskreten Farbwechseln illustriert wurde. Zu Recht nennt Schmidtleitner dies als ein Beispiel des »schier unermesslichen Reichtum[s] an Möglichkeiten, bei der Darstellung eines empirischen Phänomens zu scheitern« (S. 228).

Brigitte Falkenburg fasst in ihrem Beitrag eine schriftliche Diskussion mit Olaf Müller aus dem Jahr 2015 zusammen, erweitert um neue Argumente, um schlüssig auszuführen, »dass die Symmetrien der Physik in der Natur sämtlich gebrochen sind« (S. 229). Sie nimmt Bezug auf Hegel und legt darüber hinaus dar, dass eine neue Theorie der Finsternis auf Basis von Newton nichts Anderes einbringen würde als das bereits Bekannte.

Nach unserem heutigen Verständnis werden die Eigenschaften des Lichts mit dem Welle Teilchen-Dualismus beschrieben. Je nach dem zu charakterisierenden Verhalten des Lichts ist entweder der Wellencharakter des Lichts heranzuziehen oder die elektromagnetische Strahlung über das Modell der Photonen zu behandeln. Unter letzteren sind ruhemasselose Elementarteilchen mit scharf definierter Energie jedes einzelnen Teilchens zu verstehen. Werden nun aus weißem Glühlicht Photonen einer definierten Energie absorbiert, fehlen diese im Folgenden bei der Spektralzerlegung jenes Lichts. Das kontinuierliche Spektrum ist an dieser Stelle dunkel: Es zeigt sich eine Fraunhoferlinie. Werden dagegen von einem Stoff Photonen einer definierten Energie abgestrahlt, zeigt sich bei der spektralen Zerlegung des Lichts eine helle Emissionslinie.

Diesen wissenschaftlichen Konsens aufnehmend, beschreibt Dieter Zawischa auf neun Seiten, warum der gedankliche Ansatz einer Symmetrie zwischen Licht und Dunkelheit fehlgeht. Bereits zu Beginn des Kapitels greift er dafür die Fraunhoferlinien auf – von denen im übrigen Goethe eine von Fraunhofer handkolorierte Darstellung erhalten hatte und sich deren Existenz vollends bewusst war.[1] Müller reagiert mit einer Replik und Zawischa wiede-

---

1 Fraunhofer war mit den verfügbaren Replikations- und Druckverfahren zur Darstellung des Spektrums derart unzufrieden, dass er den kontinuierlichen Farbverlauf schließlich von eigener Hand malte.

rum mit einer Antwort hierauf. Die Diskussion zu verfolgen mag unterhaltsam sein, der Fakt ist einfach erfasst: Die Idee einer hellen Fraunhoferlinie wäre am ehesten als Emissionslinie in der spektralen Zerlegung des Lichts und damit als reine Farbe mit definierter Energie, Wellenlänge bzw. Frequenz zu beschreiben. Es ist unstrittig, dass das Goethe-Spektrum Interferenz- und damit Mischfarben zeigt. Helle Fraunhoferlinien kann es im Goethe-Spektrum folglich aus theoretischen Gründen nicht geben. Den experimentellen Beleg des Gegenteils zu fordern ist daher müßig und wird ausbleiben.

Jörg Friedrich legt ausführlich dar, warum die Finsternis-Strahlen nicht als alternative physikalische Theorie herangezogen werden können. Hierfür zeigt er allgemein die Unterschiede zwischen der Alltagssprache und der physikalischen Theorie als einer Theorie von Messwerten auf. Dazu löst er sich bewusst von der Farbentheorie Goethes und diskutiert seine These stattdessen am Beispiel der speziellen Relativitätstheorie. So zeigt er geschickt auf, wieso die Finsternistheorie noch nicht einmal den Minimalanforderungen guter physikalischer Theoriebildung entspricht. Er schließt sein Kapitel sehr treffend mit Goethes Worten: »Man kann von dem Physiker nicht fordern, daß er Philosoph sei; […] Man kann von dem Philosophen nicht verlangen, daß er Physiker sei; […]« (FA I, 23.1, S. 232).

Für Goethe sind die subjektiven Farbwahrnehmungen des Menschen entscheidend. Der Mensch nimmt Farben über Fotorezeptoren der Retina wahr. Diese Sehsinneszellen werden als Zapfen bezeichnet und liegen in drei unterschiedlichen Ausprägungen vor, jeweils mit einem charakteristischen Empfindlichkeitsmaximum. Die vom Menschen wahrgenommenen Farben stellen Mischungen der Reize dieser drei Rezeptoren dar. Die Farbe Purpur als Interferenzfarbe nimmt der Mensch wahr, wenn die Blaurezeptoren und die Rotrezeptoren ungefähr gleich stark gereizt werden. Dies ist bei der Überlagerung durch mehrere reine Spektralfarben der Fall. Gäbe es nun purpurne Photonen, müssten diese zur Wahrnehmung durch den Menschen die beiden Rezeptoren ebenfalls in etwa gleich stark reizen. Thomas Filk unternimmt den Versuch herzuleiten, wie magentafarbene Photonen im Prinzip herzustellen und nachzuweisen wären.

Insgesamt ist der Sammelband durch die frischen Ausdrucks- und Sichtweisen der Autoren zur Unterhaltung lesenswert. Inhaltlich stellt er einen weiteren Beleg der einhelligen Kritik an der Polaritätstheorie dar. Ich denke nicht, dass es zielführend ist, diese Kritik als Aufforderung für weitere Arbeiten in dieselbe Richtung zu verstehen. Ferner wird ein weiteres Mal herausgearbeitet, dass Goethe das Licht in einer eher metaphysischen Wirklichkeitsinterpretation beschrieb und nicht über einen phänomenologischen Ansatz hinaus zu einem rational-empirischen Arbeiten fand.

Timo Mappes

Wilhelm Voßkamp: *Zweite Gegenwart. Poetologische Lektüren zu Goethes »Dichtung und Wahrheit«*. Göttingen: Wallstein 2022, 128 S., 19,00 €

Dass Goethes Autobiographie *Aus meinem Leben. Dichtung und Wahrheit*, erschienen in vier Teilen zwischen 1811 und 1833 (Teil IV postum von Johann Peter Eckermann herausgegeben), mehr ist als die Beschreibung eines individuellen Lebens, ist bekannt. *Dichtung und Wahrheit* ist nicht zuletzt eine Theorie bzw. Poetik der Autobiographie. Daher bildet das Werk zu Recht einen Markstein zumindest der germanistischen Autobiographieforschung. Es liegt auf der Hand, dass sich schwerlich Neues zu *Dichtung und Wahrheit* sagen lässt. Gleichwohl ist es stets erhellend, wenn sich Forscher vor dem Hintergrund ihrer eigenen wissenschaftlichen Biographie mit Goethes Lebensbeschreibung auseinandersetzen und dabei spezifische Komponenten des komplexen und reichhaltigen Textes herausgreifen, Schwerpunkte ihrer Lektüre und Interpretation setzen und den Text nochmals auf spezifische Art und Weise perspektivieren. Dies gilt umso mehr, wenn sich ein so renommierter Literaturwissenschaftler wie Wilhelm Voßkamp – emeritierter Professor für Neuere deutsche Literaturwissenschaft an der Universität zu Köln und ausgewiesener Experte für die Theorie des Romans, die literarische Darstellung von Zeit und Geschichte, den Bildungsroman und die Literatur der deutschen Klassik – des Goethe'schen Lebensberichts annimmt. Der Titel des schmalen Bändchens verrät bereits, welchen Zugang der Autor wählt: Im Fokus der kritischen Aufmerksamkeit steht die Kategorie der ›Gegenwart‹, die Voßkamp bereits in einem frühen Aufsatz für die Poetik des Briefromans hervorgehoben hat.[1] Zentral für Wilhelm Voßkamps Explorationen von Goethes Lebensbeschreibung ist »das Erstellen einer zweiten Gegenwart« (S. 18) im autobiographischen Gedächtnisbild. Es geht um Veranschaulichung und dabei treten Formfragen in den Vordergrund. Insbesondere sind es Text/Bild-Verhältnisse, denen eine tragende poetologische Rolle im Prozess der autobiographischen Selbstvergegenwärtigung zugesprochen wird.

In sieben locker systematisch aufgespannten Kapiteln geht es durch den Text von *Dichtung und Wahrheit*. Zu Beginn spürt Voßkamp »[e]mblematische[n] Konfigurationen« nach, für die paradigmatisch die vielzitierte, im Zeichen der Sternenkonstellation von Jupiter, Venus, Saturn und Mars dargestellte Geburtsszene steht. Auch der »Bühnenraum der Familie« (S. 22) sowie die Integration von Mythen, Märchen und Romanerzählungen exponieren die im Bild gefasste symbolische Funktion des Lebenstextes. Das zweite Kapitel widmet sich dem Verhältnis von »Geschichte und Roman«, dessen Problematisierung im Falle der Autobiographie unumgänglich ist, umso mehr als Goethes Lebensbericht bereits im Titel die Problematik von Fiktion und Wahrheit herausstellt. Voßkamp beobachtet »ein poetologisch hoch differenziertes Oszillieren zwischen dem Tatsächlichen und Möglichen« (S. 33). Namentlich der Liebesroman *Histoire du chevalier des Grieux et de Manon Lescaut* (1731) von Antoine-François Abbé Prévost erscheint als erzählerische Vorlage für die Schilderung der frühen Gretchen-Episode. Das zentrale Kapitel über »Bild und Text« führt das Bestreben des Autobiographen vor Augen, Erinnerung als Bild dauerhaft gegenwärtig zu halten. Lessing und Winckelmann werden dabei zu maßgeblichen Referenzen.

Im Blick auf das poetologische Interesse der auf sich selbst bezogenen literaturgeschichtlichen Darstellung des Autobiographen bilden Lessing und Winckelmann die Hauptpole: Lessing in Hinsicht auf die prinzipielle Differenz von Bild und Text und unter Perspektiven einer Diskussion über das Lesbarmachen von (figuraler) Kunst; Winckelmann unter Gesichtspunkten des Zusammenhangs von Bildkunst und künstlerischer Subjektivität (S. 54).

Dabei merkt Voßkamp an, dass Goethe Lessings radikale Gegenüberstellung von räumlicher Kunst und zeitlicher Dichtung nicht teilt. Vor diesem Hintergrund ist es nur konsequent, ein weiteres Kapitel zum Vermögen der »Einbildungskraft« folgen zu lassen. Goethe selbst spricht in *Dichtung und Wahrheit* davon, dass die Wünsche des Menschen »Vorgefühle der Fähigkeiten« (FA I, 14, S. 421) seien, die in ihm liegen und die sich der Einbildungskraft darstellen. Die Einbildungskraft bezieht sich einerseits auf zukünftige Momente, die sich dem autobiographischen Ich im Vorgefühl darstellen, aber andererseits auch auf die kreative Darstellung selbst als »Bedingung der Möglichkeit literarischer Darstellungskunst« (S. 69). »Darstellung« lautet denn auch die Überschrift des fünften Kapitels. Voßkamp fragt hier nach den Darstellungsmitteln, mit deren Hilfe die Präsenz des Erinnerten den Leserinnen und Lesern nahegebracht werden kann. Goethes Antworten fallen unterschiedlich aus; neben der produktiven Leistung der Einbildungskraft wird Kants Begriff der ›Hypotypose‹ bemüht, doch gleichermaßen reflektiert Goethe auch die Grenzen des Darstellbaren. Insbesondere ist es das Wechselspiel zwischen einer Poetik des Äußeren und des Inneren, zwischen

---

[1] Vgl. Wilhelm Voßkamp: *Dialogische Vergegenwärtigung beim Schreiben und Lesen. Zur Poetik des Briefromans im 18. Jahrhundert*. In: *DVjs* 45/1 (1971), S. 80-116. Voßkamp betont hier die Nähe des Briefs, der »die Gegenwärtigkeit des abwesenden Partners vorstellt« (S. 82; vgl. S. 98), und des Briefromans zur Autobiographie (vgl. S. 86, 95).

Handeln und Anschauung, das im Blick auf den eigenen künstlerischen Werdegang die Spannung zwischen Leben und Werk deutlich werden lässt und zu fortgesetzter poetologischer Reflexion zwingt. Das sich anschließende Kapitel zur »Physiognomik« erhellt die zahlreichen Porträts, die Goethe in seinen Text integriert. Auch wenn er sich über Lavaters physiognomische Methode kritisch äußert und deren erwartbare Stereotypen vermeidet, bedient er sich ihrer auf seine Weise, indem er das mit dem Äußeren nicht immer kongruente Innere der Porträtierten durchscheinen lässt. So wird im Fall von Goethes Schwester Cornelia, die als Modell eines subjektiven ›Ineffabile‹ figuriert, aus dem physiognomischen Porträt ein Psychogramm und aus diesem eine Biographie.[2] Das letzte Kapitel schließlich ist überschrieben mit »Mythopoetik: Prometheus; das Dämonische« und führt vor Augen, wie im Bild der mythologischen Prometheus-Figur das autobiographische Ich den eigenen künstlerischen Werdegang zwischen »selbstbestimmter Entscheidung und schicksalhafter Notwendigkeit« (S. 98) reflektiert und der autobiographische Text im Bezug auf das Dämonische Totalität und narrative Geschlossenheit negiert.

Wilhelm Voßkamps Studie macht einmal mehr deutlich, dass Goethes *Dichtung und Wahrheit*, das oftmals als paradigmatisch für das Genre der Autobiographie begriffen wird, die sich von Augustinus, Cellini und Rousseau herschreibende Gattungstradition gezielt zugunsten einer Poetik des Individuellen im Zeichen von Differenz und Heterogenität unterläuft.

Martina Wagner-Egelhaaf

Gabriella Catalano: *Goethe und die Kunstrestitutionen. »Ueber Kunst und Alterthum in den Rhein und Mayn Gegenden«. Ein Reisebericht und seine Folgen.* Göttingen: Wallstein 2022, 224 S., 29,00 €

Am 1. Juni 1817 schreibt Anna Maria Wilhelmine (gen. Minna) Körner aus Berlin an Karl August Böttiger: »Goethe wird viel bey seinem Publicum verlieren, durch den Aufsatz über alt deutsche Kunst«.[1] Die Verfasserin gehört seit Jahrzehnten dem engeren Leipziger und später auch dem Dresdener Freundeskreis Goethes an. Ihre Einschätzung beruht wohl auf der Lektüre des gerade erschienenen zweiten Heftes der Zeitschrift *Ueber Kunst und Alterthum in den Rhein und Mayn Gegenden* und sie teilt diese Meinung mit nicht wenigen Zeitgenossen. Manchen gilt das Projekt als eine Streitschrift gegen die *Neu-deutsche religios-patriotische* Kunst, Andere erkennen darin das Bemühen Goethes, Verständnis für die romantische Bewegung zu artikulieren. So fällt das Urteil über die Zeitschrift ganz nach dem eigenen Erkenntnisinteresse aus.

Gabriella Catalano liest die Texte im Zusammenhang mit der aktuellen Debatte um die widerrechtliche Aneignung kolonialer und nationaler Kunstschätze. Ihre eingangs zitierten Referenzen sind die Schriften von Bénédicte Savoy, auch wenn diese in dem einen oder an-

---

2 Wenn sich das autobiographische Ich im Bezug auf oder auch in Abgrenzung von anderen Personen entwirft, die in der Autobiographie mit dargestellt werden, was durchaus häufig der Fall ist, spricht die Autobiographieforschung von ›relationaler‹ Autobiographie; vgl. Paul Eakin: *Relational Seves, Relational Lives: The Story of the Story*. In: G. Thomas Couser, Joseph Fichtelberg (Hrsg.): *True Relations. Essays on Autobiography and the Postmodern*. Westport, CT 1998, S. 63-81; Anne Rüggemeier: *Die relationale Autobiographie. Ein Beitrag zur Theorie, Poetik und Gattungsgeschichte eines neuen Genres in der englischsprachigen Erzählliteratur*. Trier 2014.

1 Sächsische Landesbibliothek, Staats- und Universitätsbibliothek Dresden. Mscr. Dresd. h.38,4 Bd. 107, Nr. 61. Im zweiten Heft von *Ueber Kunst und Alterthum in den Rhein und Mayn Gegenden* erschien Goethes Aufsatz *Neu-deutsche religios-patriotische Kunst*.

deren Fall das Thema Restitution nicht berühren (S. 13). Aber der Versuch, vielleicht ganz im Sinne der Textsammlung Goethes, Historizität und Aktualisierung zusammenzudenken, wird dem Leser doch sehr entschieden vor Augen geführt: So klinge »mit den napoleonischen Konfiszierungen und mit den danach erfolgten Kunstrestitutionen die heutige Diskussion über Beutekunst und Kunst-Verschiebungen an«, die die öffentliche Auseinandersetzung in den letzten 20 Jahren zunehmend präge (S. 17). Auch die »zentralen Fragestellungen der heutigen Debatte über die territorialen und historischen Kunstbeziehungen zwischen Ländern und Völkern« seien »mit den nach Napoleon eingetretenen Kunstrestitutionen aufgeworfen« worden (ebd.).

Dabei gerät aber aus dem Blick, dass, im Gegensatz zu heute, die entwendeten Werke als französische Kriegsbeute selbst wieder als Ergebnis des Sieges über Napoleon an die ursprünglichen Besitzer zurückkamen. Die Koalitionäre konnten aus einer machtvollen Position heraus die Restitutionen der entführten Werke einfordern. Etwas euphemistisch schreibt Catalano des Öfteren von »zurückgeben«, obwohl es sich nicht nur im Falle Preußens eher um ein ›zurücknehmen‹ handelt. Auch wenn die Autorin es vermeidet, Goethes Texte eindeutig als eine Stellungnahme zu Kunstraub und Kunstrestitution zu erklären, so insinuiert sie doch einen unmittelbaren Zusammenhang zwischen den napoleonischen Beutezügen und Goethes Gedanken an die Neuordnung von Bildräumen nach 1816. Insofern sind es kühne und interessante Bewertungen der renommierten Literaturwissenschaftlerin und ausgewiesenen Expertin auf dem weiten Feld der Goethe-Forschung.

Der Dichter scheint ihr zunächst auch Recht zu geben, denn bereits der erste Abschnitt des ersten Heftes von *Ueber Kunst und Alterthum in den Rhein und Mayn Gegenden* setzt mit dem *frohen Gruße* ein, dass die *Kreuzigung Petri* von Peter Paul Rubens bald in einem Triumphzug von Paris nach Köln zurückkehren werde. Hier wird die Restitution napoleonischer Raubkunst erstmals thematisiert. Es bleibt dann allerdings auch bei diesem einzigen Verweis bis zur Einstellung der Zeitschrift 1832. Aufmerksamkeit verdient der auf den *frohen Gruße* folgende Verweis auf die Freude darüber, dass den Bürgern »das herrliche Gefühl gegeben sei, nunmehr einem Fürsten anzugehören, der ihnen in so hohem Sinne Recht zu verschaffen, und ein schmählich vermißtes Eigenthum wieder zu erstatten, kräftig genug wäre«.[2]

Die Huldigung des *Fürsten*, also König Friedrich Wilhelms III., nahm auf den ersten Seiten mehr Raum ein als die Darstellungen zum Gemälde. Mit *Rubens' Rückkehr* setzt auch Catalanos erstes Kapitel *Kunsttopographie* ein. Die Autorin beschreibt anschaulich, wie das barocke Bild des Malers durch die Inszenierung Preußens den Status einer Reliquie erlangte, deren Rückkehr in das damals für Rubens' Geburtsstadt gehaltene Köln als propagandistischer Staatsakt zelebriert wurde. Die hohen Repräsentanten der neuen Herrschaft über die Rheinlande konnten sich als Beschützer der alten Ordnung feiern lassen. Dabei legt die Autorin einen Konflikt offen, der das Thema ihres Buches durchgehend begleitet: Die Verbindung des Themas *Kunstrestitution* mit den *Rheingegenden* führt unweigerlich zu einer Auseinandersetzung mit einer politisch instrumentalisierten Kunstförderung Preußens, dessen Handeln in einer Doppelrolle, als Befreier und als neue Macht am Rhein, von einer durchaus skeptischen Öffentlichkeit beobachtet wurde. Preußen betrieb einen ungeheuren Aufwand, mit der Einrichtung von Kunstakademien, Museen und Universitäten ebenso wie mit der Restaurierung historischer Gebäude und neuer Bauprogramme die öffentliche Wahrnehmung von Kulturgut zu fördern. Nicht zuletzt hatte Friedrich Karl vom und zum Stein ja Goethe für einen Bericht über die Kunstschätze im Rheingebiet gewinnen können. Diese Schrift bildete die Grundlage und den Eröffnungstext der Zeitschrift *Ueber Kunst und Alterthum in den Rhein und Mayn Gegenden*. Vielleicht erwähnte Goethe, der an den politischen Auseinandersetzungen nicht besonders interessiert war, im einleitenden Abschnitt die

---

2 WA I, 34,1, S. 71.

Restitution des Rubens-Gemäldes nur pflichtgemäß und kurz, um sich dann den für ihn wichtigeren Fragen zum Umgang mit spätmittelalterlicher Malerei und Architektur zu widmen.

Mit ihrem Thema *Goethe und die Kunstrestitutionen* bewegt sich Catalano auf einer literarisch-kunstphilosophischen sowie auf einer machtpolitisch-staatsideologischen Ebene. Gelingt es ihr, die beiden Bereiche scharf genug voneinander zu trennen und sie dennoch in Beziehung zu setzen? Die beiden folgenden Abschnitte des ersten Kapitels sind den *Kulturräumen als Ortsidentität* sowie dem *Kunstverkehr und Kunstakteuren* gewidmet. Hier schöpft die Autorin aus ihren reichen literarischen und literaturwissenschaftlichen Kenntnissen. Sie befragt Goethes Sammlungskonzepte und Ordnungssysteme im Hinblick auf deren Anwendbarkeit auf die Erwerbungen der Brüder Sulpiz und Melchior Boisserée und anderer spätmittelalterlicher Kunstwerke. Ferner kann Catalano nachweisen, wie im Laufe der Zeit die Beiträge der einzelnen Hefte immer stärker an der kunsthistorischen Methode des vergleichenden Sehens ausgerichtet sind. Bei der Lektüre des ersten Kapitels gewinnt man die Einsicht, dass es der Autorin in erster Linie um die Neuordnung von Konstellationen der Künste und ihrer Präsentationsformen nach 1815 geht. Die in Preußen aus politischen Beweggründen spektakulär inszenierten Restitutionen bleiben dabei Epiphänomene, die dem Buch ihren Titel verleihen, in Goethes Zeitschrift allerdings nur eine untergeordnete Rolle spielen.

Das zweite Kapitel ist dem Bild der *Heiligen Veronika mit dem Schweißtuch* eines Münchner Meisters um 1425 aus der Sammlung Boisserée gewidmet. Diesen Beitrag hat die Autorin als überarbeitete Fassung eines bereits veröffentlichten Textes in den Band aufgenommen. Gleichwohl bietet er sich als eine sinnvolle Ergänzung an, da hier im Gegensatz zu den anderen Kapiteln ein einzelnes Werk als pars pro toto im Mittelpunkt steht, das nun unter den Aspekten einer Neuordnung der Künste vorgestellt wird. Es geht der Autorin sowohl um technische Fragen der Repräsentation wie beispielsweise Reproduktionsverfahren als auch um kunst- und bildtheoretische Reflexionen über Linearität und Umriss. Ausführlich stellt sie dar, wie Goethe in dem Text *Vera Icon* das morphologische Prinzip der Gestalt und die Methode des Vergleichs miteinander verbindet. Das Umbilden wird zu einer Leitidee, die Catalano nicht nur als theoretisches Modell versteht, sondern konkret auf die neuen gesellschaftlichen Verhältnisse bezieht.

Das abschließende dritte Kapitel trägt die Überschrift *Reinszenierung und Restaurierung*. Goethe verfolgt mit großem Interesse die Pläne zur Fertigstellung des Kölner Doms. Dem von Karl Friedrich Schinkel und Boisserée vorangetriebenen Domprojekt widmet er in seiner Zeitschrift einen entsprechend großen Raum. Welche Bedeutung aber *Ueber Kunst und Alterthum* als eine programmatische Schrift für Preußens Rheinland-Politik hatte, wäre in diesem Zusammenhang eine lohnende Frage. Nicht von ungefähr ziert eine Ansicht Kölns aus der Hand Schinkels mit dem im Wiederaufbau befindlichen Dom im Zentrum den Umschlag von Catalanos Band. Ausgehend von dieser prominent präsentierten Illustration wünscht man sich als Leser mehr Informationen zur Umsetzung, Zerstörung und Reinszenierung mittelalterlicher Werke aus dem Blickwinkel Goethes und dessen Zeitschrift. Dieser hatte ja bereits 1809 in den *Wahlverwandtschaften* die Versetzung von Grabsteinen auf einem Kirchhof aus ästhetischen Gründen geschildert, die eine »heitere und würdige Ansicht gewährte«, aber den inneren Zusammenhang zwischen Grab und Stein nicht eliminieren könne.[3] Das Erinnern wird in doppelter Weise aufgerufen: »Wir erinnern uns jener Veränderung, welche Charlotte mit dem Kirchhofe vorgenommen hatte. Die sämmtlichen Monumente waren von ihrer Stelle gerückt und hatten an der Mauer, an dem Sockel der Kirche Platz gefunden«.[4] In einem längeren Exkurs wird die Trennung von äußerem Zeichen und

---

[3] Goethe verwendet das Verb ›versetzen‹ auffällig oft in den Dialogpassagen der *Wahlverwandtschaften*, dann allerdings in einem bedeutungsoffeneren Sinne von ›antworten‹.
[4] WA I, 20, S. 200.

dem »darunter Enthaltenen« expliziert, »denn die wohlerhaltenen Monumente zeigen zwar an, wer begraben sei, aber nicht wo er begraben sei, und auf das Wo komme es eigentlich an, wie viele behaupteten«.[5] Nur wenige Seiten später folgt die bekannte Szene der Ausmalung der mittelalterlichen Kapelle (»zwischen den Spitzbogen«) mit Figuren, deren Aussehen die Züge Ottilies annehmen.

Wenn man, wie Catalano, vollkommen zu Recht das Verhältnis von Historizität und Aktualisierung als ein Schwerpunktthema in den Texten der Zeitschrift *Ueber Kunst und Alterthum in den Rhein und Mayn Gegenden* anerkennt, dann führt eine Spur direkt zu Schinkel. Er war mit allen größeren Bauaufgaben in den Rheinlanden vertraut.[6] Architekt und Dichter sind sich mehrfach begegnet, unter anderem am 17. April 1826, als Schinkel auf seiner Reise nach Paris Goethe in Weimar einen Besuch abstattete. Der Architekt hatte gerade mit dem Bau von Schloss Tegel für Wilhelm und Alexander von Humboldt und dem Umbau von Schloss Glienicke für Prinz Carl von Preußen zwei programmatisch und ideengeschichtlich höchst interessante Projekte abgeschlossen. In dem zweistündigen Gespräch mit Goethe dürften diese Angelegenheiten zur Sprache gekommen sein. Beiden Bauten liegen jene Konzepte der Reinszenierung historischer Artefakte zu Grunde, die man mit Goethes Verständnis von Historizität und Gegenwart direkt in Verbindung bringen kann. Bedauerlicherweise fehlen dazu bislang eingehende kunsthistorische Analysen.

Es sei hier nur kurz auf Schinkels Gestaltung des Innenhofs von Schloss Glienicke verwiesen. Wer diesen betritt, wird mit einer merkwürdigen Sammlung von Kunstwerken konfrontiert, die auf allen vier Seiten der Anlage in die Wände eingelassen sind. Es handelt sich dabei um die unterschiedlichsten Fragmente von Säulen, Kapitellen, Sarkophagen, Masken, Reliefs, Ornamentbändern und anderen plastischen Werken, die nicht nur auf den ersten Blick scheinbar ohne System unter dem Laubengang und am Obergeschoss des Innenhofs angebracht sind. Die Spolien gehören zur reichen Skulpturen-Sammlung des Prinzen, die Schinkel teilweise auf der Italienreise 1824 erworben hatte. Ganz bewusst werden antike römische, griechische, etruskische oder mittelalterliche Versatzstücke neben Fragmenten aus der Renaissance, werden architektonische neben bildplastische, profane neben sakrale, ornamentale neben anthropomorphe Stücke gesetzt. Die bewusste Zersplitterung von authentischen Verweisen auf die Vergangenheit erfährt noch eine Steigerung, indem komplette Säulenschäfte zerstückelt und an verschiedenen Orten angebracht werden.

Die Anordnung unter Schinkel lässt aber erkennen, dass es sich um eine Darstellung handelt, die nicht nur den Artefakten ihre Räumlichkeit raubt, indem sie sie zu Bildmotiven auf einer (Wand-)Fläche reduziert, sondern die das antike Fragment ohne Bezug auf Raum und Zeit neu und zwar nach ihren eigenen Regeln morphologisch, nach Farbe, Größe, Form etc. mit anderen Fragmenten in eine insgesamt neue Ordnung zwingt. Das Autonomie beanspruchende Fragment lässt sich auf mehreren Bedeutungsebenen lesen. Es kann einerseits als pars pro toto bestehen, als ein Bruchstück, in dem sich das Ganze als das Absolute offenbart, oder es kann als jenes Bruchstück verstanden werden, das in der Folge zu anderen Bruchstücken eine Assoziationskette aufbaut und damit etwas völlig Eigenes entstehen lässt. Nach der ersten Lesart bildet das Fragment als ein Abgeschiedenes das Ganze des Kunstwerks ab. Friedrich Schlegel im *Athenäums*-Fragment 206:

»Ein Fragment muß gleich einem kleinen Kunstwerke von der umgebenden Welt ganz abgesondert und in sich selbst vollendet seyn wie ein Igel«.[7] Nach einer zweiten Lesart bildet das Einzelne gemeinsam mit anderen eine eigene Reihe. Goethe hat in einem Brief an Friedrich Schiller vom 16./17. August 1797 auf diese Bestimmung hingewiesen. Er nennt sie »eminente Fälle«:

---

5 Ebd., S. 201.
6 Eva Brües: *Karl Friedrich Schinkel. Lebenswerk. Die Rheinlande.* Berlin 1968.
7 Friedrich Schlegel: *Fragmente.* In: *Athenäum* 1 (1798), 2. Stück, S. 230.

> Ich habe daher die Gegenstände, die einen solchen Effect hervorbringen, genau betrachtet und zu meiner Verwunderung bemerkt daß sie eigentlich symbolisch sind, [...] es sind eminente Fälle, die, in einer charakteristischen Mannigfaltigkeit, als Repräsentanten von vielen andern dastehen, eine gewisse Totalität in sich schließen, eine gewisse Reihe fordern, ähnliches und fremdes in meinem Geiste aufregen und so von außen wie von innen an eine gewisse Einheit und Allheit Anspruch machen.[8]

Die Fragmente antiker und mittelalterlicher Kunstformen, die wie die Grabsteine in den *Wahlverwandtschaften* ihrer kultischen Funktion enthoben an die Mauer gedrängt sind, finden sich in einem quasi-kultischen Kontext wieder. Der Innenhof des Glienicker Schlosses ist mit seinen umlaufenden stilisierten Kolonnaden und dem Wasserbecken in der Mitte wie ein Klosterhof gebildet. Dem zergliederten, gesprengten Ganzen wird auf diese Weise wieder eine neue Einheit gespendet. Ein an dieses Ensemble angrenzendes Klostergebäude im historistischen Stil bekräftigt die Attitude des Kultischen. Schinkels Verfahren, die aus ihrem historischen und topographischen Zusammenhang herausgelösten Kunstwerke als Sammlungsobjekte nach ihren Erscheinungsformen zu ordnen und das Getrennte in der Kombination von formalen Ähnlichkeiten als die neue Einheit zu präsentieren, entspricht ganz dem von Catalano konstatierten Umgang mit den neu entstehenden Sammlungen im frühen 19. Jahrhundert. Glienicke – immerhin ein Bauvorhaben des preußischen Hofes – verbindet die Kontroversen um die Relikte des »Alterthums« mit neuen Präsentationsformen von Sammlungsbeständen in einem Geflecht von privater, staatlich repräsentativer und religiöser Bedeutung. Die Stellungnahmen Goethes zur Morphologie, zur Situation der zeitgenössischen Kunst, zu Fragen der Restaurierung und zum Umgang mit mittelalterlicher Kunst werden dem lesefreudigen Schinkel ebenso vertraut gewesen sein wie die Texte *Ueber Kunst und Alterthum* und die Bemühungen der preußischen Regierung, Goethe als Fürsprecher ihrer Kulturpolitik in den Rheinprovinzen zu gewinnen. Deshalb wäre hier ein vertiefender Blick auf die politischen Implikationen der Zeitschrift wünschenswert gewesen.

Neben der Präsentation mittelalterlicher Kunst aus den Sammlungen der Brüder Boisserée oder Ferdinand Franz Wallrafs in Köln, dem Frankfurter Miniaturkabinett der Familie Morgenstern oder dem Darmstädter Museum werden aus Goethes Umkreis die beiden thüringischen Bestände mittelalterlicher Kunst in Blankenhain und in Heilsberg genannt. Vor allem Ersteren widmet sich die Autorin im Detail. Aufgrund ihrer intensiven Recherchen kann sie wertvolle neue Erkenntnisse zu dem bislang wenig bekannten Umgang mit den wiederentdeckten Skulpturen und Gemälden aus dem zwischen Weimar und Rudolstadt gelegenen Blankenhain vorweisen.

Zwei ausführliche Kapitel über die Restaurierung von Gemälden als *Eine Handwerkskunst* und über *Ausstellen und Edieren* beschließen den Band. Sowohl die Erhaltung und Erneuerung der Werke wie auch ihre Präsentationsformen stellt Catalano in einen unmittelbaren Zusammenhang mit den Kunstrestitutionen. Zweifellos erlebt Restaurierung als Handwerk einen großen Aufschwung. Die Autorin belegt ausführlich, dass es sich dabei aber um weit mehr als um eine Bildpraxis handelt. Die Wiederherstellung der alten Farbenpracht mittelalterlicher Gemälde soll ihre ursprüngliche Wahrnehmung und Wirkung veranschaulichen. Solchermaßen erneuerte Werke sind in der Lage, die historische Distanz zwischen Entstehungs- und Betrachterzeit zu verschleiern. Diese Funktion der restaurierten Bilder führt zu einer intensiven kontroversen Debatte, die Catalano ausführlich analysiert und mit vielen Textbeispielen belegt. Auch das letzte Kapitel bietet zahlreiche Hinweise und neue Erkenntnisse zum Umgang mit alten Kunstschätzen, ihre Reinszenierung in den privaten und öffentlichen Sammlungen sowie ihre Regeneration als religiöse Kultobjekte.

In der Summe handelt es sich hier um eine sehr anregende und materialreiche Studie zu den Kunsträumen der nach-napoleonischen Ära und ihrer Präsentation in Goethes Zeit-

---

8 WA IV,12, S. 244.

schrift. Mit dem titelgebenden Begriff *Kunstrestitutionen* werden allerdings Allusionen erzeugt, die sich als etwas zu hoffnungsvoll erweisen und deren es aufgrund der substanziellen Ergebnisse nicht bedarf.

Reinhard Wegner

Martina Bezner: *Zwischen den Gattungen. Novellistisches Erzählen in Goethes Romanen »Die Wahlverwandtschaften« und »Wilhelm Meisters Wanderjahre oder Die Entsagenden«*. Heidelberg: Winter 2021, 484 S., 72,00 €

Wenn man die in den *Gesprächen mit Eckermann* gespiegelte Entstehungsgeschichte von Goethes *Novelle* (1826) liest, bekommt man den Eindruck, dass die Titulierung als »Novelle« eigentlich nur eine Verlegenheitslösung darstellt. Auch an Wilhelm von Humboldt schrieb Goethe am 22. Oktober 1826, die (nunmehr prosaische) Ausführung der schon lange in ihm rumorenden Geschichte möge »für eine Novelle gelten«, nämlich: »eine Rubrik, unter welcher gar vieles wunderliche Zeug cursirt« (WA IV, 41, S. 203). Zu diesem Zeitpunkt konnte er nicht ahnen, dass die gesprächsweise eher zufällig gefundene Gattungsbestimmung als »sich ereignete unerhörte Begebenheit« (MA 19, S. 203) zur Zauberformel ganzer Generationen von Novellenschreibern werden sollte – und einer unendlich sich fortschreibenden Forschungsliteratur dazu.

»Zwischen den Gattungen«, so hat Martina Bezner ihre Studie zum »Novellistische[n] Erzählen« in Goethes *Wahlverwandtschaften* und *Wilhelm Meisters Wanderjahren* betitelt. Sie ist hervorgegangen aus einer Tübinger Dissertation des Jahres 2014, und damit ist schon eines der grundlegenden Probleme der Arbeit benannt, die erst gute sieben Jahre später im Druck erschienen ist: Das umfangreiche Literaturverzeichnis führt nur Forschungsarbeiten bis zum Jahr 2010 auf.[1] Bezners Studie stützt sich ganz wesentlich auf die ältere Forschung zu den beiden Goethe-Romanen, fasst diese unter dem gattungspoetischen Gesichtspunkt des Verhältnisses von Novelle und Roman zusammen und akzentuiert dabei einiges Bekannte neu. Die Arbeit ist solide methodisch reflektiert, übersichtlich gegliedert, argumentativ nachvollziehbar[2] und bietet durch breite Inhaltsreferate eine gute Einführung in Entstehungsgeschichte, zentrale Themen und Darstellungsformen der *Unterhaltungen deutscher Ausgewanderten* (Kap. I) als Novellenzyklus, der *Wahlverwandtschaften* als eines »novellistisch strukturierten Romans« (Kap. II) und von *Wilhelm Meisters Wanderjahren* als »Novellenroman« (Kap. III). Daneben jedoch weist die Studie mehrere für Dissertationsprojekte dieser Art typische Probleme und Defizite auf, von denen einige genannt werden sollen. Zu ihnen gehören die Überschätzung der Tragweite der eigenen These (im Blick auf das Gesamtwerk wie auch auf die Forschungstradition) ebenso wie die Neigung zur Verstärkung des Bedeutungsanspruchs durch zirkuläre Bezüge und Wiederholungen der Hauptthese in jedem einzelnen Kapitel bis hin zur Zusammenfassung.

Bezner stellt den spezifisch Goethe'schen Novellenroman gattungshistorisch als gezielte Goethe'sche Neuentwicklung dar, die der Modernisierung des Erzählens verpflichtet ist und die älteren aufklärerischen Romanmodelle ablöst. Die übergeordnete diachrone Dimension demonstriert die Autorin an gelegentlichen Ausblicken auf romantische Novellenromane;

---

[1] So ist beispielsweise von der »neuesten Dissertation zu den *Wanderjahren*« auf S. 289 die Rede; genannt wird an dieser Stelle in der Fußnote eine Studie aus dem Jahr 2008. Nicht genannt hingegen wird, um nur ein Beispiel von vielen zu geben, das umfangreiche, von Helmut Hühn herausgegebene Handbuch *Goethes »Wahlverwandtschaften«. Werk und Forschung*. Berlin, New York 2010.

[2] Gelegentlich leider: allzu redundant; eine energische Kürzung vor der Veröffentlichung wäre neben der Einarbeitung neuerer Forschungsliteratur sehr zu empfehlen gewesen.

demgegenüber bleibt die reiche Vorgeschichte des Novellenzyklus mit Rahmenhandlung eher unterbelichtet. Das novellistische Erzählen bei Goethe spiegelt, so die zentrale These der Arbeit, das sich nach 1800 zuspitzende Spannungsverhältnis zwischen Determination und Freiheit bzw. von Heteronomie und Autonomie im Blick auf Individuum und Gesellschaft im poetologischen Spannungsverhältnis von kontingentem novellistischen Erzählen und auf Totalität der dargestellten Welt verpflichtetem symbolisch-romanhaften Erzählen:

> Das novellistische Erzählen hat einen ›unerhörten‹ Gegenstand zum Thema, der über eine kontingente Ereignisstruktur entfaltet wird. Die Vorgänge erscheinen als schicksalhaft, indem die Figuren die Handlung nicht bestimmen, sondern von ihr bestimmt werden. Organisiert und objektiviert wird das novellistische Erzählen durch Leitmotive und Dingsymbole. (S. 134)[3]

Das gleiche Spannungsverhältnis auf der inhaltlichen Ebene wird Bezner zufolge in allen drei Texten am Phänomen der ›Entsagung‹ in unterschiedlichen Bereichen und Kontexten thematisiert. Dieser Thesenkomplex wird überzeugend vorgetragen und wirft tatsächlich einen neuen Blick auf das Verhältnis verschiedener Erzählformen in Goethes späterem Erzählwerk. Im Einzelnen bleibt jedoch beispielsweise der Entsagungsbegriff, wie andere Goethe'sche Konzepte, begrifflich unterbestimmt und wird in seinem (auch) poetologischen Potenzial nicht hinreichend mit bedacht.[4]

Problematisch erscheint zudem, dass die Konzentration des Blickwinkels *ausschließlich* auf das novellistische Erzählen ›zwischen den Gattungen‹ die Untersuchung der anderen, umfangreich in den untersuchten Texten vertretenen Genres und Erzählweisen völlig ausschließt. Die diskursive Ebene der *Maximen* (die sowohl in den *Wahlverwandtschaften* als auch in den *Wanderjahren* prominent vertreten ist) wird nirgends erwähnt, obwohl die Studie immer wieder auf das Kompositionsprinzip der ›wiederholten Spiegelung‹ verweist. Zwar wird eindrucksvoll und anhand vieler Beispiele das Verhältnis von »(romanhafter) Expansion und (novellistischer) Konzentration« (S. 321) vorgeführt, aber eine Erläuterung dieses Wechselverhältnisses anhand für Goethe zentraler Begriffe und Konzepte von ›Polarität‹ und ›Steigerung‹, wie sie beispielsweise mit der Einbeziehung der *Maximen* möglich wäre, wird durch diese Auslassung verschenkt.[5] Auch dem Redaktor und der Archivfiktion in den *Wanderjahren* kommen nur geringe Aufmerksamkeit zu, obwohl die Wahl und Durchführung der Erzählinstanz eigentlich für ein Erzählen ›zwischen den Gattungen‹ konstitutiv sein müsste. In der Zusammenfassung heißt es dazu lapidar: »Aus der fiktionsinternen Prämisse redaktioneller Autorschaft erklärt sich die notwendige Offenheit der Romanform und der Charakter der *Wanderjahre* als Novellenroman: Sie sind ein Redaktorroman« (S. 441). In welchem Verhältnis »Novellenroman« und »Redaktorroman« jedoch zueinander stehen und wie sich beide zur im gleichen Atemzug behaupteten »Offenheit der Romanform« verhalten, bleibt ungeklärt. Die im Rahmen einer Dissertation – noch dazu über das

---

3 Vgl. die beinahe identische Formulierung auf S. 98 u. ö. Einzuwenden ist hier beispielsweise, dass die Strukturierung durch Leitmotive beispielsweise schon in *Wilhelm Meisters Lehrjahren*, die Bezner mit Manfred Engel als ›Transzendentalroman‹ versteht, ein wesentliches poetologisches Instrument ist. Die Dingsymbolik hingegen, die auch in der weiteren Novellenforschung gern als Spezifikum der Gattung gesehen wird, bleibt bei Bezner auf das Kästchen-Motiv beschränkt, das zwar zweifellos zentral ist, aber vielleicht noch durch ein oder zwei Beispiele anderer Dingsymbole hätte ergänzt werden können.

4 Hier wäre, von der umfangreichen Forschungsliteratur ganz abgesehen, ein Blick in den Lexikonartikel im *Goethe-Wörterbuch* hilfreich gewesen. Ein anderes Beispiel ist die äußerst knappe Erwähnung des Dilettantismus-Themas in den *Wahlverwandtschaften*, die weder der wichtigen Rolle des Themenkomplexes im Roman noch der grundsätzlichen Bedeutung des Begriffs für Goethe auch nur annähernd gerecht wird (vgl. S. 234).

5 Vgl. dazu beispielsweise Jutta Heinz: *Narrative Kulturkonzepte. Wielands »Aristipp« und Goethes »Wilhelm Meisters Wanderjahre«*. Heidelberg 2006; bes. Kap. 6.5., 6.6.

reichlich behandelte Goethe'sche Romanwerk – nötige Konzentration auf eine oder mehrere
Hauptthesen ist zwar lobenswert; sie sollte jedoch nicht dazu führen, dass wesentliche andere Elemente des Textes beinahe gar nicht auftauchen oder in ihrer produktiven Bedeutung
speziell für das eigene Thema nicht erkannt werden.

Doch auch wenn die Zusammenfassung des Forschungsstandes breiten Raum einnimmt
und bei einem so gut erforschten Autor wie Goethe die kritische Auseinandersetzung mit
der Sekundärliteratur an und für sich schon eine Herausforderung darstellt, gelingen der
vorliegenden Arbeit einige eigenständige und für die weitere Forschung produktive Ansätze.
Dazu gehört Bezners Interpretation der Makarien-Gestalt: »Sie stellt als allegorische Figur
ein zentrales Symbol der *Wanderjahre* auf der Ebene des Diskurses dar, indem sie die Organisationsform der *Wanderjahre* als ›lebendige Armillarsphäre‹ verkörpert« (S. 336; vgl. auch
S. 439). Allerdings hätte man sich an dieser Stelle das bildtheoretische Verhältnis von »allegorischer Figur« und »Symbol« gern erklären lassen,[6] zumal beide dem Bereich des »Diskurses« zugeschlagen werden bzw. einem technischen »Modell« (ebd.) verpflichtet sind; ihre
Integrationsfunktion kann Makarie laut Bezner überhaupt nur dadurch erfüllen, dass sie
eine »Person« (S. 439) ist. Wie all dies jedoch zusammenspielt, wie sich Bildcharakter,
Modellcharakter, Personalität zur »Romantotalität« (S. 438) ergänzen, bleibt einmal mehr
unklar.

Letztlich beruft sich Bezner – wiederholt – auf den schwebenden Status des Erzählens
›zwischen den Gattungen‹:

> Besonders die mit der Spiegelung von Rahmen und Binnenerzählung und dem Spiel mit
> verschiedenen literarischen Formen operierenden Novellen Goethes zeigen, dass dieser
> Gattung eine ›Inkommensurabilität‹ eignet, bei der das ›Unerhörte‹ nicht mimetisch abgebildet wird, sondern sich in der ästhetischen Form selbst ereignet. (S. 98)

Das ist zweifellos eine interessante poetologische Wendung des Novellenbegriffs, aber mit
einer daraus abgeleiteten »Dominanz des Ästhetischen« (S. 137 f.) wäre Goethe wohl kaum
einverstanden gewesen. Zwar wird in der gegenwärtigen Novellenforschung häufig eher auf
die Kategorie des ›Unerhörten‹ in Goethes anfangs zitierter Bestimmung der Novelle[7] abgestellt und das »sich ereignete« überlesen. Es besteht aber wenig Zweifel daran, auch im Blick
auf Goethes weitere Verwendung des Begriffs ›Novelle‹ in alltäglichen Kontexten,[8] dass damit zumindest *auch* ein reales Ereignis und nicht ein rein ästhetisches Erleben gemeint ist.
Dass sich das ›Unerhörte‹ *auch* im Kopf der Leserin ereignen könnte, wird damit ja nicht
ausgeschlossen.

Jutta Heinz

Francesca Fabbri (Hrsg.): *Ottilie von Goethe. Mut zum Chaos*. Ein Ausstellungsbuch mit Beiträgen von Francesca Fabbri, Waltraud Maierhofer und Yvonne Pietsch.
Vorwort Sabine Schimma. *Schätze aus dem Goethe- und Schiller-Archiv* 6. Wiesbaden: Weimarer Verlagsgesellschaft 2022, 96 S., 16,90 €

Der zu rezensierende Band ist als begleitender Katalog zur vom 26. August bis 18. Dezember
2022 gezeigten Ausstellung »Mut zum Chaos – Ottilie von Goethe« im Goethe- und Schiller-Archiv erschienen. Die Ausstellung zeigt 150 Jahre nach Ottilies Tod das bislang kaum be-

---

6 Im Text selbst wird Makarie als »Gleichnis des Wünschenswertesten« bezeichnet, was bezüglich des
   Bildstatus einen weiteren wichtigen Terminus einführt (MA 17, S. 672).
7 Erstaunlicherweise taucht im Übrigen die *Novelle* Goethes in der Studie kaum auf.
8 Vgl. hierzu den Artikel in GWb 6, Sp. 840 f.

achtete intellektuelle Lebenswerk der Schwiegertochter Goethes. Dabei handelt es sich um die zweite Ausstellung zu Ottilie von Goethe überhaupt.[1]

Der Band stellt den Lebensweg Ottilies in komprimierter Form dar, wobei die Stadien ihrer besonderen Produktivität hervorgehoben und anhand von Bildern der entsprechenden Exponate veranschaulicht werden. Neben Briefen in Ottilies unverwechselbarer Handschrift werden Übersetzungsbeispiele und Skizzen aus ihrem Nachlass präsentiert, die einen Einblick in ihre Kreativität gewähren und auf diese Weise das Lebensthema Ottilies erschließen: Sie lebte für die Dichtung. Ohne Zweifel hat Ottilie von Goethe als Dichterin und Übersetzerin, Redakteurin und Herausgeberin Spuren hinterlassen – da dies jedoch allenthalben privat, pseudonym oder als Unterstützung für andere geschah, hat ihr Wirken in der deutschen Literaturgeschichte leider nie die verdiente Beachtung gefunden. Ihr Freund Gustav Kühne antwortete nach Erhalt eines ihrer Briefe, dies sei ein Stück aus ihrem »passiven Dichterleben«.[2] Weiterhin war ihr das Thema ›Befreiung‹ – die Anteilnahme an den Befreiungskriegen, das Interesse an der jungdeutschen Literatur und die Bestrebungen zur Selbstbestimmung am Beispiel Irlands – ein großes Anliegen. Ottilie war eine Kämpferin – so wie sie sich in ihrer Selbstdarstellung im Aquarell als preußische Pallas Athene (in der Ausstellung) sah. Sie war Vertreterin eines neuen, weiblichen Selbstverständnisses. Nach ihrem Tod geriet diese im besten Sinne unangepasste Frau zunächst jedoch auf geradezu erschreckende Weise in Vergessenheit und sogar Verruf.

Ottilie von Pogwisch wurde am 31. Oktober 1796 in Danzig geboren und entstammte zwei alten preußischen Familien. Aufgrund eines großen finanziellen Verlusts trennten sich ihre Eltern, und für Ottilie und ihre knapp zwei Jahre jüngere Schwester Ulrike begann eine unstete Kindheit. 1806 erfolgte der Wechsel nach Weimar, wo sie die Bekanntschaft August von Goethes machte. Am 17. Juni 1817 wurden August und Ottilie getraut. Die beiden sollten in die Mansarde des Hauses am Frauenplan ziehen. Das Verhältnis zwischen Ottilie und ihrem Schwiegervater entwickelte sich sofort zum Besten. 15 Jahre lang war sie die nächste Mitbewohnerin des Dichters. Auch Ulrike lebte fortan zehn Jahre lang unter Goethes Dach, und so saßen mit einem Mal gleich zwei junge Damen bei dem Dichter zu Tisch. Ottilie begeisterte sich für E.T.A. Hoffmann und Lord Byron. Dem 67jährigen Schwiegervater sprudelte eine jugendliche Welle an Lebendigkeit und Lust auf romantische und englischsprachige Literatur entgegen. Er schenkte Ottilie Vertonungen seiner Gedichte, die sie zu Gehör brachte. Bald ergab sich die Teilnahme Ottilies an der Ausarbeitung von Schriften des Dichters.

Die geistreiche Schwiegertochter entwickelte sich zum Anziehungspunkt der internationalen Gästeschar des alten Goethe. Als Weimar ab den 1820er Jahren Ziel englischsprachiger Studenten wurde, avancierte Ottilie zur Vermittlerin bei Hof sowie in gelehrten Kreisen und erhielt bald auch aufgrund ihrer Übersetzerinnentätigkeit den Spitznamen ›englischer Konsul‹ in Weimar. Im Jahr 1829 gründete sie die Zeitschrift *Chaos*, in der neben Goethe und den Weimarer Bekannten auch zahlreiche berühmte Zeitgenossen vertreten waren. Das Blatt existierte von September 1829 bis Februar 1832, unterbrochen bei Augusts Tod 1830 und beendet mit dem Ableben des Dichters. Mitwirken am *Chaos* durfte nur, wer mindestens einen 24-stündigen Aufenthalt in Weimar nachweisen konnte. Die Redaktion hatte ihren Sitz in der Mansarde des Goethehauses; die Herausgeberin stellte das wöchentlich erscheinende

---

1 Die erste Ausstellung fand vom 1. Dezember 1996 bis 19. Januar 1997 im Goethe-Museum Düsseldorf anlässlich Ottilies 200. Geburtstags statt: »Ottilie von Goethe 1796-1872«. Sie war Anregung für die erste und einzige wissenschaftliche Biographie zur Person Ottilies, d.i. Karsten Hein: *Ottilie von Goethe (1796-1872). Biographie und literarische Beziehungen der Schwiegertochter Goethes.* Frankfurt a.M. 2001. Zugl.: Univ. Diss., Düsseldorf 2000 (698 S.).

2 Edgar Pierson (Hrsg.): *Gustav Kühne, sein Lebensbild und Briefwechsel mit Zeitgenossen.* Dresden u. Leipzig 1889, S. 178.

Journal zusammen. Die eingereichten Texte in beliebiger Sprache mussten unveröffentlicht sein und wurden nicht mit Klarnamen gekennzeichnet. Geschützt durch Pseudonyme konnte man sich frei fühlen, Wahrheiten und Gefühle offen auszusprechen. Mitunter bezogen sich Texte aufeinander, und es entwickelte sich ein interaktives poetisches Hin und Her. Und ein weiteres Novum: Etwa ein Viertel der rund 100 Mitwirkenden waren Frauen. In Ausstellung und Buch werden verschiedene Titelblattvarianten des *Chaos* und Gedichtbeispiele gezeigt (S. 31, 32, 36–38).

Der Tod ihres Schwiegervaters bedeutete in mehrfacher Hinsicht eine Wende in Ottilies Leben. Der Dichter war Dreh- und Angelpunkt all ihrer Aktivitäten gewesen; es entstand eine große Leere. Zudem wurden laut Testament ihre drei minderjährigen Kinder Universalerben und erhielten bis zu ihrer Volljährigkeit Vormünder. Die Kunst-, Naturalien- und Briefsammlungen wurden unter die Betreuung des großherzoglichen Bibliothekssekretärs gestellt und sollten möglichst an eine öffentliche Anstalt verkauft werden. Wohnhaus und Gärten blieben vorerst unveräußerlich. Ottilie wurde das Wohnrecht und ein jährliches Wittum sowie für jedes Kind ein Alimentations- und Erziehungsgeld bis zur jeweiligen Volljährigkeit zugesprochen. Danach sollten Walther, Wolf und Alma an ihre Mutter ein jährliches Einkommen zusätzlich zum Wittum entrichten; dies jedoch nur unter der Bedingung, dass sie unverheiratet bliebe.

Es folgten Jahre mit wechselnden Aufenthaltsorten, an denen sich Zirkel aus alten und neuen Bekannten um Ottilie bildeten. Sie unterstützte ihre englische Freundin Anna Jameson durch Übersetzungen (S. 77) sowie den jungdeutschen Schriftsteller Gustav Kühne bei seinen Irlandstudien (S. 56). Vor allen Dingen ihre Freundschaft mit Sibylle Mertens-Schaaffhausen, einer autodidaktischen Archäologin, beflügelte Ottilies Interesse für Altertümer. Während ihrer ausgedehnten Italienreisen besichtigte sie Galerien, Museen und betätigte sich als Kunstsammlerin. Ottilie brachte es im Laufe ihres Lebens zu einer beachtlichen Kunstsammlung. Die Inventarliste ihrer Wiener Wohnung zählt hunderte von Bildern und Objekten. In der Ausstellung sahen wir beispielhaft ein etruskisches Bronzegefäß aus dem 6. Jahrhundert v. Chr. (S. 63). Erschwert wird die Erforschung dieser Sammlung durch den Umstand, dass Gegenstände aus Ottilies Nachlass später fälschlicherweise als Objekte ihres Schwiegervaters angesehen wurden (S. 69). Ähnlich erging es August von Goethe, dessen Münzen- und Steinsammlungen bis heute nicht rekonstruiert werden können (S. 46). Ottilie besaß weiterhin eine beeindruckende Bibliothek, deren Katalog von 1861 rund 1000 Titel in vier Sprachen verzeichnet (S. 70). Diese ging nach ihrem Tod am 26. Oktober 1872 zunächst auf ihren Sohn Wolf über und wurde später aufgeteilt.

Den Autorinnen – allen voran Francesca Fabbri – muss an dieser Stelle Dank ausgesprochen werden. Es macht große Freude, das Erwecken Ottilies, dieser äußerst wichtigen Person des Goethe-Kosmos, zu erleben, und es bleibt zu hoffen, dass noch weitere Schätze aus Ottilies und ihrer Familie Nachlass gehoben werden.

Karsten Hein

Alexander Pavlenko: *Faust. Eine Graphic Novel nach Goethes »Faust I«*. Adaptiert von Jan Krauß. Frankfurt a. M.: Edition Faust 2021, 166 S., 24,00 €

Was darf man von Comic-Adaptionen literarischer Klassiker erwarten? Sicherlich ganz unterschiedliche Ambitionen. Was *will* also ein solcher Comic? Alexander Pavlenkos und Jan Krauß' *Faust*-Version, die im vorigen Jahr in der *Edition Faust* der Frankfurter *Faust Kultur GmbH* erschien und die Sonderauszeichnung des Hessischen Verlagspreises gewann, stellt Lesende vor die zweite Frage.

Linda-Rabea Heyden hat in ihrer Monographie über die längst zahlreichen *Faust*-Comics expliziert,[1] dass in Klassiker-Adaptionen im Comic nicht nur Inhalt und Struktur transformiert und mediale Optionen reflektiert werden können, insbesondere durch spezifisch ›comikale‹ Verfahren, sondern auch der Umgang mit dem Klassikerstatus kommuniziert wird. Wie der Klappentext von Pavlenkos Adaption feststellt, kenne wohl »alle Welt […] den Faust«. Dennoch »erschließ[e]« Pavlenko das »sehr deutsche [sic!] Werk«, und zwar »mit meisterlich gezeichneten Szenen wie aus einem kühnen Historienfilm«. Damit ist als erste ästhetische Orientierung für den Anspruch des Dramen-Comic ein drittes Medium angegeben, und darin ein Historiengenre, das zur Phantastik des *Faust* tatsächlich nur in kühnen Varianten passen wird. Jedenfalls ist mit der ›Erschließung‹ wohl die – recht alte – Vorstellung aufgerufen, dass ein vergleichsweise schwer zugänglicher Text, dem ein hoher Wert zugeschrieben wird, in der vermeintlich einfacheren Ästhetik des Comic einem Publikum aufgeriegelt werde, das es in einer stellvertretenden oder vielleicht vorbereitenden Lektüre kennenlernen darf. Die Selbstbezeichnung ›Graphic Novel‹ verspricht dagegen eher ein eigenständiges, abgeschlossenes Œuvre. Der manchmal als bloßer Werbeslogan kritisierte Terminus soll dem Werk einerseits eine größere Schöpfungshöhe als ›bloßen Comics‹ zuschreiben (was nicht stimmt), andererseits nähert er es etablierten Segmenten des Buchmarkts an (was stimmig sein kann).

Für Pavlenkos Adaption scheint vor allem die erste, ästhetisch vielleicht geringere Ambition zu gelten, die die Treue zum Original als künstlerischen Wert wiederbelebt. Besondere bildnerische oder comikale Effekte sind in den auf meist ein bis zwei Farben durchgehend kolorierten Umrisszeichnungen rar. So wird kaum eine Figur cartoonisiert, die Panelsequenzen laufen großteils gleichförmig ab und das Verhältnis zwischen Handlungs- und Raumzeichen wird selten gezielt ausgestaltet. Feuer, Insekten in Auerbachs Keller und die wilden schwarz-roten Linien des Erdgeists erhalten ausnahmsweise mehr Aufmerksamkeit vom Künstler; und einmal wird die Panelsequenz genutzt, um Mephistos Binnenerzählung über Gretchens Verurteilung in gestisch beeindruckenden, unkommentierten Einzelbildern statt sprachlich abzubilden (S. 155). Aber der Comic misstraut diesem hervorstechenden Kunstgriff und lässt Faust alles auf der nächsten Seite noch einmal im Sprechblasentext zusammenfassen. Auch wo das Drama bereits eine mediale Reflexion anbietet, folgt Pavlenko selten. Immerhin ist der *Prolog im Himmel* in Blau statt im Gelb-Braun des restlichen Bands gehalten, und die seriell dargestellten Erzengel lassen sich als unpersönlich gestaltete Stimmen verstehen, während der Herr (nach dem Vorbild evangelistischer Comics) kein Gesicht erhält, sondern aus dem *hors-cadre* spricht.

Aber da die *Zueignung* fehlt (obwohl die bekannte Szenenfolge ansonsten ohne Auslassung und ohne gezielte Kürzungen oder wesentliche Erweiterungen abgebildet ist) und das *Vorspiel auf dem Theater* graphisch ganz wie die Faust-Erzählung gestaltet wird, bleibt der Himmel ein Exkurs. Das Potenzial der graduellen selbstbezüglichen Herleitung des Dramas geht verloren. Das *Vorspiel* bereitet nicht dieselbe Medialität vor, auf dem später Comic gespielt wird: Auf einer noch verhüllten, fahrenden Bühne auf dem Marktplatz in »Frankfurt am Main, 16. August 1772« reden Direktor, Dichter und lustige Person miteinander. Letztere erscheint andeutungsweise als Typ statt als Individuum. Um das aber zu erkennen, bedarf es einer Vertrautheit mit dem Stück, die auch sonst öfter verlangt wird, u.a. gleich darauf, als der Direktor von »diesem Bretterhaus« (S. 8) spricht, in dem er sich laut der Zeichnung gerade nicht befindet. Auch sonst ist Jan Krauß' – wiederum laut Verlagsankündigung – ›modernisierte‹ Prosavariante des Texts zwar um poetische Effekte reduziert, wird dabei aber nicht unbedingt zugänglicher. »Schönes Fräulein, darf ich Ihnen mein Geleit antragen?« (S. 83) ist trotz Siezens wohl kaum zeitgemäßer als das Original; und wird die Anrede dadurch wirklich verständlicher – oder setzt diese Sprechblase nicht eher darauf, wiedererkannt zu werden? Die Sprechblasen sind übrigens ein Ärgernis: ungelettert und

---

1 Linda-Rabea Heyden: *Faust-Comics. Adaption und Arbeit am Klassiker*. Berlin 2023.

monoton getippt stehen sie in immer gleichen, kantigen und flächengreifenden Umrissen zwischen den Betrachtenden und den Bildern.

Von Alexander Pavlenko liegen auch eigenständige Comicbände vor: Die mit dem französischen Schriftsteller Camille de Toledo als Texter verfassten *Herzl. Une histoire européenne* (2018; 2020 in deutscher Übersetzung bei Suhrkamp) und *Le Fantôme d'Odessa* (2021) arbeiten einerseits mit an Kriegsfotografien gemahnenden Sepia-Bildern in wechselnden Nah- und Detailaufnahmen, andererseits mit einem Wechsel von flächig kolorierten figürlichen Panels und an Underground Comix erinnernden Noir-Ästhetiken. Eine Comic-Fassung zu Meyrinks *Golem* sowie zu *Dr. Caligari* sind bislang unveröffentlicht; Proben des letzteren Bands demonstrieren ein mutiges Spiel mit angeschnittenen und geschrägten Panels, die die expressionistischen Szenarien des Films für den Comic weiterdenken. Eine Adaption zu E. T. A. Hoffmanns *Der goldne Topf* ist im selben Verlag in Vorbereitung, als ›Illustration‹ und nicht als ›Graphic Novel‹ annonciert. Die ersten Proben, die der Künstler davon auf seiner Webseite zeigt, demonstrieren ein intrikates und geistreiches Spiel mit der Ästhetik des Scherenschnitts, die Körperimaginationen aus Nippes des 18. Jahrhunderts ebenso aufnimmt wie Verfahren des Papiertheaters, um eindrückliche und vieldimensionale Seiten zu gestalten. Jan Krauß ist mit dem riesigen Potenzial von Remediationen in seinem Nietzsche-›Remix‹ *Der dritte Dionysos* (2019) innovativ und differenziert umgegangen. So viel Erfindung hätte ich mir auch für den *Faust* gewünscht.

Stephan Packard

Aus dem Leben der Goethe-Gesellschaft

In memoriam

Prof. Dr. Gernot Böhme
3. Januar 1937 – 20. Januar 2022

Am 20. Januar 2022 starb Gernot Böhme völlig unerwartet nach einem nachmittäglichen Spaziergang. Obwohl 85jährig, stand er mitten im Leben. Wenige Tage später sollte sein neues Projekt beginnen: Öffentliche Lesungen in Philosophie und Literatur für ein interessiertes Laienpublikum mit anschließender Diskussion. Er gilt als einer der bedeutendsten Philosophen unserer Zeit. Sein umfangreiches Werk umfasst Schriften zur Theorie der Zeit, Ethik, Wissenschaftskritik, klassischen Philosophie (insbesondere Platon und Kant), Bewusstseins-, Natur- und Leibphilosophie, Ästhetik, Kritik der Leistungs- und Konsumgesellschaft sowie Schriften zu Goethe. 2005 erschien *Goethes Faust als philosophischer Text*.

Von 2010 bis 2020 war er 1. Vorsitzender der Darmstädter Goethe-Gesellschaft und Herausgeber und Mitautor der *Schriften der Darmstädter Goethe-Gesellschaft*. Das letzte Heft, allein von ihm verfasst, versucht eine Antwort auf die Frage, was Goethe uns heute noch zu sagen hat. Angesichts der fortschreitenden Naturzerstörung zeigt Böhme, wie aktuell Goethes Kritik an der Naturwissenschaft und der Vorstellung der absoluten Naturbeherrschung ist.

Böhme war ein unermüdlicher Aufklärer. Er hatte ein geradezu seismographisches Gespür für gesellschaftliche Entwicklungen. An der akademischen Philosophie monierte er, dass sie zumeist nur für ein Fachpublikum gedacht ist. Bis zuletzt mischte er sich in den öffentlichen Diskurs ein. Darin sah er auch die wesentliche Rolle der Philosophie, gesellschaftlich relevante Entwicklungen kritisch zu kommentieren. Er äußerte sich zu politischen Tagesfragen, wandte sich gegen Berufsverbote und Ausländerfeindlichkeit, setzte sich ein für eine Technik und Naturwissenschaft, die ökologisch und sozial orientiert ist, und unterstützte die Friedensbewegung. 1984 unterzeichnete er als einer der ersten von 130 Wissenschaftlern und Technikern die *Darmstädter Verweigerungsformel*, die sich gegen die Beteiligung von Wissenschaftlern an der Rüstungsindustrie richtete. Dies und mehr machte ihn auch zu einem streitbaren Philosophen. 2003 erhielt er den *Denkbar-Preis* für »obliques Denken«.

Am 3. Januar 1937 in Dessau geboren, erlebte er die Schrecken des Krieges. Die Familie floh vor den Bomben in ein kleines Dorf namens Lucklum. Aber auch hier gab es Gewalt, diesmal in der Dorfjugend untereinander wie gegenüber den Zugezogenen. Diese Erfahrung von Gewalt führte bei ihm zu einer zutiefst pazifistischen Haltung, die in vielfältiger Weise seine späteren Forschungen beeinflusste und sich auch im Umgang mit anderen Menschen zeigte.

Nach seinem Studium der Mathematik, Physik und Philosophie in Göttingen und Hamburg wurde er von 1966 bis 1969 Assistent bei dem Physiker und Friedensforscher Carl Friedrich von Weizsäcker in Hamburg, der dort einen Lehrstuhl für Philosophie innehatte, und promovierte bei ihm 1966 über Zeitmodi. 1970 holte ihn Weizsäcker an das neu gegründete Max-Planck-Institut in Starnberg *Zur Erforschung der Lebensbedingungen der wissenschaftlich-technischen Welt.* Dort blieb er bis 1977. Böhmes Schwerpunkt war die Ökologie. Sein Mentor Weizsäcker baute ihm auch die Brücke, sich schließlich ganz für die Philosophie zu entscheiden. 1973 habilitierte er sich in den Zeittheorien bei Platon und Kant an der Philosophischen Fakultät der Universität München. Von 1977 bis 2002 war er Professor der Philosophie an der TU Darmstadt.

Aber schon zu Starnberger Zeiten interessierte ihn ein Projekt, das ihn zeitlebens nicht mehr losließ. Gemeinsam mit seinem Bruder, dem Germanisten und Kulturwissenschaftler Hartmut Böhme, veröffentlichte er 1985 *Das Andere der Vernunft.*

> Das von der Aufklärung verdrängte Andere der Vernunft, das ist inhaltlich die Natur, der menschliche Leib, die Phantasie, das Begehren, die Gefühle – oder besser: all dieses, insoweit es sich die Vernunft nicht hat aneignen können. Dieses Andere der Vernunft für das Selbstverständnis des Menschen zurückzugewinnen, das war meine Arbeit der letzten 30 Jahre,

so sein Fazit in seinem 2012 erschienenen Buch *Ich-Selbst. Über die Formation des Subjekts.* Schon 1985 formulierte er seine Kritik am Rationalismus der Aufklärung am Beispiel Kants, dessen Vernunftdiktat als rigorose Selbstbeherrschungsstrategie und Leibverdrängung entlarvt wird. Die Aufklärung ist unvollständig, da sie verdrängt, dass wir qua Leib selbst Natur sind. Eine Analyse der Gesellschaft muss seit Freud die Natur, den Leib, das Unbewusste miteinbeziehen. Dieses brillant geschriebene Buch machte nicht nur in Deutschland, sondern auch im Ausland Furore. *Leibsein als Aufgabe,* so auch der gleichnamige Titel einer Arbeit aus dem Jahr 1995, die an Brisanz nicht verloren hat. Ganz im Gegenteil, Leiblichkeit wird in einer immer mehr technisierten und auf Effizienz ausgerichteten Welt zum Problem. Perfektion und Leistung stehen im Vordergrund, nicht die »emotionale[ ] Teilnahme am Dasein« und die Freude an der eigenen Existenz. Der moderne Mensch ist nicht nur leibvergessen, sondern in »gewissem Sinne geistesabwesend, d.h. wir sind nicht bei uns selbst und dem, was sich gerade vollzieht, sondern mit unserem Gedanken bei Vergangenem und Zukünftigem«. Darüber versäumt er die Gegenwart. Hinzu kommt, dass Medikamente, Schönheitschirurgie, Transplantations- und Reproduktionsmedizin, Gentechnik etc. dem Menschen auf den Leib rücken, er wird »potentiell zum Artefakt«. Der Einzelne sieht seinen Leib quasi von außen, das Bewusstsein, das man von sich selbst hat, so Böhme, ist »medien- und blickvermittelt«. Auch der Forderung nach allumfassender Digitalisierung stand er kritisch gegenüber: Die »Digitalisierung […] ist nur die technische Seite der Entwicklung. Was sich anbahnt, ist eine Virtualisierung der Gesellschaft – mit der Folge, dass der einzelne Mensch zur Gesellschaft gehört, wenn und soweit er ein Anschluss ist bzw. einen Anschluss hat« (*Schriften der Darmstädter Goethe-Gesellschaft* 11).

Um den gesellschaftlichen Trends zu widerstehen, so Böhme, reicht Wissensvermittlung allein nicht aus, wir müssen uns auch anders erfahren. Zu diesem Zweck inspirierte er 2005 die Gründung des Instituts für Praxis der Philosophie e. V., kurz IPPh, dessen Vorsitz er bis zu seinem Tode innehatte. Das Institut vereint beides: Philosophie als Lebensform (Sokrates) wie auch Philosophie als Kritik an der Gesellschaft (Kant). Spezielle Übungen gemeinsam mit anderen dienen der Selbstkultivierung, dazu gehören: Wahrnehmen-Können, Leibsein-Können, aber auch Standhalten-Können, Nein-Sagen-Können. Ebenso konstitutiv für sein Werk ist der Begriff der ›Atmosphäre‹, so auch der gleichnamige Titel seiner neuen *Essays zur Ästhetik.* Über seine Auseinandersetzung mit der Ökologie erkennt Böhme, dass ›Atmosphäre‹ die Basis einer jeden Wahrnehmungstheorie sein sollte. Denn zuallererst nimmt der Mensch über seine Leiblichkeit seine Umgebung atmosphärisch wahr, erst danach analysiert er sie im Einzelnen. Unter dem Gesichtspunkt der Stimmung und Atmosphäre betrachtet Böhme auch Goethes Darstellung von Margarete im *Faust (Schriften der Darmstädter Goethe-Gesellschaft 4)*. Der Begriff der Atmosphäre durchzieht sein ganzes Werk und wird zur Grundlage seiner neuen Theorie der Ästhetik.

Klimakrise, Naturzerstörung, Massentierhaltung, toxische Lebensmittel, es gibt so viele seelisch belastende Probleme heutzutage, dass es nahezu unmöglich scheint, ohne Schuldgefühle zu konsumieren. Wie damit umgehen? In seinem empfehlenswerten Buch *Über das Unbehagen im Wohlstand*, verfasst im letzten Jahr mit seiner Tochter, der Neurowissenschaftlerin Rebecca Böhme, versuchen beide eine Antwort zu geben.

Trotz aller gesellschaftlichen Probleme hat Gernot Böhme nie seinen Optimismus verloren, er war zutiefst davon überzeugt, dass selbst kleine Schritte in Richtung eines Besseren, die ein jeder von uns gehen kann, schließlich Wirkung zeigen werden. Sein Engagement für die Sache war verbunden mit einer tief empfundenen Menschlichkeit anderen gegenüber sowie mit einem zurückhaltenden Auftreten; er hatte die seltene Gabe, aufmerksam zuhören zu können. Jeden Tag praktizierte er eine Stunde lang die traditionelle buddhistische Meditationspraxis des Zazen. Sie dient dazu, trotz umherschweifender Gedanken immer wieder die Aufmerksamkeit auf den Atem und die Körperhaltung zu lenken. Möglich, dass ihm dies die enorme Energie und Konzentration gab, uns ein solch umfangreiches und bedeutendes Werk zu hinterlassen.

Ute Promies

Prof. Dr. Dr. Gonthier-Louis Fink
19. März 1928–25. März 2022

Wenige Tage nach seinem 94. Geburtstag ist Gonthier-Louis Fink am 25. März 2022 in einem Saarbrücker Krankenhaus gestorben. Er war einer der bedeutendsten Germanisten Frankreichs. Als Inhaber des Straßburger Lehrstuhls von 1968 bis zur Emeritierung 1993 und bis in die letzten Jahre wissenschaftlich produktiv, hat er durch zahlreiche Arbeiten die Kenntnis des 18. Jahrhunderts und von Goethes Werk wesentlich gefördert.

Seine Zweisprachigkeit hat ihn für das Studium der Germanistik in Frankreich prädestiniert. Deutsch war seine Muttersprache. 1928 wurde er in Karlsruhe als Sohn eines Handelsschullehrers geboren und wuchs dort auf. 1942 zog die Familie ins Saarland, wo er das Gymnasium in Neunkirchen besuchte und 1946 das Abitur ablegte. 1943 hat ein Sportunfall in der Schule zur Versteifung eines Beins geführt. So musste er vier Monate im Krankenhaus verbringen und konnte dann nur mit zwei Krücken gehen – 60 % Invalidität wurden ihm bescheinigt. Darunter litt er sein Leben lang. Seiner als Typoskript vorliegenden Autobiographie gab er deshalb den Titel *Les tribulations du culbuteau* (Die Leiden des Stehaufmännchens). Dieser körperliche Mangel bewahrte ihn vor der sonst obligatorischen Mitgliedschaft in der Hitlerjugend. Noch in Karlsruhe war er in den »Bund Neudeutschland«, einen akademisch geprägten Verband der katholischen Jugendbewegung, eingetreten, der 1919 durch Jesuiten als »Verband katholischer Schüler höherer Lehranstalten« gegründet worden war. Nicht weit von der Wohnung der Familie Fink in der Karlsruher Bismarckstraße hatte der Jesuitenorden eine Niederlassung, der Finks Mutter sehr zugetan war. Am Rande der Legalität bestand die »ND«-Gruppe, bis der Verband 1939 durch die Gestapo verboten wurde. Man traf sich im Geheimen – Fink führte seine frühe Aversion gegen den Nationalsozialismus vor allem auf die Mitgliedschaft beim »ND« zurück. Nach einem Erholungsaufenthalt des im Krankenhaus völlig Abgemagerten in Ostpreußen lernte Fink in Neunkirchen französische Zwangsarbeiter kennen, die im Bergwerk arbeiten mussten. Sonntags durfte er sie nach Hause einladen. So perfektionierte er seine Französischkenntnisse. 1946 bestand er das Abitur.

Als Saarländer wäre es für ihn nicht schwierig gewesen, ein Studium in Frankreich zu absolvieren, aber die französische Verwaltung verlangte, dass zunächst ein Studienjahr an einer deutschen Universität belegt würde. Fink wählte Mainz. Aber Bedingung für eine Immatrikulation dort war es, sich mindestens während eines Semesters an der Schuttbeseitigung zu beteiligen, was für ihn wegen seiner Teilinvalidität nicht möglich war. Die einzige Fakultät, die auf diese Auflage verzichtete, war die theologische, wo er sich dann einschrieb. Da es in der stark zerstörten Stadt keine Studentenzimmer gab, schlief er zunächst im Wartesaal des Bahnhofs, der immerhin geheizt wurde. Nach dem für sein Germanistikstudium verlorenen Mainzer Jahr durfte er im September 1947 endlich nach Frankreich reisen. Wieder konnte er sich zunächst nur an der Katholischen Universität in Angers immatrikulieren. Glücklicherweise kam er dort bei einer freundlichen alten Dame unter, die ihn gleichsam adoptierte. Er fühlte sich nun immer mehr als Franzose denn als Deutscher. Als Gegner des Nationalsozialismus und Bewunderer der französischen Republik ließ er sich in Frankreich naturalisieren, was endgültig aber erst 1953 gelang. Der französische Staat gewährte ihm ein Stipendium. Er studierte in Angers/Rennes, Nancy und Paris.

Bei einer mündlichen Prüfung in Nancy war Robert Minder sein Prüfer, den er dank seiner Kenntnisse und Zweisprachigkeit für sich einnahm. Im Juli 1952 heiratete er Antoinette Langlois in Paris. Trauzeuge war Robert Minder, der ihn weiterhin förderte. 1952 legte er an der Sorbonne die Magisterprüfung (DES) ab. Er war von 1952 bis 1956 Lektor an der Universität Dijon bei Géneviève Bianquis. Nach Forschungsarbeiten am Pariser CNRS, Dozententätigkeit in Besançon und der Habilitation an der Sorbonne (bei Robert Minder) folgte 1968 die Berufung nach Straßburg.

Schon in der Magisterarbeit über *Charles Perrault und die Märchen der Brüder Grimm* hatte er sich der Gattungsgeschichte zugewandt. Sie war auch das Thema seiner Habilitationsschrift *Naissance et apogée du conte merveilleux en Allemagne* (1966) / *Tiecks dualistische Märchenwelt* (1967). Leider wurde sie in der deutschen Germanistik kaum rezipiert. Schuld daran war wohl die oft gescheute Anstrengung, ein umfangreiches Werk in französischer Sprache zu studieren. Die Anerkennung durch Spezialisten wie Max Lüthi (1971) oder Jens Tismar (1983) blieb allerdings nicht aus. Auch eine Anthologie der verschollenen und von der Literaturgeschichte vergessenen Autoren der Jahre zwischen 1780 und 1805, die er mit seiner Frau Antoinette Fink-Langlois unter dem Titel *L'Allemagne face au classicisme et à la Révolution* (1972) edierte, wurde in der deutschen Germanistik kaum wahrgenommen.

In seinem ersten Forschungsgebiet, dem Märchen und Kunstmärchen, geriet Goethe immer wieder in seinen Blick. Die letzten siebzig Seiten seiner Habilitationsschrift widmete er Goethe – vor allem dem *Märchen*! In seinen Arbeiten über *Wilhelm Meisters Lehrjahre* ging es ihm um die Bildung des Bürgers, in *Wilhelm Meisters Wanderjahre* um die Auseinandersetzung mit der Tradition, um die Eigentumsproblematik und die Pädagogik als Forderung des Tages, in den *Wahlverwandtschaften* um Struktur- und Zeitaspekte. Die umfangreiche Einführung und Kommentierung der *Wanderjahre* in der *Münchner Ausgabe* (MA 17) bilden den Höhepunkt seiner Goethe-Roman-Studien.

Fink hat zahlreiche Studien zur Revolution geschrieben – im Horizont dieser Thematik gewinnen seine Goethe-Interpretationen ihre historische Prägnanz. Er folgte der Tradition der Straßburger Germanisten, Goethe zum Zentrum seiner Arbeit zu wählen. Er war Mitveranstalter der großen Goethe-Ausstellung 1999, die in Düsseldorf, Bologna und Saverne unter dem Titel *Europa, wie Goethe es sah / Goethe et l'Europe* aus Anlass von Goethes 250. Geburtstag gezeigt wurde. Noch Finks letzte wissenschaftliche Arbeiten galten Goethe: der *Neuen Melusine* (2013), *Valmy in Goethes »Campagne in Frankreich 1792«* (2014), der *Campagne in Frankreich 1792* (2016) und dem Knabenmärchen *Der neue Paris* (2017). Seine Schüler und Freunde haben 2020 seine Goethe-Studien in einem umfangreichen Band gesammelt und ediert.[1]

Finks Forschungsinteresse galt außer Goethe der deutschen und französischen Literatur- und Kulturgeschichte 1649-1830, epischen Gattungen wie Märchen und Roman, der Imagologie, der elsässischen Literatur und Geschichte sowie der Rezeption der amerikanischen und französischen Revolution. Neben Goethe stand die Literatur und Kultur der Aufklärung im Zentrum seiner Forschungen. Zahlreiche Studien schrieb er zur Klima- und Kulturtheorie, die in Frankreich und Deutschland während mehrerer Jahrzehnte ein wichtiges Instrument der Anthropologie und der Kultur- und Kunstgeschichte darstellte. Ein ›kleiner‹ Aufklärer wie der Elsässer Pfeffel, Wieland, Sophie von La Roche und immer wieder Herder waren Gegenstand seiner akribisch geschriebenen, material- und umfangreichen Abhandlungen. Die großen Tendenzen des 18. Jahrhunderts wie Universalismus, Kosmopolitismus, Weltbürgertum, Nationalismus und Patriotismus hat er kenntnisreich dargestellt.

Fink versuchte stets, historische, politische, gesellschaftliche und soziale Zusammenhänge zu berücksichtigen, in deren Kontext die literarischen Texte interpretiert wurden. So gesehen war er schon früh ein ›Kulturwissenschaftler‹. Dabei folgte er seinem Vorbild Robert Minder. Sein wissenschaftliches Lebenswerk umfasst rund 200 Arbeiten.

Seit dem Ende der 60er Jahre wandte sich Fink immer mehr der Kontextualisierung literarischer Texte zu. Von der Gattungsgeschichte führte ihn – offensichtlich auch unter dem Eindruck der politischen Tendenzen seit 1968 – seine wissenschaftliche Neugier auf die komplexen historischen Verhältnisse der letzten Jahrzehnte des 18. und des frühen 19. Jahrhunderts. Er wandte sich gegen die Tendenz deutscher Literarhistoriker zur Harmonisierung der Epochenkonstruktionen – ›Epoche‹ ist für ihn angefüllt mit Kontrasten und Widersprüchen, einer Mischung aus Konvention und neuen Ideen. Den germanistischen Synthesen der Epochendarstellung setzte er die akribische Einzelanalyse mit konsequenter Kontextualisierung entgegen. Kaum ein deutscher Germanist hat so beharrlich wie Fink die Literatur dieser Phase im Horizont der Revolution – auch der amerikanischen – gedeutet. Er hat sie als ständige Herausforderung in Literatur und Publizistik verstanden. Interdisziplinarität und Interkulturalität seiner Arbeiten zeigen immer wieder, in welchem Maße er versuchte, Brücken zwischen verschiedenen Disziplinen – Geschichte, Anthropologie, Ideengeschichte usw. – und zwischen Deutschland und Frankreich zu schlagen.

In der akademischen Selbstverwaltung und durch seine Mitarbeit in wichtigen hochschulpolitischen Kommissionen erreichte er es durch außerordentliches Engagement und politisches Geschick, die Stellung der Straßburger und der französischen Germanistik zu verbessern und die Dominanz von Paris zu schwächen. Die deutsch-französische Verständigung hatte in ihm einen energischen Anwalt.

---

1 Gonthier-Louis Fink: *Goethe-Studien / Etudes sur Goethe* (1971-2017). Zusammengestellt und herausgegeben von Anne Felder, Raymond Heitz, Roland Krebs, Christine Maillard. Würzburg 2020 (mit Bibliographie der Veröffentlichungen seit 1989, Nr. 86-198); *Bibliographie Nr. 1-85 (1952-1987)*. In: *Germanistik aus interkultureller Perspektive*. Hrsg. von Adrien Finck und Gertrud Gréciano; *En hommage à Gonthier-Louis Fink*. Strasbourg 1988, S. 317-323; vgl. die Rezension der *Goethe-Studien* im GJb 2020, S. 215-217 (Sophie Picard).

Er gründete die Zeitschrift *Recherches germaniques*, die er von 1971 bis 1997 herausgab, war Gründer der *Société Goethe de France* und arbeitete als geschätztes Mitglied in zahlreichen deutsch-französischen Kommissionen. Mit vielen Auszeichnungen ehrten ihn Frankreich und Deutschland, u. a. durch das Bundesverdienstkreuz und die Goldene Goethe-Medaille der Goethe-Gesellschaft in Weimar. Die Universitäten Freiburg, Jena und Saarbrücken verliehen ihm 1993, 2005 und 2010 die Ehrendoktorwürde.

2005 hat er seinen Wohnsitz von Straßburg nach Güdingen bei Saarbrücken verlegt. Die bequemere Nutzung der Saarbrücker Universitätsbibliothek und der Bibliothek der Fachrichtung Germanistik und die im Saarland lebende Familie (ein Bruder, die Kinder seiner verstorbenen Schwester) bewogen ihn dazu.

Frankreich und Deutschland sind ihm zu großem Dank verpflichtet.

Gerhard Sauder

Prof. Dr. Klaus Hufeland
8. Mai 1932 – 1. April 2022

Prof. Hufeland war seit April 1965 bis zu seinem Ruhestand 1997 für das Germanistische Institut der Ruhr-Universität Bochum tätig, hat also den Aufbau von Universität und Institut von Anfang an begleiten können und viele Generationen von Studierenden betreut und geprägt.

Klaus Hufeland wurde am 8. Mai 1932 in Berlin-Spandau geboren. Seine Schulzeit verbrachte er hauptsächlich in Berlin; nach der Schule absolvierte er zunächst eine kaufmännische Ausbildung. Nach dem Abitur nahm er zum Wintersemester 1954/55 ein Studium der Fächer Germanistik, Geographie und Philosophie an der Johannes-Gutenberg-Universität Mainz auf. Das akademische Jahr 1955/56 verbrachte er an der Freien Universität Berlin, kehrte dann nach Mainz zurück und legte dort im Juni 1960 das 1. Staatsexamen ab. Im Anschluss immatrikulierte er sich an der Universität Basel, wo er im Februar 1965 seine Doktoratsprüfung erfolgreich absolvierte. Parallel schloss er seine Ausbildung als Referendar am Studienseminar Wiesbaden im März 1965 mit dem 2. Staatsexamen ab. Seine Dissertation mit dem Titel *Die deutsche Schwankdichtung des Spätmittelalters. Beiträge zur Erschließung und Wertung der Bauformen mittelhochdeutscher Verserzählungen* wurde 1966 in der renommierten Reihe *Basler Studien zur deutschen Sprache und Literatur* veröffentlicht.

Als Mitglied der sog. Gummistiefel-Generation war Klaus Hufeland seit der Gründung des Germanistischen Instituts (damals noch im Gebäude IA zu finden) im April 1965 in Bochum tätig, zunächst als wissenschaftlicher Assistent am Lehrstuhl von Prof. Siegfried Grosse. Nach erfolgreichem Abschluss des Habilitationsverfahrens wurde Klaus Hufeland im August 1972 zum Dozenten berufen. Im Februar 1974 wurde er zum außerplanmäßigen Professor ernannt, zum 1. Januar 1980 zum Professor für Deutsche Literatur des Spätmittelalters.

Als breit aufgestellter Mediävist bot Prof. Hufeland Lehrveranstaltungen zu den unterschiedlichsten Themen an: Seine erste Lehrveranstaltung an der Ruhr-Universität war eine

Einführung in das Gotische, in seinem letzten Semester lehrte er zu den Themen *Die mittelhochdeutsche Klassik und ihr rhetorisches Substrat, Hartmann von Aue: Das zweite Büchlein, Rhetorik und Kommunikation* und – einen Bogen zu seinen wissenschaftlichen Anfängen und zur Dissertation spannend – *Schwankdichtung des späten Mittelalters.*

Während seiner universitären Tätigkeit setzte sich Prof. Hufeland mit großer Überzeugung für den internationalen Austausch ein: Von 1968 bis 1978 leitete er Ferienkurse für internationale Studierende, von 1978 bis 1998 gab er im Auftrag der Robert-Bosch-Stiftung Ferienkurse für polnische Germanisten und Germanistinnen an der Akademie Klausenhof in Bocholt.

Zusätzlich zu seinen akademischen Interessen war Klaus Hufeland als langjähriges Mitglied in der Goethe-Gesellschaft Essen aktiv, von 1985 bis 2004 als deren Vorsitzender, zuletzt als Ehrenvorsitzender. Im Privaten widmete er sich hingebungsvoll seinem Garten, den seine Frau und er zum Teil nach Vorbildern aus der Goethe-Zeit auf dem Grundstück eines Erbpachthofes an der Grenze zwischen Essen und Bochum angelegt hatten.

Im Juli 1997 wurde Prof. Hufeland nach langjähriger Tätigkeit für das Germanistische Institut in den Ruhestand versetzt und fand damit mehr Zeit für seine Familie.

Prof. Dr. Klaus Hufeland ist am 1. April 2022 in Essen verstorben. Die Nachricht seines Todes macht uns betroffen, unser Mitgefühl gilt seiner Familie und seinen Freunden. Wir werden sein Andenken in Ehren halten.

Daniel Händel

Dr. Josef Mattausch
18. März 1934 – 13. Dezember 2022

Im Goethe-Jahrbuch 2020 schreibt Frieder von Ammon, dass das vor 75 Jahren begründete *Goethe-Wörterbuch* womöglich als eines der sperrigsten Instrumente der Goethe-Forschung erscheinen könnte. Aber, so von Ammon weiter, es führt keines so nahe an Goethe heran, wie dieses. Der Beitrag endet mit dem vermutlich von Goethe geprägten Wort »quintessenziieren«, im Sinne von »das Wesentliche von etwas herausarbeiten«, was es wert wäre, in den Wortschatz aufgenommen zu werden.

Das Schaffen und Wirken von Josef Mattausch zu »quintessenziieren« bedeutete: Goethe, Goethe und nochmals Goethe!

Josef Mattausch wurde am 18. März 1934 in Trutnov/Trautenau (im heutigen Tschechien) geboren. Nach dem Krieg lebte er in Eisenberg (Thüringen) und legte dort das Abitur ab. An der Universität Leipzig studierte Josef Mattausch Germanistik und Niederlandistik, unter anderem bei Theodor Frings, und begann 1956 seine berufliche Laufbahn als Wissenschaftlicher Mitarbeiter in der Leipziger Arbeitsstelle des von Wolfgang Schadewaldt begründeten Projekts *Goethe-Wörterbuch*, das als gesamtdeutsches Vorhaben bis heute an den Standorten Berlin, Leipzig, Hamburg und Tübingen erarbeitet wird.

1962 wurde Josef Mattausch mit einer Arbeit zur Syntax in der Prosa des jungen Goethe promoviert. In der Folgezeit war er Artikelautor des von Erna Merker herausgegebenen

Wörterbuchs zu Goethes Werther und betrat mit seinen Untersuchungen zu Synonymenfeldern im alphabetischen Wörterbuch lexikografisches Neuland. Sein Hauptbetätigungsfeld fand Josef Mattausch als Autor zahlreicher Artikel des *Goethe-Wörterbuchs* und ab 1964 zunächst als Leiter der Leipziger Arbeitsstelle, ab 1967 dann der gemeinsamen Arbeitsstelle Berlin/Leipzig. Bis zum Eintritt in den Ruhestand 1999 prägte er das Wörterbuchvorhaben nicht nur konzeptionell und methodisch, sondern gewährleistete – insbesondere in der schwierigen Zeit der deutschen Teilung – mit klugem Agieren und dem beharrlichen Festhalten an einer ideologiefernen, strikt philologisch-lexikografischen Ausrichtung des *Goethe-Wörterbuchs* den Erhalt der von ihm geleiteten Arbeitsstelle. Damit und durch die produktive Zusammenarbeit mit den westdeutschen Partnerarbeitsstellen trug er maßgeblich zum erfolgreichen Fortgang des Akademienvorhabens bei. Mit seinem über Jahrzehnte währenden Engagement für das *Goethe-Wörterbuch* und seinen zahlreichen Publikationen vor allem zur Autorenlexikografie und zur Goethesprache hat er bleibende Verdienste erworben.

Als junger Mensch – noch Student – trat ich in Weimar der Goethe-Gesellschaft bei. Schon, um dauerhaft mit Weimar verbunden zu bleiben. Damals war man damit automatisch auch Mitglied der jeweiligen Ortsvereinigung, in meinem Fall Leipzig. Dauerhaft verbunden war ich seitdem nun eben auch mit Josef Mattausch, dem Vorsitzenden der Ortsvereinigung. In über 40 Jahren konnte ich miterleben, wie er Jahr für Jahr unzählige Veranstaltungen geplant und begleitet hat. Als er sich 2014 von einem Tag auf den anderen ins Krankenhaus begeben musste, war es für ihn der erste Vortrag, den er verpassen musste!

Ich erinnere mich – wie viele andere – an seine feine, vornehme und persönlich einnehmende, liebenswürdige Art. Unvergessen auch seine sprachlich geschliffenen Einführungen zu den Vorträgen und seine eigenen Vorträge, die ihn auch zu zahlreichen anderen Ortsvereinigungen führten.

Schon seit 1974 in die nähere Umgebung, aber dann nach Öffnung der Grenze nach ganz Deutschland, an den Rhein, nach Schwaben, ins Elsass, nach Böhmen und Schlesien, hat Mattausch als Initiator und Organisator unvergessene Exkursionen auf den Spuren Goethes für die Leipziger ermöglicht. Und dabei immer das einzigartige Netz der Verbindungen Goethes mit seiner Zeit und seinen Zeitgenossen hervorgehoben.

Von 1999 bis 2003 war er Vorstandsmitglied der Weimarer Goethe-Gesellschaft; seit 2011 Ehrenmitglied, seit 2017 auch Ehrenvorsitzender der Leipziger Goethe-Gesellschaft.

Die Quintessenz seines Lebens war sicher Goethe. Doch nicht abgehoben – sondern immer im Hier und Heute verwurzelt, verbunden mit einer großen Menschlichkeit. Dies wird unvergessen bleiben.

Michael Pahle

In memoriam

Dr. Wolfgang Pollert
15. Juli 1936 – 1. April 2022

Am 1. April 2022 verstarb der Mitbegründer und Vorsitzende der Goethe-Gesellschaft in Augsburg, Dr. Wolfgang Pollert, im Alter von 85 Jahren überraschend an den Folgen einer längeren Erkrankung. Sein Tod hinterlässt eine große Lücke.

Wolfgang Pollert wurde in Oberhausen geboren und erhielt zunächst eine Berufsausbildung zum Betriebsschlosser bei der Gutehoffnungshütte (GHH), einem großen Eisen , Metall und Stahlunternehmen in Oberhausen, wo er anschließend in diesem Beruf arbeitete. Später konnte er über den zweiten Bildungsweg das Fachabitur machen und schloss ein Studium im Fach Maschinenbau in Duisburg an. Dann war er einige Jahre als Konstrukteur bei GHH tätig und anschließend mehrere Jahrzehnte lang als Maschinenbauingenieur für große deutsche Industrieunternehmen wie MTU und Linde; dabei spezialisierte er sich auf den Betrieb von Pumpen und Turbinen in Großanlagen. Dank guter Englischkenntnisse war er auch im Ausland gefragt. Projekte führten ihn in die USA, nach Indien, in die frühere Sowjetunion und in zahlreiche Länder Europas.

Wolfgang Pollert hatte also schon ein langes Berufsleben hinter sich, als er im Vorruhestand mit 58 Jahren beschloss, noch einmal zu neuen Ufern aufzubrechen. Diese Entscheidung begründete er mit den Worten »Es gibt eben noch mehr im Leben als Daten und Messbarkeit«. Pollert nahm ein Studium des Faches Politikwissenschaft mit den Nebenfächern Geschichte und Philosophie an der Universität Augsburg auf und schloss es mit dem Magister Artium ab. Im Alter von 64 Jahren folgte dann 2003 seine Promotion im selben Fach bei Prof. Dr. Theo Stammen über Goethe als Minister und Politiker in den Diensten des Herzogtums Sachsen Weimar Eisenach. Das Thema Goethe war zwar, wie Pollert erzählte, bereits im Elternhaus in Form einer Ausgabe von Goethes Werken präsent, doch legte er Wert darauf, dass er in Sachen Goethe ein echter »Spätentwickler« sei. Sicherlich bestimmte auch die wissenschaftliche Beschäftigung seines Doktorvaters Theo Stammen (1933-2018) mit Goethe die Wahl des Promotionsthemas mit. 2004 wurde die Dissertation unter dem Titel *Goethes politisches Denken und Handeln im Spiegel seiner politischen Schriften. Eine politikwissenschaftliche Analyse* publiziert. Die Hauptthemen des Buches sind Goethes politische Wahrnehmungen in der Zeit vor Weimar, die Grundsätze seines politischen Denkens und seine zahlreichen Tätigkeitsfelder als Minister in Weimar. Goethes umfangreiche amtliche Schriften, die Frucht seiner langen Regierungsverantwortung, stehen als eigene Quellenform im Mittelpunkt der Darstellung. Am Ende der Arbeit fasste Wolfgang Pollert Goethes Theorie und Praxis der Politik aus der aktuellen Sicht der Politikwissenschaft zusammen.

Sein nächstes Ziel war die Gründung einer Goethe-Gesellschaft in Augsburg als Lokalvereinigung der Goethe-Gesellschaft in Weimar. Nach vorbereitenden Beratungen vor allem mit benachbarten Ortsgesellschaften in München, Nürnberg und Ulm konnte die Gründungsversammlung im Oktober 2005 in der Universitätsbibliothek Augsburg stattfinden. Auch der Präsident der Goethe-Gesellschaft in Weimar, Prof. Dr. Jochen Golz, der dem Vorhaben ebenfalls mit Rat und Tat zur Seite stand, nahm daran teil und hielt einen Festvortrag über die Weimarer Goethe-Gesellschaft und ihre Geschichte. Theo Stammen wurde zum 1. Vorsitzenden der neuen Ortsgesellschaft gewählt und Wolfgang Pollert, die treibende Kraft hinter der Vereinsgründung und der gesamten folgenden Tätigkeit des Vereins, zum 2. Vorsitzenden.

Herr Pollert liebte sozusagen die Langstrecke. Nachdem in Sachen Goethe einmal ein Ziel gesetzt war, verfolgte er es über all die Jahre konsequent, nicht nur aus Pflichterfüllung, sondern weil er fest davon überzeugt war, dass sein Einsatz sich lohnte – für die Mitglieder, für Goethe und nicht zuletzt auch für ihn. Er wendete einen großen Teil seiner Freizeit für die Aktivitäten der Goethe-Gesellschaft auf. Nimmermüde organisierte er seit 2005 monatlich Vorträge von Wissenschaftlern aus Augsburg und Deutschland, hielt Kontakt zu den Mitgliedern, plante Halbjahresprogramme, erstellte die Programmflyer und informierte die Presse. Mit rheinischer Freundlichkeit und dank jenes langen Atems, über den er verfügte, erreichte er mit den Jahren, dass die Vorträge der Goethe-Gesellschaft zu einer Institution des Augsburger Kulturlebens wurden. Er organisierte auch die praktische Durchführung – und nicht nur das. Weitere Aktivitäten wie z. B. Exkursionen oder gemeinsame Unternehmungen mit den befreundeten Goethe-Gesellschaften in Bayern kamen dazu.

Während seiner Vorstandstätigkeit in der Goethegesellschaft Augsburg arbeitete Herr Pollert sich immer tiefer in Goethes umfangreiches Gesamtwerk hinein. So kam es, dass er selbst der häufigste Vortragende in Augsburg wurde. Seine frühen Vortragsthemen sind noch aus dem Umfeld der Dissertation erwachsen, etwa über *Goethes politische Wahrnehmungen der frühen Epoche* und über die *Amtlichen Schriften*. Darüber hinaus beschäftigte Pollert sich auch mit Goethes Verständnis von Naturphilosophie und Technik. Dessen Leitung des Bergbaus in Ilmenau reizte ihn aufgrund der eigenen Berufserfahrung im Bergbau besonders. Ein weiterer Vortrag brachte den Zuhörern Goethes Erfahrungen als Naturwissenschaftler näher. Hinter dem Titel *Das Geld in Goethes Dichtung und Politik* verbirgt sich der Versuch, die unterschiedlichen Sichtweisen der Ökonomie, der Literatur und der Politikwissenschaft einmal zusammenzuführen. Ein anderes Teilgebiet des Vortragswerks von Pollert machen die klassischen Reisethemen aus; er hielt z. B. Vorträge über Goethes Aufenthalte im Rheingau und über seine Stationen auf der italienischen Reise. Die enge Vertrautheit mit weiteren Werken des Meisters bezeugen Vorträge Pollerts zu den *Wilhelm-Meister*-Romanen, über Marianne von Willemer und den *West-östlichen Divan* sowie über den Helena-Akt in *Faust II*. Bei all dem kamen aber auch lokale Bezüge zu Goethe nicht zu kurz, wie das Vortragsthema *Augsburg, Goethe und andere Literaten* belegt.

Im Jahr 2015 versammelte Wolfgang Pollert 12 seiner Vorträge in einem Buch mit dem Titel *Kennen Sie Goethe?* Der Band war zugleich die Jubiläumspublikation der Goethe-Gesellschaft in Augsburg zu ihrem zehnjährigen Bestehen. Die Mitglieder lesen heute noch gerne darin, zumal das Buch zusätzlich einen Beitrag Pollerts über die Gründungsphase der Ortsgesellschaft Augsburg enthält und deren sämtliche Veranstaltungsprogramme wiedergibt. Zum 15-jährigen Bestehen folgte noch eine kleine Fortsetzung, u. a. mit zwei weiteren Vorträgen Pollerts über Goethe und Amerika und über Zensur und Presse in der Goethezeit.

Nach dem plötzlichen Tod des Augsburger Gründungsvorsitzenden Theo Stammen 2018 widmete Wolfgang Pollert ihm im *Goethe-Jahrbuch* (2018) einen noblen Nachruf (S. 310f.). Trotz gesundheitlicher Bedenken stellte er sich in Augsburg für zwei Amtsperioden als 1. Vorsitzender zur Verfügung. Den Stellvertreterposten übernahm Dr. Ulrich Hohoff. 2019 erfolgte eine Überarbeitung der Website, die nun ein zeitgemäßes Design bekam (http://www.goethegesellschaft-augsburg.de/). Nachdem das Vortragsprogramm lange Jahre an der Universität stattgefunden hatte, musste infolge der Coronavirus-Epidemie ab Ende 2019 eine Zwangspause im Programm hingenommen werden. Herr Pollert hatte die Gabe, in schwierigen Situationen durchzuhalten und er vertraute auf einen Neuanfang. In der Zwischenzeit gelang es, das Lettl-Museum für Surreale Kunst in der Augsburger Innenstadt als neuen und attraktiven Veranstaltungsort mit einer guten technischen Ausstattung zu gewinnen. Das wurde zum Beginn einer fruchtbaren Kooperation mit dessen Trägerverein. Ab dem Herbst 2020 waren wieder öffentliche Veranstaltungen möglich.

Auf gute persönliche Kontakte zu den Mitgliedern legte Wolfgang Pollert den größten Wert. Viele von ihnen nahmen ihn als eine typische rheinische Frohnatur wahr: immer gut gelaunt, freundlich und den Menschen zugewandt. Gerne denken wir auch an abendliche Treffen in einer Gaststätte oder einem Biergarten im Anschluss an die Vorträge zurück, bei denen sich oft fröhliche und kreative Gesprächsrunden entwickelten. Wolfgang Pollert aber war wegen seines sehr großen persönlichen Einsatzes für die Ortsgesellschaft Augsburg ein bewundertes Vorbild und für ihre Arbeit unentbehrlich. Letztmals konnte er im Februar 2022 bei einem Vortrag über vergessene Italienbücher in der Nachfolge Goethes als Zuhörer anwesend sein.

An den Treffen der deutschen Ortsvereinigungen und den Hauptversammlungen der Hauptgesellschaft in Weimar nahm Wolfgang Pollert regelmäßig teil. Für ihn waren sie Höhepunkte im Ablauf des Jahres. Hier knüpfte er Kontakte zu vielen aktiven Goethefreundinnen und -freunden und pflegte sie über die Jahre. Andere Ortsvereinigungen wurden auf die Vielfalt seiner Themen aufmerksam, luden ihn zum Vortrag ein und lernten seine konkrete und lebendige Ausdrucksweise schätzen. 2021 beschloss die Goethe-Gesellschaft in Weimar, Wolfgang Pollerts Verdienste mit der Verleihung der Ehrenmitgliedschaft zu ehren; das hat ihm sehr viel bedeutet. Wegen der Pandemie musste die Hauptversammlung 2021 verschoben werden; die Verleihung der Ehrenmitgliedschaft fand daher erst im Mai 2022 beim Treffen der Ortsgesellschaften in Bad Alexandersbad statt. Herr Pollert hat sie leider nicht mehr selbst erlebt. Die Laudatio von Dr. Claudia Leuser ist im vorliegenden Band des *Goethe-Jahrbuchs* abgedruckt [S. 300 f.].

In dem bereits erwähnten Vortrag über Goethe und die Augsburger Literaten kam Wolfgang Pollert auch auf Pius Alexander Wolff (1782-1828) zu sprechen, den Sohn eines Augsburger Buchhändlers, der mit seinem Freund Karl Franz Grüner gegen den Willen der Eltern nach Weimar gereist war. Die besorgte Mutter wurde durch einen Brief Goethes beruhigt, der die jungen Männer dort zu Schauspielern ausbildete, sie in das Ensemble des Hoftheaters aufnahm und seine Grundsätze für ihre Schauspielausbildung später als *Regeln für Schauspieler* publizierte. Zwischen ihm und Wolff entwickelte sich eine Freundschaft. Als dieser 1828 unerwartet verstarb, soll Goethe vier kurze Verse auf ihn gedichtet haben. Unabhängig von der Autorisierungsfrage treffen sie ebenso auf Herrn Pollert zu: »Mögt zur Gruft ihn senken – / Doch nicht starb, / Wer solch Angedenken / Sich erwarb« (WA I, 4, S. 369).

Die Goethe-Gesellschaft wird ihrem Ehrenmitglied Dr. Wolfgang Pollert, dem Gründungsmitglied, langjährigen Vorstandsmitglied und Vorsitzenden der Ortsgesellschaft in Augsburg, stets ein ehrendes Andenken bewahren.

Ulrich Hohoff

Franz Josef Scheuren
28. September 1931 – 25. November 2022

In bester städtischer Lage, unmittelbar neben dem Rathausplatz, findet der Kölner Goethebrunnen seit 1926 seinen angemessenen Platz. Die Umschrift am Rand zitiert aus Goethes Gedicht *Der Cölner Mummenschanz* die Worte: »Löblich wird ein tolles Streben / Wenn es kurz ist und mit Sinn; / Dass noch Heiterkeit im Leben / Giebt besonnenem Rausch Gewinn«. Der Text war Goethes Antwort auf eine Einladung des Kölner Festkomitees 1825, ein Grußwort aus dem fernen Weimar, welches der Ambivalenz des karnevalistischen Strebens zwischen himmlischem ›Besoffensein‹ und geistlosem Trallala eine liebevoll gemeinte Mahnung entgegenzusetzen vermochte, ohne irgendjemandem den Spaß an der Freud' verderben zu wollen. Den Hinweis auf Goethes gewichtigen Beitrag zur Philosophie des Kölner Karnevals verdanke ich Franz Josef Scheuren, der einem Kölner ›Immi‹ diese Verse Goethes und ihre gewichtige Entstehungsgeschichte geradewegs ans Herz zu legen vermochte. Auch hier zeigte sich ein Sinn für das Wesentliche, den er mit einem Ernst ohne Trockenheit vermitteln konnte. Am 25. November 2022 verstarb Franz Josef Scheuren im Alter von 91 Jahren. Die Kölner Goethe-Gesellschaft verdankt ihm viel. Neben der ehrenamtlichen Tätigkeit im Vorstand in verschiedenen Funktionen ist es vor allem seine Persönlichkeit, die unvergessen bleibt. Für alle, die ihn kannten und schätzten, reißt sein Tod eine schmerzliche Lücke.

Den am 28. September 1931 in der Nähe von Zülpich Geborenen zeichnete neben seiner tiefgreifenden literarischen und musischen Bildung eine wohltuend friedenstiftende Haltung ohne Begabung zu lautstarken Auseinandersetzungen aus – eine für einen Kölner Verein grundsätzlich segensreiche Eigenschaft. Der Verstorbene gehörte zum Gründerkreis der Kölner Goethe-Gesellschaft, die 1994 in einem ›zweiten Anlauf‹, wesentlich getragen durch die Initiative Prof. Werner Kellers, neu gegründet wurde. Ein erster Versuch war 1957 unter Prof. Wilhelm Emrich gescheitert, nachdem dieser einen Ruf nach Berlin angenommen hatte. Die Erinnerung an jenen ersten vergeblichen Anlauf blieb präsent, sie nahm auch Einfluss auf die Gestalt der neuen Satzung, denn es ging nicht zuletzt darum, das Anliegen der Gesellschaft weiten Teilen der Kölner Öffentlichkeit zugänglich zu machen und damit, über die Ebene der Universität hinaus, auf ›stabile Beine‹ zu stellen. Diesen Ansprüchen widmete sich Franz Josef Scheuren in seiner Zeit als Vorsitzender in den Jahren 2000-2006 in nachdrücklicher Weise. Hier erwies es sich als glücklicher Umstand, dass Scheuren als Pädagoge und Deutschlehrer seine feinfühlige Adressatenbezogenheit bei der Auswahl und Vermittlung von Vorträgen einzubringen vermochte. In ›seiner‹ Zeit gelang es, das Spektrum von Positionen zu ›Goethe‹ in einer reizvollen Weite zwischen Verehrung, zuweilen Idolatrie, und in besonderen Fällen ausgeprägter Goethe-Gegnerschaft gewinnbringend zu präsentieren. Der erneute Blick auf die Jahresprogramme macht zugleich deutlich, dass Franz Josef Scheuren in seiner Zeit als Vorsitzender alle maßgeblichen Goethe-Forscher hier am Rhein zu Auftritten zu versammeln vermochte. Zuweilen durfte es auch das Besondere sein. Legendär bleibt die Erinnerung an Prof. Jan Philipp Reemtsma, den Franz Josef Scheuren 2002 mit einem Vortrag über Wieland nach Köln verpflichtete. In Erinnerung blieb auch der nötige Sicherheitsaufwand, einschließlich der Leibwächter, eine für die Goethe-Gesellschaft ungewöhnlich fordernde Erfahrung.

Franz Josef Scheuren wuchs als Sohn eines Volksschullehrers in der Eifel auf. Von 1946 an besuchte er das Neusprachliche Gymnasium in Mayen. Aus Kölner Perspektive bildet die Eifel eine Art Hinterland, tiefste Provinz – aber in seinem Falle erwiesen sich, allen Vorurteilen zum Trotz, die vom Kloster Maria Laach ausgehenden inspirierenden Kräfte als fördernder Glücksfall. Der Benediktinerpater Anselm Ross unterrichtete ihn im Klavierspiel, er nahm den Jungen mit zu Konzerten und Vorträgen nach Köln und Bonn und stellte so den Rahmen, in dem sich ein ausgeprägtes musikalisches und literarisches Interesse entfalten konnte. Das Lehramtsstudium der Fächer Deutsch und Geschichte wurde 1957 in Bonn zum Abschluss gebracht. Nach kurzer Zeit im Schuldienst bewarben sich seine Frau und er mit Unterstützung des Auswärtigen Amts direkt bei der irakischen Regierung um eine Lehrtätigkeit an der Universität Bagdad. Das Ganze erwies sich auch insofern als ein gewagtes Unternehmen, als die politische Lage im Irak instabil war. Das Militär unter General Kassem war seit kurzem an der Macht, aber noch während des Aufenthalts der beiden leitete ein weiterer Militärputsch die Herrschaft der Baath-Partei und Saddam Husseins ein. An der Universität war 1953 ein Institut für Fremdsprachen eingerichtet worden, und bei ihrer Ankunft trafen die Scheurens auf eine Gruppe von Lehrkräften aus der DDR. Der Mauerbau im August 1961 machte die deutsch-deutschen Begegnungen in Bagdad nicht einfacher. Dennoch kam es zur Zusammenarbeit mit dem Leiter der DDR-Wissenschaftlergruppe, Prof. Hans-Dietrich Dahnke, die sich als fruchtbar erwies, weil politische Differenzen zugunsten des gemeinsamen Arbeitsauftrags in den Hintergrund rückten. Ergebnisse waren ein Curriculum Deutsch für Ausländer und ein von Dahnke und Scheuren gemeinsam verfasstes Lehrbuch. Franz Josef Scheuren und seine Frau haben immer mit der größten Hochachtung von der fachlichen Kompetenz Dahnkes gesprochen und diese außerordentliche Gelegenheit des deutsch-deutschen Austauschs als Bereicherung empfunden. Hans-Dietrich Dahnke, der spätere Direktor des Instituts für klassische deutsche Literatur Weimar, ›lebte‹ in der Goethezeit, mit Dahnke entwickelte sich eine jahrelange freundschaftliche Verbundenheit, die auch schweren Belastungen standzuhalten vermochte. Der Aufenthalt der Scheurens im Urstromland des Erzählens erwies sich in mehrfacher Weise als segensreich. Franz Josef Scheuren war ein hervorragender Erzähler. Seine Schüler gaben ihm den Ehrentitel »Ali«, und man kann sich gut vorstellen, welche abenteuerliche Stofffülle alleine die mehrfach mit dem VW Käfer unternommenen Reisen von Köln nach Bagdad (und zurück) mit sich brachten. Das eigene Klavierspiel begleitete ihn bis in seine letzten Lebenstage. Mit Dankbarkeit blickte er zurück auf die Unterrichtsstunden bei einer armenischen Pianistin in Bagdad. Als die Probleme mit den Augen zunahmen, bedeutete ihm die Beherrschung eines klassischen Musikrepertoires große Freude.

Franz Josef Scheuren bleibt uns in Erinnerung als ein Mensch, der etwas vorlebte, das man gerne annahm, weil es den Charakter eines redlichen Angebots in sich trug. Für viele seiner Schüler war er ein Vorbild für Demokratie und Toleranz. Sein literarisches Interesse, sein universelles Denken und Geltenlassen ging über Goethe hinaus und richtete sich vor allem an Thomas Mann aus. So lenkte die Veräußerung des Nachlasses von Prof. Ernst Bertram in Köln seine Aufmerksamkeit auf ein Widmungsexemplar von Thomas Manns Roman *Der Zauberberg* und Ernst Bertrams Lesespuren in diesem Exemplar. Die Ergebnisse wurden publiziert, vor allem aber entwickelte sich daraus ein lebhafter persönlicher Austausch mit Elisabeth Mann, Patenkind von Ernst Bertram.

Zurück zu Goethe. Ein Zufall bewahrte dessen Schreiben und die handschriftliche Fassung seines *Cölner Mummenschanz*-Gedichts vor der Vernichtung durch den Einsturz des Kölner Stadtarchivs am 3. März 2009. Franz Josef Scheuren wusste diese Geschichte eines Kölnisch-Weimarischen Glücksfalls hinreißend zu erzählen. Wir gedenken seiner in bleibender Dankbarkeit.

Peter Krüger-Wensierski

Verleihung der Ehrenmitgliedschaft

Die Goethe-Gesellschaft in Weimar
verleiht anlässlich ihrer 87. Hauptversammlung
Herrn Prof. Dr. Hans-Joachim Kertscher,
dem langjährigen hochverdienten Vorsitzenden der Goethe-Gesellschaft in Halle
und glückhaften Brückenbauer zwischen Weimar und den Ortsvereinigungen,
für sein besonnenes Wirken im Vorstand
in Dankbarkeit
die Würde eines Ehrenmitglieds.

Laudatio auf Prof. Dr. Hans-Joachim Kertscher

Meine sehr verehrten Damen und Herren,

es ist mir eine Ehre und Freude, heute eine Lobrede auf Herrn Prof. Dr. Hans-Joachim Kertscher halten zu können. Die Ehre ist gewissermaßen eine doppelte, denn ihm soll heute die Würde eines Ehrenmitglieds der Goethe-Gesellschaft zuteilwerden. Die Freude beruht zu einem nicht geringen Teil darauf, dass wir beide im heutigen Land Sachsen-Anhalt aufgewachsen sind – er in Halle an der Saale, ich in Thale am Harz –, dass wir beide Schule und Studium in der DDR abgeschlossen haben – Kertscher wählte wie ich Jena als Studienort – und dass unsere weitere Laufbahn als Beispiel dafür dienen kann, dass es ungeachtet aller sozialen Brüche, wie sie nicht wenige in den neuen Ländern nach 1990 erleben mussten, auch relativ bruchlose individuelle Entwicklungen gegeben hat.

DDR-typisch liest sich zunächst Kertschers Biographie. Dem Abitur folgte 1961 eine Lehre als Schriftsetzer – keine schlechte Voraussetzung für ein Leben mit Büchern –, die mit dem Facharbeiterbrief abgeschlossen wurde. Ein Studium der Germanistik und Geschichte schloss sich 1964 an, das aber 1966 zunächst ein vorzeitiges Ende fand. Aus politischen Gründen wurde Kertscher exmatrikuliert und zur ›Bewährung‹, wie es damals hieß, in die Produktion geschickt, danach der ›Obhut‹ der Nationalen Volksarmee anvertraut. Damals schon war nicht zu erklären – und aus dem Abstand mindestens einer Generation wird es besonders absurd –, dass ein Staat der Arbeiter und Bauern, so definierte er sich selbst, einen in seinen Augen gestrauchelten Intellektuellen bei den Arbeitern das richtige, sprich opportunistische Bewusstsein gewinnen lassen wollte, wo doch die Wirklichkeit der Arbeitswelt, wenn man sie real kennenlernte, in der Regel eher konträre Einsichten freisetzte. 1969 konnte Kertscher sein Studium in Halle fortsetzen und 1973 beenden, wurde im gleichen Jahr wissenschaftlicher Mitarbeiter an der Martin-Luther-Universität und in den 1970er Jahren mit einer Arbeit zur Lessing-Rezeption in der DDR promoviert. Von 1978 bis 1980 war er Lektor für Essayistik und Lyrik im Mitteldeutschen Verlag Halle-Leipzig. Denkbare Duplizität der Ereignisse: In Jena hätten wir uns 1964 als Studenten kennenlernen, als Verlagskollegen – mich hatte es 1965 in das Weimarer Lektorat des Aufbau-Verlags geführt – begegnen können. 1980 wechselte Hans-Joachim Kertscher als Oberassistent an den Lehrstuhl für Kulturtheorie und Ästhetik der Technischen Hochschule Ilmenau und konnte seit 1980 in gleicher, heute im akademischen Leben nicht mehr existierender Funktion seine wissenschaftliche Tätigkeit am Lehrstuhl für Neuere deutsche Literatur in Halle fortsetzen. 1987 habilitierte er sich zu einem bereits Goethe nahen Thema: *Prometheus. Mythos und Stoff in der Kulturgeschichte.* Die Berufung zum Hochschuldozenten erfolgte 1988.

Wer sich ein wenig in der Geistesgeschichte auskennt, weiß, dass Halle und seine Universität in der frühen Aufklärung eine Schlüsselposition innehatten, wichtige geistige Impulse von dort ausgegangen sind. Auch vor 1990 hat in Halle die deutsche Aufklärung in der

Forschung und Lehre eine wichtige Rolle gespielt, doch die deutsche Vereinigung war für die Martin-Luther-Universität insofern ein glückliches Ereignis, als nun ein Interdisziplinäres Zentrum für die Erforschung der Europäischen Aufklärung entstehen konnte; parallel dazu vollzog sich der glanzvolle Wiederaufstieg der Franckeschen Stiftungen. Am Interdisziplinären Zentrum hat Hans-Joachim Kertscher fortan ein größeres Forschungsprojekt betreut, sein Titel: *Zwischen Stadt, Universität und Kirche. Eine Untersuchung der literarischen Kultur Halles im 18. Jahrhundert.* 2004 wurde er zum außerplanmäßigen Professor für Neuere deutsche Literatur berufen. Weit über das Projektthema hinaus hat Kertscher Aufsätze und Bücher zur deutschen Literatur- und Kulturgeschichte des 18. Jahrhunderts veröffentlicht, Sammelbände und Dokumentationen herausgegeben – ein reiches wissenschaftliches Werk ist entstanden, dessen Dimensionen ich hier nur andeuten kann. Wenigstens ein Buchtitel aus jüngerer Zeit soll genannt werden: »*Er brachte Licht und Ordnung in die Welt*« *– Christian Wolf. Eine Biographie*, 2018 im Mitteldeutschen Verlag erschienen.

Neben dem Leben des Wissenschaftlers Kertscher gibt es aber noch ein anderes, das Leben des Musikers und Sportlers Kertscher. Von 1970 bis 1980 leitete er die Uni-Jazzband Halle – sehe ich es richtig, vom Kontrabass aus – und hatte zahlreiche öffentliche Auftritte. Seine aktive Liebe zum Jazz ist bis auf den heutigen Tag nicht erkaltet. Sportlich hat er als Kanute an nationalen und internationalen Regatten teilgenommen und avancierte 2009 zum Präsidenten des Halleschen Kanuclubs; als Insasse eines Drachenbootes hat er es zur Europameisterschaft und Vizeweltmeisterschaft bei den Senioren gebracht.

Wenn man sich vor Augen führt, dass auch Goethe in jungen Jahren ein tüchtiger Sportler und zudem – der Legende entgegen – keineswegs unmusikalisch war, dann war es nahezu zwangsläufig, dass an einem bestimmten Punkt sich Hans-Joachim Kertscher auch Goethe über das gewohnte Maß hinaus nähern würde. Literarische Theorie und Praxis sind für ihn immer komplementäre Begriffe und verwandte Tätigkeitsfelder gewesen. Zu Zeiten der DDR gab es bei aufgeweckten Köpfen eine starke Hinwendung zu qualitätvollen literarischen Texten, weil diese Ersatzfunktion für eine in der Gesamtgesellschaft ausbleibende Kritik der Verhältnisse wahrnehmen; damals wie heute gab es Menschen, die literarisches Schreiben lernen wollten; der Erfüllung beider Aufgaben hat sich Kertscher als vortragender Interpret aktueller Themen und als Betreuer schreibender Adepten damals gewidmet.

An diese Tätigkeit konnte er unter neuen Bedingungen anknüpfen. 2002 übernahm er den Vorsitz der Goethe-Gesellschaft Halle. Er hat Bewährtes fortführen, aber auch neue Akzente setzen können. Blickt man auf die dort gehaltenen Vorträge, so fällt die Vielfalt der Themen ins Auge; natürlich nehmen Goethes Leben und Werk großen Raum ein, darüber hinaus aber werden der Kultur des alten Halle substantielle Beiträge gewidmet, werden Jubiläen begangen, aber auch Themen auf die Tagesordnung gesetzt, die in sinnvoller Korrespondenz zu Exkursionszielen stehen; so ging, um ein Beispiel zu geben, ein Vortrag zu den Herrnhutern einer Exkursion in die Oberlausitz voraus. Themen der aktuellen Goetherezeption spielen eine Rolle, und zuweilen werden auch moderne Autoren vorgestellt. Ganz offensichtlich gibt es unter den Mitgliedern in Halle nicht wenige Theaterfreunde, sonst fänden sich in den Chroniken nicht immer wieder gemeinsame Theaterbesuche, in Halle selbst wie in dem vor den Toren der Stadt gelegenen Goethe-Theater Bad Lauchstädt. Eine besonders aparte Veranstaltungsform stellen die *Plaudereien um Goethe vor 200 Jahren* dar, wie sie in der Regel zum Jahresabschluss sich ereignen, dargeboten von Hans-Joachim Kertscher und Freunden. Kertscher selbst hat oft in Halle vorgetragen, ist aber auch in zahlreichen anderen Ortsvereinigungen ein gern gesehener Gast. Die Ortsvereinigung in Halle, deren Spiritus Rector er war und ist, hat ihm viel zu verdanken. Einen Höhepunkt im dortigen Geschehen stellte die Tagung der Ortsvereinigungen im Jahr 2010 dar, wo sich den Teilnehmern der kulturelle Reichtum des alten Halle auf vielfältige Weise erschlossen hat; wer dabei war, wird mir gewiss zustimmen.

Was lag näher, als einen so versierten und aufgeschlossenen Wissenschaftler wie Hans-Joachim Kertscher in den Vorstand der Goethe-Gesellschaft zu bitten; von 2011 bis 2019 war er dessen Mitglied. In seine Verantwortung fiel der Kontakt zu den Ortsvereinigungen sowie die Mitherausgeberschaft des Newsletters. Auf beiden Feldern war er sehr engagiert tätig. Er war ein lauterer und beredter Anwalt der Ortsvereinigungen, von deren Interessen und Problemen er bei Vorträgen oder anlässlich der Jahrestagungen Kenntnis erhielt und die er im Vorstand zur Sprache brachte. Dies trug zu seinem hohen Ansehen im Weimarer Vorstand wie in den Ortsvereinigungen bei. Ich selbst habe mit ihm den Newsletter herausgegeben und gern mit ihm zusammengearbeitet; in unserem Arbeitsbündnis herrschten wechselseitiges Verständnis und Harmonie, was möglicherweise, auf meinen Ausgangspunkt zurücklenkend, an unserer ähnlichen Sozialisation liegen mag.

Lieber Herr Kertscher, ich freue mich sehr, Sie jetzt nach vorn bitten und den Urkundentext vortragen zu können. Dass ›Muttergesellschaft‹ und ›Töchter‹ in gutem Einvernehmen leben, ist in hohem Maße Ihrer Tätigkeit zu verdanken.

Jochen Golz

Die Goethe-Gesellschaft in Weimar
verleiht anlässlich ihrer 87. Hauptversammlung
Herrn Dr. Wolfgang Pollert,
dem Gründer und Vorsitzenden der Goethe-Gesellschaft Augsburg,
der den Blick auf Goethes politisches und amtliches Wirken
durch eigene Vorträge geschärft und zugleich für die von ihm ins Leben gerufene Ortsvereinigung mit großem Engagement über Jahre hinweg ein vielseitiges und anspruchsvolles
Programm gestaltet hat,
in Dankbarkeit
die Würde eines Ehrenmitglieds.

Laudatio auf Dr. Wolfgang Pollert

Leider kam es infolge der Corona-Pandemie im vergangenen Jahr nicht zur erhofften Begegnung mit Wolfgang Pollert in Weimar. Ich habe vor ca. eineinhalb Jahren auf eine Anfrage von Petra Oberhauser hin sehr gerne die Aufgabe übernommen, für ihn anlässlich der Verleihung der Ehrenmitgliedschaft die Laudatio zu halten. Als beschlossen wurde, die feierliche Übergabe von Urkunde und Ehrennadel im Rahmen der diesjährigen Vorstandstagung nachzuholen, konnte sich wohl niemand von uns vorstellen, dass Wolfgang Pollert dieses Treffen in Bad Alexandersbad nicht mehr erleben würde. So ist diese Laudatio nun zum Nachruf geworden.

Ich möchte jedoch die Gelegenheit gerne nutzen, um uns an dieser Stelle nochmals die Begegnungen mit Wolfgang Pollert ins Gedächtnis zu rufen. Mir persönlich sind vor allem seine ruhige und freundliche Art, sein verschmitztes Lächeln und seine klugen Bemerkungen in bleibender Erinnerung. Der Austausch mit ihm – oft verbunden mit einem Essen in gemütlicher Runde bei einem guten Glas Wein – waren immer ein Gewinn. Ein Vortrag, den er in verschiedenen Ortsvereinigungen gehalten hat, war mit *Goethe und das Geld* überschrieben. Allein dieser Titel lässt bereits erahnen, dass hier jemand sprach, der einen ganz eigenen, keineswegs selbstverständlichen Zugang zu Goethe pflegte und der uns allen damit neue Perspektiven eröffnet hat. Der Grund dafür liegt nicht zuletzt in Wolfgang Pollerts Werdegang.

Wenn ihm mit seinem Vornamen Wolfgang die Liebe zu Goethe auch gewissermaßen in die Wiege gelegt wurde, hat er sich mir gegenüber als einen »Spätberufenen in Sachen Literatur« bezeichnet. Dabei hatte er bereits als Schüler Freude an Goethe, die Goethe-Ausgabe im Bücherschrank seines Vaters eröffnete ihm den Weg. Es folgte ein Maschinenbaustudium, sein tägliches Leben war seinen eigenen Worten zufolge den Dampfturbinen, Turbokompressoren und Flugtriebwerken gewidmet. So sah er den Eintritt in den Ruhestand vor allem als Chance, seine breit gefächerten geistigen Interessen zu pflegen, und nahm ein Studium der Politikwissenschaften an der Universität Augsburg auf. Bei Professor Theo Stammen, den er außerordentlich schätzte, wurde sein Interesse für das politische Wirken Goethes geweckt, und so promovierte er über Goethes Amtliche Schriften.

Es war diese Promotion und die damit verbundene intensive Beschäftigung mit Goethe, die ihn auf den Gedanken brachte, in Augsburg eine Goethe-Gesellschaft zu gründen. Mit Geduld und Beharrlichkeit und – wie er selbst in seiner Bescheidenheit betonte – der Unterstützung nicht nur seines Doktorvaters, sondern auch der Muttergesellschaft in Weimar sowie der Ortsvereinigungen in München und Ulm gelang das Vorhaben; im Jahr 2005 wurde die Augsburger Goethe-Gesellschaft ins Leben gerufen. Professor Stammen übernahm den Vorsitz, aber Wolfgang Pollert war bis zu seinem Tod die treibende Kraft, was die Programmplanung und -durchführung, die Gewinnung neuer Mitglieder und die vielen weiteren organisatorischen Aufgaben anbelangt, die uns allen ja bestens vertraut sind. So war es nur konsequent und lag in der Natur der Sache, dass er nach dem Tod Professor Stammens im Jahr 2018 zu dessen Nachfolger gewählt wurde und selbst den Vorsitz der Augsburger Goethe-Gesellschaft übernahm. Er selbst kommentierte das mit den Worten, den Mitgliedern der Augsburger Goethe-Gesellschaft sei nichts Besseres eingefallen, als ihn zum Vorsitzenden zu wählen. Die ironisch gemeinte Bemerkung bringt den Sachverhalt meines Erachtens jedoch genau auf den Punkt: Ja, den Mitgliedern der Augsburger Goethe-Gesellschaft konnte in der Tat nichts Besseres einfallen, als den Mann zu ihrem Vorsitzenden zu wählen, der die Augsburger Ortvereinigung nicht nur mitgegründet, sondern über nahezu 17 Jahre hinweg trotz mancher gesundheitlicher Beschwerden mit bewundernswertem Engagement, mit großem organisatorischem Geschick und – nicht zuletzt – mit sehr viel Herzblut maßgeblich geprägt hat. Er tat dies in der Überzeugung, dass Goethe uns immer noch viel zu sagen hat, und zwar auch und gerade auf den Feldern, die selbst leidenschaftliche Vertreterinnen und Vertreter unserer Zunft nicht unbedingt als erstes im Fokus haben, wenn sie an das Lebenswerk Goethes denken, etwa bei wirtschaftspolitischen Fragestellungen. Ich bin sicher, wir alle haben in dieser Beziehung viel von ihm gelernt.

Wie gerne hätte ich den regen Austausch mit ihm hier und heute in Bad Alexandersbad fortgesetzt. Es war nicht so bestimmt, und so bleibt uns nur die Erinnerung an einen ganz besonderen, einen in jeder Beziehung liebens- und schätzenswerten Menschen, der die Auszeichnung, die ihm im letzten Jahr zugesprochen wurde, mehr als verdient hat.

Claudia Leuser

Die Goethe-Gesellschaft in Weimar
verleiht anlässlich ihrer 87. Hauptversammlung
Frau Dr. Margrit Wyder,
dem langjährigen Mitglied ihres Vorstands,
der exzellenten Wissenschaftlerin und wunderbaren Ausstellungsmacherin,
der unermüdlich engagierten Präsidentin der Schweizer Goethe-Gesellschaft,
in Anerkennung ihrer außerordentlichen Verdienste
besonders um die Erforschung und Vermittlung von Goethes Naturverständnis
in Dankbarkeit
die Würde eines Ehrenmitglieds.

Laudatio auf Dr. Margrit Wyder

Meine Damen und Herren, liebe Mitglieder der Goethe-Gesellschaft,

nachdem wir uns endlich von Angesicht zu Angesicht wiedersehen dürfen, ist auch der Moment gekommen, in dem wir eine schon lange vorgesehene Ehrung vornehmen können. Ich freue mich, dass mir die schöne Aufgabe anvertraut wurde, Frau Dr. Margrit Wyder zu würdigen. Die langjährige Präsidentin der Schweizer Goethe-Gesellschaft hat sich auf vielfältige Weise um die Erforschung und die Vermittlung von Goethe und seinem Werk verdient gemacht.

Die gelernte Chemielaborantin und studierte Biologin und Literaturwissenschaftlerin ist als Wissenschaftshistorikerin, Germanistin und Ausstellungsmacherin eine exzellente und international hochangesehene Expertin für Goethes vielfältige Beziehungen zur Natur – und zur Schweiz. Ihre interdisziplinäre Perspektive eröffnet uns dabei immer wieder neue und lohnende Zugänge.

Das zeigt sich schon in Margrit Wyders wichtiger Züricher Dissertation zu *Goethes Naturmodell. Die Scala Naturae und ihre Transformationen*. Sie untersucht Goethes Anteil an einer Menschen, Tiere, Pflanzen und Steine verbindenden traditionsreichen Auffassung von Natur, deren Wirksamkeit von Aristoteles über Leibniz bis zu Darwin reichte. Die Arbeit zählt heute zu den Standardwerken der Goetheforschung. Mit bemerkenswertem Erfolg stellte Frau Wyder bald darauf, zum 250. Goethe-Geburtstag, den Naturforscher Goethe in einer großen Ausstellung mit dem schönen Titel *Zum Erstaunen bin ich da* im Züricher Strauhof dann auch dem breiteren Publikum vor.

Beide Arbeiten eröffneten eine eindrucksvolle Reihe fundierter Studien und attraktiver Ausstellungen, die auf vielfältige Weise das Verhältnis von Menschen, Natur und Kunst umkreisen. Beruflich war Margrit Wyder nach einer Zeit als wissenschaftliche Assistentin bei Prof. Adolf Muschg am Collegium Helveticum der ETH Zürich als wissenschaftliche Mitarbeiterin zunächst am Medizinhistorischen Institut und Museum, später am Institut für Systematische und Evolutionäre Botanik der Universität Zürich tätig, zudem wirkte sie viele Jahre als freie Ausstellungskuratorin. Konsequent nutzte Margrit Wyder die Verbindung naturwissenschaftlicher, historischer und ästhetischer Interessen und Kompetenzen für wissenschaftlich und kuratorisch außerordentlich perspektivenreiche Arbeiten.

Margrit Wyder verantwortete u. a. zahlreiche einschlägige Artikel zu Geologie und Morphologie im wichtigen Ergänzungsband des *Goethe-Handbuchs* zu den Naturwissenschaften sowie die geologischen Artikel in den Bänden 6 und 7 der *Entstehung von Goethes Werken in Dokumenten*. Auch ihre in Sammelbänden und im *Goethe-Jahrbuch* veröffentlichten Aufsätze widmen sich u. a. gerne Goethes »geologischen Passionen« – von den ›Visualisierungsmethoden‹ (2002) bis zu Goethes Ansichten von der Eiszeit (2012). 2013 legte Margrit Wyder mit *Gotthard, Gletscher und Gelehrte* eine umfassende Studie über »die Bedeutung der Schweiz für Goethes Arbeiten zur Naturwissenschaft« vor. Mit einer verblüffenden Fülle an Bezügen und der überzeugenden Auswertung auch völlig unbekannter Quellen bereichert die umfassend, ja enzyklopädisch angelegte Studie unser Wissen erheblich. Zu nennen sind unbedingt auch Margrit Wyders Arbeiten, die sie dem *Kunschtmeyer – einem Züricher an Goethes Seite* widmete: Die Ausstellung, die 2010 im Strauhof zu sehen war, wurde von zahlreichen einschlägigen Publikationen ergänzt.

Schließlich möchte ich auch noch ein nicht zuletzt gestalterisch ganz wunderbares Buch erwähnen, das eine Ausstellung begleitete, in deren Mittelpunkt eine historische Pflanzensammlung der Universität Zürich stand. Es zeigt Margrit Wyders außerordentliche Vielseitigkeit und Freude an kreativer Gestaltung. Ausgehend von der historischen Sammlung blättert Margrit Wyder hier auf so originelle wie lebendige und anschauliche Weise ein weitgehend unbekanntes Kapitel der Geschichte des Bergtourismus auf. Wieder ganz um Goethe geht es in der Schau über Goethe in der Schweiz: Die Eröffnung der landesweit ersten Dauerausstellung im Museum Sasso San Gottardo ist für den Juli 2022 vorgesehen.

Neben dem vorzüglichen wissenschaftlichen Werk und der vielseitigen Ausstellungstätigkeit organisierte Margrit Wyder außerdem in schier unermüdlichem Engagement seit 2002 zahllose wunderbare Vortragsreihen, sorgfältig vorbereitete Exkursionen und hochkarätige Tagungen für die Schweizer Goethe-Gesellschaft, der sie seit zwei Jahrzehnten vorsteht.

Margrit Wyders besondere Verdienste liegen nicht zuletzt in ihrem großen Geschick, die Ergebnisse ihrer hochkarätigen Forschungstätigkeit in abwechslungsreichen Formaten auch einem breiten Publikum zu vermitteln. Dazu zählt auch ihre umfangreiche Tätigkeit als äußerst beliebte Vortragende in den unterschiedlichsten Kontexten. Dass Margrit Wyder außerdem viele Jahre als kluge Ratgeberin und so liebenswürdige wie kundige Verbindung zur Schweizer Goethe-Gesellschaft im Vorstand der Weimarer Goethe-Gesellschaft mitwirkte, sei ebenfalls sehr dankbar vermerkt.

Margrit Wyder, das wird aus dem Voranstehenden deutlich, ist ein Glücksfall für alle Goethefreunde. Als Ausdruck unserer hohen Wertschätzung verleihen wir ihr heute in großer Dankbarkeit die Ehrenmitgliedschaft in der Weimarer Goethe-Gesellschaft.

Liebe Frau Wyder, wir danken Ihnen und freuen uns, dass Sie hier sind. Herzlichen Glückwunsch!

Anne Bohnenkamp-Renken

Veranstaltungen der Goethe-Gesellschaft im Jahr 2022

Aufgrund der Corona-Pandemie konnte das Jahresprogramm erst im März beginnen.

24.–27. März 2022
Goethe-Akademie
»*Es lebe die Freiheit …*«. *Goethes politisches Wollen*
(gemeinsam mit der Thomas-Morus-Akademie Bensberg)

19. April 2022
Dr. Barbara Heuchel, Edith Baars (Sondershausen)
Die unbekannten Verwandten. Genealogische Forschung zur Familie Göthe in Nordthüringen

17. Mai 2022
Prof. Dr. Udo Ebert (Jena)
Goethes und Schillers Rechtsdenken vor dem Hintergrund der Aufklärung

26.–29. Mai 2022
Jahrestagung der Ortsvereinigungen in Bad Alexandersbad
(Vorbereitung und Leitung: Bernd Kemter, Gera)

30. Juni–3. Juli 2022
Goethe-Akademie
›*Glückliche Ereignisse*‹. *Goethe im Spiegel seiner Freundschaften*
(gemeinsam mit der Thomas-Morus-Akademie Bensberg)

23. August 2022
Präsentation des neuen Goethe-Jahrbuchs der Goethe-Gesellschaft
PD Dr. Michael Jaeger (Berlin)
»*Des Menschengeistes Meisterstück*«. *Fausts moderne Ökonomie*

13. September 2022
Prof. Dr. Klaus Manger (Jena)
Dogmatismus und Kosmopolitismus im klassischen Weimar. Christoph Martin Wielands »Geschichte der Abderiten«

29. September–2. Oktober 2022
Goethe-Akademie
»*Spuren einer Existenz*«. *Goethes Gedichte*
(gemeinsam mit der Thomas-Morus-Akademie Bensberg)

15. November 2022
Dr. Francesca Müller-Fabbri (Weimar)
Ottilie von Goethes Nachlass: Neuigkeiten aus Weimar und Jena

Stipendienprogramm im Jahr 2022

Folgenden Bewerberinnen und Bewerbern konnte die Goethe-Gesellschaft im Jahr 2022 ein Stipendium gewähren:

Irene Bitinas Carvalho (Brasilien)
Das Motiv des Vergessens in Goethes »Faust«

Kristine Botchorishvili (Georgien)
Werthers und Grenouilles Leiden (nach Goethe und Patrick Süskind)

Natia Dvali (Georgien)
Das Goethe-Bild in Thomas Manns Essayistik

Prof. Dr. Isabel Hernández González (Spanien)
Goethe und Cervantes

Dr. Jan Kerkmann (Deutschland)
Goethe und Schelling: Naturkonzepte zwischen Wissenschaft und Kunst um 1800

Jules Kielmann (Schweden)
Geschlecht, Nation und Autorschaft in den Werken Amalie von Helvigs, geb. von Imhoff

Dr. Hye Jin Kim (Korea)
Das Homunkulus-Motiv zwischen dystopischer Ablehnung und utopischer Verehrung der Technik

Roman Lisitcin (Russland)
Die Phänomenologie und Ästhetik des Alterns im Werk von Johann Wolfgang von Goethe und Adalbert Stifter

Anna Shikhova (Russland)
Goethes Rezeption in der englischsprachigen Literatur (George Eliot, Henry James, Ted Hughes)

Dank für Zuwendungen im Jahr 2022

All jenen, die im Jahr 2022 durch eine kleinere oder größere Spende die Tätigkeit der Goethe-Gesellschaft unterstützt haben, sei an dieser Stelle herzlich gedankt. Unser besonderer Dank gilt Herrn Dr. Michael Albert, München, Frau Dr. Sieglinde Fechner, Leipzig, Herrn Dr. Florian Fischer, Koblenz, Frau Dr. Renate Grumach, Berlin, Herrn Prof. Dr. Peter Gülke, Weimar, Herrn Dr. Siegfried Jaschinski, Stuttgart, Herrn Richard Kriegbaum, Böblingen, Herrn Hannes Mürner, Hamburg, Herrn Prof. Dr. Sebastian Neumeister, Berlin, Herrn Dr. Carl-Heiner Schmid, Reutlingen, Frau Prof. Dr. Brigitte Seebacher, Rothenbach, Herrn Nikolaus von Taysen, Baierbrunn, und der Stadt Weimar.

Für namhafte Spenden und Zuwendungen zur Sicherung des Werner-Keller-Stipendienprogramms gilt unser herzlicher Dank Frau Dr. Mechthild Keller, Köln, der Beauftragten der Bundesregierung für Kultur und Medien sowie der Dohrmann Grundbesitz- und Beteiligungsgesellschaft mbH, Remscheid.

Für die Förderung des Goethe-Jahrbuches sei dem Freistaat Thüringen sowie Frau Ursula Löfflmann, Ramosch (Schweiz), im Besonderen gedankt.

Nachfolgend möchten wir namentlich jenen Damen und Herren danken, die der Goethe-Gesellschaft eine Spende ab 50 Euro zuteilwerden ließen:

Dr. Pjotr Abramow, Moskau (Russland)
Klaus-Dieter Affeldt, Berlin
Dr. Michael Albert, München
Martina Allisat, Köln
Dr. Christina Althen, Frankfurt a. M.
Roland Andreas, Leipzig
Dieter Anger, Berlin
Dr. Stephan Anger, Berlin
Benedicta v. Arnim, München
Prof. Dr. Dietrich Babel, Marburg
Ingrid von Bahder, Berlin
Dr. Ulrich Baur, Neuss
Helga Beck, München
Rainer Beck, Eschwege
Dr. Wilfried Bergmann, Zimmern
Prof. Dr. Thomas Berndt, Zollikon (Schweiz)
Hartmut Bertram, Eschwege
Ingrid Biberacher, Nürnberg
Volkmar Birkholz, Erfurt
Prof. Dr. Hendrik Birus, München
Renate Blank, Essen
Gabriele Bloess, Kerpen
Hildegard Bock, Nürnberg
Prof. Dr. Martin Bollacher, Tübingen
Klaus-Jürgen Bräunig, Dortmund
Hermann Bünten, Krailling
Erika Danckwerts, Berlin
Dr. Hans-Jürgen Danzmann, Bad Säckingen
Willfried Denker, Bergisch Gladbach

Christiane Dieckmeyer, Sömmerda
Dr. Hans-Helmut Dieterich, Ellwangen
Bernd-Ulrich Dietz, Gießen
Gisela Dobbelstein-Krings, Herzogenrath
Dohrmann GmbH, Remscheid
Hilmar Dreßler, Leipzig
Hartwig Dück, Coburg
Franz Dudenhöffer, Speyer
Dagmar Ebel, Lüneburg
Prof. Dr. Udo Ebert, Jena
Dr. Sieglinde Eckardt, Schleusingen
Dr. Manfred & Marlies Eckstein, Schleiz
Dr. Gerd Eidam, Burgwedel
Dr. Arne Eppers, Hamburg
Uwe Ertel, Berlin
Peter Ewert, Mönchengladbach
Dr. Sieglinde Fechner, Leipzig
Dr. Karl-Heinz Fiebeler, Berlin
Dr. Florian Fischer, Koblenz
Werner Fleig, Ludwigsburg
Sigrid Freisleben, Nürnberg
Ulrich Frewel, Insingen
Ursula Frey, Gelnhausen
Klaus Martin Finzel, Köln
Helmut Fricke, Delligsen
Bernd Frilling, Vechta
Renate Gesigora-Semrau, Köln
Dr. Jens Giesdorf, Lasel
Dietrich Gneist, Bonn

Goethe-Gesellschaft Bremen
Goethe-Gesellschaft Hamburg
Goethe-Gesellschaft Vest Recklinghausen
Christine Gottfried, Maintal
Ina Greyn, Kempen
Dr. Udo Große Wentrup, Hamm
Dr. Renate Grumach, Berlin
Dr. Volker Güldener, Oberursel
Prof. Dr. Peter Gülke, Weimar
Claus Günzler (†), Waldenbronn
Thomas Gurt, Osterbruch
Andrea Haarnagel, Ludwigshafen
Elke Hammer, Salzatal
Winfried Hanke, Werdau
Martin Hann, München
Peter Hecker, Haltern am See
Marion Heise, Halle/Saale
Christoph Henning, Schönebeck
Prof. Dr. Walter Hinderer, Princeton (USA)
Dr. Christian Hintz, Waldhausen
Brunhild Höhling, Oranienbaum-Wörlitz
Dr. Arnold Holle, London
Hans-Jürgen Holzmann, Heidelberg
Ekaterine Horn, Düsseldorf
Hans Ibels, Duisburg
Monika Irslinger, Kassel
Dr. Mathias Iven, Potsdam
Dr. Siegfried Jaschinski, Stuttgart
Wolfgang Jehser, Rotenbek
Ulrich Jordan, Dortmund
Kristina Kaiser, Berlin
Wilhelm Kaltenborn, Berlin
Dietrich Kammeyer, Plau am See
Dietrich Kauffmann, Wangen/Allgäu
Dr. Mechthild Keller, Köln
Hans-Joachim & Marga Kellner, Erfurt
Edith Kiessner, Hamburg
Frank Klein, Brühl
Manfred Klenk, Mannheim
Joachim Klett, Wertheim-Hofgarten
Liselotte Klingsch-Alswede, Remscheid
Udo Kniep, Wetter
Thomas Koch, Nordhorn
Eva Komas, Leipzig
Prof. Dr. Lothar Köhn, Senden
Mario Kopf, Dessau-Roßlau
Irmgard Körner, Erkrath
Bernd Köstering, Offenbach
Dr. Sylvia Kowalik, Jokkmokk (Schweden)
Gabriele Kralinski, Weimar
Dr. Joachim Krause, Gladbeck
Richard Kriegbaum, Böblingen

Helmut Krumme, Bonn
Dr. Bernd Kummer, Wiesbaden
Prof. Dr. Paul Laufs, Stuttgart
Dr. Gert Legal, München
Dr. Irene Leidner, Bad Elster
Ursula Löfflmann, Ramosch (Schweiz)
Dr. Gertrude Lückerath (†), Köln
Christina Lüdtke-Dittmar, Ilsenburg
Cedric Lutz, Lenzburg (Schweiz)
Dr. Bernd von Maltzan, Bad Homburg
Martin Marr, Erfurt
Ute Mayer, München
Christian Mertens, Bonn
Karin Meyer-Mitterhauser, Weimar
Prof. Dr. Norbert Miller, Berlin
Dieter Mlynek, Hannover
Prof. Dr. Manfred Mörl, Schiffdorf
Dr. Karl-Peter Müller, Marl
Prof. Dr. Klaus-Detlef Müller, Tübingen
Hannes Mürner, Hamburg
Dr. Klaus Nerenz, Göttingen
Winfried Neumann, Erfurt
Prof. Dr. Sebastian Neumeister, Berlin
August Ohage, Göttingen
Dr. Dr. Manfred Osten, Bonn
Hans-Günther Otto, Rudolstadt
Dr. Claudia Paris, Leipzig
Bernd Pasterkamp, Saarbrücken
Heidrun Paudtke, Cottbus
Dr. Wolfram Peitzsch, Baldham
Friedrich Petry, Wetzlar
Dr. Ruth Peuckert, Erfurt
Michael Plett, Dortmund
Dr. Dr. Dieter Pocher, Güstrow
Johannes Popp, Leipzig
Dr. Tino Prell, Jena
Dr. Alexander Reitelmann, Meckenheim
Doris Rehberger, Heidelberg
Rolf Renken, Bad Salzuflen
Prof. Dr. Karl Richter, St. Ingbert
Inge Rossbach, Bad Kreuznach
Dr. Mark D. Roth, Erndtebrück
Dr. Wolfgang Saalfrank, Wallhalben
Ricarda van de Sandt, Neuss
Jürgen Santori, Essen
Prof. Dr. Gerhard Sauder, St. Ingbert
Brigitte Schäferling, Gammertingen
Wilhelm Scheidgen, Bergisch Gladbach
Dr. Martin Schencking, Welschneudorf
Dr. Michael Schilar, Berlin
Else Schill, Syke
Dr. Rosemarie Schillemeit, Braunschweig

Dr. Marleen Schmeisser, Berlin
Willi Schmid, Rosenheim
Dr. Carl-Heiner Schmid, Reutlingen
Hans-Jürgen Schmitt, Kronach
Dr. Thomas Schmitt, Fulda
Dr. Vera Schöne, Münster
Dr. Henner Schultz, Weimar
Prof. Dr. Brigitte Seebacher, Rothenbach
Dietrich Seele, Porta Westfalica
Dr. Siegfried Seifert, Weimar
Helga Siedenburg, Oldenburg
Kurt Siekmann, Recklinghausen
Dr. Sabine Solf, Wolfenbüttel
Prof. Dr. Wilhelm Solms, München
Detlev Spangenberg, Radebeul
Dr. Angela Spelsberg, Münster
Frank Sperrhacke, München
Holger Spies, Frankfurt a. M.
Thomas Sprick, Hamburg
Gertrud Staffhorst, Karlsruhe
Monika Steffens, Köln
Prof. Dr. Matthias Steinhart, Würzburg
Dr. Judith Steiniger, Heidelberg
Gabriele Stenger, Hanau
Dr. Hans-Peter Stöckmann, Wernigerode
Ilse Streit-Dewald, München
Eleonore Stückroth, Berlin
Ekkehard Taubner, Bergen/Vogtland
Nikolaus von Taysen, Baierbrunn
Ursula Thomas, Hannover
Dr. Winfried & Anette Thraen, Hannover
Heide Tongers, Hannover
Stefan Tönjes, Nordenham
Dr. Hans-Jürgen Ulonska, Erfurt
Hannelore Wagenknecht, Hildesheim
Eleonore Wagner, Gütersloh
Dr. Markus Wallenborn, Worms
Kristina Wandt, Leipzig
Kimberley Wegner, Gremersdorf
Prof. Dr. Reinhard Wegner, Heidelberg
Ingrid-Ilse Weingärtner, Bonn
Ingrid Weisel, Berlin
Prof. Dr. Reiner Wild, Heidelberg
Eberhard Wolff, Köln
Hagen Wolff, Celle
Dr. Regina Wuthe-Klinkenstein, Dedeleben
Gerd Ziegler, Weimar
Alexander von Zweidorff, Hamburg.

Dank für langjährige Mitgliedschaften in der Goethe-Gesellschaft im Jahr 2022

An dieser Stelle gilt unser herzlicher Dank all jenen Mitgliedern, die der Goethe-Gesellschaft seit Jahrzehnten angehören und ihr treu verbunden sind.

Im Jahr 2022 war 85 Jahre Mitglied der Goethe-Gesellschaft:
Dr. Marlene Lohner, Wiesbaden

Im Jahr 2022 war 80 Jahre Mitglied der Goethe-Gesellschaft:
Hans-Dieter Haeuber, Moers

Im Jahr 2022 war 70 Jahre Mitglied der Goethe-Gesellschaft:
Dr. Alexander Hildebrand, Wiesbaden

Im Jahr 2022 waren 65 Jahre Mitglied der Goethe-Gesellschaft:
Peter Nikolaus Schmetz, Herzogenrath
Dr. Siegfried Seifert, Weimar

Im Jahr 2022 waren 60 Jahre Mitglied der Goethe-Gesellschaft:
Dr. Bernd Breitenbruch, Neu-Ulm
Klaus Herrmann, Oberhaching
Prof. Dr. Dr. h.c. Herbert Kraft, Everswinkel
Dr. Helmut L. Müller-Osten, Forchheim
Prof. Dr. Benno Rech, Lebach
Prof. Dr. Helmut Schanze, Aachen

Im Jahr 2022 waren 55 Jahre Mitglied der Goethe-Gesellschaft:
Prof. Dr. Jochen Golz, Weimar
Friedrich Klein, Meckenheim
Prof. Dr. Klaus Lech, Bonn
Johanna Wege, Rellingen

Im Jahr 2022 waren 50 Jahre Mitglied der Goethe-Gesellschaft:
Christine Beuchler, Aue
Dr. habil. Manfred Eckstein, Schleiz
Maria Ewers, Weimar
Dr. Ulf Rüdiger Meinel, Mühlenbeck
Ingeborg Schotte, Erfurt
Manfred Schröder, Augsburg
Dr. Brigitte Schröder, Augsburg
Prof. Dr. Herbert Zeman, Wien

Im Jahr 2022 waren 45 Jahre Mitglied der Goethe-Gesellschaft:
Niels Bane Bahnsen, Köln
Ingrid Biberacher, Nürnberg
Prof. Dr. Steffen Dietzsch, Berlin
Marlies Eckstein, Schleiz

Dr. Marie-Luise Giese, Verden
Prof. Dr. Rüdiger Görner, Surrey (England)
Brunhild Höhling, Oranienbaum-Wörlitz
Prof. Dr. Meredith Lee, Santa Ana (USA)
Gert Lindemann, Köln
Dr. Heinrich Macher, Apolda
Dr. Bernd Mahl, Tübingen
Dr. habil. Hans-Jochen Marquardt, Halle (Saale)
Dr. Bernhard Meier, Nürnberg
Dr. Peter-Michael Merbach, Zella-Mehlis
Prof. Dr. Norbert Oellers, Bonn
Monika Quiring, Bonn
Prof. Dr. Hartmut Reinhardt, Trier
Hannelore Sandmann, Nordhausen
Anette Schmidt, Jena
Dr. Thomas Schmitt, Fulda
Dr. Harald Thulin, Dresden
Herma Völker, Bad Harzburg
Prof. Dr. Winfried Woesler, Dülmen

Im Jahr 2022 waren 40 Jahre Mitglied der Goethe-Gesellschaft:
Michael Berger, Marienberg
Dr. Karl-Heinz Borchardt, Greifswald
Dr. Bernd Bräuer, Gelenau/Erzg.
Prof. Dr. Roswitha Burwick, Claremont (USA)
Dr. Thea Büßer, Eisenhüttenstadt
Dr. Hans-Jürgen Danzmann, Bad Säckingen
Sigrid Freisleben, Nürnberg
Peter Frenz, Ahrensburg
Prof. Dr. Werner Rudolf Frick, Freiburg
Volker Habermaier, Schopfheim
Dr. Arnold Holle, London
Renate Köpke, Berlin
Frank Kötter, Dortmund
Prof. Dr. Jan Leskovec, Ceske Budejovice (Tschechien)
Prof. Dr. Dieter Metzler, Münster
Dr. Erwin Neumann, Güstrow
Prof. Dr. Günter Niggl, Eichstätt
Dietrich Hermann Plate, Berlin
Devalpally Balakrishna Rao, Hannover
Armin Richter, Murnau
Gudrun Rost, Hildesheim
Irene Schlögel, Schrobenhausen
Joachim Schulz-Marzin, Voerde
Dr. Heike Spies, Düsseldorf
Eleonore Stückroth, Berlin
Dr. Hans Volker Tens, Berlin
Prof. Uta Vincze, Dresden
Dr. Regina Wuthe-Klinkenstein, Dedeleben
Dr. Anne van Hees, München

Tätigkeitsberichte der Ortsvereinigungen für das Jahr 2021

Aufgrund der Corona-Pandemie konnten die für 2021 geplanten Veranstaltungen nicht oder nur zum Teil stattfinden.

Aachen (gegr. 1990)

Vorsitzender: Prof. Dr. Helmut Schanze, Laurentiusstr. 69, 52072 Aachen; stellv. Vorsitzende: Helga Schulz, Wiesenweg 49, 52072 Aachen. – Kleine Goethe-Gesellschaft »im Garten«. – Literarisch-musikalische Soirée im Kammermusiksaal der Musikhochschule zum Thema *Natur* mit Werken von Hummel, Telemann und Händel und unter Mitwirkung von Mathias Rein (Piano) und Ulrike Schanze (Violine und Viola). – Exkursion nach Frankfurt a. M. zum Romantik-Museum.

Altenburg (gegr. 1986)

Vorsitzende: Adelheid Friedrich, Zeitzer Straße 68 A, 04600 Altenburg; stellv. Vorsitzender: Friedrich Krause, Friedrich-Ebert-Str. 28a, 04609 Altenburg. – Dr. Gert Theile (Weimar): *Weltdarstellung als Weltzugang. Poetische Annäherungen am Beispiel von Johann Wolfgang von Goethes »Faust II« und Wolfgang Hilbigs »Alte Abdeckerei«.* – Angelika Schneider (Weimar): *Goethes Hausgärten in Weimar. Zwischen Nutzgarten und Laboratorium.* – Karl Koch (Nordhorn): *Spaziergang über den Historischen Friedhof in Weimar. Vortrag mit Bildern zu bekannten und unbekannten Grabstätten.* – Altenburger Buchquartett: *Bücherabend mit F. Grillparzer, L. B. Zypkin, A. Weber, Chr. Wunnicke.* – Franziska Engemann (Gera): *Gesellschaften in Altenburg um 1800.* – Dr. Anett Kollmann (Berlin): *Goethe, die Schopenhauers und Rom.*

Aue-Bad Schlema (gegr. 1983)

Vorsitzender: Konrad Barth, Richard-Friedrich-Str. 3, 08301 Bad Schlema; stellv. Vorsitzender: PD Dr. habil. Manfred Jähne, Seminarstr. 22e, 08289 Schneeberg. – *Goetheabend in Bad Schlema.*

Augsburg (gegr. 2005)

Vorsitzender: †Dr. Wolfgang Pollert, Prof.-Messerschmitt-Str. 30 b, 86159 Augsburg; stellv. Vorsitzender: Dr. Ulrich Hohoff, St.-Lukas-Str. 26, 86169 Augsburg. – Dr. Ulrich Hohoff (Augsburg): *»Götz von Berlichingen« – Goethes erster Publikumserfolg und die Folgen.* – Dr. Bertold Heizmann (Essen): *Goethe und das Ewig-Weibliche.* – Michael Lemster (Augsburg): *Goethe und die Grimms.* – Helga Ilgenfritz (Kaufbeuren): *Sophie von La Roche.*

Bad Harzburg (gegr. 1947)

Vorsitzender: Wilfried Eberts, Hopfenstr. 6, 38667 Bad Harzburg; stellv. Vorsitzende: Anja Fuchs, 38667 Bad Harzburg. – Dr. Francesca Muller-Fabbri (Weimar): *Adele Schopenhauer und der deutsche Dante-Kult im 19. Jahrhundert.* – Wilfried Eberts (Bad Harzburg): *Goethes Novelle »Der Mann von 50 Jahren« und ihre Integration in die »Wanderjahre«.* – Franziska Solana Higuera (Braunschweig): *Karl Philipp Moritz – Ästhetische Spurensuche in Braunschweig.* – Uschi Streit-Unglaub, Prof. Dr. Erich Unglaub (beide Bad Harzburg): *In Memoriam. Texte berühmter Schriftsteller, die im Jahr 2021 gestorben sind.*

Berlin (gegr. 1919, Neugründung 1987)

Vorsitzende: Beate Schubert, Fischottersteig 7, 14195 Berlin; stellv. Vorsitzender:

Prof. Dr. Uwe Hentschel, Dahmestr. 115, 16341 Pankethal. – Jahresthema: *Epochenumbruch um 1800 in Goethes Leben und Werk.* – Prof. Dr. Uwe Hentschel (Chemnitz, Berlin): *Zu den Umbruchs- und Krisenerfahrungen um 1800.* – Beate Schubert (Berlin): *Der Student Goethe inmitten der Epochen.* – Prof. Dr. Dirk von Petersdorff (Jena): *Goethe im Sturm und Drang.* – Prof. Dr. Ernst Osterkamp (Berlin): *Goethe und das klassische Ideal.* – Dr. Dr. h.c. Manfred Osten (Bonn): *Zur Aktualität des Goetheschen Verständnisses der Französischen Revolution.* – Dr. Manfred Osten, Prof. Dr. Peter André Alt: *Goethes und Schillers Konzept zur ästhetischen Erziehung des Menschen* (Podiumsdiskussion). – Goethe-Geburtstag: Exkursion nach Bad Lauchstädt – *Musik um Goethe* (Matinée) – *Faust. Der Tragödie erster Teil* (Theater). – Wolfgang Jorcke (Berlin): *Drei Lesenachmittage zum Jahresthema Epochenumbruch.* – Prof. Dr. Jochen Golz (Weimar): *Goethe, Schiller und Friedrich Schlegel an der Schwelle der Moderne.* – Dr. Helmut Hühn (Jena): *Zeit und Geschichte in Goethes »Wahlverwandtschaften«.* – Dr. h.c. Friedrich Dieckmann (Berlin): *Napoleonisches beim alten Faust.* – PD Dr. Michael Jaeger (Berlin): *Die Julirevolution in Paris und der Beginn des Maschinenzeitalters.*

Bonn (gegr. 1993)

Vorsitzender: Helmut Krumme, Ferdinandstr. 17, 53127 Bonn; stellv. Vorsitzender: Prof. Dr. Georg Schwedt, Lärchenstr. 21, 53117 Bonn. – Prof. Dr. Helmut Schanze (Aachen): *»Schrekliche Geschichte«. Das »Weltkind« Goethe und der »Prophete« Lavater, der erste Leser des »Werther«.* – *Goethe an der Lahn* (Exkursion nach Nassau und Bad Ems).

Bremen (gegr. 1941)

Vorsitzender: Prof. Dr. Gert Sautermeister, Hans-Thoma-Str. 22, 28209 Bremen; stellv. Vorsitzender: Andreas Rumler, Wörther Str. 32, 28211 Bremen. – Dr. Bertold Heizmann (Essen): *»Dieser, mein Sohn, war verloren und ist wiedergefunden worden«. »Heimkehr« als literarisches Motiv von der Antike bis zur Moderne.* – Prof. Dr. Franklin Kopitzsch (Hamburg): *Judentum und Hansestädte in der frühen Neuzeit.* – Prof. Dr. Hans Kloft (Bremen): *Rom als Herausforderung. Norddeutsche Literaten und die ewige Stadt – mit Bezug auf Goethes »Italienische Reise«* als Festvortrag zum 80-jährigen Bestehen der Bremer Ortsvereinigung der Goethe-Gesellschaft. – Prof. Dr. Heiner Boehncke (Frankfurt): *Goethe und die Brüder Grimm. Jacob, Wilhelm, Ludwig Emil und Ferdinand (mit Ferdinand als Schwerpunkt).* – Prof. Dr. Hans-Wolf Jäger (Bremen): *Demetrius, der falsche Zar. Das russische Polentrauma in der deutschen Literatur des 18. und 19. Jahrhunderts.* – Prof. Dr. Jan Philipp Reemtsma, PD Dr. Frank Hatje (beide Hamburg): *Ferdinand Beneke: Die Tagebücher II (1802-1810).* – Prof. Dr. Hans Kloft (Bremen): *Judentum und Antisemitismus – das antike Erbe.* – Gennady Kuznetsov (Bremen): *Das klingende Rathaus. Musikinstrumente am und im Bremer Rathaus in Bild und Klang (mit akustischen Proben durch einen Lautenspieler).*

Chemnitz (gegr.: 1926)

Vorsitzender: Siegfried Arlt, Hüttenberg 13, 09120 Chemnitz. – Evelin Thieme, Hans-Peter Thieme (beide Haselbach): *Auf freiem Grund mit freiem Volke steh'n – Goethe und der Bergbau – Sommerfest in Haselbach.* – Prof. Dr. Christof Wingertszahn (Düsseldorf): *Weg, du Traum! So Gold du bist – Goethe und die Träume.* – Prof. Dr. Christoph Cremer (Heidelberg): *Vom Homunkulus zu »KI«, zur künstlichen Intelligenz.* – Dr. Francesca Müller-Fabbri (Weimar): *Genua in Weimar mit und ohne Goethe – Die graphischen Sammlungen der Klassik Stiftung Weimar.*

Dessau-Roßlau – Anhaltische Goethe-Gesellschaft (gegr. 1925, Neugründung 2008)

Vorsitzender: Joachim Liebig, Bauhausstr. 14, 06846 Dessau-Roßlau; stellv. Vorsitzender: Dr. Steffen Kaudelka, Mainstr. 14,

06846 Dessau-Roßlau. – Dr. habil. Adrian La Salvia (Erlangen): »*Dante in der modernen Kunst*«. Zum 700. Todesjahr von Dante Alighieri. – Ines Gerds (Wörlitz): »*ein literarischer Spaziergang durch den Wörlitzer Park*«. Kalliopes Schwestern »*Rund um Goethe*«. – Dr. Bettina Baumgärtel (Düsseldorf): »*Immer ein hübscher Bursche, aber keine Spur von mir…*«. Goethebildnis von Angelika Kauffmann.

Dresden (gegr. 1926)

Vorsitzender: Dr. Jürgen Klose, Lahmannring 29, 01324 Dresden; stellv. Vorsitzende: Liane Schindler, Kipsdorfer Str. 192, 01279 Dresden. – Lutz Reike (Dresden): *Dresden und Napoleon – zum 200. Todestag.* – *Zwei Spaziergänge durch das Seifersdorfer Tal – 1792 versus 2021.* – Katja Mauksch und Henrik Hoose (Dresden): *Wilhelm Gottlieb Becker (1753-1813): »Das Seifersdorfer Thal« (1792).* Mit Kupferstichen von Johann Adolph Darnstedt (1769-1844) versus Fotografien von Henrik Hoose. Musik von Johann Gottlieb Naumann (1741-1801). Einführung: Dr. Jürgen Klose (Lesung). – Dr. Jürgen Klose (Dresden): *Rienzi, Rienzi, Rienzo – Vortrag 2: Rienzi und der deutsche Vormärz.* – Schillerhaustheater Leipzig: *Säk'sche Glassigger von Lene Voigt.* – Andreas Albert, Caroline Knabe (beide Dresden): *Poesie in Farben und Worten – Adalbert Stifter als Dichter und Maler. Texte zu Bildern von Adalbert Stifter* (Lichtbildvortrag und Lesung). – Prof. em. Dr. Dr. h.c. Walter Schmitz (Dresden): *Bruder und Schwester, Mann und Weib. Bildungsprojekte in Literatur und Leben um 1800 – bei der Familie Tieck und anderen.*

Eisenach (gegr. 1979)

Vorsitzender: Gerhard Lorenz, Am Hängetal 05, 99817 Eisenach; stellv. Vorsitzender: Eberhard Kruse, Bohngartental 07, 99834 Marksuhl. – Abhandlungen von Volkmar Schumann, die den Mitgliederbriefen beigelegt wurden: *Beethoven und Goethe* (nach einem Artikel von Dr. Wilhelm Bode, 1910). – *Goethe, Cagliostro, die Halsbandgeschichte und Elisa von der Recke.* – *Napoleons Sohn – der unglückliche Herzog von Reichstadt.* – *Erinnerung an Peter Drescher.* – *Der Eisenacher Baurat Georg Christian Sartorius.* – *Zwei Goethe-Briefe – was hat Charlotte von Stein vielleicht geantwortet?* – *Goethes kaum bekannte Vorfahren.* – *Goethe und sein Festspiel: »Des Epimenides Erwachen«.* – Eva Maria Ortmann, Gesang; Prof. Dr. Ines Mainz, Klavier; Matthias Bega, Schauspiel: *»Mein Herz hat heut' Premiere«* – eine Goethe-Revue zu Goethes 272. Geburtstag. – Dr. Michael Knoche (Weimar): »*Tumult im feurigen Gemüte*« – *Goethe und Nicolai im Wortgefecht.*

Erfurt (gegr. 2014)

Vorsitzender: Bernd Kemter, Aga Lindenstr. 20, 07554 Gera; Geschäftsführer: Dieter Schumann, Pergamentergasse 37, 99084 Erfurt. – Dr. Thomas Frantzke (Leipzig): *Der junge Goethe im Konflikt mit Kirche und Aufklärung.* – Dr. Michael Niedermeier (Berlin): *Da fehlen uns die Wörter. Das Goethe-Wörterbuch. Goethes erotischer Wortschatz und die Sexualdebatten der Zeit.* – Dr. Annette Seemann (Weimar): *Der Beruf der Hofdame im Allgemeinen und im klassischen Weimar im Besonderen.* – Besuch des Feensteigs bei Weberstedt, Konzert im Schloss Behringen. – Konzert mit einem Quartett der Erfurter Camerata im Renaissanceschloss Nimritz.

Erlangen (gegr. 2000)

Vorsitzender: Prof. Dr. Theo Elm, Holzleite 19, 91090 Effeltrich; Vorsitzende seit Mai 2022: Dr. habil. Tanja Rudtke, Schwander Str. 7, 91126 Rednitzhembach; Geschäftsführerin: Heida Ziegler, Im Herrengarten 6, 91054 Buckenhof; Geschäftsführerin seit Mai 2022: Gertraud Lehmann, Wöhrstr. 6a, 91054 Erlangen. – Dr. habil. Adrian La Salvia (Erlangen): *Die Vollendung der Dichtung im Bild: Gustave Dorés Illustrationen zu Dantes »Göttlicher Komödie«.* – Ursula Krechel (Berlin): *Gedichte und Prosa* (Lesung und Gespräch). – Nora Gomringer (Bamberg), Philipp Scholz (Berlin): *Peng Peng Peng. Lyrik und Jazz-Drums. Sommerfest.* – Siegfried Ziegler (Buckenhof): *Erlanger Kulturspaziergänge. Poetische Assoziationen zu Heinrich Kirchners Skulpturen. Rundgang am Erlanger Burgberg.* – Prof. Dr. Martin Puchner (Cambridge/Mass.): *Goethe und die ›Weltliteratur‹. Die erstaunliche Karriere einer multikulturellen Vision.* – Dr. Petra Maisak (Bad Homburg): *»Auch ich in Arkadien!« Goethes italienische Zeichnungen.* – Dr. Clemens Heydenreich (Erlangen): *Goethe in Entenhausen. Deutsche Sprachkultur in Erika Fuchs' Comic-Übersetzungen.* – Prof. Dr. Waldemar Fromm (München): *»Ich habe keinen Namen dafür!« – Goethe, Herder, Lenz und die Sprachproblematik ihrer Zeit.* – Siegfried Ziegler (Buckenhof): *Die Luisenburg zur Zeit Goethes. – Rätsel – Idylle – Provokation – Ruhepunkt.*

Essen (gegr. 1920)

Vorsitzender: Dr. Bertold Heizmann, Gewalterberg 35, 45277 Essen; stellv. Vorsitzender: Dr. Hans-Joachim Gaffron, Listerstr. 11, 45147 Essen. – Feier zum 100jährigen Bestehen der Essener Goethe-Gesellschaft. Festvortrag von Dr. Dr. h.c. Manfred Osten (Bonn): *Die Welt, »ein großes Hospital«. Goethe und die Erziehung des Menschen zum »humanen Krankenwärter«.* – *Ein Stündchen mit Goethe. Sprüchliches und Wi(e)dersprüchliches.* Schauspiel von und mit Vicki Spindler (Berlin) und Mathias Mertens (Stralsund). – Prof. Dr. Uwe Hentschel (Chemnitz, Berlin): *Die Utopie von der vernünftigen Lust. Zur erotischen Literatur des 18. Jahrhunderts.* – Dr. Heiko Postma (Hannover): *»Die Fortsetzung folgt...« – Friedrich Schiller und sein Roman »Der Geisterseher«.* – Prof. Dr. Peter-André Alt (Berlin): *Spiel, Vorspiel, Endspiel. Zu Goethes »Faust«-Prolog.* – Weihnachtliches Konzert mit Anke Pan (Klavier) und Linda Guo (Violine).

Freiburg i. Br. (gegr. 1999)

Vorsitzender: Dr. Christoph Michel, Sickingenstr. 25, 79117 Freiburg i. Br.; Geschäftsführer: Clemens Kleijn, Am Schaienbuch 26, 78054 Schwenningen. – Dr. Christoph Michel (Freiburg i. Br.): *Goethes Schweizer Reisen.* – Prof. Dr. Stefan Höppner (Freiburg i. Br., Weimar): *Die Welt im Regal: Goethes Bibliothek und seine sozialen Netzwerke.* – Prof. Dr. Peter Philipp Riedl (Freiburg i. Br.): *Gelassene Teilnahme. Formen urbaner Muße in Goethes »Italienischer Reise«.* – Florian Cramer, Tenor; Clarissa Merz, Sopran und Rezitation; Gregor Biberacher, Rezitation; Reinhard Buhrow, Klavier; Barbara Kiem, Konzeption und Moderation: *Goethe – und Schuberts »Schöne Müllerin«* (Konzert).

Fulda (gegr. 2019)

Vorsitzender: Reinhard Schwab M. A., Akazienweg 2, 36157 Ebersburg; stellv. Vorsitzender: Helmut Sämann, Brüsseler Str. 9, 36039 Fulda. – Prof. Dr. Stefan Matuschek (Jena): *Goethes »Faust«. Das Hauptwerk der europäischen Romantik.* – Prof. Dr. Rainer M. Holm-Hadulla (Heidelberg): *»Sympathy for the Devil«. Die künstlerische Bewältigung des Bösen bei Goethe, Freud und den Rolling Stones.* – Besuch des Romantik-Museums in Frankfurt a. M. mit Führung durch Prof. Dr. Wolfgang Bunzel. – Zwei literarisch-gesellige »Verweile doch«-Treffen der Mitglieder in Fulda.

Gera (gegr. 2006)

Vorsitzender: Bernd Kemter, Aga Lindenstr. 20, 07554 Gera; Geschäftsführerin Elke Sieg, Zum Wiesengrund 3, 04626 Schmölln. – Dr. Thomas Frantzke (Leipzig): *Der junge Goethe im Konflikt mit Kirche und Aufklärung.* – Dr. Michael Niedermeier (Berlin): *Da fehlen uns die Wörter. Das Goethe-Wörterbuch. Goethes erotischer Wortschatz und die Sexualdebatten der Zeit.* – Dr. Annette Seemann (Weimar): *Der Beruf der Hofdame im Allgemeinen und im klassischen Weimar im Besonderen.* – Besuch des Feensteigs bei Weberstedt, Konzert im Schloss Behringen. – Konzert mit einem Quartett der Erfurter Camerata im Renaissanceschloss Nimritz.

Gotha (gegr. 1985)

Vorsitzende: Kerstin Brauhardt, Waltershäuser Str. 71, 99867 Gotha; stellv. Vorsitzende: Marion Merrbach, Mönchelstr. 3, 99867 Gotha. – Coronabedingt mussten alle geplanten Veranstaltungen entfallen.

Güstrow (gegr. 1982)

Vorsitzende: Dr. Elisabeth Prüß, Seidelstr. 5, 18273 Güstrow; stellv. Vorsitzende: Anneliese Erdtmann, Prahmstr. 28, 18273 Güstrow. – Prof. Dr. Jochen Golz (Weimar): *Goethe und Brecht.* – Gisela Scheithauer (Güstrow): *Closter-Sache Rühn – die Regentinnen.* – Reinhard Witte (Waren-Müritz): *Die unsterbliche Geliebte – 200. Geburtstag Ludwig van Beethovens.*

Gunzenhausen (gegr. 1998)

Vorsitzender: Dr. Johann Schrenk, Alramweg 3, 91187 Röttenbach; stellv. Vorsitzende: Bärbel Ernst, Auergasse 10, 91710 Gunzenhausen.

Halle (gegr. 1947, Neugründung 1964)

Vorsitzender: Prof. Dr. Hans-Joachim Kertscher, Spitze 4A, 06184 Kabelsketal; Geschäftsführerin: Dr. Heidi Ritter, Dölauer Straße 54, 06120 Halle. – Prof. Dr. Hans-Joachim Kertscher (Halle): *Goethe und Napoleon.* – Dr. Paul Kahl (Erfurt): *Zum 700. Todestag von Dante Alighieri (1262-1321).* – Prof. Dr. Volker Hofmann (Halle): *Zum 225. Geburtstag von Ottilie von Goethe.* – Prof. Dr. Detlef Jena (Schkölen-Rockau): *Goethes Ziehsohn Fritz von Stein und sein Besuch 1795 auf Schloss Dieskau und in Dürrenberg.*

Hamburg (gegr. 1924)

Vorsitzende: Ragnhild Flechsig, Gustav-Falke-Str. 4, 20144 Hamburg; stellv. Vorsitzender: Heinz Grasmück, Grindelallee 139, 20146 Hamburg. – Prof. Dr. Beatrix Borchard (Hamburg): *Clara Schumann – Musik als Lebensform. Neue Quellen – andere Schreibweisen.* – Dr. Dr. h.c. Manfred Osten (Bonn): *»Die Welt – ein großes Hospital« – Goethe und die Pandemie.* – Dr. Tilman Krause (Berlin): *Friedrich Sieburg – ein Gespräch.* – Dr. Peter Neumann (Hamburg): *Jena 1800. Goethes ›anschauendes Denken‹ als Beitrag zu einer historischen Mikrologie.* – Helmut Flechsig (Hamburg): *Vier Neuerscheinungen auf dem Büchermarkt.* – Prof. Dr. Wolfgang Bunzel (Frankfurt a.M.): *»Kennst du das Land, wo die Zitronen blühn«… Mignon – eine Figur und ihre Rezeption.* – Dr. Gesa von Essen (Freiburg i.Br.): *Margarete alias Gretchen – Fausts Geliebte in wechselnden Ansichten.* – Prof. Dr. Jochen Golz (Weimar): *Frauengestalten in den »Wahlverwandtschaften«: Charlotte und Ottilie.*

Hannover (gegr. 1925)

Vorsitzende: Elke Kantian, Ferdinand-Wallbrechtstr. 64, 30163 Hannover; stellv. Vorsitzender: Dr. Jonas Maatsch, Akademie der Wissenschaften zu Göttingen, Theaterstr. 7, 37073 Göttingen. – Prof. em. Dr. Karlheinz Stierle (Konstanz): *Aus tiefem Schlummer ward ich aufgeschreckt. Dante und seine »Commedia«.* – Prof. Dr. Franziska Meier (Göttingen): *Dante zum 700. Todestag. Einführung in die »Commedia«.* Vortrag mit Lesung von Dieter Hufschmidt (Hannover) und Musik von Michael Culo (Hannover). – Prof. Dr. Peter Sloterdijk (Berlin): *Den Himmel zum Sprechen bringen. Elemente einer Theopoesie.* Lesung und Gespräch mit Prof. Dr. Christoph Türcke (Leipzig). – Sybille Lewitscharoff (Berlin): *Abenteuernde Geistigkeit gegen Betonrealismus, oder: »Mich beschäftigt das Hinauf, und das Hinab ist für den Menschen gewöhnlich«.* – Prof. Dr. Rüdiger Görner (London), Prof. Dr. Alexander Košenina (Hannover): *Wahrnehmungsorgane für das Höhere. Die »Produktive Imagination« in der englischen und deutschen Romantik.* – Rüdiger Safranski (Badenweiler): *Komm! Ins Offene, Freund! – Regionalbischöfin Dr. Petra Bahr (Hannover): *Mein Goethe.* – Thomas Schuler (Köln): *»Immer erleuchtet, immer klar und entschieden.« *Goethe und Napoleon.* – Dr. Dr. h. c. Manfred Osten (Bonn): »*Die Welt ein großes Hospital*«. *Goethe und die Erziehung des Menschen zum »humanen Krankenwärter«.* – Dr. Annette Seemann (Weimar): *Weihnachten im klassischen Weimar.* – Peter Meuer (Hannover): *Wie Goethe aus Vier Frauen Auserwählte Frauen machte. Zur Entstehung eines Divan-Gedichts aus der Autographen-Sammlung des Stadtarchivs.* – Hanjo Kesting (Hamburg): *Erfahren, woher wir kommen. Große Erzählungen der Weltliteratur.* Aus folgenden Erzählungen lasen: Sonja Beißwenger: *Nikolai Leskow: »Der Toupetkünstler«.* – Sonja Beißwenger: *Friedrich Dürrenmatt: »Die Panne«.* – Volker Hanisch: *Joseph von Eichendorff: »Aus dem Leben eines Taugenichts«.*

Heidelberg (gegr. 1967)

Vorsitzende: Dr. Letizia Mancino-Cremer, Mombertplatz 23, 69126 Heidelberg; stellv. Vorsitzender: Prof. Dr. Dieter Borchmeyer, Osterwaldstr. 53, 80805 München. – *Goethes Geburtstag im Schloss – ein Erlebnis in zwei Akten:* Führung durch den Schlossgarten: »*Lustwandeln mit Goethe*«; Lothar Blüm, Klaus Viktor, Stanislaf Klimow, Hamann Viktor (Heidelberg): *Bläsermusik-Konzert: »Alte Musik und moderne Schlager gespielt bei der Goethe-Bank«.* – Prof. Dr. Christoph Cremer (Heidelberg): *Vom Homunkulus zu Alexa – Zu Geschichte und Perspektiven der Künstlichen Intelligenz.*

Ilmenau (gegr. 1963)

Förder- und Freundeskreis Goethemuseum und Goethe-Gesellschaft Ilmenau-Stützerbach (ab 2006)
Vorsitzender: Prof. Dr. Hans-Peter Schade, Herderstr. 43, 98693 Ilmenau; stellv. Vorsitzender: Martin Strauch, Am Markt 5, 98693 Ilmenau. – Prof. Dr. Uwe Hentschel (Chemnitz, Berlin): *Goethe als Reiseautor mit spezieller Betonung seiner Reisen in die Schweiz.* – PD Dr. Ulrich Kaufmann (Jena): *Friedrich Schiller und Jakob Lenz – zwei Dichter des ›Kastratenjahrhunderts‹ und ihre Bezüge zu Johann Wolfgang Goethe.*

Jena (gegr. 1922)

Vorsitzende: Prof. Dr. Alice Stašková, Friedrich-Schiller-Universität Jena, Institut für Germanistische Literaturwissenschaft, Fürstengraben 18, 07743 Jena; stellv. Vorsitzender: Prof. Dr. Klaus Manger, Sonnenbergstr. 9, 07743 Jena; stellv. Vorsitzende: Melanie Hillerkus, Friedrich-Schiller-Universität Jena, Institut für Germanistische Literaturwissenschaft, Fürstengraben 18, 07743 Jena. – Prof. Dr. Alice Stašková (Jena): »*doch immer der König unserer Literatur«. Heinrich Heines Goethe.* – Prof. Dr. Detlef Jena (Schkölen-Rockau): »*Des Menschen Glück, es ist ein eitler Traum«. Goethe, Herzog Carl August und der Fürst de Ligne auf der Suche nach Unsterblichkeit.* – Melanie Hillerkus (Jena): »*Und so gehen sie zusammen zu Bette«. Goethes »Stella« und die Debatte um Polygamie.* – Prof. Dr. Klaus Manger (Jena): *Führung durch das Frommannsche Anwesen.* – Prof. Dr. Dirk von Petersdorff (Jena): *Glaube und Liebe in Goethes Gedichten. Ein Gespräch.* – Prof. Dr. Michael Maurer (Jena): *Das neue Jahrhundert feiern? Goethe, Schiller, Humboldt, Herder, Kotzebue und der Jahrhundertrummel von 1800.*

Karlsruhe (gegr. 1960)

Vorsitzender: Dr. Gerhard Friedl, Mahlbergstr. 21, 76307 Karlsbad; stellv. Vorsitzende: PD Dr. Beate Laudenberg, Moldaustr. 10a, 76149 Karlsruhe. – Prof. Dr. Hans H. Klein (Karlsruhe): *Goethes Begegnungen mit dem Islam.* – Prof. Dr. Dietrich von Engelhardt (Karlsruhe, Lübeck): »*Über diesem Tode der Natur, geht eine schönere Natur, geht der Geist hervor«. Gesundheit und Krankheit in Hegels Philosophie.* – Prof. Dr. Sabine Wienker-Piepho (Jena): *Goethe-Kitsch – Ein kulturwissenschaftlicher Streifzug durch die Vermarktung eines Dichterfürsten.* – Dr. Peer-Hartwig Pollmann (Karlsruhe): *Arztberuf und Seelenheilkunde im Zeitalter der Naturwissenschaften – mit Anmerkungen zu*

Goethes Vorausschau auf das kommende Maschinenzeitalter. – Stefan Viering (Karlsruhe): *Balladen Goethes und Schillers* (Lesung). – Prof. Dr. Bettina Kümmerling-Meibauer (Tübingen): »*Es ist von Goethe!« Auf Goethes Spuren in der deutschsprachigen Kinderliteratur.*

Kassel (gegr. 1949)

Vorsitzender: Dr. Stefan Grosche, Tränkeweg 1, 34537 Albertshausen; stellv. Vorsitzender: Prof. Dr. Stefan Greif, Universität Kassel, Neuere deutsche Literaturwissenschaft, Kurt-Wolters-Str. 5, Raum 3028. – Agnes Mann (Lübeck): *Briefe Caroline von Humboldts und zeitgenössischer Rombesucher* (Lesung). – Prof. Dr. Stefan Greif (Kassel): »*Fort ins Land der Philister, ihr Füchse mit brennenden Schwänzen«. Goethes ›freundschaftliches Verhältnis‹ zu Schiller und die Zusammenarbeit an den Xenien.* – Prof. Dr. Klaus Vieweg (Jena): *Hegel und Goethe.*

Kiel (gegr. 1947)

Vorsitzender: Dr. Malte Denkert, Geibelallee 4, 24116 Kiel; stellv. Vorsitzende: Liebgard Buchholz, Spreeallee 204, 24111 Kiel. – Lesung von Arne Rautenberg in der Goethe-Grundschule in Kiel (in Zusammenarbeit mit dem Friedrich-Bödecker-Kreis). – Mehrere Newsletter mit literarischen Anregungen und Tipps zu kulturellen Angeboten und Büchern. – Veröffentlichung der Jahresgabe »*Goethe-Impulse. Goethe im Spiegel norddeutscher Dichter und Dichterinnen*«. – *Unsere Lieblingszitate* (Online-Aktion). – *Literaturorte*. Netzwerk der literarischen Namensgesellschaften Schleswig-Holsteins (Videokonferenzen). – Martin Lersch: *Illustrationen von sieben Goethe-Zitaten* (Online-Aktion). – Gerd Erdmann: »*West-östlicher Divan*« (Lesung).

Köln (gegr. 1984)

Vorsitzender: Prof. Dr. Rudolf Drux, Märchenstr. 1, 51067 Köln; stellv. Vorsitzender: Dr. Markus Schwering, Max-Liebermann-Str. 1, 51375 Leverkusen. – Prof. Dr. Helmut Schmiedt (Köln): »*Der schamlose Goethe. Eine Professorennovelle*« (Video-Lesung). – Dr. Markus Schwering (Leverkusen): *Goethe und Balzac* (Video-Vortrag). – Prof. Dr. Rudolf Drux (Köln): »*Die Kraniche des Ibycus*«. *Eine klassische Ballade von Schiller nach einer »Idee« von Goethe* (Video-Vortrag). – Eva-Maria Ortmann, Ines Mainz, Matthias Bega: »*Mein Herz hat heut' Premiere*«. *Eine Goethe-Revue mit Ufa-Schlagern.* Soirée zu Goethes Geburtstag. – Dr. Markus Schwering (Leverkusen): *Briten in Pumpernickel. Das Weimar-Kapitel in Thackerays Roman »Vanity Fair«.* – »*Lotte in Weimar*« (1975, Filmmatinée). – PD Dr. Rolf Füllmann (Köln): *Die dunklen Seiten des hellen Hellas. Die Mythen in Schillers Gedicht »Die Götter Griechenlands«.* – Prof. Dr. Rudolf Drux (Köln): *Der Kölner Dom in Geschichten und Gedichten von Goethe bis Heine.*

Leipzig (gegr. 1925)

Vorsitzender: Michael Pahle, Blüthnerstr. 1, 04179 Leipzig; stellv. Vorsitzende: Dr. Maria-Verena Leistner, Brockhausstr. 61, 04229 Leipzig. – PD Dr. Ulrich Kaufmann (Jena): *Friedrich Schiller und Jakob Lenz – zwei Dichter des ›Kastratenjahrhunderts‹.* – Dr. Jens-Fietje Dwars (Jena): *Fluchtort Jena. Was zog Goethe immer wieder von Weimar in die Saalestadt?* – Dr. Maria-Verena Leistner (Leipzig): *Parodien auf Texte von Goethe und Schiller* (Gemeinschaftsveranstaltung mit dem Schillerverein zum Goethe-Geburtstag). – Dr. Héctor Canal Pardo (Weimar): *Friedrich Wilhelm Riemer – Briefwechsel mit Goethe und Nachlass im Goethe-und Schiller-Archiv.* – Prof. Dr. Uwe Hentschel (Chemnitz, Berlin): *Garlieb Merkel, ein Livländer in Weimar.*

Ludwigsburg (gegr. 1998)

Vorsitzender: Werner Fleig, Hoferstr. 25, 71636 Ludwigsburg; stellv. Vorsitzende: Christel Rabe, Alleenstr. 15, 71638 Ludwigsburg. – Goethes Geburtstags-Feier im Württemberger Hof mit Dr. Werner Heil: *Goethe* und Napoleon (Vortrag); Gregor Jenne, Tenor; Linus Dönneweg, Flügel (musikalische Kontrapunkte).

Mannheim Rhein-Neckar (gegr. 2010)

Vorsitzender: Dr. Jens Bortloff, Krautgartenweg 12, 68239 Mannheim, stellv. Vorsitzende: Liselotte Homering, Neue Heimat 21, 68305 Mannheim. – Dr. Jens Bortloff (Mannheim): *»Die Erde wird durch Liebe frei, durch Taten wird sie groß«. Goethe und die USA anlässlich der Amtseinführung des neuen US-Präsidenten.* – Denis Bode, Dr. Jens Bortloff (beide Mannheim): *Goethes Osterspaziergang heute: Lesung mit Gespräch.* – Hanspeter Rings (Mannheim): *Der Mannheimer Spaziergänger – Impressionen aus dem 18. und 19. Jahrhundert.* – Yilmaz Holtz-Ersahin, Dr. Jens Bortloff (beide Mannheim): *Warum Goethe heute?* – Exkursion zum Deutschen Romantikmuseum Frankfurt a. M. – Dr. Dr. h. c. Manfred Osten (Bonn): *Die Welt, »ein großes Hospital« – Goethe und die Erziehung des Menschen zum »humanen Krankenwärter«.*

München (gegr. 1917)

Vorsitzender: Prof. Dr. Rolf Selbmann, Institut für Deutsche Philologie, Schellingstr. 3, 80799 München; stellv. Vorsitzender: Dr. Johannes John, Bayerische Akademie der Wissenschaften, Alfons-Goppel-Str. 11, 80539 München. – Neustart des Zyklus 2021/22 *Goethes italienische Reise – neu betrachtet*: Prof. Dr. Rolf Selbmann (München): *Goethe in der Campagna. Die Geschichte hinter dem Bild.* – Dr. Gerhard Müller (Jena): *Flucht und Wiedergeburt. Goethes Aufbruch nach Italien.* – Dr. Franco Farina (Riva del Garda): *Sehnsucht nach der Antike. Der brennende Traum von Johann Joachim Winckelmann.*

Naumburg (gegr. 1988)

Vorsitzende: Dr. Irene Traub-Sobott, Berbigstr. 8D, 06628 Naumburg; stellv. Vorsitzende: Susanne Kröner, Lepsiusstr. 9, 06618 Naumburg. – Heidemarie Stein (Naumburg): *»Goethe in Weimar« – Reflexionen zu H. Krüger (1984): »Tiefer deutscher Traum. Reisen in die Vergangenheit«.* – Dr. Heidi Ritter (Halle): *Rahel Varnhagen – Salonkultur um 1800.* – *Max Klinger und die Landschaft an Saale und Unstrut* (Ausstellung und Führung durch das Max Klinger-Haus in Großjena).

Nordenham (gegr. 1946)

Vorsitzende: Stefanie Seyfarth, Seedorfstr. 5, 26954 Nordenham; stellv. Vorsitzender: Stefan Tönjes, Goethestr. 5, 26954 Nordenham. – Prof. Dr. Stefan Matuschek (Jena): *Goethe, Schiller und Knigge über den politischen Wert der Höflichkeit.* – Jonas Hennicke (Oldenburg): *Die Theaterlandschaft Deutschland – ab 2021 immaterielles Weltkulturerbe?* – Prof. Dr. Johannes Krause (Leipzig): *Wir sind alle Migranten.* – Prof. Dr. Uwe Hentschel (Chemnitz, Berlin): *Die Weimarer Klassik – eine Klassik der Moderne?* – Bas Böttcher (Berlin): *Die verkuppelten Worte.* – Dr. Andreas Püttmann (Bonn): *Herausforderungen der liberalen Demokratien durch den Rechtspopulismus.* – Trio Scaramuchia, Javier Lupianez, Violine; Inés Salinas, Violoncello; Patricia Vintém, Cembalo: *Violinensonaten von Georg Pisendel* (Konzert). – Friedemann Wuttke, Gitarre; William Sabatier, Bandoneon: *»Tango Sensations« – Astor Piazolla und der Tango Nuevo* (Konzert). – Ingenium Ensemble (Slowenien): *»Journey of Life« – eine musikalische Lebensreise* (Konzert). – Schubert-Kammerensemble: *A. Dvořák, Klavierquintett A-Dur, op. 81, und F. Schubert, Oktett F-Dur. D 8* (Konzert). – Taras Zdaniuk, Violine; Yuriy Kozar, Klavier: *Kammermusikabend mit jungen Künstlern. Bach, Beethoven, Chopin u. a.* (Konzert). – Maciej Frackiewicz, Akkordeon: *»Wassergeist« – Schubert, Massenmark, Sehin, Davies* (Konzert). – Jubiläumsveranstaltung – 75 Jahre Goethe-Gesellschaft Nordenham: Galli-Theater (Weimar): *Froschkönig für Erwachsene* (Theater); Festveranstaltung (Empfang); Theater Fatale: *Literarische Kabinettstückchen mit und ohne Goethe* (Matinee).

Nürnberg (gegr. 1995)
Vorsitzende: Dr. Claudia Leuser, Maxplatz 30, 90403 Nürnberg; stellv. Vorsitzender: Dr. Günther Kraus. – Prof. Dr. Guido Fuchs (Hildesheim): »*Man könnte dich ein Mädchen schelten…*« *Der schöne Knabe in der Literatur.* – Dr. Bertold Heizmann (Essen): »*Nie gehörte Töne*« – *der Theaterdirektor Goethe und seine Schauspielerinnen.* – Prof. Dr. Anne Bohnenkamp (Frankfurt): *Goethe und das Deutsche Romantik-Museum in Frankfurt am Main.* – Cora Chilcott, Felix Tittel (beide Berlin): »*Mein Leben nur an deinem Leben hängt*«*. Goethes Briefe und Zettelgen an Charlotte von Stein. Ein Kaleidoskop aus Wort und Bild.* – Mitglieder lesen für Mitglieder. Adventsfeier mit Texten (nicht nur) rund um die Advents- und Weihnachtszeit.

Oldenburg (gegr. 1987)
Vorsitzende: Dr. Katrin Henzel, Universitätsbibliothek der Christian-Albrechts-Universität zu Kiel, Leibnizstr. 9, 24118 Kiel; stellv. Vorsitzende: Kristin Eilert, Haareneschstr. 88, 26121 Oldenburg. – Dr. Dieter Strauss (Offenbach): *Beinahe beste Freunde. Alexander von Humboldt und Johann Wolfgang von Goethe.* – Dr. Stefan Walter (Oldenburg): *Edel sei der Mensch… Zur Rezeption von Goethe in Poesiealben der DDR und Bundesrepublik 1949-1989.* – Bernd Eilert (Frankfurt a.M., Oldenburg): *Eckermann und sein Goethe.* – Prof. Dr. Dieter Lamping (Mainz): *Karl Jaspers, Goethe und der Goethe-Preis. Hintergrunde und ein Skandal im Vordergrund.* – Sommerfest. Feiern an Goethes Geburtstag.

Plauen (gegr. 1946)
Vorsitzende: Dr. Barbara Pendorf, Wagnerstr. 45, 08523 Plauen; stellv. Vorsitzende: Sabine Schott, Reißiger Str. 83, 08525 Plauen. – Jörg Simmat (Plauen): *Heldinnenepos* (Lesung). – Margrit Straßburger (Berlin): *Erinnerung an Heinrich Heine* (Szenische Lesung). – Prof. Dr. Rüdiger Bernhardt (Bergen): *Das Goetheverständnis des Peter Hille.* – Dr. Dieter Strauß (Offenbach): *Beinahe beste Freunde – Alexander von Humboldt und Johann Wolfgang von Goethe.*

Pößneck (gegr. 1983)
Vorsitzender: Michael Modde, Hohe Str. 64, 07381 Pößneck; stellv. Vorsitzende: Manuela Wawrzik, E.-Thälmann-Str. 17, 07381 Pößneck. – Jahresversammlung. – Karl Ernst (Pößneck): *Jugendzeit zur Goethezeit in Pößneck.*

Ravensburg (gegr. 2012)
Vorsitzender: Dr. Franz Schwarzbauer, Gebhard-Fugel-Weg 31, 88214 Ravensburg; stellv. Vorsitzende: Renate Igel-Schweizer, Liebenhofen 25, 88287 Grünkraut. – Exkursion ins Ernst-Jünger-Haus nach Wilfingen. – Elisabeth Binder: »*Im Prinzip Liebe*«*. Goethe, Marianne von Willemer und der* »*West-östliche Divan*« (Lesung). – Heinrich Heine: »*Reisebilder: Die Harzreise*« (Lesemarathon).

Rosenheim (gegr. 1999)
Vorsitzender: Ulrich Noltenhans, Schillerstr. 22a, 83024 Rosenheim; stellv. Vorsitzende: Dr. Barbara Mütter, Rehleitenstr. 3, 83098 Brannenburg. – Martin Pfisterer (München): *Heinrich von Kleist,* »*Das Erdbeben in Chili*« (Lesung). – August Zirner, Katalyn Szigmondy (beide Prien): *Lew Tolstoi,* »*Kindheit, Knabenjahre*« (Lesung). – PD Dr. Michael Jaeger (Berlin): *Reisen als Therapie – Goethes italienische Wiedergeburt.* – Lea Singer (München): »*La Fenice*« (Autorinnenlesung). – Herwig Imendörffer (Wien): *Arthur Schnitzler und Sigmund Freud.*

Rudolstadt (gegr. 1975)
Vorsitzender: Hans-Günther Otto, Ahornweg 55, 07407 Rudolstadt; stellv. Vorsitzender: Burkhard Grüner, Höhenblick 1, 07426 Dröbischau. – Prof. Dr. Christof Wingertszahn (Düsseldorf): »*Alles stockt und starrt*

in Händen, leuchtet nicht der Stern dem Tage«. *Goethe und die Freimaurer.* – Anlässlich des 272. Geburtstages von J. W. Goethe: Exkursion nach Bad Liebenstein und Umgebung. – Dr. Christoph Michels (Rudolstadt): *Erinnerungen an Exkursionen des Jahres 2012: Sondershausen / Heiligenstadt / Fränkische Weinstraße* (Videopräsentation). – Dr. Bertold Heizmann (Essen): »*Natur gab dir so schöne Gaben*«. *Im Schatten Goethes: August von Kotzebue.* – Dr. Lutz Unbehaun (Rudolstadt): *Die Rudolstädter Judaica. Jüdisches Leben im Fürstentum Schwarzburg-Rudolstadt.*

Saalfeld (gegr. 1966)

Vorsitzender: Dr. Stefan Efler, Mozartstr. 12, 07318 Saalfeld; stellv. Vorsitzender: Martin Picard, Schillerstr. 18, 07318 Saalfeld. – Prof. Dr. Stefan Matuschek (Jena): *Goethe und die Mythologie.* – Prof. Dr. Lothar Engelmann (Leipzig): *Goethe als Patient.* – Prof. Dr. Peter Risthaus (Hagen): *Etwas vergessen? Hölderlins Hymne »Andenken«.*

Siegburg (gegr. 2000)

Vorsitzender: Paul Remmel, Wolsdorfer Str. 42e, 53721 Siegburg; Geschäftsführer: Franz Josef Wiegelmann, Töpferstr. 23, 53721 Siegburg.

Sondershausen (gegr. 1973)

Vorsitzende: Dr. Barbara Heuchel, Wilhelm-Külz-Str. 7, 99706 Sondershausen; Geschäftsführerin: Heide Schödl, August-Bebel-Str. 77, 99706 Sondershausen. – Ausstellungseröffnung: *Goethes unbekannter Großvater Friedrich Georg Göthé (1657-1730)* (Ausstellungseröffnung). – Dr. Barbara Heuchel, Edith Baars (Sondershausen): *Goethes Vorfahren im Kyffhäuserkreis.* – Dr. Bertold Heizmann (Essen): »*Ir sult sprechen willekommen*«. *Walther von der Vogelweide und seine Zeit.* – Dr. Heidi Ritter (Halle): *Friedrich Hölderlin – 250. Geburtstag im Jahr 2020.*

Ulm und Neu-Ulm (gegr. 1997)

Vorsitzender: Ernst Joachim Bauer, Wacholderweg 8, 89150 Laichingen; stellv. Vorsitzender: Michael Schütz, Margaret-Mitchell-Str. 4, 89231 Neu-Ulm. – Dr. Markus Wallenborn (Worms): *Geschätzt, gescheucht, schikaniert? Goethe und seine Diener.* – Goethes Geburtstag im Ulmer Rosengarten (Musik und Lesung). – Dr. Wolfram Benda (Bayreuth): *Das Römische Carneval. Ein Buchprojekt.* – Dr. Christine Christ-von Wedel (Basel): *Erasmus von Rotterdam zum 555. Geburtstag.*

Vest-Recklinghausen, Sitz in Marl (gegr. 1999)

Vorsitzender: Dr. Hans-Ulrich Foertsch, Römerstr. 38, 45772 Marl: stellv. Vorsitzende: Hedda Bruckendahl, Im Bueschken 1, 45659 Recklinghausen.

Waldshut-Tiengen (gegr. 1993, Neugründung 2000)

Vorsitzender: Dr. Friedrich Schlegel, Saderlacher Weg 3 b, 79761 Waldshut-Tiengen; stellv. Vorsitzende: Gerry Meyer-Schierholz, Amthausstr. 1a, 79761 Waldshut-Tiengen. – Uli Großmann, Sprecher; Sabine Wehrle, Harfe (Freiburg i. Br.): *Das verfluchte zweite Kissen. Eine Geschichte von Eva Berberich* (Lesung mit Musik). – Eva Berberich, Gerlinde Münzer: Monatliche Literaturveranstaltung im »Rheinischen Hof«. Eva Berberich: *Ein fiktiver »Weihnachtlicher Brief an Goethe«* (Postsendung).

Wetzlar (gegr. 1973)

Vorsitzende: Angelika Kunkel, Silhöferstr. 14, 35578 Wetzlar; stellv. Vorsitzende: Katharina Lehnert-Raabe, Lauerstr. 10, 35578 Wetzlar. – Jahreshauptversammlung, mit Michael Speckmann (Wetzlar): *Lesung aus Goethes Briefen an Kestner 1772.* – Cora Chilcott: *Wandrers Nacht: eine literarisch-musikalische Reise rund um Goethes Wandrers Nachtlied.* – Oliver Meyer-Ellendt (Wetzlar): *Viele*

Gäste wünsch' ich heut' – *Goethes Zeitgenossen machen Theater* (Theaterstück). – Dr. Maren Bonacker (Wetzlar): *E. T. A. Hoffmann und die deutschen und russischen Serapionsbrüder* (sechs Lesungen in Zusammenarbeit mit der Phantastischen Bibliothek Wetzlar).

*Freundeskreis des
Goethe-Nationalmuseums*

Vorsitzender: Dieter Höhnl, Friedensgasse 3a, 99423 Weimar; stellv. Vorsitzender: Dr. Alf Rößner, Karl-Liebknecht-Str. 5, 99423 Weimar. – Dr. Ronny Teuscher (Gera): *»Heilige Natur! Was dir ansteht, ist heilsam und recht mir«. Knebel und die Natur.* – Prof. Dr. Steffen Dietzsch (Berlin): *»Kant hat nie von mir Notiz genommen...«. Weimar und Königsberg. Goethe und Kant.* – Dr. Stefan Bollmann (München): *»Denn wo Natur im reinen Kreise waltet, / Ergreifen alle Welten sich«. Der Atem der Welt. Johann Wolfgang Goethe und die Erfahrung der Natur.* – Dr. Jens-Jörg Riederer (Weimar): *»Ich bin heute zu Goethe zum Thee geladen mit den andern Frauen«. Zur Entstehung einer Weimarer Teegeselligkeit in den 1780er Jahren.* – *»mit dem Glockenschlag zwölf«. Feier zu Goethes Geburtstag.* – Margrit Straßburger (Berlin): *Goethes Erotic.* – Dieter Höhnl (Weimar) und Dr. Ronny Teuscher (Gera): *Wielands Berufung nach Weimar* (Lesung; Textauswahl: Dr. Egon Freitag, Weimar). – Karl Koch (Nordhorn): *»Von der Magie der nächsten Straßenecke« – Weimar im Spannungsfeld von Mythos und Fußnotenherrschaft.* – Dr. Diana Stort (Berlin): *»mit besseren Verzierungen und einfachen Formen der Möbel«. Denken in Schubladen – Ordnungsprinzipien in Goethes Sammlungsschränken.* – Dr. Johannes Rößler (Bielefeld): *Johann Heinrich Meyer.* – Dr. Dr. h. c. Manfred Osten (Bonn): *»Alles ist Wechselwirkung«. Alexander von Humboldt und Goethe als Vordenker einer alternativen Naturwissenschaft und der Fridays for Future-Bewegung.* – Veit Noll (Salzwedel): *»Der Todt der Werthern ist wohl unvermuthet«. Von Weimar nach Africa 1785. – August von Einsiedel.* – Dr. Detlef Ignasiak (Jena): *Das literarische Thüringen.* – Rotraut Greßler (Waltershausen) und Renate Wagner (Gräfenroda): *Süßes bei Goethe. Ein musikalisch-literarisches Programm.*

*Freies Deutsches Hochstift
Frankfurter Goethe-Museum*

Direktorin: Prof. Dr. Anne Bohnenkamp-Renken, Großer Hirschgraben 23-25, 60311 Frankfurt a. M. – *Festakt zur Eröffnung des Deutschen Romantik-Museums am 13.09.2021* mit Carl L. von Boehm-Bezing, Staatsministerin Prof. Monika Grütters, Ministerin Angela Dorn, Kulturdezernentin Dr. Ina Hartwig, Architekt Prof. Christoph Mäckler, Direktorin Prof. Dr. Anne Bohnenkamp-Renken; literarischer Auftakt: *Ein Streitgespräch von Daniel Kehlmann*, Sprecher: Matthias Bundschuh, Sarah Grunert, musikalischer Ausklang: Julian Prégardien, Tenor; Christopher Brandt, Gitarre. – *Eröffnung des Deutschen Romantik-Museums am 14.09.2021.* – *Bilder einer Baustelle. Das Deutsche Romantik-Museum 2015-2020. Fotografien von Alexander Englert* (Ausstellung). – *Von der Zerstörung zum Wiederaufbau des Frankfurter Goethe-Hauses 1944-1951. Eine virtuelle Ausstellung.* – Dr. Joachim Seng, Michael Quast (beide Frankfurt a. M.): *»Das Romantische ist täuschend wie eine Zauberlaterne«. Goethe und die Romantik* (Lesung). – Hans von Trotha (Berlin): *Pollaks Arm. Wer war Ludwig Pollak, der glückliche Entdecker des Laokoon-Arms?* (Lesung). – Prof. Dr. Stefan Matuschek (Jena): *Nach der Aufklärung: Romantik als zweiter Impuls der europäischen Romantik* (Vortrag und Gespräch). – Wolfgang Voigt, Dr. Joachim Seng, Nina Sonntag (alle Frankfurt a. M.): *10. Mai 1951 – Frankfurts Gabe an die Welt.* Festvortrag und Gespräch anlässlich der Wiedereröffnung des Frankfurter Goethe-Hauses vor 70 Jahren. – Dr. Nikolaus Gatter (Köln), Prof. Dr. Heide Volkening (Greifswald), Tilman Spreckelsen (Frankfurt a. M.): *»Der Zug R bleibt mein Wappen«, oder: Wie jüdisch war die Berliner Romantik? Ein Gespräch über Rahel Varnhagen von Ense zu ihrem Gedenktag.* – Frankfurter Hausgespräche: *Zusammenkommen – alte Sehnsucht neu entdeckt* (in Kooperation mit der Stiftung

Polytechnische Gesellschaft, dem Haus am Dom und dem Jüdischen Museum): Dr. Petra Dollinger (München), Prof. Dr. Günter Oesterle (Gießen), Prof. Dr. Anne Bohnenkamp-Renken: »*Sie saßen und tranken am Teetisch«. Salons zwischen Aufklärung und Romantik und ihr Nachleben.* – Prof. Dr. Roland Borgards (Frankfurt a. M.), Dr. Christiane Holm (Halle-Wittenberg), Prof. Dr. Günter Oesterle (Gießen), Stefan Wilkening, Sprecher (München): *Romantik lesen: Von Teufeln und Handarbeiten.* – Prof. Dr. Ernst Osterkamp, Dr. Gustav Seibt (beide Berlin), Prof. Dr. Anne Bohnenkamp-Renken: *Goethe-Annalen 1821.* – Dr. Anja Heuß (Frankfurt a. M.): *Gustav Stresemann (1878-1929) als Förderer des Freien Deutschen Hochstifts.* – Dr. Gerhard Kölsch (Mainz): *Wie Dürers »Ritter, Tod und Teufel« zu Franz von Sickingen wurde. Zu Albrecht Dürers 550. Geburtstag.* – Weltliteratur in Übersetzungen: Elisabeth Edl (München), PD Dr. Niklas Bender (Straßburg): *Der kalte Romantiker? Elisabeth Edls Neuübersetzung der »Éducation sentimentale« von Flaubert.* – Burkhart Kroeber (München), Dr. Maike Albath (Berlin): »*Der Leopard« von Tomasi di Lampedusa in Burkhart Kroebers Neuübersetzung.* – Liederabende (Lied & Lyrik): *Goethes »Faust« in der Musik* (Kelsey Lauritano, Mezzosopran; Gabriel Rollinson, Bassbariton; Takeshi Moriuchi, Klavier). – *Carl Maria von Webers »Freischütz«* (Jana Baumeister, Sopran; David Pichlmaier, Bariton; Burkhard Bastuck, Klavier). – »*Des Knaben Wunderhorn«* (Carmen Artaza, Mezzosopran; Thilo Dahlmann, Bassbariton; Hedayet Jonas Djeddikar, Klavier). – *Ludwig van Beethoven zum 251. Geburtstag* (Martha Jordan, Mezzosopran; Georg Poplutz, Tenor; Hilko Dumno, Klavier). – Schwerpunkt Paul Celan: Prof. Dr. Klaus Reichert, Dr. Joachim Seng (beide Frankfurt a. M.): *Paul Celan – Erinnerungen und Briefe.* – Barbara Wiedemann (Tübingen): »*Dein goldenes Haar Margarete«. Werke der deutschen Literatur um 1800 in Paul Celans Gedichten.* – Reinhard Pabst (Montabaur): *Auf der Suche nach Marcel Proust in Frankfurt* (Spaziergang). – Dr. Ulrike Kienzle (Frankfurt a. M.): *Verweile doch! – Beethoven und die Erfindung der Romantik* (Konzertbesuch, Kulturpaket der Alten Oper Frankfurt). – Prof. Dr. Olaf L. Müller (Berlin): *Ultraviolett! Goethe und Ritter erforschen das Licht.* – Kinderbuchklassiker: Annegret Böhme (Frankfurt a. M.), Prof. Dr. Bettina Kümmerling-Meibauer (Tübingen), Moderation: Dr. Jasmin Behrouzi-Rühl (Frankfurt a. M.): *Was sind Kinderbuch-Klassiker?* – Lesungen mit Pirkko Cremer: *Lesungen für Kinder*: »Die kleine Hexe« von Otfried Preußler; »Dornröschen«. – Schattenspieltheater: »*Der Wolf und die sieben Geißlein«*, Blick hinter die Kulissen. – Reinhard Pabst (Montabaur), Dr. Peter Fabjan (Wien): *Tag der Literatur und der Musik: Atelier Bernhard* (in Kooperation mit der Internationalen Thomas Bernhard-Gesellschaft). – *Das Exil als geistige Lebensform. Thomas Mann 1933-1955.* Herbsttagung 2021 der Deutschen Thomas Mann-Gesellschaft Lübeck. – Freitags um vier im Gartensaal: Prof. Dr. Anne Bohnenkamp-Renken: »*Faust«.* – Dr. Joachim Seng: *Goethe und die Shakespeare-Feiern 1769.* – Prof. Dr. Wolfgang Bunzel: »*Das Heimelchen« von Armgart von Arnim.* – Dr. Jasmin Behrouzi-Rühl: »*Der Untergang des Hauses Usher« von Edgar Allan Poe.*

Goethe-Museum Düsseldorf
Anton-und-Katharina-Kippenberg-Stiftung

Direktor des Museums und Vorstand der Anton-und-Katharina-Kippenberg-Stiftung: Prof. Dr. Christof Wingertszahn, Goethe-Museum, Schloß Jägerhof, Jacobistr. 2, 40211 Düsseldorf. – »*Orient und Okzident sind nicht mehr zu trennen«. Uecker – Hafis – Goethe* (Ausstellung) – »*Orient und Okzident sind nicht mehr zu trennen«. Uecker – Hafis – Goethe* (Ausstellung, Kunsthalle Harry Graf Kessler Weimar). – *Luxus & Lifestyle. Weimar und die weite Welt* (Ausstellung). – Steffen Möller, Lesung; Aleksandra Mikulska, Klavier; Peter Oliver Leow, Moderation: *Der flimmernde Ton – Fryderyk Chopin* (Buchpräsentation und Konzert). – Iiro Rantala (Finnland), Galatea Quartett (Schweiz): *Klassik im Goethe-Museum.* – Iiro Rantala (Finnland): *My Finnish Calendar: Jazz im Goethe-Museum.* – Wolf Doldinger & Best Friends: *Jazz im Goethe-Museum.*

Ausschreibungstext zur Vergabe von Werner-Keller-Stipendien

Die Goethe-Gesellschaft in Weimar fördert durch Stipendien, die wir überwiegend privaten Spenden von Mitgliedern und Freunden unserer Gesellschaft verdanken, wissenschaftliche Projekte, die der Erforschung von Leben und Werk Goethes und der Zeit der deutschen Klassik dienen, die Rezeption des Dichters und seiner Epoche zum Gegenstand haben oder sich einer entsprechenden Übersetzung widmen.

Besondere Verdienste um das Stipendienprogramm hat sich der 2019 verstorbene Ehrenpräsident der Goethe-Gesellschaft Prof. Dr. Werner Keller, von 1991 bis 1999 deren Präsident, erworben, so dass das Stipendienprogramm seit 2010 Werner-Keller-Stipendienprogramm heißt.

Bedingungen

Voraussetzung für die Bewerbung um ein Werner-Keller-Stipendium ist die Arbeit an einer akademischen Abschlussarbeit, Dissertation, Habilitation oder Übersetzung.

Das Stipendium beträgt 1000 € monatlich. Vergeben werden im Allgemeinen dreimonatige Stipendien. Regelungen zur Übernahme der Reisekosten werden individuell vereinbart.

Die Goethe-Gesellschaft vermittelt den Stipendiaten ein Einzelzimmer. Der vom Stipendiaten zu begleichende Mietanteil beträgt je nach der vermittelten Unterkunft 100 bis 200 €. Unabdingbar ist eine gültige Auslandskrankenversicherung, die vom Stipendiaten rechtzeitig vor der Reise im Heimatland abzuschließen ist.

Die Goethe-Gesellschaft ermöglicht die Publikation besonders qualifizierter Abhandlungen im Goethe-Jahrbuch. Von den Stipendiaten wird ein kurzer Abschlussbericht über ihre Tätigkeit erwartet. Gebeten sei zudem, bei einer Publikation der Ergebnisse auf die Förderung durch die Goethe-Gesellschaft hinzuweisen.

Arbeitsmöglichkeiten

Stipendiaten der Goethe-Gesellschaft können im Goethe- und Schiller-Archiv, im Goethe-Nationalmuseum und in der Herzogin Anna Amalia Bibliothek arbeiten. Zudem stehen die Bestände des Landesarchivs Thüringen – Hauptstaatsarchivs Weimar, der Hochschule für Musik »Franz Liszt« und der Bauhaus-Universität Weimar (Sammlungen, Bibliotheken) für Forschungsarbeiten zur Verfügung.

Bewerbungen

Anträge für die Vergabe des Werner-Keller-Stipendiums sind zu senden an:

Dr. Hannes Höfer
Geschäftsführung Goethe-Gesellschaft
Burgplatz 4
99423 Weimar

Telefon: 0 36 43 – 20 20 50
e-mail: info@goethe-gesellschaft.de   www.goethe-gesellschaft.de

Die Bewerbungsunterlagen sollten bestehen aus einer ausführlichen Projektbeschreibung, einem kurzen Lebenslauf, der die wissenschaftliche Entwicklung erkennen lässt, zwei Beurteilungen und einer Publikationsliste.

Die Bewerbung ist bis zum 31. August für das jeweils folgende Jahr einzureichen.

Die Mitarbeiter dieses Bandes

Prof. Dr. Frieder von Ammon, Ludwig-Maximilians-Universität München, Institut für Deutsche Philologie, Schellingstraße 3, 80799 München
frieder.vonAmmon@gmx.net

Prof. Dr. Anne Bohnenkamp-Renken, Freies Deutsches Hochstift / Frankfurter Goethe-Museum, Großer Hirschgraben 23-25, 60311 Frankfurt a. M.
abohnenkamp@freies-deutsches-hochstift.de

Dr. h.c. Alfred Brendel, London

Dr. Gerrit Brüning, Klassik Stiftung Weimar, Goethe- und Schiller-Archiv, Burgplatz 4, 99423 Weimar
gerrit.bruening@klassik-stiftung.de

Betty Brux-Pinkwart, Weimar

Dr. Héctor Canal Pardo, Klassik Stiftung Weimar, Goethe- und Schiller-Archiv, Burgplatz 4, 99423 Weimar
hector.canalpardo@klassik-stiftung.de

Prof. Dr. Christoph Cremer, Ruprecht-Karls-Universität Heidelberg, Kirchhoff-Institut für Physik, Im Neuenheimer Feld 227, 69120 Heidelberg
cremer@kip.uni-heidelberg.de; c.cremer@imb-mainz.de

Dr. Werner Frizen, Lütticher Str. 34, 50674 Köln
wfrizen@gmail.com

Anne Fuchs, Klassik Stiftung Weimar, Goethe- und Schiller-Archiv, Burgplatz 4, 99423 Weimar
goethe-jahrbuch@klassik-stiftung.de

Prof. Dr. Eva Geulen, Leibniz-Zentrum für Literatur- und Kulturforschung, Schützenstraße 18, 10117 Berlin
geulen@zfl-berlin.org

Prof. Dr. Dr. h.c. Jochen Golz, Goethe-Gesellschaft in Weimar e.V., Burgplatz 4, 99423 Weimar
Goethe-Gesellschaft@klassik-stiftung.de

Dr. Daniel Händel, Ruhr-Universität Bochum, Germanistisches Institut, Universitätsstraße 150, 44801 Bochum
daniel.haendel@rub.de

Dr. Karsten Hein, Goethe-Museum Düsseldorf, Anton-und-Katharina-Kippenberg-Stiftung, Schloss Jägerhof, Jacobistraße 2, 40211 Düsseldorf
karsten.hein@duesseldorf.de

Dr. phil. habil. Jutta Heinz, Goethe-Wörterbuch, Arbeitsstelle Tübingen, Frischlinstraße 7, 72074 Tübingen
jutta.heinz@hadw-bw.de

Prof. Dr. Helmut Heit, Klassik Stiftung Weimar, Stabsreferat Forschung, Burgplatz 4, 99423 Weimar
helmut.heit@klassik-stiftung.de

Melanie Hillerkus, Friedrich-Schiller-Universität Jena, Institut für Germanistische Literaturwissenschaft, Fürstengraben 18, 07743 Jena
melanie.hillerkus@uni-jena.de

Dr. Hannes Höfer, Goethe-Gesellschaft in Weimar e. V., Burgplatz 4, 99423 Weimar
hannes.hoefer@goethe-gesellschaft.de

Dr. Ulrich Hohoff, Sankt-Lukas-Str. 26, 86169 Augsburg
ulrich.hohoff@bibliothek.uni-augsburg.de

Dr. Helmut Hühn, Friedrich-Schiller-Universität Jena, Schillers Gartenhaus, Schillergässchen 2, 07745 Jena
h.huehn@uni-jena.de

Dr. des. Helene Kraus, Ludwig-Maximilians-Universität München, Institut für Deutsche Philologie, Schellingstraße 3, 80799 München
helene.kraus@lmu.de

Peter Krüger-Wensierski
krueger-wensierski@outlook.de

Prof. Dr. Gérard Laudin, Sorbonne Université, UFR d'études germaniques et nordiques, 108, boulevard Malesherbes, 75017 Paris
gerard.laudin@sorbonne-universite.fr

Dr. Claudia Leuser, Maxplatz 30, 90403 Nürnberg
claudia-leuser@t-online.de

Dr. Michael Lipkin, Clinton, New York, USA
mlipkin@hamilton.edu

Prof. Dr.-Ing. Timo Mappes, Stiftung Deutsches Optisches Museum, c/o Abbe-Zentrum Beutenberg, Hans-Knöll-Str. 1, 07745 Jena
timo.mappes@deutsches-optisches-museum.de

Prof. Dr. Stefan Matuschek, Friedrich-Schiller-Universität Jena, Institut für Germanistische Literaturwissenschaft, Fürstengraben 18, 07743 Jena
stefan.matuschek@uni-jena.de

Peter Nicolai Ostwald, Agerbæksbej 10, 8240 Risskov, Dänemark
pnostwald@gmail.com

Prof. Dr. Stephan Packard, Universität zu Köln, Institut für Medienkultur und Theater, Meister-Ekkehart-Str. 11, 50937 Köln
packard@uni-koeln.de

Michael Pahle, Leipziger Goethe-Gesellschaft, Blüthnerstr. 1, 04179 Leipzig
michael.pahle@gmx.de

Dr. Sophie Picard, Aix-Marseille Université, Faculté des arts, lettres, sciences humaines, Département d'études germaniques, 29 avenue Robert Schuman, 13621 Aix-en-Provence, Frankreich
sophie.picard@univ-amu.fr

Ute Promies
ute.promies@t-online.de

Philip Reich, Ludwig-Maximilians-Universität München, Institut für Deutsche Philologie, Schellingstraße 3, 80799 München
philip.reich@germanistik.uni-muenchen.de

Dr. Elke Richter, Ziegeleiweg 4, 99425 Weimar
elke.richterwe@googlemail.com

Dr. Elisa Ronzheimer, Universität Bielefeld, Fakultät für Linguistik und Literaturwissenschaft, Universitätsstraße 25, 33615 Bielefeld
elisa.ronzheimer@uni-bielefeld.de

Prof. Dr. Gerhard Sauder, St. Ingbert
gersaweis@gmx.de

Dr. Gustav Seibt, Berlin
gustav.seibt@sz.de

Dr. Joachim Seng, Freies Deutsches Hochstift / Frankfurter Goethe-Museum, Großer Hirschgraben 23-25, 60311 Frankfurt a. M.
jseng@goethehaus-frankfurt.de

Prof. Dr. Martina Wagner-Egelhaaf, Westfälische Wilhelms-Universität Münster, Germanistisches Institut, Schlossplatz 34, 48143 Münster
martina.wagner@exchange.wwu.de

Prof. Dr. Reinhard Wegner, Heidelberg
reinhard.wegner@uni-jena.de

Prof. Dr. Dr. h.c. David E. Wellbery, Department of Germanic Studies, University of Chicago, 1050 East 59th St., Chicago, IL 60637, USA
wellbery@uchicago.edu

Prof. Dr. Christiane Wiesenfeldt, Ruprecht-Karls-Universität Heidelberg, Musikwissenschaftliches Seminar, Augustinergasse 7, 69117 Heidelberg
wiesenfeldt@zegk.uni-heidelberg.de

Dr. Margrit Wyder, Friedhofstraße 50, 8048 Zürich, Schweiz
margrit.wyder@uzh.ch

Siglen-Verzeichnis

AS	Goethes Amtliche Schriften. Veröffentlichung des Staatsarchivs Weimar. Bd. I: 1776-1786. Hrsg. von Willy Flach. Weimar 1950. Bd. II. Bearbeitet von Helma Dahl. 1. Halbbd.: 1788-1797. Weimar 1968. 2. Halbbd.: 1798-1819. Weimar 1970. Bd. III: Erläuterungen zu den Schriften 1788-1819. Bearbeitet von Helma Dahl. Weimar 1972. Bd. IV: Register. Bearbeitet von Helma Dahl. Weimar 1987.
BuG	Goethe: Begegnungen und Gespräche. Hrsg. von Ernst Grumach u. Renate Grumach. [Ab Bd. III:] Begründet von Ernst Grumach u. Renate Grumach. Hrsg. von Renate Grumach. Berlin 1965 ff.
DWb	Deutsches Wörterbuch. Begr. von Jacob und Wilhelm Grimm. 33 Bde. Leipzig 1854-1962. Nachdruck München 1984.
FA	Johann Wolfgang Goethe: Sämtliche Werke. Briefe, Tagebücher und Gespräche. 40 Bde. (in 45). Hrsg. von Friedmar Apel u. a. Frankfurt a. M. u. Berlin 1985-2013 [Frankfurter Ausgabe].
GB	Johann Wolfgang Goethe: Briefe. Historisch-kritische Ausgabe. In Verbindung mit der Sächsischen Akademie der Wissenschaften zu Leipzig u. der Mainzer Akademie der Wissenschaften und der Literatur im Auftrag des Goethe- und Schiller-Archivs hrsg. von Frieder von Ammon, Jutta Eckle, Georg Kurscheidt u. Elke Richter, begründet von Georg Kurscheidt, Norbert Oellers u. Elke Richter. Berlin 2008 ff. [seit 2014 Berlin, Boston].
Goethe-Handbuch	Goethe-Handbuch. 5 Bde. Hrsg. von Bernd Witte, Theo Buck, Hans-Dietrich Dahnke, Regine Otto und Peter Schmidt. Stuttgart, Weimar 1996-1999. Supplemente: Bd. 1: Musik und Tanz in den Bühnenwerken. Hrsg. von Gabriele Busch-Salmen unter Mitarbeit von Benedikt Jeßing. Stuttgart, Weimar 2008; Bd. 2: Naturwissenschaften. Hrsg. von Manfred Wenzel. Stuttgart, Weimar 2012; Bd. 3: Kunst. Hrsg. von Andreas Beyer u. Ernst Osterkamp. Stuttgart, Weimar 2011.
GJb	Goethe-Jahrbuch (auch für alle anders lautenden Titel des Jahrbuchs). Weimar 1880 ff.
Gespräche	Goethes Gespräche. Eine Sammlung zeitgenössischer Berichte aus seinem Umgang. Auf Grund der Ausgabe und des Nachlasses von Flodoard Freiherrn von Biedermann ergänzt und hrsg. von Wolfgang Herwig. 5 Bde. Zürich, Stuttgart, Bd. 4-5: Zürich, München 1965-1987.
GT	Johann Wolfgang Goethe: Tagebücher. Historisch-kritische Ausgabe. Im Auftrag der Klassik Stiftung Weimar hrsg. von Jochen Golz unter Mitarbeit von Wolfgang Albrecht, Andreas Döhler und Edith Zehm. [Ab Bd. VI:] Im Auftrag der Klassik Stiftung Weimar hrsg. vom Goethe- und Schiller-Archiv. Bd. I ff. Stuttgart, Weimar 1998 ff.
GWb	Goethe-Wörterbuch. Hrsg. von der Berlin-Brandenburgischen Akademie der Wissenschaften, der Akademie der Wissenschaften in Göttingen und der Heidelberger Akademie der Wissenschaften. Bd. 1 ff. Berlin, Stuttgart 1978 ff.
HA Briefe	Goethes Briefe. 4 Bde. Hrsg. von Karl Robert Mandelkow und Bodo Morawe. Hamburg 1962-1965.

HA Briefe an Goethe	Briefe an Goethe. 2 Bde. Hrsg. von Karl Robert Mandelkow unter Mitarbeit von Bodo Morawe. Hamburg 1965-1969.
LA	Goethe. Die Schriften zur Naturwissenschaft. Vollständige mit Erläuterungen versehene Ausgabe im Auftrage der Deutschen Akademie der Naturforscher Leopoldina. Begr. von Lothar Wolf und Wilhelm Troll. Hrsg. von Dorothea Kuhn, Wolf von Engelhardt und Irmgard Müller. Abt. I: Texte. 11 Bde. Weimar 1947-1970. Abt. II: Ergänzungen und Erläuterungen. 10 Bde. (in 18 Teilbden). Weimar 1959-2011. Abt. III: Verzeichnisse und Register. Weimar 2014-2019 [Leopoldina-Ausgabe].
MA	Johann Wolfgang Goethe: Sämtliche Werke nach Epochen seines Schaffens. Münchner Ausgabe. 21 Bde. (in 33). Hrsg. von Karl Richter in Zusammenarbeit mit Herbert G. Göpfert, Norbert Miller, Gerhard Sauder und Edith Zehm. München 1985-1998 [Münchner Ausgabe].
RA	Briefe an Goethe. Gesamtausgabe in Regestform. Hrsg. Karl-Heinz Hahn, Redaktor Irmtraut Schmid. [ab Bd. 6:] hrsg. von der Stiftung Weimarer Klassik, Goethe- und Schiller-Archiv, [ab Bd. 8:] hrsg. von der Klassik Stiftung Weimar, Goethe- und Schiller-Archiv. Bd. 1 ff. Weimar 1980 ff.
SchrGG	Schriften der Goethe-Gesellschaft. Weimar 1885 ff.
SNA	Schillers Werke. Nationalausgabe. 1940 begründet von Julius Petersen. Fortgeführt von Lieselotte Blumenthal, Benno von Wiese, Siegfried Seidel. Hrsg. im Auftrag der Klassik Stiftung Weimar und des Schiller-Nationalmuseums in Marbach von Norbert Oellers. 40 Bde. Weimar 1943 ff.
WA	Goethes Werke. Hrsg. im Auftrage der Großherzogin Sophie von Sachsen. 143 Bde. Weimar 1887-1919. Nachdruck München 1987. [nebst] Bd. 144-146: Nachträge und Register zur IV. Abt.: Briefe. Hrsg. von Paul Raabe. Bde. 1-3. München 1990 [Weimarer Ausgabe].

Abbildungsnachweis

Symposium junge Goetheforschung

Beitrag Melanie Hillerkus
Abb. 1　　　　　　Landesarchiv Thüringen – Hauptstaatsarchiv Weimar: Kunst und Wissenschaft – Hofwesen, Nr. A 10419/5 Bl. 50; online verfügbar: http://www.theaterzettel-weimar.de

Beitrag Philip Reich
Abb. 1　　　　　　Klassik Stiftung Weimar, GSA 25/W 2491; Bl. 14r. *Faust I.* Paralipomenon 13. *Schola Druidica Faustus.* Konzept

Beitrag Peter Nicolai Ostwald
Abb. 1　　　　　　Schelte Adams à Bolswert nach Peter Paul Rubens: *Gewitterlandschaft mit Jupiter, Merkur, Philemon und Baucis*, um 1650, Kupferstich, 47,5 × 64 cm, Klassik Stiftung Weimar, Inv. Nr. GGr./Sch.I.181, 0368

Abhandlungen

Beitrag Christiane Wiesenfeldt
Abb. 1　　　　　　Neusatz von Roman Lüttin (Heidelberg)

Goethe philologisch. Neue (und ältere) Projekte

Beitrag Gerrit Brüning
Abb. 1　　　　　　Grafik: © Gerrit Brüning

Miszellen

Beitrag Margrit Wyder
Abb. 1　　　　　　CGZ I, Nr. 107 (InvNr. 102)
Abb. 2　　　　　　Staatsarchiv Schwyz (STASZ), Graph. Slg. 2075
Abb. 3　　　　　　CGZ I, Nr. 106 (InvNr. 86)
Abb. 4　　　　　　CGZ I, Nr. 108 (InvNr. 87)
Abb. 5　　　　　　Foto M. Wyder
Abb. 6　　　　　　CGZ VI B, Nr. 180
Abb. 7　　　　　　Norbert Flüeler: *Das alte Land Schwyz in alten Bildern.* Schwyz 1924, S. 61
Abb. 8　　　　　　Foto M. Wyder
Abb. 9　　　　　　CGZ I, Nr. 109 (InvNr. 104)
Abb. 10　　　　　Zentralbibliothek Zürich, Graphische Sammlung und Fotoarchiv, online abrufbar unter: https://www.e-rara.ch/zuz/doi/10.3931/e-rara-42760 (23.03.2023)

Beitrag Melanie Hillerkus

Abb. 1	Universitätsbibliothek Johann Christian Senckenberg Frankfurt a. M., Soufflierbuch, Johann Wolfgang von Goethe: *Stella. Trauerspiel in 5 Aufzügen. Weimarer Abschrift.* Bearbeitung von Friedrich von Schiller, Signatur: Mus Hs Texte 2
Abb. 2	Goethe- und Schiller-Archiv Weimar, Bestand: Goethe, Johann Wolfgang von, Rechnungen: Belege zur Einnahme-und Ausgabe-Rechnung (Dez. 1808 – Dez. 1809), Bl. 16, Signatur: GSA 34/XX, 4. © Klassik Stiftung Weimar
Abb. 3	Universitätsbibliothek Johann Christian Senckenberg Frankfurt a. M., Soufflierbuch, Johann Wolfgang von Goethe: *Stella. Trauerspiel in 5 Aufzügen. Weimarer Abschrift.* Bearbeitung von Friedrich von Schiller, Signatur: Mus Hs Texte 2, hier Bl. 65v

Beitrag Héctor Canal

Abb. 1-2	Landesarchiv Thüringen – Hauptstaatsarchiv Weimar: Bergwerke B 16232, Bl. 254-255

Aus dem Leben der Goethe-Gesellschaft

In memoriam
Porträt
Gernot Böhme   Foto: © Wolfgang Christ

Porträt
Gonthier-Louis Fink Foto: © Christoph Alt, Universitätsarchiv Saarbrücken, zur Verfügung gestellt von Dr. Wolfgang Müller (Kaiserslautern)

Porträt
Klaus Hufeland   Foto: privat

Porträt
Josef Mattausch   Foto: privat

Porträt
Wolfgang Pollert   Foto: privat

Porträt
Franz Josef Scheuren Foto: privat

Manuskripthinweise

1. Manuskripte (Zeilenabstand 1,5, Schrifttyp Arial, Schriftgröße 12 Punkt, einseitig beschrieben) senden Sie bitte per E-Mail an:

    Prof. Dr. Stefan Matuschek
    info@goethe-gesellschaft.de

    Abhandlungen sollten 30.000 Zeichen (inkl. Leerzeichen) nicht überschreiten. Bei Rezensionen wird der gewünschte Umfang dem Autor bei Vergabe der Rezension mitgeteilt.

    Bitte beachten Sie, dass Teile aus Dissertationen nicht im Jahrbuch veröffentlicht werden.

2. Der Name des Verfassers steht bei Abhandlungen in Versalien über der Hauptüberschrift, bei Rezensionen kursiv unter dem Text.

3 a. Absätze werden durch Einzug gekennzeichnet, größere Sinnabschnitte durch eine Leerzeile.

3 b. Vers- und Prosazitate (Primär- und Sekundärliteratur) von vier und mehr Zeilen werden in der Regel durch Einrückung hervorgehoben. Anführungszeichen entfallen dann.

4. Titel von Büchern, Aufsätzen, Zeitschriften, Zeitungen etc. werden im Text und in den Anmerkungen kursiv und ohne Anführungszeichen wiedergegeben. Ausnahme: Anführungszeichen werden benötigt bei Zitaten oder Titeln im Titel – Beispiel: Herman Meyer: »*Zarte Empirie*«. *Studien zur Literaturgeschichte*. Stuttgart 1963. Vgl. auch die Beispiele unter Punkt 12.

5 a. Kürzere Zitate werden im Text und in den Anmerkungen durch »Anführungszeichen« kenntlich gemacht.

5 b. Zitate innerhalb von Zitaten werden durch ›einfache Anführungszeichen‹ gekennzeichnet.

5 c. Goethe-Zitate, die mit im Siglenverzeichnis des Goethe-Jahrbuchs genannten Werkausgaben belegt werden können, werden im Anschluss an das Zitat im Haupttext nachgewiesen; alle anderen Zitate werden in den Anmerkungen nachgewiesen.

6 a. Stellen, die der Autor eines Beitrags hervorheben möchte, sind zu kursivieren. Sie erscheinen dann auch in der Druckfassung kursiv.

6 b. Sind Hervorhebungen in einem Zitat im Original durch Sperrung gekennzeichnet, bleibt die Sperrung auch in der Druckfassung erhalten. Bitte kennzeichnen Sie diese Stellen im Manuskript durch eine unterbrochene Linie.

7. Auslassungen in Zitaten werden durch eckige Klammern [...] gekennzeichnet.

8a Die Anmerkungen erscheinen im Jahrbuch als Fußnoten, im Manuskript als Endnoten. Die Anmerkungszahlen sind automatisiert einzufügen. Sie werden hochgestellt, nicht mit Klammern versehen.

8b Eine Anmerkungszahl, die sich auf einen Satz oder Teilsatz bezieht, steht nach dem jeweiligen Satzzeichen (Punkt, Komma etc.). Eine Anmerkungszahl, die sich auf ein Wort oder eine Wortgruppe innerhalb eines Satzes bezieht, steht unmittelbar hinter dem Wort oder der Wortgruppe.

8c Absätze in den Anmerkungen sollten möglichst vermieden werden; stattdessen kann ein neuer Abschnitt durch einen Gedankenstrich vom vorherigen abgesetzt werden.

8d Die Anmerkungen beginnen mit einem Großbuchstaben und enden mit einem Punkt. Namen von Autoren, Herausgebern oder Bearbeitern werden nicht hervorgehoben.

9 Allgemeine bibliographische Begriffe werden abgekürzt (z. B.: Bd., Diss., Hrsg., hrsg. von, Jb., Jg., Nr., S., V., Zs. usw.).

10 Die verwendete Goethe-Ausgabe wird mit der entsprechenden Sigle im direkten Zitatanschluss nachgewiesen (z. B.: WA I, 5.1, S. 100; vergleichbar wird verfahren bei FA, LA, MA). Die Auflösung der Siglen erfolgt generell über ein Siglen-Verzeichnis am Ende des Jahrbuchs.

11 Wird ein Titel wiederholt zitiert, erscheint lediglich der Nachname des Autors mit Verweis auf diejenige Stelle, an der er vollständig genannt ist:

Vulpius (Anm. 10), S. 132 f.

12 Für die Zitierweise in den Anmerkungen gelten folgende Beispiele:

Belagerung von Maynz (MA 14, S. 517-557).

René Jacques Baerlocher: *Nachwort*. In: »*Das Kind in meinem Leib*«. *Sittlichkeitsdelikte und Kindsmord in Sachsen-Weimar-Eisenach unter Carl August. Eine Quellenedition 1777-1786*. Hrsg. von Volker Wahl. Mit einem Nachwort von René Jacques Baerlocher. Weimar 2004, S. 331-504.

Katharina Mommsen: *Goethe und die arabische Welt*. Frankfurt a.M. 1988, S. 86 f.

Vgl. Reinhart Koselleck: *Goethes unzeitgemäße Geschichte*. In: GJb 1993, S. 27-39; hier S. 28.

Margarethe Beckurts: *Zur Bedeutung der Novelle in Goethes »Wahlverwandtschaften«*. In: Zs. für deutsche Philologie 103 (1984), Sonderheft, S. 75 f.

Peter Michelsen: *Fausts Erblindung*. In: *Aufsätze zu Goethes »Faust II«*. Hrsg. von Werner Keller. Darmstadt 1992, S. 345-356.

Heinrich Voß an Charlotte von Schiller, 12.11.1809; zit. nach Härtl (Anm. 4), S. 73.

Bitte verwenden Sie statt der Angabe ff. stets die konkreten Seiten- bzw. Verszahlen. Anstelle von »a.a.O.« verwenden Sie bitte den Hinweis »Autorname bzw. Kurztitel (Anm. xx)«.

13 Die Autoren erhalten eine PDF-Datei des gedruckten Beitrags.

Goethe-Gesellschaft in Weimar e. V.
Herrn Prof. Dr. Stefan Matuschek
Präsident der Goethe-Gesellschaft
Burgplatz 4
99423 Weimar

Jahrbuch-Pate

Ich möchte die Goethe-Jahrbücher 2023, 2024 und 2025 mit einer Patenschaft fördern. Dafür dankt die Goethe-Gesellschaft den Jahrbuch-Paten namentlich am Anfang eines jeden geförderten Jahrbuchs.

Name, Vorname: _____

Adresse: _____

_____

Hiermit ermächtige ich die Goethe-Gesellschaft in Weimar bis auf Widerruf, von meinem Konto mittels SEPA-Lastschrift den angekreuzten Betrag abzubuchen:

☐ 300,– € zum 31.3.2024 (eine Spendenbescheinigung geht Ihnen zu)

☐ jeweils 100,– € zum 31.3.2024, zum 31.3.2025 und zum 31.3.2026

☐ Bitte senden Sie mir jährlich eine Spendenbescheinigung.

Meine Kontoverbindung lautet:

Kreditinstitut: _____

IBAN: _____

BIC: _____

_____ _____

Ort, Datum   Unterschrift

Wir bitten zu beachten:

Voraussetzung für die Lieferung des Goethe-Jahrbuchs ist die Entrichtung des Mitgliedsbeitrags von 60 € (Schüler, Studenten, Arbeitslose und Ehepartner eines Mitglieds 20 €).

Der Mitgliedsbeitrag ist bis zum 31. März des jeweiligen Kalenderjahres fällig. Es wird gebeten, ihn auf eines der folgenden Konten zu überweisen:

        Sparkasse Mittelthüringen
        IBAN: DE 37 8205 1000 0301 0040 48
        BIC: HELADEF1WEM

oder   Postgiroamt Frankfurt a. M.
        IBAN: DE 19 5001 0060 0118 8196 01
        BIC: PBNKDEFF

oder   Deutsche Bank – Filiale Weimar
        IBAN: DE 21 8207 0024 0282 7111 00
        BIC: DEUTDEDBERF

oder   per Bankscheck an die Geschäftsstelle der Goethe-Gesellschaft in Weimar.

Spenden für die Tätigkeit der Goethe-Gesellschaft erbitten wir auf eines der obengenannten Konten.

Anschriftenänderungen: Wir bitten Sie, jede Anschriftenänderung der Geschäftsstelle der Goethe-Gesellschaft, Postfach 2251, 99403 Weimar, Telefon: 0 36 43 – 20 20 50, Fax: 0 36 43 – 20 20 61, E-Mail: info@goethe-gesellschaft.de mitzuteilen.

Anträge auf Mitgliedschaft können formlos an die Geschäftsstelle gerichtet werden. Jede Goethefreundin und jeder Goethefreund ist herzlich willkommen!

        Bitte informieren Sie sich auch über unsere Gesellschaft unter
        www.goethe-gesellschaft.de
        und abonnieren Sie dort unseren kostenlosen Newsletter.